How To Reassess Your Chess

如何解读你的棋局

国际象棋基础

[美] 杰里米·西尔曼 著

羽 阳 林诗敏 王思雨 张乃卿 译

中文版序

国际象棋是一项起源于东方的智力游戏，后传至欧洲，经文艺复兴时期至19世纪间数百年的不断发展，从精英贵族运动演变为大众休闲娱乐和青少儿热衷学习的项目，受到欧美民众的广泛喜爱，至20世纪中叶逐渐风靡全球。卡尔·马克思在1867年下的国际象棋对局棋谱至今依然可以查阅；列宁的名言"国际象棋是智慧的体操"、歌德的名言"国际象棋是智慧的试金石"等仍然被奉为阐释这项运动的经典语句。

国际象棋的中心长期在欧洲，但是据史料记载和媒体报道，美国也有发展国际象棋运动的历史传统，有超过一半的美国总统喜欢下国际象棋，19世纪中叶的传奇棋王摩菲、20世纪70年代初靠一己之力战胜苏联军团的第11位世界棋王鲍比·菲舍尔等传奇人物都是美国棋手，作为国际象棋爱好者的微软公司创始人比尔·盖茨曾在网上称赞侯逸凡等中国女棋手在国际象棋领域上的成就。

国际象棋运动在现代中国的起步较晚，由于一些历史原因，直到上世纪70年代末的改革开放初期，中国国际象棋才正式步入发展的快车道。不过，中国人的智慧在国际象棋领域快速获得验证。在1991年10月谢军打破欧洲女棋手对女子国际象棋世界冠军长达64年的垄断之后，至今，无论是女子还是男子，中国国际象棋都已经跻身世界前列，部分名手还屡次攀上棋坛之巅。中国女棋手已经先后10次夺得女子国际象棋个人世界冠军，8次夺得团体世界冠军；中国男棋手自2014年实现了历史性突破，用不到一年的时间先后获得国际象棋奥林匹克团体赛和世界团体锦标赛的冠军。

但是，相比于欧美国家的国际象棋普及度，相较于数以亿计的世界国际象棋人口，国际象棋在中国的推广和普及工作还任重道远。为此，我们需要在已有的国际象棋教学研究工作的基础上，着手引进国外专家编写的高水平的国际象棋专门教材，以此推动我国国际象棋运动的普及发展。

《如何解读你的棋局》是由我指导下的北京大学学生国际象棋协会的几位同学历经近两年时间翻译的一本国际象棋专题教材。这本书不仅把国外专家对于国际象棋的研究成果呈现给了广大读者，而且翻译过程也体现了北大学子对国际象棋运动的热爱与专注。北大学生国际象棋协会成立25年以来，数以千计的北大国际象棋爱好者秉承"演练智慧体操，普及博弈思想，分享棋艺乐趣，弘扬国象文化，传播国象正能；践行国象价值，展现智运风采，为国为校争光，促进习弈友谊，推动国际交流"的理念和宗旨，在北大校园、首都高校乃至全国和全球范围内积极推广国际象棋，北大国际象棋综合发展体系居于全球大学领先地位，已具有示范引领和辐射带动作用。2015年1月，在荷兰维克安泽比赛期间，北大学生侯逸凡、丁立人曾代表北大学生国际象棋协会向当今世界棋王、挪威特级大师卡尔森赠送了一本《走进北大》的英文版，卡尔森非常高兴，现场用英文书写送给北大棋友们的祝福语，称赞北大发展国际象棋运动是一项伟大的工作。

翻译本书是近年来我们的一个全新尝试，在此要特别感谢后浪出版公司的有关领导和工作人员的精心策划以及鼓励和支持。未来，本书将作为北大国际象棋选修课的教学参考书之一，也将推荐其为首都大中小学国际象棋课堂教学参考用书之一。

如何客观地评价一个局面，科学地审视一个棋局，正确地制订和实施一个计划？如何全面系统地提升国际象棋理论与实战水平？这些都是一个爱好者在学习国际象棋过程中需要时常面对和思考的问题，也是棋艺进步中必须解决的课题。历经千百年的发展演变，特别是最近一百多年的系统研究，国际象棋已拥有内容十分丰富的一套知识体系，一个棋手要想下好棋，具有较高的国际象棋对弈水平，就需要了解和领会国际象棋的基本概念，把握和运用国际象棋的基本原理，学习和记忆国际象棋布局、中局、残局以及基本战略战术、方法技巧的思路和要点。由美国特级大师西尔曼教练所著的《如何解读你的棋局》就是一本引导和帮助你系统学习国际象棋、有效提升国际象棋水平的优质教材。

这本书在国际象棋教学上至少具有四个方面的特点和长处：一是本书的内容十分丰富，层次性、针对性和实用性较好，既有对空间、子力、计划、平衡、主动权、王的安全、兵型、弱格等重要基础知识的详细阐释和案例剖析，又有对车、马、象、兵等棋子特点的具体分析和比较，甚至还有关于对弈心理学、棋艺风格等方面的论述和阐发，可以帮助不同水平层次、不同棋艺风格的棋手找到适合自己学习的内容。二是本书选取的实战例局不仅数量多，而且时间跨度长、经典频现，既有最新的对局，也有17世纪的对局；既有多位棋王的传世佳作，也有网络对战的普通棋局。其实，无论是什么对局，重在反映棋中的问题和要点，对读者有启发意义。三是本书在行文编排中标明了"准则"、"规定"、"要领"、"要点"、"要诀"、"诀窍"、"理念"、"小结"等作者对国际象棋知识和棋理的一些梳理和提炼,这些内容值得读者重视和学习,也有助于读者加深理解和记忆。四是本书提供了一定数量的习题,有助于读者学以致用,及时检验和巩固学习效果。

人生如棋,其乐无穷;与棋相伴,快乐成长!希望本书可以让每位读者感受到国际象棋的美妙和魅力所在,领悟到其中的博弈之道。祝您有一段愉快地阅读学习之旅。

李晓鹏[①]

2016年9月

于北大燕园

---

① 中国国际象棋协会学校与青少年工作委员会副主任,国家一级运动员、国际象棋国家棋协大师,北京市棋牌协会国际象棋分会副秘书长,首都大中小学国际象棋推广项目顾问,北京大学国际象棋队领队、国际象棋选修课主讲教师、学生国际象棋协会指导教师,曾在北大学生会举办的第二届"体育之夜"颁奖典礼上获评最佳社团指导教师。

导　语

　　令人很难相信的是，距离本书第一版问世已经过去二十余年了。随着时间的推移，我的思想有了转变、拓展，并日趋成熟。在随后的每一次再版中，我都添加了新的内容，将我想法的变化表现出来。在这个不断发展完善的过程中，我渐渐意识到，对我的国际象棋教学思想的大规模修正，需要一个最终版来体现。读过本书前几个版本的朋友会发现，第四版与前面的版本有很大的区别——全新的例子，全新的措辞，并用大量的幽默语句和新颖的表现方式来强调内容。

　　本书前面的版本都有一个共同点：由于当时功能强大的国际象棋软件尚未普及，书中的棋谱都没有经过软件分析。然而现在条件不同了，计算机已在千家万户普及，使得各个水平的国际象棋爱好者都可以找到我的（也包括其他人的）分析中的错误，所以我特意把本版的每一个局面都用Rybka 3和Fritz 12两个软件进行了详细的分析核查。比起机械的分析，我更多地着眼于概念，因此我认为过于繁复的形式会淹没一本书原本的内容。我会适当地添加一些批注，以便强调我正在表达的内容，或者做一个更详细的、奇特的、激动人心的详细分析，因为我实在不想把它们排除在外。

　　本书的第四版是我毕生国际象棋教学和大赛经验的成果汇总。为了最大程度地把我的想法表达"到位"，我已经删减掉了之前版本中一些无关的内容。事实上，我把与本书的真正目的——掌握棋局中的失衡，并让它们引导你在大多数局面下做出正确的计算和走出最好的每一步——与此无关的所有内容都删掉了。在这个基础上，本书中整合了一部分有关国际象棋心理学的内容，你会发现其中的一些想法都是你从未在别的国际象棋书中看到过的。

　　在我完成本书第一版的二十多年后，我仍然会收到来自全球各地的许多友好来信。此次的新版将会使那些想要再次"重新审视"内容的朋友们满意，并且也会把国际象棋的学习体系带到一个新的时代，使学习国际象棋更加容易，同时也更加有趣。

　　一些人认为精通国际象棋十分困难，而我却非常乐于帮助他们经历一个对国际象棋认知上的转变。本书第四版就是为了给读者这样的经历。如果这本书帮助你掌握了以前没有意识到的关于国际象棋的某些方面，那我花在写这本书上的这些时间就算是有价值了。

杰里米·西尔曼
于加利福尼亚 洛杉矶

致　谢

感谢我的所有学生们。在他们的许可下，这些年来我得以将他们的对局作为说明的实例。特别地，我必须向帕姆·鲁杰罗（她的网名是girl-brain）致以我最诚挚的感谢，她向我提供了她的数十个对局，这些对局有的表现出对国际象棋很高水平的理解，有的暴露出大多数初学者都会有的缺陷和不足（这些例子也因此而弥足珍贵）。

我还要向《国际象棋新手》和www.chess.com表示感谢——我从《国际象棋新手》这本优秀的杂志上引用了大量有益的内容，我也使用了之前为www.chess.com写的一些文章。

我还必须向我的"团队"表达赞赏——曼纽尔·莫纳斯泰里奥博士和独具个性的万斯·安达尔，国际特级大师亚西尔·塞拉万和乔尔·本杰明，还有国际大师约翰·华生、约翰·唐纳德森、安东尼·赛义迪博士和杰克·彼得斯。他们在选定篇章名、具体分析以及思想交流方面给了我很大的帮助，这极大地丰富了本书的内容。

最后，我想对爱德华·温特先生致以由衷的感谢，他就卡帕夫兰卡象棋的事情为我作了重要的反馈。我还要感谢国际大师埃利奥特·温斯洛，他本已惬意地享受着自己的退休生活，不再过问任何与国际象棋相关的事务，然而我却一次又一次地请求他为本书做校对和验证的工作。最终他同意了我的请求，因为他意识到，再不让我闭嘴，他自己就会被逼疯。

引　言

　　本书旨在帮助广大的国际象棋初学者和爱好者，晋升为有杰出的技巧和局面理解能力的国际象棋棋手。你也许会问："为什么我要再读另外一本国际象棋指导书呢？"答案是："看看你现在的水平，再看看你现在的棋力。你认为你处理局面的技巧足够优秀吗？如果没有，你难道不想有所提高吗？"

　　作为一名国际象棋教师，更重要的是，作为一名在初学阶段遭遇到许多很难突破的瓶颈期的人，我完全理解那些国际象棋爱好者们发现自己的棋艺停滞在某一个层面上时，所经历的那种沮丧。我相信每一位国际象棋棋手都需要坚实的基础来激发自己的潜力，如果缺少这样的基础会或多或少地降低他达到自己理想中国际象棋水平的希望。

　　本书适合等级分在1400~2100分的棋手阅读。研读本书会使读者们拥有一个坚实的理解局面的基础，大幅提高根据局面做出合理的棋局计划的能力，在被忽视的国际象棋心理学方面得到突破性的领悟。我尽了最大努力以确保通过阅读此书学习国际象棋成为一种乐趣，让更多的读者轻松地领会比较难的内容，为此我采取新的呈现观点和棋局的方法，使这本书切合每位读者的需要并且读来非常有趣。

　　简单总结一下我所使用的例局：你会注意到我使用国际特级大师的对局，也使用业余爱好者的对局；我使用最近的对局，也使用17世纪的对局；我还会使用网络上的快棋对局，甚至标注了这些快棋棋手的网名。对此我有一个简单的原则："如果一个局面或者对局有教育意义，那么它就是重要的。"我并不在意它是卡斯帕洛夫的名局还是两个初学者的对弈。事实上，较低水平的对弈以及快棋通常更能真实地反映出棋手们会犯的错误，这也使得本书中的例子适合各种水平段的读者阅读。

　　最重要的是，如果幽默元素能使课程内容更好地被理解，或者提升本书的整体可读性，那么我很乐于在书中这么做。谁说在学习国际象棋的时候，学习先进的观念和拥有乐趣是不可兼得的？所以我在本书中讲了一些故事，来使本书更加生活化，同时更有趣。同样我使用了一些网络用语，因为它们本身很好玩，而且可以让例子更加鲜活。学习国际象棋为什么不能更欢乐一些呢？

　　我确信，阅读本书会让你感觉经历了一场启蒙旅行，在这场旅行中，你以前对国际象棋的误解都会被消除，并最终愉快地进入一个真正理解和享受国际象棋的黄金时代！

目 录

中文版序 1
导 语 4
致 谢 6
引 言 7

第一章 失衡的概念

1.1 失衡：学习基础知识 3
    1.1.1 更胜一筹的轻子——象和马的对抗 4
    1.1.2 兵的布局——弱兵、通路兵，等等 5
    1.1.3 空间——吞并领土 6
    1.1.4 子力——贪婪的哲学 7
    1.1.5 关键竖线的控制——车的路 8
    1.1.6 对弱格的控制——马的家 8
    1.1.7 在出子中占据优势——你比对面数量多！ 9
    1.1.8 主动权——发号施令 10
    1.1.9 王的安全——拖垮敌人的君主 11
    1.1.10 静与动的对抗——短期和长期失衡之间的对决 12
    1.1.11 计划——创造你自己的未来 12
    1.1.12 与棋盘对话，它会与你交流 22
    小结 27

第二章 轻子

2.1 马——棋盘上的精神病患者 31
    小结 49
    马——习题 51

2.2 象——对角线的神行太保 · 53

- 2.2.1 积极的象 · 53
- 2.2.2 有用的象 · 57
- 2.2.3 高个子兵 · 61
- 2.2.4 异色格象 · 67
- 小结 · 72
- 象——习题 · 73

2.3 象 vs 马 旗鼓相当的比赛 · 75

- 2.3.1 感受轻子的力量 · 76
- 2.3.2 双象 · 80
- 2.3.3 象 vs 马 · 85
- 小结 · 99
- 象 vs 马——习题 · 100

第三章 车

3.1 车——纵线、横行和攻击目标 · 105

- 3.1.1 创造一条开放线 · 105
- 3.1.2 窃取一条开放线 · 110
- 3.1.3 等候时机触发行动 · 112
- 3.1.4 第7行和第8行车的控制力 · 115
- 小结 · 126
- 车——习题 · 127

第四章 心理漫谈

4.1 子力——害怕弃子或出子 · 131

- 4.1.1 克服恐惧 · 131
- 4.1.2 抓住你内心的贪婪 · 137
- 4.1.3 失衡 vs 子力 · 140
- 小结 · 150

		子力——习题	151
4.2	**心理崩溃——克服"我不能"或者"我必须"的陷阱**		**154**
	4.2.1	向恐慌鞠躬	154
	4.2.2	这是我的聚会，我怎么走，我说了算	156
	4.2.3	怪异而令人恐惧的心理错觉现象	159
	4.2.4	"我不能"的诅咒	163
		小结	168
		心理崩溃——习题	170
4.3	**有气魄的棋术——坚持的艺术**		**172**
	4.3.1	推进你自己的进程	172
	4.3.2	关键局面	183
		小结	189
		有气魄的棋术——习题	190
4.4	**象棋意识的各种状态**		**192**
	4.4.1	缺乏耐心	196
	4.4.2	散漫／软弱步	203
	4.4.3	专心！	211
		小结	215
		象棋意识的各种状态——习题	216

第五章　目标意识

5.1	**介绍**		**221**
5.2	**弱兵——瓜熟蒂落**		**222**
	5.2.1	孤兵	222
	5.2.2	落后兵	230
	5.2.3	叠兵	234
	5.2.4	爱尔兰兵心	239
		小结	241
5.3	**弱格**		**242**
		小结	252

5.4 把敌人居中的王拽下来！·································· **253**
　　小结 ·· 266
　　目标意识——习题 ·· 267

第六章　静态 vs 动态

6.1 攻守兼备 vs 猛冲猛打——两种迥异棋风的对抗 ········ **273**
　　6.1.1 开局中的静态与动态 ··································· 277
　　小结 ·· 291
　　静态 vs 动态——习题 ·· 292

第七章　空　　间

7.1 把你的对手挤垮 ··· **297**
　　7.1.1 大圈地运动 ·· 297
　　7.1.2 　为空间优势而战 ······································· 309
7.2 向空间开战 ··· **316**
　　7.2.1 　兑子！ ·· 316
　　7.2.2 　利用兵链突破！ ······································· 318
　　7.2.3 　空间夺取 = 潜在的虚格 ······························ 325
　　7.2.4 　抢地盘的兵心可能变成靶子 ························ 329
　　小结 ·· 341
　　空间——习题 ·· 343

第八章　通路兵

8.1 奔波着的小王后们 ·· **347**
　　8.1.1 　创造通路兵 ·· 347
　　8.1.2 　来自伙伴们的一点帮助 ······························· 352
　　8.1.3 　通路兵的探戈舞 ······································· 354
　　8.1.4 　有活力的通路兵 ······································· 355
　　8.1.5 　三种没用的通路兵 ···································· 359

11

8.1.6　阻拦通路兵 ·· 365
小结 ·· 375
通路兵——习题 ·· 376

第九章　其他失衡

9.1　开局中的失衡 ·· **381**
9.1.1　创作一支开场曲 ·· 381
9.1.2　把你的开局选择与失衡整合在一起 ·································· 382
9.1.3　在开局中浑水摸鱼 ·· 404
小结 ·· 408
开局中的失衡——习题 ·· 409

9.2　失衡综合版 ·· **412**
失衡综合版——习题 ·· 412

习题参考答案 ·· 417
启发性短文数则 ·· 609
译后记 ·· 648
出版后记 ·· 650

第一章

失衡的概念

1.1 失衡：学习基础知识 3
   1.1.1 更胜一筹的轻子——象和马的对抗 4
   1.1.2 兵的布局——弱兵、通路兵，等等 5
   1.1.3 空间——吞并领土 6
   1.1.4 子力——贪婪的哲学 7
   1.1.5 关键竖线的控制——车的路 8
   1.1.6 对弱格的控制——马的家 8
   1.1.7 在出子中占据优势——你比对面数量多！ 9
   1.1.8 主动权——发号施令 10
   1.1.9 王的安全——拖垮敌人的君主 11
   1.1.10 静与动的对抗——短期和长期失衡之间的对决 12
   1.1.11 计划——创造你自己的未来 12
   1.1.12 与棋盘对话，它会与你交流 22
   小结 27

1.1 失衡：学习基础知识

> "一个合理的计划让我们成为英雄，缺少计划只能是傻瓜。"
>
> ——特级大师亚历山大·科托夫，一位神秘的"棋圣"

每一个联赛棋手迟早都会学习许多开局方法、一些战术的构想、最基础的致胜模式和一些基本的残局。如果他希望变得更加优秀和老练，那么补充这些知识对他而言尤为重要。然而，每个人都在棋局计划方面存在问题。不管是"E"级（等级分1200以下）还是大师级的棋手，每当我问他们"打算如何应对某个特殊的局面"的时候，他们对我的回应大多都很木然。通常他们对棋局计划（如果他们有计划的话）的选择是基于情感，而不是具体局面具体分析。从情感上来说，我认为一般的棋手做的是他想做的事，而不是棋盘告诉他要做的事。这个有点隐晦的句子引出以下这个极其重要的概念：**如果你想成功，那么你必须根据现有的具体局面当中的"失衡倾向标准"发展的情况，来决定你的出子和计划，而不是根据你的情感、感觉或者恐惧！**

不夸张地说，所有非大师级比赛中都充满了"避免失衡"的例子。当然，对于初学者而言，他们只是不知道什么是失衡罢了。大多数有经验的棋手都听说过这个词，也许还偶尔尝试去利用它。然而，一旦双方展开激烈战斗，孤立地出子和生硬地进攻（如果你发现自己在防御的话，那就是恐惧地防御）就会让人将所有关于失衡的想法都抛诸脑后。在这种情况下，棋局就会变成毫无意义的为了出子而出子和为了威胁而威胁（换句话说，就是双方不停地走子和作出回应）的场面了。

这个对于棋盘的神秘暗示的要求是什么（即要做棋盘要你做的事）？我们必须清楚认识"失衡倾向标准"是什么，和我们怎样才能掌握它的作用。确切地说，什么是棋局计划？要回答这些问题，我们首先要知道，失衡是**双方在局面上出现的所有值得注意的差异。**

这听上去相当无聊。这么简单的东西怎么可能如此重要呢？答案是这根本不简单，而且这个容易掌握的概念可以让任何等级分高于1400的棋手，从一种基础且理性的层面上去理解大多数局面。换言之，对于局面中也许有看上去太复杂以致于无法领会的地方，利用失衡就能够以一种较为轻松的方式对这些地方加以解构。

这里有一个简单的例子：如果一方有更多的后翼空间，同时对方正对他的弱兵虎视眈眈，那么这些描述就是双方接下来出子和计划将要参照的失衡。从作用上来说，失衡就像路线图一样告诉双方接下来要去做什么。

接下来是这本书要讨论的失衡的列表：

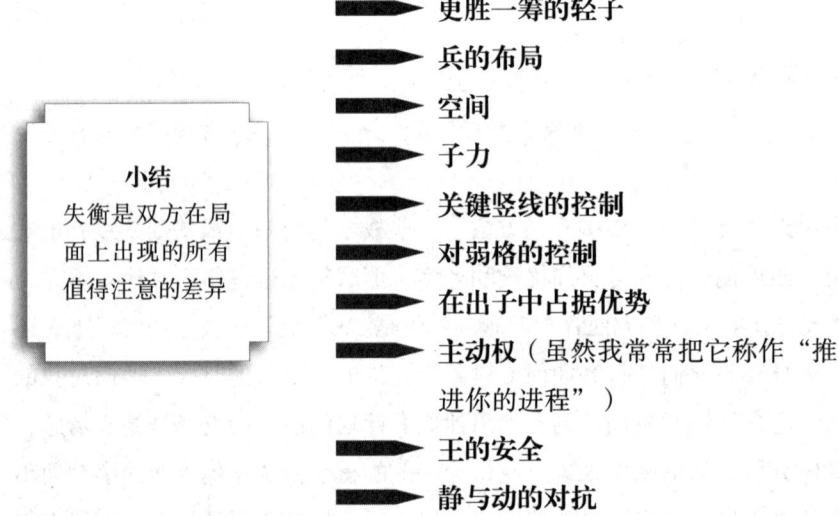

- 更胜一筹的轻子
- 兵的布局
- 空间
- 子力
- 关键竖线的控制
- 对弱格的控制
- 在出子中占据优势
- 主动权（虽然我常常把它称作"推进你的进程"）
- 王的安全
- 静与动的对抗

> **小结**
> 失衡是双方在局面上出现的所有值得注意的差异

整个章节致力于讲解列表上出现的每一处失衡，但首先我们来快速浏览一下所有的失衡。现阶段我的目标是要你感受一下什么是失衡。我的最终目标是要锻炼你的大脑去拥有"失衡的意识"——能够自然而然，并且不假思索地去利用失衡的一种意识。

1.1.1 更胜一筹的轻子——象和马的对抗

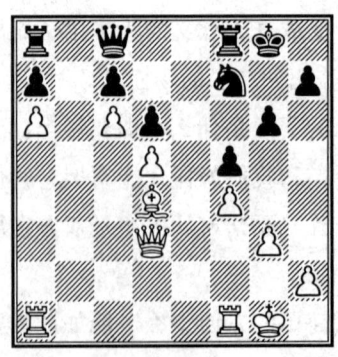

图1 白方先行

图1中，对比白方同时控制着两条很有穿透性的对角线的象，和黑方的偷懒的马，你

会马上知道哪一方将会赢得这场战斗。当我们把其他的失衡加入到这个算式中——白方在中心和后翼位置都占优势，a7的位置上有个靶子（可以通过Ra1-b1-b7直接吃掉），他有机会直接将死黑方很容易被攻击的王（在Bc3后接着是Qd4）——如果黑方选择这个时候去认输，任何人都能理解。

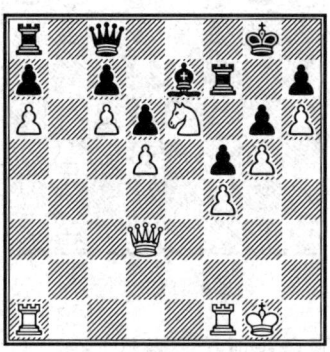

图2　白方先行

图2中，黑方被困住的无用的象，无法敌过白方的马，这是众所周知的。加之其他的白方有利的失衡——中心的、后翼的和王翼的空间，对弱格e6的控制，和对a7和c7施加的压力（在完成Ra1-b1-b7之后）——这样一来，黑方最好尽快认输。

1.1.2　兵的布局——弱兵、通路兵，等等

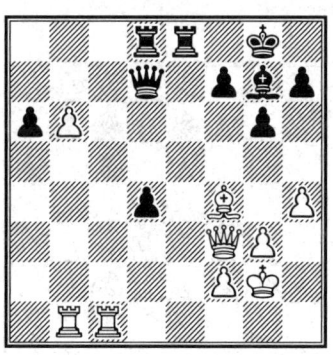

图3　白方先行

图3中，黑方单兵突前，在通路兵方面，黑方有2个，而白方只有1个。但是，黑方可能输棋！为什么这样说？因为白方的通路兵更加有利，所有白方的棋子几乎都能配合这个兵去确保它在b8成功达阵：**1.b7**（通过2.b8=Q，白方可以制造出"多赚一个车"的威胁）**1...Rb8 2.Bxb8 Rxb8 3.Qc6 Qd8**（和3...Qxc6+ 4.Rxc6 Be5 5.Rc8+ Kg7 6.f4 Bd6

7.Rxb8 Bxb8 8.Ra1 d3 9.Kf3 去阻止任何d线的兵升变的做法差不多，然后Rx6接着Ra8）**4.Qc8 Be5 5.Qxd8+ Rxd8 6.Rc8**，1-0。

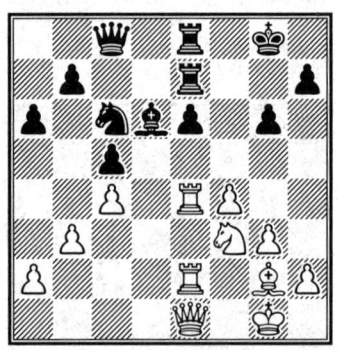

图4　白方先行

图4中，黑方在e6有一个弱兵兼孤兵。当然，白方肯定会把全局计划的重点放在追赶这个兵上。到现在为止，白方的后和车在施加压力，但是，由于国际象棋是一项团队游戏，他还没有达成目的！**1.Bh3**（第四个白子对e6发起攻击）**1…Nd8 2.Ng5**（白方第五个棋子的参战彻底终结了黑方的e6兵）**2…Bb8?**（这个招数使黑方的情况变得更糟）**3.f5! gxf5 4.Bxf5**虽然现在e6仍然会被白方攻陷，但是现在黑方的王前方已经和露天没什么区别了（这是白方可以利用的另外一处失衡！）。

1.1.3　空间——吞并领土

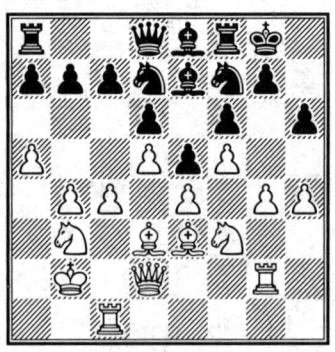

图5　白方先行

图5中，这对黑方来说是一个噩梦，黑方的空间已经小到无法喘息了！白方拥有相当可观的空间，这种优势是显而易见的。注意了，黑方的棋子就像处在一个连扭动的空间都没有的小盒子里，而白方因为有很多活动空间而感到非常开心。在有这么多额外

空间的局面中，如果白方能够找到一个闯入敌人领土的办法，那么几乎就可以确定白方会赢。在这里，白方享有富饶的财富，他可以通过c4-c5准备一个后翼入口，或者通过g4-g5（两个兵的推进能够控制更多的空间！）准备一个王翼屠杀来实现目的。所以，合理的出子可能是1.c5、1.g5、1.Rcg1或1.Rh1。

1.1.4 子力——贪婪的哲学

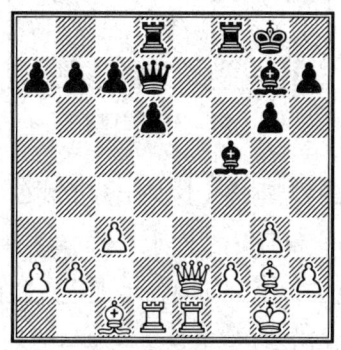

图6 白方先行

图6中，白方的防线很坚固，但是黑方看上去似乎拥有一个漂亮而主动的局面。如果黑方的c线的兵是在c6上，那么他就没有任何问题，但是它仍然处在c7，这样就给了白方抓住自己内心的贪婪的机会，去索取一个关键的失衡：**1.Bxb7!**（吃掉这个兵有很多好处：它给了白方"残局胜算"——这会让黑方感到烦恼，因为越是把子力相近的棋子兑掉，就更会使得白方因多一个兵而最终取得这场残局的胜利；它在c6创造了一个弱格，使白方取得了在h1-a8对角线上的中心白格的控制权；它给了黑方一个巨大的心理压力，黑方现在必须努力做一些事情去弥补失去了的兵）**1...Kh8**〔黑方想要充分利用走入歧途的白象，但没什么用：1...c6 2.Qc4+直接带走c6的兵；1...Bg4 2.Qc4+（2.f3也很强）2...Kh8 3.Bc6（3.Rd4是一个不错的选择）3...Qf5 4.Rd2考虑到当黑方没有办法弥补失去的兵之后可能占据f2-f4〕，在这两步之后现在白方非常占优势。**2.Bg2**（"翻盘"是可以实现的，如果白方突然有点行动反常，并且认为他的象离家太远了）和**2.Qc4**都能在白格上制造新的攻势。

1.1.5 关键竖线的控制——车的路

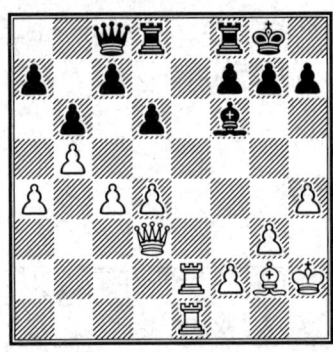

图7 白方先行

图7中，白方的两个车在e列上重叠（这是十分重要的，因为这是在棋盘上唯一的开放线），同时他拥有更多中心的和后翼的空间，他的象控制在h1-a8对角线上的白格。然而，白方的许多子力已经被兑去，黑方的象的出现让人相信黑方能够坚持住。除了所有的这些以外，黑方想要通过...Rde8在e线上换车。幸运的是，白方根本没有必要去担心，因为他可以通过**1.Bc6!**（1...Qg4 2.Re4）永久地控制e线。现在黑方没有有效的计划，他只能坐以待毙，祈祷白方不会找出一条突破的路线。在1.Bc6后面的局面，双方都有两种可能的结果：黑方要么输要么和局，白方要么赢要么和局。很显然，没人会想处于黑方的境地。

1.1.6 对弱格的控制——马的家

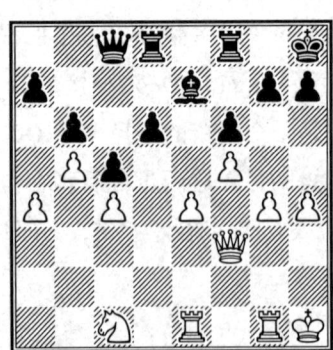

图8 白方先行

图8中，白方享用着棋盘上的额外空间，但是这场战斗很明显是关于轻子的：双方都陷入麻烦之中——黑方的象深陷无望改善的泥潭中，而白方的马则想找到一个比c1那样

的小屋子更宜居的家。然而，马没有必要像那个可怜的象一样停留在贫民窟里。两个方格（在d5上的宅第和在e6上的大宅）在召唤，白方要思考的是如何把他的马走到那里。一旦你知道你的目标，就很容易找到通往它的路径：**1.Nd3**（1.Ne2也很好）接着是**2.Nf4**和**3.Ne6**。一旦马到达它梦想的方格，在适当的时机前进到g4-g5，就将把黑方毁灭。

1.1.7　在出子中占据优势——你比对面数量多！

在出子中占据优势是一种极具威胁的方法，而在出子中落于下风的一方应该尽力去保持阵型封闭，直到他的王安全地易位，同时他的其他棋子找到参与战斗的方法（因此应该在出子中弥补差距，同时使双方投入同等的军队战斗变为可能）。

让子式开局是以制造子力与出子之间的失衡为基础的，如果对方很愚蠢的让局面过于开放的话，进攻方就能获得不少快速获胜的机会。

1.e4 c5 2.d4 cxd4 3.c3 dxc3 4.Nxc3 Nc6 5.Nf3 d6 6.Bc4

为了吃掉黑方的1个棋子，白方出动了3个——在此基础上，白方的其他棋子在出子上远远比黑方的棋子快。很明显黑方应该要小心了！

6...Nf6?!

换成更小心的6...e6或者6...a6会好一点。

7.e5!

白方献祭了另一个兵，这样他就能够冲开中心，吞掉e8上美味的王。

7...dxe5

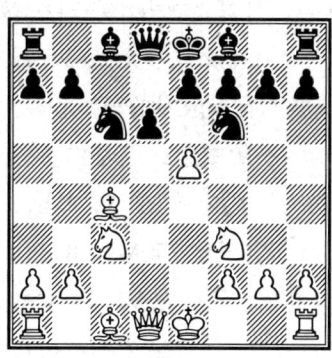

图9

这愚蠢的一步正中白方下怀（图9）。虽然7...Nxe5?? 8.Nxe5 dxe5 9.Bxf7+ 会让白方收拾掉黑方的后，但7...Ng4!却可以让白方完全无法打开局面。

8.Qxd8+ Nxd8?

改走8...Kxd8会更好一点。

9.Nb5 Kd7??

改走9...Rb8之后还是会爆发战斗。

10.Nxe5+ Ke8 11.Nc7将死。

1.1.8 主动权——发号施令

我认为主动权是一场心理较量的有形表现——双方都在捍卫他们对事物的观点，希望对手不得不放弃他自己的计划并且应付你的计划。因此，我通常称之为"推进你的进程"（在第四章的"有气魄的棋局"一节会有详细讲述），因为它阐明了什么是主动权，同时也告诉你怎样去得到它！

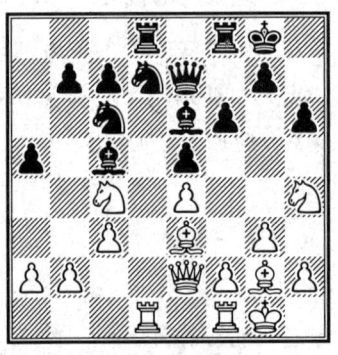

图10 黑方先行

图10中，白方刚刚走了1.Nh4，打算走2.Ng6（一旦g6被占据，那就改为Nf5）。除了这个明显的威胁，白方还想要把他另外那只马走到e3，再从那里走到d5。另一方面，黑方想要充分利用c4上那匹某种程度上有点散漫的马，和a2上的那个不设防的兵。

黑方可以通过1...Kh7来应对Ng6的威胁，但是白方通过一步纯防御的棋，得到继续推进他的进程的机会。具体走法为：2.Bxc5 Qxc5（2...Nxc5 3.Ne3 然后准备Nd5）3.Ne3 Nb6（3...Bxa2?? 4.Bh3这样黑方就死定了！）4.Nd5! Bxd5（4...Nxd5?? 5.exd5 Bxd5 6.Bxd5 Rxd5 7.Qe4+）5.exd5 Ne7 6.Qe4+ Kh8 7.c4白方设法成功制造了一些有意思的混乱。

> **理念**
> 主动权是心理较量的有形表现。

为了不通过这种方式把主动权交给白方，当Ng6被白方阻断，c4又处于攻击之下时，黑方应该用**1...Qf7!** 来反击**1.Nh4**（这样可以防御，同时还可以推进黑方的进程！）。现在白方无法利用e3这个方格，但是左边的马在撤退之后又会暴露

a2。突然，黑方成为决定局面发展方向的一方，白方不得不艰难地保持他的局面协调。接下来白方的选择都很倒胃口：

▶ 2.Rxd7败给了2...Rxd7 3.Bxc5 Bxc4 4.Qg4 Bxf1 5.Bxf1（5.Bxf8 Bxg2）5...Rfd8这样黑方就兑了两个子！

▶ 2.Bxc5 Bxc4。

▶ 2.Rd5!?（白方希望通过一个创新的尝试去给他的局面注入一些能量，然后重新获得主动权——2...Bxd5 3.exd5 Ne7 4.Nxa5 Bxe3 5.fxe3 Nxd5 6.Nf5）2...b6!终止愚蠢的行为，同时让白方陷入窘境。

▶ 2.b3 Bxc4 3.bxc4 Bxe3 4.fxe3这样白方只剩下一个异常丑陋的兵型。

1.1.9 王的安全——拖垮敌人的君主

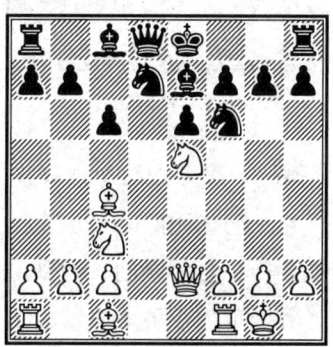

图11　白方先行

本书不是一本关于进攻的教学书，但是我认为王的安全应该被特别强调，因为这在许多棋局里都是一个主要的因素（失衡）。本书会特别指出，己方的王没有易位的情况应当像预防瘟疫一样予以避免。在图11所示的局面中，白方虽然牺牲了一个兵，但是他在出子上占据优势，同时王也很安全。而黑方的王仍然在中心，在它王车易位之前白方可以尽情折磨它。

1.Nxf7! Kxf7（1...Qc7更好，但是黑方没有理由在2.Nxh8之后接着抵抗下去）**2.Qxe6+ Kg6 3.Bd3+ Kh5 4.Qh3**将死。

本书重点不在进攻的技巧上，而是在于分辨出位于中心的王的危险——当它发生在你的棋局中，你便可以惩罚这种罪过，并且你自己也可以避免成为这种"疾病"的受害者。

1.1.10 静与动的对抗——短期和长期失衡之间的对决

静态与动态出现在棋局的每一个阶段。总体来说，动态的附加是需要通过一个合理、快捷的途径才能被利用的——要么是成功击倒对方，要么是为你自己创造一个长效的静态优势。静态失衡则给它的拥有者某种会长时间陪伴着他的优势——它可以是开局体系的一部分（所以出现在开局的头十步棋中），造成双方在中局里处于一个特别的节奏之下，并且直到收官阶段仍是一个有影响力的部分。

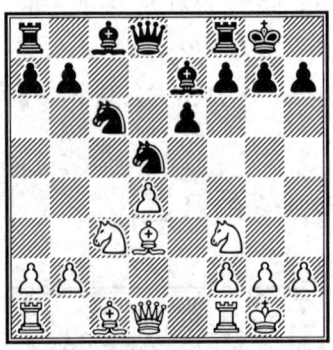

图12 白方先行

图12中，白方在d列有一个孤兵。黑方把这个兵看作是一个静态的弱点，因为它的相当多的棋子能够联合起来伤害它。而优质的d5格也是黑方的闪光点。而白方则把这个兵视作一种动态的力量：它能够获得中心的空间，控制c5和e5两个重要的方格，让白方（他额外的空间使他的棋子比黑方的更加积极）能够在王翼的很多列上制造令人生厌的进攻。数不尽的世界级的棋手曾经在这种局面下进行过交锋。

1.1.11 计划——创造你自己的未来

在本书第三版中，我给出了一个多年来我个人觉得很有用的思考技巧。我认为它也许对于那些奋力去创造合理计划的等级更高的爱好者同样适用。然而，随着时间的流逝（这总会带来新的经验和领悟），我对任何一个复杂的计划体系的可行性的看法都有了很大程度的改变。我和许多痴迷于寻找计划（或者只是单纯的想要理解计划到底是什么）的学生以及来自世界各地的国际象棋爱好者交流，但是他们最终并没有充分地将失衡融入到他们的棋局中，这让我的内心发生了改变。通过把失衡与计划分成独立的两样东西，我在不经意间达成许多努力学习国际象棋的学生所忽略了的目标，而这也正是我曾经试图去推进的：掌控失衡。

尽管我不再对错综复杂的计划体系有信心，但我还是保持我坚定的信念：充分理解失衡对于等级分1400或以上的棋手是100%可以达到的。注意"理解"这个词。本书能锻炼你去分辨出在任何一种棋盘情况下出现的失衡，去理解每一种失衡有什么作用，以及去了解如何充分利用它或者分散它。以上都取决于你处于失衡的哪一方。

> **小结**
> 失衡本身会在大多数情况下指引你正确的出子，甚至帮助你创造一个详细的计划。

一旦你掌握了这项知识并将它融入到你的棋局中，那么你将会发现一些意想不到的事情正在发生：失衡本身会经常"告诉"你应该做什么（或者至少会坚决地把你推向正确的方向）！因此，如果你拥有一个动态优势，那么你将会知道你在本质上是需要充满活力地出子——慢条斯理地一点一点挪动很可能无法满足你这个局面的需求。如果你的对手在一条开放线上有一个显眼的弱兵，那么你将会知道在某个时刻你很可能要把你的车走到那一线去追赶它。如果你在空间上有巨大的优势，那么在兑大量的子并减轻他的痛楚之前你会三思而后行。

你可以称这种遵循失衡的指示的做法是一种计划，或者简单地称之为一个合理的移动或者一系列的移动。名字并不重要——掌控失衡才是重要的，这可以使其他所有的这些东西成为可能。

需要证据？回去看看我们前面的十二个例子。这些是失衡的例释和使用它们的方法，但是在所有的实例中失衡都呈现为很简单而有效的计划（一系列的出子——两步、四步、八步或者更多——能够合理且充分利用你的有利的失衡才是一个真正的计划）。

让我们来看一些基于失衡同时又具有令人赞叹的计划的棋局吧。

维塞林·托帕罗夫 对阵 克里斯南·萨什基兰，2007年 索菲亚

1.d4 Nf6 2.c4 e6 3.Nc3 Bb4 4.e3 b6 5.Bd3 Bb7 6.Nf3 0–0 7.0–0 d5 8.a3 Bd6 9.cxd5 exd5 10.b4 Nbd7 11.b5 Ne4 12.Bb2 Re8 13.a4 Re6 14.Ne2 a5

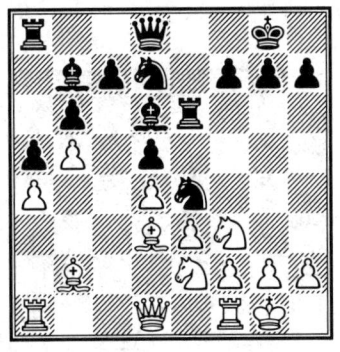

图13　白方先行

如果你已经读过本书并且充分地整合所有内容，那么你只要瞥一眼图13就会得到下面的信息：

- 白方在后翼空间占优。
- 黑方在c7有一个潜在的弱兵。
- 如果黑方移动c7上的兵到c6或者c5，bxc6将会让黑方在b6留下一个弱兵，在c5则会出现一个弱格。
- 黑方在d5的兵是个弱兵，因为它不能由其他的兵保护。
- 黑方仅有的反击的资源在王翼——他在d6的象、e6的车、e4的马和后都盯着那片区域。
- 黑方位于b7的象正在防御d5，它扮演着一个纯粹的防御角色。
- 黑方的黑象正在给c7的兵强有力的支持，同时在它能够参与的任意一次王翼攻击中起到重要的作用。
- 白方在b2的象是不积极的。

凭借这种失衡的分析，你也许会突然想到"用白方最差的子去兑黑方的一个最好的子"是个好主意。同时，不需要计算、计划或者更深入的思考，白方也可以自信地走出托帕罗夫自己所选择的子。

15.Ba3!

白方强行用他最差的子去兑在d6的起关键重要作用的象。

15...Rc8 16.Bxd6 cxd6

当然，16...Rxd6也是有可能的，但是那样的话c7就会成为被关注的长期目标。在16...cxd6之后就不会出现这种情况了。此外，e5格也被占据了（终止了白方所有Nf3-e5-c6的想法）。当然，16...cxd6也有它自身的包袱：d5的兵是弱兵，并且在接下来的棋局中都需要被照顾。

17.Rc1 Ndf6 18.h3（图14）

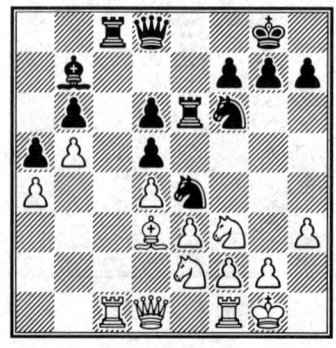

图14

托帕罗夫当时说："正如你所看到的，所有的这一切都无关具体的线，而是关于局面上明显的弱点。我知道，无论时间长短，到最后所有的车都会被兑掉，他在布局上的问题就会被放大。"(《New In Chess》，2007年第4期)

托帕罗夫是世界上最优秀的攻击型棋手之一，他强调他在棋局中的进程并不是取决于他个人的感觉（即进攻），而是受棋盘的支配（安静地遵循各种失衡的走向发展着）。

18...Re7 19.Qb3 h6 20.Rxc8 Qxc8 21.Rc1 Rc7 22.Rxc7 Qxc7 23.Qc2

托帕罗夫曾经说过，这个局面会在双方把后兑掉之后尘埃落定："我可以把在e4的马赶走，把我的象走到b3，这样我会用两个子在d5上施加压力并且推动我在王翼的兵。"

不错，无可否认——很明显这是一个计划！但是他有用任何奇怪的"体系"去制造它吗？没有，这也是在失衡的基础上的：他将通过f2-f3赶走黑方的前沿的马（马需要前沿的方格去变得有战斗力——因此他想要把敌方的积极的棋子变成被动的棋子），他会把他的棋子瞄准在d5上的弱点，然后把他的兵推进到那里（他还会得到另一种正向的失衡），从而得到王翼的空间。

23...Qe7 24.Qc1

白方的后已经控制了c线，然而现在它还防御着e3。这表明白方想要通过最终的f2-f3驱逐黑方的一枚积极的棋子（那时e3上的兵将会为得到支持而感到非常开心）。

24...g6 25.Nh2 Kg7 26.h4

这样一来白方王翼得到空间，剥夺了e4上的马到g5格的机会，并且制造了要通过f3取胜的威胁。

26...Ne8 27.f3 N4f6 28.Nf1 h5 29.Nf4 Nd7

29...Nc7接着...Ne6是更好的布局。

30.Qe1 Nf8 31.Qg3 Kh6 32.Nxh5!?

32.Kf2接着Nf1-d2-b1-c3会导致黑方遭受的折磨和压力被继续维持下去，压力也会维持。然而，托帕罗夫决定加大对手的时间压力。在黑方的钟于事无补地迅速转动时，他能够找到全部的正确防御的出子方法吗？

由于余下的棋局和我们的主题无关，以下做出简要的评论：

32...gxh5（32...Kxh5?? 33.Qf4白方直接获胜）**33.Qg8 f5**（只能这么走）**34.Ng3 Ng7 35.Bxf5 Ng6 36.Bxg6 Kxg6 37.Nxh5! Qxe3+ 38.Kh2 Qe7??**（黑方在时间的麻烦中崩溃了，并在这一步出现了失误。正确的着法应该是38...Qxd4，这样平局将会是最有可能的结果）**39.Nf4+ Kf6 40.g4 Qf7 41.Qd8+ Qe7 42.Qg8 Qf7 43.Qd8+ Qe7 44.Qxe7+**（44.Qxb6会更好）**44...Kxe7 45.Kg3 Ne6 46.Nxe6 Kxe6 47.f4 Bc8 48.f5+ Kf7 49.h5 Bd7 50.h6 Kg8 51.Kf4 Be8 52.Kg5 Kf7 53.h7 Kg7 54.h8=Q+ Kxh8 55.Kf6 Bxb5 56.Ke7 Bd3 57.f6**

Bg6 58.f7 Bxf7 59.Kxf7，1–0。

这里还有另外一个例子：通过简单的尝试去增强已经存在的失衡的行为，一位棋手找到了一个合理的（并且在这个案例中致命的）出子次序。

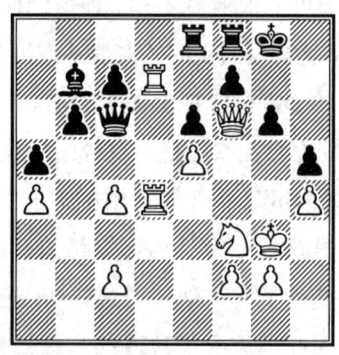

图15　白方先行
奈杰尔·肖特 对阵 杨·蒂姆曼，1991年 蒂尔堡

很明显，白方现在完全控制了图15这个局面——他拥有d线（所以把黑方的车转换成被动的旁观者），并且他的后牢牢地安置在黑方王翼的一个黑色弱格上。另一方面，黑方几乎不能做出任何移动，这就意味着白方不必担心任何即将到来的炮火。如果你苦苦思索着一个计划而没有顾及到失衡，你也许会感到挫败。然而，如果你只是问问："我拥有王翼的黑格。哪些棋子能够进去呢？"那么你面对的就只有有限的几种选择：

▶ 1.Ng5是明显的选择——它跳到黑格，威胁要吃掉f7的兵。不幸的是，1...Qxg2+就可以搅黄白方的庆典了。

▶ 1.Rf4占据f4作为其驻地，接下来想要Rxf7，但是1...Qxd7会是令人窘迫的。

▶ 并且，这会只留下唯一一个另外的白方可以走到黑色方格道路上的棋子——白方的王！但是现在我们突然和初学者的训练内容相冲突了，而后者告诉我们把王留在家里直到残局阶段。就是这个事实令这场棋局非常吸引人！

1.Kf4!

这步棋令很多棋手感到震惊，但是如果你在d2上有一个象，那么你对走到Bh6，强行将死对方有任何顾虑吗？当然不会！那么同样的，在安全的前提下，为什么不用王做相似的事情呢？

1...Bc8 2.Kg5，1–0。Kh6造成的威胁会导致黑方直接在g7被将死，棋局结束。比如，2...Kh7 3.Qxg6+（或者3.Rxf7+ Rxf7 4.Qxf7+ Kh8 5.Kh6这时白方的王通过致命的影响结束旅程）3...Kh8 4.Qh6+ Kg8 5.Kf6然后在白方完全控制王翼的黑格后将死了黑方。

那么，肖特的走法是一个计划，还是"失衡意识"力量的一个实例呢？你喜欢怎样称呼它都可以，但是要注意一样能让你找到解决办法的东西：失衡！

> **理念**
> 失衡是计划的入口。

让我们将视线从令人兴奋的概念和陌生的新理念上转移一会，做一点有趣的事情。我们来从三种棋手的视角去看一场棋局。第一个是梦想像机器一样思考的人（金属先生）。第二个是对失衡一无所知，但是矢志不逾地遵循"国际象棋是关于子力和威胁的"这一思想的人（粉色先生）。我们的第三个人（橙色先生）是一个"失衡迷"。头两个人会组成队伍持白棋，第三个人持黑棋。需要指出的是白方棋手在计算方面更加擅长一些，而黑方则对开局理论有更好的掌握。

金属先生和粉色先生 对阵 橙色先生，2009年 幻想岛

金属先生：任何合理的出子都会让我们领先0.12到0.18。我会争取达到0.18的！

粉色先生：我想1.e4。这样会忽视什么东西吗？不。到目前为止都是如此的好！在1.e4之后我们威胁到什么东西了吗？还没有，但是一旦我们的象和后出来了，我们将会撕碎所有的玩意儿！好的，1.e4很好！

1.e4

橙色先生：他们得到了中心空间，释放了他们的白格象和后，并且控制了d5这个方格。1.e4很明显是一步好棋，但是我那奇形怪状的对手似乎是富于攻击性的人，因此我要用一点暴力来回应他们，看看他们如何反应。

1...d5

金属先生：啊，一个较差的回应。现在我们上升到0.37了！胜利几乎是我们的了！

粉色先生：危险！危险！我们e线上的兵正在遭受攻击！危险！我们必须吃掉他的兵，还有，当他反扑的时候，我们要出一枚新的具有攻击性的棋子，同时攻击他的后！噢耶，这一定会很好的。

2.exd5

橙色先生：他们作了最好的回击。我要出一枚棋子并且让我的马夺回d5。我已经仔细检查过这条线，这很有趣——尤其是当他们不知道自己正在做什么的时候！

2...Nf6

金属先生：我认为我们可以赢得子力！理论上讲，我可以吃掉所有提供的东西！

粉色先生：他没有走2...Qxd5 3.Nc3，不然我们就能揍到他的后了。那样他就完蛋了。现在我们可以通过3.c4赢得一个兵。真的，在那种情况下他可以通过3...Bg4攻击我们的后，但是我们可以通过4.f3回击他。我真精明，不是吗？

3.c4

橙色先生：他们茫然的眼神告诉我，他们毫无头绪。当然，我对此并不是非常确定。当我们改用卡罗–卡恩开局的帕诺夫–博特温尼克变式的时候，他们也许想要通过4.d4回应我的3…c6。由于我主要是一名卡罗型棋手，我一点都不介意这个。

3…c6

金属先生：他正在送给我们一个兵！我们至少有0.26。

粉色先生：当我们把一个坚实的兵前进时，我们可以拿下c6。如果我们走4.dxc6然后他用4…Bg4攻击我们又怎么样呢？我们还是可以通过5.f3来回击他，但是……我看到了某样很酷的东西：5.cxb7!! Bxd1 6.bxa8=Q就结束了！我真是个天才！

4.dxc6

橙色先生：哇！我没想到他们会这么做。现在我的一个兵倒下了，但是之后我会通过我们的马夺回，这样我将在出子中占据优势（这给了我一个动态的有利因素和进攻的机会），同时控制d4上的弱格（一个长远的静态的优势），还可以对白方后面的d线上的兵施加压力（另一个长远的静态的有利因素）。

4…Nxc6（图16）

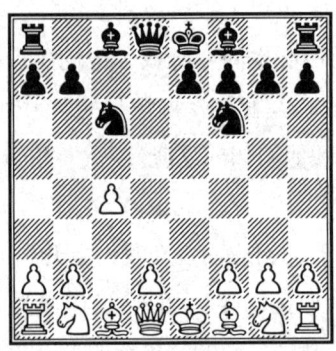

图16

金属先生：太可惜了！他换一个反扑方式都能给我们至少0.72的好处。他现在有一些发挥，但是吃一个兵是一个兵，所以我们应该感到开心。

粉色先生：所以我们已经领先一个兵。他有任何威胁吗？只是…Bg4，但是我们可以通过Nf3、Be2或者f3之类的方式来回击他。我们现在需要做的是让我们的棋子出去，然后王车易位，而且我们的额外的兵将最终带来胜利——这难道不是国际象棋特级大师们经常做的事吗？

5.Nc3

橙色先生：我拥有d4，但是我想要增加在那个方格之上的控制。我还需要让黑格象出去和王车易位。5...e5似乎能够对付所有这些问题。当然，...e5确实会削弱d5方格，但是对方目前在出子中落于下风，因此在很长的一段时间内他将无法充分利用d5。

5...e5

金属先生：0.09。我们仍然有余力并且领先一个兵。

粉色先生：他打算用6...e4来回应6.Nf3，攻击我们的马。幸运的是，我们可以走6.d3来阻止他的兵前进。接着我们可以Nf3、Be2和0-0，这样我们就可以通往荣誉之路了。

6.d3

橙色先生：好吧，我有各种各样的好位置选择，这让我有点犹豫了。6...Bb4和6...Bc5看上去都是大有可为的，虽然我并不是真的想走到c3（在6...Bb4之后），因为在bxc3之后对方也许会突然填补d4这个弱格。如果我要对准他在d3上面的弱点的话，我会尝试6...Bf5，如果形势需要，我也要准备在合适的时机在...e5-e4来一次动态上的猛攻。当我向d3堆积兵力的时候，我可以6...Bf5然后再...Qd7，接着...0-0-0！

6...Bf5

金属先生：领先0.26而且多一兵——这看上去对我们还是很有利的。

粉色先生：我们能制造威胁吗？7.Qf3袭击他的象，但是7...Nd4就可以保护它并且能攻击我们的后，同时做出威胁...Nc2+。不，我们不能这么做！我们只要继续我们的计划——出子、易位和溜进去一个兵来拿下残局。在7.Nf3之后我们没有必要去担心7...e4，因为那将会帮助我们达成靠兵获胜的残局。

7.Nf3

橙色先生：这里很难走错。我可以走7...Qd7接着是8...0-0-0然后剪掉d3，但是这会给对方时间去易位。我真的很喜欢他的王处于中间这种状态，这样我就可以走得更加挑衅一些。7...Bb4是非常吸引人的，因为它使...e5-e4更加有力。但是7...e4看上去也不错，这样可以逼他走我选择的路线。只有一个问题：在7...e4 8.Nh4之后会发生什么？8...Bg4 9.f3 exf3 10.Nxf3 Bc5怎么样？如果我能够易位的话，那么我就能摧毁他那空洞得像瑞士乳酪一样的局面。

7...e4

金属先生：白方要是走8.Nh4的话，我们就还领先0.17。就这么干！此外，我认为我们在8.Nh4 Bg4 9.f3 exf3 10.Nxf3 Bc5 11.Qe2+之后会做得很好！

粉色先生：8.Nh4能攻击他的象，但是在8...Bg4以后他就会反击我们。另外，在边缘的马不是应该很可怕吗？还是说他别有用意？好吧，无论如何我一点都不喜欢这样。并且你的8.Nh4 Bg4 9.f3 exf3 10.Nxf3 Bc5 11.Qe2+碰到11...Kd7!，这时他...Re8的威胁就能吓死我。让我们直接拿下e4然后进入一个靠兵获胜的终局的状态吧。

金属先生：但是，在11...Kd7之后我看到了很多其他的变化。我给你演示一下！

粉色先生：不。我们走8.dxe4，就这么定了。

8.dxe4

橙色先生：我可以拿下e4或者d1。既然我已经在各种局面的开端都占据了出子优势，那么这两种走法看起来都不错。我会拿下e4，并且看看他是否想要占领d8，以及让我的车加入战斗。

8...Nxe4

金属先生：让我们走9.Be3 Bb4 10.Qb3 Qf6 11.Rc1 Bh3 12.Qc2 Bf5 13.Bd3 Nxc3 14.bxc3 Qxc3+ 15.Qxc3 Bxd3 16.Nd4 0-0-0 17.Nxc6 Bxc3+ 18.Rxc3 bxc6 19.f3（19.Bxa7 Rhe8+ 20.Be3 Re4 21.Kd2 Bxc4+是0.00）19...Rd7 20.Kf2，这样我们的领先优势就会扩大到0.22！

粉色先生：你说什么？这些出子我一个也不明白。它们看起来都极其愚蠢。谁会像11...Bh3那样出子？并且即使你给的后续确实发生了，对方的象也会给出致命的一击。你快把我吓坏了，金属先生！别走那个败招，让我们走9.Be2并且试着易位吧！

9.Be2

橙色先生：他将要易位。我必须尽可能主动，不然他将会完成他的防御，或者9...Be4这种具有威胁性的出子，我必须慎重，因为10.Qb3会撞上10...Nc5。

9...Bb4（图17）

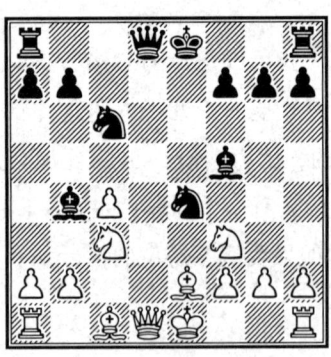

图17

金属先生：10.Qb3 Nc5 11.Qd1 Bxc3+ 12.bxc3 Qxd1+（12...Qa5!?）13.Bxd1 0-0-0，这么走完我们会落后0.34的，所以我们不能够这样做！我们必须走10.Bd2。

粉色先生：我们为什么要把我们的后走到b3然后回到d1？你在没完没了地说些什么啊！很明显应该走10.Bd2。

10.Bd2

橙色先生：他打算要大量兑子，所以我要夺取d2，并且送他一个恼人的大头钉。

10...Nxd2。我们在这里终结我们的三线作战。在**11.Nxd2**（11.Qxd2 Qxd2+ 12.Nxd2 Nd4 13.Bd1 0-0-0 14.0-0 Rhe8对白方来说是很悲惨的，因为他所有的棋子都很糟糕，而且...Bd3是一个巨大的威胁。然而，14.Nf1!是更好的防御。）**11...Nd4 12.Rc1**（12.0-0 Bc2 13.Qe1 0-0 白方处于很糟糕的状态）**12...0-0 13.Nf1**（13.0-0，并随后在13...Nxe2+ 14.Qxe2 Bd3的兑子中落于下风）**13...Qg5**（13...Qb6 也许是最好的）**14.Ne3 Rad8 15.h4** 之后，我们发现我们已经开始复盘鲍里斯·萨维琴科与卡连·艾斯利安于2007年在莫斯科展开的对弈。现在**15...Qf6**是非常牢固的：**16.0-0**（16.Nd5 Rxd5 17.cxd5 Re8）**16...Nxe2+ 17.Qxe2 Bd3**黑方在子力上占优。

这个例子的目的是什么？这些用颜色命名的棋手代表了三种真实的人的类型：

金属先生

在一个每位认真的棋手都有一个强有力的国际象棋软件的时代，我目睹了国际象棋开始普及的时刻，这种事情是前所未见的：当观看国际象棋特级大师的现场对弈的时候，众多的国际象棋爱好者都陷入了一种会传染的国际象棋狂热之中——他们认为自己完全清楚发生了什么事。托帕罗夫出了几步极其复杂的子，同时观众们在一种怪异的同步中计算了上千次："托帕罗夫领先了1.02！他就要赢了！"

他们机械地模仿着软件的评估，但是他们似乎错误地把这种模仿当作他们自己的思路。他们盯着他们的软件飞速喷出的运算结果，但是他们真的明白软件为什么这样建议吗？有的人也许会以为国际象棋棋手会看到假象以外的部分，并且不会把他自己的力量和他电脑的力量混淆。很遗憾，情况通常不是这样的。这个相同的"疾病"将继续存在于今后的国际象棋及其分析之中。

当然，一旦这些软件爱好者参加线下锦标赛，他们那捏造的实力很快就会摔得粉碎。但是他们还是可以通过一些优秀的国际象棋老师的三言两语被带回到现实中。他需要去问（一旦一个有趣的局面出现）的是："这里是什么情况？"突然间一个诚实的学生会意识到自己在自欺欺人！由于他没有掌握失衡，他不能以任何深入和尖锐的方式回答这个问题，并且只能愚蠢地告诉老师如此这般能领先0.43等等。国际象棋软件的确非常有用，但是它也可以变成一个阻碍你提高的依靠。

创造金属先生是用来表明，没有人能够像电脑一样思考，而且我们也不想这么做。国际象棋是一种情感丰富的游戏，是艺术，是竞技所制造的碰撞，也是创造的喜悦。变化的电流和显示的数字（0.21）把一种温暖、极其人性化的游戏变成某种冷酷和不可知的东西。

粉色先生

如果你没有理解失衡，你就绝对不会剩下任何东西，或者（就像在粉色先生的情况）像一个野人一样去进行基本的进攻、防御、威胁和计算。这些都是好的东西——每个人都需要他们。但是你自己只想要这些简单的基础知识吗？

橙色先生

虽然橙色先生不像他的对手一样会相当深入的计算，但是他比他的任何一个敌人都看得更远。失衡给了他一个全面的局面教学，为他提供了一个对安定的静态局面和更急剧的动态局面的坚实理解。

回来看看所有的注释。很明显橙色先生是唯一一个对局面的秘诀和最终价值有想法的。现在我们聊聊你——本书的读者。也许你不能很好地计算，或者也许你比橙色先生更加会计算（如果你有能力去快速而深入的计算的话是一件好事，但是失衡的知识常常会帮你度过难关，即使仅限于你的两三步棋的顺序），但是你为什么不想成为橙色先生一样的人呢？如果你想，那么你正在以你的方式去获得大多数棋手（由于理解不了我的原因）所并不具备的知识。

> **理念**
> 国际象棋软件可以提供不错的帮助，但是它也可以变成一个阻碍你提高的依靠。

1.1.12 与棋盘对话，它会与你交流

当轮到自己出子的时候，每个人的心中都会有各种对话。大多数棋手茫然地盯着棋盘，思考着"我走这他走那，然后我走这他走那！"这是纯理论的计算，通常基于恐惧、挑衅，或者单纯地渴望去找到某些——任何——听起来很合理的东西。然而，如果我阻止你计算然后问你："你能口头告诉我如何打破这个局面吗？"你给出的可能性不会有太多道理。不要犯这种错误：在任何情况下，你都应该能够用你达到任何局面的优缺点去训诫其他的棋手！并且，如果不能把握局势的脉搏，如果你不知道双方都需要去实现些什么，那么你怎么能够找到合适的棋步呢？这就像问路去一个未知的地方。

这就是为什么大多数棋手感觉像迷失在了茫茫大海里面。他们感觉自己不知道正在发生什么，所以尝试着通过寻找威胁以及寻找办法去创造威胁来修补漏洞。他们知道哪里不对劲——某样东西不见了。但是他们不知道怎么去处理它，这造成了一种无力感。当我告诉你它不必这么发展的时候，请相信我。

是时候变得疯狂一点了——一旦你掌握了失衡（你从头到尾读了这本书的话，你一

定会掌握失衡！），而且是时候该与棋盘亲近一点、亲密一点了。总而言之，通过做下列的事情，你会理解大量与局面有关的知识。

首先是哈米吉多顿①之谈：

确定你已经注意到了对方的任何潜在威胁，同时快速搜寻任何可能出现的基本战略主题。等级分在1800以上的棋手通常会潜意识地完成这些事情。然而，如果你的等级比较低，有犯错的倾向，或者觉得你有严重的战略问题，那么花一点时间掌握这些事项会是一个好主意。

一旦你已经确定那个强力的雷神之锤没有打算要落到你的头上，那么是时候要有一些更高层次的考虑了。

▶ 确定双方的失衡。

▶ 然后问棋盘（通过内心的对话）："哪步棋或者哪些棋试图充分利用这些因素？"

相当简单！

让我再强调一遍，你不应该每时每刻都要按着计划走（不要让你自己被这些分心），而应该根据失衡的情况来移动棋子。正如我们看到的，如果你这样做了，计划通常会自己具体化。

让我们看看失衡是怎样控制双方棋手在棋局中的进程的。

加塔·卡姆斯基 对阵 维塞林·托帕罗夫，2009年 索菲亚

1.e4 c6 2.d4 d5 3.e5 Bf5 4.Nf3 e6 5.Be2 c5 6.Be3 cxd4 7.Nxd4 Ne7 8.Nd2 Nbc6 9.N2f3 Bg4 10.0-0 Bxf3 11.Nxf3 g6

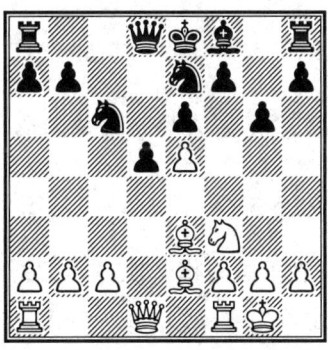

图18

图18中，白方说道："他将要走...Bg7，把我牵制在e5兵的防御上。我的有利因素是

---

① 哈米吉多顿：即 Armageddon，语出《圣经》，指世界末日时善与恶最终决战的地方。——编者注

f6上的弱格、他的...g6为我制造的出子上的优势和他的中心的王。所以我必须在他通过简单的...Bg7和...0-0改正那些错误之前找点事情做。

"12.Bg5，盯着f6，这样他只要走12...Bg7就能让我完不成任何事情，因为接下来会有13.Bf6？Bxf6 14.exf6 Ng8，这样我的兵就被他干掉了。那我就只能走12.Qd2然后再走13.Bh6（兑掉对方的黑格象会放大对方在f6格的弱势，同时会让他的王有一点点危险），或者走12.c4，试着从边缘打开局面。

"12.Qd2 Bg7 13.Bh6 Bxh6 14.Qxh6 Nf5 15.Qd2 Nh4还不够，所以我会走12.c4，并且在他王车易位之前尝试并作出一些行动。"

12.c4

黑方说道："这步棋很有意义，它在设法打开局面。然而，如果他夺得d5，我的马将会在那里找到一个很好的家（并且那里会有一场象和马的战斗，因此我想要我的马尽快到达一个好的位置）。既然没有东西令我担忧，我就继续通过我的...Bg7来为难他。当然，他可以在d5上阻止我通过Bc5易位，但是如果我仅仅通过...Bf8走回去又怎么样呢？我的王在g7的话会相当的高兴，最不济我也还有一个马坐在极佳的d5方格上。"

12...Bg7

白方说道："他打算易位，所以我必须用13.cxd5跟进。"

13.cxd5 Nxd5

黑方说道："我还有这么一个马！没法更糟糕了！"

14.Bc5

黑方说道："当然啦，我的王在中心，因此我并不打算做任何像14...Nxe5？？15.Nxe5 Bxe5 16.Bb5+这么疯狂的事，那样我就真的要认输了。然而，不管兑什么子或者是黑格上的象我都不会有任何问题。"

14...Bf8

白方说道："我不打算走到f8，因为那将会帮助他把他的王易位。我反而会尝试15.Qc1，准备占据f8然后Qh6+。"

15.Qc1

黑方说道："这是一步很有意思的棋。他打算走到f8，然后等我...Kxf8之后，用Qh6+来阻止我Kg7的计划。我也不太打算15...Bx5 16.Qxc5 Rc8 17.Rac1。这不是世界末日，但是他正在设法阻止我护卫我的王。为什么要让他得逞呢？15.Qc1的问题，对于我来说似乎是他将他的后放到了我的车能够占据的那一列上。确实，在15...Rc8 16.Bxf8之后我就能实施一些策略了。"

15...Rc8 16.Bxf8 Nd4

白方说道："好了，你能做什么？当一个人棋艺好的时候，他就能下得好。他没有让我实现任何目标。"

17.Qd1 Nxe2+ 18.Qxe2 Kxf8 19.Rac1 Kg7

白方说道："好的，我彻底一无所有了。时间越来越紧迫，棋局要被逼平了。"

的确，棋局在43步时以平局结束了。注意所有沉思是如何以失衡为中心的，和所有的变化是如何以失衡为参照的。这种逻辑的局面解构对大师有用，并且也对你有用！

我们的下一个例子会展示，基本的失衡对话是如何能够在棋局中帮助解决对双方而言都很复杂的局面的。

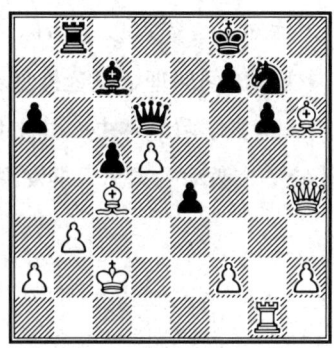

图19 白方先行
利维乌-迪特·尼斯皮亚努 对阵 瓦迪姆·米洛夫，2005年 华沙

图19这个局面相当紧张。白方可以注意考虑在a6、c5、e4、f2和h2上的潜在弱兵，但是经验告诉他如此一个动态的局面需要一个动态的解决方法（我们将会在第六章讨论动态对静态的问题）。一些东西一定已经引起了白方的注意：黑方的马被牵制住了，如果象不在h6上，Qh8+将会获胜，如果Qf6可能的话，那将会赚到一个马，此外如果能够走d5-d6，那将会为白方白格象打开a2-g8的对角线——事实上这也许能很好的增加攻击黑方的王的力量。

如果我们寻找一步能包括所有这些因素的棋，那么它会是1.Bf4，但是那会败给1...Qxf4 2.Qh8+ Ke7 3.Qxg7 Qxf2+。所以Bf4会是理想的，如果它无法被抵消。许多棋手也许就会这样放弃它并走其他棋步比如1.Bg5，这包含了我们之前讨论的一些要点——1...Kg8让白方通过2.Be7解除d列的通路兵的束缚，同时1...Qxh2彻底输给2.Qxh2 Bxh2 3.Rh1，这样黑方的象在撤退之后就会让白方的车在h8上着陆成为可能。所以，在1.Bg5以后黑方很大可能被迫通过1...Nh5来阻断h列。2.Qxe4对白方来说是着好棋，但是他感觉他本应该做得更好。

在棋局中，白方知道Bf4是理想的但是并非直接能用的，他用尽方法去找到一步能让

Bf4成为现实的棋，而不是说"我不行"。

1.Rg4!

赢了。2.Bf4非常有威胁，并且黑方没有好的方法去对付它。

1...Qxh2

很无奈，黑方被立刻击败了。然而，这时黑方完全无法做出防御：1...Qb6会被2.d6 Qxd6（2...Bxd6 3.Qf6）3.Bf4和2.Rxe4 Kg8 3.d6 Qxd6 4.Bf4击败。也许1...Kg8是最好的，但是接着2.Bf4 Qd7 3.Bxc7 Qxc7 4.Rxg6简直是场灾难。

2.Qf6，1–0。黑方不希望看到2...Be5 3.Bxg7+ 或者2...Qxh6 3.d6。在第四章的心理漫谈部分，会有更多关于"我想这样做和我会找到方法"这种心态的描写。

你现在知道失衡是什么了。你知道失衡可以帮助你理解在大多数局面正在发生什么。并且你要对每一处独立的失衡有深刻的理解，这样你会飞速超越那些曾经与你水平相同的人。如果你准备好全情投入地去学习这本书，如果你准备好沉浸在富有启发性的概念中，那么前往下一章节，开始一个激动的国际象棋发现之旅吧。

小　结

▶ 失衡的分类
- 更胜一筹的轻子
- 兵的布局
- 空间
- 子力
- 关键竖线的控制
- 对弱格的控制
- 在出子中占据优势
- 主动权（虽然我常常把它称作"推进你的进程"）
- 王的安全
- 静与动的对抗

▶ 失衡是双方在局面上出现的所有值得注意的差异。

▶ 如果你想成功，那么你必须根据现有的具体局面当中的"失衡倾向标准"发展的情况，来决定你的出子和计划，而不是根据你的情感、感觉或者恐惧！

▶ 失衡就像地图一样告诉每一方去做什么。

▶ 失衡的意识是一种能够自然而然，并且不假思索地去利用失衡的意识。

▶ 失衡是计划的入口。

▶ 失衡会独自引领你在大多数情况下正确的出子，或者帮助你创造一个详细的计划。

▶ 主动权是心理较量的有形表现——双方都在捍卫他们对事物的观点，希望对手不得不放弃他自己的计划并且应付你的计划。因此，我通常称之为"推进你的进程"。

▶ 国际象棋软件可以提供不错的帮助，但是它也可以变成一个阻碍你提高的依靠。

▶ 哈米吉多顿之谈是指：确定你已经注意到了对方的任何潜在威胁，同时快速搜寻任何可能出现的基本战略主题。等级分在1800以上的棋手通常会潜意识地完成这些事情。然而，如果你的等级比较低，有犯错的倾向，或者觉得你有严重的战略问题，那么花一点时间掌握这些事项会是一个好主意。

第二章

轻　子

2.1　马——棋盘上的精神病患者　31

　　小结　49

　　马——习题　51

2.2　象——对角线的神行太保　53

　　2.2.1　积极的象　53

　　2.2.2　有用的象　57

　　2.2.3　高个子兵　61

　　2.2.4　异色格象　67

　　小结　72

　　象——习题　73

2.3　象 vs 马 旗鼓相当的比赛　75

　　2.3.1　感受轻子的力量　76

　　2.3.2　双象　80

　　2.3.3　象 vs 马　85

　　小结　99

　　象 vs 马——习题　100

2.1 马——棋盘上的精神病患者

有时候，马——或者我们说的浑蛋、霓虹灯、跳跃者、章鱼、乌贼、骑士——是很像小丑的。他们跳过其他的子，他们以一种奇怪的醉酒步态来回腾跃，他们的移动方式使他们和国际象棋中的其他子相比，就像外星人一样。当我们看到一匹马像章鱼那样威胁整个皇室成员时（同时攻击王、后和两个车），我们会不自觉地发笑。然而，正如任何了解小丑的孩子们会告诉你的，在他们身上存在着一些可怕的事情。他们看起来很温顺，但是在他们虚假的表象和马一样的笑容背后，暗藏着精神病的实质，因而没有什么是安全的。

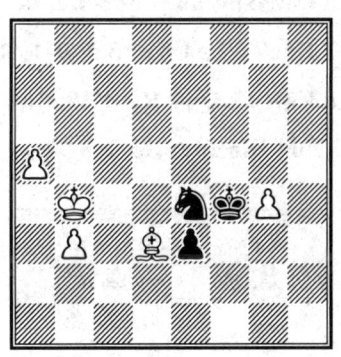

图20　黑方先行

我看过我的一个学生在ICC（国际象棋在线俱乐部）上的一盘随机一分钟对局（图20）。我认为他（他是黑方）会在这里认输。然而，与其说我看了一局棋，不如说我看了一出悲喜剧（或者说是看了一集《辛普森一家》[①]）。

63...Nf2 64.Be2 Nxg4 65.a6

"好了，"我想，"结束了，黑方是时候认输了。"当然，我没有预料到黑方的马真的是隐藏起来的凶残恶魔，它已经准备开始一场盛宴，把眼前的东西都吃掉。

65...Ne5 66.a7 Nc6+

咚！

[①]《辛普森一家》：即"the Simpsons"，是美国福克斯广播公司出品的喜剧动画片，1989年正式首播，截至2015年已出品27季。——编者注

67.Kc5 Nxa7 68.Kb6 Nc8+ 69.Kc7 Ne7 70.b4 Nd5+

咚！

71.Kd6 Nxb4 72.Kc5 Nc2 73.Kc4 Kg3 74.Kc3 Kf2 75.Bc4 Ne1 76.Kd4 Nf3+ 77.Ke4 Nd2+

咚！

78.Kd4 Nxc4，0-1，对白方来说真是一场巨大的悲剧，但是黑方一定对自己十分满意！

我可以想象你们很多人会告诉我："那又怎样？白方突然出现巨大失误，把到手的全部优势都毁了。一个优秀的国际象棋棋手一定不会成为这种愚蠢错误的受害者。"

有人可能认为是这样，那让我们来看看第15届世界国际象棋冠军赛上阿南德的一盘对局。他绝对算得上是"非常优秀的国际象棋棋手"了，不是吗？

维斯瓦纳坦·阿南德 对阵 瓦西里·伊万丘克，2007年 莫斯科 世界国际象棋快棋锦标赛

1.e4 c5 2.Nf3 e6 3.d4 cxd4 4.Nxd4 a6 5.Bd3 Bc5 6.Nb3 Ba7 7.Qe2 Nc6 8.Be3 d6 9.N1d2 Nf6 10.f4 0–0 11.Bxa7 Rxa7 12.g4 b5 13.0–0–0 Rc7 14.Rhg1 Qe7 15.Kb1 Nd7 16.g5 Bb7 17.Rg3 Nb4 18.Rh3 g6 19.Qg4 Rfc8 20.Qh4 Nf8 21.a3 Nxd3 22.cxd3 h5 23.gxh6 Qxh4 24.Rxh4 Nh7 25.Nd4 Nf6 26.N2f3 Re8 27.Ng5 e5 28.fxe5 dxe5

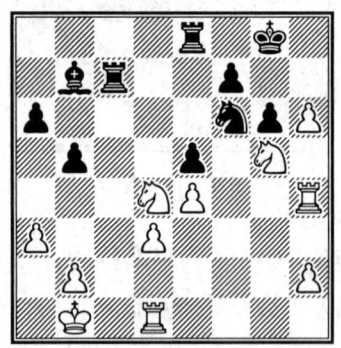

图21　白方先行

图21这局对弈是本届锦标赛的决赛，其结果将会决定谁将成为国际象棋快棋世界冠军。换句话说，他们必须下得很快，但这真的是很严肃的一件事！阿南德目前已经在局面上占据了很大的优势。

29.Ndf3??

这一局的马之神并没有保佑阿南德。他错过了29.h7+ Kg7（29...Kh8 就很容易走出30.Rf1）30.Nde6+!（被动物攻击总是一件可怕的事）30...fxd6 31.Nxe6+ Kh8（31...Rxe6会导致32.h8=Q+）32.Nxc7。局面原本可以对白方非常有利，但是白方忽略了这个可能性，并给了黑方一个喘息的机会，黑方的单马突然把整个局面攥在了自己手上（蹄子上）。

29...Nh5! 30.Rg1?

白方错过了保持最后一点优势的机会：30.d4 exd4（更冒险的走法是30...f6? 31.dxe5 fxg5 32.Nxg5 Kh8 33.Rd6）31.e5 Bxf3 32.Nxf3 Kh7 33.Rhxd4 Kxh6 34.Rd6。

30...Kh8

白方可以通过Rxh5做出威胁，这样会在g线上创造一个令人头疼的闪将机会。

31.Nh3

阿南德的原本很有威胁的马已经彻底进入了撤退模式。

31...Bc8 32.Nf2 Nf4

一个很好的位置，但是谁能想到这个原本默默无闻的黑方单马会在几步之内突然疾驰起来，并凭借一己之力赢得比赛？

33.Nxe5??

这匹马高傲地踩扁了f4马的护卫。

33...Ne2

啊！突然之间白方的e5马和g1车同时遭受攻击。

34.Re1 Nd4

黑方的马看起来毫不留情。现在白方e5的马仍然受到攻击，所以白方把它移到了安全的地方。公平地说，白方无法再做出令人满意的回应了——黑方的马已经渗入到了白方的地盘中，而且众所周知，马的咬伤是没救的。

35.Neg4

35.Nfg4 Bxg4 36.Nxg6+ fxg6 37.Rxg4 Kh7是一个更好的选择，但仍然无济于事。

35...Nf3（图22）

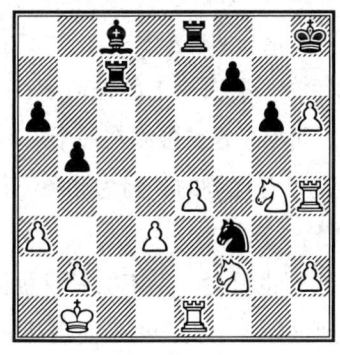

图22

咚！是的，这甚至发生在世界冠军身上。两个车都受到攻击，而且对此束手无策。

36.Nf6 Rd8

黑方把车移到了安全的地方。黑方对e1车和h4车的双击并没有消失。

37.Nd5 Rb7，0-1。白方现在将要完全落后一个车。如果我是伊万丘克，我一定会把那匹黑马带回家，装裱起来，挂在墙上，这样我在以后生命中的每一天都可以满怀爱意地欣赏它。

> **要领**
> 这就是为什么许多业余爱好者害怕马的原因——它们非常狡猾，值得你的尊敬与重视！

这两盘棋给了我们一个教训：马是非常狡猾的棋子，并且完全有能力给敌方施加难以预料的打击。实际上，如果你看到哪本书试图让你相信象比马更有价值一些，那么你可以完全唾弃它，并且想想可怜的阿南德经历了什么！

既然我已经让你看到了马真的是一个可怕的棋子，那现在我们来细致剖析一下马，看看什么让它发威，又是什么让它难以发挥优势。由于马和象总是相互遏制，我们将会对他们做一个特定的比较：

- 马是轻子（和象一样），我们通常认为马的棋力值是3分（和象一样）。
- 轻子本身是一个失衡的因素，知道怎么合适地使用它们将会让你在对局中占有很大的优势。
- 马是对方通路兵的最佳抵挡者，其原因是显而易见的：不像其他的子，在对方兵前面的马不会丢失它的机动性。这是马的优势！图23给出了解释。
- 马是短程的子，和可以一次移动就穿越棋盘的象不同，马受到了更多的限制。这是象的优势！图24给出了解释。
- 马可以跳过其他的子，其他的任何东西都不可以（好吧，我的猫也可以，但是它不在考虑范围内）。这是马的优势！
- 马有潜力攻击和防御每一个黑白格上的任何子——这可能需要挪几步，但马最终还是可以到那里的。而象总是被限制在一个颜色的格子里。这是马的优势！
- 在封闭的局面中，马是很有优势的，因为和象不同，兵不能挡住马。这是马的优势！图25给出了解释。
- 马需要一个好的支撑点（也就是一个不会轻易被敌方的兵攻击的安全格）。因为马是短程的子，找到这样一个安全格是使用马的战略中一个很重要的部分。
- 当马在棋盘上向前移动时，可以获得更大的威力。

作为经验法则：

- 被困在第1行和第2行的马是防御性子力，并且弱于一个线路通畅的象（被限制的象则是另一种情况）。
- 在第3行上的马是一个灵活的子力，可以在一步之内进行防御性和攻击性转换。在第3行上的马通常有着重要的中心影响力。图26给出了解释。
- 在第4行支撑点上的马是一个非常强大、灵活的子力。你可以指望它很好地完成防御性和攻击性任务。图27给出了解释。
- 在第5行支撑点上的马是一个值得注意的子力。它是一个强有力的进攻武器，并且通常比象更有优势。图28给出了解释。
- 在第6行支撑点上的马简直可以让妇孺喜极而泣。此时的马已经转变成了章鱼，它的很多潜在优势在各个方向表现出来，并且把敌方的领域占为己有。通常，这样的一个马甚至比车更强大。图29给出了解释。
- 在第7行和第8行上的马给了我们一个威力减弱的实例。一旦越过了第6行，马将不再能控制那么多的区域，因为它可达的范围超出了棋盘的范围。通常，走到如此靠前的路的马通常扮演着战术性的，或者探索性、破坏性的任务。

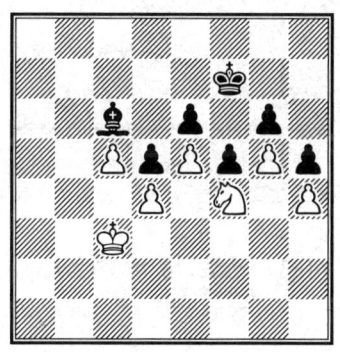

图23　白方先行
马扮演着终极封锁者的角色

图23这个局面是一个对实施封锁的马和实施封锁的象的区别的形象解释。白方的马牢牢地挡住了黑方f通路上的兵，但由于它可以跳过其他的子，它还是一个潜在的攻击点。这个局面下e6和g6的兵都在白方马的攻击之下。相比之下，这里的象就只具有防御功能。由于白方的王是可以随意移动的（而黑方的王明显是不可以的），这时白方就很容易取胜了：**1.Kb4 Be8 2.Ka5 Ke7 3.Kb6 Kd7 4.Kb7**随后兵c6即可。

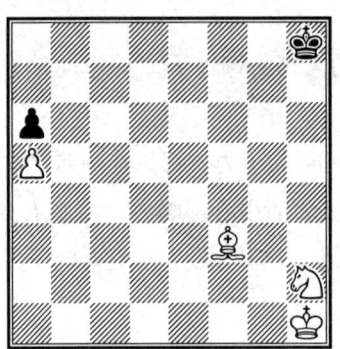

图24　象是"距离之王"

图24中，马至少要走4步才能攻击到远处的a6兵（例如Ng4、Ne5、Nd3、Nc5）。然而，象只需要一步就可以威胁到那个兵（Be2或者Be7）。

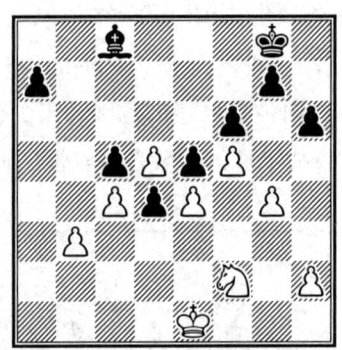

图25　黑方先行
马是封闭局面的主宰，对于黑格和白格，马都可以攻击到

图25中，白方的马可以走到d3，然后就能威胁到c5兵。在这个封闭局面下，黑方的象十分郁闷，它对此无计可施，这也意味着它已经彻底失去作用。如果黑方变得绝望，走出了可怕的**1...a5 2.Nd3 a4 3.bxa4 Bd7**，然后白方可以通过**4.Nxc5**（是的，4.a5也意味着黑方可以认输了）吃掉了黑方的兵（在黑格上），同时攻击黑方的象（在白格上），并且防御着a4的兵（也在白格上）。

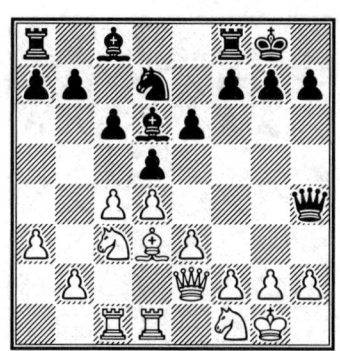

图26　白方先行
在第1行和第3行上的马

图26中，黑方有两个象，但是白方在出子上占据优势，同时拥有更多的中央区域空间。f1的马给予h2点牢固的支撑（它算不上是一个最好的攻击手，但是这个马确实起到了很好的防御作用）。同时c3的马在给d5格施压，并且可以保障白方通过**1.e4**加大对d5的压力，以及扩大白方的空间。

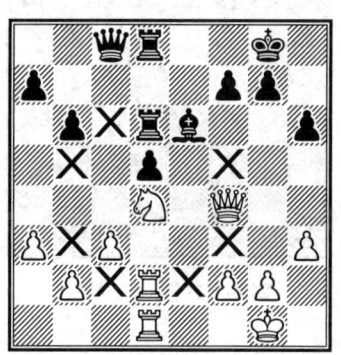

图27　在第4行上的马

图27这里的白方马是个威风的棋子。除了防御第2行和第3行的几个格子之外，黑方会一直担心白方马跳到b5、c6、e6或者f5。最重要的是，这个马牢牢地挡着黑方d线上的孤兵，并且如果它选择向后跳，通过Ne2、Rd4、Qd2以及Nf4之类的路线参与到对d5兵的直接攻击中，将会给黑方的局面带来巨大的压力。

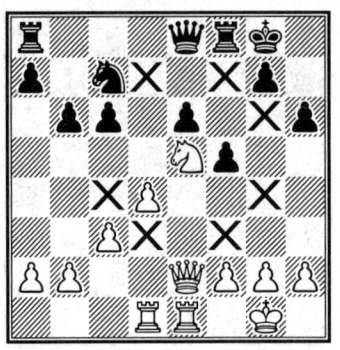

图28 在第5行上的马

图28中，白方充满生机的马明显胜过黑方防御性的马。e5的马在一个永久的支撑点上，并且控制着c6、d7、f7和g6格——它们都在敌方阵地的深处。注意黑方的马不能在d5格安家，因为兵通过c3-c4就会把它赶走。

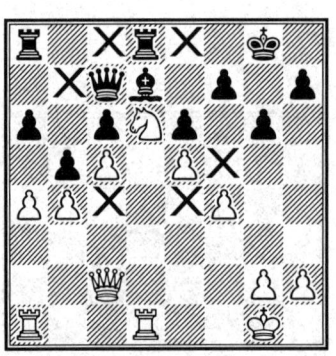

图29 在第6行上的马

图29中，这个局面对黑方来说是完全绝望的。白方的马像怪兽一样强大，而黑方的象却毫无用处。我们可以看到白方的马对黑方阵地深处的几个格子都施加着攻击。尽管很明显，马跳到第7行和第8行时可控制的格子数会变少，但如果可以得子或者取得其他好的效果，马也可以选择跳到那里。

这里白方可以实施几个有效的战术。一个是Ra3，接着Rda1、Qa2、axb5，这样a列就变成了一条决定性的通路。另一个是Ne4-f6（一个新的第6行位置）、Rd6等等。

由于马是短程子，你需要冷静地把它们走到理想的位置。这可能需要2~3步，但这是必须完成的。有些棋手对此存有疑惑，因为他们认为这需要太多的时间，而且如果在一些战事胶着的局面下——这时时间甚至比生命更重要，大多数棋子都在前后快速移动——花费时间移动马的确不是一个好主意。然而，大多数局面并不会这么狂乱，这时建立你的局面（出子、创造一个好的中心兵、对敌方的弱兵施加压力等等）通常才是该做的事。

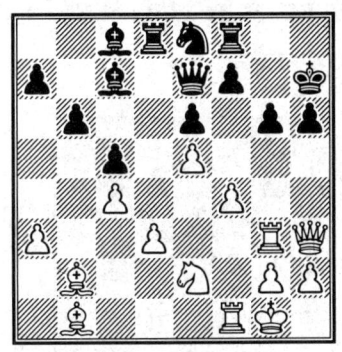

图30　白方先行
杨·涅波姆尼亚奇 对阵 斯特兰·布吕纳尔，2007年 维克安泽国际象棋大师赛C组

图30中，白方很明显拥有一个很棒的攻击型局面，而黑方甚至没有攻击的可能（他的反击在哪里？）。在当时的棋局中，白方有一些激动，为了立刻获得优势而采取1.Bc1（威胁2.f5）1...Rh8 2.Rg4，但是在2...Ng7之后，黑方的防守更加稳固了。其实，白方应该利用e2上的目前没有帮到队友的马来提升局面的优势。这个马应该去哪儿呢？e4怎么样？那看起来是一个很好的支撑点，在e4格它向前控制着d6、f6和g5格（如果黑方e8上的马移动，白方就可以通过Nf6+发起进攻）。既然我们知道这个马的位置应该被前移，而且我们知道e4是最佳位置，剩下的唯一问题就是如何到达那里。其答案不需要任何计算：1.Nc3，然后2.Ne4就可以了。有些人也许会担心黑方会在**1.Nc3 Bb7 2.Ne4 Bxe4 3.dxe4 Rg8**之后换掉白方的马，但如果这么做的话，黑方就会注意到自己的王翼在**4.f5**（由于d3兵到了e4而变得可能）之后将面临巨大的压力。

> **要领**
> 国际象棋是一个团队游戏。如果可能，确保你的每一个子都参加了战斗。

你应该关照到你拥有的每一个子。如果你的象在撞墙，就要为这个可怜的子找到（或者创造）一条能出去的斜线！如果你的马呆在那里无所事事，那就把它拖到前线去，让这个懒东西去干活！

1.e4 e6 2.d4 d5 3.Nc3 Nf6 4.e5 Nfd7 5.f4 c5 6.Nf3 Nc6 7.Be3 a6 8.a3 cxd4 9.Nxd4 Bc5 10.Be2 0-0 11.Qd2 Qc7 12.Bf3 Nxd4 13.Bxd4 Nb6 14.Ne2 Bxd4 15.Qxd4 Bd7 16.b3 Bb5 17.Nc3 Rcf8 18.Nxb5 axb5 19.Be2

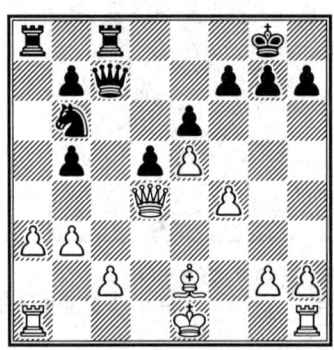

图31 黑方先行
维塞林·托帕罗夫 对阵 瓦西里·伊万丘克，2008年 MTel国际象棋大师赛

图31的局面对黑方更有利，但是对于注意到e2上的开放性的象、b5上的叠兵是个孤兵兼弱兵以及白方在中路和王翼有优势的人来说，这个结论显得有些令人惊讶。然而，黑方也并不是没有优势。毕竟，黑方的确在后翼拥有更开放的空间，并且白方a3和c2上的弱兵也受到很大的攻击压力。

那么为什么黑方的局面并不显得那么振奋人心呢？是那个马！它很糟糕，白方的象与之相比拥有毋庸置疑的优势。稍微观察一下这匹马就会让我们接受这个观点——毕竟，这匹马需要黑方的后来保护。这匹马又可以去哪儿呢？到a4和c4都是行不通的，也是废话。这匹愚蠢的马只能废话不断、摇手指、咆哮！我用了"废话"这个词因为所有人都可以发现这个问题，但是很少有人可以真正做些什么来改进这个局面。很明显这匹马和一只山羊无异，但是如果你是黑方，他就是你的羊，也是你的责任来提升它的命运。

只有当你在心理上进行从"我快要完蛋了！"到"我必须修好它！"的转变，才能找一个解决办法。很明显，当明白这匹马在b6格上没有前途（混杂着一种积极向上的精神面貌）之后，这个解决方法就很容易找到。

19...Nd7!

所有走马的方式中唯一不丢子的方式！现在这匹马不再被白方的后牵制，这也意味着黑方的后完全自由了！20...Qxc2是有威胁的，20.Bxb5??会导致黑方20...Qa5+立即吃掉白方的那个不设防的象。

20.Ra2

这一步并不好，但是20.Bd3 Nc5 21.Be2（21.0-0 Nxd3 22.cxd3 Qc3使白方不可能保护到d3、b3、a3兵）21...Na6!（黑方的马立刻在棋盘上积极起来了）22.Bd3 Qa5+ 23.Ke2（23.b4? Nxb4!）23...Nc5 24.Ra2（24.b4 Qa4 25.Rhc1 Nxd3 26.cxd3 Rc2+）24...Nxd3 25.cxd3 Rc3 26.b4 Qc7则毫无疑问黑方已经占据了优势。

20...Nb8!

一度在四处躲避的马，已经想要跳到c6去捉白方的后，同时创造了...Nb4的战术计谋（a3兵就被钉住了）。

21.0-0 Nc6 22.Qd2

如果改走22.Qd3来盯着b4格，那么22...Nb4就会直接导致丢子。

22...Qb6+!

一个重要的细节使白方的王不得不移动到角落。这意味着黑方底线闷杀的威胁已经出现，并且在最终残局中白方的王将无法靠近中心。

> **要领**
> 如果你的一个轻子没有发挥作用，就让这个懒东西去干活！对于马来说，一厢情愿地想并不能把它移动到理想的位置——这取决于你找到一个方法让它跳到那里去。

23.Kh1 Qa5+! 24.Qxa5

Rxa5现在有了像...Nb4、...Nd4和...Rca8这样的威胁（都把攻击目标瞄准了a3和c2上的容易被攻击的兵），这些威胁给了黑方各种获得优势的机会。这盘棋的后续受到了时间紧张的影响，但是黑方最终合理地获得了胜利：**25.Raa1 Rca8 26.Rad1 Rxa3 27.Bxb5 Nb4 28.c4 R8a5 29.f5 exf5 30.g4 Rxb3 31.gxf5 Re3 32.Rb1 Nd3 33.e6 d4 34.Be8 Nc5 35.Bxf7+ Kf8 36.f6 gxf6 37.Rxf6 Ke7 38.Rh6 d3 39.Rxh7 d2 40.Rg1 Re1 41.Bh5+ Kxe6 42.Rg7 Ne4 43.Rg6+ Ke5**，0-1。我和一个朋友（一位国际大师）一起看这局棋，这时他脱口而出："这会儿谁的轻子好呢？嗯？谁的呢？"黑方这匹马一度呆在可悲的b6格上，之后却完成了一个华丽的转变。

你现在应该知道了马的基本知识，并且你应该知道如果你的马没有参与到战斗中来，你应该想办法让它参与进来！这并不简单，但这首先要从你意识到这个问题开始：① 这里有问题；② 一旦你发现了这个问题，你必须致力于解决它。

我们在谈论知识的混合，对于失衡的敏锐感知，以及想要提升你的棋力到一个更高层次的意志力。我们的下一个例子（图32）就是一个很好的示范：已有的知识告诉你马在靠前的位置上是很强大的（第5行和第6行是最佳的位置）。你应该不难发现，如果黑方失去了白格象的保护，c6格将会是一个弱格，此外把马移动到f5格也是一着值得赞赏的好棋。意志力会让你坚持把这些元素转变成对自己有利的现实。

迈克尔·罗伊茨 对阵 沙巴·巴洛格，2007年 伊拉克利翁

1.Nf3 Nf6 2.g3 d5 3.Bg2 e6 4.0–0 Nbd7 5.d3 b6 6.c4 Bb7 7.cxd5 exd5 8.Nc3 Be7 9.e4! dxe4 10.dxe4 Nc5

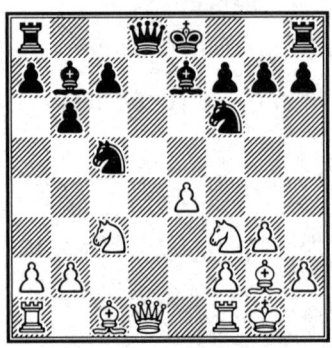

图32 白方先行

图32中，白方多出一个中路兵，并且这个e线的兵给了白方中心空间的优势。黑方的王还没有完成易位，与完成易位后的情况相比，现在的局面给了白方更多的选择（比如，黑方在把王移动到安全位置之前是不想开始正面战斗的）。刚刚我提到了c6格的潜在弱格和f5格这个很好的前哨点。掌握这些信息，白方的下一步就显得十分有意义。

11.Nd4!

白方立刻同时瞄准了c6和f5。

11...0–0

11...Nfxe4? 无异于自杀，因为这暴露了自己尚未易位的王：12.Nxe4 Bxe4（12...Nxe4 13.Re1）13.Bxe4 Nxe4 14.Re1 Nf6 15.Qe2，这盘棋已经可以结束了。

12.e5! Bxg2

也许黑方应该考虑12...Nd5，尽管这会给白方一些可以简单地获得优势的方法。其中最简单的：13.Nc6 Bxc6（13...Nxc3?? 14.Nxd8 Nxd1 15.Nxb7获胜）14.Nxd5这样就可以通过14...Bxd5（14...Bb5!? 15.Re1 Rc8 16.Qg4）15.Bxd5使白方在开放的局面当中拥有两个积极的象。

现在，在12...Bxg2之后，白方可以到达c6格。

13.Kxg2 Nd5 14.Nc6

马中的哥斯拉怪兽！

14...Nxc3 15.bxc3 Qe8 16.Qd5

这个c6上的马使黑方的所有攻击力陷入瘫痪之中。黑方离彻底失败还有一段距离，但是这样一个艰难的防守任务并不好处理，而黑方也很快走向崩溃：**16...Kh8?**（他本可以通过16...Na4 17.Bd2 Bc5将自己的劣势最小化）**17.Ba3 f5 18.f4 Rg8 19.Rad1 Bf8 20.Nd8!**（一个到了第8行上的马！它很少走到那么远，而且这么干通常也没什么大用，但是这个局面下21.Nf7+和21.Qxa8的双重威胁足以让白方获胜。）**20...Rxd8 21.Qxd8 Qa4 22.Bxc5 Bxc5 23.Qd2 Qe4+ 24.Rf3**，1–0。

至此我们看到了应该如何正确地使用马，但是怎样与这个可怕的棋子斗争呢？为此，你需要知道以下这些要领：

克制马的战略：如果你能够占据（或者让它无法使用）它们向前的支撑点，马就会失去相当一部分的行动能力。

> **诀窍**
> 精通国际象棋靠的是知识、洞察力和意志力的综合。

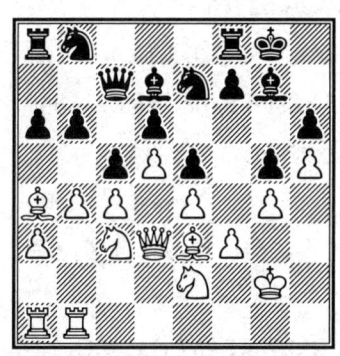

图33　白方先行
杰里米·西尔曼 对阵 F.R.（1539），2004年 洛杉矶练习赛

我在给各种学生上课时，都会很经常地使用图33这个局面来给学生们解释黑方面临的问题，并让学生执白方，我执黑方和他对弈。

这个局面的一个关键点就是f5和f4这两个弱格。白方会想要最终在f5格上放置一匹马，而黑方也不介意把马移动到f4格上。白方的马到达f5格完全没有问题（从e3或者g3），而黑方的马不能到达f4格，因为e6格和g6格（需要从这里跳到f4格）都是不可到达的。当然，白方并不一定要急于走Ng3-f5，因为这会给黑方机会将其兑掉。因此，白方可以在马能够长期呆着的时候再选择跳到那里——比如，在大多数子已经被兑掉之后的残局，一个在f5安全扎根的马可以吃掉d6或者h6的兵，或者到最后的时候迫使黑方安排子力去保护这两个兵。

在图33中黑方面临的另一个问题：他的黑格象在一个非常不好的封闭格子上。黑方在棋盘上的每个部分都处于空间劣势。唯一能够被打开，并且主要子力可以突破的地方就是后翼，但很明显白方已经在那里严阵以待。

> **要领**
> 如果对方的子不能到达某个弱格，那这个弱格就不构成威胁。

注意到白方为了把自己的"坏"象从兵链中脱离，而将其移动到了a4格。这意味着白象在这个格子上变得积极，或者可以和黑方保护f5格的白格象交换。

1.Rb3

由于白方并不担心黑方...cxb4，他决定保持b线兵对黑方的压力，并且在打开b线之前将力量扩大三倍。

1...Bxa4

1...cxb4 2.axb4（2.Rxb4也不错）2...Rc8 3.c5 bxc5（3...b5 4.Bxb5）4.bxc5这样白方即将获胜，因为4...dxc5 5.d6 c4 6.dxc7 cxd3 7.cxb8=Q使白方有了一个子的优势。

2.Nxa4 Nd7 3.Rab1 Rab8 4.Rab2 Rfe8

白方在如下几步之后还是会赢：4...Rfc8 5.Qb1 cxb4 6.Rxb4 a5 7.Bxb6 Nxb6 8.Rxb6 Rxb6 9.Nxb6，如果4...b5 5.bxc5 bxa4 6.Rxb8 Nxb8 7.cxd6 Qxd6 8.c5 Qd7 9.Qb1 Qd8 10.Rb7会让黑方完全绝望（g7的象真是太可怜了）。

5.Qb1

像"阿廖欣之枪①"这样的重武器已经准备就绪。现在白方已经做好准备用bxc5来扣动扳机。

5...Bf8 6.bxc5 bxc5 7.Rb7 Rxb7 8.Rxb7 Qa5 9.Qc2 Nb8?

这种回应错估了白方的行动，但是黑方走9...Qd8的话，白方走10.Qb3或者10.Bd2也都会让黑方找不到下一步有用的棋。

10.Rb6 Nd7 11.Bd2，1-0。

每个人在生活中都有自己喜欢的和钟爱的事物，例如食物、汽车和旅行等等。尽管这些我们钟爱的事物显然有其值得喜欢的属性，它们也难免会有一些负面的特点。热巧克力圣代冰淇淋会让你的味蕾幸福地尖叫——但它也同时含有大约200万卡路里的热量。我妻子最喜欢的老式（但是是经典款的！）名爵跑车——驾驶起来很有乐趣，但是会经常毫无缘由地热得要起火。用水下便捷呼吸器潜水穿越澳大利亚海岸——它的确速度很快，但是大白鲨会把它仅仅看作是一个快餐厅。

这些和马有什么关系呢？这可能会让你震惊，但是这一章节中你学习的马也有它的弱点（除了我们提到的它是短程子力之外）：它们可以被限制！马最耻于被限制的模式

---

① 阿廖欣之枪：是指国际象棋世界冠军亚历山大·阿廖欣在1930年的比赛中所用招式，其阵型为2车1后排列于同一竖列，其中2车在前。在比较罕见的情况下，组成该阵的可以是1车2后。——编者注

就来自它的死敌——象。

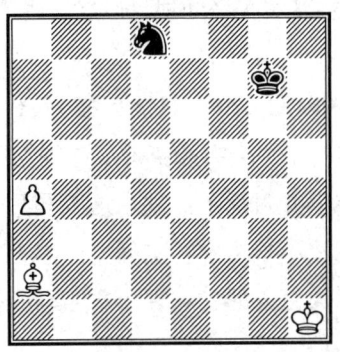

图34　白方先行

图34中，白方唯一获胜的希望就在于兵的升变。但这看起来不太好实现，因为1.a5 Nc6 2.a6 Kf6 3.Bd5 Na7就会阻挡住兵的路线。好吧，那匹马在此时明显是个拦路虎，那么为什么不把它关进牢笼呢？

1.Bd5!

这匹马被彻底控制住了。b7、c6、e6格是禁止入内的，而1...Nf7 2.Bxf7则加大了白方兵的威胁。

1...Kf6

黑方的王试图来营救。

2.a5 Ke5

2...Ne6 3.Bxe6（不能走3.a6?? Nc7，和棋）3...Kxe6 4.a6 Kd6 5.a7，这局棋就结束了。

3.a6! Kxd5 4.a7 然后一个新的后就要诞生了。

马遭到控制的另一种形式是可怕的"被活埋的子"。在这种情况下，马（或者象！）被困在了兵的牢笼里（图35）。

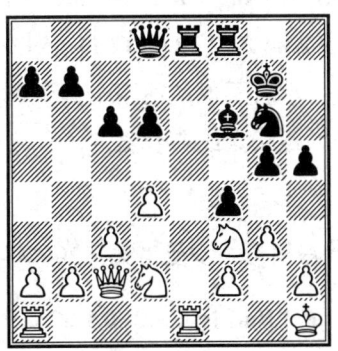

图35　黑方先行

1...g4

这是对f3马的直接攻击。这其实很好处理，但这证明了黑方会是最终的胜利者。

2.Ng1

由于e5和g5格都是禁止入内的，白方只能后撤到g1，或者以丢子的方式跳到h4：2.Nh4 Bxh4 3.gxh4 Qxh4黑方多吃了一个兵并获得了进攻优势。

2...f3! 这个坟墓被彻底填满并封死了。现在这匹马再也不能安全地移动了，而同时白方的王也被限制在了同样的狭小牢房中。实际上，黑方现在已经领先了一个子（更确切地说，是领先了两个子，因为白方的王有着和这匹马一样的处境）并且会很容易地赢下比赛。

在上一个例子中我们看到了一匹马被对方的兵困住。更糟糕的事情是一匹马被自己的兵困住！

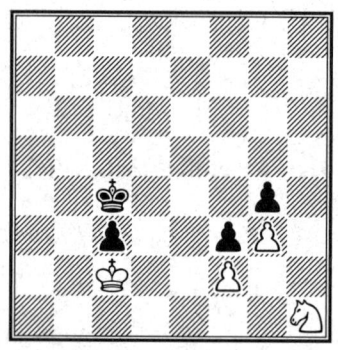

图36 白方先行

图36所示的局面不是什么喜剧。f2和g3的兵表现得像是叛徒，因为它们让那匹可怜的马显得无足轻重！尽管有一匹马对一个兵的领先优势，但白方此时已经可以认输了：

1.Kc1 Kd3 2.Kd1 c2+ 3.Kc1 Ke2 4.Kxc2 Kf1 5.Kd3（试图将黑王限制在h1和h2格也是无济于事的：5.Kd2 Kg2 6.Ke1 Kxh1 7.Kf1 Kh2 8.Ke1 Kg2 9.Kd2 Kxf2）**5...Kg2 6.Ke4 Kxh1 7.Kf4 Kg2 8.Kxg4 Kxf2 9.Kh4 Ke2 10.g4 f2 11.g5 f1=Q**，0-1。

最常见的马被限制的形式（尽管不像前面两个例子这样彻底）是那些恼人的敌方兵引起的，这些兵会控制住关键的跳跃点或者着陆带（开放格），让马变得无处可去、无事可做。

亚历山大·加尔金 对阵 叶甫根尼·罗曼诺夫，2007年 俄罗斯冠军联赛

1.e4 e5 2.Nf3 Nc6 3.Bb5 a6 4.Ba4 Nf6 5.0-0 Be7 6.Re1 b5 7.Bb3 d6 8.c3 0-0 9.h3 Na5 10.Bc2 c5 11.d4 Qc7 12.Nbd2 cxd4 13.cxd4 Nc6 14.a3 Bd7 15.d5 Na5 16.Nf1 Nh5 17.b3 Rfc8 18.Ne3 g6 19.Bd2 Bd8 20.Kh2 Qb8 21.g3 Bb6 22.Bd3 Rc7 23.Rb1 Qf8 24.Rf1

Rac8 25.Qe2 Nb7

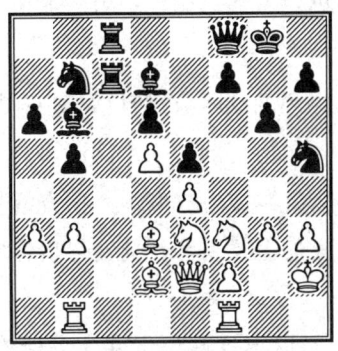

图37　白方先行

图37中，黑方的h5马想要跳到f4格，但是白方g2-g3这步棋阻挠了这个想法——如果这匹黑马想重新回到局面中，它就不得不先后撤。然而，另一匹在b7格的黑马非常想长久地呆在c5格。一旦跳到了那里，如果白方用b线的兵驱赶这匹马，这匹马就可以换掉d3的象或者跳到a4格。再一次地，一个小兵通过**26.b4!** 限制住了一匹强大的马，让这个本来充满希望的b7马在后翼变得毫无前途（实际上，它最终通过...Nb7-d8、...f7-f6和...Nf7转移到了王翼）。正如你可以看到的，用兵来限制敌方马的活动是一个非常重要的战略思维——要习惯使用这一手段，就可以看着对方的马无处可去，最终死掉！

最后是时候展示我最喜欢的马的谋略：充满艺术性但却暗藏杀机的后撤跳！

杰里米·西尔曼 对阵 迈克尔·蒙沙林，1985年 里奇兰

1.d4 Nf6 2.Nf3 c5 3.d5 d6 4.Nc3 g6 5.e4 Bg7 6.Bb5+ Nbd7 7.a4 0–0 8.0–0 a6 9.Be2 b6 10.Re1 Ne8 11.Bf4 Qc7 12.Qd2 Ne5 13.Nxe5 dxe5 14.Bh6 Qd6 15.Bxg7 Kxg7

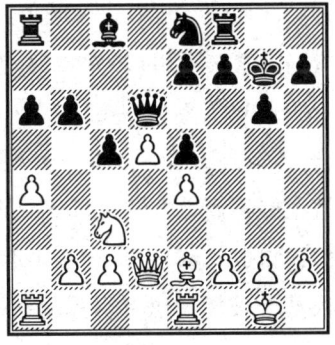

图38　白方先行

图38中，白方注意到了黑方在b6、c5和e5的潜在弱点。不，c5并不是打印错误——

看起来坚固的c5兵，在白方通过一个时机合适的a4-a5去破坏它在b6的支持兵之后，就会立刻变得无依无靠。当然，如果白方能够调动子力施加压力，b6和e5兵都会变得虚弱，但是这应当怎么实现呢？

让我提醒你一下我们之前提到的国际象棋哲学思想：精通国际象棋靠的是知识、洞察力和意志力的综合。这就是那句格言的另一个例证。白方知道（换言之，有基于常见模式的知识）黑方的这种兵形会给黑方造成麻烦。白方清楚，如果自己能以某种方式把子力的攻击范围覆盖到位，黑方的上述兵形就会变得很虚弱。而最后，白方也找到了实现这一目的的最佳方法。

那么白方的哪些子有能力对以上这些设定好的目标施加压力呢？很明显象是不行的，因为它是白格象，而这几个兵都在黑格里。这匹马在c4格将会成为中流砥柱，在这里它可以攻击黑方的后，并且可以对b6和e5兵施加直接的压力。白方的后也可以到e3加入到攻击中来（攻击c5并且预期a4-a5的突破，同时给予e4一定的支持），而把它放在c3格看起来是更好的选择，因为它同时攻击c5和e5兵。接着a4兵向a5挺进和f2兵向f4挺进的梦想将会实现。

那么白方该怎么实现这样一个局面呢？这需要马的后撤跳！

16.Nb1!!

令人震惊的、反直觉的一步，但其实是非常合理的。这匹马回到了它最开始的地方，因为它在c3格并不开心！要记住的是，一个子只有在能够为全局作出贡献的格子上时才是开心的。这个局面下c3的马看起来说得过去，但是它并没有参与到我们之前讨论的计划之中。然而，它在c4格就会变成一个杀手。于是你会突然明白这个看起来有点奇怪的后撤把所有问题联系了起来：现在这匹马可以简单地通过a3或者d2格到达c3。

16...Qf6

这让白方把计划变成了现实。相反，像16...Bd7或者16...Bb7这样的应对能减小白方的优势。另一种应对是16...Nf6，但这次不用17.Qe3，有趣的应对方式是17.Na3!? Nxe4 18.Qe3 Nf6 19.Nc4 Nxd5 20.Nxd6 Nxe3 21.Nxc8 Nxc2 22.Nxb6 Ra7 23.a5结果白方拥有了不错的优势（黑方在吃掉了一个车之后，比白方多出一个车和两个兵，代价是少了两个轻子，但是白方的这两个轻子位置很好，而黑方的a6和c5兵是两个绝对的弱兵）。

17.Qc3 Nd6 18.Nd2 e6然后此时**19.a5!**（并不是我走的缓招19.Bf1。我在那之后走了a4-a5）是直奔主题的，从根基上破坏了黑方后翼的兵链，从而获得了明显的局面上的优势。

小　结

▷ 马是轻子（和象一样），我们通常认为马的价值是3分（和象一样）。

▷ 马需要一个好的支撑点（也就是一个不会轻易被敌方的兵攻击的安全格）。因为马是短程的子，找到这样一个安全格是使用马的战略中一个很重要的部分。

▷ 当马在棋盘上向前移动时，可以获得更大的威力。

作为经验法则：

- 被困在第1行、第2行的马是防御性子力，并且弱于一个线路通畅的象（被限制的象则是另一种情况了）。

- 在第3行上的马是一个灵活的子力，可以在一步之内进行防御性和攻击性转换。在第3行上的马通常有着重要的中心影响力。

- 在第4行支撑点上的马是一个非常强大、灵活的子力。你可以指望它很好地完成防御性和攻击性任务。

- 在第5行支撑点上的马是一个值得注意的子力。它是一个强有力的进攻武器，并且通常比象更有优势。

- 在第6行支撑点上的马可以让妇孺喜极而泣。此时的马已经转变成了章鱼，它的很多潜在优势在各个方向表现出来并且把敌方的领域变成了自己的。通常，这样的一个马甚至比车更强大。

- 在第7行和第8行上的马给了我们一个威力减弱的实例。一旦经过了第6行，马将不再能控制那么多的区域，因为它可达的范围超出了棋盘的范围。通常，走到那么前面线路的马通常扮演着战术性的，或者探索性、破坏性的任务。

▷ 马是对方通路兵的最佳抵挡者，其原因是显而易见的：不像其他的子，在对方兵前面的马不会丢失它的机动性。这是马的优势！

▷ 马是短程的子，和可以一次移动就穿越棋盘的象不同，马受到了更多的限制。这是象的优势！

▷ 马可以跳过其他的子，别的任何子都不可以。这是马的优势！

▷ 马有潜力攻击和防御每一个黑白格上的任何子——这可能需要挪几步，但马最终还是可以到那里的。而象总是被限制在一个颜色的格子里。这是马的优势！

▷ 在封闭局面中，马是很有优势的，因为和象不同，兵不能挡住马。这是马的优势！

▷ 因为马是短程子，你需要耐心地把它移动到理想的位置上去。这也需要花上两三步，但这绝对是值得做的事情。

▶ 如果你听到一个格子在召唤你的马（或者看到了一个诱人的位置），那就尽你的全力把马移动到那里（你不必在意是否需要向前、向后、向侧面跳或者要全部这些才能到达）！

▶ 仅仅因为一个轻子可以"很方便地"到达通常认为不错的第3行的位置并不说明它在那里就一定能作出什么贡献。它在那个格子上有发展前途吗？它有和其他子力配合来实现共同的目标吗？如果这些问题的答案是"不"，那你很重要的一个任务就是帮助它找到一个更好的位置，并且尽你最大的努力帮助它到达那里。

马——习题

在你完整地学习了有关马的知识以后，我猜想你已经等不及要展示你对它的良好控制能力。那就去炫耀一下你的能力吧。

下面的这些习题是为了让你了解自己已经学到了多少东西，并且作为额外的教学。如果解决这些问题时遇到了困难，不要担心——那说明我们找到了你还没有完全理解的东西，而这给了你重新补上它的机会。你可以重新翻阅前面的讲解内容，或者在从419页开始的答案中复习你错过的知识。

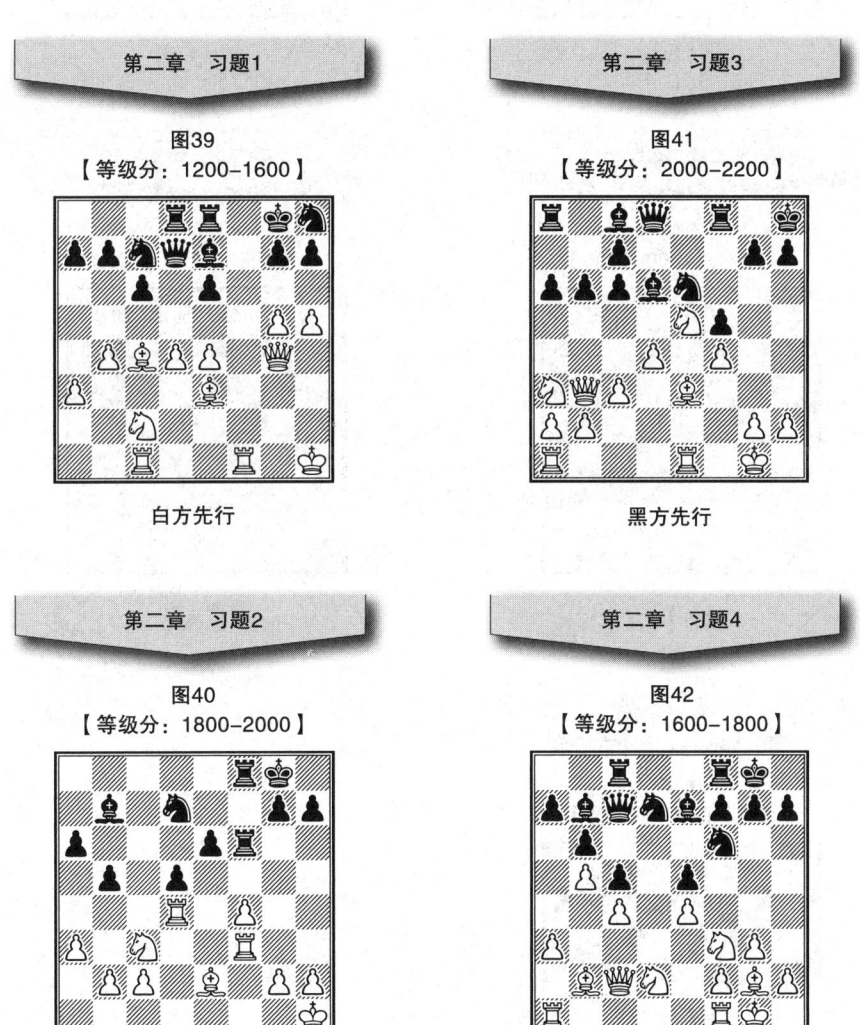

第二章 习题5

图43
【等级分：1900-2200】

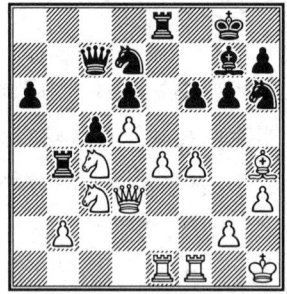

白方先行

第二章 习题6

图44
【等级分：1900-2200】

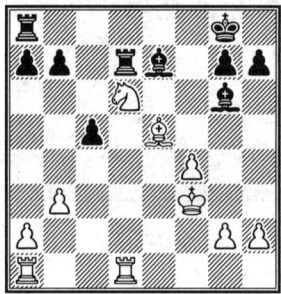

白方先行

第二章 习题7

图45
【等级分：2000-2200】

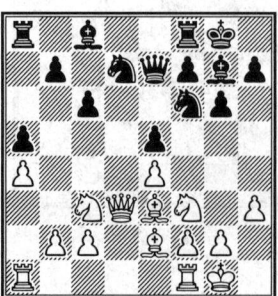

白方先行

第二章 习题6

图46
【等级分：1400-1800】

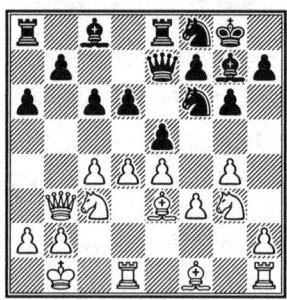

白方先行

第二章 习题9

图47
【等级分：1800-2000】

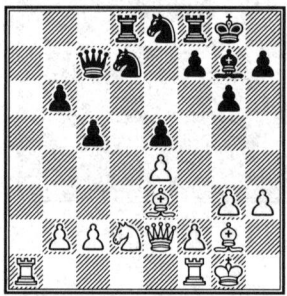

白方先行

2.2 象——对角线的神行太保

马可以按部就班地跳到棋盘上它们想去的任何地方,而象(在不同的圈子里也被称作是信使、蜜蜂和狡猾的对角线滑行者。两个象,通常被称作是两个"看门人",或者在其他叫法中,也被称为两个"犹太教祭司[①"。)可以只用一步横穿整个棋盘。它是为速度而生的,这个小型的F1赛车将会碾压任何敢阻挡在它的对角线路线上的子。这意味着如果那些对角线线路没有被阻挡,象可以是一个凶猛而且具有高价值的子。

象历史上被看作要么是好的(棋手的中心兵和象在不同颜色的格子上)或者要么是坏的(棋手的中心兵和象在相同颜色的格子上)。然而,我已经不再赞同这种二元论,我认为它们是反直觉的并且有时会令人困惑。例如,坏象的线路通常可以被打开,最终会变得十分强大。此外,坏象也可以成为很好的防御性子力。因此,在本书中我们将把象分为积极的、有用的或者"高个子兵"。

► 如果一个象在兵链之外,或者享有一个相对无障碍的对角线线路,它就被认为是积极的象。

► 如果一个象承担着重要的任务(防御的或者动态的),它就被认为是有用的象。这样的一个防御性的象看起来可能并不令人满意,但缺少了它会让你的局面陷入严峻的问题中。

► 如果一个象并没有起到有益的作用而是被困在了兵的后面(这会无法让它积极),它就被称作是"高个子兵"。这种象表现出一种发育过度的兵的形象,而可悲的是,它在到达棋盘另一端时还不能升变成后。

接着让我们来逐一地深入了解这几种象。

2.2.1 积极的象

如果象拥有一个没有被易拉罐、钢笔、本方的兵或者对方稳固的兵链(这些棋子可不是杂物)阻挡的对角线线路,我们就认为它是积极的。这并不意味着一个积极的象可以单枪匹马击溃对方的局面,或者一定会成功地和本方其他子力完美配合。这要取决于你调动子力通力合作来实现一个特定目标的技术。但是一个积极的象可以瞬间从这一区域到达另一个区域,所以它们需要被谨慎对待。

---

① 看门人、犹太教祭司:把象叫作"看门人"(Jan)是因为象的初始位置是在王和后的两侧;象在英文中的单词是"Bishop",意为主教,"犹太教祭司"(Rabbi)的延伸由此而来。——编者注

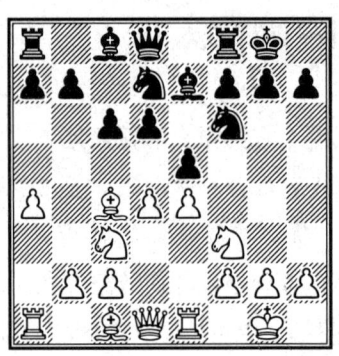

图48 黑方先行

图48中，这里白方有两个积极象——c4的象控制着f1-a6和a2-g8两条斜线，另一个象巡视着c1-h6这条线。黑方的白格象也是积极的，因为它控制着c8-h3这条线（d7的马并不算障碍，因为它可以随时从象的路线上移开）。然而，黑方的e7象并不是很积极，因为它被d6的兵阻挡。当然，它的确控制着d8-h4这条短的线路，并且也给予d6兵稳固的支持，所以它还不能算作是一个高个子兵。事实上，在d6的兵推进到d5，从而打开f8-a3斜线后，这个象将会威力大增。或者如果白方吃掉e5兵（dxe5）也会让它获得对角线的霸权，因为黑方在...dxe5回吃之后就可以释放这个象的潜力。

这告诉我们一个象随时会变得积极，而且一个看似不经意的兑兵可能轻易地把对方一个蛰伏的子变成一个积极的子。

为什么图48中的象至少在一定程度上都是积极的呢？因为这个局面下的中心是不稳固的，而且在兑兵之后还可以变得更加开放。然而，简单的几步就会改变这一切。

1...c5?

我很确定e7象并不喜欢这一步！这样不甚合理的推进也把d5格变成了一个敞口的弱格。

2.d5?

很明显白方也需要自己的轻子啊！这样的一步进兵，填上了黑方d5格的弱格，又封锁了自己c4格象。想想这就是弄巧成拙吧！相反地，2.dxe5 Nxe5 3.Nxe5 dxe5 4.Qe2将会让d5格完全变成黑方的弱格，并大大降低了e7象的潜力。另外注意此时白方的白格象真正成为了a2-g8斜线上的喷火器。

> **要领**
> 象在开放局面下通常是最有威胁的。在象的线路上的兵越少，它活动的余地就越开阔。

在图48所示局面中，双方开始都有位置不错的象。但是更一般的情况是你会发现你的象并没有完全发挥威力。那么你应该怎么做呢？作为《绿野仙踪》的粉丝，我试着闭上眼睛，踩着两只博肯凉鞋咔嗒咔嗒地跳舞："没什么能好过一个积极象。没什么能好过一个积极象。"可是，这并不会出现预期的结果——当我睁开眼睛的时候，那个象依然在那里无所事事地坐着。很明显，不积极的象会继续维持现状，除非你对它做

> **要领**
> 每次你移动兵的时候，记得看看这会如何影响你的象的积极性！显然，把一个开放局面变成封闭局面对这些子来说是很不利的，所以你要训练自己走每一步都考虑这会对你的象造成什么样的影响。

些什么！换句话说，如果你有一个懒惰的象呆在那里做白日梦，你必须找到一种方法去让它干活。对象的了解（或者说是知识）加上意志力会非常有效果。

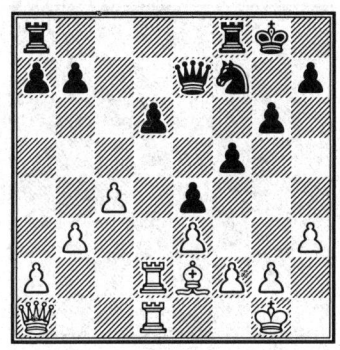

图49　白方先行
MrSchlock（1732）对阵 purplecoyote（1646），2006年 在线30分钟赛①

我的一个学生执白，他迫不及待地要向我展示图49这局棋。当复盘到这个局面时，他停下来说："我对d6兵施加了攻击压力，但是它被马保护着，而且对方的车也很快可以加入到防御阵容中。我的象并没有发挥什么作用，而我突然间想到你不断地批评我'怎么能让自己的子游离于棋局之外'。我非常生气并告诉自己，'这次不能再犯了！'"

1.c5!

太棒了！这种走法会让老师感到骄傲的。突然之间那个在e2偷懒的象就可以走到c4，在那里它将变得无比的积极。我们也不能忽视这步弃兵为白方的双车打通了d线。

1...dxc5??

这一步把黑方引向了灭亡。黑方本应该尝试1...Rad8 2.cxd6 Rxd6（2...Nxd6 3.Qd4 a6 4.Bc4+ Nxc4 5.Qxd8 Rxd8 6.Rxd8+ Kf7 7.R1d7。比赛就结束了）3.Rxd6 Nxd6 4.Qd4 Nf7（4...Rd8 5.Bc4+白方立刻获胜）5.Qxa7 此时白方多出的兵和黑方危险的王将确保白方的

---

① 这是一局在线比赛，其中英文部分为双方选手的网名，括号中为选手的棋力数值。——编者注

胜利：5...Ne5（5...Rd8 6.Rxd8+ Nxd8 7.Qd4 h5 8.Qb6 Kg7 9.b4 Qd7 10.a4 Qd2 11.Bf1 此时局面对白方来说变得十分轻松，因为黑方完全束缚于对d8和b7格的保护。白方通过扩大后翼的优势并制造一个毁灭性的通路兵就可以赢下比赛。）6.Ba6（如果白方的战略重点不在此，6.Rd5也可以为白方带来巨大的优势）6...Rf7 7.Qb8+ Kg7 8.Bxb7 Qc7 9.Qxc7 Rxc7 10.Bd5 Rc2 11.b4 Nd3 12.Bb3 白方已经确定胜势。

2.Rd7 Qe8 3.Bc4 Rb8 4.Qf6 b5 5.Be6 白方的子完美地配合，这个象也从e2格上的朽木变成了e6格上无所不能的杀手。黑方为了不让血从屏幕里溅出来，聪明地选择了认输。

积极象的另外两个优点表现为它的从远处阻挡对方通路兵的能力，和作为本方后的"弹射器"。

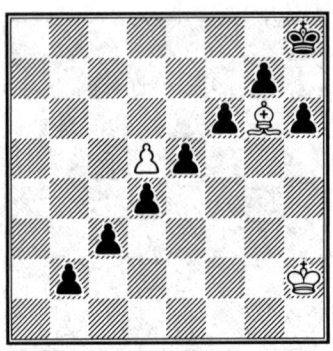

图50　白方先行
b1-h7对角线的控制者

好吧，图50这是一个高度夸张的情形，但是这清楚地展示了白方这个积极象在整个b1-h7对角线打上了自己权威的烙印。任何东西都无法安全地呆在那里，同时白方的孤兵，在**1.d6**之后将会轻快地走向d8，变成一个崭新的后。

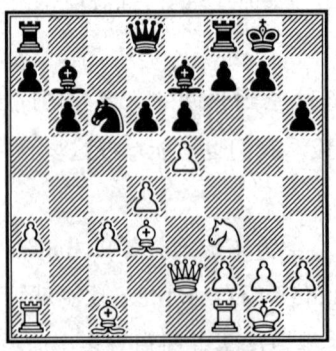

图51　白方先行
弹射器

1.Qe4!

一个常见但是重要的想法。白方的后利用己方的白格象造了一个弹射器（通常被称作"炮台"，但是这个术语会让我想起婚姻的瓦解①，所以我尽量不用它），这样后就可以（决定性地）深入对方的阵地（在这个局面下指代h7格）。这也被称作是"乘坐象的蒸汽动力"。

1...f5

1...g6 2.Bxh6 Nxe5 是无济于事的（黑方无论如何都会处于下风，但这样会让这个坏局面更糟）。因为在3.Qxb7 Nxd3 4.Qa6 Nb2 5.Bxf8 Bxf8 6.Rfb1 之后，黑方丢掉了马，还给白方多出来一个车。

2.exf6 e.p.② Rxf6 3.Re1 Na5

黑方并没有真正有效的防御措施。守住e6的努力在3...Qd7 4.Qh7+ Kf7 5.Bg5! hxg5（5...Rxf3 6.Bg6+ Kf8 7.Qh8黑方被将死）6.Nxg5+ Ke8 7.Qg8+ 之后将变得徒劳。此时7...Rf8 8.Nxe6 Rxg8 9.Bg6 将会使黑方非常尴尬，而7...Bf8 8.Nxe6 会让底线看起来像是一次安乐死。

4.Qh7+ Kf7 5.Bg5! 黑方除了5...Qg8已经没有了更好的选择（5...hxg5 6.Nxg5+ Ke8 7.Nxe6 Rxe6 8.Qg8+ Kd7 9.Qxe6+ Kc7 10.Qxe7+ 黑方已经毫无希望）。**6.Bxf6 Qxh7 7.Bxh7 Bxf6 8.Be4** 黑方已无法弥补局面上的劣势。

2.2.2 有用的象

积极象是好的，但是有时它们只是对一些并不是真正重要的位置夺取了控制，在这种情况下，你必须找到（或者创造）一些事情来让它们去做。理想的象既是有用的，又是开放的——它控制着很大的空间，同时也发挥了非常明确的（有效的）作用。

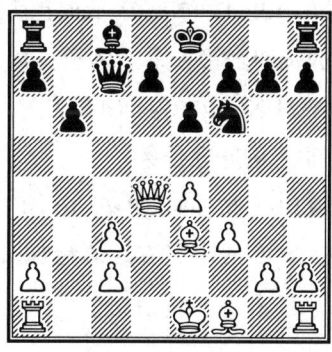

图52　白方先行

---

① 这里的"炮台"即"battery"，在法律上有一层"殴打"的含义，而这层含义有时会被用来指代家庭暴力。——编者注
② 即吃过路兵的法语"en passent"的缩写，在这里用来修饰前一步 exf6。——编者注

图52这是来自安德烈·沃洛基廷和雅尼克·佩尔蒂埃于2005年在瑞士比尔的对局（**1.e4 c5 2.Nf3 e6 3.d4 cxd4 4.Nxd4 Nc6 5.Nc3 Qc7 6.Be3 Nf6 7.Qd2 Bb4 8.f3 Nxd4 9.Qxd4 Bxc3+ 10.bxc3 b6**）。

白方的黑格象是积极的，因为它控制着两条斜线（g1-a7和c1-h6）。然而，g1-a7斜线被封锁住了（b6兵像一块顽石），而且c1-h6对角线在争夺中心的黑格方面发挥不了什么作用（尤其是d6格在呼唤白方黑格象的关注）。换句话说，这个象是积极的，但是并没有起到与这个局面的失衡相关的作用。

当然，白方在黑格方面潜在的控制力优势被其c线上弱兵抵消了，所以黑方也有自己的机会。然而，即使双方的机会是基本均等的，白方仍然可以通过榨干自己的有利失衡把问题丢给黑方，进而主导比赛。

在26分钟的思考之后，特级大师沃洛基廷走出了最具原则性的一步。

11.Bc1!

白方的象即将走到a3格，最终目标是d6格。现在黑方必须非常小心地避免自己的王不要被困在中心，甚至无法易位的情况。

11...e5!

这步好棋阻止了白方e4-e5的想法，并且把白方的后从强有力的中心位置赶走。不好的走法是：

11...Qc5? 12.Qxc5 bxc5 13.Ba3 d6 14.0-0-0 Ke7 15.e5 dxe5 16.Bxc5+ Ke8 17.Bb5+ Bd7 18.Rxd7 Nxd7 19.Rd1 Rd8 20.c4，通过计算，沃洛基廷表示："接下来Ba4、Ba3、c5、c6就将赢下比赛。"

11...Bb7? 12.Ba3 Rc8 13.c4 Ba6（或者13...e5，此时14.Qd6和14.Qd2都将十分有威胁）14.e5 Ng8 15.Bd3! Bxc4 16.0-0 Bxd3 17.cxd3 此时黑方在出子选择上的匮乏，以及困在中心的王都会给他留下严重的长期困扰。举个例子：17...Ne7 18.Rac1 Nc6（18...Qb8 19.Rxc8+ Qxc8 20.Rc1 Qb7 21.Qg4 Nf5 22.Qe4 Qb8 23.Qc4 此时黑方的问题依然存在）19.Qe4 Qd8 20.d4 此时黑方面临艰巨的防守任务。

12.Qd2 0-0 13.Ba3 Re8 14.Bb5 此时14...Re6! 15.c4 Bb7 16.0-0-0 将会形成一个或多或少相对平衡的局面。然而，在实战中黑方走的是**14...a6** 并最终败下阵来：**15.Bd6**

要领

一个积极的象可能看起来是不错的，而一个有用的象能表现出更加实际的风格，并对局面有着更加深入（既有动态的也有防御性的）的要求。

Qa7 16.Bc4 b5 17.Bb3 Bb7 18.0-0-0 a5 19.a3 Rac8 20.g4 Rc6 21.g5 Nh5 22.Bxe5 Qc5 23.Qxd7 Qxe5 24.Bxf7+ Kf8 25.Bxe8 Rc7 26.Qd8 Qf4+ 27.Kb1 Rc8 28.Qb6，1-0。

有用的象也可以是纯防御性的（图53）。

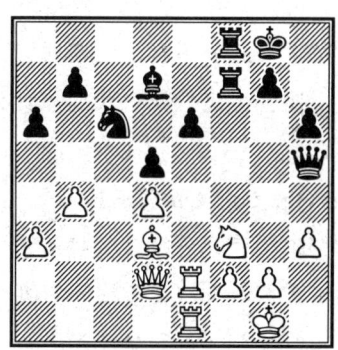

图53 白方先行
Gamera16（1827）对阵 MrSchlock（1732），2006年 在线30分钟赛

有人会认为这个局面下白方占有优势。白方的象比黑方那个看起来傻傻的东西要积极得多，此外e6上的兵（在开放的d线上面临白方两个车的威胁）是个弱兵，而且e5格是暴露在中心的一个开放性创口。最重要的是，现在还白方先行！

然而事情并不是这么简单。事实上，白方的d线兵并没有看起来那么安全，而且黑方还有...Rxf3这一步，白方有必要考虑到这危险的一点，因为它将直接威胁白方王的安全。当然，白方可以很不愉快地通过1.Re3 或者1.Re5 来避免这个麻烦。所以难道白方在局面上不占优吗？

为了回答这个问题，我们需要看看场上的象。事实证明，这个白方的积极象在骄傲地对b1-h7对角线宣誓主权的同时，并没有帮助其他的子解决黑方...Rxf3的威胁，或者对e5格施加压力，或者防御自己有点散漫的d4兵。另一方面，黑方在d7上的那个被人鄙视的怪胎单枪匹马保护了e6兵的安全（也可以说，一个象挡住了对方的两个车！）。此外，一旦e6兵不再处于威胁之下，这个"不积极的"象将会在几步之内通过...Bb5或者...Ba4或者...Bd7-e8-g6或者...Bd7-e8-h5从自己的后方冲出来，从而在自己的兵链之外刻下属于自己的积极标签。

让我们来看看接下来是如何继续进行的：

1.Ne5

1.Re3 Rxf3!（我的学生MrSchlock在快速地走了一步来赢得时间时，错过了这个想法。他坚信自己不会再错过同样的机会了）2.Rxf3 Rxf3 3.Be2 Rxf2 4.Kxf2 Qh4+ 5.Kg1 Qxd4+ 6.Qxd4 Nxd4，此时黑方在换子之后有了两个位置很好的中心兵，没有理由不高兴。

1...Nxe5

不能走1...Nxd4？2.Bg6 Nxe2+ 3.Rxe2。

2.Rxe5

2.dxe5是没有意义的，因为这填上了e5这个弱格，又让黑方的d5兵变成通路兵，还挡住了白方的两个车。永远要记住：你走的每一步应该让你的局面变好，而不是让你对手的局面变好。

2...Qh4 3.R1e2 Qf4 4.R5e3 Qg5 5.g3 Qh5 6.Kh2

在实战中，白方设置了一个陷阱而黑方彻底地掉了进去：6.f4 Qxh3??（正确的应对是6...g5，这样在一个复杂的局面下，双方有大致均等的机会）7.Rh2（"这时我有了那种当我意识到自己走出大败着时的'我要吐了'的感觉"——MrSchlock）7...Qg4 8.Rh4，1-0，因为黑方的后要丢了。

6...e5 7.dxe5

不能走7.Rxe5?? Qxh3+ 8.Kg1 Bg4。

7...Qxh3+ 8.Kg1 d4 9.Re4

9.e6将会在几步之后削弱白方的优势：9...dxe3 10.exf7+ Rxf7 11.Rxe3 Bc6 12.Be4 Bxe4 13.Rxe4 Qf5，和棋。

9...Rf3 10.Bc4+ Kh8 11.Qe1 d3 12.Rd2 Bc6

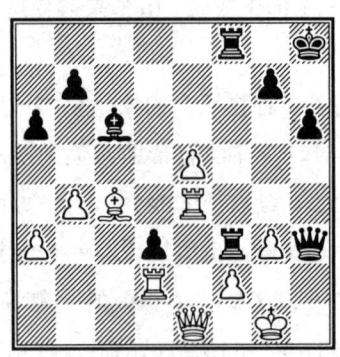

图54

黑方的象曾经是一个强力的防御者，现在变形成为了犀利的进攻武器（图54）！

13.Rh4 Qf5 14.Bxd3 Rxd3 15.Rf4 Qh3 16.Rxf8+ Kh7 17.f3 Rxd2 18.Qxd2 Qxg3+ 19.Qg2 Qe1+，1/2-1/2。

2.2.3 高个子兵

如果一个象并没有发挥有益的作用，而且被困在自己的兵链后面（因此变得不积极），它就被称作高个子兵。这种象只是扮演着一种发育过头的兵的角色，是那种你应该尽全力避免让它发生的情况。

最糟糕的高个子兵情形发生在一个象发现自己被活埋的时候。图55是一个生动的例子。

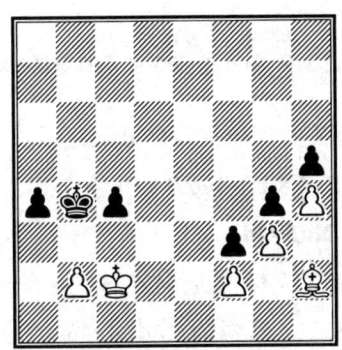

图55　黑方先行

这对白方来说是彻底的噩梦！这种象通常出现在中局或者残局中——在这两种情况下，有这种被活埋的子的一方，相当于少一个子作战。

这里黑方唯一关心的问题是把王移动到e2格，这样就可以开始扫荡白方所有的王翼兵。只有一种方法可以实现这一目标。

1...c3！

这把a4兵变成了一个通路兵。一旦白方的王被迫留在a线阻挡这个兵，黑方的王就能够轻易地找到通往e2的重生之路。

2.bxc3+ Kc4 3.Bg1

或者3.Kb2 a3+ 4.Kxa3 Kxc3 5.Ka4 Kd3 6.Kb4 Ke2 7.Bg1 Kf1，0-1。

3...a3 4.Bh2 a2 5.Kb2 a1=Q+ 6.Kxa1 Kxc3 7.Kb1 Kd2 8.Bg1 Ke2 9.Kc1 Kf1 10.Kd2 Kxg1 11.Ke3 Kg2，此时f2格陷落。

我们的下一个例子将会展示最普遍的困在坟墓里的象。我的一个学生，丹尼尔·S，是一个英格兰开局博特温尼克变例的爱好者（1.c4 c5 2.g3 g6 3.Bg2 Bg7 4.Nc3 Nc6 5.e4 Nf6 6.d3 0-0 7.Nge2 d6 只是一种可能的行棋顺序）。在教他的过程中，我指出了一个典型的策略，并且向他保证会时不时地遇到。令我惊讶的是，这发生在他的许多盘快棋中，并且使他可以兵不血刃地赢了一局又一局。

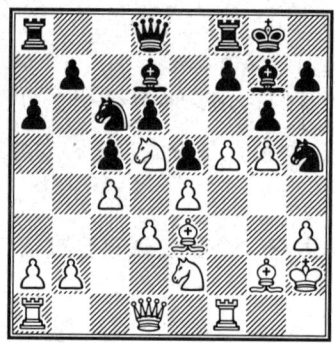

图56 白方先行
丹尼尔·S（1658）对阵 Gong，2007年 国际象棋在线俱乐部

图56这个一边倒的局面发生在黑方严重失误的开局之后：**1.c4 Nf6 2.Nc3 g6 3.g3 Bg7 4.Bg2 0–0 5.d3 d6 6.e4 e5 7.Nge2 Bg4 8.h3 Be6 9.0–0 Qd7 10.Kh2 c5 11.f4 Qe8 12.f5 Bd7 13.Be3 a6 14.g4 Nc6 15.g5 Nh5 16.Nd5 Qd8**。

此时（图56所示）丹尼尔走出了**17.f6** 逼迫黑方的象走到h8格，并且到比赛结束都一直呆在那里（就像一个被活埋的人）。就像前面提到过的，这样一个象让白方可以在王翼、中心、后翼游刃有余地布置战术，因为他有多出的一个子可以参与战斗。对弈的结束是典型的快棋残杀：**17...Bb8 18.Bf3 Nf4 19.Bxf4 exf4 20.Nexf4 Ne5 21.Ne7+**，1–0。

不过，被活埋的象毕竟只是例外。更常见的高个子兵只是被自己的兵困在（而且被堵死）了后面。

亚历山大·格里修克 对阵 克里斯蒂安·鲍尔，2005年 勒巴尔卡雷

1.e4 d5 2.exd5 Qxd5 3.Nc3 Qa5 4.d4 Nf6 5.Bd2 c6 6.Bc4 Bf5 7.Nd5 Qd8 8.Nxf6+ gxf6 9.Nf3 e6 10.c3 Nd7 11.Nh4 Bg6 12.Bb3 Nb6 13.Qf3 Be7 14.g3 Qd7 15.0–0 f5

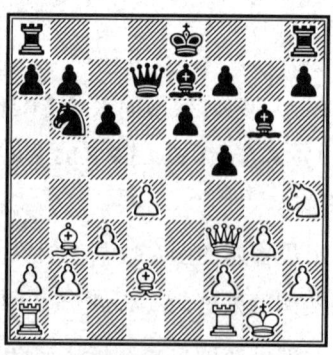

图57 白方先行

图57这个局面下黑方的问题是g6格的象（它的确看起来像是一个高个子兵，不是

吗？）。这个不幸的子不能出现在h5格（白方的后在约束着这个格子），并且如果它试图出现在f7格或者e8格（通过...f7-f6——当然这两个位置其实并没有好多少），那么e6兵就会成为一个非常虚弱的靶子。

16.Ng2

这一步阻止了黑方...Bxh4，而且接下来白方的马准备跳到f4格，并做好了通过h2-h4-h5歼灭黑方白格象的准备。

16...Nd5 17.Nf4 0-0-0 18.Rfe1

这个车瞄准了e5格，也起到了预防作用：黑方已不可能通过f7-f6进兵（这一步进兵原本没什么吸引力）。

18...Nxf4 19.Bxf4 Bd6 20.Bxd6 Qxd6 21.Re5

在黑方的象表现得像是一个兵的时候，白方的象在中心和后翼则扮演着积极的角色——它永远不用担心自己会被那个g6格上的笨拙的家伙挑战。

白方的Re5 不仅做好了在e线叠车的准备（确保...f7-f6 这步彻底不可能），它也阻止了黑方可能的...c6-c5的突破。注意白方是多么不慌不忙——他的计划是先扼杀掉黑方的反击（为什么要让被困住的对手挣脱锁链呢？），接下来做自己在后翼决定性的突破。

21...Kb8 22.Bc4

这为自己的b线兵创造了机会。

22...Rhe8

希望接着走...f7-f6和...e6-e5.

23.Rae1!

毁灭了黑方的意图！扼杀任何反击！

23...Re7 24.b4

准备好在后翼掀起一场兵的风暴。

24...Rc7?

黑方试图挽回劣势，但这一步让他失去了所有求生的可能。不同的是，黑方本可以通过25...Rde8尽全力实现...f7-f6，接着...e6-e5。我想黑方没有这么走是考虑到了白方那恼人的24.Qf4！此时（在25.Qf4之后）26.Rxf5将是一个巨大的威胁，黑方以26...Rd8应对的话将会回到被动的局面，并失去...f7-f6的希望。无论如何，他需要调动自己的子力，尽管这将丢一个兵（做任何可能的努力都比坐以待毙要强）。因此我的建议是24...Rde8 25.Qf4! f6! 26.Rxf5!（并不是26.Rxe6? Qxf4 27.gxf4 Rxe6 28.Rxe6 Rg8 29.Kf1 Bf7，黑方会在兑子后占优）26...e5 27.dxe5 fxe5 28.Qh6 Rd7 29.Rf3 e4 30.Rfe3 Rf8 此时白方多一个稳固的兵（也明显占有局面上的优势），但是黑方所有的子都可以按照自己的节奏行事

（位置不错的子至少给了你继续战斗的机会）。

25.h4 h5（图58）

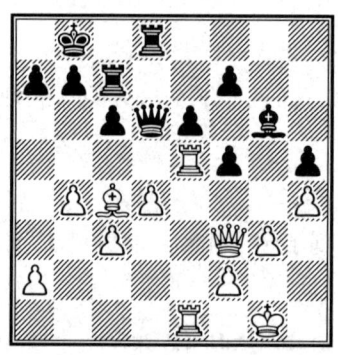

图58
g6格上典型的高个子兵

26.a4

白方错过了26.Bxe6! f4（26...fxe6 27.Rxe6）27.Bh3 fxg3 28.Qxg3的走法，这样白方可以直接获胜。

26...Qf8 27.Qf4

这冻结了f5兵，并且从h2-b8对角线瞄准了黑方的王，同时让黑方的后难以到达h6格。这盘棋剩下的部分就显得顺理成章了。

27...Rdc8 28.Bf1 Bh7 29.Be2 Bg6 30.Bf3 Ka8 31.b5 Qa3 32.a5 cxb5 33.Rxb5 a6 34.Rxb7 Rxb7 35.Rb1 Qe7（35...Rcb8 36.Qc7）**36.Rxb7 Qxb7 37.Bxb7+ Kxb7 38.Qd6 Rc6 39.Qb4+ Kc8 40.f4**，1–0。即使到了最后，黑方的象仍然孤独地呆在g6格，被人遗忘。

很显然，你在把兵放到和你的象同样颜色的格子上之前需要三思！一般来说，只有在你确定象可以走出兵链（这才会让它变得积极），或者你的象在兵链以内可以显得很有用（很可能是一个防御者的角色）的时候，才可以让象呆在兵链后面。

当然，所有这些知识和你的良好意图都无法确保你不会时不时地发现你的象变成一个高个子兵。这个时候，你需要：

▶ 把你的兵从与象相同颜色的格子上挪开（解除对它的封锁）。
▶ 把你的象从兵链中解放出来。
▶ 用你这个糟糕的象去兑对方的象或者马。

下一个例子（这是一局慢棋，双方有充足的时间来进行思考和计算）当中，你会发现双方都忽视了这些要领。我并不了解黑方，但是白方对这些要领是十分熟悉的。

丹尼尔·S（1823）对阵 metapuff（1938），2007年 国际象棋在线俱乐部

1.c4 Nf6 2.g3 g6 3.Bg2 Bg7 4.Nc3 0–0 5.e4 d6 6.Nge2 c5 7.0–0 e5 8.d3 Nc6 9.Bg5 Be6 10.Nd5 Bxd5 11.cxd5 Nd4 12.Nxd4 cxd4 13.Qd2 Re8 双方的开局走得都很糟糕，所以不必太过在意（图59）。

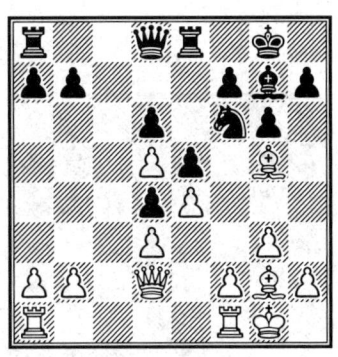

图59

黑方显然习惯了对方试图和他交换黑格象这种情况，显然他也知道应该挪一步车来避免其发生。这种想法是在确定自己的车不会受到h6象的攻击的情况下，在白方走Bh6时，黑方可以以…Bh8应对。

对外行人来说，这看起来是明智的一步。然而，这其实是完全错误的！事实是，在这个特定的局面下，黑方应该乐于让自己的黑格象与白方的积极象交换！有许多原因可以解释这个观点，最直接的是黑方的g7象完全是困在兵链后面的高个子兵。没错，它的确防御着一些格子，但是总的来说它还是一个相当无用的子。黑方在几步之后又重复了这个错误的想法。

> **要领**
> 在用自己的不好的子兑掉对方好的子时，千万不要犹豫，去做就好！

14.Rac1

白方在象的测验中也挂科了！他的g2象并不开心，所以白方需要让它摆脱兵链，变得积极起来。因此14.Bh3是正确的（把你的象从兵链中解放出来！），这不仅阻止了黑方潜在的…Ng4这一步（在白方把f线兵挺到f4之后），也阻止了黑方把车移到开放的c线上。

14…Qb6 15.f4

白方只想着尽快将死对方，所以不那么残忍的想法（比如走15.Bh3把自己的象从兵

链中释放出来）并没有在他的考虑之内。

15...Nd7

更好的一招是15...Ng4，瞄准e3格。

16.f5

16.Bh3依然在呼唤白方的关注。

16...f6 17.Bh6??

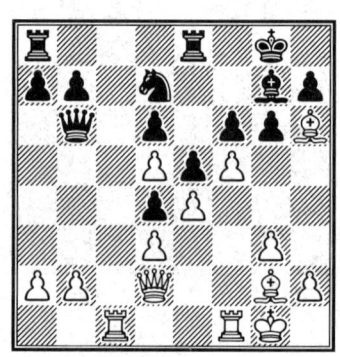

图60

双方都在象的入门课程中得了F（图60）。白方需要意识到自己g2象的位置很差，应走17.fxg6来打开h3-c8斜线。没错，这会交换掉一个兵，但是由于白方自己走的f4-f5阻挡了那条对角线（不要让你的兵把自己的象活埋！），现在这一步就显得非常必要。看起来黑方对g6的保护很充分，对于17.fxg6黑方可以有以下应对：

▶ 17...fxg5 18.gxh7+ Kh8（试图躲在白方的兵后面。18...Kxh7 19.Rf7 Qd8 20.Rc7 Qxc7 21.Qxg5 白方获胜）19.Rf7 Qd8 20.Bh3 Nc5 21.b4 Na6 22.Bc8!! Rxc8 23.Rxc8 Qxc8 24.Qxg5，这么走是毁灭性的。

▶ 17...hxg6 18.Bh3，象将变得非常强大。

▶ 17...Qd8 18.gxh7+ Kxh7 19.Bh3 fxg5 20.Rf7 Re7 21.Rxe7 Qxe7 22.Rc7 Rd8 23.Rxb7 此时白方有可以制胜的攻势。

注意到这个白方被忽视的象在这些变化中扮演的重要角色了吧。

17...Bh8??

可怜的黑方还在试图保留自己那个高个子兵。相反，17...g5! 18.Bxg7 Kxg7将会给局面带来非常大的改观。这种情况下黑方巧妙地除去了自己不积极的象，并把f线上的兵固定在了f5（于是把白方的g2象变成了高个子兵）。这样的结果对黑方来说是非常舒服的，他现在有一个安全的王，并在封闭局面下有一个马和白方不积极的象对峙。

18.fxg6

白方突然醒悟，发现了自己那个呆滞的象！

18...hxg6 19.Bh3

19.h4，然后20.Bh3也许是更加正确的选择。然而，19.Bh3已经将局面完全转换为对白方有利。这盘棋的剩余部分也值得一看，这样你就会发现当你把象从兵链中解放出来之后，它会变得多么强大：**19...Nc5 20.b4 Na6 21.a3 Nc7 22.Qc2 Re7 23.Qd2 Nb5 24.Be6+ Kh7 25.h4 Nxa3 26.Kg2 Nb5 27.Rh1 Nc3 28.Rcf1 Qxb4 29.h5 g5 30.Bxg5 fxg5 31.Qxg5 Rg7 32.Qf5+ Kh6 33.Qf6+ Kh7 34.Bf5+ Kg8 35.Qe6+ Rf7 36.Bh7+ Kxh7 37.Qxf7+**（37.Rxf7+将杀）**37...Bg7 38.h6 Qb2+ 39.Rf2 Qxf2+ 40.Kxf2 Nxe4+ 41.Kg2**，1-0。

这向我们证明了，在理论层面了解战略概念是一件事，而在实战中能够真正意识到并运用它则完全是另外一件事。毫不夸张地说，这种无法把知识运用到实战中的情况在各个等级下都可能发生。我的一个等级分为2150的学生（在我们的第一堂课上），在我开始讲轻子的正确使用时表现得很不耐烦。他说："我早都已经知道这些东西了！"然而当我们看他的对局时，他却没能运用任何相关知识。相比于正确使用轻子，他不断地把更多的精力花在"更重要"的想法上（子力、进攻等等）。顺理成章地，当他输给更高水平的棋手时，他总是不理解哪里出了问题。

为了不犯这种错误，你需要：

▶ 学习这本书中列出的基本思想和概念。
▶ 在不断的重复中加强对这些知识的理解。
▶ 试着尽可能多地解决基于局面失衡的问题。
▶ 复盘你自己的棋局，认真地想想你在哪里本可以提升自己轻子的价值。

2.2.4 异色格象

我们都听说过有关异色格象的奇怪的事情发生。是不是尽管你在残局中领先许多兵，异色格象也会让你难以赢下比赛？我们应该追求还是避免这种情况？如果异色格象出现在每个棋盘，同一时间、同一轮、同一次特级大师锦标赛，这是不是超出我们控制范围的大灾难？我总是会想到这些问题！

当然，异色格象只是一个象对象的战斗。然而，这也是一场在不同维度中的两个生物的奇怪战争。因为它们直到棋局结束被装进盒子之前都呆在不同颜色的对角线上，它们之间不能相互触碰，不能防御对方正在攻击的位置（或者攻击对方正在防守的位置！），而且如果你把自己的兵或者王放在和对方的象颜色相异的格子上，那个象会发现自己像鬼一样，碰不到任何东西。

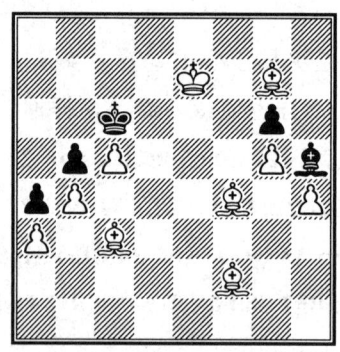

图61　白方先行

好吧，图61是一个疯狂的局面！但是尽管这十分滑稽，它的确很好地诠释了异色格象的局面可以多么荒诞。

这个局面下白方领先2个兵和3个象。黑方很被动，而且白方王的位置也远比黑方的要好。然而，这局棋已经和了！这怎么可能呢？

这里白方的问题是他的黑色格象大军不能触碰到任何一个白格。这意味着唯一可以攻击c6格和g6兵的子是白方的王。并且，由于这两个目标相隔很远，白方的王不能在一步之内从一处跳到另一处。因此，黑方将会根据白方王的走向，来以一种"应付"招数来走王（一遍又一遍地...Kc6-d7/d5再回到c6）或者象（反反复复地...Bh5-d1-h5-d1）。

让我们来看几步：

1.Ke6 Bd1 2.Kf7 Bh5

2...Bc2??将会导致输掉比赛，因为3.h5 gxh5 4.g6之后黑方唯一剩下的轻子不久就将在g6或者g8牺牲。这告诉我们黑方的象必须同时完成两项使命：1）保护g6兵不受攻击；2）永远不要失去和h5格的联系。这样白方的h4-h5就可以被...Bxh5化解，白方将无法创造一个通路兵。

3.Bce5 Kd7 4.Bd6 Kc6 5.Kf6 Kd5 6.Ke7

白方威胁通过Kd7来控制c6格。

6...Kc6

现在我们看到了，无论何时白方的王想要对c6格施加压力，黑方的王都必须迅速回到c6格，并让它的白色格象来走应付的招数。

7.Bc3 Bd1

黑方必须避免7...Kd5?? 8.Kd7 Bg4+ 9.Kc7，此时白方已经获得了对c6格的控制，也因此解放了c5兵。

8.Ke6 Bg4+ 9.Kf7 Bh5

9...Bf5?? 10.h5 白方将获胜。

10.Kf6 Kd7，1/2-1/2，因为白方无法在局面上取得任何进展！

很明显如果我们从图61中拿掉三个白方的象，将会得到一个更加现实的残局，这时多出两个兵的白方也是无法取胜的。这就是一个"准事实"："异色格象情形通常会让局面不利方在残局中和多输少"的来源。但是请注意这个词"通常"。很多异色格象的残局最终也能决出胜负。

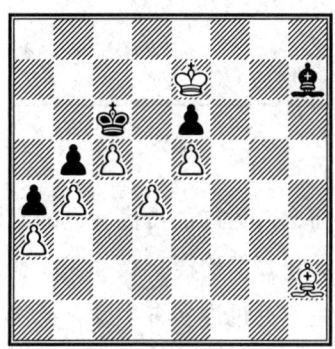

图62　黑方先行

图62这个局面和图61所示的有相同的基本元素。如果白方可以干掉e6兵，或者占据c6格，或者把e5兵变成通路兵，他都将赢得比赛。如果黑方可以阻止白方实现这些目标，就可以把局面逼和。这个局面下两个关键的争夺格（e6和c6）只有一步之隔，所以白方将获胜（注意，如果黑方的象呆在a2、b3、c4、d5格，局面将会被逼和）。

1...Bf5

1...Bg8也是同样的效果：2.d5+（关键在于——黑方要么选择用王吃放弃c6格，要么选择用兵吃给白方一个e线的通路兵）2...dxe5（2...Kxe5 3.Kd7 Bf7 4.c6 Be8+ 5.Kxe8 Kxc6 6.Ke7 Kd5 7.Kd7）3.e6 d4（3...Bh7 4.Kf6）4.Kf6 d3 5.e7 Kd7 6.c6+ Ke8 7.c7 这个兵即将升变为后。

2.d5+! exd5

2...Kxd5则会放弃对c6格的控制，白方在3.Kd7之后接着走4.c6。

3.e6 d4 4.Kf7 d3 5.e7 Bd7 6.Bf4，1-0。

亚历山大·里普林茨夫 对阵 约什·郭，2007年 渥太华

1.e4 c5 2.b3 Nc6 3.Bb2 e5 4.f4 exf4 5.Qf3 Qh4+ 6.g3 fxg3 7.hxg3 Qe7 8.Bc4 Nf6

9.Bxf6 Qxf6 10.Qxf6 gxf6 11.Nc3 Bd6 12.Nge2 Be5 13.0-0-0 d6 14.Nd5 Kd8 15.Rdf1 Be6 16.Nxf6 Ke7 17.Nd5+ Bxd5 18.Bxd5 Raf8 19.c3 Nd8 20.d4 cxd4 21.cxd4 Bg7 22.Kd2 Ne6 23.Kd3 b6 24.Rh5 Bf6 25.Rfh1 h6 26.Rxh6 Rxh6 27.Rxh6 Rh8 28.Rxh8 Bxh8

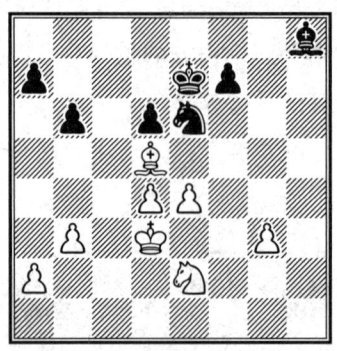

图63

图63中，很明显异色格象将会成为局面占优一方的问题。如果你有领先一个或两个兵的优势，而且觉得异色格象会让赢下比赛变成一场噩梦，你应该不辞辛劳地兑掉其中一个象。这听起来很简单，但是我见过许多棋手没有抓住交换的时机，并在随后为此付出了代价——仅仅只收获了一场平局。

在图63中，白方有一个稳固的多兵优势和一个位置更好的王（可以通过类似Kd3-c4-b5-a6的路线冲向敌方阵地）。然而，d4兵面临着巨大的压力，而且一步...Nc7就会让白方的王无法到达b5格。更令人伤脑筋的是这个异色格象的存在。所以，白方没有任何迟疑地解决了那匹马，并结束了这个异色格象的"威胁"！

29.Bxe6! fxe6 30.Nf4

马接下来可能走的Ng6+构成了威胁，并且把黑方的王牵制在了对e6的保护之中。

30...Bg7 31.a4 e5 32.dxe5 dxe5

这并不是一步好棋，但是32...Bxe5 33.Ng6+ 紧接着34.Nxe5 将会把黑方的局面变成一个毫无希望的王兵残局。

33.Nd5+ Kd6 34.Kc4，1-0。不慌不忙地摆脱了异色格象的困扰，这让白方获胜的过程变得轻松而不需要任何担心。

尽管异色格象的局面在很多情况下的确增加了防御一方在残局守和的机会，但如果那时棋盘上还有更多的子，同样的异色格象情形也可能对攻击一方有利（在中局或者残局）。

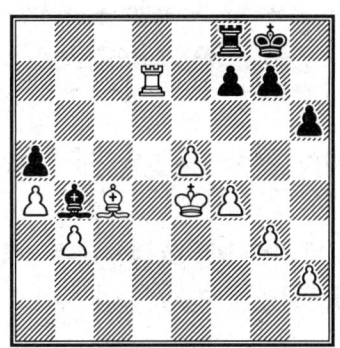

图64 黑方先行

图64中,白方领先了两个兵。然而,后翼的优势被黑方的a线兵和象抵消掉了。真正让黑方身临地狱的是白方的车和象联合起来对f7的攻击。这完全使黑方的子力无法移动,只能无望地看着白方提升自己的局面。对f7的攻击压力,加上王翼多出的一个兵,可以确保白方轻松地获得胜利。

1...g6 2.g4 Bc3 3.f5 gxf5+ 4.gxf5 Bb4 5.f6 Bc3 6.Kf5

在发起最后的攻击之前,白方冷静地把自己所有的棋子都调动到了最佳的位置上。当你的对手很无助的时候,你可以尽情享受把自己的局面全部调整到最佳状态的愉悦。

6...Bb4

黑方的象被迫始终看着b4格,因为6...Bb2将会给白方机会:7.b4! axb4 8.a5 此时黑方的b线兵哪里也去不了(多亏了异色格象),而白方的a线通路兵却可以自信地走上前往a8格的升变之路。

7.e6 fxe6+ 8.Bxe6+ Kh8 9.Kg6 接着黑方很快就会被将杀。

为了向你展示车的存在对于白方的取胜有多么重要,我们来看看同样地局面下双方都没有车的情况(图65)。

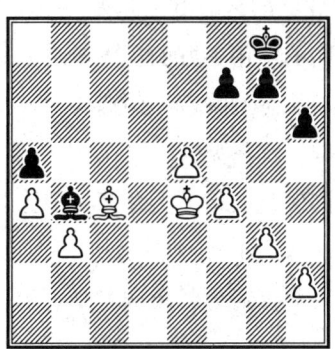

图65 黑方先行

现在黑方的王是自由的,而且在**1...Kf8 2.f5 Ke7**之后,如果黑方应对正确,白方将无法取胜(不过白方不花费大把时间去尝试的话,那他就太傻了!)。

小 结

- 如果一个象在兵链之外，或者享有一个相对无障碍的对角线线路，它就被认为是**积极**的象。

- 如果一个象承担着重要的任务（防御的或者动态的），它就被认为是**有用的**象。这样的一个防御性的象看起来可能并不令人满意，但缺少了它会让你的局面面临严峻的问题。

- 如果一个象并没有起到有益的作用而是被困在了兵的后面（这会无法让他积极），它就被称作是"**高个子兵**"。这种象表现出一种发育过度的兵的形象，而可悲的是，它在到达棋盘另一端时还不能变成后。

- 象在开放局面下通常是最有威胁的。在象的线路上的兵越少，它的活动余地就越开阔。

- 每次你移动兵的时候，记得看看这会如何影响你的象的积极性！显然，把一个开放局面变成封闭局面对这些子来说是很不利的，所以你要训练自己走每一步都考虑这会对你的象造成什么样的的影响。

- 一个开放的象可能看起来是不错的，而一个有用的象表现出更加实际的风格，并对位置有着更加深入（既有动态的也有防御性的）的要求。

- 你在把兵放到和你的象同样颜色的格子上之前需要三思！一般来说，只有在你确定象可以走出兵链的时候（这才会让它变得积极），或者你的象在兵链以内可以显得很有用（很可能是一个防御者的角色），才可以让象呆在兵链后面。

- 如果你有一个高个子兵，就试着通过把兵从这种颜色的格子上挪开，或者把它调动到兵链之外来解放你的象。如果这些无法完成，你还可以尝试用它和对方的轻子交换（遵循我们的"用不好的子去换对方好的子"这一要领）。

- 所有这些知识和你的良好意图都无法确保你不会时不时地发现你的象成为了一个高个子兵。这个时候，你需要：
  - 把你的兵从与象相同颜色的格子上挪开（解除对它的封锁）。
  - 把你的象从兵链中解放出来。
  - 用你这个糟糕的象去兑掉对方的象或者马。

象——习题

现在你应该懂得了怎么让一个象变得积极，鉴别一个发挥重要防守作用的象，以及如果自己的象成了高个子兵，该如何做来解救它。这些习题会告诉你对哪些方面仍然比较模糊，并且巩固你刚刚学到的知识。

如果解决这些问题时遇到了困难，不要担心——那说明我们找到了你还没有完全理解的东西，而这给了你重新补上它的机会。你可以重新翻阅前面的讲解内容，或者在从432页开始的答案中复习你错过的知识。

第二章 习题10

图66
【等级分：1600-1800】

黑方先行

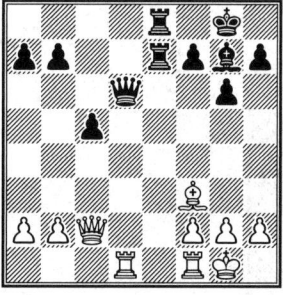

第二章 习题11

图67
【等级分：1400-1600】

黑方先行

哪些因素的结合让黑方有了决定性的优势？

第二章 习题12

图68
【等级分：1400-1600】

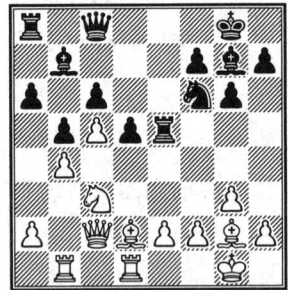

白方先行

第二章 习题15

图71
【等级分：1400-1800】

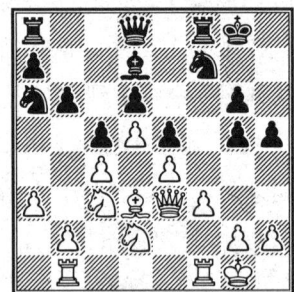

白方先行

第二章 习题13

图69
【等级分：1400-1600】

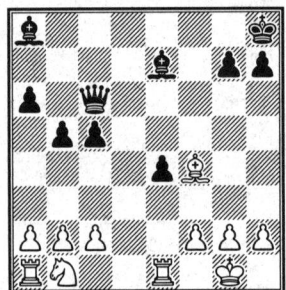

白方先行

第二章 习题16

图72
【等级分：2100以上】

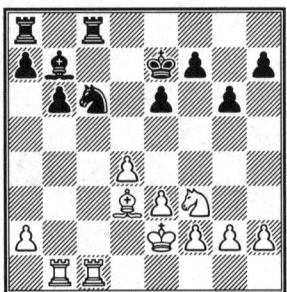

白方先行

第二章 习题14

图70
【等级分：2100以上】

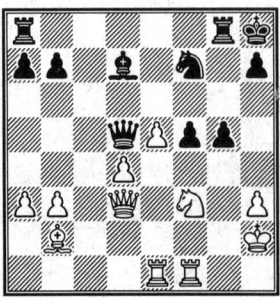

白方先行

2.3　象 vs 马　旗鼓相当的比赛

女士们先生们，在这个角落我们有一匹马——它跳起，它腾跃，任何东西在它面前都不是安全的，并且你完全不知道它接下来会做什么！在另一个角落我们有一个象——它拥有极快的速度，可以在一步之内从棋盘的一端飞到另一端！你对它们相遇时的残酷战斗做好准备了吗？你对它们觉醒后留下的大屠杀，以及在全部轻子的对决之中失败一方伤心的哀号做好准备了吗？好的，这样的话，比赛开——始——了！①

现在你已经了解了这两种轻子的底细。事实上，你们中的很多人已经在心中选择了自己更中意的一个。提格兰·彼得罗相把马放在了一个受人尊敬的地位上，作者本人也对马有着深深的爱，此外大多数业余爱好者对马的惧怕远远超出象（马的确更加狡猾）。另一方面，鲍比·菲舍尔也许是史上最伟大的象的痴迷者，而且大多数特级大师对象更有好感。

然而，无论一个人的偏好是什么，你需要了解如何将这两种轻子的威力最大限度地发挥出来，以及如何使用一个制服另一个。鲍比·菲舍尔明显更加喜欢象，但这并不妨碍他用马赢得一场马vs象的战斗，只要他觉得当时的局面对马有利。同样的情形也适用于马的崇拜者们。如果这些家伙处在一个很开放的局面下，象更有可能变成他们更中意的轻子。最终来说，轻子真正的价值取决于棋盘上失衡因素的组合。局面是封闭的吗？那么马通常是更好的选择。你觉得局面会发展为双方都有通路兵的残局吗？那么象会把马扫出棋盘。如果在一个局面下，能够到达不同颜色的格子非常重要，你该选择哪一种轻子呢？象做不到这一点，此时应当选择的是马。

这种轻子之间的战斗——各自都拥有不同的力量——是我在国际象棋里面最喜欢的部分。如果我拥有一匹马，我会努力给局面印上"马的特色"的标签，这样即将到来的与对方象的对决就将对我有利。如果我拥有一个象，我会尽我所能让局面变得"对象有利"。这种为自己的轻子创造理想局面的能力将会让你在众多棋手中脱颖而出。事实上，在败给你更有优势的马（或者象）之后，你沮丧的（无能的！）对手经常会说他们仅仅是运气不好，事情并没有朝对他们有利的一面发展。

下面这些在所有的象vs马的战斗中是非常重要的：

▶ 意识到这里有，或者这里即将发生一场象vs马的战斗。
▶ 意识到局面所有的失衡，以及它们如何与你的轻子和你的对手的轻子相关。
▶ 创造一个你的轻子所渴望的局面。

---

① 作者在这里借用了拳击比赛的报幕形式来作为本部分的开场白，其中最后一句话直接引用著名拳击报幕员迈克尔·巴佛（Micheal Buffer）的解说词"Let's get ready to rumble!"。——编者注

2.3.1 感受轻子的力量

我们的第一个例子将会展示，一个简单的局面如何能够真正充满轻子的力量。

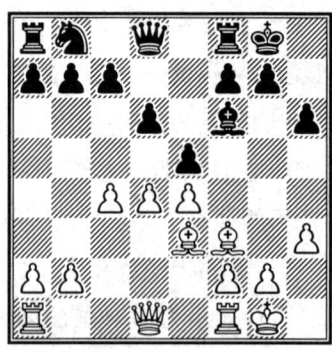

图73　白方先行

请把图73这个局面变化看作一个戏剧的剧本——它也许不可能来源于实战，但它对于观察者来说有着深刻的意义！我希望这个局面可以传递一种紧迫感———一个看得见的当头一棒，让你惊呼："哦！我都没有意识到一个'无聊的'轻子对战斗竟然是这么重要，而且优势的转换可以如此容易！"

从表面上来说，事情看起来非常容易：白方有两个象，希望把局面打开，而黑方有一个象和一匹马，期待着把自己的象变得更加开放，并为马找到一个好的位置。这里的主要问题是，白方应该交换e5兵，挺向d5格，还是简单地忽视d4-e5兵的对峙？所有这些问题的答案都最终依赖于它们将如何影响轻子的状况，但是实现最利于自己的目标显得比预期要更加困难。

让我们来看看以下这三种选择。

封闭中心

1.d5

这样赢得了空间，消灭了黑方的象控制a1-h8开放对角线的希望，并且阻止了黑方的马跳到c6格。这些当然听起来对白方非常不错，但是在黑方一步直接的应对之后就显得很一般。

> **要领**
> 如果你的对手有两个象，兑掉其中一个，从而创造出一个更加可控的象vs象或者象vs马的情形。

1...Bg5! 白方瞬间一无所有！黑方这一步强行换掉了白方的黑格象。这终结了白方的双象局面（在2.Bxg5 Qxg5之后）并创造了一个新的马vs象的轻子之战（图74）。

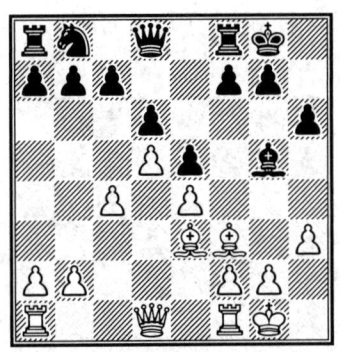

图74　白方先行
黑方赢得了轻子之战

无视

（图73）

1.Qd2 exd4 2.Bxd4 Bxd4 3.Qxd4 Nc6 4.Qc3 Re8 5.Rfe1 Ne5 6.Be2 Qg5 此时黑方没有任何困扰：他的马是一个很好的棋子，而白方的象则显得一般，白方的中心优势并没有体现出来，而黑方则在对e4格施加压力。如果白方走7.g3?!（注意，7.c5 dxc5 8.Qxc5?? 黑方就会在8...Nf3+之后吃掉白方的后）7...Nd7（解放自己的车，从而对e4格施加攻击，为自己的后让出e5格，并创造出...Nc5的可能性）**8.Bf3 Qe5 9.Qxe5 Nxe5 10.Be2 Nc6 11.Bg4 Nd4**（其实这一步并不需要着急，因为11...Re7之后...Rae8也是很不错的选择。然而，11...Nd4之后黑方很明显赢得了轻子之战，所以强调这一点非常重要。）**12.Rad1 c5** 此时黑方的马在d4格找到了一个永久的位置（图75）。

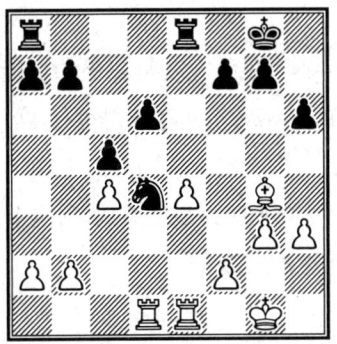

图75　黑方的轻子是个快乐的露营者

让我们打开局面吧！

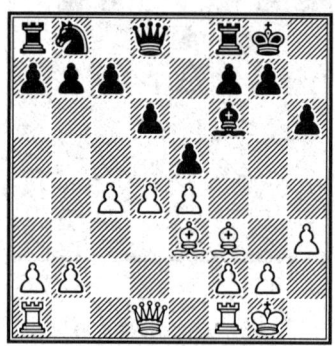

图73（重复） 白方先行

1.dxe5

关键的尝试。然而，这并不是一个平常的决定，因为白方不得不担心黑方1...dxe5，黑方这样做将在...Nc6之后使黑方的马在d4格拥有一个极好的位置。尽管这听起来对黑方很不错，但实际上黑方的行动也很成问题，因为白方有令人困扰的先手。

1...dex5 2.Qb3 b6

若走2...Qc8??，则获得了绝对优势的白方象就会走3.Bg4。

3.Rad1 Qe7 4.Bg4 Bg5

这当然不是黑方唯一的应对招数，但毫无疑问是最接近目标的（用自己不好的象和白方的好象交换，这种走法非常有意义）。当然，如果不是4...Nc6会让白方有5.Rd7的机会的话，黑方的马一定会走...Nc6-d4。

5.c5!

这不仅给了白方的后在a2-g8对角线上变得积极的可能性，也让白格象即使在不得已回撤之后仍然可以是积极的（Bg4-e2-c4 突然变得可行）。

5...Bxe3 6.fxe3

白方对此是十分喜欢的。他位于f1的车突然成了f线上的王者，而且黑方梦寐以求的...Nb8-c6-d4的调动马的路线也无法实现了。

6...Kh8

6...Qxc5?? 这样的话7.Rxf7 就很强大了：7...Rxf7 8.Rd8+ Qf8 9.Rxf8+ Kxf8 10.Qd5 Nc6 11.Qxc6 白方胜利。

7.Qc4 g6

黑方希望通过...h6-h5来把白方的象赶走。

8.Qc3

视线依然对准象与马的较量，白方把目标瞄准e5格，同时只要这个象可以在f1-a6对角线上找到一个积极的角色（在许多变化中最有可能到c4或者b5格），他就会准备在Bg4-e2展开调动。

8.Bc8!? 如果你发现了这一步走法，那你很难拒绝它。像8...Rxc8 9.Rxf7 Qe8（9...Qxc5?? 10.Qe6 将杀）10.Rdf1 这样的流程给了白方猛烈进攻的机会。黑方可以找到更好的防御措施，但是我觉得在8.Bc8 之后的演化对白方来说是很有趣的。这是一个很有趣的可以深入分析的变化，但是在这本书中我们把它省略掉了，因为这会把我们从象vs马的主题上带偏。

我得补充一下，这时白方有许多好棋。比如8.c6 看起来也不错，而且黑方马的困境会被彻底放大。

8...f6

若走8...Qxc5 9.Qxc5 bxc5 10.Rd5 白方将拥有巨大的优势。

9.Rd5 h5 10.Be2 很明显白方的象优于黑方的马（图76）。

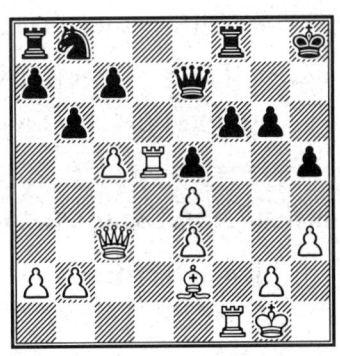

图76 白方最终赢得了轻子之战

所以这是否意味着1.dxe5 对白方来说更好呢？并不一定！黑方在轻子之战中败下阵来，是因为他没有充分地调动自己的马来挑战白方的象。所以让我们再回到图73，为黑方上一堂如何坚持原则的课：

1.dxe5 dxe5 2.Qb3 Nc6!

这一步真有魄力！黑方坚持让自己的马成为局面中一个积极的子力。

3.Qxb7 Nd4

马就该这么用！

4.Bg4

若走4.Bxd4 exd4 5.e5 Rb8 此时局面对黑方来说可以接受。

4...a5 5.Qd5 Qe7 6.c5 Rab8 黑方获得了很不错的弃兵补偿（图77）。

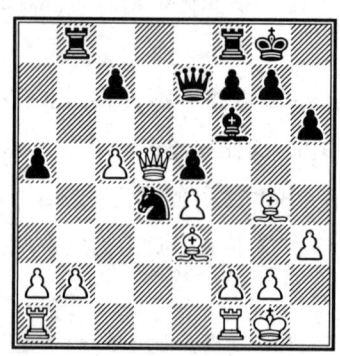

图77 黑方的马在耀武扬威

我还得补充一点，在1.dxe5之后，黑方并不一定要用兵来吃回这个兵。这将是图73演化出的轻子之战的最终版：

1.dxe5 Bxe5 2.c5

白方尽最大可能把局面变得开放。相反，2.Bg4 Nc6 3.f4 Bxb2（3...Bf6 4.Qd2 Re8 5.Bf3 给了白方一点点优势，这多亏了他在中心占有优势，并拥有两个好象）4.Rb1 Bf6 并在随后接上5.Rxb7 Na5 6.Rb4 c5 7.Ra4 Qc7 8.Bf3 Nc6 之后，局面对黑方来说可以接受。

2...Nc6 3.cxd6 Qxd6 4.Qxd6 Bxd6 5.Rfd1 Rfd8 6.Be2 Be5 7.Rab1 Bd4

黑方可以改走7...g5!显得更有攻击性，因为这一步可以争夺黑色格，并且防止了白方f2-f4的挺兵。

8.Bf4 Be5 9.Bxe5 Nxe5 10.f4 这时白方的中心优势以及积极的象让他在局面上相对舒服一点（尽管黑方的马依然在寻找机会，在...Nc6-d4之后的某个位置制造点麻烦）。

我们已经看到了轻子之战这些走法当中优劣势是如何转换的。很明显，如果你想要让自己的轻子最终占据主导和优势，你就需要在象马对决之中走出积极有力而准确的着法。

2.3.2 双象

现在让我们冷静一点，看一些基本的情形。我们接下来的议程上的第一点就是非常常见的双象vs象马的战斗（我把这个当作是象vs马的一种延伸，尽管马和象兑掉之后会把局面变成象vs象）。

拥有两个象要远远好于只拥有一个，因为象的主要缺陷——它不能同时控制两种颜色的格子——得到了弥补，现在棋盘上的白色和黑色对角线都可以被完全巡视。当然，如果局面是封闭的，而且对角线都被阻塞住的话，双象就显得不那么有优势了。但是，大体来说，双象是一个很好的轻子组合，需要对手考虑如何应付。最简单的解决这个问题的方法就是交换掉对方其中的一个象（无论是用自己的马还是象去交换），从而创造一个更加可控制的象vs马或者象vs象的局面。

对抗双象的手段——交换掉一个

瓦西里·伊万丘克 对阵 阿列克谢伊·希洛夫，2008年 莫雷利亚

1.d4 d5 2.c4 c6 3.Nf3 Nf6 4.Nc3 e6 5.Bg5 h6 6.Bxf6 Qxf6 7.e3 Nd7 8.Qd2 g5 9.Bd3 Bg7 10.0-0 0-0 11.Qc2 dxc4 12.Bxc4 c5 13.Rfd1 g4 14.Ne1 cxd4 15.exd4 Nb6 16.Be2 h5 17.Ne4 Qg6 18.Nc3 Qxc2 19.Nxc2 Bd7 20.Rd2 Bh6 21.Ne3 f5 22.g3 f4 23.gxf4 Bxf4 24.Re1 Bc6

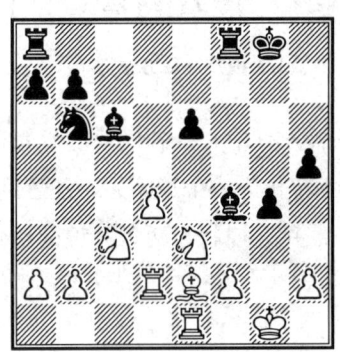

图78 白方先行

图78中，白方看起来面临巨大的压力，因为黑方的双象显得非常可怕，而且明显比白方的象马组合要好。伊万丘克意识到了他对于f4格上的家伙无计可施，但是c6格上的怪兽则是另一种情况。

25.Bb5!

白方使用了我们的对抗双象的要领。用自己e2格上被动的象和对方c6格的攻击型象交换会大大减轻白方在局面上面临的压力。

25...Bf3

"不，我不想交换。"

26.Be2

"我坚持要换！"

26...Bc6 27.Bb5，1/2-1/2。

奥斯卡·德·拉·里瓦·阿瓜多 对阵 卢斯兰·波洛马廖夫，2005年 潘普洛纳

1.e4 c5 2.Nf3 e6 3.b3 Nf6 4.e5 Nd5 5.Bb2 Nc6 6.g3 g6 7.Na3 Bg7 8.Nc4 0-0 9.Bg2 b6 10.0-0 Ba6 11.d3 Bxc4 12.dxc4 Nde7 13.Qe2 Qc7 14.Rae1 Rad8 15.Bc1 d6 16.exd6 Qxd6 17.Bf4 Qd7 18.Rd1 Qc8 19.h4 Nf5 20.Qe4 Ncd4 21.Nxd4 Nxd4 22.c3 Nf5 23.Qc2

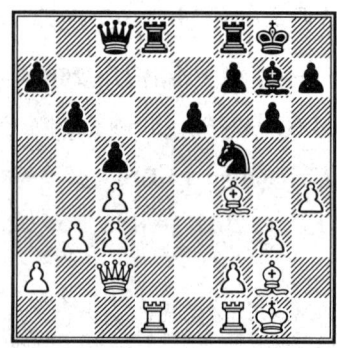

图79 白方先行

图79中，白方有双象，但黑方有中心兵的优势。尽管白方控制着d4、d5关键格，但白方在后翼的优势很难扩展或者转化为一个通路兵，注意到这一点是十分重要的。

由于白方的双象配合很好，并且控制着两条关键的对角线，黑方毫不犹豫地开始试图交换。

23...Bh6!

白方的双象将不复存在！

24.Bxh6 Nxh6

自己黑色格的兄弟被兑掉之后，白方白格象的威力将会大打折扣。

从这一刻起，白方最多只能期望和棋了。黑方的马将会证明自己比白方的象灵活得多，而且黑方中心兵的优势将很难被遏制。

25.Bh3 Kg7

黑方并不着急，所以他用自己的王巩固了自己虚弱的黑色格f6和h6。

26.Qe2 Qc7 27.Rxd8 Rxd8 28.Rd1 Rxd1+ 29.Qxd1 f5

这盘对局剩下的部分不用过多的评论了，简而言之，黑方渐渐地但是很明确地调动自己的马到更好的位置，挺进自己在中心和王翼的兵，提升自己王的位置，并且让自己的马看起来在攻防两端是多么的有用。

30.Qd2 Ng8 31.Bg2 Nf6 32.Bf3 e5 33.Kf1 e4 34.Be2 Kf7 35.Ke1 Qe5 36.Qe3 Kg7

37.Kd2 Qd6+ 38.Kc2 Nd7 39.Kc1 Nf8 40.Kc2 Ne6（黑方要是希望自己的兵像潮汐一样冲向白方的阵地，就要走...h6，接着...g5，最后...f4-f5，e6格上的马将同时保护g5和f4格。）**41.Bf1 h6 42.Kc1 g5 43.hxg5 hxg5 44.Kc2 Kf6 45.Kc1 f4 46.gxf4 Qxf4 47.Kd2 Ng7**（黑方的马实现了自己到e6格的目标，现在要跳到f5格，打破e3格的阻碍）**48.Bg2**（48.Bh3 Nf5 49.Bxf5 Qxe3+ 50.Kxe3 Kxf5 黑方将很容易获胜）**48...Ke5 49.Bxe4 Qxe4 50.Qxg5+ Nf5**（在展示了进攻能力之后，这匹马现在又演示了如何保护自己的王）**51.Qd8 Qb7 52.Ke2 Kf4**，0–1。

开放域的象会很开心

当然，在许多情况下，象不会被兵结构困住，也不会被轻易兑掉。在这种条件下，它们会真正地发挥出威力。

萨缪尔·雷舍夫斯基 对阵 卡雷尔·本杰明·范登堡，1950年 阿姆斯特丹

1.d4 Nf6 2.c4 e6 3.Nc3 Bb4 4.e3 0–0 5.Ne2 d5 6.a3 Bxc3+ 7.Nxc3 b6 8.b4 c5

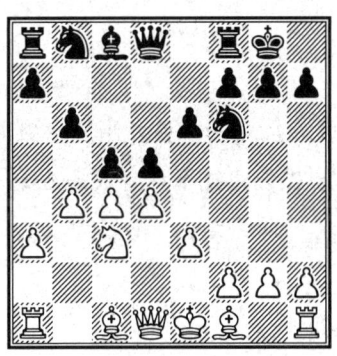

图80 白方先行

图80中，黑方的最后一步并不明智。白方有两个象，而黑方却不辞劳苦地想要打开中心！没错，白方的王还在中心，而有时打开中心来攻击对方尚未易位的王获得的主动权比你给对方双象的优势要更多。然而，在这个局面下黑方什么也没有得到，在那些对角线落入白方双象的手中之后，他只能感受到痛苦。

9.dxc5 bxc5 10.cxd5 cxb4 11.axb4 exd5 12.Be2

白方不会傻到让自己的王在中心停留过久。他拥有长远的双象优势和一个更好的兵型，所以一旦自己的王安全了，局面将完全对白方有利。

12...Nc6 13.b5 Na5 14.Ba3 Re8 15.0–0

黑方没有任何东西可以挑战白方强大的黑格象了。

15...Bf5 16.Bc5 Ne4 17.Bb4 Nxc3 18.Bxc3 Nc4 19.Qd4

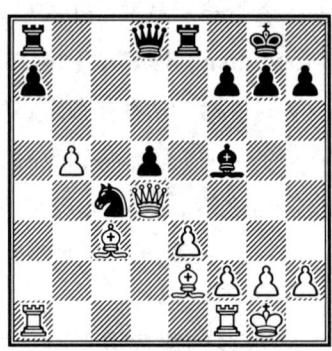

图81

黑方阵线已经被击碎了（图81）。a7和d5兵都非常虚弱，而且g7格正在叫杀。c3格象对于a1-h8对角线的控制看起来是一个很可怕的问题。

19...Qg5

黑方完全意识到了自己的困境，于是决定在王翼寻求反击。这也许并不能奏效，但他至少应该尝试一下。

20.Qxd5

这一步做好了应对接下来复杂局面的准备。当然，更加平淡的20.Rxa7 Rxa7 21.Qxa7 Be4 22.g3 走法也是可取的，这样黑方将找不到有效的方式来继续自己的反击。

20...Nxe3

黑方的最后一击。

21.fxe3 Qxe3+ 22.Kh1 Bg6!

这是他这些组合招数的关键。当然，22...Qxc3 23.Qxf5 Rxe2 24.Qxf7+ Kh8 会导致25.Qf8+! Rxf8 26.Rxf8 将杀。

23.Bh5! Rad8?

黑方的做法无异于投降。好得多的走法是23...Qxc3 24.Bxg6 hxg6 25.Qxf7+ Kh7〔25...Kh8 26.Ra4 g5 27.Rxa7 Qe5 28.b6 Rab8 29.Qh5+ Kh8 30.h3! Re7（30...Rxb6? 31.Rxg7+ 白方将立刻获胜）31.Qg6 白方最终也将获胜〕26.Ra4 g5 27.Qf5+（27.Rxa7 也是不错的选择）27...Kg8 28.Qd5+ Kh8 29.Qxg5，此时白方可以庆祝胜利了，因为他多一个兵，在a7格施加着压力的同时还在威胁着对方的王。

24.Bxg6! Rxd5 25.Bxf7+ Kh8 26.Bxe8 Qxe8 27.Rxa7

对g7格和底线的双重压力让黑方彻底无法防守。

27...Qc8

27...Rg5（27...Rc5 28.b6 Rxc3 29.b7）28.Rfa1 可以轻松取胜，尽管28.b6?? 又让黑方在28...h5 29.b7 Kh7之后有了继续走下去的希望。

28.Rc7!，1–0。在28...Qf5 29.Kg1或者28...Qb8 29.Rxg7 之后黑方将完全无望。

2.3.3　象 vs 马

在我们的最后一个例子中，白方有两个象，但是黑色格象是真正的英雄，因为他在一条狭长而通畅的对角线上找到了一个稳固的位置，而黑方找不到子力来与它抗争。在考虑象vs马的复杂变化时，同样的情况也会发生。如果马不能找到一个强大的支撑点，而同时象找到了一条通畅的对角线，那么马就通常在战斗中处于劣势。

伟大的突破

伊戈尔·瓦西里耶维奇·伊万诺夫 对阵 乔尔·本杰明，1990年 杰克逊维尔

1.c4 g6 2.e4 Bg7 3.d4 d6 4.Nc3 Nf6 5.Be2 0–0 6.Nf3 e5 7.d5 a5 8.0–0 Na6 9.Bg5 h6 10.Bh4 Qe8 11.Ne1 Nc5 12.Bxf6 Bxf6 13.Bg4

不允许黑方拥有双象！

13...Bxg4 14.Qxg4

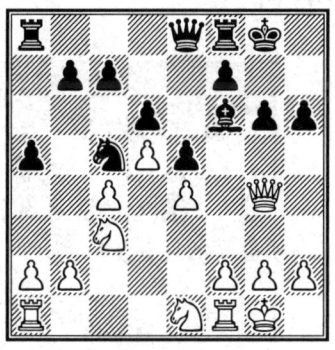

图82　黑方先行

图82中，黑方位置最差的轻子就是f6格的象（这个局面下毫无疑问它要比马更有优势）。由于此时主要的失衡是象vs马，黑方立即花费力气调动象，以保证在接下来的战斗中，象可以成为一个积极的子力。

14...Bd8!

对于这个问题这是非常漂亮的解法！这个象希望通过...c7-c6，接着（理想情况下）...Bb6，来控制a7-g1对角线，从而积极地参与到战斗中来。当然，这个象可能通过...Bc7来暂时保护d6格，或者在...a4之后通过...Ba5来攻击c3格。所有这些都表明这个象在d8格

> **要领**
> 有时不会有现成的刚好非常适合象的对角线。如果这种情况发生，看看你自己能否为它创造一条对角线！

有多么灵活。

本杰明这一步尤其有启发性的在于，他并不是把象移动到了一个原本就开放的对角线。相反，他将要去创造那条对角线！

注意到14...Bg5 15.Qe2 f5 也是可取的，尽管在这种条件下白方在16.Nd3之后将占有一点优势（有双马的一方通常愿意交换掉其中之一，马很难良好地互相配合），此时16...Nxd3 17.Qxd3 f4（这种挺兵的策略是黑方在类似局面下的常见选择）把这个象变成了一个高个子兵，而且16...Nxe4 17.Nxe4 fxe4 18.Qxe4 对白方是很有利的——他占据了e4格，他的马也已经完全开启了章鱼模式，控制着所有方向的格子（e1、c1、b2、b4、c5、e5、f4、f2），而且相比于黑方在王翼不太有可能的进攻，白方可以通过一个合适时机的c4-c5挺兵吹响在后翼进攻的号角。

15.Qe2 c6 16.Rd1 Bc7

黑方的象耐心地接受了自己的防御性角色，并且确信自己光荣的时刻就要到来了。

17.h4 Qe7 18.g3 Kg7 19.Nf3 a4 20.h5 Ba5

d6格安全以后，是时候让黑方的象闪耀了。最直接的威胁就是21...a3。

21.Rc1 Qd7 22.Rfd1 Rae8 23.Kg2 f5

> **要领**
> 如果时间不是问题，那就尽你最大的努力来改善你"不幸的"子的位置。

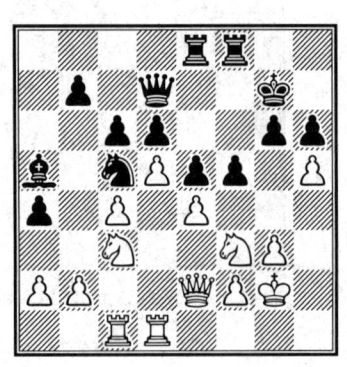

图83

很明显黑方做得不错（图83）。他的马比白方任何一个的位置都要好，他的象随时准备着在许多种走法中砍掉白方c3的马，也准备好撤回到b6格（和f8车一起）对f2格施加压力。

24.exf5

乔尔·本杰明在他的著作《美国特级大师》中，给出了接下来的变化和评价：

➤ 24.Nh4 Bxc3 25.Rxc3 Nxe4 26.Nxg6 Nxc3 27.Nxf8 Rxf8 28.bxc3 f4 29.Rd3 Kh8 "黑方占据一点主动。"

▶ 24.hxg6 Bxc3 25.Rxc3 Nxe4 26.Re3 Nf6 "黑方有一些优势。"

24...Rxf5 25.Ne4 Nxe4 26.Qxe4 Ref8 27.Rd3 Rxh5 28.Nh4

28.g4 则会导致28...cxd5 29.cxd5（29.Rxd5? Rf4 30.Qxf4 exf4 31.gxh5 Qg4+ 32.Kf1 Qxf3）29...Rf4 30.Qxf4 exf4 31.gxh5 Qg4+ 32.Kf1 Qxh5 33.Rc4（33.Rcd1 g5）33...Qf5 34.Rdd4 g5 35.Rxa4 Bb6 36.Rdb4 Qc2 此时白方将输掉比赛。

28...Rxh4! 29.gxh4

29.Qxh4 Qf5 30.Rdd1 Bd8 31.Qh3 Qxf2+ 32.Kh1 Qf3+ 33.Qg2 Qh5+ 34.Qh2 Qg4 35.Rf1（35.dxc6 Rf5 36.cxb7 Qf3+ 37.Qg2 Rh5+ 38.Kg1 Bb6+ 39.c5 Bxc5+ 黑方获胜）35...Rxf1+ 36.Rxf1 Qxc4 37.Qh3 Qxd5+ 38.Kh2 Qd2+ 39.Kh1 Qg5 40.Qe6 Qe7 "黑方将凭借自己的多兵优势获胜。"——本杰明。

这盘棋的剩余部分是一场屠杀：

29...Rf4 30.Qe2 Qf5 31.c5 cxd5 32.cxd6 Bb6（终于！）**33.Rf1 e4 34.Rg3 d4 35.Qd2 e3 36.Qe1 Qd5+ 37.Kh3 Qe6+**（双方都面临严峻的时间压力，急着走到第40步①。当然，如果本杰明有更多的时间思考，他会走37...Rxh4+! 38.Kxh4 Qh5 将杀）**38.Kg2 Qd5+ 39.f3 Qxd6**，0-1。伊万诺夫输在了耗尽时间上，但是他的局面也已经变得毫无希望。

> **要领**
> 双马很难很好地互相配合，所以兑掉其中的一个（与对方的象或者马）通常是一个不错的选择。

从某种意义上说，象与马的对决已经是一件很清晰的事情了。让我们来看看这些基本点。

拥有象的一方

▶ 通过把它放在开放的对角线上来让它尽可能地积极。如果这样的对角线并不存在，你应该创造一条通畅的对角线。

▶ 确定象发挥着重要的功能，只有这样它才非常有用。

▶ 引导局面向象可以发挥长距离优势的残局发展，这样象将会在与对方马的对决中占有优势。

▶ 不要让对方的马找到去一个良好的永久支撑点的路线。这叫做对抗马的策略——尽你最大的努力让对方的马无法到达它可以发挥优势的格子。

---

① 在国际象棋比赛中，通常会给双方各两个小时的时间来走前40步，如果任意一方在2小时内走完了40步，那么他将会得到额外的时间走接下来的步数。若有一方时间先耗尽，则无论局面如何，该方都会被直接判负。——编者注

拥有马的一方

- 将局面封闭通常对你的马有好处。
- 引导局面向所有的兵都在棋盘一侧的残局发展。这样将使对方象的长距离优势无法施展，而扩大马能够到达所有颜色格子的优势。
- 尽最大的努力为你的马创造一个永久的良好的位置（支撑点）。
- 如果一个理想的位置确实存在，但是看起来很远（或者很难到达），努力找到一条到那里的路！这也许需要几步的移动，但是这几步是值得的——把你的子放到最好的位置上，这样它们可以在棋盘上发挥最大的威力。
- 避免"绊马综合征"！许多马在发现自己被对方的象困住之后都难逃厄运。

让我们用实例看看这其中的一些观点。

被封锁的马

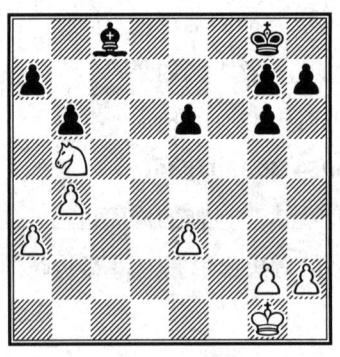

图84 黑方先行
亚瑟·比斯盖尔 对阵 罗伯特·菲舍尔[①]，1961年 布莱德

黑方多一个兵，但是那是一个叠兵，这意味着他无法在王翼形成通路兵（白方只需要把他的兵放在g3，这样黑方的兵将无法突破）。所以真正的战斗（除了王的位置以外，王在残局中当然也是十分重要的）将会集中在象vs马的失衡之中——这时白方的马在攻击a7兵，并且希望通过Nd6以及e3-e4-e5稳固地呆在d6格，这样黑方就完全没有机会获胜，因为白方的马实在太强大了。

菲舍尔接下来的一步立刻终结了这一切。

[①] 罗伯特·菲舍尔（Robert James Fischer），即鲍比·菲舍尔（1943-2008），作者在这里写的是这位前国际象棋世界冠军的原名。后同。——编者注

1...Bd7!

最普通的应变1...a6 会让黑方处于劣势，因为b6兵是个弱兵，白方可以获得足够的时间来占据许多最佳的位置：2.Nd6 Bd7，现在无论是 3.e4 Bc6（3...e5 则会导致4.Nc4 Bc6 5.Nxb6 Bxc4 6.Nd7）4.e5 Bd5 5.g3 Kf8 6.Nc8（这剥夺了黑方的王在接下来的局面中使用b5格的权利）6...b5 7.Kf2 Ke8 8.Ke3 Kd7 9.Nd6 Kc6 10.Kd4 或者3.Kf2 g5 4.Nc4 b5 5.Ne5 Bc8 6.e4 Kf8 7.Ke3 Ke7 8.Kd4 都将给白方留下很好地局面，因为他的马成了主导性的子（同时白方在王的位置上也占据优势）。注意到在最后一步中（在8.Kd4之后），白方的马可以转移到c5格（Ne5-d3-c5），在那里它将完全使黑方的局面陷入瘫痪。

2.Nxa7

在实战中，白方没有吃a7兵，但他还是输了：2.Nd6 Kf8 3.e4 e5!（e4-e5的挺进是黑方不允许的）4.Kf2 Bc6 5.Nc4 Bxe4 6.Nxe5 Ke7 7.Nc4 Ke6 8.Ne3 Ke5 9.Ke2 Kd4 10.Kd2 Bc6 11.g3 Bd7 12.Nd1 Ke4 13.Ne3 Kf3 14.Kd3 g5 15.Kd4 Be6 16.Ke5（16.Kd3 Bh3 接着...h5，以及...Kf2-g1xh2 也将是黑方获胜）16...Kxe3 17.Kxe6 Kf3 18.Kf5 Kg2 19.Kxg5 Kxh2 20.g4 b5 21.Kf5 Kg3 22.g5 g6+，0-1。

2...b5!

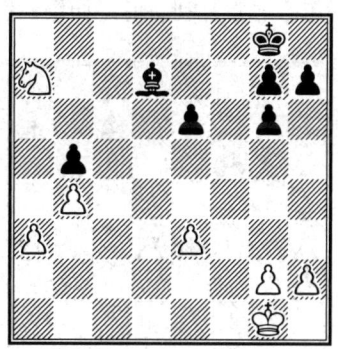

图85 被困住的马

这一步冻结了白方的后翼兵，并且阻止了白方Kg1-f2-e2-d3-c4以及Nb5的最终逃脱策略。现在白方的马困在了黑方象的网中，并且不可能再出来了（图85）。

3.Kf2 Kf7 4.Ke2

4.Kf3 e5 5.Ke4 Ke6 会导致同样的结果。

4...Ke7 5.Kd3 Kd6 6.Kd4 e5+ 7.Ke4 g5 8.h3 Ke6 9.Kd3 Kd5 此时黑方即将获胜，尽管这还需要一定的精确计算——有兴趣的读者可以继续走下去，看看是否可以最终取胜。

兵和空格通常决定轻子的价值

我们的下一个例子描述了两个有"细小"差别的相同的局面：白方的c线兵在一个局面中在c4格，在另一个局面中在c2格。这个差别对于评价轻子的价值来说关系重大！

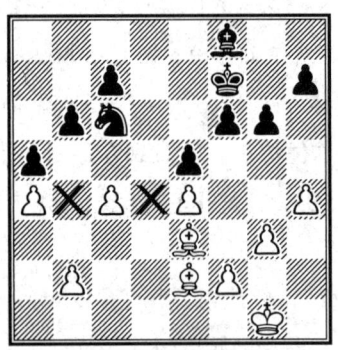

图86

图86这种结构通常在各个方面都是对黑方有利的——b4和d4这两个弱格让黑方的马非常有价值，而且黑方会很愿意交换掉黑格象，剥夺白方的双象优势，并且扩大白方在黑色格b4、c5和d4的缺陷。

很明显，图86所示的局面对黑方非常有利。但是如果我们把局面做一点轻微的调整呢？

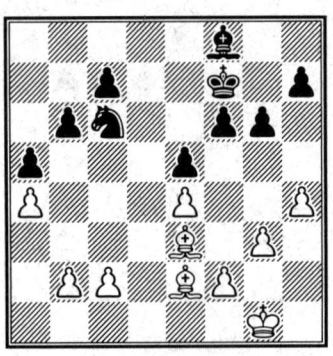

图87　白方先行

这里（图87）我们有相同的局面，但是这时白方的c线兵在c2格。由于黑方的马将被1.c3轻易地限制住，所以白方有了有利的机会。用你的兵（们）去剥夺对方马的理想位置是一种对抗马的战略。你将会（或者说应该！）经常使用它，所以你要不断地琢磨这些例子，直到对这个限制马的战略烂熟于心。

一旦这个观念深植于你的脑海，你将不会（但愿是这样！）像以前一样随意地向前挺兵而放弃了对这些关键格的保护。记住：兵不能向后走，所以它们每次向前，都会失去对某些格子的潜在控制。但这并不意味着你不应该向前挺兵——挺兵可以获得空间，而且通常让这个兵成为局面演进中更加有活力的棋子。只要意识到它的不利之处就好。

最无意的动兵也会潜在地弱化一个方格

罗伯特·菲舍尔 对阵 萨缪尔·雷舍夫斯基，1966年 第二届皮亚蒂戈尔斯基杯

1.e4 e5 2.Nf3 Nc6 3.Bb5 a6 4.Ba4 Nf6 5.0-0 Be7 6.Re1 b5

这样看起来非常合理的一步是西班牙式开局的主要招数，这样做扩大了后翼的空间，并且攻击着白方的象。但是在获得好处的同时，它的确还有着一些潜在的缺陷：白方会经常走a2-a4来攻击它，因为在交换了b5兵之后，a1的车将占据一条开放的a线，也让黑方的b5兵显得虚弱。另一个潜在的（虽然很难看出来）缺陷是c5格——b线兵不能再保护它了。这让黑方的d线兵要承担起守护那个格子的责任，而且一旦它胆敢在随后走到d5格，c5格就将变成一个巨大的弱格。

7.Bb3 0-0 8.c3 d6 9.h3 Nd7 10.d4 Nb6 11.Nbd2 exd4 12.cxd4 d5 13.Bc2 Be6 14.e5 Qd7 15.Nb3 Bf5 16.Bg5!

白方想要完全占据c5格。由于e7的象正在保护它，白方立刻去试图交换它，从而让c5格彻底失去保护。

16...Rfe8 17.Bxe7 Rxe7 18.Rc1 Nb4

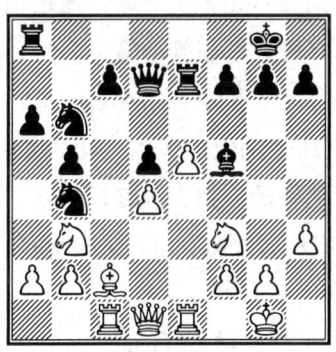

图88　白方先行

图88中，白方在中心有空间优势，黑方在后翼有多兵优势，但是这很难发挥出来，因为向c5的挺兵只会被对方白白吃掉。另一方面，白方的中心、王翼的兵的优势仍然生机勃勃——如果f兵可以顺利地向前f2-f4-f5，那么黑方就要被蹂躏了。黑方的不妙之处是由于他c线上的落后兵以及c5这个弱格导致的。如果他不能找到获得先手的方法（如果你的对手没有什么弱点，这将是很困难的），那么他将会经历长时间的折磨。

注意，c5格是一个弱格（虽然黑方的兵不能控制它），而c4格却不是。为什么呢？因为随后的一步b2-b3挺进将会使黑方的子无法在c4格停留。

19.Nc5! Bxc2

有个不好的走法是19...Qc8 20.Bxf5 Qxf5 21.Qb3 Nc6 22.Nxa6，这样白方将多一个兵。

20.Qd2!

这是黑方没有计算到的！白方走20.Rxc2 Qf5 21.Rce2 也会获得优势，但是20.Qd2 获得了远远超出雷舍夫斯基打算让出的优势！

20...Qe8 21.Qxb4

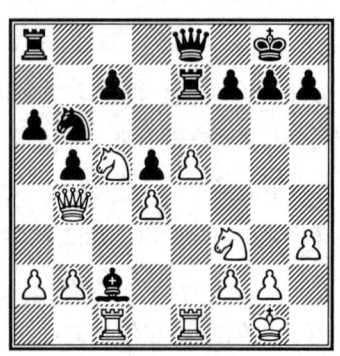

图89

现在我们看到了图89白方这几步招数的目的：通过用他的白色格象（在c5格并没有什么作用）换掉对方的马（最终可以威胁到c5格），白方在接下来的比赛中完全控制了c5格。哪怕黑方打算用自己的马换掉白方的c5马，白方也能用车接管这个格子，并在c线集中两个甚至三个子力来对c7格施加压力，这会给黑方制造巨大的麻烦。

我们看到的是一个战略性的轻子交换，最终目的是"占据"一个良好的格子。由于黑方的象只能呆在白格里，它将永远无法参与到对c5格的争夺之中。

21...a5 22.Qc3 Bg6

22...Bf5 23.Nh4 Bc8 24.f4 也是同样不好的结果——白方将会在棋盘的每个部分都拥有绝对优势，而黑方的象在接下来王翼（白方计划通过f4-f5-f6的挺兵来拆散黑方的王前兵）和c线的战斗中会形同虚设。

23.Nh4

处于边缘的马并不总是不好的。这是一步好棋，它打开了f兵的前进路线，并且把目标瞄准了f5格（这是很重要的，因为白方最终想要把兵挺进到f5格）。

23...Na4 24.Qb3

菲舍尔并不想给黑方甚至一点点反击的机会。事实上，如果你能够让你的对手处于被动局面，只得等待着斧头砍下来，那么这样做是一个很好的想法。

然而，24.Nxa4 bxa4 25.Qa3（不能走25.f4? Be4 这样黑方的象会瞬间成为一个强大的子）也是一个很好的选择：25...Rb8（这也没什么用。也许25...c6!? 26.Qxa4 Rb7 27.Nxg6 hxg6 是一个更好的尝试，因为像...28.Rxb2 以及28...Rb4 的后续将威胁到白方，使白方不得不放缓进攻的脚步。当然，白方仍然有明显的优势，但是黑方至少可以进行一些抵抗。) 26.Rc5 Rb4 27.Rxd5 Qa8（黑方在这里似乎可以有所作为，但很遗憾这被证明是一种错觉）28.Rb5! Rxb5 29.Qxe7 Rxb2（29...c6 30.Nxg6 hxg6 31.e6 fxe6 32.Rxe6 局面依然对白方有利，29...Rd5 30.Nxd5 hxg6 31.Qxc7 Rxd4 32.e6 也是同样的结果）30.d5 接着Nxg6 以及e6或者d6（取决于黑方如何应对）将是毁灭性的。

24...Nxc5 25.Rxc5 c6 26.Rec1 Re6 27.f4 f5

非常不好的局面（没有人愿意让自己的象变成一个高个子兵），但是27...Be4 28.f5 Rh6 29.f6! 将粉碎黑方的防御：29...Rc8（29...Rxh4 30.Qg3 将立即获胜）30.Qg3（30.Qe3 也很有威胁）30...g6（30...Bg6 31.Nf5!）31.Nf3 Rh5 32.Qf4 h6 33.Nd2 此时黑方毫无招架之力。

28.a4

这使黑方的后翼陷入彻底的混乱。然而28.Qc2可以更加直接地同时攻击c6和f5格。

28...bxa4

28...b4 29.Qc2 此时黑方将不得不少点东西了。

29.Qxa4 Rb8 30.Qa3 Qd8 31.Nxg6 hxg6 32.Rxc6 Rxc6 33.Rxc6 Qh4 34.Rxg6?

此时原本应该是白方确立胜势的时候了，但这一步却反映了白方战略上的失误。正确的招数是34.Qd6! Rd8（34...Rxb2 会导致迅速被将杀：35.Qe6+ Kh8 36.Rc8+ Kh7 37.Qg8+ Kh6 38.Qh8 将杀）35.Qc7 Kh7 36.e6 保护着f4格，并将很容易取胜。

34...Kh7

较差的走法是34...Qxf4 35.Qe7 Qc1+ 36.Kh2 Qf4+ 37.Rg3 Qh6 38.e6! Rxb2 39.Qf7+ Kh7 40.e7 f4 41.Rxg7+ Qxg7 42.Qh5+ Qh6 43.e8=Q 白方获胜。

35.Rg5??

菲舍尔指望用这一步来结束比赛，但是这有一点小差错。此时想要获胜，他将不得不在残局中试试自己的运气：35.Qg3 Qxg3 36.Rxg3 Rxb2 37.Ra3 Rb4 38.Rxa5 Rxd4 39.g3。

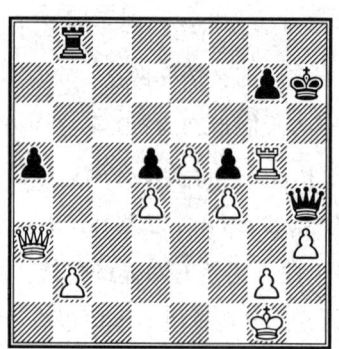

图90 黑方先行，并试图求和

35...Rb4??

比赛双方以及所有的评注者，都认为图90这个局面下黑方可以认输了。但是，黑方可以通过以下招数来实现奇迹般的求和：35...Qxf4! 36.Qe7 Rg8!（不可走36...Qe3+ 37.Kh2 Qf4+ 38.Rg3 这样白方将会获胜）37.Rh5+ Kg6 38.Rh4 Qe3+ 39.Kh2 此时39...Rh8!! 这样白方将没有机会取胜，因为吃掉h8的车就会导致长将和：40.Rxh8 Qf4+ 41.Kg1 Qc1+，和棋。

36.Qf3 Kh6 37.g3! Qxh3 38.Qxd5，1-0。雷舍夫斯基并不再需要走出38...Rxb2 39.Qe6+ Kh7 40.Qg6+ Kg8 41.Qxg7 来看到自己被将杀。

所有的兵在棋盘的一侧 = 一个"章鱼"的乐园

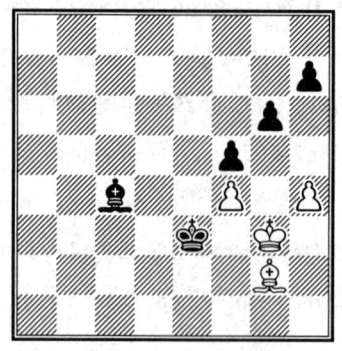

图91 黑方先行

图91中，尽管有多一个兵以及王的位置上的优势，黑方是无法取胜的。问题在于他的象——因为所有的兵都在棋盘的一侧，象的长距离优势无法施展。更糟糕的是，白方把自己的王和兵都放在了黑色格中，这意味着黑方的象永远攻击不到它们。为了达到求和的目的，所有白方需要做的就是在棋盘上随意移动自己的象，直到黑方意识到和棋是不可避免的。

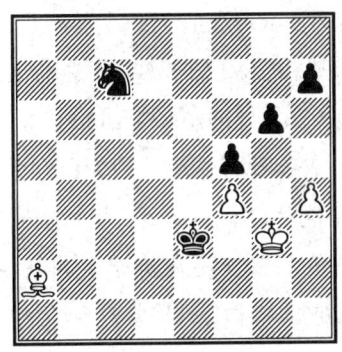

图92 黑方先行

图92这和上一张图所示的局面是相似的，不同的是白方的象位置更好，而黑方的象变成了一匹马。现在的局面黑方有了获胜的可能，因为马可以到达所有的格子。由于任何东西都无法逃离它的攻击范围，事实上，这匹马已经超过了"机器铁马"的水准，达到了章鱼层次的影响力！

我选择了接下来的变化来说明不同的"章鱼式"控制力的情形。我并没有寻找最快的或者最准确的路线，而是看起来最有启发性的。那么我们现在坐好，放松，欣赏这条章鱼为我们演示的令人惊叹的教程吧！

1...Ne8

这匹马即将跳到d6或者f6格，接着走...Ne4，攻击f4兵。

2.h5

明智地想要尽可能多地交换兵。如果白方走2.Bg8，这只"章鱼"就将走2...Nf6（我突然想把这记作Of6！）来展示自己的防守能力，并且攻击白方的象、保护h7兵，准备走...Ne4+ 或者 ...Nh5+来威胁f4兵的安全。

2...gxh5 3.Be6

3.Bb3 Ng7 4.Bd1 h6 5.Ba4 h4+ 6.Kxh4 Kxf4 7.Bd1 Ke3

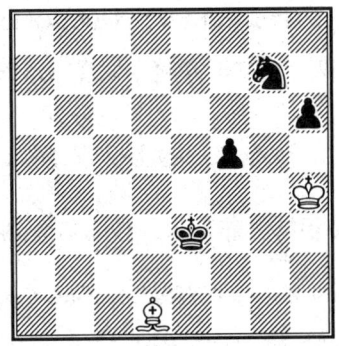

图93 拒绝接近

（图93中，黑方的"章鱼"和h兵形成了一个看不见的保护罩，使白方的王无法进入）8.Kh3 f4 9.Kg2 Nf5（开始战斗）10.Kh3（差不多的走法是10.Bg4 f3+ 11.Bxf3 Nh4+ 12.Kg3 Nxf3 13.Kg4 Ne5+ 14.Kh5 Nf7 15.Kg6 Kf4 16.Kxf7 h5 这个兵将升变）10...f3 11.Bb3 f2 12.Bc4（12.Kg2 Nh4+ 13.Kf1 Nf3 比赛结束，因为白方无法应对黑方...Nd2以及...Nh2）12...Kd2 13.Kg4 Ng7（又形成了这种控制的局面！）14.Kh3（14.Ba6 Ke1 接下来...f1=Q）14...Ke1 15.Kg2 Nf5（这条章鱼上一秒还在防守，下一秒就开始进攻！）16.Ba6 Nd4 17.Bf1 Ne2。这条饥饿的章鱼让它的猎物在f1格窒息。

3...Nd6

它转而防御。

4.Bd7 Ne4+

然后进攻。

5.Kh4 Kxf4 6.Be8

6.Kxh5 Nf6+ 又是这条章鱼的胜利！

6...Ke3 7.Bxh5

7.Kxh5 Nf6+ 又是另一次双击。

7...f4 8.Bg4 f3 9.Bh3

或者9.Bxf3（9.Kh5 Nf6+）9...Kxf3 10.Kh5 Kg3 11.Kh6 Nf6 12.Kg5 h5，接着这个兵将会升变。

9...f2 10.Kg4

10.Bf1 Kf3 11.Ba6（11.Kh5 Ng3+）11...Ng3 12.Bb7+（12.Kg5 Ne2 13.Bb7+ Kg3）12...Ke3 13.Bg2 Ne2 14.Kg4 h5+ 15.Kg5 Nf4 16.Bf1 h4 17.Kxh4（这个兵最终还是需要被吃掉，这给了黑方时间把王移动到e1格：17.Kg4 h3 18.Kg3 h2 19.Kxh2 Kd2，此时20.Kg3 Ke1 21.Bc4 Ne2+ 和20.Bc4 Ne2 21.Kg2 Ke1 都可以结束比赛）17...Kd2 18.Kg3 Ke1 19.Bc4 Ne2+，0–1。很有趣，可以看到这匹马是怎样连续地封锁了白方象的对角线线路。

10...Ke2 11.Kf4 Nf6 12.Kg5 Nd5 13.Kh6 Nf4 14.Bc8 f1=Q 15.Ba6+ Nd3，0–1。再一次地，这匹马挡住了白方的进攻，挽救了大局。最终定格的局面非常奇特。

马准备好踏上征程了

米兰·马图拉维克 对阵 罗伯特·菲舍尔，1968年 温科夫齐

1.e4 c5 2.Nf3 d6 3.d4 cxd4 4.Nxd4 Nf6 5.Nc3 a6 6.g3 e5 7.Nde2 Be7 8.Bg5 Nbd7 9.Bh3 b5 10.a4 b4 11.Nd5 Nxd5 12.Qxd5 Rb8 13.Bxe7 Kxe7 14.Qd2 Nf6 15.Bg2 Bb7

16.Qd3 Qb6 17.0-0 a5 18.Rfd1 Ba6 19.Qd2 Rhc8 20.h3 h5 21.b3 Bxe2 22.Qxe2 Rc3 23.Rd3 Rbc8 24.Rxc3 Rxc3（准备25...Rxg3）**25.Kh2 Qc5 26.Ra2**（26.Rc1 Rxb3）见图94。

白方的困境甚至显得很可笑。他的c线兵在被攻击，他的子都蜷缩在第2行，他的象是一个高个子兵。局面对黑方来说则要好得多。他控制了比赛，他的重子毫不留情地攻击着白方，他的马也明显比白方的象威力要大得多。事实上，由于c2兵成了靶子，黑方的马也愿意参与到对其的进攻中去（要尽你最大的努力，让所有子都互相配合来达成共同的目标）。

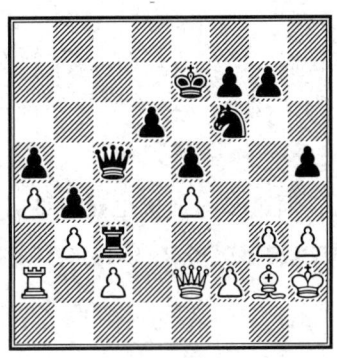

图94

如果黑方能为马找到一个好的支撑点，同时对c2格施加攻击，那将是哪个格子呢？很明显，答案是d4格，而通往d4格的路线是...Nf6-d7-b8-c6-b4（或者，在某些情况下也可以是...Nf6-h7-g5-e6-d4）。那是一段很长的行程，但是如今白方无棋可走，而且这样做的回报是很大的（如果黑方的马到了d4格，白方将立刻脸朝地倒下去）。

26...g6!

黑方的马想要开始一场征程，但是现在它在保护着h5兵。在26...g6之后，h5得到了稳固的防守，此时马可以出发奔向更绿的草场了。这步g6挺兵也为马开辟了一条新的路线：接着...h5-h4挺兵，如果白方应对g4，黑方接着走...Nf6-h7-g5-e6 再向前跳到d4或者f4格。如果白方应对gxh4，那么...Nh5-f4将会是白方的噩梦。

如果黑方的马想要到达这个相当好的位置，它无论如何都将进行一场远途旅行，但这无疑是值得的！

27.Bf1

白方看到了黑方正在把马跳向d4格，也意识到了如果想要保住c2兵，他还需要这个象来参与防守，不幸的是，象的撤退把e4兵变成了弱兵。

27...Qd4

黑方有太多的好棋可以走。同样非常好的招数是27...h4 28.g4（28.gxh4 Nh5 是另一种形式的"被马杀死"）28...Qd4 29.Bg2 现在...Nh7-g5-e6可以顺利进行。

28.f3

或者28.Bg2 h4 29.g4 Nh7-g5 等等。

28...Re3

28...h4也是很好的棋。然而，菲舍尔看到了一个清晰的获胜方式，并高兴地付诸于实施。

29.Qg2

差不多的做法是29.Qf2 这样黑方将会有好的选择29...Rxe4或者29...h4，而白方30.g4也会被黑方轻松应对30...Nxe4! 31.fxe4 Rxh3+。

29...Qd1 30.Bc4 Qxf3

白方的子力都被控制住了，而过多的抵抗也显得徒劳：**31.Qxf3 Rxf3 32.Kg2 Re3 33.Bd3 Nxe4 34.Bxe4 Rxe4 35.Kf2 d5 36.Ra1 d4 37.Rd1 Re3 38.h4 Rc3 39.Rd2 Ke6 40.Kg2 f5**，0–1。

小　结

　　从某种意义上说，象与马的对决已经是一件很清晰的事情了。让我们来看看这些基本点。

拥有象的一方

▸ 通过把它放在开放的对角线上来让它尽可能地积极，或者如果这样的对角线并不存在，你应该创造一条通畅的对角线。

▸ 确定象发挥着重要的功能，只有这样它才非常有用。

▸ 引导局面向象可以发挥长距离优势的残局发展，这样象将会在与对方马的对决中占有优势。

▸ 不要让对方的马找到去一个良好的永久支撑点的路线。这需要对抗马的策略——尽你最大的努力让对方的马无法到达它可以发挥优势的格子。

拥有马的一方

▸ 将局面封闭通常对你的马有好处。

▸ 引导局面向所有的兵都在棋盘一侧的残局发展。这样将使对方象的长距离优势无法施展，而扩大马能够到达所有颜色格子的优势。

▸ 尽最大的努力为你的马创造一个永久的良好的位置（支撑点）。

▸ 如果一个理想的位置确实存在，但是看起来很远（或者很难到达），努力找到一条通路！这也许需要几步的移动，但是这几步是值得的——把你的子放到最好的位置上，这样它们可以在棋盘上发挥最大的威力。

▸ 避免"绊马综合征"！许多马在发现自己被对方的象困住之后都难逃厄运。

▸ 对抗双象的要领：在一个双象vs一象一马的局面下，最简单的解决这个问题的方法就是交换掉对方其中的一个象（无论是用自己的马还是象去交换），从而创造一个更加可控的象vs马或者象vs象的局面。

▸ 双马很难很好地互相配合，所以交换掉其中的一个（与对方的象或者马）通常是一个不错的选择。

象 vs 马——习题

你学过了马的知识，也学过了象的知识，还学过了它们之间的战斗。现在是时候用一些具体的题目来看看你是否能够把学到的知识用在实际的问题中。

下面的这些习题是为了让你了解自己已经学到了多少东西，并且作为额外的教学。如果解决这些问题时遇到了困难，不要担心——那说明我们找到了你还没有完全理解的东西，而这给了你重新补上它的机会。你可以重新翻阅前面的讲解内容，或者在从445页开始的答案中复习你错过的知识。

第二章 习题17

图95
【等级分：1900-2200】

白方先行

第二章 习题18

图96
【等级分：2000以上】

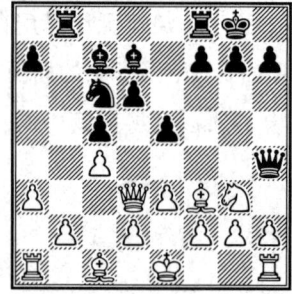

白方先行

在这个局面下，白方尝试走15.Bxc6 Bxc6 16.e4，给了黑方双象组合，但是封闭了局面，让它变得不开放。这是一个明智的选择吗？

第二章 习题19

图97
【等级分：1400-1800】

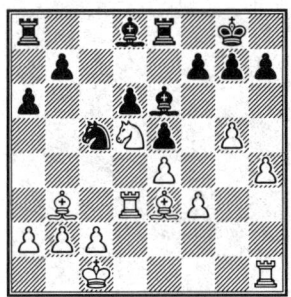

白方先行

第二章 习题20

图98
【等级分：1400-1800】

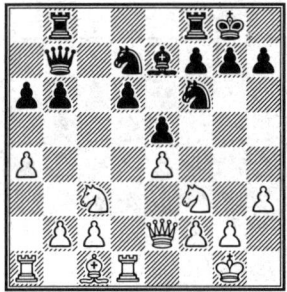

白方先行

第二章 习题21

图99
【等级分：1400-1600】

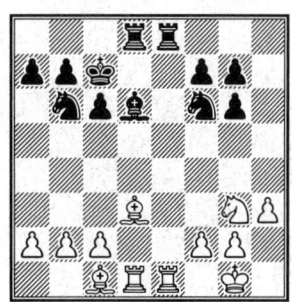

白方先行

白方走了**18.Bd3**，双方同意和棋。这样合乎情理吗？难道白方没有在开放局面中占据拥有双象的优势吗？

第二章 习题22

图100
【等级分：2200以上】

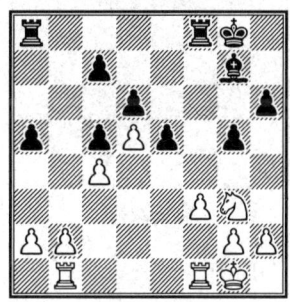

黑方先行

第二章 习题23

图101
【等级分：1400-1800】

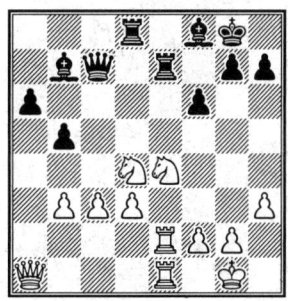

黑方先行

第二章 习题24

图102
【等级分：1400-1600】

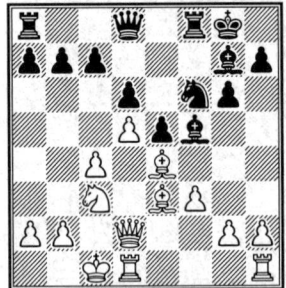

白方先行

第二章 习题25

图103
【等级分：1600-1800】

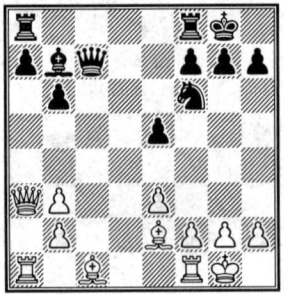

黑方先行

评价这个局面。

第二章 习题26

图104
【等级分：1400-2200】

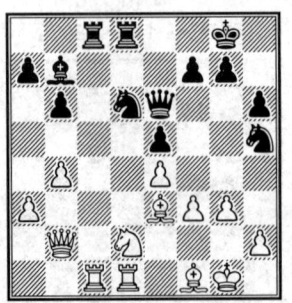

黑方先行

评价这个局面。

第二章 习题27

图105
【等级分：1400-2200】

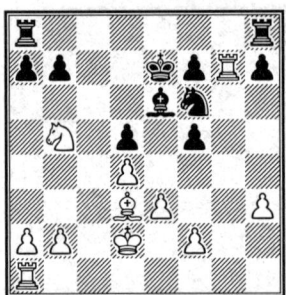

白方先行

评价这个局面。

第二章 习题28

图106
【等级分：1400-1800】

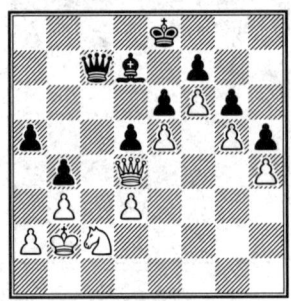

白方先行

哪一方的轻子比较好？相比较而言好出了多少？

第三章

车

3.1 车——纵线、横行和攻击目标　105
    3.1.1　创造一条开放线　105
    3.1.2　窃取一条开放线　110
    3.1.3　等候时机触发行动　112
    3.1.4　第7行和第8行车的控制力　115
    小结　126
    车——习题　127

3.1 车——纵线、横行和攻击目标

3.1.1 创造一条开放线

让我们从一个最简单也最有力的论述开始：如果你想让你的车发挥效用，它们就会需要一条开放线。这看起来是显然的，但问题的关键在于要让你的车得到一条开放线——然而许多棋手仅仅寄希望于这样一条开放线奇迹般地出现，而当它没有出现的时候，就困惑于为什么事情没有朝对他们有利的方向发展。

没能占据一条开放线的车，象和马都可能比它表现得更好。这样的车只能被动地躲在兵的后面，悲伤地幻想着自己那无法真正实现的潜力。没错，这很基本，但是也非常重要，而且经常会被初学者们忽略掉，甚至发生在等级为"E"（1200分以下）、"D"（1200-1399分）、"C"（1400-1599分）、"B"（1600-1799分）的锦标赛棋手身上。实际上，调动车的战斗从开局就开始了。

例如，受过训练的棋手一眼就可以看出图107中白方失败开局的步数：**1.d4 d5 2.e3 Nf6 3.Nc3**。

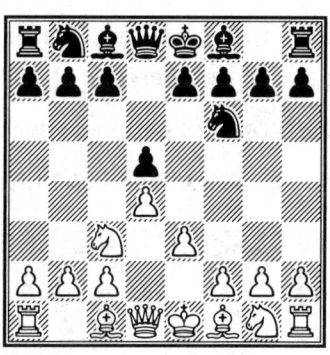

图107

这传递出的信息是，白方很可能完全没有考虑自己车的前途！事实上，当我教喜欢走这种开局模式的学生时，会问他："你的车怎么办？"通常我得到的答案是："哦，我只是在出动自己的子。我一会儿会处理车的问题的。"当然，我总能发现这样开局的棋手在让自己的车变得积极时会面临严峻的问题，这个"一会儿"通常永远也不会到来了。

回到这个平淡的开局（e3这一步走早了——为什么要在没有好理由的时候阻挡住自己的黑格象呢？），我们会发现除了3.Nc3（这一步挡住了c线的兵，而且马在这一格也无法发挥出威力），3.c4是一个好得多的选择，接着再走Nc3。白方的所有子都可以感受到其中的差别——有了c4格兵的协助，突然之间c3格马对d5格兵的攻击显得不再单薄。而且，一旦白方的车移动到了c1格，随后的cxd5将会使得它占据c线。显然，兵的压制和突破是创造开放线（半开放线）的工具，而且它们的运用覆盖到了从非常基本（刚刚在图107中看到的），到普通基本（图108），再到锦标赛（图109），最后到非常职业的所有水平阶段（图112）。

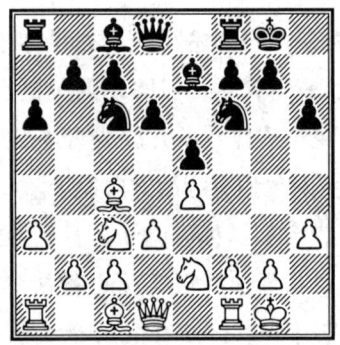

图108　白方先行

在这个局面中（图108），黑方的车在打开开放线方面没有什么选择机会。然而，白方的f1车在白方通过f2-f4挺兵（现在或者随后）获得王翼的空间之后会非常开心，这样这个车发挥威力，参与到接下来的战斗中；而a1车在b2-b4挺兵（现在或者随后）之后也会很开心，这样白方将获得后翼的主动权，并且会努力使a1车加入到后翼的争夺之中。

杰里米·西尔曼 对阵 兰多夫·沙因，1977年 旧金山

1.e4 c5 2.Nf3 d6 3.d4 cxd4 4.Nxd4 Nf6 5.Nc3 g6 6.Be3 Bg7 7.h3 Nc6 8.Bc4 0–0 9.Bb3 Bd7 10.0–0 Qc8 11.f4 Rd8 12.Qf3 Nxd4 13.Bxd4 Bc6 14.Rad1 b5

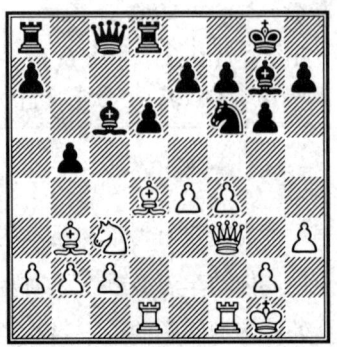

图109　白方是时候关爱一下自己的车了

15.Nd5

图109中，这一步试图造成Nxe7+并吃后的威胁来取胜，也造成了Nxf6+来使黑方形成叠兵的威胁，逼迫黑方不得不主动交换掉d5的马。然而，它真正的目的是为自己的车创造一条半开放线！

15...Nxd5 16.exd5 Bd7 17.Rfe1

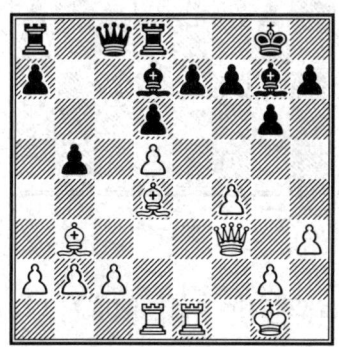

图110

现在我们可以看到白方15.Nd5 的目的——图110中，原本在e4的兵已经从e线移开到了d5格，既获得了空间，又为自己的车打开了e线。这使得己方的子力可以对e7兵施加巨大的压力。

17...Re8 18.c3 h5

由于害怕而走出的一步。黑方担心白方g2-g4的挺兵，所以走了一步来阻止其发生，也使得自己的象可以到达f5格。然而，这步补救措施使问题变得更加严重，因为现在黑方的王翼又被严重削弱了（在接下来的对局中会表现出来）。

19.Re3

白方计划在e线叠车以加强对e7格的压力。当你有一条开放线正对着对方一个明显的弱点（e7格），你就可以游刃有余地处理局面。然而，真正体现水平的并不在于使用它（任何人都可以做到），而在于创造它！

19...Bf5

黑方冷静下来，并继续着自己的计划。另一种选择是19...Bxd4 20.Rxd4 Bf5，使黑方可以使用同样的很有威胁的象的策略。

20.Bxg7 Kxg7 21.Rde1

没有比这更加明显和自然的招数了！白方在e线上的叠车将迫使黑方使用两个子来看护e7兵。注意，白方的叠车和黑方a8和e8上被动的两个车相比显得多么强大。

21...Qd7

黑方认为一切都在掌控之中，但白方接下来的一步证明了他是错误的。

22.Bd1!

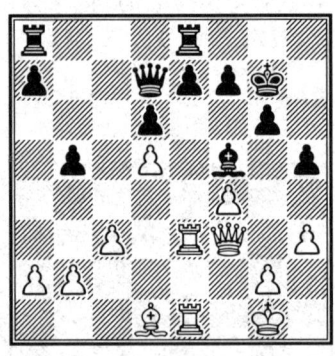

图111

突然间黑方的象面临被白方g2-g4挺兵包围的危险（图111）。

22...Qc7

以22...h4来阻止白方g2-g4挺兵会给白方23.Qf2的机会，h4兵就成了黑方最新的"被刺杀的目标"。

22...a5 23.g4 hxg4 24.hxg4 Bb1 25.f5!给了白方很好的进攻机会。例如：25...Bxa2 26.Rxe7! Rxe7 27.f6+ Kg8 28.Rxe7，或者25...gxf5 26.Qf4 f6 27.g5 Be4 28.gxf6+ exf6 （28...Kxf6 29.Rxe4）29.Rg3+ 黑方此时可以认输了。

> **要领**
> 半开放线通常被用来对敌方弱兵施加巨大的压力。这里的"弱"是指无法被其他的子有效保护。

这盘棋剩下的部分就非常直接了：**23.g4 hxg4 24.hxg4 Bc8 25.f5 f6 26.Kg2 Bb7 27.g5 Qc4 28.Bb3 Qh4 29.Re4 Qh8 30.Rxe7+ Kf8 31.Qe4 Rxe7 32.Qxe7+ Kg8 33.Qxb7**（33. Qe6+ 直接将杀。然而，我很开心可以吃掉他的象，不想费力考虑别的招数了）**33...Rf8 34.Rh1 Qg7 35.Qxg7+ Kxg7 36.gxf6+**，1–0。

帕里马赞·内吉 对阵 亚历山大·贝里亚夫斯基，2007年 阿姆斯特丹

1.e4 e5 2.Nf3 Nc6 3.Bb5 a6 4.Ba4 Nf6 5.0–0 Be7 6.Re1 b5 7.Bb3 d6 8.c3 0–0 9.h3 Bd7 10.d4 Re8 11.Nbd2 Bf8 12.d5 Nb8 13.Nf1 Nbd7 14.Ng3 Nc5 15.Bc2 c6 16.b4 Ncd7 17.dxc6 Bxc6 18.Bb3 Nb6 19.Nh2 a5 20.bxa5 Nc4 21.Bg5 h6 22.Bxf6 Qxf6 23.Ng4 Qd8 24.Ne3 Nxa5 25.Bd5 Rc8 26.Rb1 Bxd5 27.Nxd5 Rc5 28.Qd3 Nc4 29.Nf5 Nb6 30.Nfe3 Nxd5 31.Nxd5 Qa5 32.Re2 Ra8 33.Rb4 Qa6 34.Reb2 g6 35.Qf3 Qc6

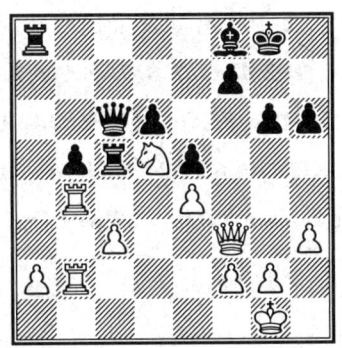

图112

图112中，白方明显占据优势。他强大的马（与黑方糟糕的象相比）和对b5兵施加的压力给了他控制局面的机会。他可以慢慢地发展自己的优势折磨对手，但是他发现了黑方的王并没有什么防御屏障，而他自己的后和马正在给对方的王翼施加压力。如果他的车在一条开放线上并且成功突破进黑方的领地，一个极好的进攻机会就将出现。因此，为什么不打开b线呢？

36.a4!

强行打开这条线。同样有威胁的类似做法是36.c4! Ra5（36...bxc4 37.Rb7 白方将立刻获胜）37.a4!（白方坚持扫清b线！）37...Rxa4（37...Rxc4 38.Rxb5 Rxb5 39.axb5 Qb7 40.b6 这个怪物一样的通路兵将使白方轻松取胜）38.Rxa4 bxa4 39.Rb8 Qa6 40.Rd8 Rxd5 41.cxd5 Qb7 42.Qg4 接着Qc8的威胁使白方可以轻松获胜。

36...Rxa4

36...Ra5 37.c4! 然后就可以接着看我们的36.a4! 下面的注释了。

37.Rxa4 bxa4 38.Rb8

白方的车已经突破进了黑方的领地，此时白方的后、车、马（都把目标瞄准了黑方的王）的强大组合将使白方能够发起一场直接取胜的进攻。他最直接的威胁手段就是39.Ne7+，吃掉黑方的后。

38...Qa6 39.Qf6??

真可惜。白方本可以迅速取胜：39.Ne7+ Kg7 40.Nxg6!! Qa7（40...Rc8 41.Nxe5 dxe5 42.Qg4+，将吃掉黑方的车）41.Rxf8 a3 42.Re8 a2 43.Nf8 a1=Q+ 44.Kh2 Qc1 45.Ne6+ fxe6 46.Qf8+ Kg6 47.Rxe6+ Kh7 48.Qf5+ Kh8 49.Qf6+ Qg7 50.Re8+ Kh7 51.Qf5+ Qg6 52.Re7+ Kh8 53.Qf8+ Qg8 54.Qf6+ Qg7 55.Qxg7 将杀。

39...Rc8 突然之间白方的进攻停滞了，而且黑方的a线兵变得至高无上：**40.Nc7 Rxb8 41.Nxa6 Rb1+ 42.Kh2 a3**（没有其他子的帮助，白方的后在f6格并没有发挥作用。

国际象棋是团队合作的项目，但此时没有队友去拯救她！）**43.Nb4 Rxb4 44.cxb4 a2 45.b5 a1=Q 46.Qd8 Kg7 47.b6 Qb2 48.Qc7 Be7 49.Qxe7 Qxb6 50.f3 Qd4 51.Qd7 Qd2 52.Qd8 h5 53.Qd7 Qf4+ 54.Kh1 Qf6 55.Qc7 g5 56.Qd7 Qe6 57.Qd8 g4 58.hxg4 hxg4 59.Kh2 Qh6+ 60.Kg3 Qf4+ 61.Kf2 Qf6 62.Qd7 Qh4+ 63.Ke2 Qg3 64.fxg4 Qxg2+ 65.Ke3 Qg3+ 66.Ke2 Qf4 67.Qxd6 Qxg4+ 68.Kf2 Qf4+ 69.Kg1 Qg5+ 70.Kf2 Qf6+ 71.Qxf6+ Kxf6 72.Kf3 Kg5 73.Kg3 f6**，0-1。

3.1.2 窃取一条开放线

正如我们刚刚看到的，开放线是一个非常有价值的东西，因为它是你的车（或者后）插入对方阵地的通道。这就是为什么这样的开放线会引起激烈的竞争，双方都努力把它变成自己的。最常见的从对方手中夺取开放线的方法是给对方的车施加压力，给它简单而又痛苦的选择：在开放线上兑掉并丧失控制权，或者把车从这条开放线移走，这样也会丧失控制权。

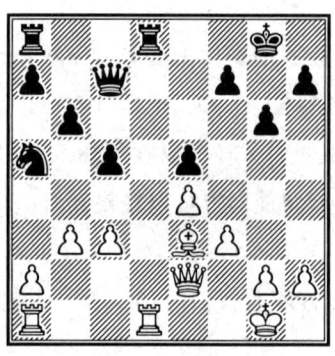

图113　白方先行

图113中，黑方有着严重的麻烦，因为他的马远远劣于白方的象，而且王周围的黑色格很虚弱，白方的象可以轻易地发动攻击，此外白方将试图控制开放的d线并通过它来突破进黑方的阵地。

1.Bg5!

这一步是宣称他想要占据开放的d线，而黑方d8格上的车可以选择放弃d线（通过与d1车交换），做挣扎的尝试来留在d线（通过...Rd7或者...Rd6），或者走开，满足白方的意愿。

1...Rd6

其他的走法也并不显得更好：

➤ 1...Rxd1+ 2.Rxd1 Nc6 3.Rd2!（不要走3.Rd5 Ne7）3...Re8 4.Qd1（在d线上放置两个重子，宣告了对它的永久掌控权）4...Qc8（或者4...Nb8 5.Rd6）5.Rd7 此时白方的优势十分明显。

➤ 1...Re8 2.Rd5 Nb7 3.Rad1 白方对d线的控制更加稳固。

➤ 1...Rf8 2.Qb5!（2.Bf6也很不错）2...Nc6（2...a6 3.Qd7）3.Bf6 Rae8（3...a6 4.Qd3接着走Rd2和Rad1）4.Rd5 Re6 5.Bh4 白方仍然拥有很大的优势。

2.Rxd6 Qxd6 3.Rd1 Qe6 4.Rd5 Nb7 5.Qd2 c4 6.b4 a5 7.Rd7 axb4

寻找突破，因为7...Rb8 8.a3将会使黑方完全被困住，只能无望地被淹死。

8.Rxb7 b3 9.Bh6 多子和底线的优势可以确保白方获胜：**9...Qc6**（9...bxa2 Qxa2!）**10.Ra7! Rc8 11.Rd7 Qf6 12.axb3 cxb3 13.h3** 白方王越来越安全让黑方越来越绝望。黑方是时候认输了。

常见的情形是双方的车在开放线上对峙，显然谁也不能完全控制它。然而，有时一个象突然出现在合适的位置，会暂时切断对方车之间的联系，让己方能够在开放线上布置两个甚至三个重子。然后象就可以离开了，而开放线也已经被牢牢占据。

瓦西里·伊万丘克 对阵 维斯瓦纳坦·阿南德，2009年 利纳雷斯

1.d4 d5 2.c4 c6 3.Nf3 Nf6 4.Nc3 dxc4 5.a4 Bf5 6.e3 e6 7.Bxc4 Bb4 8.0-0 0-0 9.Qe2 Nbd7 10.e4 Bg6 11.Bd3 Bh5 12.e5 Nd5 13.Nxd5 cxd5 14.Qe3 Re8 15.Ne1 Bg6 16.Bxg6 hxg6 17.Nd3 Qb6 18.Nxb4 Qxb4 19.b3 Rac8 20.Ba3 Qc3 21.Rac1 Qxe3 22.fxe3 f6 23.Bd6 a5

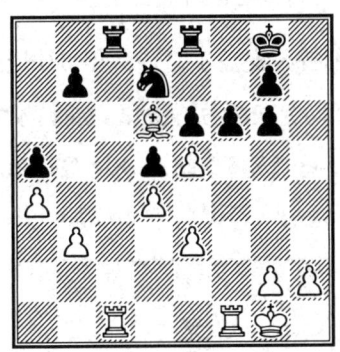

图114

图114中，看起来c线上形成了稳固的平衡局面——哪一方主动兑车的话，另一方在吃回之后就将完全控制开放的c线。因而，这种局面下双方的车就只是互相对峙，谁也不愿意作出让步。然而，伊万丘克找到了一个打破僵局并完全占据c线的方法。

24.Bc7!

好棋！现在白方可以走Rc3、Rfc1，然后把象撤回到d6格，这样开放的c线就变成了白方的。

24...fxe5 25.dxe5 b6 26.Rc3

这里不能走26.Rc2 Nxe5，此时由于白方的车没有保护，象不能吃掉e5的马。然而，在26.Rc3之后，黑方的Nxe5将不再有效，因为27.Bxe5既吃掉了对方的马，又同时保护了c3的车。

26...Rf8 27.Rfc1! Rf5 28.g4 Rf7

若走28...Rg5 则在白方29.h3之后，车将无处可去。

29.Bd6 黑方处于劣势。然而看起来马上要输棋的阿南德，却成功地创造了奇迹，获得了一盘和棋：**29...Nc5 30.Bxc5 bxc5 31.Bxc5 Rcf8 32.Rxa5 Rf3 33.Ra7 g5 34.Re1 d4 35.exd4 Rxb3 36.Rf1 Rd3 37.Rxf8+ Kxf8 38.a5 Rxd4 39.h3 Kg8 40.a6 Ra4 41.Kf2 Ra5 42.Kf3 Rxe5 43.Re7 Kh7 44.Re8 Ra5 45.Rxe6 Ra3+ 46.Ke4 Rxh3 47.Kd5 Rc3 48.Rb6 g6 49.Kd6 Kh6 50.Rb8 Ra3 51.Ra8 Kg7 52.Kc7 Ra1 53.Kb6 Rb1+ 54.Ka7 Rb4 55.Rb8 Rxg4 56.Rb5 Ra4 57.Rxg5 Rb4 58.Rc5 Kh6 59.Rc6 Kh5 60.Rb6 Rf4 61.Rb5+ g5 62.Kb6 Rf6+ 63.Ka5 Rf7 64.Kb6 Rf6+ 65.Ka5**，1/2–1/2。

3.1.3 等候时机触发行动

另一个有趣的情形是兑掉一个兵可以打开一条开放线。这种情况下，如果有交换兵打开开放线的主动权的一方在那个区域又有更大的空间，他可以在兵的后面叠起双车，并且在确定自己将占据这条开放线时再进行兵的交换。

杰里米·西尔曼 对阵 罗伯特·麦盖尔，1988年 加州冠军赛

1.d4 Nf6 2.c4 c5 3.d5 e6 4.Nc3 exd5 5.cxd5 d6 6.e4 g6 7.f4 Bg7 8.Bb5+ Nfd7 9.a4 0–0 10.Nf3 Na6 11.0–0 Nc7 12.Bd3 a6 13.f5 Ne5 14.Bf4 Qe7 15.Qd2 Ne8 16.Kh1 b6 17.Rab1 Qc7 18.Nxe5 dxe5 19.Be3 f6 20.g4 g5 21.Rfc1 Nd6 22.b3 Bd7 23.Qe2 a5

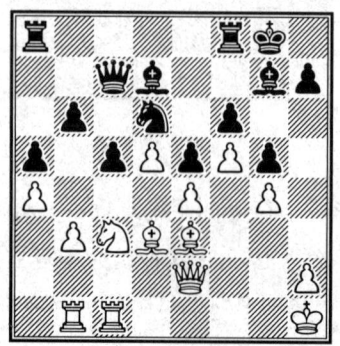

图115 白方先行

图115中，白方已经遏制了黑方在后翼可能的任何反击，现在他准备好把自己的注意力转移到王翼了。

24.h4 h6

不可以走24...gxh4，否则白方将会通过25.g5立即获得进攻机会。

25.Kg2

白方准备好把车调动到h线。

25...Kf7 26.Kf3 Rh8 27.Rh1 Rag8 28.Rh2

白方在h线有三个格子可以用（h1、h2和h3），而黑方只有两个格子（h7和h8）。这意味着白方有可能在h3布置三个重子而黑方不行。当然，28.hxg5? hxg5 将会瞬间给黑方h线上同样多可用格子。

很显然，这个局面的关键在于：当白方把自己的车和后的位置调动到最好之后，再交换g5兵（从而打开h线）。

28...Ke7 29.Rbh1 Kd8 30.Bb5!

当黑方被h线的问题困扰时，白方又准备好在另一翼寻找突破。

30...Bxb5 31.Nxb5 Nxb5 32.Qxb5 Ke7

32...Kc8并不能让黑方的局面更好，因为之后有33.b4! axb4 34.a5，这样后翼就被打开了。

33.Rc1

33.b4 也很有威胁！

33...Kf7 34.d6!

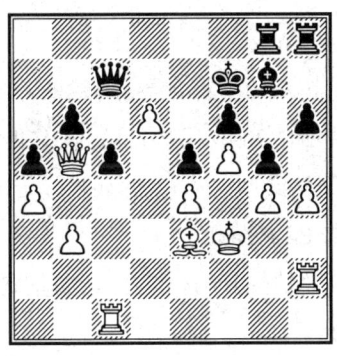

图116

突然之间白方创造（并且占据）了一条新的开放线（图116）！黑方现在进退两难，他要么吃掉那个兵，让白方走25.Rd2 并在开放的d线形成决定性突破的机会，要么不理睬那个兵，把白方这个怪兽一样强大的家伙留在d6格。

34...Qd8

34...Qxd6 35.Rd2 白方将更快取胜。

35.Qc4+

35.Bxc5（打开c线！）也是很好的选择，但是即使有这么多好棋，一个棋手每次也只能走一步制胜棋。

35...Kf8 36.Qe6 h5 37.Bxc5 hxg4+ 38.Kg2 Bh6 39.Bxb6 gxh4 40.Bxd8 h3+ 41.Kf1 Rg7 42.Be7+，1–0。

同样的策略可以（通常也会）发生在另一翼：

罗伯特·菲舍尔 对阵 鲍里斯·斯帕斯基，1992年 圣斯特凡岛

1.e4 e5 2.Nf3 Nc6 3.Bb5 a6 4.Ba4 Nf6 5.0–0 Be7 6.Re1 b5 7.Bb3 d6 8.c3 0–0 9.h3 Nb8 10.d4 Nbd7 11.Nbd2 Bb7 12.Bc2 Re8 13.Nf1 Bf8 14.Ng3 g6 15.Bg5 h6 16.Bd2 Bg7 17.a4 c5 18.d5 c4 19.b4 Nh7 20.Be3 h5 21.Qd2 Rf8

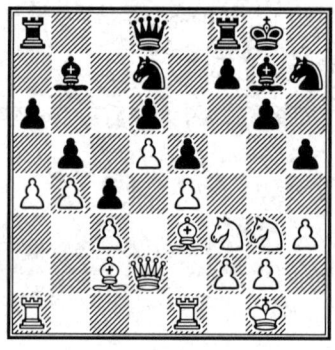

图117

图117中，很显然，22.axb5? axb5 将会导致a线的对峙（当黑方无法确定是否要走...Nc8时，23.Ba7 会碰到恼人的23...Nb6）。但是，就像我们在前面的对局中看到的，白方为什么要急着交换兵、形成开放线呢？

22.Ra3! Ndf6 23.Rea1 Qd7 24.R1a2!

甚至比我们在图114中看到的24.axb5 axb5 25.Ba7!?策略要更好。

24...Rfc8 25.Qc1 Bf8 26.Qa1

传说中的"阿廖欣之枪"造好了。

26...Qe8 27.Nf1!!

非常深谋远虑。菲舍尔打算通过接下来的Nf1-d2-b1-a3攻击黑方的b5兵。

27...Be7 28.N1d2 Kg7 29.Nb1 Nxe4!?

黑方决定弃子来发动反击，而不是像这样坐以待毙：29...Ng8 30.axb5 axb5 31.Rxa8 Rxa8 32.Rxa8 Qxa8 33.Qxa8 Bxa8 34.Na3 这样b5兵将会丢掉。这个演变体现了菲舍尔第27步的目的。

这盘棋剩下的部分，虽然和我们的主题并不相关，却非常有意思：**30.Bxe4 f5 31.Bc2 Bxd5 32.axb5 axb5 33.Ra7 Kf6 34.Nbd2 Rxa7 35.Rxa7 Ra8 36.g4 hxg4 37.hxg4 Rxa7 38.Qxa7 f4 39.Bxf4 exf4 40.Nh4 Bf7 41.Qd4+ Ke6 42.Nf5 Bf8 43.Qxf4 Kd7 44.Nd4 Qe1+ 45.Kg2 Bd5+ 46.Be4 Bxe4+ 47.Nxe4 Be7 48.Nxb5 Nf8 49.Nbxd6 Ne6 50.Qe5**，1–0。

3.1.4　第7行和第8行车的控制力

关于开放线（半开放线）的重要性（创造它，努力占据它，通过它来突破对方的阵地，并且使用它来对对方弱兵施加压力）现在已经非常清楚了，而同样重要的是了解一个在第7行或者第8行的车的巨大威力。

侵入第8行通常是战术上或者攻击上很自然的想法，而底线闷杀也是每个初学者都要经历的战术训练。

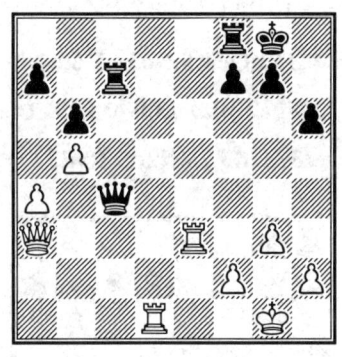

图118　白方先行

图118中，黑方的局面看起来还说得过去，因为他的子都被保护着，而且他还走了...h7-h6打开天窗（这样就无法底线闷杀，不是吗？）。然而，在**1.Qxf8+!** 之后，黑方将不得不认输，因为1...Kh7将让他少一个车，而**1...Kxf8 2.Rd8** 则直接将杀，一切都是如此的突然和残酷。

我们的下一个例子传达了另一种重要的底线思想：

威廉·爱德华·曼森 对阵 H.詹姆斯，1912年 新西兰国际象棋冠军赛

1.e4 c5 2.Nf3 Nc6 3.d4 cxd4 4.Nxd4 d6 5.Be2 g6 6.Be3 Bg7 7.Nc3 Nf6 8.0-0 0-0 9.Qd2 d5 10.Rad1 Nxd4 11.Qxd4 Be6 12.e5 Nd7 13.f4 Nb6 14.Bf3 f6 15.Nxd5 fxe5 16.Qc5

Nxd5 17.Bxd5 Bxd5 18.Rxd5 Qe8 19.fxe5 Rxf1+ 20.Kxf1 Rc8 21.Qd4 Qf7+ 22.Kg1 Rxc2（图119）

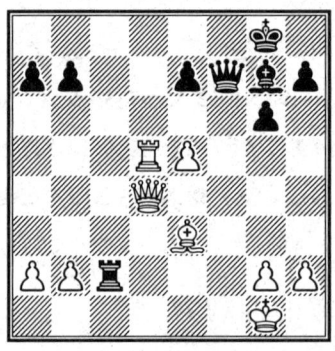

图119 白方先行

23.Rd8+ Bf8 24.Bh6，1-0。

这些底线模式的知识可以让你走出许多有创造性的妙招。我们的下一局棋就是一个很好的例子。

伊日·佩利坎 对阵 卡洛斯·斯卡利奇卡，1939年 布拉格

1.d4 Nf6 2.c4 d6 3.g3 Bf5 4.Bg2 Qc8 5.Nc3 e5 6.e4 Bg4 7.f3 Bd7 8.d5 Be7 9.Be3 c5 10.dxc6 e.p. bxc6 11.Rc1 0-0 12.Nge2 Bh3 13.0-0 Rd8 14.g4 Bxg2 15.Kxg2 Qb7 16.Ng3 g6 17.Rf2 d5 18.cxd5 cxd5 19.exd5 Nxd5 20.Nxd5 Rxd5

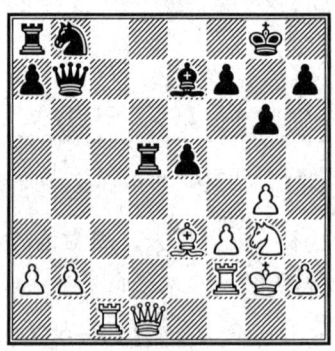

图120

图120中，黑方在出子上落后，而且王周围的黑色格比较虚弱。白方立刻抓住了这些弱点。

21.Rc8+！

黑方的底线显得十分脆弱。

21...Bf8

很吓人的一步棋（这立刻让我们想到图119中的局面），但是黑方并不愿意走21...Qxc8（也许是最好的选择了）22.Qxd5 Nd7 23.Rd2 Nb6 24.Qxe5，这样会让白方获得一个稳固的多兵优势；或者21...Kg7，而白方22.Qc1是决定性的一步：22...f6（22...Nd7 23.Bh6+ Kf6 24.Ne4+ Ke6 25.Rc6+ Bd6 26.Qc4 这将彻底成为黑方的噩梦）23.Rc7 Qb4 24.Rd2 Rxd2+ 25.Bxd2 Qd6 26.Ne4 Qe6 27.Rxe7+ Qxe7 28.Bh6+ Kf7 29.Qc4+ Ke8 30.Qg8+ Kd7 31.Bf8 黑方的寿命就将到此为止了。

22.Qxd5! Qxd5 23.Rd2 Qb7

23...Qa5会带我们看到熟悉的局面：24.Bh6 Nd7 25.Rxa8 Qc7 26.Rxd7 Qxd7 27.Rxf8将杀。

24.Rdd8 Nd7 25.Rxa8 Kg7 26.b3 黑方少子并且面临巨大的压力。结局对黑方来说并不愉快：**26...Qc7 27.Ne4 Qc2+ 28.Bf2 Qc7 29.g5! Nb6 30.Bxb6 axb6 31.Rxf8 Qc2+ 32.Kg3 f5 33.Rg8+**（33.Nd6将更快取胜）**33...Kf7 34.Raf8+ Ke7 35.Re8+**，1-0。

正如我们看到的，一个第8行的车可以创造许多机会。然而，第7行上的车的控制力同样被大加赞扬，因为它不仅对敌方的王构成威胁，还可以攻击对方在那一线上的所有兵。

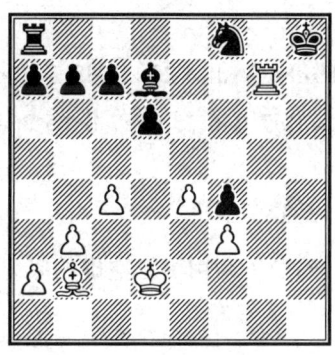

图121 白方先行

图121中，黑方领先一个子，但是几步闪将（这种局面被称作风车）就将使他的大部分子被吃掉。这个极端例子的目的是展示在第7行上的车的威力，以及黑方会有多少兵会在这条线上变成活靶子。

1.Rxd7+ Kg8 2.Rg7+（逼迫黑方的王回到h8格，从而进行再一次的闪将）**2...Kh8 3.Rxc7+ Kg8 4.Rg7+ Kh8 5.Rxb7+ Kg8 6.Rg7+ Kh8 7.Rxa7+ Kg8**（足够多的闪将了，现在是时候享用最后一餐了）**8.Rxa8**，1-0。

好吧，这看起来比现实要理想得多，但是一个在第7行上的车的确常常能发挥巨大的威力，正如我们的下一个例子所要展示的那样。

杰里米·西尔曼 对阵 彼得·拜亚萨斯，1983年 旧金山

1.d4 d5 2.c4 c6 3.Nc3 Nf6 4.e3 e6 5.Nf3 Nbd7 6.Qc2 Be7 7.b3 0-0 8.Be2 b6 9.0-0 Bb7 10.Bb2 Rc8 11.Rfd1 Qc7 12.e4 dxe4 13.Nxe4 Nxe4 14.Qxe4 Bf6 15.Rd2 c5 16.Qg4 Rfd8 17.Rad1 cxd4 18.Nxd4 Ne5 19.Qg3 Nc6 20.Qxc7 Rxc7

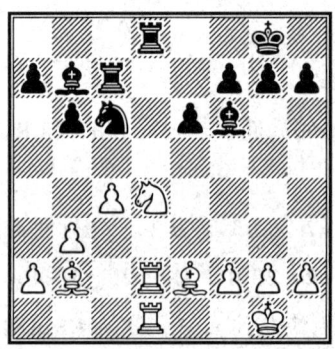

图122

特级大师拜亚萨斯是一个出色的防守型棋手，所以你能够理解为什么他认为自己可以守住这个"平静的"残局（图122）。然而，他面临的处境远比他想象的要糟糕。

21.Nb5 Rxd2

21...Rcc8 22.Bxf6 gxf6 23.Rxd8+ Nxd8（23...Rxd8 24.Rxd8+ Nxd8 25.Nxa7 白方将稳固地拥有一个多兵优势），现在24.Rd7 Bc6 25.Rxa7 Bxb5 26.cxb5 和24.Nxa7 都将确保白方获胜。

22.Rxd2 Rc8

22...Re7 的话，白方走23.Nxa7（利用黑方空虚的底线）和23.Ba3 Re8 24.Rd7 都将得兵。

23.Bxf6 gxf6 24.Rd7

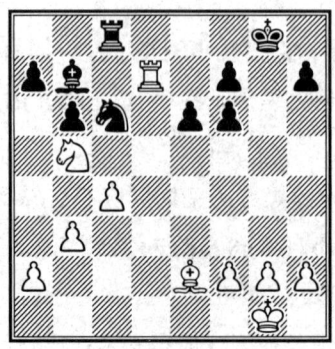

图123

黑方突然之间完全失去了机会（图123）！在第7行的车（把目标瞄向a7、b7和f7），加上后翼的多兵优势、更好的王翼兵形以及积极的轻子将会使黑方无法应付。

24...Rb8 25.f4!

黑方的马将无法跳到e5格。

25...a6 26.Nd6 Nd4 27.Bh5 Bc6 28.Rc7 Rd8 29.Nc8 Be4 30.Nxb6 Bb1

在30...Bg6 31.Bxg6 hxg6 32.Rd7 Rxd7（或者32...Rb8 33.Rxd4 Rxb6 34.c5 Rc6 35.b4）之后，33.Nxd7白方将很容易获胜，而这多亏了后翼三对一的兵力优势。

31.Bxf7+ Kf8 32.Bh5

在清除了f7兵之后，白方的车在整个第7行完全占据统治地位。

32...Bxa2 33.Rf7+ Kg8 34.Nd7

直接着眼于将杀——第7行不仅是一座"自助餐厅"，它也包含着几个令人困扰的将杀模式。

34...Bb1 35.Nxf6+ Kh8 36.Kf2 Nxb3 37.g4!

计划着f4-f5挺兵，阻挡住黑方的象防御h7的线路，通过Rxh7实现将杀。

37...Rd2+ 38.Rg3

38.Ke1是更好的选择。

38...Nc5 39.f5 Ne4+ 40.Nxe4 Bxe4 41.fxe6 Rg2+ 42.Kf4 Bc6 43.Rc7 Ba4 44.e7 Rf2+ 45.Kg3 Rf8（我们都在开怀大笑，突然我中断了它！）**46.exf8=R** 将杀。

一个位于第7行的车就已经如此之棒，如果有两个在第7行的车（也就是通常所说的第7行的猪）就更棒了！这会制造出各种获胜的场景，也会建立起各种潜在的将杀模式。

格奥尔格·马尔科 对阵 雅克·米泽斯，1903年 蒙特卡洛

1.e4 c5 2.Nf3 e6 3.d4 exd4 4.Nxd4 Nf6 5.Nc3 Nc6 6.Ndb5 Bb4 7.a3 Bxc3+ 8.Nxc3 0-0 9.Bd3 d5 10.exd5 exd5 11.0-0 Bg4 12.f3 Bh5 13.Bg5 Qb6+ 14.Kh1 Ne7 15.Re1 Qc5 16.Qd2 Rfe8 17.Bxf6 gxf6 18.Re2 Red8 19.b4 Qc7 20.Nb5 Qd7 21.Nd4 Bg6 22.g4 Kh8 23.Rae1 Nc6 24.Bxg6 fxg6 25.Nxc6 Qxc6 26.Re7 d4 27.Kg2 g5 28.Qd3 f5 29.Qxf5 Qg6 30.Qxg6 hxg6 31.Rxb7 Rdc8 32.Re2 Rc3 33.a4 Rc4 34.a5 a6 35.Kg3 Rd8 36.b5 axb5 37.Rxb5 d3 38.cxd3 Rxd3

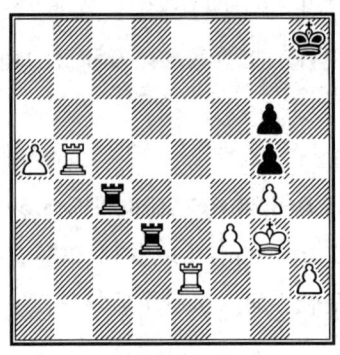

图124

图124中，白方多出两个兵，取胜不是问题。这个例子的目的是为了向你展示，一对猪可以用一种简单的方法发挥多么大的威力！

39.Rb7

接着40.Re8的威胁将使黑方不得不走一步防御招数。

39...Rc8 40.Ree7

这一对猪在第7行汇合，准备好给黑方制造一些痛苦！白方本可以走40.a6，但他也许想避免40...Rf8产生的麻烦。当然，这也仅仅是黑方短暂的抵抗：41.Ra2 Rfxf3 42.Kg2 Rf8 43.a7 Rdd8 44.Rab2 Ra8 45.Rb8。

40...Ra3 41.Rh7+ Kg8 42.Rbg7+ Kf8 43.Rf7+ Kg8

不能走43...Ke8 44.Rb7，因为此时45.Rh8将杀的威胁将使黑方不得不走"我会放弃所有东西来避免被将死"的几步棋。

44.Rfg7+ Kg8 45.Rxg6 Rcc3

更自然的应对是45...Rxa5，但是接着46.Rh8+ Kf7 47.Rxg5! 会形成一个白方多三个兵的车兵残局。

46.Rf6+ Kg8 47.Ra7 Rc2 48.Rd6

白方再次叫杀，迫使对手被动地走一步防御招数应对。

48...Rc8 49.Rdd7 Re8 50.Rg7+ Kh8

另一种叫杀将出现在50...Kf8 51.Raf7 之后。

51.Rh7+ Kg8 52.Rag7+ Kf8 53.Rxg5，1-0。

在第7行上的一对车也可以起到防守的作用，给己方足够的反击机会来控制住局面，否则就将形成十分棘手的局面。

华尔特·布朗 对阵 杰里米·西尔曼，1999年 科尔塔诺夫斯基国际团体赛

1.d4 d5 2.c4 c6 3.Nf3 Nf6 4.Nc3 dxc4 5.a4 Bf5 6.e3 e6 7.Bxc4 Bb4 8.0–0 0–0 9.Qe2 Bg6 10.Ne5 Nbd7 11.Nxg6 hxg6 12.Rd1 Qa5 13.e4 e5 14.d5 Nb6 15.dxc6 bxc6 16.Na2 Nxc4 17.Qxc4 Rab8 18.Nxb4 Qxb4 19.Qxb4 Rxb4 20.f3 c5! 21.Be3 Rxb2 22.Bxc5 Rc8 23.Bxa7 Rcc2 24.Kh1 Rxg2 25.Bg1

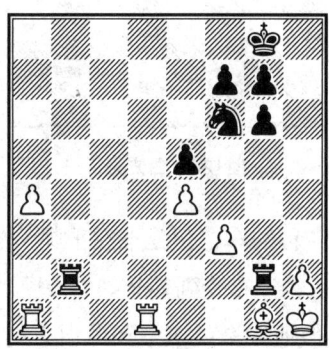

图125

图125中，黑方有两个车在第7行，但是它们的威力似乎被g1的象弱化了。如果黑方不能有效地作出变化，白方明显的a4-a5-a6-a7计划将会轻易取胜。幸运的是，黑方的车不会再孤军奋战，它们的帮手已经在赶来的路上了！

25...Nh5! 26.a5 Ng3+!

最简单的招数是26...Rg5! 27.a6（27.Be3 Rgg2 让白方无法再发展局面，因为28.Bg1 Rg5 将重复之前的局面，而28.a6?? 会导致28...Rxh2+ 29.Kg1 Rbg2+ 30.Kf1 Ng3+ 31.Ke1 Re2 将杀）27...Ng3+ 28.hxg3 Rh5+ 29.Bh2 Rhxh2+ 30.Kg1 Rbg2+ 将会长将和。

27.hxg3 Rxg3

黑方少了一个子，又面临着"兵升变之败"，但是他对第7行的控制（加上白方位置不好的王）是如此有力，以至于可以轻松地逼和。

28.Bc5 Rh3+ 29.Kg1 Rg3+ 30.Kf1 Rxf3+ 31.Ke1 Rh3 32.Bg1 Rg3 33.Bf2 Rh3!

黑方计算时（回到第26步）需要考虑的最后一个要点，他不能走33...Rf3??，因为在34.Rd2! Rxd2 35.Kxd2 Rxf2+ 36.Kc3之后，白方的a线兵将非常强大。

34.Bg1

此时白方34.Kf1 会导致34...Rf3。

34...Rg3 35.Bf2，1/2-1/2。

但这些不应该让你形成所有在第7行和第8行的车都是有益的这种印象。接下来的这个例子将带你辩证地看待这个问题。

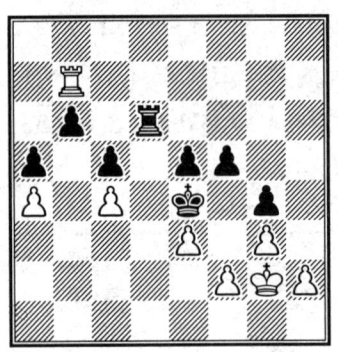

图126 白方先行

图126中，白方有一个在第7行的车，但是谁在乎呢？黑方空空的第7行没有给它任何可以攻击的目标，而且黑方的王也没有受到其丝毫的威胁。

尽管白方目前拥有先手，但他完全处于下风（白方的a4和c4兵随时都有被吃掉的危险）。因此，车在第7行和第8行的控制力只象征着它可能在那里发挥的作用。如果它不能"体现出威力"，那在一开始就不要费力气把它移到那里。

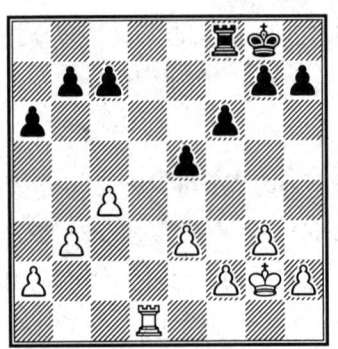

图127 白方先行

图127中，白方控制着唯一的开放线，所以他在这个局面下有着更多机会。在我们讲了这么多有关第7行的内容之后，我们当然要问白方应该把车冲到d7格吗？如果黑方的车在e8格而不是f8格，那么1.Rd7将非常有威胁，但是在我们实际的局面中对"第7行"进行控制的尝试是有误导性的，因为这将很容易被化解。

1.Rd7 Rf7 2.Rd8+ Rf8 白方没有实现任何优势。由于第7线无法被控制，白方更应该有一点耐心，走1.Kf3来提升自己王的位置。

格佐·马若齐 对阵 阿莫斯·博恩，1905年 奥斯坦德

1.e4 e5 2.Nf3 Nc6 3.Bb5 a6 4.Ba4 Nf6 5.0–0 d6 6.c3 Bd7 7.Re1 g6 8.d4 Bg7 9.Nbd2

0–0 10.Bxc6 Bxc6 11.dxe5 dxe5 12.Nxe5 Bxe4 13.Nxe4 Qxd1 14.Rxd1 Nxe4 15.Nd7 Rfe8 16.Bf4 c6 17.Kf1 Nf6 18.Bg5 Nxd7 19.Rxd7 Re5 20.Be7 Rb5 21.Ba3

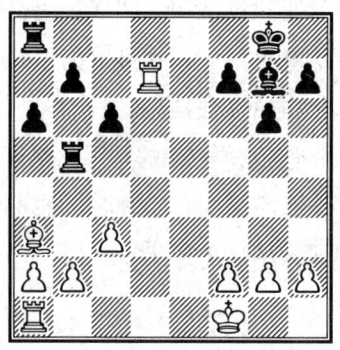

图128

图128中，白方占据着开放的d线，他的车骄傲地呆在第7线，攻击着b7兵，他的局面看起来没有任何弱点。难道白方此时不是占据很大的优势吗？答案是很惊人的——白方最多只有一点点优势。事实上，即使是马若齐这样在残局方面十分出色的棋手，甚至也无法在黑方坚硬的外壳上敲出裂痕。

21...Bf8

很关键的一步，黑方试图将b2兵的保护者兑换掉。

22.c4 Rb6 23.c5

换一种方式也可以导致和棋：23.Bxf8 Kxf8 24.b3 a5 25.Rad1（25.Re1 第7行上叠车所制造的威胁将会被25...Re8化解，双方均势）25...a4 26.R1d3 axb3 27.Rxb3 Raa6 28.Rxb7 Rxb7 29.Rxb7 Ra4 30.c5 Ra5 31.a4 Ke8 32.Rc7 Rxc5 33.Ra7 Rc2，和棋。

23...Rb5 24.Rad1

如果你可以花费几个小时来挖掘隐藏在这个局面下的宝藏，你可以试试更加有意思的走法24.Re1。尽管分析这样的残局（双方都努力把车放在第7线）在这本书的主题之外，但我仍建议残局爱好者们思考如下这些招数：24...b6!?（24...h5!?、24...Rb8!?、24...Bxc5!?）25.cxb6 Bxa3 26.bxa3 Rxb6 27.Ree7（27.g3! 是更加强硬的走法，会演化出许多错综复杂的变化）。现在一个简单但有趣的走法是：27...Rb1+ 28.Ke2 Rb2+ 29.Ke3 Rxa2（29...Rf8 更加简单）30.Rxf7 Re8+，此时31.Kf3则以31...Rf8应对，而31.Kd3则以31...Rd8!应对。

我想起了一个著名特级大师的故事，他想要对一个特定的残局局面进行透彻、完整的分析。于是他召集了几个朋友，他们接下来几天都盘坐在这位特级大师的公寓内，一直没有离开甚至没有见到太阳，只是以比萨饼、蚯蚓和晾干的油漆片为食。他们这场自我折磨，在那个局面被完全解构、重建并透彻理解了之后才结束。

对任何复杂的局面进行深入的分析（独自或者和朋友们一起）不仅是一件很享受的事情，也非常具有启发性（当然我建议囤积一些真正的食物，不要吃蚯蚓和油漆片）。如果你有一位国际象棋老师，那就更好了！你可以把你的分析交给他，看看与实际相差多少，然后让他告诉你对哪些地方的理解有偏差，帮助你补上那些没掌握的要点。当然，大多数人没有足够的时间来进行一场7天的国际象棋聚会（想象一下你的妻子敲着门大喊："哈罗德！哈罗德！你怎么不去工作？你在里面干什么呢？"）。不要绝望！用更长的几周时间来分析那个局面，从这里挤出1小时，从那里挤出1小时。你会发现你的时间得到了充分的利用！

24...Re8 25.Rd8

白方似乎在说："我在第7行没有什么作为，那么来试试第8行吧！"

25...Rxd8 26.Rxd8 Kg7

黑方的王灵巧地从底线闪开。白方f8的车几乎没有任何作用。

27.b4 Be7

这一步又化解了在a1-h8对角线上可能被将军的危险，没有再给白方任何进攻的机会。这盘棋剩下的部分并没有什么亮点：**28.Bb2+ Bf6 29.Bxf6+ Kxf6 30.a3 a5 31.Rd4 axb4 32.axb4 Ke5 33.Rh4 h5 34.Ke2 b6 35.cxb6 Rxb6 36.Kd3 Rb5 37.Re4+ Kd6 38.Rd4+ Ke6 39.Kc4 f6 40.Re4+ Kd6 41.Rf4 Ke6 42.g3 g5 43.Re4+ Kd6 44.Rd4+ Ke7 45.f4 gxf4 46.gxf4 Ke6 47.Re4+ Kd6 48.Rd4+ Ke6 49.Re4+ Kd6 50.Rd4+ Ke6**，1/2–1/2。

最后，我们将以一盘有趣的短对局来结束我们对车以及第7行和第8行问题的理论性讲解。

亚历山大·德尔切夫 对阵 中村光，2009年 米卢斯

1.e4 d6 2.d4 g6 3.Be3 Bg7 4.Nc3 a6 5.f4 b5 6.Bd3 Bb7 7.Nf3 Nd7 8.e5 c5 9.Be4 Qc8 10.Bxb7 Qxb7 11.dxc5 dxe5 12.Qd5 Qxd5 13.Nxd5 Rc8 14.Nb6 Nxb6 15.cxb6 Nf6 16.0-0-0 Ng4 17.b7 Rb8 18.Bb6 f6 19.Rd8+ Kf7 20.Rd7 Bh6 21.g3 exf4 22.Kb1 Ne5 23.Nxe5+ fxe5 24.Ba7 Ke6 25.Rhd1 f3 26.Rc7 e4 27.Rdd7 Rhe8 28.a3 Bg5 29.h4

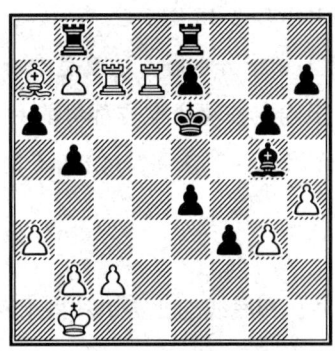

图129

图129中，白方一直试图在第7行给黑方制造大麻烦，并且尽了最大努力向第8行进发，这样他的b线兵就可以升变。另一方面，黑方防守得很牢固，同时也做着努力让e4和f3兵冲到它们的第8行来完成升变。这些目标是很明确的，尽管实现起来需要相当高的战术素养。

这个例子是一场原生态的娱乐表演，它可以帮助你加深理解把重子放到第7和第8行上是多么关键的事情（包括兵，因为当它们到达底线时会变成重子）。

29...e3!

既然黑方的目标是把他的兵冲到对方的底线，为什么还要浪费关键的一步来移动象呢？事实上，在这种局面下，时间（尽可能快地向你的目标进发）往往比子力更加重要。

在这里举个例子，来看看这步走错了之后的结果：29...Bh6??（看起来很合理，但是把关键的先手让给了白方，白方用这一步把自己的王从底线挪开）30.Ka2 e3 31.Rxe7+!〔31.Bxb8?! Rxb8 32.Rxe7+ Kf5 33.Rc8 Rxb7 34.Rxb7 Kg4 这么做会导致一个疯狂的局面（图130）!

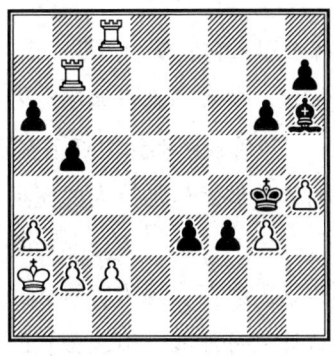

图130 疯狂的局面！

接下来可能的演化是：35.Rxh7 e2 36.Re7 f2 37.Rxe2 f1=Q 38.Re6 Qf7 39.Rc6 Kxg3 40.Kb1 Kxh4 41.Rxg6 局面仍然显得十分古怪。这就是本特·拉尔森那句名言"分析多了就分析错了"的一个例证，我很确定在每个地方都可能有更好的走法，所以你可以自己去探索！] 31...Rxe7 32.Bxb8 f2 33.Rxe7+ Kxe7 34.Bd6+ Ke6 35.b8=Q f1=Q，也许会形成和棋。

30.Bxb8 f2

白方输定了，因为黑方在冲兵到底线的比赛中获得了胜利！

31.Ba7 f1=Q+（一个后诞生了！）**32.Ka2 e2**，0-1。实在是遗憾，因为接下来会出现一个更加不寻常的局面：33.b8=Q Rxb8 34.Bxb8 e1=Q（双胞胎！）。

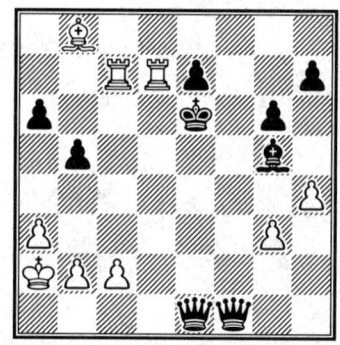

图131 双方都占据了靠前的一条横线！

你并不能每天都见到图131这样的局面！白方在第7行重叠了自己的双车，而黑方在第8行重叠了自己的两个后！这一对后明显有更强大的威慑力！

小 结

▷ 如果你想让你的车发挥效用，它们就会需要一条开放线。

▷ 没能占据一条开放线的车，象和马都可能比它做得更好。这样的车只能被动地躲在兵的后面，悲伤地幻想着自己那无法真正实现的潜力。

▷ 半开放线通常被用来对敌方弱兵施加巨大的压力。这里的"弱"是指无法被其他的子有效保护。

▷ 开放线是一个非常有价值的东西，因为它是你的车（或者后）插入对方阵地的通道。这就是为什么这样的开放线会引起激烈的竞争，双方都努力把它变成自己的。

➤ 关于开放线（半开放线）的重要性（创造它，努力占据它，通过它来突破对方的阵地，并且使用它来对对方弱兵施加压力）现在已经非常清楚了，而同样重要的是了解一个在第7行或者第8行的车的巨大威力。

➤ 侵入第8行通常是战术上或者攻击上很自然的想法，而底线闷杀也是每个初学者都要经历的战术训练。

➤ 一个第8行上的车可以创造许多机会。然而，第7行上的车的控制力同样被大加赞扬，因为它不仅对敌方的王构成威胁，还可以攻击对方在那一线上所有还未向前走过的兵。

车——习题

谦逊的车（在某些美国的俱乐部中也被称作公牛）是纵线和横行的掌控者，但是你真的完全理解有关车最基本的知识了吗？这些习题将会很好地反映出你对车使用能力的高低。

如果解决这些问题时遇到了困难，不要担心——那说明我们找到了你还没有完全理解的东西，而这给了你重新补上它的机会。你可以重新翻阅前面的讲解内容，或者在从468页开始的答案中复习你错过的知识。

第三章　习题1

图132
【等级分：1600-1800】

黑方先行

第三章 习题2

图133
【等级分：1400-1600】

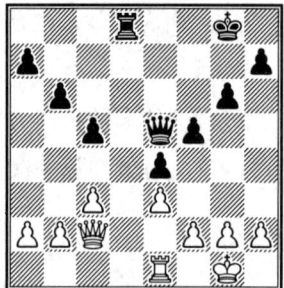

白方先行

27.Qb3+、27.Rd1或者27.g3是正确的吗？

第三章 习题3

图134
【等级分：1400-2200】

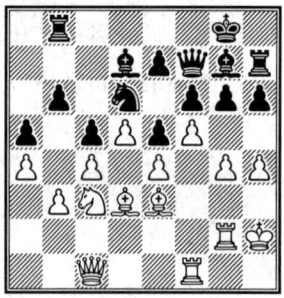

白方先行

他是有些着急了吗？你怎么看这个局面接下来的发展？

第三章 习题4

图135
【等级分：1400-1600】

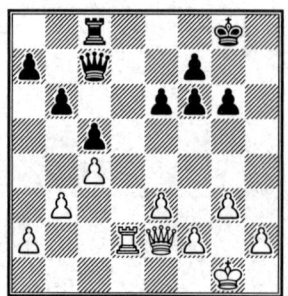

白方先行

第三章 习题5

图136
【等级分：1400-1800】

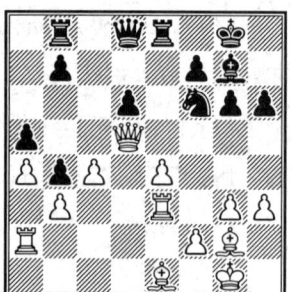

白方先行

第三章 习题6

图137
【等级分：1800-2200】

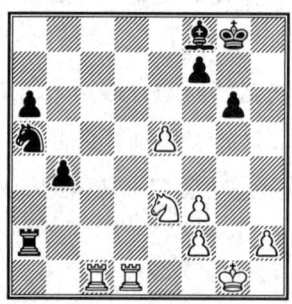

白方先行

第三章 习题7

图138
【等级分：1400-1800】

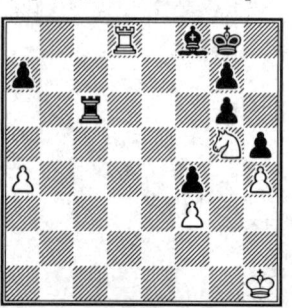

白方先行

白方落后2个兵，他输定了吗？

第四章

心理漫谈

4.1 子力——害怕弃子或出子 131

    4.1.1 克服恐惧 131

    4.1.2 抓住你内心的贪婪 137

    4.1.3 失衡 vs 子力 140

    小结 150

    子力——习题 151

4.2 心理崩溃——克服"我不能"或者"我必须"的陷阱 154

    4.2.1 向恐慌鞠躬 154

    4.2.2 这是我的聚会,我怎么走,我说了算 156

    4.2.3 怪异而令人恐惧的心理错觉现象 159

    4.2.4 "我不能"的诅咒 163

    小结 168

    心理崩溃——习题 170

4.3 有气魄的棋术——坚持的艺术 172

    4.3.1 推进你自己的进程 172

    4.3.2 关键局面 183

    小结 189

    有气魄的棋术——习题 190

4.4 象棋意识的各种状态 192

    4.4.1 缺乏耐心 196

    4.4.2 散漫 / 软弱步 203

    4.4.3 专心! 211

    小结 215

    象棋意识的各种状态——习题 216

4.1 子力——害怕弃子或出子

4.1.1 克服恐惧

很多年来，我无数次在我讲授的课程中灌输弃子的思想。通常情况下，各个等级的棋手在猎杀王或者正在酝酿将杀计划的情况下，都会很从容地放弃他们的子力。然而，如果子力是由于局面上的原因而不得不弃掉，我就会注意到，有一种固执如"僵尸"的心理状态击打着即使是最强大的棋手——如果回报只是局面上的"补偿"（一个和"大力丸"一样的术语；它令世界充满希望，但对于业余爱好者总是看不见它），他们就不会去放弃自己的一个兵或者去兑子（你能够看见、理解甚至是感觉的东西）。

我从未能彻底意识到这个问题，直到我教一个特别的学生，他喜欢发动不合理的将杀攻击。如果情况允许他去将对方的军的话（但通常没什么杀伤力），他甚至会把自己的象扔到垃圾堆里面。我不想完全压制他的攻击倾向，但是我真的想要向他展示其他的赢棋方法，以及让他明白"攻击必须是在掌握有利失衡时的表现"。在相当多的课程之后，我们终于抽出时间去讨论局面上的大子换小子，最终他爱上了这个观点。每一次我想向他展示例子，他都会说："老师，我希望我能做到！"我就会向他保证机会将会出现，并且足够确定，他的关键机会最终会出现。

在图139中，黑方表现得很被动，这是显而易见的，但是所有东西似乎都是为了防御。白方在看到黑方想要在e列上增加重子之后，走**1.Rfe1**并且在**1...Rfe8**之后他跟着走**2.Rxe7**，接着用所有的车去兑子。这导致局面看上去（事实上也是）很棒，但是事实证明，黑方的阵地是很难渗透的，而最后只能是平局。

我对白方指出，他可以将目标定为d6和f6上的两个弱兵（在兑车之前或之后），通过Ne4和接着Be1-c3与Qd2-b2（加上适时的h3-h4）。这会给黑方造成巨大的伤害。然而对我来说更加有趣的是，有一种大多数国际象棋大师都会下意识去做的事：

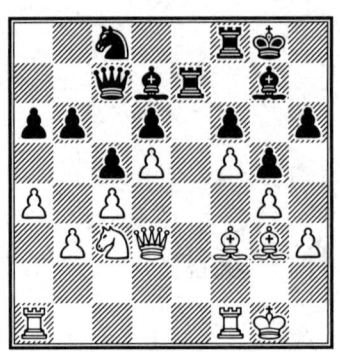

图139　白方先行
学生（1655）对阵 佚名（1627），2004年 洛杉矶

1.Rfe1 Rfe8 2.Re6!!

我们已经在其他的课程中看过相似的"强塞式"弃子，因此他意识到这种可能性，他说："我想到过，但是就是无法让自己把车弃掉。我甚至连一个兵都没有得到，并且根本没有王翼进攻！我想要这样做是因为你在过去的课程中教我的，但是我的手拒绝去走这步棋！"

很明显，这个根深蒂固的阻止我们去舍子的思维定式是极其强大的。最终，这个章节的重点并不只是给出子力舍弃的例子，还要帮助学生打破阻止他去"失衡锻炼"的壁垒。

让我们从问一个简单的问题开始："为什么2.Re6是一步好棋？"很明显，车在这个方格上是一个怪物，并且让它呆在那里的话，它不仅能够将两个黑方的车都消灭，而且还能够增加对f6和d6的压力。但是所有的这些，对于业余爱好者来说，并不意味着什么，他们有充分理由要求知道为什么不把车吃掉。当然了，它是可以被吃掉的，但是在2...Bxe6 3.dxe6之后我们就只剩下以下几种一边倒式的失衡（图140）。

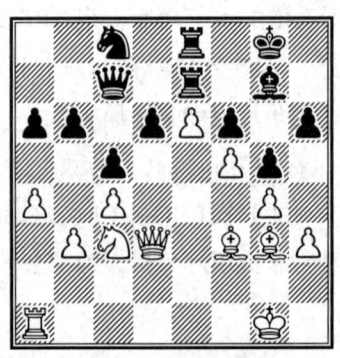

图140　黑方先行

黑方：

▶ 兑子上占了绝对优势。

白方：

▶ 更多的后翼、王翼和中心的空间。
▶ 他拥有两只非常积极的象。
▶ d6上的兵很弱。
▶ f6上的兵也很容易受到攻击，并且可能被Nd5折磨，随后白方的后和黑格的象转向a1-h8的对角线。
▶ d5方格是一个裂开的弱格，它可以成为他的马或者象的家。
▶ 在e6上被保护的通路兵是一个怪物！
▶ 白方的轻子非常积极，然而黑方的两个轻子被放置得很滑稽。
▶ 黑方的车没有任何开放的列，并且都没有生命力。

事实上，白方的轻子远比敌方的车要更强！

很明显，白方在局面上很有优势，而黑方能够引以为傲的，就只有他在子力上的优势。他们需要去衡量对方，并且在这种情况下，双方的形势并不是很接近，因为先不考虑其他方面因素（我会在这里亲自重复，因为这是非常重要的一点），黑方的车（由于它们缺少开放的列）实际上比白方的任何一个棋子都弱！

然而，黑方拥有子力上的优势，这个仅有的事实足以说服大多数棋手去拒绝由2.Re6引发的一系列进程。这纯粹是一个逻辑思考vs没来由的恐惧的例子。一个棋手怎样才能够克服这种恐惧呢？他必须锻炼他自己，去把每一种失衡都看作是美好的东西，并且他必须把子力看作只是另外一种被接受或者被拒绝的失衡，这取决于不同的局面种类。

如果棋手正准备去掌握我的"通过识别和尽力充分利用所有的失衡去读懂局面"理论，那么他必须把子力的获取或者弃子放置在同一张列表上。是的，一些失衡的确比其他的失衡更加重要一点。然而，尽管子力或者一个不安全的王都要求额外的关照，但是你不能太过重视他们而对全局视而不见。

> **理念**
> 在所有逻辑vs恐惧的实例中，你必须学会通过读懂棋盘，并且做棋盘告诉你要去做的事的方式来遵从逻辑。

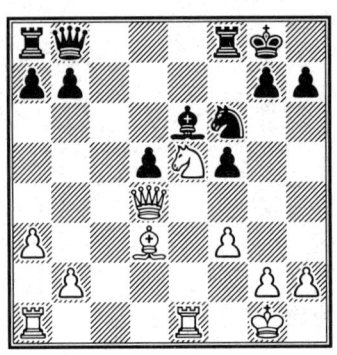

图141 黑方先行
瓦西里·伊万丘克 对阵 潘德亚拉·哈利克里斯纳，2007年 梅里达

如果我告诉多数非大师的棋手，他们也可能像白方一样出现这种情况，他们也许会不太高兴（图141）。毕竟，黑方看上去足够安全，并且他领先一个兵还拥有先手。然而，白方也有他的优势，并且这些优势必须冷静地与黑方小的子力的总和权衡。花一点时间，看看你能否列出这些失衡。

准备好了吗？好的，我是这样看的：

- ▶ **黑方**——一个额外的兵。就是它！这就是他仅有的必须去夸耀的。然而，这的确有一些分量，并且迫使白方去做出足够的补救，因为如果黑方能够把这些综合起来，并且设法成功进行一些使人宽慰的交易，那么他也许将会通过那"微小的"额外的通路兵来赢得残局。

- ▶ **白方**——在d3上的象很"好"（并且很积极！），而黑方的象不仅仅是无防备的，同时也只是发挥着防守兵的作用。黑方在d5和f5上的兵都很容易被攻击，并且需要小心照顾。白方的马是中流砥柱，而黑方的马则是一个被动的防御者。白方的后远比黑方的积极。白方控制了开放的e列，并瞄准稍微易受攻击的e6上的象和e5上的弱格。

综合这些东西来看，很明显白方有很多种走法，并且由于那个兵而要做出充分的补救。概括来说，他的军队比黑方的更加积极，黑方在他的阵地里有几个弱格，而且白方有清晰的进攻目标（在d5和f5上），因为他没有弱点。当然，黑方还说不上是劫数难逃，但是，用伊万丘克的话来说："从中心的兵来看，白方拥有一盘好棋和位置很好的棋子。"

这盘棋安静地进行着，白方镇定地组织着他的军队，同时对敌方目标施加压力。

22...Qd6 23.Rac1 Rfe8 24.Rc2 Bd7 25.Rce2

注意，黑方a8上的车因为要防御a7而被束缚住了。

25...a6

25...Qb6??会败给26.Qxb6 axb6 27.Nxd7 Rxe2 28.Nxf6+。

26.Nc4!

马前往e3，在那里它会准备进攻d5和f5。

26...Qc6 27.Ne3 Rac8

27...g6会败给28.Nxd5! Nxd5 29.Bc4。

28.Nxf5 Bxf5 29.Bxf5 Rxe2 30.Rxe2 Re8 31.Rc2 Qd6 32.g3 g6 33.Bc8，白方现在拥有与黑方相同的子力，加之更胜一筹的轻子（象胜过马），在d5上的目标，以及更活跃的子力，白方最终在一场漫长的战斗之后取胜。

学生应该小心地再次查看上面的这两个例子。很明显，第一个给了白方一个统治地位，黑方受到束缚并且被堵住，完全无助——等级分在1400或者更高的棋手应该为了这样一个一边倒的结果而放弃子力而感觉到极其舒服（甚至兴奋！）。

我们的第二个例子（伊万丘克 vs 哈利克里斯纳）则完全不同。在这个例子中，白方由于弃兵而有了好的补偿，但是许多棋手在处于白方的局面时不会感到完全的舒心。这种微妙的弃子对于等级分2000或更高的棋手来说会更加地自然。然而，无论一个棋手是否对某样东西舒心，如果你读懂棋盘，并且基于我们失衡的博弈认为这是适合去做的事，那么你就应该勇敢地去尝试；起码，当你看到这样的事情发生在大师的棋局中的时候，你会最终明白为什么要这样做，并且更加感激这一个概念。

> **理念**
> 试着处理各种失衡中子力的得失问题。

当然，弃子确实携带着一些风险因素，因为如果你没有得到足够的补偿，或者没有适当地利用补偿，你会很容易发现，自己会陷入一些子力落后的悲惨残局中，甚至早早地被敌人更加强大的火力弄哭。当然，有些情况你认为需要一个局面上的弃子，但是误判了，那么你的补救措施将会把你拉下火海。在那些情况下，你必须摆脱你的自我意识，分析哪里发生了错误，然后再次尝试，如果棋局乞求你这样做的话。

这是一个来自我职业生涯中的好例子：对于弃后保其他棋子的情况，我从来不感到舒心。即使我因为弃后而使我的子力领先，我依旧不喜欢这样。这种心理障碍一直陪伴着我，直到等级分达到2100以上的时候，并且在我由于自己不能兑掉对方的车、象和马（很明显这远超过后，但是没来由的恐惧常常比逻辑和事实的力量更加强大）而输掉了比赛之后，我才决定彻底打消这种没有意义的想法。从那时起，我兑子时从不犹豫。刚开始我对这种"用后去兑子"的想法并不感到舒心，但是如果我感觉我可以在一个坚定的位置上站得很好，并且用后能够兑掉一个车、象和兵，我会愿意克服

> **理念**
> 不要让你的恐惧在下棋的任何方面蔓延！一旦恐惧成为习惯，你掌控棋局的能力将会大打折扣。各种子力不对等的局面是很多国际象棋心理麻痹案例的基础内容。

恐惧去这样做！用后去换三个轻子怎么样？没问题！而且慢慢地，我更加肯定，这样的事变成我下棋的一个自然的部分，并且在做那种决定时恐惧不再起任何的作用。没有什么比被推下棋盘，以及认识到由于缺少自信而使得你甚至不能发起一场战斗更糟糕了！

一次犀利的西西里式开局（1.e4 c5 2.Nf3 d6 3.d4 cxd4 4.Nxd4 Nf6 5.Nc3 e6 6.Be2 Be7 7.0-0 0-0 8.f4 Nc6 9.Be3 e5 10.Nxc6 bxc6 11.Kh1 exf4 12.Bxf4 Be6 13.Bf3 Qb8 14.b3 Qb4 15.Qd2 Rfd8 16.Rad1 Rac8 17.Qe3 d5 18.Be5 Qa5 19.exd5 Nxd5 20.Nxd5 cxd5 21.Bh5 d4 22.Qe4 g6 23.Bf3 Bf5 24.Qf4 Bg5 25.Qxg5 Qxe5）导致了下列的复杂的情况（图142）。

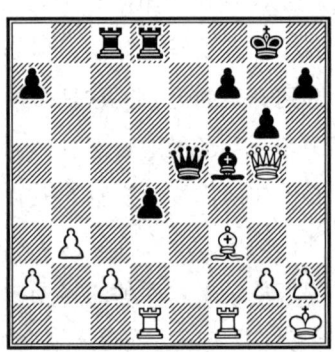

图142 白方先行
彼得·斯维德勒 对阵 谢尔盖·莫夫谢相，2008年 南京

白方c2上的兵快倒了，所以他很有可能准备走26.c4，这给黑方留下一个看上去很吓人的d线通路兵和几乎同等的机会，或者更加具有气魄的26.Bg4，成为一个大子换小子的前奏。斯维德勒决定投其所好：

26.Bg4 h6 27.Rxf5 Qg7 28.Qe7?!

这最终使黑方获得一点时间去从各种角度考虑自己的后。28.Qh4更好，双方有均等的机会。

28...gxf5 29.Bxf5

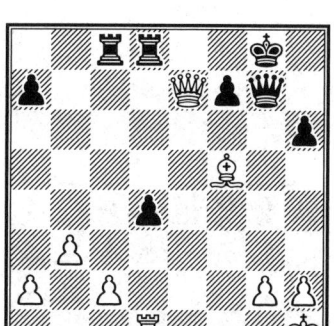

图143

图143的视觉效果非常好。白方兑子后多了一个兵，c2防御得很好，敌方在a7和d4上的兵需要照顾，并且黑方王的位置已经变得通风良好一点。

很明显，白方有真的补救方法，但是存在一个问题：白方需要玩弄敌方并且尽力去发展一些主动权。如果黑方能够阻止这种做法，并且如果能够巩固他的局面，同时让他的车变得积极，他们也许能最终战胜白方的军队。事实上，在一连串错误之后这种事情真的发生了：

29...Re8 30.Qd6 Rcd8 31.Qa6 Qg5 32.Bd3 Re7 33.Rf1 Kg7 34.g3 Qd5+ 35.Kg1 Rd6 36.Qc8 Qe6 37.Qb8 Rb6 38.Qd8 Rd6 39.Qb8 Rd5 40.Rf4 Rg5 41.Rf3 Qe5 42.Qd8 h5 43.Rf2 Re6 44.Qd7 Rf6 45.Re2 Qf4 46.Re4??

46.Re8给了更好的可以抓住的机会。46.Re4之后棋局就结束了。

46...Qf2+ 47.Kh1 h4，0-1。

所以斯维德勒的大子换小子是一件错误的事情吗？这次挫折将会使他在未来避免这样的牺牲吗？根本不会！他的决定很有道理，但是他被打败了，并且大好局面从他手中溜走了。这发生在每个人身上。我保证，当他的职业生涯继续之时，他将会进行更多的大子换小子。

只有通过尝试某样东西和得到亲身实践的经验，你才能够真正地理解它。而且，即使你勇敢地坚持一个"宏伟的计划"并且它全部完蛋了，你将仍会对你自己感觉很自豪，因为你自由地支配着富有创造性的另一个你。

4.1.2 抓住你内心的贪婪

很明显，弃子需要勇气，但是在出子时，相同的勇气也经常被需要。

鲍里斯·斯帕斯基 对阵 罗伯特·菲舍尔，1972年 雷克雅未克（第13场比赛棋局）

1.e4 Nf6 2.e5 Nd5 3.d4 d6 4.Nf3 g6 5.Bc4 Nb6 6.Bb3 Bg7 7.Nbd2 0–0 8.h3 a5 9.a4 dxe5 10.dxe5

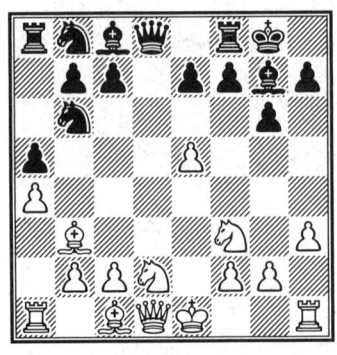

图144

有的人认为图144是到目前为止最棒的一盘棋（虽然我们的注意力将会集中在最初的贪欲，而不是后来的才华）。在这种情况下菲舍尔正在对攫取空间的e5兵施加压力（虽然很容易防御）。奇怪地，最容易接近的目标（记住，只有当你能够用棋子去瞄准它时，它才是真正虚弱的）是在a4上的兵（…Na6-c5接着…Qe8，如果需要的话改用…Bd7），但是夺得它（会导致时间的丧失）将会以中心空间和发展的形式给白方一定的补救措施（当黑方在a4上孤注一掷，白方将会清理掉他剩下的军队）。

在这个例子中，我们不看一个弱兵的正常耗费，而是要看一个棋手创造分散的失衡（对子力来说是时间与出子之间的交易），通过努力去令棋局更加激化和给他自己一个取胜的机会。自然地，这个途径可以导致开心或者绝望，这取决于贪婪的较量是否在局面上以及策略上合乎情理，和哪一个棋手能够更好地控制压力。

在10…Na6! 11.0–0 Nc5 12.Qe2 Qe8 13.Ne4 Nbxa4 14.Bxa4 Nxa4之后，黑方已经赚到了a4上的兵并且表现得很好，但是白方的王翼空间优势将使白方可以用一些他自己的战术。这盘棋剩下的部分是第11位世界冠军的一个不可思议的创造性成就：
15.Re1 Nb6 16.Bd2 a4 17.Bg5 h6 18.Bh4 Bf5 19.g4 Be6 20.Nd4 Bc4 21.Qd2 Qd7 22.Rad1 Rfe8 23.f4 Bd5 24.Nc5 Qc8 25.Qc3 e6 26.Kh2 Nd7 27.Nd3 c5 28.Nb5 Qc6 29.Nd6 Qxd6 30.exd6 Bxc3 31.bxc3 f6 32.g5 hxg5 33.fxg5 f5 34.Bg3 Kf7 35.Ne5+ Nxe5 36.Bxe5 b5 37.Rf1 Rh8 38.Bf6 a3 39.Rf4 a2 40.c4 Bxc4 41.d7 Bd5 42.Kg3 Ra3+ 43.c3 Rha8 44.Rh4 e5 45.Rh7+ Ke6 46.Re7+ Kd6 47.Rxe5 Rxc3+ 48.Kf2 Rc2+ 49.Ke1 Kxd7 50.Rexd5+ Kc6 51.Rd6+ Kb7 52.Rd7+ Ka6 53.R7d2 Rxd2 54.Kxd2 b4 55.h4 Kb5 56.h5 c4 57.Ra1 gxh5 58.g6 h4 59.g7 h3 60.Be7 Rg8 61.Bf8 h2 62.Kc2 Kc6 63.Rd1 b3+ 64.Kc4 h1=Q 65.Rxh1 Kd5 66.Kb2 f4 67.Rd1+ Ke4 68.Rc1 Kd3 69.Rd1+

Ke2 70.Rc1 f3 71.Bc5 Rxg7 72.Rxc4 Rd7 73.Re4+ Kf1 74.Bd4 f2，0-1。

所以，有时争取子力必然会有一定程度的风险——在某种意义上，不这么做也可能是冒险的。但是吃子往往是一样寻常的事——获得棋子只不过是子力的另外一方面。事实上，大多数棋局都通过吃掉对方的棋子来获胜，由于对方的疏忽而使之成为可能，或者通过缓慢和稳定的积极失衡的积聚，最终的结果都是获得子力（创造弱点，锁死弱点，围住它，最后利用它）。

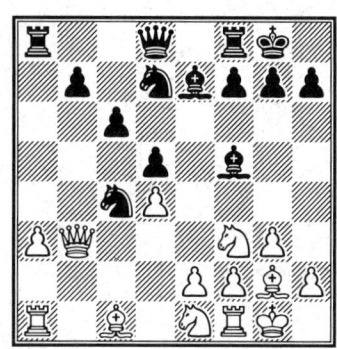

图145　黑方先行
杰夫·伯科尔 对阵 杰里米·西尔曼，1993年 美国公开赛

观察图145这个局面，你会很快认识到黑方有优越的兵形和布置得更好的棋子。他的主要目标是a3，而主攻a3的子力为a8上的车、e7上的象和c4上的马。所以黑方的计划虽然很没劲，但是简单有效：拿下a3上的兵！

16...Qb6!

主动兑后是完全合乎逻辑的。为什么？因为白方的后在保卫a3，而黑方的后（这时）并没有参与到对a3的围攻当中。

17.Qc3 Ra4

这并不是唯一的方法——通过17...Qa5继续"兑子威胁"也是很强有力的。然而，我想让我所有的棋子都参加到这一场派对中去。

18.Nd3 Rfa8 19.Nfe5

19.Nb2 Nxb2 20.Bxb2会让白方坚持得久一点，虽然白方的局面仍然会极度痛苦。

19...Ndxe5 20.Nxe5

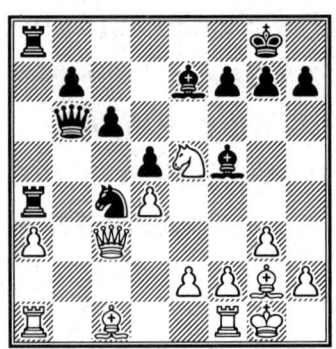

图146

20...Nxe5!

我当时走的是20...Nxa3（这很强大并且直切要害），拿下a3兵，并且最终拿下棋局。不过20...Nxe5更好（图146）。

21.dxe5 Bc5

Bd4造成的威胁极其烦人。

22.Qb2

22.e3 d4对白方来说同样糟糕。

22...Qxb2 23.Bxb2 Bxa3 24.Bxa3 Rxa3这样额外的兵能保证黑方的胜利，因为白方对此绝对无法补救（没有有利的失衡）。

4.1.3　失衡 vs 子力

在接下来的棋局———一个非常复杂的棋局———你会看到黑方与两个坐在双肩的小魔鬼对话。一个魔鬼（"想弃你就弃"的魔鬼）告诉黑方要随心所欲，并且要牺牲他的后。另外一个魔鬼（"能吃你就吃"的魔鬼）要求黑方去吃在b2上的兵。

哈罗德·乌托埃 对阵 阿尔瓦·梅奥，1999年 加拿大日公开赛

1.c4 g6 2.d4 Bg7 3.e4 c5 4.Be3? Qb6 5.Nc3 cxd4 6.Nd5

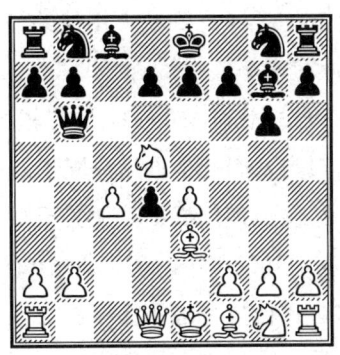

图147

在图147这个激烈的局面下,黑方能够通过这样的方式来满足内心的贪婪:6...Qxb2 7.Rb1(7.Nc7+ Kd8 8.fd4 d3!很强力!一种比较有趣的发展是9.Rc1 Bd4 10.Qd2 g5 11.Bg3 Bxf2+!!)7...Qxa2 8.Ra1 Qb2 9.Rb1 Qa3 10.Nc7+ Kd8 11.Nb5 Qc5 12.Nxd4 Bxd4(12...Qa5+!?)13.Bxd4 Qa5+ 14.Ke2 Nf6。这样尽管白方还有很多方式来弥补,但是他已经多丢了2个兵了。

满足内心的贪婪本身没有什么错。事实上,吃掉子力并且激将你的对手去证实他的补偿,会给他增加很多压力,因为这样以一种激烈的方式作出的牺牲若不起作用的话,那么棋局就输了。最著名的两个贪婪大王是特级大师拉里·埃文斯和维克多·科尔奇诺伊。这些极其成功的棋手会利用所有现有的棋子,然后紧紧地把握住珍贵的人生!

然而,在图147的局面,黑方意识到一个更加具有创造性(但不一定是更好的)的可能:**6...dxe3!!? 7.Nxb6 exf2+ 8.Kxf2 axb6**。

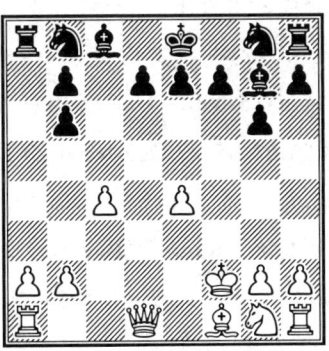

图148 黑方气急了吗?

是的,白方有后(图148),以及应对两个轻子与一个兵所做出的改变。然而,白方的局面并不容易掌控。我们让梅奥先生自己来解释他在令人吃惊的6...dxe3背后的逻辑吧:

"从后的方面来说,黑方有一个极其安全的王,多出两个轻子和一个兵,加上对几乎全部黑色方格的控制。并且我们要考虑到黑方用他的轻子得到的可爱的方格——e5、e6、c5、c6或者甚至d4也在召唤棋子来安家。

"白方有一个移位的王，出子不利以及一个没有积极前景的郁闷的白格象。通过...Bxb2他会立刻面临两个兵的损失，因此他的后局限于防御的任务。另一个考虑的评判因素是白方没有一个有效的单兵供他使用操纵。他甚至没有一个主动地大子换小子的机会去改变这个状况（也许只有在未来的某个时间，通过Rd5被动地进行）。"

简而言之，黑方的棋子将会比白方更加积极，白方没有办法去闯入敌人的阵地分号并且黑方有各种目标（方格和兵）来仔细考虑接下来的布局走向，但白方的布阵毫无计划可言。很明显，梅奥先生对失衡和如何衡量他们的优缺点有一个很好的理解，同时没有成为"只着眼于子力"（计分法）的牺牲品。

好的，我可以想象你们很多人说："漂亮，但是我不可能做到他的程度。"

> **要领**
> 如果你可以创造"失衡视角"并且能够痴迷于寻找（和理解）失衡，你的棋艺会突飞猛进。

为什么不能呢？是的，你必须在某种程度上把你自己从"我不能"的思维模式中释放出来，这也是在第四章中要探索的。但是一旦你认识到6...dxe3，并且一旦你看到你将会为了两个轻子而放弃你的后，不要惊慌地说："没门！"相反，你要镇静地从结果的局面上看失衡，同时如果你领会到你在子力上下功夫之后将会得到的东西（很多子力的积极失衡），为什么不扣动扳机并立刻这样做呢？事实上，如果你真的想要去提高，那么你应该总是扑向这样的情况（赢或者输），只有这样你才能够拓展你的国际象棋思维，为未来的成功种下种子。

在棋局中，梅奥先生的概念得到了成功地贯彻：9.Qd2 Nc6 10.Nf3 Nf6 11.Bd3 Ng4+ 12.Ke2 0–0 13.h3 Nge5 14.Nxe5 Nd4+ 15.Kf2 Bxe5 16.Rhf1 d6 17.Kg1 Be6 18.Qb4 Nc6 19.Qb5 Ra5 20.Qb3 Rfa8 21.a3 b5 22.Qc2 bxc4 23.Be2 Bd4+ 24.Kh1 Ne5 25.Rad1 Bc5 26.Rfe1 b5 27.Qc3 Ra4 28.Rf1 b4 29.axb4 Rxb4 30.Ra1 Rab8 31.Ra2 Rb3 32.Qd2 Re3 33.Qc2 c3 34.bxc3 Bxa2 35.Qxa2 Rxc3 36.Bg4 Re3 37.Be6 Rf8 38.Bd5 Kg7 39.Qa6 e6 40.Bxe6 fxe6 41.Rxf8 Kxf8 42.Qc8+ Ke7 43.Qb7+ Nd7 44.Qa8 Re1+ 45.Kh2 Bg1+ 46.Kh1 Bd4+ 47.Kh2 Be5+ 48.g3 Re3，0–1。

这种事挺高深，但是它与计算一点关系也没有。最后他们都会回归到关于子力的"较小的"失衡力量的权衡上。并且这是一个几乎在任何等级都可以（慢慢来但一定会）让你的心灵得到锻炼的概念。

下一个例子展示了一次弃兵是如何直接展现双方都尽力达成的失衡和目标的。

华尔特·布朗 对阵 杰瑞米·西尔曼，1998年 美国公开赛

1.d4 d5 2.c4 c6 3.Nf3 Nf6 4.Nc3 dxc4 5.a4 Bf5 6.e3 e6 7.Bxc4 Bb4 8.0-0 0-0 9.Qe2 Bg6 10.Ne5 Nbd7 11.Rd1 Nxe5 12.dxe5 Nd7 13.f4 Qc7 14.Na2 Be7 15.e4 Nc5 16.Nc3 Rfd8 17.Rf1 Qd7 18.g4 h6 19.f5 Bh7 20.Be3 Qc7 21.f6 Bf8 22.fxg7 Kxg7 23.g5

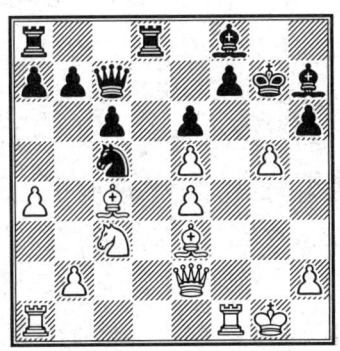

图149　黑方先行

图149这个局面很容易解读：黑方的王是脆弱的并且需要被照顾，因为白方的兵形对他而言是个大麻烦。所以显然，如果黑方能够为他的王找到一个避风港的话，黑方将会占优势！

需要指出，我没有提及gxh6+的威胁。原因是，一名棋手在思考威胁和作出回应之前，应该对失衡（和这些失衡所创造的目标）有一个牢固的理解。既然我们知道双方尽力去实现的事（白方想要进攻敌方的王，黑方想要为自己找到一个安全的家，然后惩罚白方的中心弱兵），对黑方来说，正确的移动将会意义深远。

23...Bg6!

马上出子（布朗希望当白方的棋子正不安地靠近黑方的王的时候会出现23...hxg5 24.Qh5）。然而，突然（在23...Bg6之后）黑方的弱点（f7被巩固，h5不再是白方后的一个着陆区域）被牢牢地防御了，并且白方的局面开始嘎吱作响，摇摇欲坠。

为什么很难想到23...Bg6这步棋呢？我们已经习惯避免失去子力。在这种情况下，你马上要以被将军的方式丢掉一个兵，所以头脑自动尖叫道："不要让他吃掉它！"，并且使你看不见所有其他的可能性。这就是为什么创造关于所有你所面临的局面的，有针对性的失衡的知识基础是如此重要的原因——知道某个局面的当务之急，使你能够走出情绪激动的思维，并且做出有逻辑而不是出于情感和习惯的决定。

24.gxh6+

24.b4会被24...Qxe5回应。

24...Kh7

白方单兵突前,但是在e5、e4和h6上的兵就像黑方随时都能摘的熟到快烂的水果。同样重要的是黑方的王的新情况——它发现了一些覆盖在h7上的欢迎标语,同时白方在h6上的兵这时扮演着叛徒的角色,因为它突然给对方的王提供了一个避难所。

在这里我感到非常自信,但是现在我们双方只有3分钟却要走16步!

25.Bf4 Be7

这关键的一步(和我最初的意图)本来是25...Rd4! 26.Be3 Rad8! 27.Bxd4 Rxd4 28.Rad1 Rxd1 29.Rxd1 Qxe5,这样黑方掌握了全局。然而此时h2-h4-h5这个幽灵开始折磨我,并且我没有时间深入地看,这样非理性终于占了上风,我决定去阻止h线兵的行进。为应对26.h4,我放弃了25...Nd7。

26.Rf2 Rd4

通过26...Nd7!?追赶e5上的兵也是诱人的,但是时钟在滴答滴答地走,必须做出一个决定了!

27.Rg2 Rg8 28.Be3(图150)

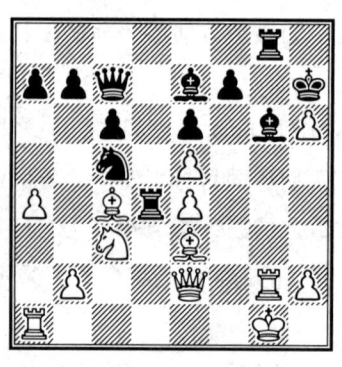

图150

28...Qxe5?!

我曾经在整场棋局中都十分渴望大子换小子,现在我迫不及待地抓住了这次机会。然而,现在并不是这样做的最好时机,并且,更加安全的28...Rd7会让黑方的防守更加严密,因为29.Bf4会受到29...Bf6的强烈打击!

29.Bxd4 Qxd4+ 30.Kh1,1/2-1/2。我当时认为我的情况更加有利,但在浏览之后,事实说服我远没那么简单:30...Nxe4(30...Kxh6来占一条边是最好的,但是在棋局中,这没有发生在我身上)31.Bd3 Nxc3 32.Bxg6+ Rxg6 33.bxc3 Qxc3 34.Rf1 Bf6 35.Rxg6 Kxg6。没剩多少时间了,任何一方都不想去面对这一局面!

我应该指出,提供各种各样的子力失衡,是很多深受欢迎的开局的一部分(我们在这里会强调局面上的弃子，而不是攻击牢固的城防）。以下是一些相关例子：

传统龙式开局的斯德哥尔摩变式

1.e4 c5 2.Nf3 d6 3.d4 cxd4 4.Nxd4 Nf6 5.Nc3 g6 6.Be3 Bg7 7.Be2 0-0 8.0-0 Nc6 9.Nb3 Be6 10.f4 Na5 11.f5 Bc4 12.Nxa5 Bxe2 13.Qxe2 Qxa5 14.g4。这个局面一度被认为对黑方来说是相当危险的，但是当发现**14...Rac8! 15.g5 Rxc3! 16.gxf6 Rxe3 17.Qxe3 Bxf6**这一后续出现的时候，之前整个发展过程对于白方来说都没什么意义了。

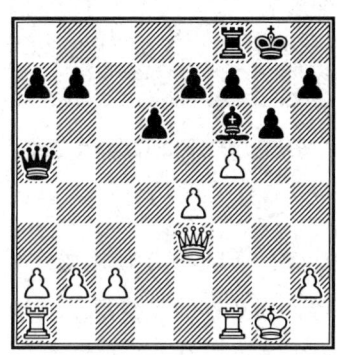

图151 白方先行

为什么这对黑方来说是可以接受的（图151）？除了黑方有一个兵来兑子这个事实以外（让子力投入最低化），白方的王也有点不安全，黑方的象不仅非常积极，而且充当着他的王的强力防御者，同时黑方还享有优越的兵形。

另外一个白方在意的问题，与我们无休止的计划查找有关。白方在后翼或者中心无所作为，并且在王翼上挑衅的装腔作势很难起作用，因为象正在单枪匹马地保护它的王（这个例子将会在接下来的记录中指出）。然而黑方能够通过他的a线和b线上的兵在后翼制造麻烦（一场小攻击），并且还在e4上施加压力（...Rc8-c4）。总体上，双方的局势是对等的，但是我认为，这对白方来说有点沉闷。

安杰·菲利浦维奇与艾德里安·霍利斯于1962年在玛丽亚温泉市展开的棋局继续进行：

18.c3 Rc8 19.a3 Rc4

e4上的兵现在要被集火了。

20.Rae1 b5

一次经典的小攻击开始了。黑方打算移动他的后，走...a7-a5然后...b5-b4重击白方的后翼兵形，并且还给他留下另一个弱点，让他去守卫那个区域。

21.Rf3 Qc7 22.fxg6 hxg6 23.Rh3 a5 24.Rf1 Qb7!

24...Qc5，这只能让场面势均力敌，在实际棋局中真的这样走了。

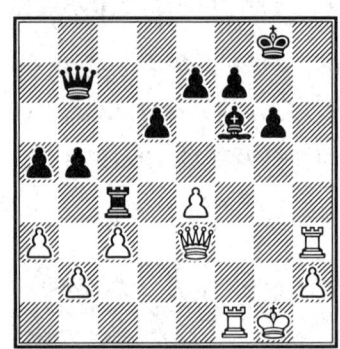

图152　白方的进攻是一个假象

25.Re1

图152中，25.Qh6看上去很可怕，但是善于使用龙式开局的棋手（和任何一个习惯从侧翼出动他王翼象的人）都知道，当对方的黑格象毫无争议地（白方没有黑格的象去挑战它）保护着g7和h8的时候，你很难将死对方。黑方在25...Rxe4!之后取笑着白方所谓的进攻，因为26.Qh7+ Kf8对白方来说什么都不是，而且26.Rxf6 Rg4+使白方必须在27.Rg3 Rxg3+ 28.hxg3 exf6（对黑方来说两个兵在前面）和27.Kf1 Qh1+中间作出选择，来让黑方作出制胜的攻击！

也许直接走25.Rxf6看上去是更好的一步，但是这也失败了：25...Rxe4! 26.Rxg6+（26.Qh6 Rg4+）26...fxg6 27.Qg5（27.Qh6 Rg4+）27...Re6，白方处在严重的麻烦之中（28.Qh6? Qb6+黑方直接获胜）。

25...b4 26.axb4 axb4，白方正处于巨大压力之下。他的后翼崩溃了，并且正如我们所看到的，就算是27.Qh6这一步跳跃攻击也没有能够完成它的任务。

卡塔兰开局

人们会觉得很多处于白方的局面（图153）的棋手，会很高兴通过开局的13步来达到这样一个状况（开局的棋步是**1.d4 Nf6 2.c4 e6 3.g3 d5 4.Bg2 dxc4 5.Nf3 c5 6.0-0 Nc6 7.Qa4 cxd4 8.Nxd4 Qxd4 9.Bxc6+ Bd7 10.Rd1 Qxd1+ 11.Qxd1 Bxc6 12.Qc2 Be7 13.Qxc4 0-0**）。白方有一个后，对黑方的车和象，而且所有白方的兵都很强大，白方的王是安全的。因此，为什么头脑正常的人想要去真的接手黑方的局面呢？

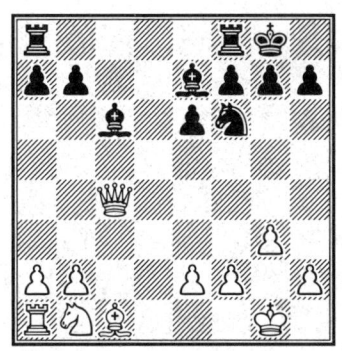

图153 白方先行

但令人震惊的是，世界级大师伍尔夫·安德森经常遇到这种状况，这对于他就像画条线一样简单。为了证明这一点，他一次又一次地逼和了很多世界上的最好的棋手（包括卡斯帕罗夫！）。为什么黑方在这里安然无恙？相当简单，他的局面毫无弱点，极其坚固，他的c6的象给了他对白色方格的拥有权，并且白方发现自己几乎不可能拆毁黑方的堡垒。换言之，白方仅有的有利失衡，是他的子力优势，但是这一点不足以积聚任何实质的取胜机会。

下面这个例子（列夫·保卢格耶夫斯基 对阵 伍尔夫·安德森，1981年 莫斯科）足以展示黑方的阵形是多么牢固：**14.Nc3 Rfd8 15.Be3 Nd5 16.Nxd5 Bxd5 17.Qg4 Rdc8 18.Bd4 Bf8 19.e4 Bc6 20.h4 Rd8 21.Bc3 Rd3 22.h5 h6 23.Re1 Rad8 24.Kh2 a6 25.Re2 Rd1 26.Re1 R1d3 27.Re2 Bb5 28.Rc2 Ba4 29.b3 Bc6 30.Qf4 Bd6 31.Be5 Bf8 32.Bc3 Bd6**，1/2–1/2。

西班牙式开局，马歇尔式进攻

创造一场"失衡之战"的弃子在开局中已经不足为奇。一个极好的例子是深受欢迎的马歇尔式进攻，看看黑方是怎样为了在出子中占据优势、积极的棋子、对方王翼里稍微变弱的白格和好的动态机会来牺牲一个兵的。另一方面，白方有一个坚固的局面和一个多出来的兵。

罗伯特·菲舍尔 对阵 鲍里斯·斯帕斯基，1966年 第二届皮亚蒂戈尔斯基杯

1.e4 e5 2.Nf3 Nc6 3.Bb5 a6 4.Ba4 Nf6 5.0–0 Be7 6.Re1 b5 7.Bb3 0–0 8.c3 d5 9.exd5 Nxd5 10.Nxe5 Nxe5 11.Rxe5 c6

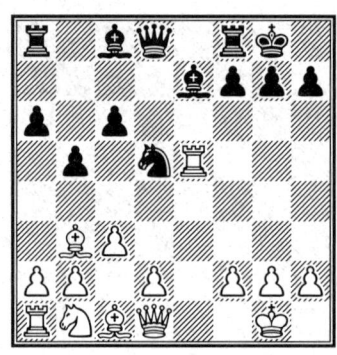

图154

在图154中,双方完全依赖他们各自的短期和长期的失衡。黑方在出子中占优,并且有时还可以通过暴力击倒的方式取胜。尽管白方随后抵消掉了对方的直接威胁并把局面拖入残局,但是积极的黑方棋子仍然可以提供极好的平局机会。

12.g3 Nf6 13.d4 Bd6 14.Re1 Bg4 15.Qd3 c5 16.dxc5 Bxc5 17.Qxd8 Raxd8 18.Bf4 h6 19.Na3 g5 20.Be3 Bxe3 21.Rxe3 Rd2 22.Nc2 Re8 23.Rxe8+ Nxe8 24.Ne3 Bf3(图155)

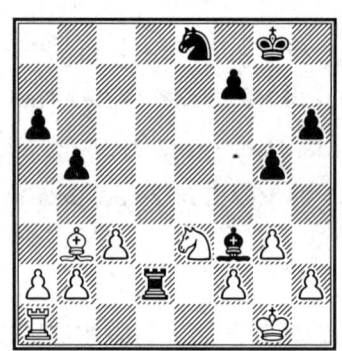

图155 缺少一个兵,但是黑方有足够的补救方式

25.Bc2 Nd6 26.b3 Kf8 27.a4 Ne4 28.Bxe4 Bxe4 29.axb5 axb5 30.b4 Rb2 31.g4 Kg7 32.Kf1 Kf6 33.Ra5 Rb1+ 34.Ke2 Rb2+,1/2–1/2。白方依然多一个兵,但是黑方仍然很积极!现在的局面白方只能被迫平局,因为35.Kd1只会令白方陷入危险之中:35...Bd3 36.Ra6+ Ke5 37.Rxh6 Rxf2 38.h4 Kf4 39.Nd5+ Kxg4。

很明显,黑方一个兵的补偿,并不只是一个希望和一次祈祷——它是一次基于合理的局面性,并且一直延伸到了棋局的后期的考虑。也许有人想知道,为什么每个人都不走一条给黑方短期进攻和长期局面上补偿的路线?因为白方有很多方式去避免被快速将杀,并且虽然最后的局面常常很压抑,但黑方的局面常常更糟一些——这也许不是热衷进攻的粉丝所梦想的,但是就涉及的理论而言,这是可以充分接受的。

我们也必须承认,许多面临白方棋局的棋手,由于那些"开心但是不一定赢"的残局而不太兴奋。这些不满的灵魂不断寻求新的方式去搅浑水。下面给出一个例子:**12.d4 Bd6 13.Re1 Qh4 14.g3 Qh3 15.Re4 g5 16.Qf1**(不要走16.Bxg5?? Qf5——把太多棋子放在没有防御的方格上是不明智的!)**16...Qxf1+ 17.Kxf1 Bf5 18.f3 h6 19.Nd2 Bxe4 20.fxe4** 这样一个重大的改变已经发生了在彼此的失衡中!

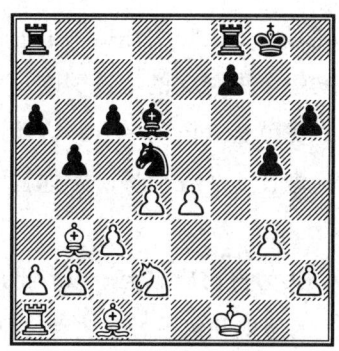

图156

白方现在处于一场兑子当中(图156),但对此他手中有一个兵、一个很好的中心和两个象。白方会得到充分的补偿,但双方的机会基本持平。

毫无疑问,子力是一个主要的失衡衡量要素,棋手们在贪婪的驱使下赢得多场胜利的同时,也会失去子力的份额。如果你训练自己把子力仅仅看成其他的(虽然很重要)失衡,你会在为了战略性或者局面性的补偿而弃子的情形经常发生的时候,对棋局有一个全新的理解。另一方面,勇敢地利用对手提供的,所有应该成为你整体思维方式的一部分——不论出现何种情况,决定都应该取决于一个基于双方面临的失衡的冷静评估。

小　结

▷ 棋手应如何克服子力减少的恐惧呢？他应该训练自己去重视每个失衡，他需要把子力看作另一个需要接受或放弃的失衡，而这取决于具体局面的性质。

▷ 如果你可以创造"失衡视角"并且能够痴迷于寻找（和理解）失衡，你的棋艺会突飞猛进。

▷ 抓住你内心的贪婪！拥有子力优势给你提供了更多强大的军队（这可以转化成被带到棋盘关键部分的一个更强大的力量）以及长期的"残局怪象"（要知道在大部分残局中子力占优就会获胜的一方，机动性更加良好）的优势。所以只要你能知道对手在对你做什么（任何事），你就要想方设法吃干净道路上的所有棋子。

▷ 如果你在观察棋盘时，认为自己应该弃子以获得局面上的优势，不要犹豫！学习如何克服国际象棋上的恐惧和偏见，是改善你总体棋局的重要部分。

▷ 子力的优势通常会让一个棋手变得过于激动，但这是一种失衡，且这种失衡必须与其他失衡相权衡。它可能会提供一个决定性的好处，或者它可能在与任何局面的不同的静态或动态失衡（补偿）的比较中失色。

▷ 要注意弃子与得子已经被放到一起考虑了。它们两者都把子力看作一种失衡（不是要去恐惧、避免、崇拜或一直抱紧的东西），而且对于任何一种决定的评估（也就是说得子或弃子）需要建立在棋盘上的其他失衡的基础上。

子力——习题

在这部书所有的习题部分当中，我认为这部分对读者的要求比其他任何的都要多。请特别注意，子力是这里的焦点，尝试着在对待所有的子力（或可能的子力）失衡时更加诚实和无畏。然后，在答案和分析之间反复揣摩，直到你对上面奇怪的部分不再感到不适。你所高喊的内容必须是："子力是一个失衡，而我愿意既承受它又放弃它，而这一选择要取决于其他失衡的特性。"这样做会帮助你完成对"子力为王"这一局限性很强的思维定势的转换。

如果你在做习题的过程当中遇到了困难，不要担心——这意味着我们覆盖到了一些你不理解的东西，而这能够让你重新阅读前面的材料，或者让你获得第477页（答案页）那些遗漏的知识点，以达到改正错误、做出弥补的目的。

第四章 习题1

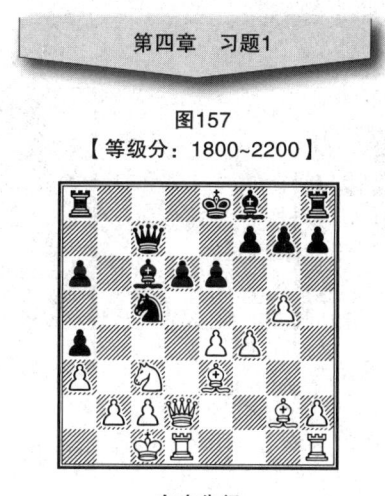

图157
【等级分：1800~2200】

白方先行

白方有两个大相径庭的理性选择。它们分别是？

第四章 习题2

图158
【等级分：2200以上】

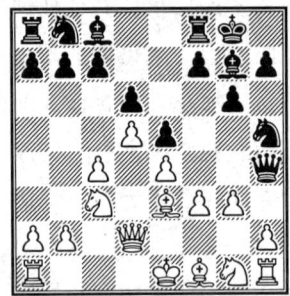

黑方先行

9..Nxg3值得吗？

第四章 习题3

图159
【等级分：1800~2200】

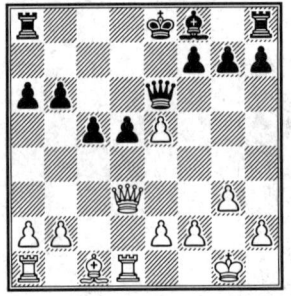

黑方先行

第四章 习题4

图160
【等级分：1400~1800】

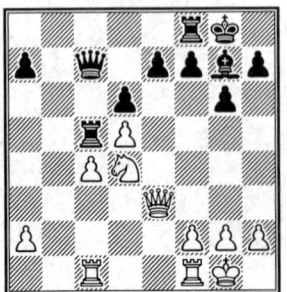

黑方先行

第四章 习题5

图161
【等级分：1800~2000】

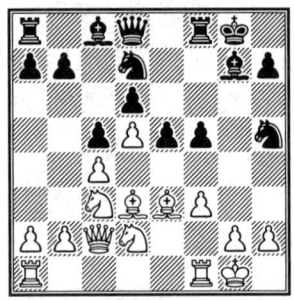

黑方先行

第四章 习题6

图162
【等级分：1800~2200】

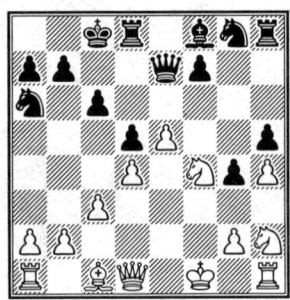

黑方先行

...Qxh4是明智的吗？

第四章 习题7

图163
【等级分：1400~1800】

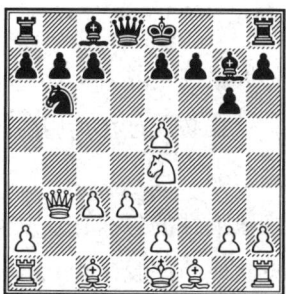

黑方先行

走到e5是明智的吗？

第四章 习题9

图165
【等级分：1800~2000】

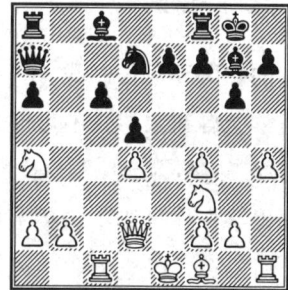

白方先行

14.Rxc6是一个好主意吗？

第四章 习题8

图164
【等级分：1800~2200】

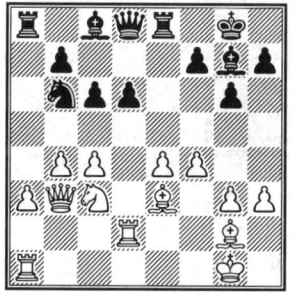

黑方先行

23...Na4是一个好主意吗？

4.2 心理崩溃——克服"我不能"或者"我必须"的陷阱

4.2.1 向恐慌鞠躬

数十年的教课经历告诉我,当我问我的学生为什么他们走或者不走一步特定的棋的时候,我通常会得到像"我不可以这样做因为……""我必须这样走因为……""我不得不!"或者"他不得不!"这样的回答。

你必须做某样你可能不希望去做的事,这个高度毁灭性的想法在业余爱好者的棋局中是如此无所不在,以至于我想说,如果一个棋手设法成功摆脱这种心理上的诅咒,那么他将会得到至少一百个等级分。

让我们来看一看下面的局面,这是我所说的一个非常基础的例子(图166)。

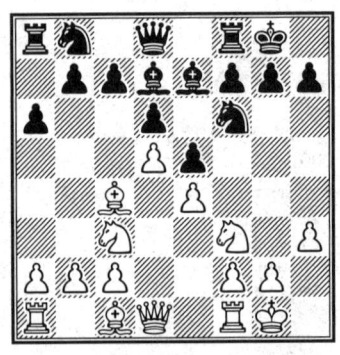

图166 黑方先行

我曾经在无数业余爱好者的棋局中看到过这种模式发生,并且比你能想象的还多,黑方通过...Bd7接着...Qc8建立起一个瞄准h3上的兵的炮台。所以我们会说黑方的**1...Qc8**走得很巧妙。在这样做的时候,黑方几乎是在向他的对手大声宣传他的攻击意图:干掉对方在h3上的兵。同时,我一遍又一遍地看到像2.g4?? h5! 3.gxh5 Bxh3这样的回应,这样我们就能目击一个本身就会实现的预言——白方的王翼将会精疲力竭,这样他最糟糕的梦魇将会成真;或者2.Kh2?,这样白方阻止了黑方走...Bxh3,但是这样白方真的走了一步他并不打算要走的棋。

白方的反应是被恐慌引起的,虽然他没有意识到这一点,但是他发现自己像一个提线木偶一样被操纵——他的对手(木偶师)拉着一条线,而白方发现他无法控制他自己的行动!

现在我们回到**1...Qc8**,来看看白方本应该如何反击!我们说白方原本期待对方走1...b5,这样的话他打算用2.Bd3反击,而如果黑方走了不起眼的一步之后,我们就能看到白方用2.a4回应，把黑方后翼扩张的计划扼杀在摇篮里。然而，当**1...Qc8**出现在棋盘上以后，白方马上注意到黑方在h3上弃子的意图。对于这个潜在的威胁，白方应该怎样做呢？首先，你必须锻炼你的思维，不要在恐惧中蠕动，而应该通过一句强有力的（在内心里！）"垃圾！"藐视你对手的想法。我是认真的！无论什么时候你看见敌人的威胁，你的第一想法应该是"垃圾！"，虽然更强大的语言也可以，如果你发现它能够把你的思路领向一个正确的方向的话！

> **理念**
> 你想要成为木偶还是木偶师？

总的来说，一个好的棋手绝不会让敌方的威胁发挥作用，除非对手自己将其变成现实。事实上，看到像...Qc8时，他的第一反应是大笑，或者起码自鸣得意地一笑，说："你并不指望我买你的账，是吗？"因此，如果你已经计划走2.a4去对抗除了1...b5以外的所有东西的话，那么为什么不在寻找其他出路之前，看看你是否还能够走预想好的那步棋？接下来的顺序（物理移动和内心的思考）将会像这样：

> **要领**
> 每一个威胁从一开始就要以坚定的态度看待。

1...Qc8

白方："真垃圾！他是认真的吗？我想要走2.a4，在2...Bxh3 3.gxh3 Qxh3之后像4.Nh2（4.Ng5也很好）接着Qf3，看上去也能成功。这时候我领先一个子，应该能赢。"

2.a4

正如你所看到的，如果黑方通过计划好的弃子来占据优势，白方将会有一个子力优势，并且将会很好地以白方的预计获得胜利。因此，阻止一个假威胁相当于阻止你的对手输掉棋局！这种做法没有人（无论初学者和大师）能够承受得起，更别期待一个好结果了。

当然了，你必须在忽略或者阻止它之前，证明威胁的最终价值。如果这的确很危险，你只要耸耸肩并且说："很难相信，但是它看上去像是真的！"然后你就获得一些时间去阻止他的想法，并且要尽快继续你之前的计划。

这里的关键是：

▶ 不要相信对手"告诉"你的任何事。他不是你的朋友！这种"不要相信它直到被证实"的态度是一种要训练出来的心理状态——你要逼迫你自己去进入那种状态，通过使用"垃圾"这个词语，直到所有都成为一个下意识的过程。

▶ 你是你局面的唯一支持者。如果你不信任你的局面，还有谁会呢？

- 如果有一步棋你真的很想走，那就忠于你自己的想法，并且看看那步棋在面对敌方可能的威胁时，是否还能够起作用。
- 让自己学会轻视敌人的威胁，但是不要鲁莽！在忽略和阻止潜在的威胁之前要一直分析它们的衍生后果。
- 记住，如果你阻止了一个假威胁，你实质上就是在阻止你的对手输掉棋局！想想——除非你成为叛徒并且阻止对手自杀，否则对方就已经很难赢棋了！

4.2.2 这是我的聚会，我怎么走，我说了算

锻炼你自己走你想走的棋的能力，这会让你在面对各种局面时甚至在面对令人恐惧（但是最终都是浮云）的威胁的时候都会有好的收益。在某种程度上，这种信条应该被看做是你在向局面索取"好的东西"——这些"好的东西"不会白白给你，所以你必须在适当的时机把它们拿下。

1.Nf3 d5 2.d4 Nc6 3.g3 Nf6 4.Bg2 Bf5

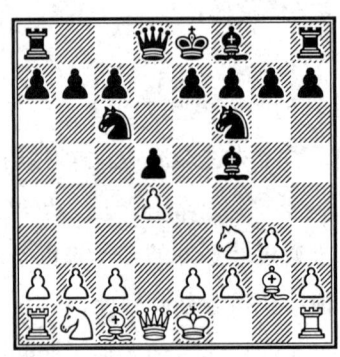

图167 白方先行

图167中，白方的最自然的下一步是5.0-0，但是黑方的最后一步不仅把他的象移了出来，而且还宣称接下来有可能走5...Nb4。"怕不怕！"黑方说。并且很多人接下来就会为了一点安全直接放弃计划好的5.0-0，改走5.a3或者5.c3——当然接下来可以易位，等到危险消失的话。

> **小结**
> 阻止一个假的威胁相当于阻止你的对手输掉棋局！

但是为什么白方应该浪费一招棋去避免"危险"呢？我不断告诉我的学生："每一步棋都像金子一样昂贵，每一步棋都是很有价值的，不要浪费它们！"因此，虽然5.a3和5.c3都是可以走的，但是你真的让你那镀金的一步得到最高价值

了吗？很明显没有！相反的，你需要让最有价值的棋步（你感觉局面真正需要的棋步）起作用。

> **理念**
> 每一步棋都像金子一样昂贵，每一步棋都是很有价值的，你不要浪费它们！

5.0–0!

这正是你想要去做的，那就去做！

5...Nb4 6.c3!?

白方现在能够用6.Na3（白方最受欢迎的选择）或者通过6.Ne1来防御c2。然而，6.c3展示了黑方...Nb4的"威胁"根本不值得浪费这一步！

6...Nc2?

事实上6...Bc2是最好的，这样7.Qe1 Nc6会引起一些奇特的反常现象（黑方的马没有做很多事，并且他的白格象放置得也很别扭，而且在e1上的白方后的位置也很不理想），然而7.Qd2 Bxb1 8.a3! Be4 9.axb4对白方来说只是稍微好一点。

7.Nh4 Nxa1 8.Nxf5，此时黑方的a1上的马陷入了麻烦之中，因为它已经基本被困死在了那里。

到目前为止，我们看见"我不能"从相信他自己的宣传（"我的棋步很强有力，你怕不怕！"）一方得到了它的能量，而另一方也向对手的确定性鞠躬——他告诉你（安静地……几乎是在精神上），因为他刚刚制造了威胁，你已经不可能做你想要做的。

一方比另一方等级分高出一大截是导致人思维崩溃的主要情形之一。在这种情形下，等级分更低的棋手从第一步开始就准备输棋了，并且当局面变得棘手的时候，他会完全接受这行将发生的末日预言。比如说，我曾经看过一场比赛，一个特级大师和一个等级分为2100的对手下棋。特级大师下得很好，但是他突然"送过来"一个棋子。2100分的棋手看了好长时间——吃还是不吃？很明显，大师是不会就这样送掉一颗棋子的，所以这一定是一个陷阱——大师很明显在说："你敢碰那个棋子，我就会让你死得很难看。"最后2100分的棋手认为他看到了某些也许是危险的东西，也就没有接受那份礼物。大师最终轻松获胜。

棋局结束以后，大师问："你为什么不把那个棋子吃掉？如果你吃了我可能会输的！"

啊，要是当时2100分先生尖叫（内心里）"垃圾！我要把那颗子吃掉，并且逼迫他告诉我为什么我不能！"就好了。

这个故事解释了一种单向的错觉——他的恐惧和多疑一起制造了心理阴影，和只存在他脑海里的歹念。虽然这种情形很普通，更优秀的棋手会相信它完全错误，但是他那自信的神态（和那些额外的等级分！）却很快地让等级分更低的对手乖乖地和他一起顺着错觉之路走下去。

这个"宣传+等级分=心理的错觉"定理可以在我们接下来的例子里有所体现：

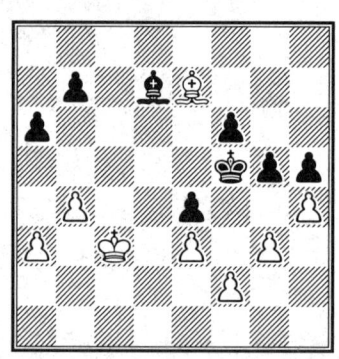

图168 白方先行
A.宇藤（1630）对阵 C.兰普瑞（1882），2009年 巴黎俱乐部赛

图168这场棋局中，白方在早些时候已经达到了一个极易控制的局面，足以抵御任何威胁。然而，等级分更高的棋手（黑方）却击败了他的对手，并且多亏了他对h4施加的压力和他的过分积极的王（通过...Kg4来袭击h4，或者在f2无人看管的情况下进一步走...Kf3），使得他可以达成一些看起来很严重的王翼威胁。

黑方突然显得极其自信，这让白方误以为她把事情弄得一团糟。她恐惧地看着自己制造的混乱、忘记了时间并且放弃了进攻，因此她将胜利拱手相送，因为黑方让她相信（在记分牌登记完毕之后），就算是把棋局继续下去，结果也不会有任何改变。

第二天我得到了比赛的复件，这份复件以宇藤女士的评论结尾："我不打算进攻了，但是我无论如何都无法平局。"等级分更高的棋手"传达的真相"制造了一个如此深刻的印象，以致她没敢质疑他的注释。她本来还会继续相信的，如果我没有马上给她回复电子邮件的话："你到底在讲什么？这是一个平局。事实上，你应该轻易合理地与卡斯帕罗夫弈和。"

最后，她做出了正确的事情——挑战我的评论。这把我们引向一条重要的法则：不断挑战所有事情，直到你达到你的最好能力，证明或者无法证明其他人的观点。通过这样做，你将会建立正确的心理的（或者说是感性的）习惯，同时，通过迫使你自己尽最大的努力去深刻凝视情况也学到很多。

因此，白方本来是可以如何挽救棋局的呢？这真的很简单吗？是的！她唯一需要做的，就是把象在d8和e7之间来回走动（束缚黑方的马去防御f6），而且这正是平局的时机（如果黑方移动他的王回到e6，白方将会把她的象走到d8，然后与她的王周旋）。

当然了，很明显，有些事情联合把白方推向了崩溃边缘。"宣传+等级分=心理的错觉"理论是问题根源之一，但是白方也对集中注意力在黑方的威胁（在图166中我们看到的失败）上而感到愧疚，还有没有考虑到她本来可以创造自己的威胁的。

4.2.3 怪异而令人恐惧的心理错觉现象

接下来的例子展示了发生在所有可能情况的错觉和"我不能"（正如在宇藤的"我不能防御这个"和她的对手的"她不能防御这个"一样）：等级大师成为它的受害者，同样匹配的选手妙手生花，并且在不断继续！

在亚历山大·科托夫的经典作品《像大师一样思考》中，他给出了这样一个心理错觉的例子，虽然他是在一个关于疏忽的讨论中使用那个案例的。不过，现在让我们不从疏忽的角度看待它，而是理解为什么这种特别的错误会发生。

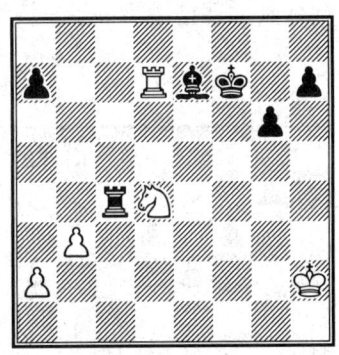

图169 黑方先行
阿尔奇尔·埃布拉利泽 对阵 维亚切斯拉夫·拉戈津，1937年 第比利斯

黑方多一个兵，但是他的象被固定住了，他的车正在遭受攻击，并且他的a7兵也受到威胁。

1...Rc7??

从某种意义上说，这是一个完美的解决办法！这拯救了车，防御了a7兵，威胁白方的车，并且在2.Rxc7 Bd6+把车和王分开以后尽力去把局面转化成领先一个兵的象vs马的残局。漂亮！唯一的问题是，2.Rxc7 Bd6+之后就不合理了，因为这样象就被困住了！拉戈津只是忘记了牵制，但他百分百肯定，如果白方夺得c7的话，他将会完成一个必胜的残局。当他明白了2.Rxc7就是他想要白方去做的之后，这个幻想飘过了棋盘，影响了他的对手。

当然埃布拉利泽充分理解他对手的意图（"他想我去吃掉它，这样...Bd6+就会给我留下一个必输的残局。"），并且就像被瓦肯人①洗过脑一样屈服了——他看见黑方看见的，知道黑方知道的，并且感觉到黑方肯定感觉到了的事情。因此，双方选手完全达成了共识，2.Rxc7将要导致一个对白方来说必输的残局。有意思的是，一名观众因埃布拉利泽无法收下这一份大礼并且赢得棋局，而变得很焦虑，以至于他尖叫道"阿尔奇尔，吃掉他的车！"可怜的埃布拉利泽完全沉浸于黑方的现实当中，愤怒地瞪了在观众席上的那个傻瓜一眼（无需思考，"我不能吃掉它，你这个傻瓜！你难道看不到那边那个可以抽将我的象吗？"），并且把他的车从d7撤退到d5。最讽刺的是，他最终倒在了他最惧怕的事情上——黑象成功地抽将了白方的王和车：**2.Rd5?? Bf6 3.Nb5 Rc2+ 4.Kg3 a6 5.Rd7+ Ke8 6.Rc7 Be5+**，0-1。

在这里出现的不是一个由于瑕疵计算创造的疏忽——而是对手"被下了咒"之后变成痴呆的案例，这个案例很完美，但也很极端。这是一种巨大的幻觉！

我第一次读科托夫的书的时候，我就很喜欢这个故事，不过这对我来说似乎有一点牵强。但是我和帕尔·本克在匈牙利的赛格德市训练美国青年队的时候，经历过一件几乎一样的事情：

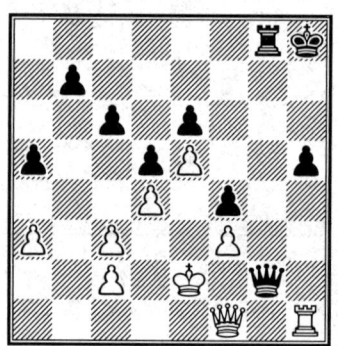

图170　白方先行
阮映勇 对阵 乔舒亚·维茨金，1994年 赛格德

因为担心教练会和选手说话，所以教练不允许呆在比赛厅，本克和我只能远远地在包厢上看。黑方刚刚把他的后走到g2，将白方的军（图170）。很明显黑方有一个巨大的优势，并且我们肯定，乔舒亚将要赢得比赛。在将一次军之后，他只需要五分钟去为下一步棋思考，但是能够肯定的说时间非常充裕吗？

---

① 瓦肯人（Vulcan）：美国派拉蒙影视制作的《星际迷航》系列当中虚构的一种外星人，其特点之一是每个瓦肯人都只有绝对的理性思考，并且相互之间可以通过心灵融合（mind melt）分享思维和知识等内容。作者在这里借用这个典故来形容中了招的埃布拉利泽。——编者注

1. Qf2

我们曾期望1.Qxg2 Rxg2+ 2.Kd3（2.Kd1引发一场更好的战斗）2...Rf2 3.Rxh5+ Kg7 4.Rh3 b5，白方处于强制被动之中，必须放弃子力：5.Rh1 Rxf3+ 6.Kd2 Kg6。这样黑方马上就能赢了——7.Rh8 Kf5 8.Rc8 Rf1 9.Rxc6 Ra1 10.Rb6 a4 11.Rxb5 Ke4 12.Rb8 f3 13.Rf8 Rxa3。

> **准则**
> 不断挑战一切，直到你竭尽全力证明或证伪了他人的观点为止。

然而，1.Qf2看上去很古怪。我们怎么没想到这个？事实在打我们的脸——这会轻易地杀死h1上的车！当然，很明显白方没有意识到h1还处于危险之中，这也难怪，因为刚才这个车给人感觉还是防御着的，因此"黑方还是不能吃掉它"。从现在开始，我们的好消息是，在明显的1...Qxh1之后白方会投降，我们可以开始看我们其他选手的比赛了。

但是没有——乔舒亚没有吃掉这个白送的车（接着...Rg2）而是陷入了沉思。事实上，他似乎被1.Qf2困扰着——出于某些原因他认为这是不可能的（就像我们最初的反应一样！），并且无法理解现在我们为什么在直勾勾地盯着他的脸看！一分钟过去了，两分钟过去了，慢慢地乔舒亚彻底相信了白方的"他不能吃掉车"（这转换成了黑方的"我不能"）的错觉。

我们都很自然地在高处被吓得要死，并且在第三分钟过去以后，本克开始嘀咕："吃了那个车！为什么他不吃了那个车？"我叫他保持安静，但是又一个30秒过去了（乔舒亚只剩下90秒了），情绪彻底失控的帕尔开始在重复车的魔咒时提高音量："吃掉那个车！为什么不吃了那个车？！"当然，仲裁员不会友善地对待这位散布这种信息的教练，所以我迅速抓住本克并且把他拖出了这个恼人的场地。在用完剩下的一分钟以后（黑方很明显想知道："我是如何忘记防守的？"），乔舒亚最终走了**1...Qg6**，在**2.Kd2 Qf5 3.Rh4 Rg5 4.Kc1 Qg6 5.Qh2 Kg8**之后他再次得到制胜机会，并且在不久之后拿到了全分：**6.Qd2 Rg2 7.Qd3 Qg5 8.Rh3 h4 9.Kb2 Rg3 10.Rh2 h3 11.c4 dxc4 12.Qxc4 Qf5 13.Qe2 Kf7 14.Qe1 Rg2**，0-1。

如你所见，如果对手的幻觉能够创造"我不能"，那么它的效果会非常巨大，以至于你无法看到可以吃掉对面一个待宰的车的一步棋，想象一下，在这种时候对某样可以相信的东西买账是多么容易，比如一个威胁。这就是为什么当敌方威胁出现的时候，你必须使用"垃圾！"回应的原因。如果对方走一步你从没想到过的棋（比如在维茨金的棋局中的1.Qf2），不要让你自己被迷惑，而要问"我要如何惩罚它呢？"以寻求即时的清晰思维。这个逻辑很简明：如果你没有预料到他的反应，那么那一定是很糟糕的，所以值得被惩罚！这是一个比看一步无法预料的棋，想"我错过了！我输定了！"更加健康的思维模式。

再一次地,"垃圾!"和"我怎样才能够惩罚它呢?"都是积极的应对模式,他们会建立一种积极的论调,并且使你能够看穿对手的假象。马上开始培养自己并去使用它们吧!

当你接受"我不能"进入你的国际象棋生涯(好吧,你不应该接受它进入你人生的任何一部分,但是这与主题无关)以后,你的棋局将会被各种各样错过了的机会弄得乱七八糟。

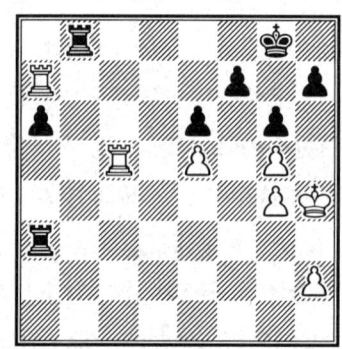

图171 白方先行
蕾切尔·克罗托 对阵 米伦卡·拉扎雷维奇,1979年 里约热内卢

图171中,除了黑方多一兵的事实,白方也看到将要有…R8b3。因为…R8b3接着…Rh3将军似乎不可能阻止,克罗托向"我不能"的想法屈服(就像"我不能对此做任何事"一样)并且投降了。

然而,如果你剩下大量的时间来思考,当你能够为了可能提供一些希望的某样抑或是所有东西而冷静地看着棋盘的时候,为什么要让你的王倒下呢?古语有云:"投降赢不了比赛",这很难去反驳,所以为什么不利用时间去寻求一个奇迹呢?

不妨考虑一下:如果20只疯狗还剩1分钟就能咬到你的喉咙,而你的唯一方式是"逃跑",但你只有一条几百米长的退路,上面满是碎石头,你会怎么做?跳?躺下然后等死?哭泣直到狗帮你从痛苦中解脱?或者,你会用你最后的每一秒钟尽力去找到一些费神的方法去挽救你的皮肉之苦?

在国际象棋里,同样的,你需要对敌人爆发出气势,像不成功就成仁一样投入到无路可退的情境当中。如果你想"我完蛋了"("我不能"的一个分支),那么你就真的在劫难逃了。克罗托选择"完蛋"这种情形,但是实际上,救星就在那里等着被发现:

1.h3! Rbb3。

这就是说服克罗托去放弃所有希望并且最终投降(这看上去真的很糟!)的那步

棋。奇怪地，1...Ra2 2.Rcc7 Rf8 3.Rc6 Ra5 4.Rcxa6 Rxe5更好，但是在5.Re7 Re4 6.Raa7之后黑方会有一点儿成功的希望。

2.Rc8+ Kg7 3.Rg8+! Kxg8 4.Ra8+ Kg7 5.Rg8+! Kxg8，1/2–1/2。一场平局成功救场！

4.2.4 "我不能"的诅咒

印第安纳·琼斯（罗南·哈鲁–兹维）对阵 girl-brain（帕姆·鲁杰罗），2008年 国际象棋在线俱乐部计时模拟赛

1.e4 c6 2.d4 d5 3.exd5 cxd5 4.c4 Nf6 5.Nc3 e6 6.Nf3 Bb4 7.cxd5 Nxd5 8.Qc2 Nc6 9.Bd3 Be7 10.a3 Bf6 11.0–0 h6 12.Rd1 0–0 13.Be4 Nce7 14.Qe2 b6 15.Ne5 Bb7 16.Ng4 Nf5 17.Nxd5 Nxd5 18.Bxd5

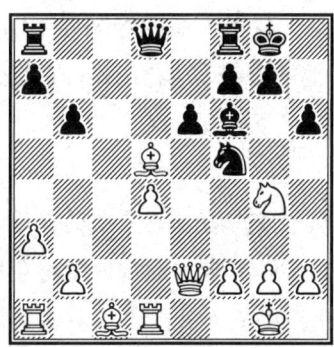

图172　黑方先行

黑方的时钟在滴答响，帕姆·鲁杰罗（状态最好的时候可是大师级棋手）必须做出选择：她应该用兵还是用后来重夺d5？她知道18...exd5有点靠不住，但是18…Qxd5 19.Nxf6+不是更加糟糕吗，这样她的王会被撕碎。"我不能允许这种事情发生"马上阻止所有更高级的大脑功能运转，她把兵走到d5。

18...exd5?

也许对于暴露她的王的恐惧，有一部分是由她的对手的实力导致的——以色列的大师罗南·哈鲁–兹维是一个非常难对付的家伙！如果你发现你自己同时在下棋和计算他的等级分，你就麻烦大了。需要指出的是，国际象棋是一个略森严的等级系统，这是很有趣的。我记得有一次锦标赛，那时我进入了一个电梯，当门正在关的时候，挤进来某个人。他问我是不是杰里米·西尔曼，我说是，和他握手，并且说"很高兴遇见你。你叫什么名字？"他的回答使我大吃一惊："噢，你不会想要知道我的名字的，我的分数太低了！"

尽管这很令人震惊，事实上，在我早期的职业生涯里，我经历了整个"等级游戏"。当我还是一个孩子，最开始的时候（等级分1068），很多等级分1400及以上的选手都在躲我——我只是还不足以和他们抗衡。很多年过去了，当我有专家等级分的几年之后，在盐湖城锦标赛的局间休息期间，一些大师享受一些五分钟快棋的场景还历历在目。我问我是否可以和获胜者来一局，两人之间更厉害的那个说，"对不起，我只和优秀的人下棋！"

那些等级分在国际象棋中很有力量，并且我认为每位选手都很容易受到"水平恐惧"（一种只影响国际象棋迷的严重疾病）的伤害。当我等级分达到1900左右的时候，我有过一段与2000分以上的大神们相处的糟糕时期。一看见2000或者更高的等级分，我就会呆若木鸡。我终于受够了，决定只在棋局结束之后才看对手的等级分。我在接下来的锦标赛中贯彻了这一思想，很快，我开始和一些我不熟悉的人对弈。我不知道他的等级分，但是，在走了几步以后，我得出他的等级分在1600~1800分范围内的结论。在战胜他之后，我吃惊地发现，他的等级分是2182！在那以后，我不再对专家（等级分2000~2199的人）感到恐惧——这不再与数字有关！我坚定地相信，他们不会是威胁，并且这个信念推动我超过他们。

毫无疑问，自信在国际象棋中发挥着非常重要的作用。那些与等级分更高者结队的人认为"我完蛋了"的人，会发现接下来局面的崩溃将会很快到来，并且相当痛苦。另一方面，那些沉湎于与等级分更高的人对弈，并且真的认为他将会碾碎他自负的敌人的棋手们，通常会撞得头破血流。

这就是想当然的"我不能"是一个如此有害的思维模式的原因。你在令你自己的自信心不足同时给你的对手增加了力量，那将使你在接下来的战役中成为一个巨大的失败者。

如果帕姆·鲁杰罗面对的不是一个象棋泰斗，也许她会尽力去证明或者反驳她的最初感觉18...Qxd5（因为后很巧妙地放置在d5上，d4上的兵被证实是一个永远的目标，所以这是黑方想要走的一步棋——记住，如果你想走某一步棋，那就尽力去让它发挥作用！）19.Nxf6+ gxf6太冒险了。而且这样做的话，她也许已经意识到，事实上黑方有一盘出色的棋。让我们来看看一些在20.Qh5（这步棋并不好，但是这是一种能够吓着痴迷于"我不能"的人，使他们不像黑方一样沉迷的方法）20...Kh7（防御h6并且准备...Rg8充分利用g列）之后的例子：

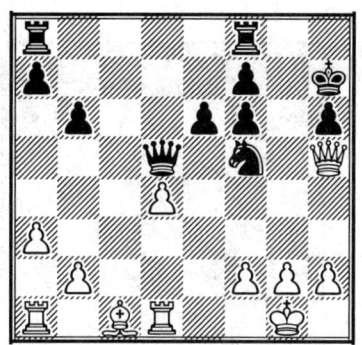

图173

- 21.Bd2在21...Rg8 22.g3 Rg6之后给黑方留下了一个舒心的小优势。
- 21.Be3?? Nxe3! 赢得子力和棋局（22.Qxd5 Nxd5）。
- 21.g3 Ne3（21...Rad8更强）22.Qxd5 Nxd5通过给黑方一个想要的残局（与d4对抗并且一个极好的马在d5上）。
- 21.g4??是白方去反驳黑方的布局的一个巨大尝试，但是有很多强有力的应对方式：21...Rg8（21...Qf3!?和21...Rad8!?也很强大）22.Qxf7+（失败了，但是白方已经处在严重的困境之中）22...Rg7 23.Qh5 Qf3是时候该白方认输了。

正如你所看到的，走18...Qxd5对黑方而言将很有趣，但是她说服自己不能够这样做，因此潜在的乐趣变成了痛苦。

19.Qf3

这赢得了一个兵（在19...h5 20.Qxf5 hxg4 21.Qxg4以后），虽然黑方将会（幸运地）由此能够得到一些补偿。然而，黑方并不打算失去子力，他对自己完全失去信心，完全崩溃，迅速失败。

总体而言，一个"我不能"的时刻很少会基于任何深远的考虑。你刚瞥到一眼理性的可能性，感性就占上风并尖叫着"我不能"，接着你做了一些与状况需要无关的事。这种事频频发生，而唯一的疗法是坚持找到一种方式，去使预期的棋步起作用。所以不要对此灰心丧气，除非你被完全证实这是行不通的！

瓦迪姆 对阵 杰里米·斯坦因，2008年 洛杉矶

1.Nf3 d5 2.d4 Nf6 3.c4 c6 4.Nc3 dxc4 5.a4 Bf5 6.Ne5 e6 7.f3 Bb4 8.e4 Bxe4 9.fxe4 Nxe4 10.Bd2 Qxd4 11.Nxe4 Qxe4+ 12.Qe2 Bxd2+ 13.Kxd2 Qd5+ 14.Kc2 Na6 15.Nxc4 0-0 16.Qe5 f6 17.Qxd5 cxd5 18.Na5 Rfc8+ 19.Kd2 Nc5 20.Ra3 b6 21.Nb3 Ne4+ 22.Ke3

> **要点**
> 如果你想走一步棋,那就把恐惧和疑惑都放到一旁,尽力去使它发挥作用吧!

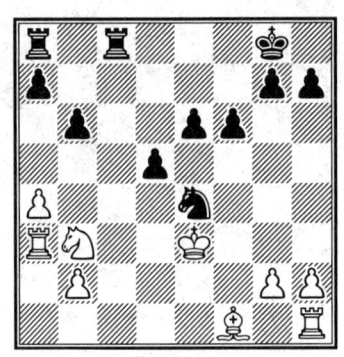

图174　黑方先行

在这个极其理想的斯拉夫变式中,对黑方来说事情进展得很顺利。在此,黑方走了22...f5?! 而在23.Bd3之后,他的车几乎不像它们原本那样积极,因为它们本可以在改走22...Rc2之后更加自然和强大。在一堂课中,我问杰里米·斯坦因(他这时是一个强大的专家),为什么他不把他的车带到他的第7行,他说,"我本来打算那样做的,可是之后我看见23.Bd3。我意识到我不能够走22...Rc2,所以我试一下22...f5。"

在黑方的思维中,只看见同时攻击车的那步棋,这令他马上把他想要走的那一步贴上坏标签。没有分析22...Rc2 23.Bd3之后的状况,也没有尽力去看清正在发生些什么,他放弃了像烫手山芋一样的22...Rc2。事实上,他尽力去走出22...f5,因此我们能够看到棋局继续,但是我把f兵放回在f6上并且说道,"告诉我为什么22...Rc2 23.Bd3 Rxb2或者23...Rxg2对你来说不是那么好。"他马上同意这是更胜一筹的一着。然后我补充道,"杰里米,你看到这里在发生什么吗?我在维护你想走的那一步。你为什么在棋局里不维护它呢?"

对斯坦因先生公平一点地讲,任何人在任何等级都可能成为像"我不能"和"我必须"这些想法的受害者。不同的是,大师只在个别情况下会被它影响,而业余爱好者则普遍被它奴役!训练自己去避免它(至少在某种程度上),将会对你的结果和你的总体思维模式产生巨大和即刻的影响——你会发现,你在推进自己的进程,并且在嘲笑对手把你带离正确道路的企图是多么的无力。

我们的下一个例子当中展示的这种疾病的患者,是一位世界冠军。

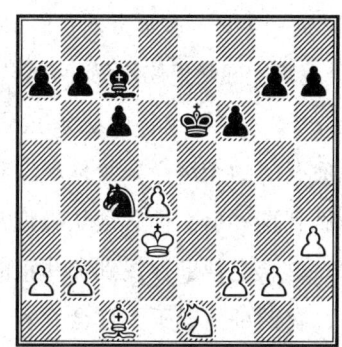

图175 黑方先行
伊曼纽尔·拉斯克 对阵 马克斯·尤伟，1936年 诺丁汉

黑方有一个虽小但是永久的优势，多亏了他的优越的兵形和对d5格的完全控制，他的马处于攻击之下，很显然应该走1...Nb6和2...Nd5，而白方，为了和局，必须防御很长一段时间。相反地，某些奇怪的事发生了。

1...Ba5??

太古怪了。黑方说："你必须移走你的马或者从c4出发换个子。"当然，从相同的"你必须"这一惰性的情绪中，同时还能感到"我不能"。是的，可能白方真的需要去移动它（尽管他这样做不会打扰他），但是，当你有一个马在悬挂晾干（白方急切想要走Kxc4），你最好确保"你必须"是100%正确的！

2.b4!

在这惨重的现实打击出现在棋盘上以后，一种"我要吐了"的感觉一定在尤伟的脑海中出现过。黑方的两个棋子现在都被攻击，所以象必须夺得b4。

2...Bxb4 3.Nc2

关键点。通过牺牲b上的兵，白方引诱象到b4，在那里马有着惊人的控制范围。在3.Nc2之后，黑方失去了一个棋子并且最终输掉棋局。

总体来说，"我不能"或者"他必须/我必须"之所以会出现是因为：

▶ 缺乏适当的注意力。
▶ 不好的心理习惯。
▶ 允许情感否决逻辑。
▶ 没有坚强到可以去证明"我不能"或者"他必须"正确与否的程度。

我们都快速地进入了超出我们等级的情况，这没有什么好羞耻的（这些瞬间可以被当作极好的学习工具来使用）。因为一些外在的影响（比如说，你刚刚被告知你要做汇报）或者你刚好霉运缠身，缺乏注意力的情况就会出现。我们不能够避免消极的生物节律,也不能避免一些个人的大灾难一次又一次地掌掴我们,但是我们能够致力于集中注意力,平静太过情感化的内心,最大程度确切地修复那种只会导致极度痛苦的心理习惯。

如果你想克服"我不能",那么很简单,你必须充分利用"垃圾!"这一工具。事实上,你要挑战每一个来到你面前的无声命令(你说"我不能",你的对手说"你必须",诸如此类)。为了成功做到这件事,你必须从最近几个月开始,仔细考虑你的棋局,并且寻找事情变坏的瞬间。电脑会帮助你找到那些策略性的瞬间,同时老师则会从局面上的崩溃来帮助你。并且,在两种情况下,你会发现,你的多数的"失误"是由一些精神屈服造成的。解决这个问题的唯一方法是去认识它的存在(我们这里要做的),在你自己的棋局中去找到它的例子(所以是针对个人的),并且然后去适应"垃圾"工具,锻炼你去阻止和挑战每一个你自己大脑的或者你的对手投给你的消极想法。

小　结

- 无论什么时候,当你看见敌人威威胁,你的第一想法应该是"垃圾!",如果你认为它能够把你的思维模式引向正确的方向的话,你也可以用更加过分的语言!
- 总体来说,一个优秀的选手从不让敌人威胁能发挥作用,除非他自己将其变成现实。事实上,当看到公然的威胁,像4...Qc8,他的第一反应是大笑,或者起码自鸣得意地一笑,说,"你并不指望我相信它,对吗?"
- 如果你阻止一个错误的威胁,你(在很多情况下)实际上是在阻止你的对手输掉棋局!试想——在你没叛变或阻止对方自找麻烦和的情况下,棋局已经够艰难了。
- 不要相信你的对手"告诉"你的任何话。他不是你的朋友!这种"不要相信除非被证实"的态度是一种要训培养的心理状态——你要通过使用"垃圾"这个词,逼迫自己进入这种状态,直到一切都变成一种潜意识的过程。
- 你是自己的局面的唯一支持者。如果你不信任它,谁还会信呢?
- 如果有任何你想要走的棋步,坚持它,并看看那步棋在面对假定的敌方的威胁时,是否仍能够发挥作用。
- 训练自己用蔑视来对待敌方的威胁,但是不要蛮干!在忽略或者阻止之前,要不断分析可能存在威胁的衍生结果。

▶ 惜步如金。棋步是很有价值的东西，你不要想去浪费它们！
▶ 不断挑战每一样事情，直到你竭尽全力证实或证伪他人的观点。这样做的话，你将会建立正确的心理的，或者说是情感上的习惯，迫使自己尽量深入地看待情况，这样还能够学到很多东西。
▶ 如果对手走了一步你从来没想到过的棋，不要让你自己变得迷惑，要马上问，"我怎样才能够惩罚它呢？"寻求即时的清晰思维。逻辑很简明：如果你没有预料到他的反应，那么那一定很糟糕，因此值得被踩蹋！这是比看到一步意料之外的棋，想"我想漏了！我完蛋了！"更加健康的思维模式。

心理崩溃——习题

这些问题会测试你看的能力，走出象棋幻觉，同时走出恐惧。它们也会清楚展示我们都遭遇过"我不能"和"我必须"的疾病。你肯定不是孤单一人！

如果你解决这些测试有困难，不要担心——那意味着我们发现了某些你没有理解的东西，这让你去重读之前的子力或重温从第491页开始，补上你在回答的时候忘了的一些知识。

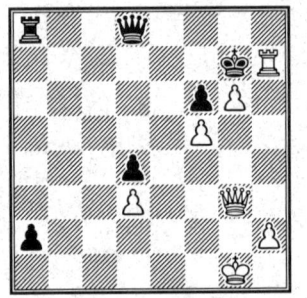

黑方先行

发生什么事了？

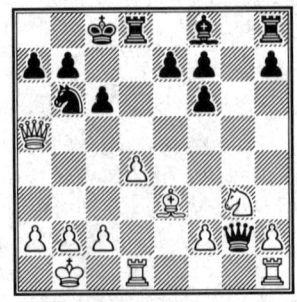

黑方先行

a7上的兵正在遭受攻击。最自然的保护它的方式是什么？是最自然的棋步发挥作用，还是白方暗中已有锦囊妙计？

第四章 习题12

图178
【等级分：2000~2200】

黑方先行

第四章 习题13

图179
【等级分：2000~2200】

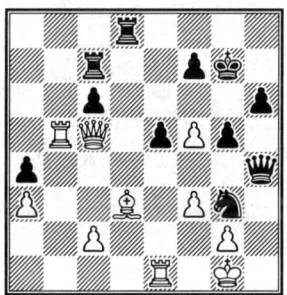

黑方先行

在你的脑海中尝试并且评价在1...Rd5 2.Qb6 cxb5之后的状况。

第四章 习题14

图180
【等级分：1400~2200】

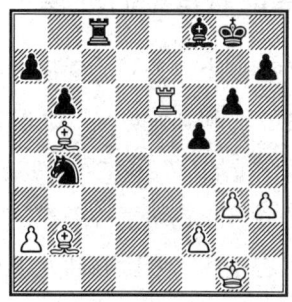

黑方先行

在你的脑海中计算记下来的演变：1...Rc2 2.Re2 Rxe2 3.Bxe2 Bc5。现在你会怎样评价黑方的获胜机会呢？

第四章 习题15

图181
【等级分：1900~2200】

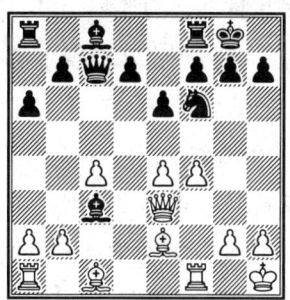

白方先行

你落后一个子。白方应该如何重振棋局？不需要分析！

4.3 有气魄的棋术——坚持的艺术

4.3.1 推进你自己的进程

在某种程度上，这是心理崩溃一章的"消极"拓展。虽然我们将会继续从心理上探讨"我不能！"和"垃圾！"，但是我们的着重点会在推动自己的进程上。因此，诸如"我将能找到方法！"和"我必须！"在这里优先讨论。

之前的章节里揭示了心理控制（或者心中祈祷）这一问题，同时，但愿能够让你意识到，确实有一些东西影响到处于某种水平上的每个人，这一章节会迫使他们明白积极心态的必要性。同样，反过来说，"无论你说什么，我也会按照我的想法行事"这样积极的心理（或者是情绪上的）状态，通常带来一种心理优势，而你或许从未想过它可能出现。

个人来讲，我在数百次的比赛中遭遇到了对手做出的回应。他通常没有意识到他突然的、非常细微的防御型举止，但有一次我感受到了——即使我们的局面是相当均势的——我确信他正在溃败，而胜利最终属于我。

国际象棋的作家们传统上一直使用"主动权"这个词来形容一名棋手掌握了棋局的节奏，但我极大地倾向于我在这里使用的"心中充满感情的祷文"来形容这种现象。一方面出子以推动他的计划，另一方面对敌方作出反应，于是这些作家们会在旁边加上备注，写道"白方现在掌控了主动权"。然而，大多数棋手们并不真正理解这是什么意思，因此不懂如何在实际层面上利用这一战术。

如果一个术语的真实意义对绝大多数国际象棋爱好者来说是一个谜，就算它很常用，但那又有什么意义呢？因此，我尽量少用这一术语，而倾向于以用能够让人理解的词汇，来解释某一方在推动自己的进程的时候哪里比较成功，同样也依靠这种方法来进行教学。至于我为什么不考虑把主动权作为心理斗争的实际表现，这是因为，双方把"希望对手最终会放弃自己的计划，并对你作出回击"这种观念置于首位。不要在这个上面出问题，有气魄的棋术——推动个人的进程并且有诸如"垃圾""一定会有办法的""我必须"和"无论你说什么我都会按照我的想法行事"的概念——这些都是与主动权和棋手掌控全局的能力及愿望有关！

下面是哈伯德先生（一位技艺精湛的、有地位的棋手）和亚伯拉罕先生（一位很显然喜欢一场精彩激战的男人）的一场网络慢棋赛，这场比赛在很大程度上吸引了我的注意。白方走的第八步棋，使他的对手难以实现易位。黑方没有放弃，反而马上反击，试图把自己的意志强加给白方！虽然黑方被击败，但我们也要向他这种"任何时刻充满斗志"的态度致敬。

Q.哈伯德（1998）对阵 亚伯拉罕（1970），2005年 国际象棋在线俱乐部

1.Nf3 Nc6 2.d4 e5 3.dxe5 Qe7 4.g3 Nxe5 5.Bg2 c6 6.0–0 Nf6 7.b3 g6

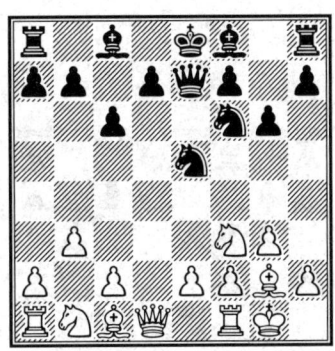

图182　白方先行

8.Qd4

当黑方的王滞留在中间的时候，白方很明显觉得可以去蹂躏黑方了。虽然这无论如何不是必须走出的一步，但我永远不会批评一个试图把意志强加于对手身上的学生！当然，8.c4和8.Bb2两者或许都是好的选择。

这里我们快速浏览一下8.Bb2，以及这种缓慢而有效的局面性棋步可能导致的结果：8...Nxf3+（8...d6 9.Nxe5 dxe5 10.Nd2及Nc4的走法都对白方有利）9.exf3! d5 10.Re1 Be6 11.Nc3 Bg7 12.Ne2!（而此时白方的马准备调遣到e6，这样黑方的兵形将长久地处于白方下风）12...0-0 13.Nd4 Rae8 14.Bh3 Qd6 15.Nxe6 fxe6 16.Be5 白方对于e5格的控制和施加给e6的压力保证了良好的优势。

你不需要因为尽力击败他人而抓狂！是的，如果机会出现，捉住它，但在大多数情况下冷静地以逻辑的方式推动你的局势/有策略的计划，这将使你达到目标。"有气魄的棋术"应该是有逻辑、以失衡为原则的棋术！

8...d6

8...Nxf3+!?是个好选择。

9.Rd1

9.Nxe5!?也可以，但9.Rd1让白方得以继续迫使对手屈服于他的意志。现在d6处于压力之下，而9...Bg7是不可能的。

9...Bg7!?

毕竟这不是不可能的！黑方拒绝屈服，并在一种值得称赞的反抗行为下弃掉了d列的兵。反而9...Nxf3+!?是有趣的一步棋：10.Bxf3 Bg7 11.c3 0-0 12.Qxd6 Qxd6 13.Rxd6 Bf5 14.Be3 Rfe8这可以得到弃兵的补偿。

10.Nxe5

10.Qxd6?? Qxd6 11.Rxd6 Ne4会导致a1-h8对角线上骇人的一击。然而，在10.Nxe5以后，很明显，黑方有两种可能的走法：10...dxe5和10...Qxe5——白方在两种情况中都保持优势。

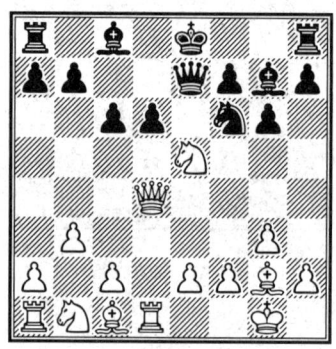

图183　黑方先行

10...Nd7!??

我刚刚说黑方有"两步可能的出子方式"，但是他竟然走出了第三种走法！这一步显得生硬，但我不得不佩服这位的精神！他拒绝被欺凌，即使这意味着接下来只剩仪式性的切腹自杀。"我不能"或"我不得不"根本不存在于亚布拉罕先生的词典里！

在这一点上，白方不得不做出重大的决定：撤回并勉强接受一个小小的优势，或者让自己的脑子狂躁起来——去制造或者坚持那些可以摧毁对方的东西。实际在这场比赛中，哈伯德先生不能够让a1-h8对角线上的战事降温——他眨眨眼，无意识地咕哝："我无法驳倒你这步棋"然后走11.e3。接下来这里11...Bxe5（11...dxe5 12.Qe3 0-0 13.Ba5，并通过13...c5迫使黑方放弃d5格，14.c4后面再走Nc3的走法对白方来说是非常有利的）12.Qd2 Nb6?（收官阶段开始。最好是12...Nc5，12...d5就不那么好了：13.Ba3 Bd6 14.Bxd6 Qxd6 15.c4或者13...Nc5 14.Bxd5!）13.Ba3 c5? 14.f4 Bf6 15.Qxd6 Qxe2 16.Bxc5 Bg4 17.Qxf6?!（更强大的是17.Bc6+!! bxc6 18.Qxc6+ Bd7 19.Qxf6 Qxd1+ 20.Kf2 Qc2+ 21.Nd2 Qxd2+ 22.Kg1然后一切都结束了）17...Qxd1+ 18.Bf1 Rg8（18...Kd7也败给19.c4 Rhe8 20.Nc3 Qxa1 21.Qd6+ Kc8 22.Bxb6 axb6 23.Nb5）19.Qe7#。

虽然"因对角线而死"似乎在盯着你的脸（带着各式各样"我不能"和"我必须"的想法冲击你的神经元），白方可以通过对角线枪的枪管，来抨击对手傲慢的10...Nd7：**11.Nxc6! Bxd4 12.Nxe7 Bxa1**，在之后几步有威胁性的走子中，我们到达这个场景：

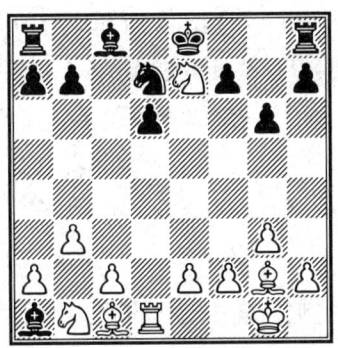

图184 白方先行

▶ **13.Nd5 0-0 14.c3 Nb6 15.Nc7 Rb8 16.Bh6 Rd8 17.Bg5** 黑方有大麻烦了。

▶ **13.Nxc8! Rxc8 14.Na3! b6**（14...0-0 15.Bxb7 Rc7 16.Bg2给予白方取胜的局势——他有两枚兵以供兑子，两枚有威力的象，对d6施加压力）**15.c4 0-0 16.Nb5** 黑方的状况堪忧。

要驳斥黑方粗暴的10...Nd7，需要必然的态度、哀兵必胜的决心以及十二分的勇气。如果你用"我不能"或某种恐惧的心理开始的话，那么这场心理（或者说是情感上）的战斗在没开始前就已经结束了。

这里是一个更简单（也很神奇！）的快棋例子，白方轻轻地推了一下黑方，而黑方反过来撞飞了白方。

A-meise 对阵 杰拉德·索尔莫，2008年 国际象棋在线俱乐部3分钟赛

1.e4 c5 2.Nf3 Nc6 3.Bb5 e6 4.Bxc6 bxc6 5.0-0 d5 6.d3 Ne7 7.Nc3 Ng6 8.Qe2 Be7 9.Rb1 0-0 10.b3 Ba6 11.Na4 c4!? 12.dxc4 dxc4 13.Rd1?

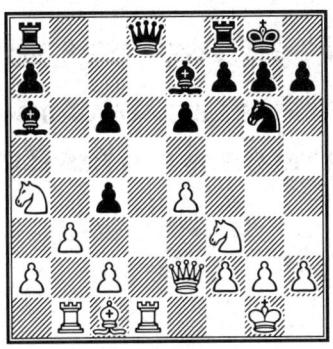

图185 黑方先行

白方本来应该走13.Nb2 Qc7 14.Nxc4 Rfd8 15.Bb2 e5 16.Bc3 f6 17.Rfd1 Nf4，而黑方的积极的棋子和两个象给他的弃兵以一些补救措施。

然而，白方认为，不妨以他的车来进攻黑方的后，而获得"免费的"一步棋。

13...cxb3!

为什么当黑方可以做出威胁时要改为移动后？

14.c4?

可以揣测出白方所想，"行吧，现在动你的后！"

14...Bxc4!

黑方的口头答复大概是这样，"我，移动我的后，并且做你想要我做的事？想得美！"黑方在面对着白方的出击时，仍然用14...Bxc4无视他的对手。这是比在实际比赛中所走的14..bxa2（19个回合之后黑方取胜）走的棋更为强大的走法。

15.Qe1

白方："行吧，现在你必须简简单单地动你的后！"

更好（但仍然不怎么样）的是15.Rxd8 Bxe2 16.Rxa8 Rxa8 17.axb3（17.Rxb3 Bd1）17...Bd3 18.Ra1 Bxe4和黑方多出两枚兵和两枚象，这些使胜利唾手可得。

15...bxa2!

黑方："既然我可以吃你的兵并且撕碎你的自尊，那我为何要移动我的后？"

16.Ra1 Qb8，有这一步棋，我们可以再次进入到当后受到攻击时不得不移动的境地。对于白方来说悲惨的是，这完全不是一个愉快的境地——他少了三个兵，输得很彻底。

这种情况屡见不鲜，这些想法会在各种层次的棋手中出现。我们的下一场比赛将展示两位传奇人物的经历，包括最具侵略性的马歇尔问卡帕夫兰卡他是如何企图防守d3（一个"你不得不这样"的时刻）。

何塞·卡帕夫兰卡 对阵 弗兰克·马歇尔，1925年 莫斯科

1.Nf3 Nf6 2.c4 e6 3.g3 d5 4.b3 c5 5.Bg2 Nc6 6.0–0 Be7 7.d3 0–0 8.Bb2 d4 9.e4 dxe3 e.p. 10.fxe3 Ng4 11.Qe2 Bf6 12.Nc3 Qa5 13.Rac1 Rd8 14.h3 Nge5

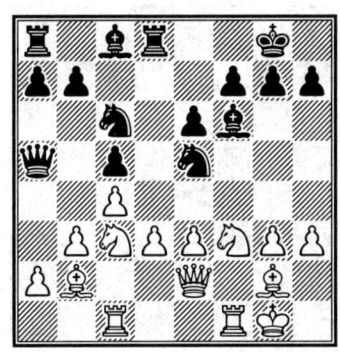

图186 白方先行

卡帕夫兰卡会顺从马歇尔去防守d3吗？当然不会！他没有变成一个只会"歇斯底里地迎合对手的念头"的不可战胜的下棋机器。

15.Ne4!

自然而然的，卡帕夫兰卡没有接受对手的指示。相反，他无视了d线上摇摇欲坠的兵，并且创造出自己的，更为血腥的威胁。黑方突然间要面临针对他的王的可怕攻击！

同样决定性的是15.Nxe5 Bxe5 16.Bxc6 bxc6 17.Rxf7 Kxf7 18.Qh5+ Kg8 19.Qxe5 Rd7 20.Rf1 Qd8 21.Ne4此时的局势几乎是无敌的。

15...Qxa2

所以如果黑方选择把他的威胁付诸实施，走到d3会发生什么事呢？让我们来看看：15...Nxd3（更坏的走法是15...Nxf3+ 16.Qxf3 Bxb2 17.Qxf7+ Kh8 18.Qf8+将死）16.Nxf6+（16.Bxf6甚至也很强大：16...Nxc1 17.Rxc1 gxf6 18.Nxf6+ Kf8 19.Qb2 Qc7 20.Nxh7+ Kg8 21.Nf6+ Kf8 22.Ne4白方即将获胜）16...gxf6 17.Bxf6 Nxc1 18.Rxc1 Qc7 19.Kh2 e5 20.Rf1一个强烈的进攻。

16.Nxf6+ gxf6 17.Nxe5 Nxe5

另一条使人绝望的演变（按照黑方的观点）是17...fxe5 18.Qh5 Qxb2 19.Qxf7+Kh8 20.Be4。

18.Be4!

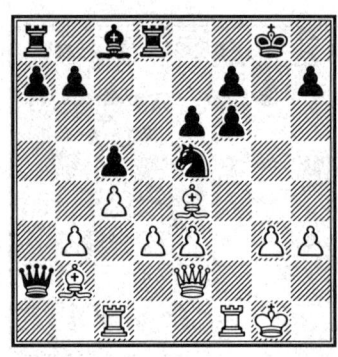

图187

防守d3的同时进攻。18.Rxf6和18.Ra1也很强有力。

18...Bd7

18...f5就彻底没什么希望了：19.Ra1 Qxb3 20.Bxe5 fxe4 21.Qg4+ Kf8 22.Qg7+ Ke8 23.Qxf7#。

19.Ra1 Qxb3 20.Rfb1

比赛刚结束的时候，卡帕夫兰卡指出20.Bxe5 fxe5 21.Qg4+ Kf8 22.Rxf7+ Kxf7 23.Qg5 Rf8 24.Bxh7 Bc6 25.Bg6+ Kg7 26.Bf5+ Kf7 27.Qg6+ Ke7 28.Qxe6+ Kd8 29.Qd6+ Ke8 30.Bg6+ Rf7 31.Rf1也能轻易取得胜利。但是他指出，当能够通过走一步像20.Rfb1那样浅显明了（并且安全）的棋来轻轻松松地赢得胜利时，他没有任何理由去弃子或者冒着计算失误的风险。

20...Qb4 21.Bxe5 fxe5 22.Rxb4 cxb4 23.Rxb7 Rab8 24.Rxa7 b3 25.Qb2 Ba4 26.Qxe5 Bc6 27.Qg5+ Kf8 28.Bxc6 b2 29.Qe7+，1–0。

> **理念**
> 如果你的对手给你一个潜意识的"你必须"的命令，挑战它，并让他知道只有你的进程才是要被推进的那个。

在嘲笑你对手的危险之余，能够去寻找最有利于己方局面的条件的能力是十分重要的。实际上，让我们加把劲，把"寻找"变为"坚持"吧！大多数棋手在面临重大抉择的时候，会花费好几分钟去寻找最完美的出子，然后在寻找失败之后，花费的额外心血也全部付诸东流。这不是坚持！当然，在许多局势中，一些不同的出子会有效，一步特定的棋需要去取胜或者掌控全局。在这种情况下，你必须找到它！

以下例子展现了这样一种情况。

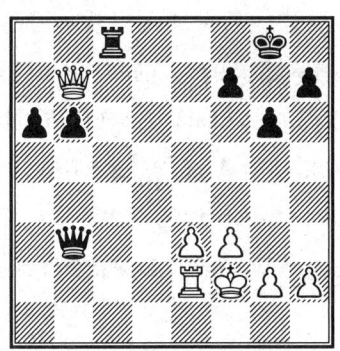

图188　黑方先行
托米·尼贝克 对阵 埃夫根尼·阿格雷斯特，2001年 斯德哥尔摩

白方的后正在进攻c8上的车和a6上的兵。既然失去一枚车就是在自杀，那么a6上的兵显然死定了。许多其他棋手会接受这个事实，而且大多数都愿意打成平局，但是，正确的心态应该是发自内心要求解决方案——"我必须守住这两个子或创造别的能够扭转攻势的出法！我必须！"

一旦你意识到这是这一局里主要的决定（例如，你失去了黑方额外的兵或者成功守住它），你应该被激励起全身力气去找到你问题的解决方法。并且，如果最终发现解决方法无处可找，或者答案已不是凭你的能力能找到的，不要沮丧——只要你认识到这一刻的重要性并且尽全力去解决它，就没有理由不为你自己感到欣喜。

在这特殊的局面上，黑方找到了前进的正确道路。

1...Qc4!

一着妙棋！可以防守a6和c8，也能够创造被白方完全忽略的一次小小的讨人嫌的威胁。

2.Qxb6??

白方吃掉了一个兵，吃兵固然不错，但这显眼的战利品马上就丢了。白方需要解决处理黑方走法的所有结果。一旦他明白...Qh4+是一个毁灭性的威胁，就会同样落入黑方前一刻所处的"必须找到"的情形之中。然后就到了认认真真，好好想想抵抗的最佳方式的时候了。

白方对局面需求的估计是相当直接的：...Qh4+是一个致命的打击，而像2.g3一样相当具有防御性的出子会给黑方留出用2...Rc6来收缩部队的时间（3.Qxa6会败给3...Qh3，2...Qe6甚至更好一点）随后是3.Qb8+Kg7 4.Qe5+ Rf6。因此白方需要避免这巨大的威胁，同时要尝试创造一些反击（如果他没能做到这一点的话，黑方两枚相接连的后翼通路兵会杀了他）。

如果白方想要反击，他需要让他的车加入行动。因而2.Rd2（如果对方的后在h4上将军，王就可以躲到e2）是很具有意义的。现在2...Rc6已经没有想要的效果了：3.Qb8+ Kg7 4.Qe5+ Rf6 5.Rd6 Qc2+ 6.Kg3 Qf5 7.Qd4，这样白方做得就很好。因此，在2.Rd2之后Qh4+仍然是最好的一步：3.Ke2 Re8 4.Qxb6 Qxh2 5.Kf2 Qh4+ 6.Ke2虽然黑方仍然明显地领先，但是白方仍然在咬牙坚持，并迫使他的对手为取胜而更加努力。

2...Qh4+，0-1。很明显，在关键局面"必须找到最佳出子"的心态对于进攻和防御两方面都是十分有用的。

在最高水平的比赛中，双方都奔着准确无误的单一目标继续推动自己的计划。并且，多数情况，当一方"疏忽了"并接受了对手的主意比他的更好的时候，疏忽的那一方很快就发现自己的局面在不知不觉中就已经堕入了毁灭的深渊。

弗拉基米尔·克拉姆尼克 对阵 芒努斯·卡尔森，2007年 多特蒙德

1.Nf3 Nf6 2.c4 e6 3.g3 d5 4.d4 Be7 5.Bg2 0-0 6.0-0 dxc4 7.Qc2 a6 8.Qxc4 b5 9.Qc2 Bb7 10.Bd2 Nc6 11.e3 Nb4 12.Bxb4 Bxb4 13.a3 Be7 14.Nbd2 Rc8 15.b4 a5 16.Ne5 Nd5

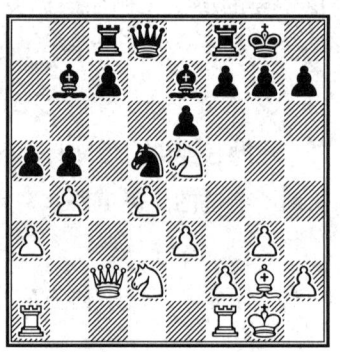

图189 白方先行

黑方在a5、c5、c6和c7上存在弱点。然而，在a5上的兵正尝试通过威胁b4进行抵抗。17.bxa5? c5能够解决黑方的弊病，那么或许之后就没什么问题了？

17.Nb3!

很好！通过提前预防黑方...c7-c5的想法（这大概会根除他的弱点，并且拯救他的棋子），白方牢牢控制着后翼。白方拒绝屈服于对手的意志，反而努力推进着自己的计划。然而，大多数棋手是否会因丢掉b4兵而目瞪口呆呢？人们走出"我不能让他赢得一兵"心态的唯一方法，是要培养自己把失衡（像空间或者控制有利的格）看作子力那般重要（当然要根据局面而定了！）。

17...axb4 18.Na5 Ba8 19.Nac6

b线兵的放弃（这一步的目的是防止…c7-c5）已经给了白方时间去让他把d2上毫不起眼的马走到c6弱格。这不仅能抑制黑方，而且永远地终止…c7-c5（b4兵的作用甚至可以一直延续到阵亡之后！），但是a列不久就会被打通，使白方的车得以进入敌方阵地。

19...Bxc6 20.Nxc6 Qd7 21.Bxd5!

摆脱一个黑方的积极棋子，创造出好马vs坏象对抗这样的情景，并且进一步削弱黑方兵形的灵活性。

21...exd5

因为23.Nxd5之后马上会有22.Nxe7+以及23.Nxd5，所以**21...Qx5??** 当然是不可能的。

22.axb4

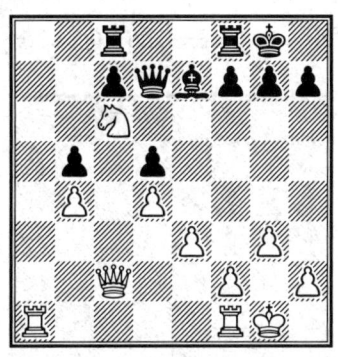

图190

b4上的兵重生了！看一看这个新情况，我们可以看见白方保持了子力上的对等，紧抓c5和c6不放，并且已经准备好深入到a列。注意到b5兵的弱点，这个弱点能够迅速地成为白方下一个目标。

22...Rfe8

22...Ra8 23.Ra5 Rxa5 24.bxa5没有比带着有威力的通路兵更好的了。

23.Ra5 Bf8 24.Ne5 Qe6 25.Rxb5 Rb8 26.Rxb8 Rxb8 27.Qxc7 Bd6

27...Rxb4 28.Ra1留给黑方严重的底线隐患。

28.Qa5 Bxb4

28...Bxe5 29.dxe5 Qxe5 30.Rd1 Qe4 31.Rxd5 Qb1+ 32.Kg2 Qe4+ 33.Kh3 Qe6+ 34.g4这样黑方可能早就认输了。

29.Rb1 Qd6 30.Qa4，1-0。这里黑方没有理由去走30...Bd2 31.Rxb8+ Qxb8 32.Qa2 Bb4 33.Qxd5，因为这样会让白方多2个兵。

在这一点上不要出错——这种胆量不仅仅是高手的！在任何水平你都可以开始培

养自己，强调你局势的有利失衡，同时拒绝向对手的企图认输——即转变你的想法并用他的观点看待事物。你可以通过学习等级大师赛，从棋神的积极方面中汲取养分，和（或）你可以（和应该！）在你自己的比赛（锦标赛或快棋）中锻炼这种东西，以确定在参加的任何一场比赛中，你都是在像"垃圾！""我必定找到最好的出子方式！""我要充分利用布局中的失衡！""这是我的战斗而我要随心所欲！"和其他含这种特性的瑰宝般的正面暗示中，获得生动的课程。是的，这时不时会犯下可怕的错，但这就是你学习的方式。当你被彻底打败的时候（这是不可避免的——这发生在每一个人的身上），起来，拍走身上的尘土，一次又一次地再尝试。

杰拉德·索尔莫（2496）对阵 阿罗多（2397），国际象棋在线俱乐部3分钟赛

1.d4 Nf6 2.c4 c5 3.d5 b5 4.cxb5 a6 5.b6 e6 6.Nc3 exd5 7.Nxd5 Nxd5 8.Qxd5 Nc6 9.e4 Be7 10.Bc4 0-0 11.Nf3 Rb8 12.0-0 Rxb6 13.Qh5 d6 14.Ng5 Bxg5 15.Bxg5 Qe8

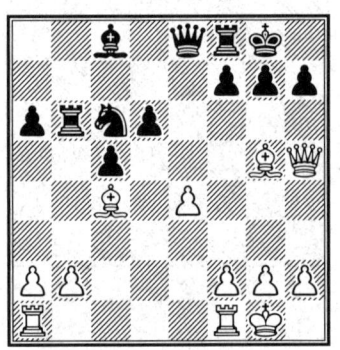

图191　白方先行

即使是快棋，从心理韧性和推动自己的计划的角度来说，也可以是一个优良的训练模式。实际上，在快速比赛中，棋手不得不像被自动导航逼迫着一样推动他的计划——这要求这必须像呼吸一样自然，同时你的反应最终变成一些你只能怀着沉重的心情处理的事。

在图191中，黑方（有一盘好棋）做出了…Qxe4和…Rxd2的威胁。白方该如何反应呢？

16.Rad1!

这种出子方式对快棋来说是完美的——或好或坏，白方都尽力按照自己的主张重新定义布局。注意现在所发生的：黑方尝试去告诉白方，b2和e4松懈无备的兵在这布局中是十分重要的因素。他想要白方去认同并开始防御。与此相反，白方指向d6，并且坚持这比b2和e4更加重要。现在轮到黑方掌握局面了，他要找到方法再次挑战白方。

16...Qxe4??

由于没能理解16.Rad1的重要性，黑方马上就崩溃了。相反地，他本可以用如下的走势给白方一点小挑战：16...Ne5（16...Be6 17.Bxe6 Qxe6 18.b3 Nd4 19.Rfe1大概差不多）17.Qe2 Nxc4 18.Qxc4 Be6，这样黑方稍微领先，但异色象和他在d6的缺陷阻止他更进一步。例如19.Qc3 Bxa2 20.Rd2 Qe6（但不是20...Qxe4?? 21.Qa5!）21.Bf4（双方都很理性地排兵布阵来针对对方的弱点）21...Rfb8 22.Rfd1，这样白方很好。

17.Bd3 Bg4

17...g6 18.Bxe4 gxh5 19.Rxd6 Bb7 20.Bf6 对黑方而言是绝望的。

18.Qh4，1-0。实际上，当你施展自己本事的时候，你会发现，大多数棋手不能够与你相提并论！

4.3.2　关键局面

我们都曾经在棋谱中看到过记录者这样的备注："这是关键局面。"但是，确切地说，什么是关键局面呢？在我看来，关键局面是一种非常个性化的东西——然而有些选手可能会把一种特定的情况看作需要巨大努力去解决的关键局面，而其他人可能并不会重视这一状况，因此一点都不认为它重要。如果你感觉到正确的棋步或者计划将会对棋局有重大影响的时候，这时的局面才是"关键"的，但这是你并不知道正确的棋步或者计划是什么。

当然，这需要我们回到心理韧性，以及坚持解决棋局上你认为重要的问题的思维。虽然当它在各种各样的书中出现的时候，或者被其他选手为了在某种程度上去说明某个局面而提出时，理解"关键局势"的概念或许是很有用的，但是其含义在激烈战斗的时候并不重要。

典型的可以很容易被贴上"关键"的标签的例子有：

- ▶ 亟待解决的尖锐而又棘手的局面，不解决自己就会输。
- ▶ 你感觉你应该获胜或者至少有利的局面，但是事实证明这感觉不太靠谱。如果你的本能告诉你，某些好东西潜伏在阴影中，那么多费点工夫也要去找到它。
- ▶ 需要一个计划或者（至少）一系列理智的走法去处理失衡的一种平静局面。如果你不知道计划是什么，如果你不能很好地处理失衡，那么你为什么要走棋？

让我们来分别看看这些可能情况的例子。

第一——一个亟待解决的尖锐而又棘手的局面，不解决就将要万劫不复：

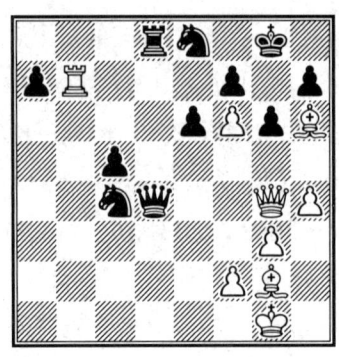

图192　白方先行
Smallville（中村光）对阵 Erebuni，2009年　国际象棋在线俱乐部

这个局面出现于一局三分钟快棋中。在这里我们看到了一个极其尖锐的局面。白方有两个象对抗两个马，以及打击黑方的王的可能策略。另一方面，黑方多两个兵，有兑掉后的威胁（这将会终结白方的攻击），并且还有通过...Nxf6或者...Qxf6让那个f6兵从攻击下摆脱出来的威胁。

在此白方必须找到一些特别的东西，不然他就要输了。对很多选手来说，这被认为是一个关键局面，因为不成功就成仁——他们必须花很长时间努力寻找一个奇迹，而剩下的都是致命的。对中村光来说这不是一个关键局势，因为解决方法对他来说很明显（这没有秘密）并且马上出子了：

1.Qxe6!!

黑方没有料想到这个！现在棋局完全逆转了，并且Erebuni发现自己处于关键局面上（很少有选手能够毫不费力地理解这个局势的差别）——不幸地，他没有时间了！并且，随着他的最后一秒也流走了，他必须找到一个防御方法，不然就要输了。

在实际的棋局里，黑方没能成功组织任何反抗，在如下的棋步后就被很快地将死了：1...Ncd6??（这么走就完了）2.Qe7 Nxb7 3.Qf8#。同样差劲的走法还有1...Qxf6 2.Qxc4 Qa1+ 3.Kh2 Nd6 4.Qxc5 Nxb7 5.Bxb7 Qd4 6.Qc2，这样两个强有力的象和围绕着黑方的王的黑色弱格，给黑方留下一个艰难的防御任务。

在一场有很长的时间控制①的棋局中，黑方会静下心来把那个隐藏的方法寻找出来。它也许并不存在，但是那样的话你几乎就确定要输了。所以，既然你别无他选，就要告诉你自己有防御的方法，并且竭尽全力去发掘它！最终事实证明，黑方有且只有一种确

---

① 时间控制（time control）：指在线下棋盘上进行的棋类比赛当中的计时机制，通常由专门的计时钟来进行。在这里的长时间控制代指比赛时间较长的比赛，如每方必须在90分钟内走最开始的40步。——编者注

定的解救方式。

1...Ne5! 2.Qe7 Qd1+

一种选择是2...Qd6，但是这么走的话从一开始就会输：3.Bd5 Qxe7 4.fxe7 Rxd5（4...Rd7 5.Rxd7 Nxd7 6.Bc6 Ndf6 7.Bf4会让黑方担忧——两个象和e线上妖怪一样的通路兵将会使他不知所措）5.Rb8 f6 6.Rxe8+ Kf7 7.Rd8 Nf3+ 8.Kg2 Ne1+ 9.Kf1 Re5 10.e8=Q+ Rxe8 11.Rxe8 Kxe8 12.Kxe1，白方获胜。

3.Bf1

3.Kh2??会输给3...Ng4+。

3...Nf3+!

明显是最好的选择。3...Qd6也是可能的，4.Rxa7 c4 5.Qxd6 Nxd6 6.Bf4之后黑方的局面很不如意，但也许是可以防御的。

4.Kg2 Nxh4+!

唯一的走法，因为4...Ne1+?? 5.Kh3则比赛结束。

5.gxh4 Qg4+ 黑方达成长将和。

第二——你感觉应该获胜或者至少是有利的局面，但事实证明这感觉看起来不太靠谱。如果你的本能告诉你有一些好事潜伏在阴影里，那么多费点工夫也要去找到它：

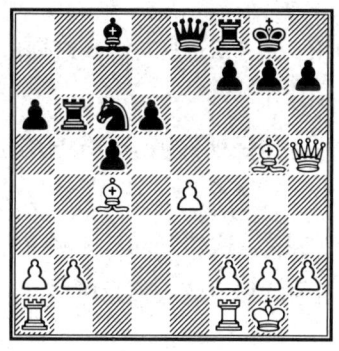

图193　黑方先行
海梅·苏涅 对阵 约翰·纳恩，1985年 阿姆斯特丹

白方多一个兵，但是很明显b4的兵会丢。一旦如此则白方将会有更好的兵形，但是黑方将会享有一个更加安全的王，两个象，以及（多亏了他在出子中的优势）一个恼人的主动权。

基于这些事实，纳恩感到这个状况应该给他提供了一个重大的好处。然而，"觉得是什么样子"和"实际是什么样子"是完全不同的两样事情。比如说，特级大师尼格尔·戴维斯给了如下的这种走法：1...Bf5 2.Rb3 Rxb4 3.Rxb4 Rxb4 4.Bxd5 Rb1+ 5.Kg2

Be4+ 6.Bxe4 Qxe4+ 7.Kh2 "白方幸存之后会有Qe2。"

所以我们有一个关键局面——纳恩认为它更好，但是如果他想要证实，那么他的下一步棋是关键性的。我没有办法得知黑方花了多少时间去做这个决定，但是你可以肯定他没有小看它，并且直到他对他认为最好的棋步完全满意之前都拒绝走棋。

当然，不是所有的努力都能保证成功，并且有时你会发现你的局势不像你所希望的那么好，有时你只是无法轻易找到一个正确的想法。然而，养成这种"我一定要找到它！"的习惯将会在大多数情况下对你有帮助。

1...c5!?

不按常理出牌，因而白方对此可能感到些许震惊。黑方摆脱了他长期以来的c7兵的弱点，还为黑格象打开了局面。一切都非常合乎逻辑且富有创造性，但是也弱化了d5，那在稍后的棋局中也对白方的防御希望发挥了巨大作用。也许保留尽可能的紧张会更好，1...c6（确定d5不会是一个麻烦）2.Bf3 Bf5 3.Rb2 Rxb4 4.Rxb4 Rxb4 5.Kg2 Rc4! 6.Ne2 Rc2 7.Qd1 Bh6 8.Rf1（8.Re1?? Bxe3!）8...Kh7 9.Kh1 Qa3白方处于巨大的压力之下。

不管1...c5或者1...c6才是合适的那步棋，纳恩的选择触发了这个局面并且迫使他的对手去解决难题，如果他的对手想要达到他可能的最好结果的话——平局。给对手的压力和一场两种结果的比赛（胜利或者和棋）总是一件好事情！

2.dxc5 Qxc5 3.Bf3

而非3.bxc5?? Rxb1+ 4.Qe1 Rxe1+ 5.Kxe1 Bc3+ 6.Kf1 Rb1#。

3...Rxb4 4.Rxb4 Rxb4 5.Qxd5

d5来了！现在白方多一个兵，但是他的棋子仍然身陷包围之中，他的王不安全。

5...Rb1+ 6.Kg2 Qc1 7.Kh2?

一个错误。白方本应该走7.Qd3!，这样7···Bf5 8.e4 Be6 9.Kh2 Rb3仍然会给黑方一些压力，但是人们期待白方有充足的防御资源去挽救棋局。

7...Qf1 8.Bg2?

此后白方输定了。不管想不想这么做，白方都必须为了两个兵而放弃一个棋子，8.Bxg4 hxg4 9.Qg2 Qa6 10.Nh3 gxh3 11.Kxh3，为了活命再挣扎一下。

8...Qxf2 9.Nh3

差不多的做法还有9.Qe4 Rc1 10.Qf4 Qb2 11.Nf3 Rc2 12.Ne1 Re2 13.Rg1 Be5，随后白方的阵形将会开始溃败。

9...Rxh1+ 10.Kxh1 Bxh3

10...Qxg3也许更加准确，但是谁能够反驳一些可以使对手在几步之后放弃的事呢？

11.Bxh3 Qxg3，0–1。

第三——需要一个计划或者（至少）一系列理智的走法去解决失衡的一种平静局面。如果你不知道计划是什么，如果你不能很好地处理失衡，那么你为什么走棋？

帕姆·鲁杰罗（1892）对阵 尼尔（2190），2007年 美国

1.c4 Nf6 2.g3 e6 3.Bg2 d5 4.Nf3 c5 5.cxd5 Nxd5 6.Nc3 Be7 7.0–0 0–0 8.Nxd5 Qxd5 9.d4 Qd8 10.dxc5 Bxc5 11.Bf4 Nc6 12.Qc2 Be7 13.Rfd1 Qb6 14.a3 f6

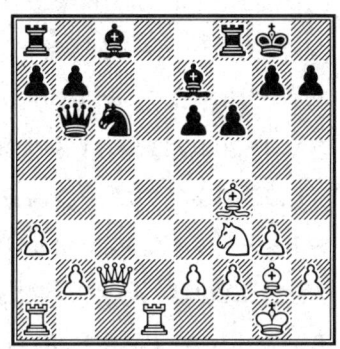

图194　白方先行

白方在此有一个绝佳的局面——她在出子中占优，她的棋子很积极，并且黑方的后脆弱得很容易被攻击。白方尚没有获胜的策略，所以需要长时间思考并且找到一个刚刚提到的最大程度上利用失衡的计划。对于帕姆，这真的是一个关键局面，但是一个有水平的选手可能不会认为这很有挑战性。

在实际的棋局中，帕姆走了15.e4——我倾向于给这种错误贴上"散漫步"或者"软弱步"的标签。我的选择取决于哪方面将会对特定的学生有最大的影响——有的要求一个干净利落的途径，而其他的则需要温柔的帮助。在最近的象棋讲课中，一些作者指出这些缺乏努力的错误是"半步"——一个让读者知道这只能事倍功半的政治正确的术语（如果你在教育孩子的话，"软弱步"和"半步棋"都是好的选择）。

但是为什么15.e4是散漫步呢？帕姆知道她有一个好局面，但是她不因要花足够的时间来真正地搞清楚这个局面的精髓所在。她觉得获得空间不是坏事，然后走出了15.e4（顺便一提，这样阻挡了g2象的对角线）。现在，在此我要找帕姆的茬（虽然她友善地允许我使用她相当多的有启发性的棋局）！大声指出"散漫步"是每个人在每个等级都会发生的，这是很重要的！话虽如此，但你还是要在关键局势或者任何你不知道做什么的时候把握住自己，并要求自己尽最大努力，从而在自己的比赛中减少散漫步一类的事件发生。那么，如果你没能成功找到一个好的方法去处理这个局势，你还是能够为自己骄傲——你尽力了，没有人能够向你要求更多了。

回到图194的局面，白方想要为她局势上的许多优势获得尽可能多的价值。由于黑方的后在前线上，白方应该榨干那个局面，15.Be3! 这样后就没有可以去的满意地方了。三个例子：

▶ 15...Qc7 16.Nd4!（马上充分利用c列上的牵制）16...Bd7 17.Qb3 Qb6（17...Qc8 18.Rac1 a5 19.Bh3，黑方不知所措了）18.Qxb6 axb6 19.Nf5是非常强有力的。

▶ 15...Qa6 16.Ne1! Ne5（16...e5 17.Be4 f5 18.Bd3 b5 19.Qb3+同时拿下b5上的兵）17.Nd3 Nxd3（17...Qc4 18.Qc1!——一步非常正确的棋，确保车会互相保护。显然18.Rac1也很好，虽然那给了黑方18...Qxc1 19.Rxc2 Rd8把马固定在d1的车——18...Qxc1 19.Raxc1 Nxd3 20.Rxd3 a5 21.Bc5 Bxc5 22.Rxc5，白方的车将会深入黑方阵地）18.Rxd3 e5 19.Rc1 Be6 20.Qc7，白方赢得子力。

▶ 15...Qa5 16.Nd4 Nxd4 17.Rxd4 e5（17...Rd8 18.b4 Qe5 19.Rxd8+ Bxd8 20.Rd1，白方的棋子正在扫射黑方的后翼和两列）18.Qc4+ Kh8 19.Rd5（令人尴尬的黑方的后）19...Be6 20.Rxa5 Bxc4 21.Bxb7 Rab8 22.Rxa7 Bxe2 23.a4，后翼的兵将会赢得比赛。

在这里要注意，这些演变是怎样把黑方维持在巨大的压力之下、折磨他的后、并且使白方能充分利用开放的c和d列。

真实的棋局在继续：**15.e4? e5 16.Be3 Qc7 17.Rac1 Be6 18.h3?** 又一个散漫步，现在白方的优势或多或少消失了（18.Bf1接着Bc4，用g2的坏象来兑掉对方e6上极其积极的象，是一个很好的主意）。这场战役后面进程有许多跌宕，白方一度再次得到一个获胜的局势，不料竟然犯愚蠢的错误，最后彻底输了：**18...Rfd8 19.Bf1 Rxd1 20.Rxd1 Rd8 21.Rd2 Rxd2 22.Nxd2 Qc8 23.Kh2 g6 24.Bc4 Kg7 25.Bxe6 Qxe6 26.Qc4 Qxc4 27.Nxc4 b5 28.Nd2 Kf7 29.Kg2 a5 30.Kf1 Ke6 31.Ke2 Bd6 32.Kd3 h5 33.Bb6 f5 34.Nf3 Kf6 35.Ne1 f4 36.Nf3 g5 37.g4 hxg4 38.hxg4 Be7 39.Ng1 Ke6 40.Ne2 b4 41.a4 Kd6 42.Kc4 Bd8 43.Bxd8 Nxd8 44.Nc1 Nc6 45.Nb3 f3 46.Kb5?**（46.Kd3可以接着走Ke3和Kxf3，或者46.Nc5会对白方极其有利）**46...Nd4+ 47.Nxd4 exd4 48.Kc4 Ke5 49.Kd3 b3 50.Kc4 Kxe4 51.Kxb3 Kd3 52.Ka3 Kc2**，0-1。"散漫步"和"软弱步"在下一节将会在更大的细节里被探讨，"象棋意识的各种各样的状态"。

小 结

▶ 嘲笑对方威胁的能力，同时为自身寻求最好的局面，这是一件很重要的事情。

▶ 在象棋中创造一种"不管你说什么，我都要做我想做的"的态度，你将会得到巨大的好处。

▶ 如果你的对手给你一个潜意识的"你必须"的命令，挑战它，并让他知道只有你的进程才是要被推进的那个。

▶ "主动权"这个词，很少被真正理解，我往往使用像"有气魄的棋术""推进自己的进程""臭棋""我会找到方法的""我必须"和"无论你说什么，我都会做我想要做的事"这样的条目去列举和讲解。

▶ 我认为主动权是一种物理上的心理斗争现象；双方都捍卫他们的观点，希望对手最终放弃他的计划并且对你的做出回应。

▶ 你可以通过研究特级大师的比赛训练自己去完全理解和利用这些理论，从棋神的积极方面中学习如何排兵布阵，以及你可以（以及应该！）在你自己的比赛（锦标赛或快棋）中加以练习，以确定在参加的任何一场比赛中，你都是在像"垃圾！""我必定找到最好的出子方式！""我要充分利用布局中的失衡！""这是我的聚会而我要随心所欲！"和其他含这种犹如瑰宝般的正面暗示中，获得生动的教学。是的，这时不时会犯下可怕的错，但这就是你学习的方式。当你被击倒的时候（这是不可避免的——这发生在每一个人的身上），起身，拍掉身上的尘土，一次又一次地再尝试。

▶ 按照我的观点，关键局面是一样非常个性化的东西——然而有的选手可能会把一种特别的情况看作需要巨大努力去解决的关键局面，另外的则看轻相同的局面，认为它一点都不重要。如果你感觉到正确的棋步或者计划将会对棋局有一个主要的影响，这时的局势才是"关键"的，但是你却并不清楚正确的棋步或者计划。

▶ 这些术语，"散漫步""软弱步"和"半步"都描述了一种事倍功半的出子。

有气魄的棋术——习题

我的对于象棋心理学的观点大多数对你来说一定都很新鲜，测试你的能力的机会来了，从自身内在的象棋对白练习"我不能"和"我必须"，无论什么合理可能的时候推动你个人的进程，这必定是既有趣又有用的。

如果你在解决这些测试的时候有困难，别担心——那意味着你发现了一些你不理解的东西，这使你能够弥补它们，阅读先前的章节，或者从第502页开始补充你在作答时忘记的知识。

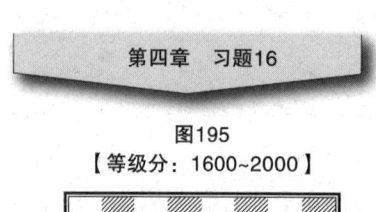

第四章 习题16

图195
【等级分：1600~2000】

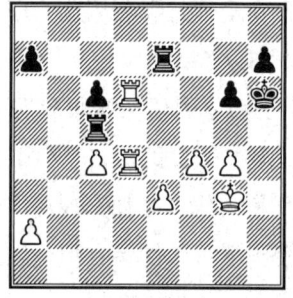

白方先行

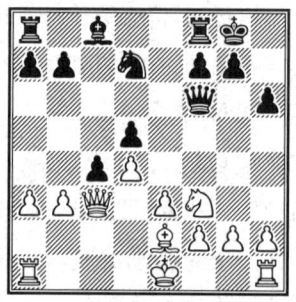

第四章 习题18

图197
【等级分：2000~2500】

黑方先行

第四章 习题17

图196
【等级分：1800~2000】

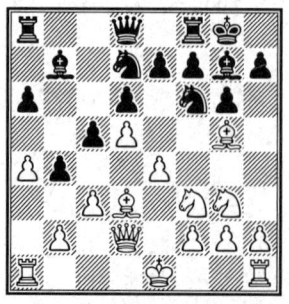

黑方先行

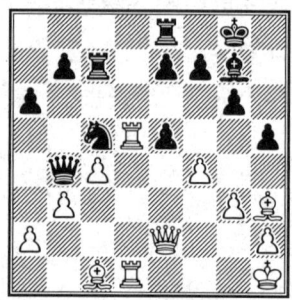

第四章 习题19

图198
【等级分：1400~2200】

白方先行

第四章 习题20

图199
【等级分：1400~1800】

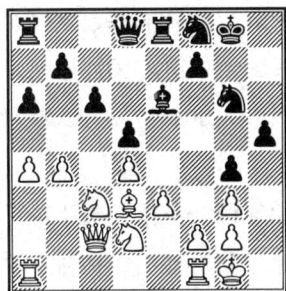

白方先行

白方正在充分利用小攻击（在后翼通过b4-b5推进），但是黑方通过展开一个看上去令人恐惧的王翼进攻（通过…h5-h4的威胁）捣乱了白方的进程。白方怎样才能够处理那个威胁呢？

第四章 习题22

图201
【等级分：1400~1800】

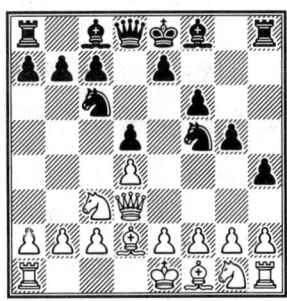

白方先行

他应该如何防守d4呢？

第四章 习题21

图200
【等级分：1800~2200】

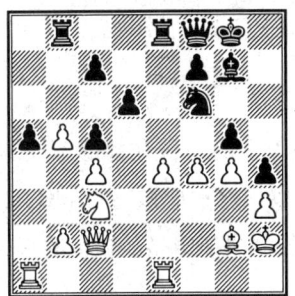

白方先行

黑方刚走了…g6-g5。那说得通吗？还是他发狂了？白方应该怎样回应呢？

4.4 象棋意识的各种状态

一旦我们学习了如何走子，我们棋艺增进的下一步就是被一个又一个棋手踩过去，被对手将死，或者经历各种各样可怕的失败，这些失败会让我们知道，棋盘是一个非常残酷的环境。自然而然的，杀死你的后的痛苦，或者因被伎俩欺骗而输棋，会燃起你阻止大屠杀和保护你的军队的欲望！有了那最初的伤疤，大量的需要被认清和解决的象棋心理紊乱也随之而来了。

这里有一个基本例子，是关于两位等级分在1100到1200范围的选手经历的痛苦。这是我的学生（Teradeath）的第二课。在他的第一节课中我曾指出，他对对手的暗示有点反应过度了。在这场棋局中他尽了很大的努力去识别和修复这个错误。

佚名 对阵 Teradeath（1100），2009年 雅虎在线

1.b3 e5 2.Bb2 Nc6 3.g3 d5 4.Bg2 Nf6 5.d3 Bc5 6.h3?!

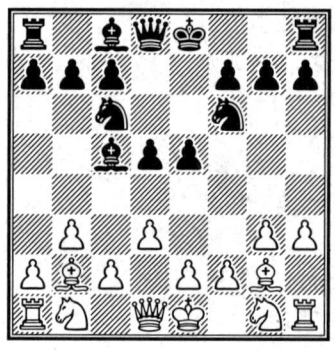

图202

白方先崩溃了！他意识到...Ng4的可能性，担心黑方的马群在他的王周围狂奔，以至于他已经浪费了一步去阻止这种事情发生了。相反地，他本应该通过6.Nf3去处理他的事务，这样6...Ng4 7.0-0 就可以解决问题，同时还可以做一些他想做的积极的事（易位）。

补充一下，白方可能担心6.Nf3 Ng4 7.0-0 Nxf2 8.Rxf2 Bxf2+ 9.Kxf2，但是尽管计算棋力的规则将会告诉我们子力是均等的，事实上白方会对兑子感到非常高兴。在中局的时候，两个轻子往往会被证实比一个车和兵要强，因为车做不了什么，除非有开放线，而额外的兵很有可能无法对棋局的早期进程造成一个大的影响。记住，车很好，但是两个轻子是一个团队！

6...Bb6

这不是一步坏棋，但是相当不必要。这真的是黑方拥有的最好的走法吗？在这一步他难道不是还有更重要的事情去做吗？如果白方没有做出任何威胁的话，你会怎么走（如果做出威胁了呢）？答案很简单：6...0-0！

要经常问"我想要怎么走呢？"然后就尽力去使它发挥作用吧。

7.Nf3

现在e5受到威胁，一个小小的威胁吸引了黑方的注意力，这使他做出一些他可能并不想做的事。

7...d4?

当然了，如果黑方已经易位，那么他就可以很从容地以7...Re8防御e5。然而既然那是不可能的，那么最简单、最有效的保卫兵的方式是7...Qe7（或者7...Qd6），无须害怕8.Ba3 Bc5。

7...d4究竟怎么了？首先是心理上的：黑方感觉被迫去做他并不特别想去做的事。除此以外，这步棋为白方的白格象打开了h1-a8对角线，给了白方的马到c4格的机会，并且阻挡了黑方的黑格象。

> **要点**
> 在走一步棋之前，总是要问"这样做能够为我的局面带来什么好处呢？"如果你不能够回答这个问题，又或者回答是弊大于利，那你就需要思考一下如何为这步棋辩解了。

8.c3

不可怕，但是白方没有意识到这步棋给对手带来的好处，随后他将把d4的控制权让给对手。这将会在接下来的几步讨论。

8...0-0 9.cxd4 Nxd4

相当合理，虽然黑方没有意识到9...exd4为他的车打开了e线（这将会允许他在...Re8以后在e2上持续施压）。业余爱好者经常在棋局的早期就把车卷入战斗，这会让他们陷入大麻烦中。然而，一旦他们意识到从一列上清除一个兵会给他们的车带来一条通畅的高速公路，那么局面会变得更加简单。这个主题在第三部分"车"当中有深入探讨。

10.Nxd4

明智地避免了10.Nxe5? Re8，这样白方就为他自己的王打通了道路。

10...Bxd4

还是没有领会吃掉d4兵的重要性。我更愿意10...exd4 11.Nd2 c6 12.0-0 Re8这样e2就是一个长久的目标。使你所有的棋子都投入到战斗中，在任何可能的时候创造一个长远的目标，这是非常重要的！

11.Qc2 c5?

在一起看棋局之前，我的学生给了我一份这局棋的复盘，上面写满了注释。我看到了他的第十一步的注释："这就是我崩溃的地方吗？这时我在想，'我必须！'和'我必须保护我c列的兵以防我需要去移动我的后。'"这时候，我为他感到非常骄傲。

"现在看看棋局，我看到11...c5阻碍了我的象，以防我想要去把它清除掉；同时我无法移动我b列的兵，因为它被钉住了。我本应该考虑到只要11...c6，就会保护我c列的兵远离白方的后，我的b列的兵也远离白方g2的象。"

我和他曾经在我们的第一堂课中讨论过"我不能"的问题，因此他能很快就指出这是一件好事（慢条斯理但是一定会解决问题的第一步，要与"我不能"相区分的）。当然与此同时，在11...c6上他是正确的，尽管12.Nc3对白方是一个不错的选择。

12.0–0 Re8 13.Nd2

13.Nc3更好，这样黑方的黑格象就会在某种程度上单独在d4。

13...Be6 14.e3?

白方没有意识到，这样就放弃了d线上的兵。

14...Bxb2 15.Qxb2 Qxd3 16.Rad1

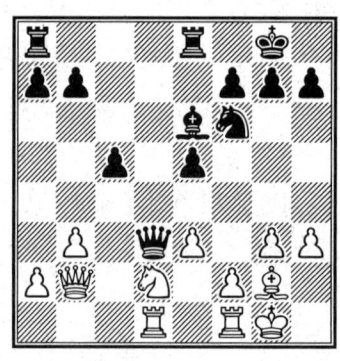

图203

一个关键时刻！黑方要如何回应将要迎面冲来的d1车呢？

16...Qg6

把后从那边撤出来。这主意不坏，但是理由很不合理（他的理由是"赶紧逃命！"）。如果他看到了那个车，走16...Rad8!，增加局面的紧张感，同时反问"到底谁在压制谁"的话，我会更加开心。在16...Rad8之后17.Ne4（不是最好的，但是这将会说明为什么黑方不必去担心敌方的车。17.Bxb7 Bxh3 18.Ne4更好，虽然黑方在18...Qxd1之后局面会得到提升）17...Qxd1（虽然事实是两个车通常比一个后好，但选手还是需要花很长时间去习惯为了子力均势放弃他们的后）18.Nxf6+ gxf6 19.Rxd1 Rxd1+ 20.Kh2 Red8这样白方就输定了，因为车的威胁已经压到了d2。

另外一个好的选择是16...Qa6和16...Qb5，保住他的子力优势，但是勇气十足的

16...Rad8是一步会让任何一位老师都喜笑颜开的棋。

17.Bxb7 Rad8

相当好，但却是一个"软弱或者轻率步"，因为黑方观察出在这个局面下正在发生什么（正如他的第十八步展示的）。17...Rab8 18.Bg2 c4摆脱虚弱的c列兵并在b3上创造一个弱点，这是合理的——你摆脱自己身上的弱点同时给你的对手施加弱点的想法是非常重要的，在某种程度上也是很高深的。

18.Bg2 Rb8?

黑方意识到...c5-c4的想法并且马上加以利用。自然地，他需要通过提问来提前把这个想法看作已经发生过的一步棋（在第17步时）："车马上就要移动了，但是到哪里它才能起作用呢？我不想要仅仅去把它移到某个地方，我想要把它移到一个它和其他棋子能相互配合的地方，并且为一个特定的目的服务。"

结果是，如果从通过18...Qh5建立王翼的角度来看的话，16...Qg6或者17...Rad8都是不错的。接着我们可以看到白方的6.h3削弱了他的王翼阵形，黑方在逻辑上尽力去充分利用它。这里一些列举出来的可能在18...Qh5之后出现的演变。白方可以尝试19.Kh2或者19.g4：

▶ 19.Kh2 e4（19...Ng4+ 20.Kg1 Nf6 21.Kh2 Ng4+是和局）20.Rc1 Ng4+（像20...Bg4!?，20...Rd5!?，和20...Rd3!?这样的棋步也值得考虑）21.Kg1 Ne5 22.Kh2??（白方需要通过22.Rxc5! Nf3+ 23.Bxf3 Qxc5 24.Nxe4放弃兑子来获得补偿，尽管白方在24…Qb4之后仍然有一些问题要处理）22...Rxd2! 23.Qxd2 Nf3+ 24.Kh1（24.Bxf3 Qxh3+ 25.Kg1 exf3#）24…Bxh3#。

▶ 19.g4 Qg6（任务完成！白方的王翼现在比任何时候都虚弱。）20.Nc4 Rxd1 21.Rxd1 Bxc4 22.bxc4 h5 23.gxh5 Qxh5，这样白方的王的脆弱使他很难积聚起来好的获胜机会：24.Rd2 Qf5!?（24...e4!?）25.Rd6?!（25.Qb5更好，这样25...Rc8 26.Qb7 Qe6 27.Rb2 e4 28.Rb5 Kh7似乎不错）25...Ne4 26.Rd1 Ng5 27.Qb5 Re6这会显示出白方的王翼出现危机的速度有多快。

所有的这些分析都是复杂的和高深的，但是值得查看，那么你就可以感受到被破坏的王翼兵形是能够给对方反击的。

19.Nf3?

辨别出弱兵，找到之后让你的其他棋子对其产生影响，这是很重要的。所以19.Qa3（袭击a7和c5）和19.Rc1（袭击c5并且阻止...c5-c4）应该是自然的选择，这会充分地与失衡联结在一起。

在19.Nf3以后，黑方犯了19...Bd5??这样的愚蠢错误（使白方有20.Nh4，赢得重要数量的子力）。相反地，19...e4会带来我们在黑方的第18步棋的注释中看到的王翼反击。

我听到你们当中很多人说，"我比这二位仁兄强多了！我不犯像那样的错误！"真的吗？你不犯吗？我不这样认为——大师级以下每个人都遭遇过相同的问题，正如这两位选手表现的，虽然是一种增加得更细微的方式，但是就像一个人等级水平的提升一样。

我们刚刚看的这盘棋告诉我们，在棋盘上我们是如何被恐惧的念头（软弱步也是一部分）冲击的。我们在先前的几节当中已经探讨过这种对威胁的恐惧，心理崩溃和有气魄的棋术，不过在这里我们将会继续看一些这种毛病的例子，是时候该认真对待其他三种心理障碍了：

▶ 缺乏耐心。
▶ 散漫/软弱步。
▶ 专心！

4.4.1 缺乏耐心

当你进展得很好的时候，不要让不恰当的反击发生是很重要的。如果你的优势是动态的，那么冲过去一次又一次海扁对方，通常是应该做的正确事情。但是如果有利的失衡是静态的（空间、更胜一筹的轻子、更好的兵形，等等）那么一点小耐心便能够使你的对手在无助的路上越走越远，与之相应的，你能大量积累优势，避开不必要的危险。

有时，做决定与你的下棋能力以及情感的水平有关——你能够处理什么？什么东西太棘手以致无法处理？

帕姆·鲁杰罗 对阵 马克·列斯基，1990年 LERA锦标赛

1.c6 g6 2.Nc3 Bg7 3.g3 Nf6 4.Bg2 0–0 5.Nf3 d6 6.0–0 e5 7.d4 Nbd7 8.e3 c6 9.b3 Re8 10.Ba3 Qa5 11.Qc1 e4 12.Nd2 d5 13.Bd6 Bf8 14.Bxf8 Nxf8 15.f3 exf3 16.Nxf3 dxc4 17.bxc4 Qh5 18.Qd2 Bh3 19.Rae1 Rad8 20.e4 Bxg2 21.Kxg2 c5 22.d5 N8d7 23.Qf4 Qg4 24.e5 Qxf4 25.gxf4 Nh5

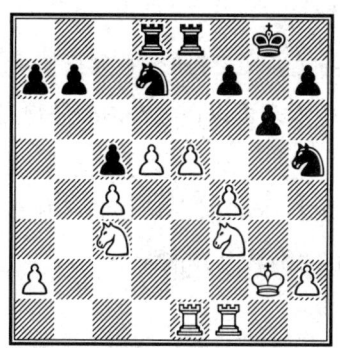

图204

白方曾经在比赛中战胜过她强大的对手（一位国际大师！），并且她在局面中有明显的优势——在中心有强大的兵力，占领的额外空间给黑方的局面带来了严重的麻烦（空间上的优势在第七章会充分探讨）。然而，f4和c4上的兵以及总体的大中心上有一个"小"问题：谁在中心占的地盘越多，谁就必须做出防御——如果他能够把它变得坚不可摧，那么中心就能占优。如果中心被证实难以为继，那么它就会崩塌，对方的策略也终将成功。在心中有这种"保护中心"的准则，白方应该寻找一些照顾两个脆弱（c4和f4）的兵的办法。

既然26.Ng1会败给26...Nb6（先走26…f6也许会更加好），白方只剩下三个合理的棋步：

26.Ne2会给白方自己的部队带来麻烦。黑方通过如下的走法可以脱离困境：26...f6 27.e6 Nb6 28.Rc1 Nxd5! 29.cxd5 Rxd5 30.Nc3 Nxf4+ 31.Kh1 Rd6 32.Ne4 Rdxe6 33.Nxc5 R6e7，和棋。

26.Nd2同时保护两个弱点似乎给白方留下一个明显的好处。那也许是正确的，但是要去证明却很不容易。既然中心太强大以致于无法不管（要么黑方打破它，要么它自毁），他必须尝试26...g5 27.fxg5 Rxe5，我们就会看到一个惊人的复杂局势。快速浏览几种演变路线，我们会发现普通人是很难预知最后的结果的：28.Nf3（28.Rxe5 Nxe5 29.Rf5 Re8 30.d6 Ng7 31.Rf2 Rd8 32.Nce4 b6和棋，或者30.Kh3 Kg7 31.Nb5 Nd3黑方仍然拼命抵抗）；28...Rf5 29.Kh3 f6（29...Rf4 30.Ne4）30.Ne4 Re8 31.Nfd2 Rxf1 32.Rxf1 fxg5 33.Kg4 Ng7 34.Rb1（34.Kxg5 b5 35.cxb5 Re5+予以还击）34...b6 35.Kxg5 Re5+ 36.Kf4 Rf5+ 37.Ke3 Rh5还是有一点混乱，尽管白方不会处于任何危险之中。

在决定走那步棋的时候，帕姆没有相信像柔术演员一样多变的26.Ne2，并且由于未能看到...Nb6的威胁，她找不到任何走26.Nd2的理由。如果她意识到那一点，我猜想她会选择26.Nd2。这看上去很好很安全，并且这会让一个非常强大的选手看见黑方事实上有办法去使船在那种发展路线上摇晃。

结果是，她选择第三种可能性，26.Ng5，并且这似乎是最好的一步。然而她不明白为什么这是最好的一步，而且她本来可以通过26.Nd2做得更好。

26...Nb6

26...h6 27.Nge4 Nb6现在28.Nd2对一切保持一个安全的掌控，而28.Nxc5 Nxc4 29.Nxb7 Rb8 30.Nc5 Rec8 31.N5e4则看上去很强力。

27.Nge4?

她被她错过了明显的26...Nb6的事实震惊了，失去了自信并且掉进了旋涡。在正确的27.f5! Nxc4 28.fxg6 fxg6 29.Nf7 Rb8 30.d6以后黑方就能庆祝胜利了。

27...Nxc4 28.Nxc5 Rc8

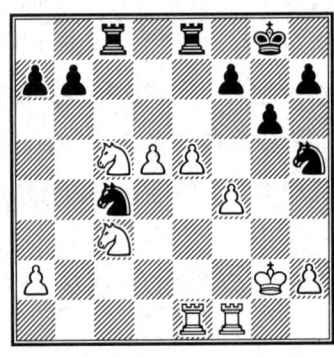

图205
别怕！

白方仍然进展得很好，但是她没有预料到这些复杂化的问题，不久之后便因它们而输棋。

29.N5e4

29.N3e4 Red8 30.d6为白方增加了保险，但是白方仍然对黑方的棋子在某种程度上变得相当积极的事实感到很不爽！

29...f5 30.d6

鲁莽地冲进了更混乱的局面中。她本应该通过坚固的30.Ng3 Nf6!（30...Nxg3 31.hxg3 Nd2 32.Rf2对白方来说正好）31.Kh1（这样走以避免马同时瞄准f3的关键演化。当然，白方必须避免31.exf6? Ne3+）31...Ng4 32.d6 Ngxe5 33.fxe5 Rxe5 34.Rxe5 Nxe5 35.Re1 Nc6 36.Nb5来控制住要混乱的局面，如此黑方还可以再顽抗一段时间。

30...Nb6 31.d7 Nxd7 32.Nd6 Rxc3 33.Nxe8 Nc5 34.Rc1

她本可以结束她的恐惧，通过34.Nf6+ Nxf6 35.exf6 Rc2+ 36.Kh1 Kf7 37.Rc1 Rxc1

38.Rxc1 b6 39.Re1! 这样只有白方能够心存胜利的梦想。很遗憾，地球在转动，某些事情在稍后的棋局中会显现出来。我曾经多次遇到那种事情，而且你一定也是！

34...Nxf4+ 35.Rxf4??

简单地走35.Kh1是相当安全的。

35...Rxc1 36.Nf6+ Kf7，0-1。彻底被击倒。

事实证明，26.Ng5，虽然在局面上是最好的，但在特定的时间对特定的选手来说并不是合适的一步棋。策略性更低的26.Nd2也许更适合她。我知道宣传"某人会做得更好以避免最好的一步棋"听上去很蠢，但是如果你不能够控制结果的局面的话，那么最好去走一些你个人能力范围内的棋。另一个表述它的方法是：如果你不知道最好的棋步为什么是最好的，那么它就不是最好的棋步。

在这里的标准是：在可能的时候，试着进入你感觉你能够处理并且适合你个人的水平、你的风格或者特别情况的演变。比如，如果我能够用一个小而坚固（并且安全！）的局面优势与特级大师亚历山大·沙巴洛夫（一个简直就是为了过分复杂而生的男人）对抗或者进入一个也许会提供更多机会的战术雷区，我会选择小而坚固或者安全的那种，除非我能够说服我自己"复杂对我来说绝对好"，并且我有足够的时间作出局势审判，或者我能够合理地处理它，不淹没在各种各样的多样性之下。另一方面，如果我感到出奇制胜是唯一正确处理这个局面的方法的话，我会高兴地发起策略风暴——你必须做棋盘告诉你要做的事！

在一个更高的水平，耐心（和避免敌人的反击）是技术上的技能的主要部分。这种拥有一个技巧性的取胜状态的时候，拒绝涉及任何风险的走法（正如我们下一个例子要展示的那样）被称为"猫鼠游戏"。

> **准则**
> 可能的时候，试着进入你感觉你能够处理并且满足让你个人感到舒适的水平、你的风格或者特别情况的演变路线当中。

斯坦尼斯拉夫·诺维科夫 对阵 阿列克谢·科罗特列夫，2007年第60届俄罗斯冠军杯

1.e4 c5 2.Nf3 d6 3.Bb5+ Nc6 4.0-0 Bd7 5.c3 Nf6 6.d4 cxd4 7.cxd4 a6 8.Ba4 b5 9.Bc2 Bg4 10.Be3 e6 11.h3 Bh5 12.Nc3 Be7 13.d5 exd5 14.Nxd5 0-0 15.Nf4 Bxf3 16.Qxf3 Re8 17.Bb3 Rc8 18.Rad1 Ne5 19.Qe2 Ned7 20.f3 Qc7 21.Qf2 Qb8 22.Rd2 Nc5 23.Bd5 Bf8 24.Bd4 Nxd5 25.Nxd5 Nd7 26.Qg3 Rc6 27.Ne3 Qd8 28.Rfd1 Re6 29.Kh1 h6 30.Nd5 Re8 31.a3 Rc8 32.Bc3 Qg5 33.Qf2 Nc5（33...f5）34.h4 Qg6 35.Nf4 Qh7 36.Qg3 Nd7 37.h5 Ne5

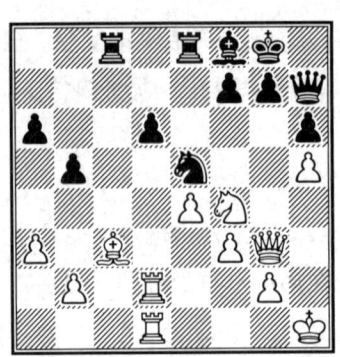

图206

黑方有一个糟透了的局面——他d列上的兵是一个明显的打击目标，他的后被锁在h7上，他像兵一样的象起着纯粹防御的作用，他的王被白方的后、马和象盯着，并且白方在中心和王翼享有空间优势。最糟糕的是，黑方没有任何可以去攻击的东西，也无法做出任何的反击——他只能坐以待毙。

在这种情况下，许多有经验的选手便会开始一场"猫鼠游戏"。他们以自己的方式去避免反击，并且拒绝激活任何敌方的棋子。相反的，他们慢慢地强化自己的兵和棋子，直到一切都被放置到最好的地方。然后（并且只能是然后！）他们垂涎于一些诱人的目标并且开始享受"零食"（像这样赢得一个兵，增加整体优势并且让敌人知道他不止在局中就输了，同样在残局当中也基本输了）——然而，如果这样做会让对方突然被激活的话，"零食"就不会被吃掉。

这种完全的掌控不太常发生，当它发生的时候，一些选手更愿意寻求方法去更快地解决战斗。但是猫鼠游戏的想法很有意义，因为它允许更强大的一方去把他的对手玩弄于股掌之间，避免各种把戏，在某种程度上可以保证胜利安全到手。还要记住的是，防御的一方在这个过程中将会遭受彻底的痛苦，有时就会直接投降，这样他就不需要继续看着在他前面的这令人难受的场景了。

38.Rd5

白方准备去改善他的车的位置。说实在的，38.Rxd6!更加强大，但是为什么让敌方动弹不得的象来兑车呢？当你有如此一个好时机可以去以慢慢的、美妙的方式拷打你的对手的时候，为什么要冒哪怕一丝一毫的风险呢？在38.Rxd6 Bxd6 39.Rxd6之后黑方会发现他自己面临一些严重的威胁。这里是一个可能会发生的例子：

➤ 39...f6 40.Rxf6很可怕。

➤ 39...Nc4（说，"你必须移开那个车！"）40.Nd5（当着黑方的面嘲讽黑方，并创造强大的Nf6+反威胁）40...Kh8（40...Kf8 41.Rg6! fxg6 42.hxg6对白方来说会更有趣）41.Nf6! 黑方应该认输了。

▶ 39...Kh8 40.Bxe5 Rxe5 41.Ng6+ fxg6（41...Qxg6 42.Qxe5!——比42.hxg6 Rc1+ 43.Kh2 Rh5+更好，吃回对方的后——42...Qg5 43.Qxg5 hxg5 44.Rxa6导致白方一个完全获胜的终局）42.Qxe5 gxh5 43.Rxa6对黑方来说没有希望。

▶ 39...Rxc3 40.bxc3 Kh8 41.Nd5 f6 42.Ne7（有很多方法获胜，但是这个顺序是目前为止最吸引人的！）42...a5 43.Re6! Ra8 44.Rxe5! fxe5 45.Ng6+ Kg8 46.Qxe5，黑方后的滑稽位置增加了黑方的王的倒霉威胁，这会说服大多数人马上放弃！

38...Nc4

38...f5? 39.Bxe5 dxe5 40.Ng6 f4 41.Qg4描绘了一幅可怕的图景——黑方的后被埋葬，白方的车将会果断沿着d列进入敌人的位置。

39.R1d3 Rc6 40.Rf5 Ne5 41.Nd5 Kh8 42.Rd1

白方本来可以通过42.Bxe5 Rxe5 43.Rxe5 dxe5 44.Qxe5安全地赢得一个兵，但是那会改善黑方的状况并且给先前的失去生命力的黑象一些活力，这没有必要。当然电脑看到42.Bxe5时是会发狂的，但是真实的猫鼠游戏，如果能够在没什么大事发生的情况下吃掉对方的子，那么它就决不会允许敌人被激活。

42...f6 43.Nb4 Rb6 44.Bd4 Rb7 45.Nxa6

一顿应得的大餐！

45...Qg8

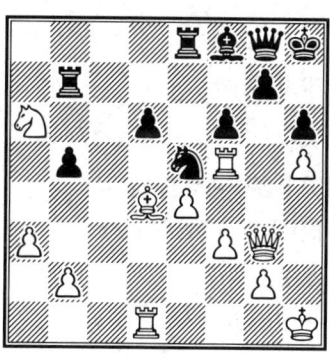

图207

46.Nb4

马在a6上什么都做不了，然后它冲回到中心，在那里它可以加入大部队。猫鼠游戏的一部分是保持每一颗棋子的安全，被放置到中心并被妥善保护。

46...Qb3 47.Rc1 Rbb8 48.Qe1 Rbc8 49.Qd1

像之前提到的一样，额外的兵使白方在进入残局时可以充满自信地认为他能够最终获胜。

49...Rxc1 50.Qxc1 Qe6 51.Nd5

啊,那感觉更好!尽情享用a6上的兵以后,马回到d5,在那里他能在整个棋盘上大开杀戒。

51...Rc8 52.Bc3 Rc5 53.Qd1 Qc8 54.Nf4 Kh7 55.Qb3 Nc4 56.Rd5 Qe8 57.Rxc5 dxc5 58.Qc2

58.Ng6 Bd6 59.a4 Ne5 60.Qd5更加强大。然而,白方选择的方法也是优于局面需要的。

58...Kg9 59.Qd3 Bd6

黑方本应该尝试59...Nb6 60.Ng6 Qd7但是很明显残局没有提醒他。然而,这会是最明智的做法,因为把后留在原位只会凸显黑方王的脆弱。

60.Qd5+ Qf7 61.Qa8+ Qf8 62.Qd5+

也许是争取比赛时间,也许是遵循旧的猫鼠游戏法则,最好的就是多走几步棋而不是一步棋到位,因为延长比赛不仅能够增加对手的痛苦,还能够减弱他的注意力(这会造成失误)。

62...Qf7 63.Ne6 Be7 64.g4

黑方再次被束缚,因此白方可以花一些时间去防御h5并且改善他的王的位置。

64...Ne3 65.Qd7 Kh7 66.Kh2 Kg8 67.Kh3 b4

黑方无法再忍受羞辱了,他开始猛攻。很不幸(正如通常情况下),这只能加速他的消亡。

68.axb4 cxb4 69.Bd4 Nc2 70.Bf2

马与其他部队之间突然被隔断了!

70...b3 71.Qc8+ Kh7 72.Qc4 Kg8 73.Qxb3

被吃掉两个兵,黑方还是很无助——结束在即。

73...Nb4 74.Qc4 Bd6 75.Bg3 Be7

75...Bxg3??导致76.Qc8+ Kh7 77.Nf8+。

76.b3

这没必要(76.Qc8+ Kh7 77.Nf4更快),但是为什么不保护自己的后并让黑方再自食其果一会儿呢?

76...Kh8 77.Qc8+ Kh7 78.Qd7

78.Nf4和Ng6的主意更加切题,但是你一次只能够走出一步!

78...Kg8 79.Bd6 Bxd6 80.Qxd6,1-0。黑方可能终于从这个噩梦中解脱出来了。

4.4.2 散漫 / 软弱步

当我13岁的时候，我深深地沉迷于国际象棋之中。当时我曾和其他两个学国际象棋的孩子一起闲处——他们都被认为是比我更优秀的。最年长、水平最高的彼得·怀斯友善地浏览我的棋局并且给我建议。有一件事总是停留在我的脑海里：我是白方。在一次开局中，当我走到h2-h3的时候，我已经瞎走了大约10步棋。彼得接着向我提出一个问题，这个问题在别人曾经问我的所有问题中是最难的——"你为什么走那步棋？"

我被难倒了！思考了一会，我最后说，"轮到我出子，我必须做点什么。"

当然，这听上去是极其基本的，但是很多年过去了，我在象棋课中数百次将这个问题向我的学生和象棋爱好者提出，听我授课的人等级分从1000到2300不等。我经常得到相似的回答，正如我数十年以前给出的答案一样："我不知道做什么。""这看上去很棒所以我这样走了。""我缺乏时间所以我走这步去争取比赛时间。""这威胁到他的后所以一定很棒。"我说这些都很相似，这是因为在每一种情况人们在这个局面不知道真正在发生什么而作出反应，只是做了"某样事情"，希望在稍后的比赛中找出真相。

事实上，当你在下棋的时候，任何时候你都应该总体上能够圈点你的局面。你也许不是所有细节都合理——实际上你可能完全大错特错。但是至少，在你的心里，你很清楚正在发生的事，并且最终能够走出遵从知识和确定性的棋步。连一个等级分1200的选手都能够说，"好的，我在空间上占优势所以我企图用这个兵去获得更多的东西。"走这个兵也许是好的也许是坏的，但是最少它会遵从他对局面事实的描述。

自然地，我失衡的整个想法之所以被设计出来，是因为我想要你们去掌握一些东西。你是否充分掌握失衡还是只有一个模糊的印象？把他们辨别清楚，这将会给你一个可以帮助任何人都能够做出有情报根据的决定的指引（或者至少在走一步发疯的棋的时候感到自信——甚至是帮倒忙的自信也很有价值！）。

这部分的关键虽然不是关于失衡本身——但却是一个在深思一步棋的时候没能成功充分利用他已经拥有的知识，或者是一个太懒以致无法操心尽力去找到一些值得的东西的棋手所应关注的。

再一次，治愈这种"这是我的棋步，我必须做点什么"的顽疾，要从你意识到在你面前的一个特定局面的问题开始。而且，我在教的时候，我都会告诉我的学生"在你走任何一步棋之前都要意识到，在棋局结束以后，我将要让你去描述这个局面的每一个细节，并且我想要你告诉我，你走的这步棋是如何满足那些细节的。"记住，无论学生把事情做对或者做错都不重要。重要的是他付出的努力——是努力锻炼他的思维并且最终帮助他获得良好的象棋习惯，那会使他受益终身。

让我们来看三个例子，在每一场比赛中要先把等级搁置不管。

Teradeath（1100）对阵 Khilane08（1100），2009年 雅虎在线赛

1.e4 e5 2.Nf3 Qf6

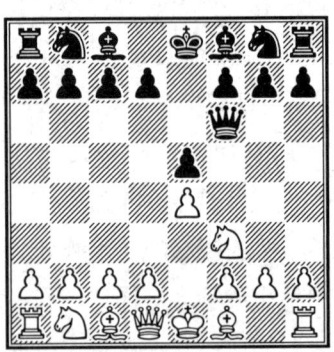

图208

Teradeath没有料到2...Qf6。在这里他需要问，"这似乎很奇怪。你不应该马上移走你的后，因为它很脆弱，很容易受到其他棋子攻击，这样的话我怎样才能充分利用2...Qf6呢？"

这就是全部了，他不需要为了去想出绝佳的一步而对局面进行更深的理解。在棋局中白方放弃充分利用他对手的出子，被动地走3.d3，这释放了c1上的象，但阻碍了在f1的另外一头象！白方真的在蹂躏他的白格象吗，如果他想打出...Qf6呢？无论如何，黑方被Bg5的"威胁"吓得要死（经典的"我不能让他这么做！"的时刻）以至于他用3...h6回应（忽略3...Nc6 4.Bg5 Qg6的威胁是充分可行的），白方突然着手进程并且用优越的状态继续4.Nc3 c6 5.d4。

与其两次移动d线的兵，最明显的棋步是最好的。

3.Nc3 Nc6

现在3...c6 4.d4!（这一度再次"唤起"了Bg5，还为了试着惩罚黑方后的草率移动，快速实施中心战略。）4...exd4 5.Bg5 Qg6 6.Qxd4给白方留下更多中心空间和一个重要的在出子中的优势。

4.Nd5

很难拒绝的一步——白方把他的马带到一个不错的格，同时攻击敌方的后。当然，安静的4.Bc4可以把象带到一条非常积极的对角线，也很有效果。

4...Qd6

我只是指出这可怜的一步棋表现出了像3.Nc3是多么简单但是有逻辑的一步，常常却能够给对手施加如此多的压力，以致他会轻易犯下严重的错误。黑方不应走4...Qd6，而4...Qd8更加安全，虽然白方会在5.Bc4或者5.d4以后对开局的成果感到很开心。

5.c4!一步完全投机取巧的棋。白方想要通过充分利用c7看似无害的表现来使黑方惊讶。那需要精力（不再需要安静的按部就班式的出子），所以白方将会在他的控制中尽力逼迫黑方的后离开，与它的c7上保护者失联。

一些可能的演变（见图209）：

▶ 5...Nb4 6.d4 Nxd5 7.dxe5 Qb4+ 8.Bd2 Qxb2 9.cxd5 Bb4 10.Rc1白方的优势很明显——巨大的中心，空间，在出子中领先，对他的车来说半开放的列和对c7做出的威胁。

▶ 5...Kd8 6.d4 Qg6（6...Nxd4 7.Nxd4 exd4 8.Bf4对白方来说很强大）7.Be2 Qxe4 8.Ng5 Qxg2 9.Bf3黑方的后快要完蛋了。

▶ 5...Nce7 6.c5!（迫使黑方的后到一个更容易被攻击的格）6...Qxc5（6...Qc6 7.Bb5!凭借7...Qxb5? 8.Nxc7+拿下后）7.d4（为黑格象打开c1-h6对角线同时获得时间）7...exd4 8.b4然后棋局结束：8...Qc6 9.Bb5 Qd6 10.Bf4 Qg6 11.Nxc7+诸如此类。

▶ 5...b6 6.d4 Nf6（6...exd4? 7.Bf4）7.c5! bxc5 8.dxe5!（甚至比8.dxc5更强大）8...Nxe5 9.Bf4 Nxd5（9...Nxf3+ 10.gxf3 Qc6 11.Nxc7+ Kd8 12.Nxa8 Qxa8 13.Qa4）10.Bxe5 Qb6 11.Qxd5然后白方获胜。

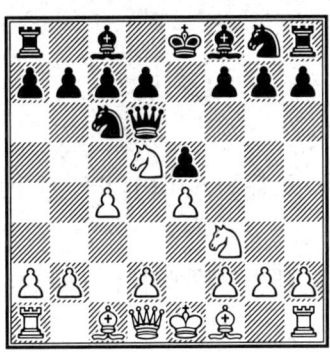

图209 黑方先行

下一盘棋是等级分范围在1600~1700选手的代表作。

1.c4 Nf6 2.g3 e5 3.Bg2 Nc6 4.Nc3 g6 5.e4 Bc5（黑方是个非常具有侵略性的选手，想要侧翼出动，但是一旦他看见在d4上的弱格，他就觉得有必要去争取更多）**6.Nge2 d6 7.h3 Nh5 8.0-0 f5**

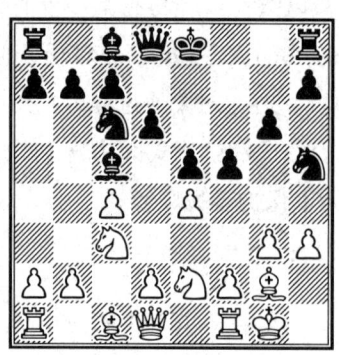

图210　白方先行

黑方走得非常积极，但是这种局面有一样东西不合理：他的王仍在中间。在你易位之前打开局面是明智的吗？那样做会使白方兴奋，让他想到完全打开中心的方法，那么他就能够去攻敌人的王。

在这局棋中，白方走9.a3，9...f4就能给黑方巨大的攻击机会。很明显，9.a3甚至没有踩躏黑方——这是一个散漫步，它会简单重现白方熟悉的模式（获得后翼空间，通过a3接着b4）。他走得随心所欲，甚至没有把对手的出子看在眼里。如果他停下来并观察这个情况下的失衡（白方在d4上有一个弱格，而黑方有王翼空间优势；白方的唯一优势是敌方位于中间的王），他也许已经意识到一个静止的计划不会是正确解法，这里急需一个动态的解决办法（我们将会在第六章"静态vs动态"，探讨静态和动态的概念）。这个理由把我们引导向了如下的棋局：

9.exf5!

掌控这个局面并打开一条全新的演变路线。

9...gxf5

走9...Bxf5会因10.g4而丢子，这样黑方在10...Bd3 11.gxh5 Qh4 12.Na4之后得到一些补偿，但是得不偿失。

若走9...gxf5的问题是h5上的马会忽然被遗弃——没有东西保护它。白方马上战略性充分利用这个事实。

10.d4!

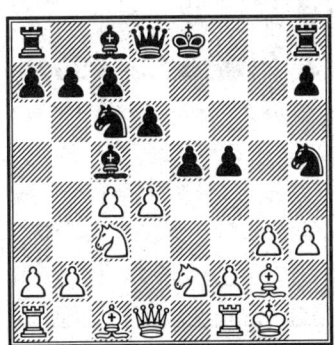

图211

这个局面经历了一个动态的转换！

10...exd4

10...Bb6更好，但是接下来像11.b4、11.Be3和11.Nd5的走法显然都对白方有好处。

11.Nxd4!

马上让白方的后可以进入d1-h5的对角线，以Qxh5+的可能性威胁黑方。

11...Nxg3

另一个生动的例子是11...Bxd4 12.Qxh5+ Kf8 13.Bd5 Qd7 14.Bh6+ Bg7 15.Rae1 Ne5 16.f4，黑方可以静静地放弃了。

12.Nxc6 bxc6 13.Bxc6+ Bd7 14.Re1+ Kf8 15.Qd5，16.Bxa8与16.Bh6的双重威胁已经超出黑方能够处理的范围。很明显，呆板机械的9.a3虽然在英式开局中是一个普遍思路，但是对这个特定的局势是不合适的。正如很明显的那样，一个全新的面貌可能有很巨大的回报。

虽然上面这两个例子展示了散漫思考是如何导致错过的动态以及静态的可能性的，同样的，局面思路也可以这么说。在接下来的棋局我们目击了一个非常精明的棋感的高级例子。

乔纳森·罗森 对阵 劳伦斯·库珀，1997年 沃尔索尔公开赛

1.c4 b6 2.d4 e6 3.Nc3 Bb7 4.a3 f5 5.d5 Nf6 6.g3 g6 7.Nf3 exd5 8.cxd5 Bg7

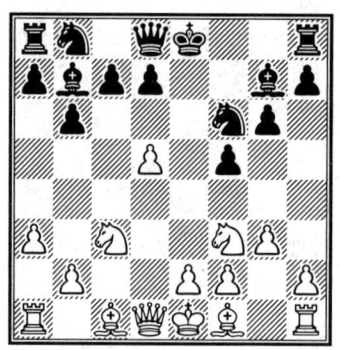

图212

这个局面凸显了白方的中心空间优势，一场为为e4格而战的重要战斗（黑方想要把b8上的马空运到那里——他通常通过...Na6-c5-e4来实现），黑方的一些前期压力来自于a1-h8对角线和一个强大的d5兵，若不处理就可能导致失败。如果白方能够，把他的车放到c1和d1格上的话，他的处境会好一点。需要指出的是，...d6对黑方来说是有问题的，因为那将会削弱c6和e6格（白方会通过Bg2接着Nd4盯上它们）。

这个看上去简单的局面实际上充满着大量的不安定因素，同时事态的发展可能非常棘手。大多数棋手会不加思考就抛弃9.Bg2，但是罗森没有成为这种思路的受害者。相反地，他意识到，如果他能够剥夺b8上的马到达c5的权利的话，他也许能够获得巨大的好处，这通过b4可以实现。既然9.b4会立即败给9...Ne4，那么他想出：

9.Rb1!

极其漂亮！既然车离开了a1-h8的对角线，b2-b4突然成为一个切实可行的主意。说实话，我不相信这实际上比9.Bg2 Na6 10.Bf4更加强力，但是不要紧——他没有去碰f1的象，他实际在想"也许会有更好的。也许我能够孤立他的马并剥夺他的常规走法。"这远比大多数组合棋步更加令人印象深刻。

9.O-O

黑方如此平庸地回应了一个非凡的战术，难怪他不久之后发现自己处于麻烦之中。相反地，他要么需要为了实施常规计划而战（b8上的马必须找一个方法参与到中心的战斗中去！），要么尝试并且充分利用时间的流逝，这样的话9.Rb1是必要的。让我们快速浏览一下这两种选择：

9...Na6 10.b4 c5 11.Bg2（11.dxc6 e.p. dxc6 12.Qb3 Qe7 13.Be2也许更加强大）11...0-0（11...Qc8 12.Nb5对白方来说很好，但是11...cxb4 12.axb4 Nc7，促使之前被忽视的马去干活，导致一种分析棋类很好玩的有趣局面。白方似乎在这种演变当中做了点有意思的事，但是我不肯定它到底有多少）12.O-O cxb4 13.axb4 Rc8 14.Nb5 Bxd5 15.Bf4 Rc4

16.Bd6 Re8 17.Be5场面有利于白方。

好的,我们的快速地专门审视了一下9...Na6,它并没有鼓舞的效果,因此让我们来看看第二种选择是否可行——黑方怎样才能够尽力去为他在出子中的领先做一些事呢?9...Qe7!是关键性的,这样白方必须小心b2、c3和d5。

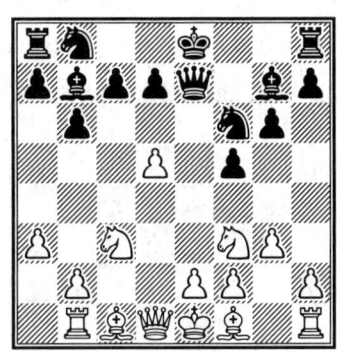

图213　白方先行

10.Bg2 Ne4!11.Bd2(11.Nxe4 Qxe4 12.Bf4 Qxd5)11...0-0 12.0-0 Na6之后黑方会很舒服,毕竟黑方的马现在正赶往c5。

我向我的电脑老师寻求帮助,而Rybka却给出了下面这种神经病一样的演变(从图213开始):10.Bf4 Ne4 11.Nb5(11.Nxe4 fxe4 12.d6 cxd6 13.Bxd6 Qe6 14.Ng5完全是另一个复杂的局面——黑方在这里似乎也不错)11...d6 12.Rc1 Na6 13.Nfd4(对我来说,如果这个残酷而有强制性的主意不起作用的话,那么白方应该遵循主题,并且确定c5不能被敌方的马利用。所以,13.b4!?是关键性的,13...0-0 14.Bg2是一个对任何一个可能感兴趣的人来说,开始另一个无止境的分析的好地方)13...0-0 14.Ne6 Bxb2(通过吃掉这个兵,黑方确保他的马将永远拥有进入c5格的权利)15.Rc2 Bg7 16.f3 Nf6 17.Nexc7 Rad8 18.Nxa6 Nxd5 19.Kf2 Nxf4 20.Rc7 Rd7 21.Rxb7 Rxb7 22.gxf4 Qh4+ 23.Kg2 Qxf4 24.Qd5+ Rbf7 25.Nxd6 Qg5+,和局。

希望这盘棋及其解说式的简短分析(真正的分析可以很轻易地写满几页纸)给了你心理学的味道,并且,更高水平的国际象棋需要意志力:一名选手想出一个主意,那也许会让他主导这个局势,并且如果另一方不用他聪明的头脑跟上他的话,他的局面很快就会走下坡路。

真实的棋局(在9...0-0以后)继续进行:**10.Bg2 a5 11.0-0 Na6 12.b4 axb4 13.axb4 c5 14.dxc6 e.p. dxc6 15.Nd4 Qd7 16.Qb3+ Kh8 17.Ne6 Rfe8 18.Nxg7**白方有明显的优势并且最终获胜。

在棋局中付出了艰苦的努力过后,当你错误地认为剩下的棋局已经可以顺水推舟的时候，就常常会出现散漫步。我们的下一盘棋是一个鲜活的（也是痛苦的！）例子。

杰里米·西尔曼 对阵 兹翁科·弗拉内蒂奇，1975年隆派恩

1.e4 c5 2.c3 e6 3.d4 d5 4.e5 Nc6 5.Nf3 Qb6 6.a3 a5 7.Bd3 Bd7 8.0-0 cxd4 9.cxd4 Nxd4 10.Nxd4 Qxd4 11.Nc3 Qb6 12.Qg4 h5 13.Qf4 a4 14.Be3 Bc5 15.Rac1 Bxe3 16.fxe3 Nh6 17.Kh1 Bc6 18.Qg5 Kd7 19.e4! d4 20.Nd5!! Qd8（20...exd5 21.e6+ fxe6 22.Qxg7+ Kd6 23.e5将死）21.Qxg7 exd5 22.exd5 Bxd5 23.e6+! Bxe6

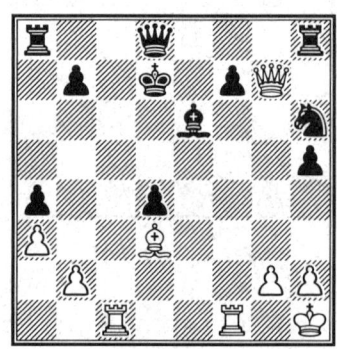

图214　白方先行并且终结他的对手

在这里，在找出所有困难的走法，达到一个黑方内心清楚认为要认输的状态以后，我放松了，开始思考我组合棋步的才华。而且，当我忙着洋洋自得的时候，我停止了下棋。

24.Bb5+?

很让人惊讶。我扫了一眼这步棋，看见它能在兑子中得子，并且没有去找更好的走法就走了这一步。24.Qxd4+! Ke7（24...Ke8 25.Qxh8+ Ke7 26.Qf6+赢得满堂彩）25.Qb4+ Qd6 26.Rc7+ Bd7 27.Re1+这样就会对我造成过度的杀伤，而我活该如此。

24...Ke7 25.Qf6+ Kf8 26.Qxh8+ Ng8

很明显，24.Bb5+将要获胜，但是它把事情变得比原先需要的更困难。一旦漫不经心了，你就常常会发现，无所事事地毁掉自己先前做好的工作是如此惊人的容易。

27.Bd3?

27.Rce1及其所制造的Rxe6的威胁难以使人承受。其他简单的赢法是27.Qxh5以及27.Bc4。

27...Qg5 28.Qxd4 Rd8

突然黑方有一点儿积极了。他仍处于败局，不过现在白方必须下一些功夫去对付它，但很明显我没打算这么做。

29.Qb4+ Ne7 30.Bc4

30.Rce1会让战斗更为激烈，做到这一点仍是相当简单的。

30...Rd2 31.Qxb7 Nd5

此时我开始感到极其不安。我知道我把事情弄糟（虽然白方仍将取胜），而且我无法回到正轨。

32.Qb8+ Kg7 33.Qg3??

33.Rg1也能赢，但是我不能让自己去走这样一步防御的棋。我是不是在几步以前就可以将死他？

对于这种情况，安古斯·邓宁顿（在他的书《象棋心理学》中）不得不说："当一个一直美妙的棋局突然变糟的时候，我们倾向于老是想着我们可能出错的地方，或者我们简单地轻视棋盘上的对手扭转局势的地方，并且只看见那些敌方棋子已经完成的——或者快要完成的——破坏。"

33...Qxg3 34.hxg3 Ne3 35.Bxe6 Nxf1 36.Rxf1 fxe6 37.Rf4 Rxb2 38.Rxa4 棋局最终弈和。

很多年以后，由于担心像我们刚刚看的那一局那样失败，我改变了整个的思路。当达到一个像图214中的局面时，我开始花大量时间去受用每一个美妙机会。当我能够舔舔嘴唇看一眼对手落魄的红脸，并且单纯享受这个时刻的时候，我为什么要着急呢？接着我会跳回我的位置然后给我自己一个小挑战："最有效的杀死他的方式是什么呢？消灭他的最好方法是什么呢？"

当然，我仍然有软弱步失败的时候，但是我学会了要努力专注于去保留重点，使我能够避免我之前的态度可能创造的灾难。

4.4.3 专心！

在我十几岁和二十出头的时候，作为一名选手，我最大的失败是"下棋太快"。每每轮到我的时候，我经常只猛击在某个格上的一颗棋子（通常提前计划几步），并期望它能够令我的对手神魂颠倒。但这些棋步几乎无一例外，要么是"软弱的"（不是真正根据局势的需要），要么是彻底的错误。然而直到一位非常强大的大师丹尼斯·沃特曼告诉我，他看了我的棋局有一段时间了，并意识到我的大多数损失是这个"疾病"造成的，我才意识到这一点。虽然我偶尔还是会旧病复发，但是那个顿悟在我随后的比赛中发挥了巨大的作用，直到我职业生涯的结束。

这里是沃特曼暗指的例子之一。

杰里米·西尔曼 对阵 J.麦考密克，1974年 伯克利

1.e4 c5 2.Nf3 d6 3.d4 cxd4 4.Nxd4 Nf6 5.Nc3 Nc6 6.Bg5 e6 7.Qd2 a6 8.0-0-0 Bd7 9.f4 h6 10.Bh4 Rc8 11.Nf3 Qa5 12.Bc4 b5 13.Bb3 b4 14.Bxf6 gxf6 15.Ne2 Qb6 16.f5 Na5 17.Nf4 Nxb3+ 18.axb3 h5 19.Kb1 a5 20.e5 fxe5 21.Nxe5 Bb5 22.Nxf7 Kxf7 23.fxe6+ Ke8 24.Nd5 Qc5 25.Qg5 Qxc2+

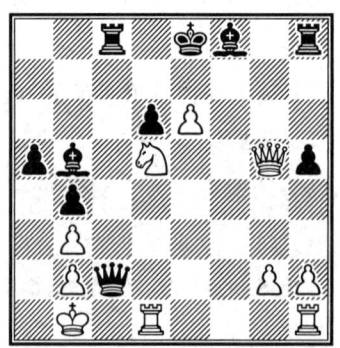

图215　白方先行

在这里我只有两步合理的棋，并且看上去都合乎需要。因此我很快走了棋一并等待对手认输。

26.Ka2??

我想不管怎么走王都是1-0，我没有花任何时间去核实这个观点。

26...a4 我突然意识到我又毁了一局棋，因为现在b3上的兵马上就要来将军了。在26...a4（27.Nf6+ Kd8 28.Nd5+）后双方同意和局。当然，26.Ka1（有27.Rc1的威胁）将会立刻获胜，因为26...a4之后再27...axb3对方就将不到我了。

下面是又一个下棋太快的例子。希望它的证明足够吓人，使你认真思考并在你百分之一百肯定正在发生什么和你想要实现什么以后再走。而且，当然，确定你想走的那步棋是你的手正试图去走的那一步！

约翰·费多罗维茨 对阵 杰里米·西尔曼，1989年 美国公开赛

1.e4 c5 2.Nf3 Nc6 3.d4 cxd4 4.Nxd4 Nf6 5.Nc3 e5 6.Ndb5 d6 7.Bg5 a6 8.Bxf6 gxf6 9.Na3 b5 10.Nd5 Bg7 11.c3 Ne7 12.Nc2 Nxd5 13.Qxd5 Rb8 14.Ne3 Bh6 15.Qd3 Bxe3 16.Qxe3 Qb6 17.Qf3 Ke7 18.Bd3 Rg8 19.h3 Be6 20.0-0 Rg6 21.Kh2 Rbg8 22.Rg1 Qc6 23.Qe3 f5 24.g3 Rf6 25.exf5 Bxf5 26.Rad1 Bxd3 27.Rxd3 Qc5 28.Qxc5 dxc5 29.Kg2

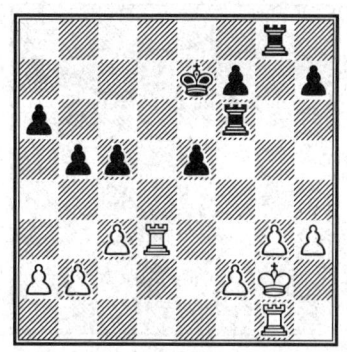

图216　黑方先行

在这盘棋中我没有出现过任何严重的问题，现在打算走29...Rd6，但这样接下来将会和局，因为30.Rxd6（30.Rgd1 Rxd3 31.Rxd3 Ke6）30...Kxd6 31.Kf3 h5是完全均势的。

然而此时有人进入了锦标赛的大厅，我想和他说话。因此，在白方走了预期的29.Kg2这一步之后，我没有写下他的出子或对这个状况做出任何思考。我只是想照顾f6上的车，并且真的以一种快棋的节奏（虽然我有很多时间剩余）把"这个车"走到了d线。

29...Rd8??

并且，当我走这个车时，我突然发现我走错了一个车！费多罗维茨露出了一个奇怪的表情，然后砍向了d8。

30.Rxd8 Kxd8 31.Rd1+

并且，当歇斯底里、迷惑和自我厌恶的想法要把我的头脑炸成碎片的时候，费多罗维茨把他的脸伸了过来并且说道，"你要专心！"

当然我没有提出任何异议，之后迅速落败：**31...Kc7 32.Rd5 Rd6 33.Rxc5+ Kb6 34.Rxe5 Rd2 35.b4 Rxa2 36.Rf5 Kc6 37.Rxf7 Kd5 38.Rxh7**，1-0。每次看它时我仍觉得心痛！

对于所有比赛时有犯愚蠢错误倾向的选手，要是有走得太快的习惯，切记并遵循大师费多罗维茨的指示：你要专心！

很明显，"专心"这句格言并不仅仅让选手远离走神的手或者明显的疏忽，它还能帮助你注意到可能不容易被意识到的把戏。

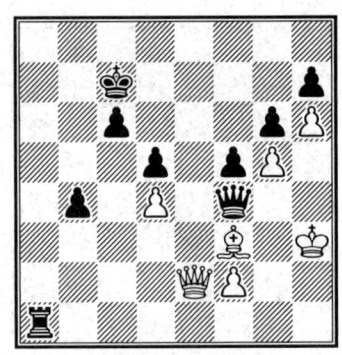

图217 黑方先行
伊斯拉埃尔·阿尔伯特·霍罗威茨 对阵 马克斯·佩维，1951年 纽约

黑方占有先手并且领先两个兵，只要他乐意他就能取胜。事实上，我可以想象佩维先生对白方继续坚持棋局感到非常恼火。Rybka喜欢走1...Kb6和1...Kd6，这会终结所有平稳的将军方法，并且迫使白方通过2.Bg2 Qg4+自投罗网（强行兑掉白方的后，实际上比赛就结束了），或者2.Kg2 Qxg5+ 3.Kh3 Qxh6+，显然这很让人耻辱。

然而，人们更倾向于强行延续棋局，所以佩维发现了一些既可爱却有明显的破坏性的事情。

1...Qxf3+??

佩维一定期望过在这个时刻握手。霍罗威茨现在肯定会认输！

2.Qxf3 Ra3

我很肯定佩维希望对方投降。

3.Kh4!

当我写这个的时候，我感到佩维的痛苦。两步棋以前，棋盘上还有那么多的棋子和兵，佩维无法想象平局会成为可能！

3...Rxf3，1/2-1/2。我敢肯定，如果他认识特级大师费多罗维茨，这肯定不会发生。

小　结

➤ 总是去问"我该怎么走？"，然后尽力让它起作用。

➤ 在出子之前，总是去问"这对我的局面会有什么好的影响呢？"如果你不能回答这个问题，或者答案是弊大于利的话，人们会想知道你会如何为这样走辩解。

➤ 有强大中心军团的棋手必须去保护它——如果他能够使它坚不可摧，那么中心就会占优。如果中心证明是无法维持的，那么它将会崩裂，对方的策略将会成功。

➤ 如果可能的话，尽力去进入你感觉自己能够处理的演变路线，这种演变路线要适合你个人情感水平、风格，或者那个特定局势。

➤ 当享受对手或多或少有些无助的状态时，富有经验的选手会开始一场"猫鼠游戏"。他们离开他们的道路以避免任何反击，并且他们拒绝去激活任何敌方的棋子。相反地，他们慢慢地改善他们的兵和棋子的位置，直到所有的位置都最为理想。

➤ 对于所有那些比赛时有犯愚蠢错误倾向的选手，要是习惯走得太快，切记/放在心上/遵循特级大师费多罗维茨的指示：你要专心！

象棋意识的各种状态——习题

在这里你能够测试你自己面对下棋时的痛苦局面,像散漫步和不能集中注意力的问题。所有等级分组内的选手都可能在一眨眼的时间内毁掉一盘棋,因此,让我们来看看你的象棋"危险反应"在遇到这些时刻时是否变得更加老练。

接下来这些习题就是设计出来检测你学到了多少的,也可以在以后作为指导。如果你在完成这些测试的时候有困难,别担心——那意味着你发现了一些你不理解的东西,这使你能够通过阅读先前的章节,或从第516页开始补上你在作答时忘记的知识。

第四章 习题23

图218
【等级分:2200以上】

白方先行

Ra8和Ra7有什么不同吗?

第四章 习题24

图219
【等级分:1800~2200】

黑方先行

第四章　习题25

图220
【等级分：1800~2200】

黑方先行

第四章　习题26

图221
【等级分：1400~1800】

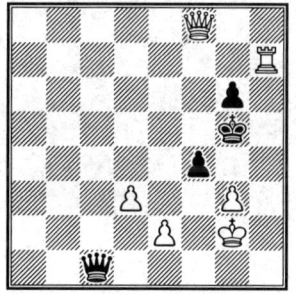

黑方先行

最后一个把戏。

第五章

目标意识

5.1 介绍 221

5.2 弱兵——瓜熟蒂落 222

    5.2.1 孤兵 222

    5.2.2 落后兵 230

    5.2.3 叠兵 234

    5.2.4 爱尔兰兵心 239

    小结 241

5.3 弱格 242

    小结 252

5.4 把敌人居中的王拽下来！253

    小结 266

    目标意识——习题 267

5.1 介 绍

在国际象棋中，让可怜的初学者们一次性接受所有的基础知识，会很容易让他们感到有些不知所措，尤其是基于死记硬背的学习内容往往极其繁杂枯燥却又收效甚微。效果最好的课程内容则是训练以新的方式观瞻棋局的意识，同时培养合适的思考习惯。本章讲述的内容就是目标意识，它在对弈中具有关键性的重要意义，却也常被忽略。我致力于为所有的学生（等级分可从1200至2200不等）培养对目标意识的深刻理解与领会。这个概念体现了一种有如鲨鱼一般的思维训练方式，棋手凭此可觉察到一切潜在的攻击目标，发现目标之后他便会像鲨鱼感知到血腥一样，迅速扑向目标。

我之所以想到这个概念，是因为我曾发现学生直接无视了那些亮闪闪的目标——"你为什么不利用那个弱格呢？"我问道。

而得到的回答也并不让我满意："格子？我为什么要被那个格子困扰呢？这又不像吃子那样可以把它放回盒子。"

"好吧，那么你为何不在那个孤兵上做点什么？"我试图说服他。

"我也料定我可以，但敌方的王在那边呢！"

我想最后劝劝他："我知道对方的王在哪，但王被他所有的棋力保护得很严密，你布置在那里的棋子很少，而他挂在这边的兵都快晾干了。"

这番话最后也没有收到什么效果："是的，我也看见他这个弱兵了，但他的王是在那边的啊。"

唉。

如此这般的对话经常发生（与许许多多的学生都有过），于是我觉得，应当让学生们意识到，将军必须在有条件时才应该施行（仅仅是想这么做可不算什么理由！）。因此我不断地讲解大师如何控制一个格子或者区域，最后拿下一个兵而轻松获胜的情形。棋手如果充分理解这是比盲目将军更为安全可靠的获胜途径，他便会变得喜爱目标意识！而通过总体棋感的显著改变，棋手水平也将会开始突飞猛进。

当然，有时局面上并不存在目标。那样的情况下你应当做的就是发展自己的局面，创造一个好的轻子或开拓更大的空间，用某些局面性的兑子清理棋盘，发动非常规的战术，也可试图砍掉对方王的脑袋（确实该杀王的时候是会有很多机会的！），或走其他有意义的走法。但是，一个目标意识的发烧友不应该只是寻找攻击的目标，他也应该试图去创造目标。一旦如此，他就会大口大口地撕咬自己的创造力，并且整晚整晚地嚼。

本章我们将讲述三种类型的目标：

弱兵——这也许是最常见的一种。如果对方的一个兵没有其他兵保护，你的目标意识就应当促使你去对它进行集中打击。

弱格——一系列的弱格会使车在竖线上畅通无阻（参见第三章"车"）或让象控制住对角线（见第二章"轻子"）。一个位于第4、5、6行上的弱格会被马（或其他子）入侵，在前线甚至深入敌营内部形成据点。这会使你的棋子的威力上升。

王——如果敌方的王被困在中心，也许，这时你已经可以举起屠刀大开杀戒了！

准备好让你的头脑变成一台精干而又残忍的目标感应器了吗？下面就请翻开下一页，开始学习这段很难但效果绝佳的内容吧！

5.2 弱兵——瓜熟蒂落

弱兵经常以各种大大出乎你意料的方式出现。有时弱兵可以在动态战况中提供补偿——这将在第六章"静态vs动态"中探讨，而这里我们将集中讨论弱兵的害处，训练读者如饿虎扑食一般扑向弱兵的强烈意识。

5.2.1 孤兵

开放线上的孤兵（不在开放线上的孤兵不受敌方车的困扰，所以麻烦没有这么大）容易暴露在敌方几乎一切棋子的攻击之下——后、车、象和马都可参与其中。然而防守方的子力的发挥若积极起来，往往可以对它提供很多的补救措施。因此面对着孤兵的一方，对此有一个普遍的要领是尽可能兑去轻子，这样就限制了被反击的可能，在一定的程度上让孤兵更为彻底地成为对方的软肋。

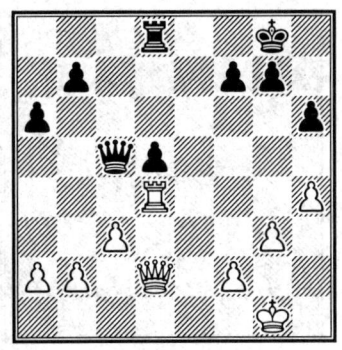

图222　黑方先行

黑方d线上有孤兵，白方的计划已经进行至这样的局面：

- 无轻子——很多时候孤兵可以依靠积极的轻子作为补偿，然而若所有轻子都兑去之后，这种补偿不复存在，孤兵就会彻底成为弱点。
- 一后一车是最优的局面（这比一后双车更优，后者会给防守方更大潜在的反击可能性），王后的存在使防守方的王无法冒着极大的风险上前参与兵的保护。
- 车挡住了兵的去路（使其不能前进），后面还有后，这对弱点施加了最大的压力。

这些因素使黑方完全陷入被动，只能不停地尝试并且顽强坚持下去。他可以寻找机会（很多有着已经逼近底线的兵的残局表明最佳的走法可以把握这样的机会），但毕竟这已经是很窘迫的守势，大多数棋手都会在此失败。

在这里的局面下，白方可以通过兵c3-c4占领d5，形成威胁。

1...b5

这一着可以阻止白方c线兵的挺进。此时白方有两种应对方法（哪种更好取决于特定的局面详情）：可以通过将兵a2-a4制造新的弱点，也可以简单地先b3而后c4。

2.b3

另一种可能的变化是2.a4 bxa4（2...Qc6 3.axb5 axb5，此时进行先b3后c4的也很多，另外也可以给黑方来一次"按摩"，并且通过4.Qd3同时对b5和d5两个弱点施压来折磨黑方的弱点）3.Rxa4 Rd6 4.Rd4，白方可以重新实施兵c3-c4的走法。

2...Rc8

如若不然，白方必以兵c3-c4占领d5。

3.Rxd5 Qxc3 4.Qxc3 Rxc3 5.Rd6 a5 6.Ra6 白方赚了一个兵，同时很自然地将黑方逼入更大的劣势。

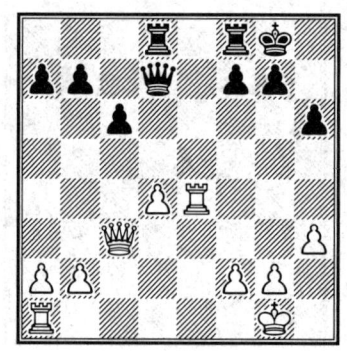

图223 白方先行

> **要领**
> 当对方有孤兵时，要兑掉对方的轻子。

有孤兵的一方当然要尽量保留轻子，通过动态演变弥补孤兵的弱点。但是当轻子全部兑去之后，防守方也可以通过兑去所有的车来走出逆境。

1.Rae1

此时有2.Re7的威胁，黑方必须采取应对措施，否则就要遇到麻烦。

1...Rfe8

1...b6 2.Re7 Qxd4 3.Qxd4 Rxd4 4.Rxa7这样对黑方并不好，而1...Qd5 2.Re7 Rd7 3.Rxd7 Qxd7 4.Qb4又出现了白方Re7的威胁，这会再次迫使黑方通过4...Re8兑去最后的一对车。

2.Rxe8+ Rxe8 3.Rxe8+ Qxe8 此时由于双方的后与车通过d线兵针锋相对的局面（如上一例所示）不复存在，一个单独的王后无力再对d线兵施压造成防守方的被动，黑方便没有威胁力可言了。

> **要领**
> 如果你有孤兵，并且无法通过动态演变进行补偿，那么兑去所有的车将会是一个很好的防守手段，这会避免对方向你的弱点施加强大的压力。

至此读者便对于如何打击孤兵（以及如何处理孤兵已陷入弱势的局面，即留住轻子或将车兑掉）具有了一个最基础，却也极其有效的概念，下面看国际象棋大师在实战中是如何应用这样的理念的：

亚历山大·菲什拜因 对阵 尤里·舒尔曼，2006年 美国冠军赛

1.e4 e6 2.d4 d5 3.Nd2 c5 4.exd5 exd5 5.Ngf3 Nc6 6.Bb5 Bd6 7.dxc5 Bxc5 8.0–0 Ne7 9.Nb3 Bd6 10.c3 Bg4 11.Be2 0–0 12.Be3 Re8 13 h3 Bh5 14 Re1 Bg6 15 Bd3 Qc7

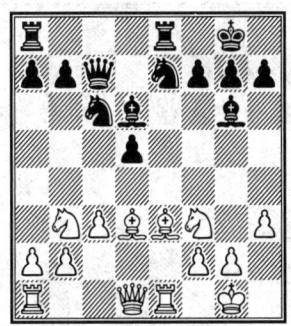

图224

这样的局面经常出现在法式开局的塔拉什变式中，黑方有一个d线孤兵，但子力较为灵活，易于运行。下面你会看到白方是如何遵循打击孤兵的套路，将轻子全部兑去的。

16.Bxg6

这是一步！

16...hxg6 17.Qd3 Rad8 18.Nbd4 a6 19.Nxc6

又来一步——注意19...bxc6是不可行的，如此则白方有20.Qxa6。

19...Nxc6 20.Bg5 Be7 21.Bxe7

再来一步。黑方很快陷入了"注定要被折磨很久"的情形中。

21...Rxe7 22.Rxe7 Qxe7 23.Re1 Qf6 24.h4

这里白方有个失误。若走24.Rd1（挡住d线兵的前进——这是我们这一策略的关键）白方便会继续保持这一微弱的优势。

24...Qf5

黑方的这一步将优势又还了回来，这里黑方本应抓住机会走24...d4。

25.Qe3 Qd7

黑方化解白方的威胁性走法26.Qe8+！

26.Rd1

此时局面又开始回归理智了，白方可以慢慢布置局面。

26...f6 27.g3 Kf7 28.Kg2

白方优化了王的位置：离开底线，控制住显得有点空虚的f3和h3格。

28.Qe6 29.Qb6 Rd7 30.Re1 Qd6 31.Nd4

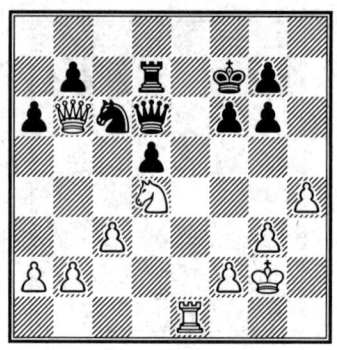

图225

若兑去最后的轻子，便会形成图222所示局面。值得指出的是，这里的马非常有力，因此黑方处于一个"兑去马就会处于劣势，但保持下去又会以其他方式受马的威胁"的两难境地。

31...Ne5 32.Qb3

如前所述，若将后兑去，黑方的王就可以安全地参与兵的保护：32.Qxd6 Rxd6 33.Rd1 Rd8 34.Ne2 g5 35.hxg5 fxg5 36.Nd4 Kf6 37.Nc2 Ke6，这样黑方的防守较之前就容易得多了。

在这里分享一个故事。这场比赛是即时在演播室的演示板上直播的（和其他四场比赛一起）。两个著名国际大师在向现场观众解说这局棋，都认为这一局"随时可以和棋"。我在前排观看，并且认为黑方的处境很艰难——他可以争取和局，当然这一点都不好玩！但我觉得这两位解说很累，他们一整天在竭力讲清楚这场比赛，还是在同时解说另外四场比赛，这种情况下我与他们争论显得不甚礼貌，所以我没有开口。

我认为他们是受了黑方选手实力的影响——他们确信黑方不会让自己陷入图222所示的境况当中，但是世上没有完全不犯错误的选手，就是大师也会（而且其实经常）在本书中所教的套路和布置中犯傻（而且无论这些范式在你看来有多么基本）！

32...Nc6 33.Rd1 Ne5

显然黑方在避免33...Nxd4 34.Rxd4 Qc6 35.Qd1这样又会变成有关我们讨论的"主题"局面的变化，白方c3-c4使黑方处境艰难：35...Rd8 36.Kg1（对c4形成威胁，只是由于黑后对g2格的白王有斜线攻击而不能立即奏效）36...b5 37.b3 Qxc3 38.Rxd5 Rxd5 39.Qxd5+ Kf8 40.Qa8+ Kf7 41.Qxa6 Qe1+ 42.Kg2 Qe4+ 43.Kh2 Qd4 44.Qb7+ Kg8 45.Kg2得一兵，并创造了很好的胜利契机。

34.Qc2 Rd8?

在不顺畅的局面上作防守不是容易的事，而且形势会在"眨眼间"急转直下。这里黑方本应尝试34...Kg8，尽管在35.Rh1后白方可以有兵h4–h5依然会对他施加巨大的压力。

35.h5! gxh5

35...g5 36.Qh7 Qf8 37.f4 gxf4 38.gxf4 Nc6 39.Qg6+ Kg8 40.Ne6 Qe7 41.h6这样黑方就会相当痛苦了。

36.Qh7 Qf8 37.Qxh5+ Ng6 38.Re1 Qh8 39.Qg4 Rd6 40.Nf5 Rb6

40...Rd8 41.Qb4对黑方也并不好。

41.Nh6+!

这利用了黑方车的不设防状态。

41...Qxh6

或者还可以有41...gxh6 42.Qd7+ Kg8 43.Qd8+ Kh7 44.Qxh6。

42.Qd7+ Ne7 43.Qxe7+ Kg6 44.Qe8+ Kf5 45.g4+ Kxg4 46.Qe2+ Kf5 47.Qd3+ Kg4 48.Qf3+ Kg5 49.Qe3+ Kg4 50.Qxb6，1–0。

尽管保留后（同时留一个车）通常只是理想情况，但很多时候兑去后也不错，而且这依然可以让有孤兵的一方过得不舒服。

森迪潘·昌达 对阵 胡姆比·科内鲁，2003年 卡利卡特

1.e4 e5 2.Nf3 Nf6 3.Nxe5 d6 4.Nf3 Nxe4 5.Nc3 Nf6 6.d4 Be7 7.Bd3 0–0 8.h3 Na6 9.a3 c5 10.0–0 Nc7 11.Re1 Re8 12.Bf4 Ne6 13.Bh2 cxd4 14.Nb5 Qb6 15.Nbxd4 Nxd4 16.Nxd4 Bd7 17.Qd2 Bf8

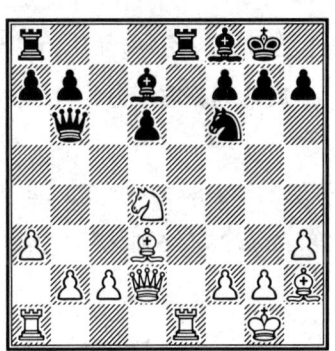

图226　白方先行

黑方的局面相当差——她在开放线上有孤兵，而且所有子力都被大大地限制，因而无法对此做出补救。此时黑方最积极的棋子是后，因此白方要将其兑去。

18.Qb4 Rxe1+ 19.Rxe1 Nd5

若走19...Qxb4 20.axb4 d5 21.c3也并不好，这样黑方依然处于被动，并且备受压力。

20.Qxb6 Nxb6

20...axb6是不可行的,如此白方则有21.Be4得一兵的走法:21...Bc6(21...Re8 22.Re2 Nc7 23.Bxb7)22.Nxc6 bxc6 23.c4,等等。

21.b3!

这是一步好棋,控制住黑方马可以到达的a4和c4格,同时为兵a3-a4做了准备,使a线兵变成战斗当中的积极分子。

21...d5 22.a4 Bb4 23.Rd1 g6 24.Bf4 Kf8 25.Ne2

白方的计划很简单,但也很有力:下一步可有Be3(盯上黑方的马,若马移走则盯a7),而后Nf4使d5成为争夺热点。

25...Be6 26.Be3 Nc8 27.Nf4 Ne7 28.c4!

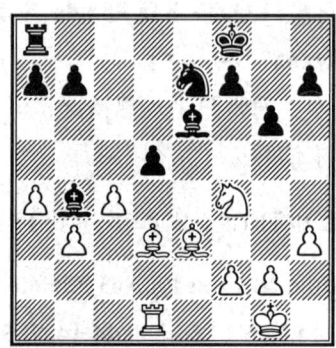

图227 黑方先行

这种局面更常见的走法是Be2-f3,对d5施加压力。然而这里并不必要,这是因为28.c4!利用了微妙的策略改变,最后达到赢取子力的目标。

28...Rd8

28...dxc4是不可取的,这样有29.Nxe6+ fxe6 30.Bxc4 Kf7(30...Nf5 14.Bf4)31.Rd7这样黑方就完全落败了。而形如28...a6或28...b6则是针对Be2-f3走法的。

29.Be4

更有力的走法是29.cxd5 Bf5(29...Nxd5 30.Be4)30.Bxf5 Nxf5 31.Bxa7这样白方可得两个兵。

29...Bd6

29...b6可以化解a7的威胁,这样局面会更好一些。

30.Nxd5至此黑方的孤兵被干掉。后续部分就是题外话了:**30...Nxd5 31.cxd5 f5 32.Bf3 Bf7 33.Bxa7 Rc8 34.Bd4 g5 35.Be3 h6 36.Rc1 Rd8 37.Bc5 Ke7 38.Bxd6+ Kxd6 39.b4 Bxd5?? 40.Bxd5**,1-0。

到目前为止我们探讨的都是d线孤兵，但这种针对d线孤兵的诀窍同样适用于其他类型的孤兵。

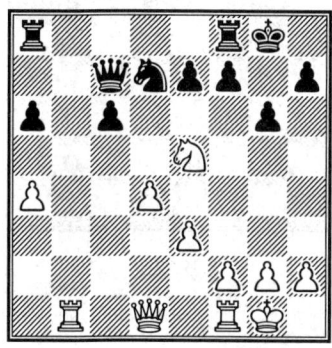

图228　白方先行
鲁斯塔姆·卡西姆达扎诺夫 对阵 瓦列霍·庞斯，2009年 维克安泽国际象棋大师赛

黑方的c6兵即将处于白方重子的攻击之下，另一个孤兵（a6兵）不在开放线上，但同样被白方虎视眈眈地盯着。

1.Nxd7

这遵循了兑去轻子的原则，这样白方的车和后就可以安然利用b6和c5两格了。

1...Qxd7 2.Qc2 Rab8?

将a6弃之不顾不是明智的做法，更好的走法是2...Rfb8，只是这样黑方的弱兵依然会使其处于尴尬的守势。

3.Qc4

立即盯上了黑方的a线兵！

3...a5 4.Qc5

不给a5弱兵任何喘息机会！

4...Qc7 5.Rb5!

这种对弱兵的打击异常残酷，很令目标意识狂热者兴奋。

5...Ra8 6.Qc3

白方这里有很多好棋可走，卡西姆达扎诺夫为b5车腾出了c5空间。

6...Rfc8 7.Rc5 c6 8.Rc1

非常好！被a5和c6束缚的黑方已经无力回天。

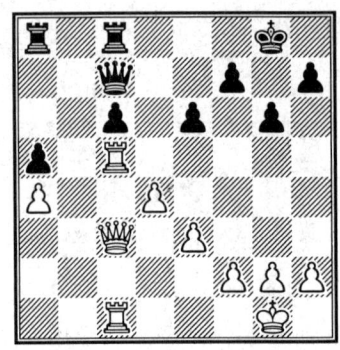

图229

8...Ra6 9.h4

由于黑方只能被动应付，防止对手找到突破口，此时白方便耐心发展局面，再发动决定性一击。

9...h5 10.Rb1 Raa8 11.g3 Ra6 12.Kg2

残局阶段若有闲暇，巩固王的安全总归是好的。

12...Qa7

一个失误加快了结果的到来。尽管黑方难以挽回这个败局，但12...Rca8应是更为持久的做法。一个可能的后续演变（在12...Rca8之后）如下：13.Qc4 Qc8 14.Rbb5 R8a7 15.Qb3（白方沿b线渗透，将对a5和c6的攻击结合起来，也是很巧妙的）15...Ra8 16.Rb7 R6a7 17.Rxa7 Rxa7 18.Qc3 Qd8 19.d5!（19.Rxc6 Qd5+会给予黑方更多的反击机会）19...exd5 20.Rxc6 Ra8 21.Qc5 Rb8 22.Rd6 Qe8 23.Qxd5这样黑方就彻底落败（注意23...Qxa4?? 24.Rxg6+白方立即获胜）。

13.Rbb5! Kh7 14.Rxa5 Rxa5 15.Rxa5 Qb7 16.Rc5 至此白方多一兵且对c6依然施有重压。实战中的后续很简单：**16...Qb1 17.Qc2 Qxc2 18.Rxc2 Ra8 19.Ra2 Kg7 20.a5 Ra6 21.Kf3 Kf6 22.Kf4 Ke7 23.Kg5 e5 24.dxe5 c5 25.Kf4 c4 26.Ke4**，1-0。

5.2.2 落后兵

落后兵的弱点与孤兵有许多类似之处，有一些打击孤兵的思想也适用于这种弱点。当然优势一方需要保证落后兵一直落后才可以，但只要能做到，我们就可以让我们的老朋友"兑去轻子"和"后车叠压"发挥其功效。

柳博米尔·柳博耶维奇 对阵 杨·斯梅茨，2007年 阿姆斯特丹

1.c4 c6 2.Nf3 d5 3.e3 Nf6 4.b3 Bf5 5.Bb2 Nbd7 6.Be2 h6 7.0-0 e6 8.d4 Bd6 9.Ne5

Qc7 10.f4 Ne4 11.a3 0–0 12.Nxd7 Qxd7 13.Nc3 Qe7 14.Bd3 Nxc3 15.Bxc3 a6 16.c5 Bc7 17.Qc2 Qf6 18.Rae1 Rad8 19.e4 dxe4 20.Bxe4

> **要领**
> 当对方有落后兵时，要兑去对方的轻子。

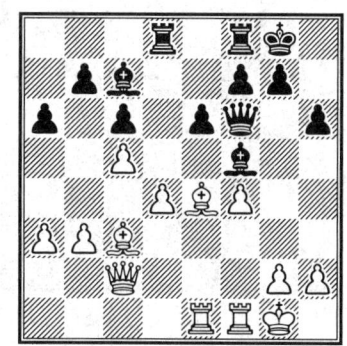

图230　黑方先行

白方的d4落后兵赢得了空间，但由于子力的削弱，以及马和白格象的缺失（白格象不久就会消失），黑方有更多的空间可以利用。因白方没有可以攻击的目标，而黑方则可以用车、后和黑格象对d4进行持续打击，黑方显然处于绝对主动的形势。

20...Rd5

白方企图通过21.d5摆脱落后兵的困境，因而黑方进行了阻挡。这是合乎计划的好走法，然而我更倾向于稍缓一些的20...Bxe4 21.Qxe4 Rd5的走法，最终与实际比赛是类似的，其理由将在下一段注解中说明。

> **要领**
> 要在落后兵前方挡一个子来阻止其前进。

21.b4

白方本应走21.Bxf5，这是因为之后21...exf5会给白方以在开放的e线上反击的机会。若是21...Rxf5?? 22.d5 Qg6 23.d6，弱兵会变成一个怪兽一般的通路兵。另外要注意，在此前完全处于防守状态的弱象，也会由于a1–h8斜线的开放而骤然变强（在21...Rxf5?? 22.d5之后）。

在21.Bxf5之后，黑方可以有21...Qxf5，但那样会让白方能兑去后，从而安全地利用王对d4施加保护：21...Qxf5 22.Qxf5 Rxf5 23.g3 Rd8 24.Kg2 Rd7 25.Rf2 Rfd5 26.Rd2 Bd8 27.Re5 Bf6 28.Rxd5 Rxd5 29.Kf3，这样白方便可以安然无恙。

> **要领**
> 正如针对孤兵一样，面对落后兵时保留后也会使对方的防守更为困难。

21...g6

双方似乎都认定Bxf5是无须顾虑的（尽管我认为这对于白方是最好的机会），因此之后不再赘述。

22.g3 Qg7 23.Qd2 Bxe4 24.Rxe4 Rfd8 25.Rf3 R8d7 26.Kg2 Bd8!

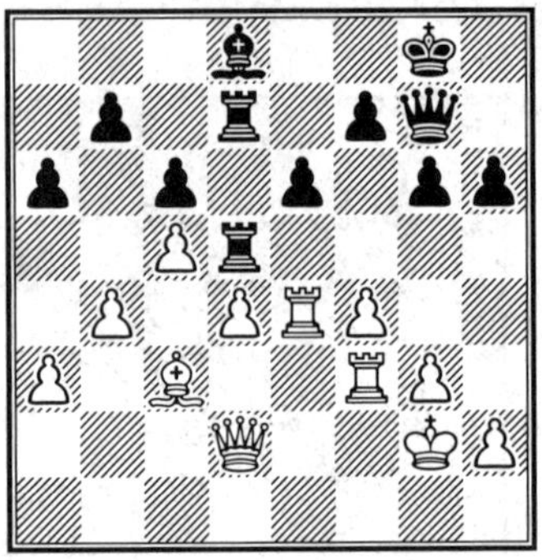

图231 白方先行

黑方要使用一切手段打击d4目标，之后要走出已经事先安排好的…g6-g5走法，创造出新的目标。一般来说如果只有一个点被攻击，棋手是可以坚持住的，但若再增加一个弱点，防守任务就变得过于沉重了。

27.Re5 Bf6 28.Rxd5 Rxd5 29.Rd3 Qf8 30.Qe2 Qd8 31.Qe4 Qd7 32.Rd2 Kf8 33.Qe3 Bg7 34.Kf1 g5!

非常好！黑方又创造了一个弱兵，白方的王也有稍许弱化。当然白方可以在g5处兑兵（35.fxg5 hxg5），但若如此，这里就有利用孤兵进行"穿刺"的思想了——白方自始至终都应该防止…e6-e5这一着的威胁。

35.Qe4?

这是一个严重失误，白方从之前"微弱劣势的守势"的状态一下子滑到了"落败边缘"，这里白方应当以35.Kg1或35.fxg5这样的走法作平稳的坚持。

35...gxf4 36.gxf4

36.Qxf4??是不可行的，这是因为黑方有36…Rf5。

36...Rf5?

黑方遗漏了一个战术打击：36…e5!。由于无论白方以什么方式吃掉e5子，都有37…Qh3+，吃掉白方的无根象。

37.Ke2 Qd8，至此白方的局面已很险恶，之后黑方子力慢慢主导局面，一点儿一点儿深入敌方阵线：**38.Ke3 Qh4 39.Rf2 h5 40.Ke2 Qg4+ 41.Kd3 Bh6 42.Bd2 Qg1 43.Qf3 Qa1 44.Kc4 Bg7 45.Qc3 Qa2+ 46.Kd3 Qb1+ 47.Kc4 Qe4 48.Qe3 Qd5+ 49.Kc3 a5 50.Re2 a4 51.Kd3 Qb3+ 52.Ke4 Rd5 53.Qxb3 Rxd4+ 54.Ke3 axb3 55.Bc3 Rc4 56.Bxg7+ Kxg7 57.Rb2 Rc3+ 58.Kd4 Rc2 59.Rxb3 Rxh2 60.Ke5 Rd2 61.Rg3+ Kf8 62.Ke4 Ke7 63.f5 Re2+ 64.Kf3 Ra2 65.Ke4 Re2+ 66.Kf3 Rc2 67.Rg8 Rc3+ 68.Ke4 Rxa3 69.Rb8 Ra7**

70.Ke5 exf5 71.Kxf5 Kd7 72.Rf8 Ra4 73.Rxf7+ Kc8 74.Rh7 Rxb4 75.Rxh5 Kb8 76.Ke5 Rg4 77.Rh8+ Ka7 78.Kd6 Ka6 79.Rh1 Kb5 80.Rb1+ Rb4 81.Rd1 Rb3 82.Rc1 Rh3 83.Rb1+ Kc4 84.Rxb7 Rh6+ 85.Ke5 Kxc5 86.Ke4 Kc4 87.Ke3 Kc3 88.Rc7 Re6+ 89.Kf4 Kc4 90.Kf5 Rh6 91.Ke4 c5 92.Ke3 Rd6 93.Ke2 Kb4 94.Rb7+ Kc3 95.Rb1 Kc2 96.Ra1 Re6+ 97.Kf3 c4，0-1。

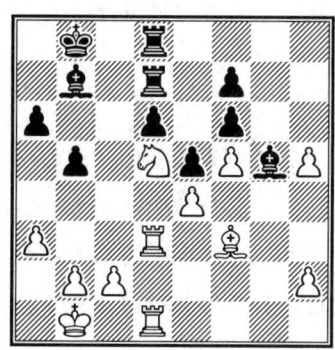

图232　白方先行
扎万·安德里亚西安 对阵 梅尔特·艾尔多杜，2008年 卡拉马里亚

白方有很多有利的失衡点：在中心和王翼占有更大空间，马比对方的象位置更好，黑方的f6兵需要长久保护，d6的落后兵面临白方叠车的打击，最后也是尤其重要的一点，白方多一个兵（尽管h5兵是叠兵，但黑方必须一直阻止白方兵h5-h6挺进，否则兑去双车之后它就会到达底线）。

但尽管如此，黑方依然勉强维持着局面，这就让我们想到我在上一例中所提到的，制造第二个弱点：一般来说只有一个点遭受打击时，棋手是能维持的，但如果再增加一个弱点加重防守压力，这任务就会变得过于沉重了。这一概念通常称为"双弱点律"。

显然，这里就要让白方再在黑方的防线上寻找另一个或更多的打击目标，再加上白方的其他优势，这个优势便成为决定性的了。

1.a4!

黑方的后翼兵形忽然就变得脆弱了，成了攻击目标。白方直接走1.Nb6 Re7（不能是1...Rc7? 2.Rxd6）2.a4（不能是2.Rxd6?? Rxd6 3.Rxd6 Kc7得子）也可以。

1...bxa4 2.Nb6 Re7 3.Nxa4

白方在这里有很多好的走法。可能最优的走法是3.c4 Kc7 4.c5 Ree8 5.Rxd6 Rxd6 6.Rxd6 Rd8 7.h4!——安德里亚西安如是说。之后7...Bxh4 8.Rxd8 Kxd8 9.h6使兵升变，白方即胜，而若黑方走7...Bf4则有8.Rxf6。

3...d5 4.Nc5 d4 5.c3 Rc8 6.cxd4 exd4 7.Nxb7 Rxb7 8.Rxd4 Rb3

8...Rc3 9.Rd8+ Ka7也是可以的,此时10.Bh1 Rcb3 11.e5(将h1象强化参与战斗)11...Rxb2+ 12.Ka1可能是最好的走法,但多数人会避免这样复杂的局势,而简单地走10.R8d3获胜就可以轻松很多。

9.Be2

1.a4造就的优势又显现出来了,9.Be2瞄准了a6格,并将要通过Bc4-d5让象积极起来。

9...Bf4

9...a5走法似乎更有弹性,只是这样也会有10.Rd5 a4 11.Ra5 Rb4 12.Rb5+ Rxb5 13.Bxb5 Rh8 14.Be2,使得黑方受到之后15.Rd7或15.Rd4的威胁,致使黑方落败。

在9...Bf4之后,后续进程就是白方将黑方弱兵一个个吃掉的快速吃子练习了:
10.Bxa6 Rc6 11.Bc4 Rb4 12.Bxf7 Rc1+ 13.Rxc1 Rxd4 14.Rc4 Rd1+ 15.Ka2 Rd2 16.h3 Rh2 17.Rc3 Rf2 18.Bd5 Ka7,1–0。

5.2.3 叠兵

多数棋手都害怕叠兵的出现,但在第六章"静态vs动态"中我们可以发现它也有好处(即对重要的格子和空间有更强的控制力,从而增强威力)。不过这里我们还是着重讨论叠兵有着毋庸置疑的缺点——它们是被包围打击的目标。

一般来说,开放线上的孤叠兵确实是要多弱有多弱(当然也的确有很多例外,那种情况下蹩脚的叠兵可以很强悍——我们将在第六章"静态vs动态"中讨论):

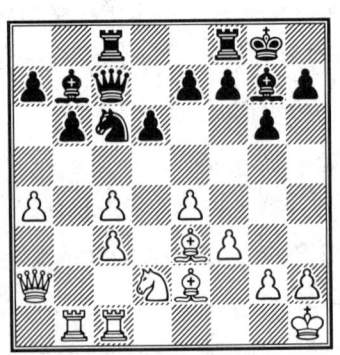

图233 黑方先行
The Turkey(1582)– 计算机,2008 互联网

我曾经在一段短暂的日子里教过一个年轻的学生,他只在计算机上下棋。他告诉

我，之前教他下棋的是一个可恶的自动下棋的机器，早在1790年问世的时候曾经轰动了全世界的"土耳其行棋傀儡[①]"。

有一节课上我对马洛奇绑定兵形大加赞赏，然后他就迷上了它。不过不幸的是在他的指挥下兵链如废墟一般无用，他发现自己的兵形很差劲，子力很被动。在这种局面下优势一方通常会去攻击靠前的兵，这只是因为其子力能够攻击到而已。因此c4是攻击目标，另外还有g7象在盯着c3。

1...Ba6

由于c4是目标，因此黑方开始尽可能向这里集中火力。

2.f4

这一步徒增破绽（e4被削弱了），但白方无论如何都陷于困境之中，因此可以理解他是想更主动一些。

2...Na5

很简单地继续施加拔除c4兵的威胁。

3.Rb4 Bh6

这不像是"人类"走出来的一步，不过白方的对手确实不是人类！这一有力的走法绊住了f4兵，并将e3象牵制住，逼迫它保护f4兵，还为在白方阵线上创造新的打击目标做了可能的准备。

4.g3 e5!

如果你觉得这会造成d6兵的落后，以及d5格的空虚，那么你已经学到了一定的程度——这说明你练就了在整个棋盘上立即看出弱点的能力！然而在这里，白方守势过于险恶，他是无法用到这个潜在目标的。而且黑方除了对f4施压外，主要还是为了打开e线，对e4发动进攻。

5.Rf1 Rfe8

并不巧妙，但是很强有力的一步棋——很显然这时白方意识到e线有麻烦了。

6.Bd3

某种意义上说这种走法很逗——白方的白格坏象离开了危险的e线，保护e4和c4，尽

[①] 土耳其行棋傀儡（The Turk）：一台号称可以自动下棋的机器，由一个顶上带有棋盘的大箱子以及安装在其上的一个等身大小的木偶组成，木偶可以下棋或者执行骑士巡逻。该傀儡首次面世于1770年，1854年毁于大火，在此期间曾于欧美地区多次巡展，并击败了包括拿破仑·波拿巴在内的众多著名挑战者。1857年，该傀儡被证实为一场骗局，在箱子中有国际象棋高手负责操控傀儡。作者写错了该傀儡的面世时间。——编者注

量维持着整个局面，但是无济于事。

6...exf4 7.Bxf4

白方不能走7.gxf4，这样黑方会有7...d5!!（而后8.e5就会造成败局：8...Nc6 9.Rbb1 Nxe5——弱点极多，无根子极多），这样他的局面就会有一种紧迫感，像一只小虫趴在飞驰的汽车的挡风玻璃上一样。

7...Bxf4 8.gxf4 Nb7!

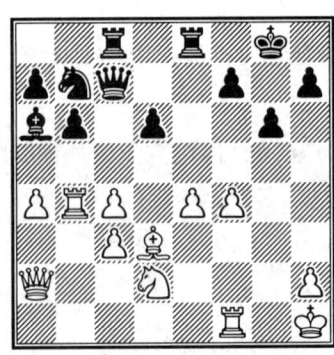

图234

妙，若不走这一着，我之前看不出来！马可以跳到c5，之后就会压迫e4。

9.Qc2

9.Nb3看似更自然一些，但之后黑方会有9...Nc5 10.Nxc5 dxc5 11.Rb2 Rcd8 12.Bb1，此时若是个心善的人则会走12...f5（意在之后13.exf5 Bb7+ 14.Kg1 Qc6）或者12...Bb7以求速胜，但我那无良的分析助手却一门心思去捕杀白方阵线上众多的弱兵（a4、c4、c3、e4和f4），它采用了12...Qc6，以期在随时有Bxc4的威胁之下，通过...f5或...Qf6/e6来达到目的。

9...Nc5 10.Kg1 Bb7 11.f5 Qe7 12.Rf3 Nxe4 13.Bxe4 Bxe4 14.Nxe4 Qxe4 15.Qxe4 Rxe4，0-1。这时c4兵已陷落，这是对目标意识的一个绝佳的示范！我们所有人都应该因此向我们的机器领主鞠躬。

尽管通常叠兵或者孤兵处于开放线上时是最弱的，但即便没有车的威胁，它们也照样成问题。

休·亚历山大·肯尼迪 对阵 爱德华·洛伊，1849年 伦敦

1.d4 c6 2.c4 d6 3.e4 e6 4.Bd3 e5 5.d5 Ne7 6.f4 exf4 7.Bxf4 Ng6 8.Bg3 Be7 9.Nf3 Bf6 10.Nc3 Na6 11.Qe2 0–0 12.Rd1 Bg4 13.a3 Be5 14.Qf2 f6 15.Bb1 c5 16.Rd2 Bxc3 17.bxc3 Ne5 18.Qe2

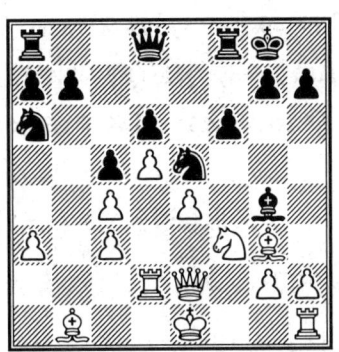

图235

白方的局面一团糟，它的棋子无所事事，王仍然在中间，e线兵在开放线上而且落后（还挡住了本方的白格象），c4兵被对方位于e5的好马瞄着，a3和c3的兵也不牢靠。对于一个训练过目标意识的人来说，这种局面简直可以让他垂涎三尺。

18...Qa5

简练。a3和c3同时受到了威胁，丢子已是必然。这里请读者记住18...Qa5是一步很显然的走法，走法本身不是最关键的，应当看重的是训练一种在任何情况下都能迅速注意到潜在目标的意识。

19.Rc2 Qxa3 20.0-0 Qa4

吃子之后，黑方决定立即将后回撤，防止它陷入敌方阵地。这是一种非常人性化的走法，但严谨地说，此时黑方后的处境并不危险，他其实完全可以采取更为积极、更能获得优势的走法。这样由于白方的子力配置很不灵活，黑方的后在a3处对c3有牵制，迫使白方进行防守，而且对得子和发动攻势并无阻碍，因此这样做会是很有意义的。

这里我倾向于走20...Nc7（a6的马什么也做不了，所以在对弈中应当把不好的子力撤回来！）21.h3 Bh5（这里21...Nf3+??看似很好，实则不然，这是因为白方有22.gxf3 Bxh3 23.Re1这样d6格被削弱，白方还可以通过兵e4-e5这一良好策略给b1象解除束缚。例如，23...Ne8（23...Rfd8 24.Qh2同时攻击d6和h3）24.Qh2 Bd7 25.e5! dxe5 26.Ra2 Qxc3 27.Bxh7+这样白方立即展开了凶悍的反击）22.Bh2 a6!这样会有…b7-b5会迅速对后翼"打开"控制。之后黑方由于多一兵便可在多数情况下的残局中获胜，但他在中局也会有决定性的优势！

在**20...Qa4**之后，黑方便可按部就班地获胜了：**21.Bxe5 fxe5 22.Rb2 Qd7 23.Qe3 Bxf3 24.Rxf3 Rxf3 25.gxf3 Rf8 26.Bd3 b6 27.Rg2 Rf4 28.Rg3 Nb8 29.Bf1 Qa4 30.Rg4 Rxg4+ 31.fxg4 Nd7 32.g5 Qd1 33.Qh3 Nf8 34.Kf2 Qd2+ 35.Be2 Qxg5 36.Bg4 Qf4+ 37.Kg1 Qxe4 38.Be6+ Kh8 39.Bf5 Qe1+ 40.Kg2 Qd2+ 35.Be2 Qxg5 36.Bg4 Qf4+ 37.Kg1**

Qxe4 38.Be6+ Kh8 39.Bf5 Qe1+ 40.Kg2 Qd2+ 41.Kh1 Qe1+ 42.Kg2 Qd2+ 43.Kf1 g6 44.Bd3 Kg7 45.Be2 Qf4+ 46.Ke1 h5 47.Qc8 Qf5 48.Qd8 Qf6 49.Qc8 e4 50.Qc7+ Kh6 51.Qxa7 Qxc3+ 52.Kf2 Qf6+ 53.Ke3 Qd4+ 54.Kf4 g5+ 55.Kg3 Qe3+ 56.Kg2 Qxe2+，0–1。

孤叠兵即便不处于开放线上，也通常会遇到前方格子被对方占据的问题。

奈杰尔·富尔布鲁克 对阵 杰瑞米·西尔曼，1988年 西南太平洋公开赛

1.e4 c5 2.Nf3 Nc6 3.d4 cxd4 4.Nxd4 Nf6 5.Nc3 d6 6.Be3 Ng4 7.Bc4 Nxe3 8.fxe3 Ne5 9.Bb3 g6 10.0–0 Bg7 11.Nd5 0–0 12.Qe1 e6 13.Nf4 Qe7 14.Rd1 Bd7 15.h4 h5 16.c3

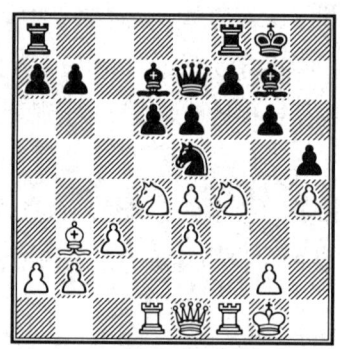

图236

黑方占有明显的优势——e5马很好，白方的e线孤叠兵可以通过诸如...Ng4和...Bc6的走法从侧面磨掉。简而言之，这是一个明显的静态优势。对于白方而言更糟糕的是在王翼和中心没有力量（尽管白方的子力可以针对d6大做文章，但d6也有着良好的防守），而黑方则可以通过挺进a线与b线的兵对后翼形成控制，这意味着黑方于静于动都具有优势。

16...b5 17.Qg3 a5 18.Rd2 a4 19.Bd1 a3

这里走19...Bf6也没有问题，但在这之前我想在白方阵线上再创造一个弱点（c3）。在对手身上创造的弱点越多，对弈就越愉悦。

20.Bxh5

这是背水一战，更"合适"的走法20.b3会使c3十分脆弱（之后车就会移动到c线将其攻陷），而且h4兵照样会丢。

20...gxh5

根据Rybka①所提供的数据，20...Nc4 21.Rdf2 axb2 22.Bxa6 Rxa2威力更强。我当然不

---

① Rybka：序言当中所提及的国际象棋软件。——编者注

否认这是正确的，只是我并不觉得白吃一子有什么错！

21...Nxh5 f6 22.b3 Kh7 这样白方在丢失的棋子附近就没有任何补救措施，之后的对局就很简易了：**23.Nf3 Bh6 24.Nf4 Rg8 25.Qh3 Ng4 26.Nd4 Nxe3 27.Qxe3 e5 28.Nf5 Bxf5 29.exf5 Qc7 30.Qe2 Bxf4 31.Qh5+ Bh6 32.g4 Rxg4+ 33.Kh2 Rag8 34.Rf3 Qg7 35.Rxd6 Rg2+ 36.Kh3 Qg3+ 37.Rxg3 R8xg3#**。

5.2.4 爱尔兰兵心

英格兰棋手喜欢将三叠兵称为"爱尔兰兵心"，我不知道这是为什么，可能是想调侃他们的爱尔兰"伙计"。据我所知爱尔兰人将同样的局面称为"英格兰兵心"，无论如何，这种称呼比"三叠兵"更为生动。

犯错通常不是好事，但正如一般的弱兵那样，偶尔也有控制关键格和动态补偿的情况。

这里我们不考虑"积弱成强"的情况（正如讨论其他类型的弱兵一样），而只讨论兵心给对方造成的较之前更为微妙的优势。

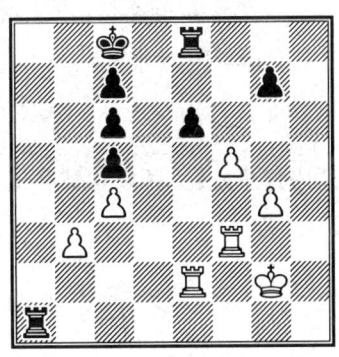

图237 白方先行
奈杰尔·肖特 对阵 伊万·索科洛夫，2005年 维克安泽国际象棋大师赛

黑方多一个兵，但e6兵马上就要丢了，这样子力是相等的，但是（在白方吃掉e6兵后）真的相等吗？显然兵列会遭遇各种打击，表现出其弱点，而还有另一个问题（而且是很严重的问题）是敌方只需一个单兵就可以把整个兵心堵住。

如图237中所示，白方后翼的两个兵将黑方的三个兵牢牢地挡死，即便b3兵被吃掉（就像实际对战中那样），c4孤兵也可以控制住这个爱尔兰兵心。

1.fxe6 Rd1 2.Rf7 Rd6 3.Rxg7 Rdxe6 4.Rxe6 Rxe6 5.Rf7

至此局面已经非常简明了。白方要通过王的作用让g线兵到达g8，而黑方所有三个兵在后面的对弈中都没发挥任何影响。

注意5.Rf7有两方面作用：（1）若有5...Re3，便可以6.Rf3应对，防止黑方吃掉b3兵；（2）对黑方王在f线上形成无法越过的障碍。这样黑方的王便无法帮助阻止白方的g线兵升变。

5...Kd8 6.Kg3 Re1 7.g5 Rg1+ 8.Kh4 Rh1+ 9.Kg4 Rg1+ 10.Kf5 Rg3 11.g6 Rf3+ 12.Ke6 Re3+ 13.Kf6 Rf3+ 14.Kg7 Rxb3

此时黑方多一个兵，在后翼甚至有三对一的数量优势，但正如之前所言，白方的单兵将黑方的三个兵完全挡死了。

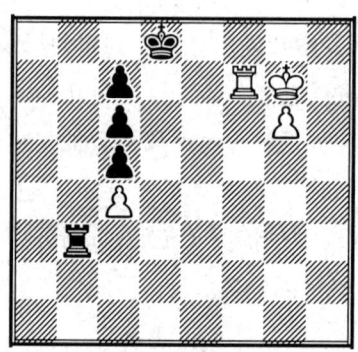

图238　一兵阻三

15.Kf8 Re3 16.Rf4

注意这里不能挺进太快！所幸这里g线兵还没有被废掉，只要再向前观望一步便可以发现问题：16.g7?? Re8，将杀！

在16.Rf4之后，黑方投降。

小　结

▶ 攻击d线孤兵的要领
- 兑去所有轻子。很多时候孤兵可以让轻子变得积极，这是一种补偿。然而若所有轻子全部兑去，就无法做到补偿，孤兵就彻底成为弱点了。
- 制造一后一车对一后一车的局面（这比一后双车更好，后者有更大的反击机会），这样后的存在会使王不能上前参与兵的保护，会很危险。
- 最理想的布置（后车vs后车）：车挡住孤兵去路，后紧随其后。

▶ d线孤兵的打法同样适用于其他孤兵。

▶ 落后兵具有很多类似于孤兵的特征，也有一些类似于孤兵的打法。当然优势一方需要保持落后兵始终落后，一旦如此便可让我们的老朋友"兑去轻子"与"堆叠车后"发挥威力。

▶ 一般来说，开放线上的孤叠兵是要多弱有多弱。

▶ 对于三叠兵，很明显的一点是它会受到各种打击，显得十分脆弱。然而兵列还有另一个问题（而且是很严重的问题）是敌方一个单兵便可以把三个兵全部挡死。

▶ 如果有闲暇，巩固王的保护是个不错的想法。

▶ 一般来说，在只有一个弱点时，棋手是能坚持住的，但在他的局势上再加一个弱点，防守任务就会变得过于沉重，这个概念常被称为"双弱点律"。

▶ 在对手身上创造的弱点越多，对弈就越愉悦。

5.3 弱 格

从某种意义上讲，弱格是一个很难理解透彻的概念。除去一个弱兵的意义在于你可以将它吃掉，从棋盘上拿去，而一个格子则总是呆在它一直以来的位置上——它是吃不掉的，不能放回棋盒，而且最初也不属于双方当中的任何一方。

一种审视弱格的方式是将其看作"地产"——你凭优势子力将其据为己有（正如钱之于房产一样），而后让你的棋子入驻其中，成为一个马或其他棋子的营盘。此"营"或者接近敌方阵线，或者正在其中，这使你的棋子很难被赶走或除掉，因而变得很强悍。这类弱格通常（但并不总是）被己方的兵所"占有"，而不被守方的兵保护，常称为"漏洞"。

> **要领**
> 将棋子置于不能与己方其余子力协作的地方，绝对不是什么好主意。

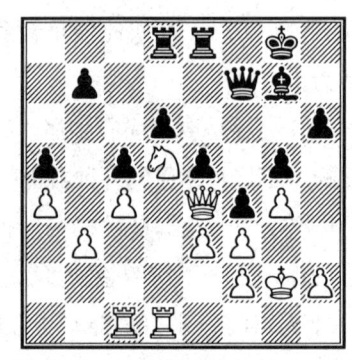

图239　白方先行
找出弱格

除d6兵是开放线上的落后弱兵外，局面还留下了大量的弱格：b6、b5、b4、d5、e4、f5、h5和h4。但d4并不是弱格，因为e3兵在保护它（值得补充的是黑方无论如何也不能用棋子进驻此格）。而前述各格则是完全符合"漏洞"的标准的：

► 尽管b4是白方阵地的弱格，但黑方无法利用它。而另一方面b5弱格则可很好地配合白方针对d6弱兵的计划——可以通过Nd5-c3-b5及时调动，之后在d线进行双重甚至三重打击会给黑方的落后弱兵施加最大的压力。

► 弱格d5已被白方马占据，但却挡住了己方车通往d6的路。尽管马位于d5格很强悍，但在e4或f5弱格处则更好（或者如上一节所述在b5），同样可参与对d6的打击。e4格很容易通过Nd5-c3-e4进驻（只要把王后走开即可），但f5和h5处的漏洞则很难入驻（黑方的f4兵使马无法跳到e3和g3）。因此虽然有很多处漏洞，但对于白方攻下d6真正有意义的只有b5和e4，而d5漏洞则可能被白方车扎下营。

▰▰▶ b6格是弱格，但与白方打击d6兵的想法无关。一个棋子能够在前线格内部署下来，仅此并不意味着它就应该进驻于此。

在此要强调已经在本书内被反复强调的一点：将棋子置于无法与己方其他子力协作的地方绝对不是什么好主意，下棋是团队合作性的竞技，你需要让尽可能多的棋子向同一目标进发。

从图239出发，有一个可能的演变为：**1.Nc3**（1.Rh1之后h4也是很强有力的走法，但这里不妨让局面保持简洁，凸显我们的主题），**1...Re6**（或1...Bf8，之后在白方对d6调集子力时进行顽抗更好）**2.Rd5 Rf8**（准备在f线反击）**3.Rcd1 Qe7 4.Qd3 fxe3 5.fxe3 Qf7 6.Rf1 Rf6 7.Qd1**这样Ne4就会形成致命的威胁了。

下面我们来看一个看似相似但实际上演变完全不同的局面。

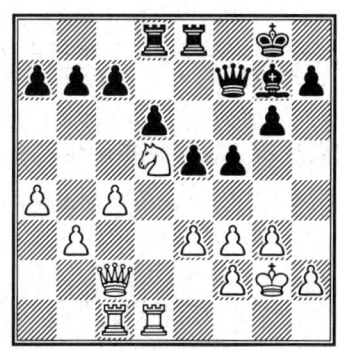

图240　黑方先行

图239上那些活灵活现的弱格全都不复存在了！通过走c7-c6，白方棋子就无法进驻b5和d5格了，f5兵保护着e4格，f5和h5则被g6兵牢牢地保护着。经过**1...e4 2.f4 c6 3.Nc3 Rd7**，之后...Red8，此时黑方有个好象，白方马则失去了好去处，而且黑方通过d6-d5可以阻止它再进入中心格而再向别处投入行动，黑方便可以自由选择。

有经验的对手一般不会故意在他们自己的阵地上无端制造弱格，不过弱格经常是得来全不费工夫。然而，你只有意识到如何制造弱格，利用显现出来的机会，才能从这些失误中获得好处。

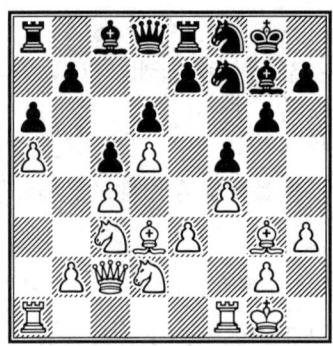

图241 黑方先行
克劳斯·库尼茨（1730）对阵 B.巴格斯（1632），2008年 拉斯维加斯

白方的局面更佳，黑方则是进攻型选手，他作了决定："可以了！现在该做些什么了！"

1...e5

这是最好的走法，之后的演变清晰地展现了弱格意识薄弱带来的害处。

2.e4?

一个将优势拱手让给黑方的严重错误！他本应走2.dxe6 e.p.（在d5处制造漏洞！）2.dxe6 Bxe6 3.e4（3.Bf2!?）3...fxe4（3...Nh6 4.Bf2）4.Bxe4 这样白方依然可以保持优势。

2...exf4!

这是反扑，而在实战中黑方走了2...Nh6 3.Nf3 Bd7 4.fxe5 dxe5 5.Bf2 Qc8 而后白方有6.Qb3!（6.Rab1 之后b2-b4也很有力）之后有Qa3，对c5施加压力，这样本可以使白方获得巨大优势。

3.Bxf4 g5! 4.Be3 f4 5.Bf2 Ne5 这样黑方一下子扭转了局面，变得很惬意了！他多出来的王翼兵提供了攻杀白方王的好机会，而黑方马位于中心控制了整个棋局，e5弱格成了它的绝佳行营。

如果上述情况依然有些复杂，我们下面用一个简单的例子给那个"我要将格子据为己有"的老想法做个示范。

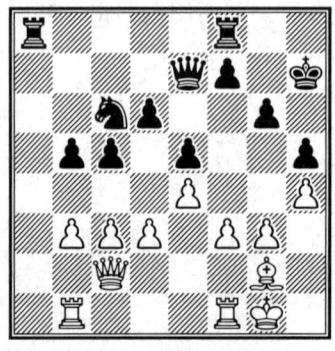

图242 黑方先行

白方的象力量很弱，但黑方的马也没有好位置，f3-f4还可能对白方王翼有些许意义。然而你只要将"内格"完全把握住，你头脑中就会形成正确的走法。

1...b4!

秉承"不攻王则可耻"的信条的读者，和在这里想走1...f5的读者应当认真研究这个局面。若1.f5 2.f4 则黑方王被弱化，更重要的h1-a8对角线不久后就会打开，g2的"高个子兵"会忽然在这上面发起战斗。

> 理念
> 要完全管好你的"内部空间"。

2.f4

这步有问题，但却是反击的唯一途径（毕竟你不能坐以待毙）。更糟糕的走法如2.cxb4 Nxb4 3.Qc3 Ra7 4.f4 exf4 5.Rxf4 Nd5 6.exd5 Qe2 这样白方就不得不认输了。

2...bxc3 3.Qxc3

3.Rf2 exf4 4.gxf4（4.Rxf4 Nd4 黑方直接取胜，因为5.Qxc3 Ne2+ 白方就立即告负了）4...Qxh4 显然这对于白方是很可怕的。

3...Ra2 4.fxe5 Qxe5

从最初的局面以来仅仅四个回合，局面就发生了实质性改变。此时黑方不仅在自己的第7行有一个车，而且还控制了b4、d4和c5格。这些与g2格的坏象相结合，白方战略上的败局就很清晰了。

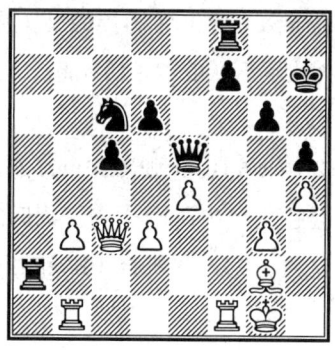

图243

5.Qc4 Kg7 6.b4 Re2 7.Rf4

不能走7.bxc5?? Qxg3。

7...Nd4 8.Rbf1

白方依然在胡搅蛮缠，意图制造战术机会。简单的败着如8.bxc5 Rc2 9.Qa4 Ne2+ 10.Kh2 Rd2 这样就形成了11...Nxf4和11...Nc3的双重威胁，黑方可以赢得子力并获胜。

8...Ne6 9.R4f3 Qb2 10.R3f2 Rxf2 11.Rxf2 Qxb4 12.Qa2 Qd4 13.Bf1 Qe5 14.Kg2 Nd4

这样黑方多一个兵，且具有很大的轻子优势。

现在你对此有些意识了吗？你是否觉得你已经可以在敌营中制造弱格了？如果是，那你可以再进入下一步了——我们来对图242进行一个"微小的"调整。

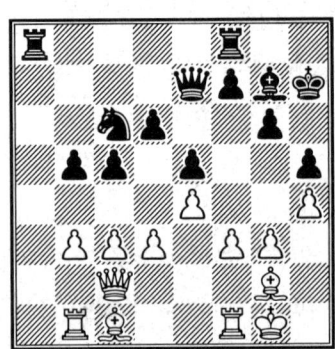

图244 黑方先行

我在其中加了一对黑格象，这意味着白方可以在...b5-b4解除d4格保护之后，用黑格象兑去黑方的马。值得注意的是黑方象并不是十分积极，由于黑方依然企图控制d4，制造出一个强有力的轻子，因此之后的走法是非常有意义的：

1...Bh6!

走1...b4符合主题，没有问题，但走1...Bh6说明你已经学好了轻子（第二章）的课程。黑方给出的兑象一着又会导致一个非常凶悍的马（在...b5-b4之后）与一个强有力的白格象的对峙的局面，同时会让不活跃的g7象活跃起来投入后面的战斗。

2.f4

若2.Bxh6 Kxh6 3.f4 b4 4.f5 bxc3 5.Qxc3 则黑方可以通过5...Rfb8 及6...Ra8-a7-b7在b线叠车，或者走5...Qf6（我们会在主线中讨论这一着背后的想法）。由于黑方有优势的兵形和轻子，因而对于两种走法黑方都占尽机会（b3和d3格都是弱格），这种有利倾向在中局和残局中都会显露出来。

值得注意的是2.Bb2会使黑方完全占到上风，因为之后黑方有2...Be3+ 3.Kh2 b4 4.c4 Ra2。

2...b4

回到我们的主题——在b4和d4制造弱格！

3.f5 Bxc1 4.Qxc1 bxc3 5.Qxc3 Qf6

很毒辣的走法，挡住了f5兵向f6的挺进，同时为g线作战做了一些准备。

6.Qd2

6.Qc4 g5 对黑方而言也是很有力的走法。

6...Rg8 7.fxg6+ Qxg6 8.Qf2

8.Rf5 Nd4 9.Rg5 Qh6 也差不多。

8...Qxg3 9.Qxf7+

9.Qxg3 Rxg3 10.Rxf7+ Rg7 会使白方进入惨淡的残局。

9...Rg7 10.Qxh5+ Kg8 11.Qf3 Qxh4 这样白方将面对长期的严重压力。

很多情况下，一个格子通常意义上并不虚弱，但敌方可以通过人为制造支撑点使它与其他子力的联系被阻断，继而被敌方占据。

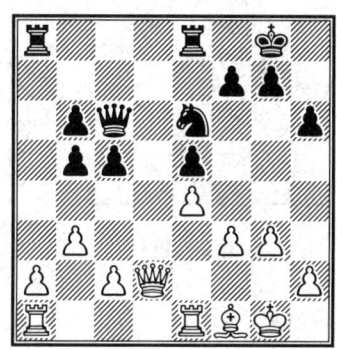

图245 黑方先行
佚名（1879）对阵 佚名（2118），2008年 洛杉矶

如果黑方的马能进驻d4格，此格会是个绝佳的营盘，但白方也可通过c2-c3使黑方对d4可能有所顾忌，从而保持阵地的稳健。因此，此时d4不符合所谓"漏洞"的标准。但是较之于表面的现状，d4格具有更大的相关倾向。

另外还有一些要点：a2兵有些危险，开放的d线尚有待于占据，以及接下来轻子之间会发生激战。

1...Nd4

将马置入好的格子中，形成...Nxf3+的威胁。1...b4对于黑方也不错，但何必此时就让白方的象控制住c4呢？

2.Qf2 b4!

"赢得"了d4格！黑方通过阻止c2-c3走法，在d4制造了一个支撑点，而且定住了a2兵，使其成为固定目标。

2...Qf6 3.Kg2 b4 4.Bc4 Red8 5.a4 bxa3 e.p.6.c3 b5 7.Bd5 Rxd5 8.exd5 Nxb3 9.Ra2 Qd6 10.Rd1 Nd4!! 11.cxd4 exd4 12.Rda1 b4是另外的一整条路线——尽管黑方少一个车，但他的无敌兵列对白方形成了严重威胁！这一变化十分出奇，而较为常规的走法（2...b4）则

对阵线形成了牢固的控制。

3.Bc4

由于黑方的2...b4，白方象的状态并不是很糟，但正如菲舍尔所言，"舍一格方可得一格"，此时黑方的d4马依然比白方的白格象强悍得多。

3...Ra3

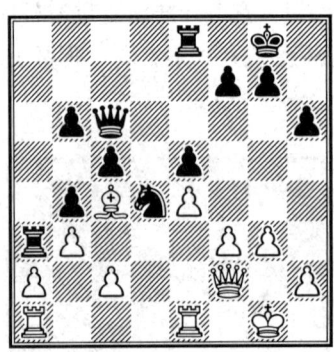

图246

黑方继续展现着他对目标意识的理解，他看出a2兵虚弱，因此他首先利用a3的漏洞将其困住（即"将轻子困死"），之后他便准备加大对a2的压力。

4.Bd5 Qc7 5.Rec1

走5.Rec1是为了通过c2-c3从侧面保护a线兵，但黑方的好马和对a2的施压让黑方占了巨大的优势，这意味着白方这种慢吞吞的走法很可能最终无效。我无论如何会试走5.f4，尽量在王翼制造反击。

5...Qa7 6.c3 bxc3 7.Rxc3 Qa5 8.Rcc1 Re7

走法专一，值得称道！黑方意欲将所有主要子力调集到a线，将a2兵摘除。

9.f4?

情有可原，但为时已晚。被动的走法9.Rcb1 Ra7（9...Qc3!?）10.Rb2是比较牢靠的防守，只是这样黑方依然占据着明显优势。

9...exf4 10.gxf4 Ra7 于是a2被攻克，黑方之后便会赢得比赛。

当然，一个弱格并不仅仅是马的理想营盘，其他棋子也可以很好地布置在其中。

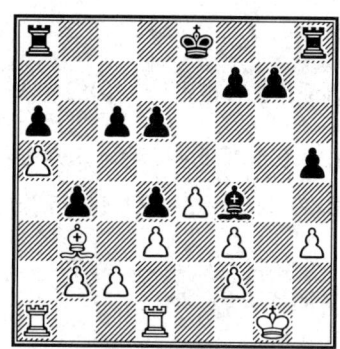

图247　黑方先行
G.盖克 对阵 格雷格里·凯德诺夫，1987年 诺尔里斯克

黑方象的最佳位置是哪里呢？f3兵作为叠兵显然是弱兵，但它位于白格，而黑方的象处于黑格，对此它鞭长莫及。然而对于黑方的王而言，f4则是个很好的格，因为它不仅已经挺了出来，而且猛攻着f3，因而黑方将他的王走到了那里。

1...Ke7 2.Ra4 Rhb8 3.Bc4 Kf6 4.Kf1 Ra7 5.Re1 Bh6 6.Ke2 Ke5 7.Kf1 Kf4

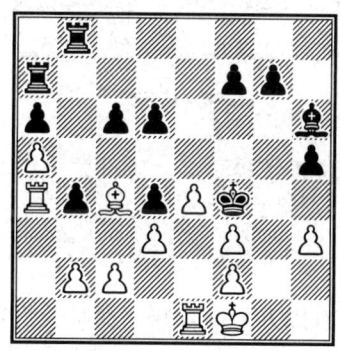

图248

哪个王身强力壮，哪个则是待宰羔羊，这已经毋庸置疑了。有时一个格子和占据它的决心，就已经可以让你取得优势。

8.Ke2 Re7 9.Kf1??

9.Bxa6?? d5会截住白方自己的象，而9.Rg1 d5 10.Bb3 f5则是较好的防御，这样10...Rb5之后11.Rg6，如此白方局面忽然好转。而不走10...f5，简单地改走10...Rb5则维持着对白方的压力，并延续着自己的优势。

9...Kxf3 10.Bxa6 d5 11.exd5 Rxe1+ 12.Kxe1 Re8+ 13.Kf1 Re2 14.Ra1 Rxf2+ 15.Kg1 Rg2+ 16.Kh1 Be3，而在...Kg3之后，...Rh2就会直接把白方将死，0-1。

最后，为控制一条竖线或对角线上的一串格子而作出局面性的弃子，或者让进攻的棋子占据单一但却十分重要的格子而弃子，都并不反常。

杰瑞米·西尔曼 对阵 文森特·麦坎布里奇，1982年 旧金山

1.d4 Nf6 2.c4 c5 3.d5 e6 4.Nc3 exd5 5.cxd5 d6 6.e4 g6 7.Bf4 a6 8.Nf3 b5 9.Qe2 Nh5 10.Bg5 f6 11.Be3 Bg4 12.h3 Bxf3 13.Qxf3 Nd7 14.g4 Ng7 15.Qg3 Qe7 16.Bg2 0-0-0 17.0-0

开局结束，白方走出了显著的优势。

17...h5

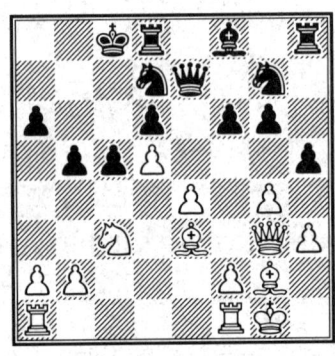

图249　白方先行

白方有双象，而且对中心位置掌控更多。除此之外，黑方的棋子位置不好，而且王在后翼不安全。

18.b4!

这步好棋不仅努力打开了对黑方王的攻路，而且要占领地方很多的漏洞。如果c5兵向前吃子或挺进，白方的马就会立即控制d4弱格，在那里又会深入窥视c6和e6弱格。

18...h4

若吃掉b4兵，黑方就为白方车让开了c线，也会让白方马通过19.Ne2之后进驻d4格（从此进一步还有c6）。

19.Qf3 cxb4 20.Nb1

向d2和b3进军，从此处又可进驻a5和b4。

20...Ne5 21.Qe2 Ne8 22.Bb6 Rd7 23.Nd2 f5 24.f4 Nf7 25.Nb3 Bg7 26.e5!

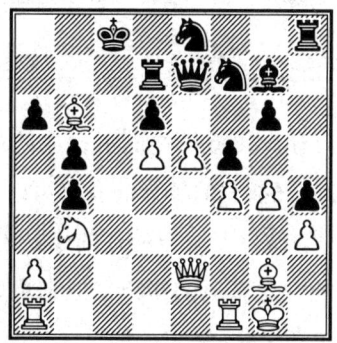

图250

另一着漂亮的弃兵,使白方的马进入c5格,也为g2象打通h1-a8对角线做好了准备。

26...dxe5 27.Rac1+ Nc7 28.Nc5 exf4 29.Qf2 Rxd5 30.Nxa6 Bc3 31.Nxc7 Rd2 32.Qxd2 Bxd2 33.Nd5+ Bxc1 34.Nxe7+,1-0。

小　结

▶ 弱格——一系列弱格可让车慢慢沿途而下，或使象发挥远程的"控制大斜线"效用。一个位于第4、5、6横线的单独的弱格可以让马（或其他棋子）在接近或深入敌营的地方扎下来。这些都可以使你的棋子比敌方相应子力强悍。

▶ 有时一个格子并不是通常意义上的弱格，但它可以被孤立于其他子力之外，从而人为地变成了敌方的支撑点。

▶ 这里应当强调一下在本书中反复强调的一点：将棋子置于不能与其他子力协作的位置绝对不是什么好主意。国际象棋是协作性的竞技，你应当让尽可能多的棋子共同攻向同一个目标。

5.4　把敌人居中的王拽下来！

对于大多数业余棋手，敌方的王从一开始就是主要的攻击目标。然而这种审视棋局的方式会障你眼目，不仅会阻碍你学习新的思路技巧，而且会让你忽略大师那些微妙的计划和策略，而这些计划和策略往往又是很漂亮的，但却与攻击敌方的王无关。

在"目标意识"的研讨中，我们已经看到过很多明显的例子体现了这样的部署方法（格子与弱兵），而且这种策略观念差不多是全书的主题（失衡）。而下面我们要注重于棋手必须将部署优势发挥出来攻向王的行动。这里很重要的一点是所谓的"必须"。这个"必须"指的是按照失衡的要求（如果你极少遵循失衡的原理，那么说是乞求也可以）来接受这段特殊的课程。因此，我们不探讨在王翼形成进攻的开局过程，也不研究如何慢慢在王翼或后翼制造进攻态势（其他无数涵盖"攻王"的书对此有很好的讲述），而是关注一个（在业余对弈中）关于王垂死挣扎时最常见的情形：没有易位、还停留在正中心的王。

虽然也有其他的"必须进攻"的情况，但据我的经验，业余棋手容易将王留在中心过久，因此我在此要专门针对这种情况。我在课程对弈中一直都能看到这种情况，甚至等级分达到2000的选手也经常"忘记"守卫自己的王。我教的一个等级分有1400的男生干脆不去防御，他认为被守卫起来的王会被包围在一个角落里被将军，所以他宁可将王置于中心，然后很理所当然地一次一次地被将死。

我们的基本论题如下：如果你的王已经安全地易位，而对方的王在棋盘中间，那么我便要教你意识到中间的王是一个攻击目标，应当立即试探是否有袭扰它的方法。最起码，当敌方的王在中心，而你在积极进攻的时候，你要让他疲于守卫他的王，这便会使你掌握一些关键要素。

下面有笔者参加的几场比赛，这些比赛会对不用心守卫王的棋手有所警示，同时也表明如果对方的王久居中心，你应该做些什么。

杰里米·西尔曼 对阵 维勒鲁，1990年 洛杉矶

1.d4 e6 2.c4 Nf6 3.Nc3 Bb4 4.Qc2 b6 5.e4 Bb7 6.Bd3 d5 7.cxd5 exd5 8.e5 Ne4 9.Ne2 Nd7 10.0–0 Bxc3 11.bxc3 Ng5

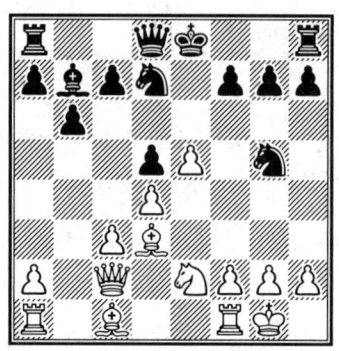

图251

黑方开局走得很糟，已经处于败势：自己的子力不积极，而白方在中心有很大的空间优势，而且（你一定在等着这个局面吧！）黑方的王依然呆在中央，若无其事。

12.Ng3 h5

黑方没有意识到若他的王还在中央呆着晒太阳，而白方的王已经很安全地在王翼避开了交火区域，他就无法获胜了。其他方面势均力敌，因此在短兵相接之中会很快显露出让王贸然涉险的后果。

黑方很倒霉，改走12...0-0 13.Bxg5 Qxg5 14.Bxh7+ Kh8 15.f4对他依然不利。

13.f4 Ne6

其他走法也很尴尬：

▶ 13...h4 14.Nf5 Ne6 15.Ba3（这样就将黑方的王憋在中间了！）15...g6 16.Ne3 h3 17.g3 g5 18.f5 Nf4 19.Ng4（白方也可以走f4，但19.Ng4有力得多，而且使黑方完全无法反击）19...Nxd3 20.Qxd3 c5 21.e6 Nf6 22.Bxc5!! bxc5（不能走22...Nxg4，否则有23.Qb5+将死）23.Qb5+ Kf8 24.Qxb7这样黑方就要认输了。但如果他企图垂死挣扎，那之后会有：24...Qe7 25.Qxa8+ Kg7 26.Qxh8+ Kxh8 27.Nxf6 Qxf6 28.Rae1 Qe7 29.f6 Qf8 30.e7，等等。

▶ 13...Ne4 14.Nxe4 dxe4 15.Bxe4 Bxe4 16.Qxe4这样白方多一个兵，而且势不可挡。

14.f5

经典的兵链阵势，白方的中心/王翼兵链将所经之地一扫而空。

14...Nef8 15.Qe2

白方意欲打开一些竖线和对角线，从而攻陷敌方的王。15.Qe2为e5-e6做了准备，同时也盯着d5格（若黑方有15...h4，则白方也有16.Nh5这一强有力的走法）。

15...Qe7

黑方想守卫后翼，但白方不让他这样做！

16.f6!

激战开始，白方的棋子一路冲入敌方阵线，最终杀得血流成河。

16...gxf6 17.Nf5 Qd8

这样并不好，但黑方若走17...Qe6，则白方有18.Ng7+捉死了王后。

18.Ng7+，1-0。投降的正是时候！这样他就避免了出现18...Ke7 19.exf6+ Kd6 20.Nf5+ Kc6 21.Bb5#的尴尬结局。

杰里米·西尔曼 对阵 D.巴伦（1950），1994年 加利福尼亚

1.d4 Nf6 2.c4 e5 3.dxe5 Ng4 4.Bf4 g5 5.Bd2 Bg7 6.Nf3 h6? 7.h4 Nxe5 8.Nxe5 Bxe5

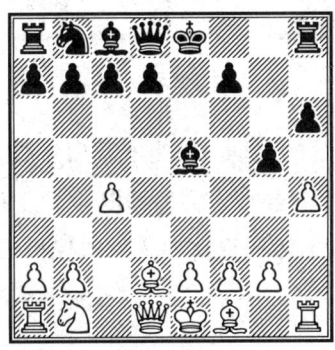

图252

两个王都在中间，但白方的王被兵保卫着，而黑方的则由于暴露得厉害而成为了致命的目标。

9.hxg5 Bxb2?

这是远超出他所能控制的范围的猎取，黑方更好的走法应当走9...hxg5 10.Rxh8+ Bxh8 11.Qc1!这样白方显然占据优势，但黑方也仍然可以继续争夺。

10.Nc3 Bxa1 11.Qxa1

可怜的黑方的王处于险境，而且看起来已经被弃之不顾了！此时很显然黑方的黑格象远比白方的车重要——它守护着黑格，而此时它消失了，a1-h8对角线就成了康庄大道，白方的后可以从此长驱直入，直捣敌营。

11...h5?

黑方被他的局面吓坏了，并且徒劳地走出了这无力的一步，但此时他已经无可救药地从悬崖上摔下去了。

12.Nd5 Rf8 13.Qe5+，1-0。王开始时位于e8，最后也被杀于e8，一直没有移动。

H.勒夫菲尔 对阵 杰里米·西尔曼 1990年 美国业余团队赛西区

1.e4 c5 2.b4 cxb4 3.a3 d5 4.exd5 Qxd5 5.Nf3 Bg4 6.axb4 Nc6 7.c3 e5 8.Be2 Bd6 9.Na3 e4 10.Bc4 Qh5 11.Qe2 Nf6 12.Qe3 0-0 13.Nd4

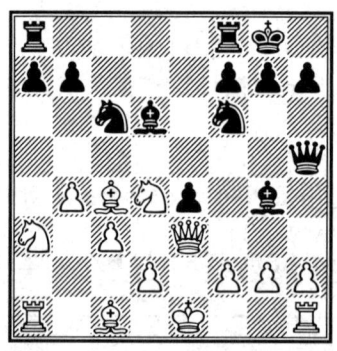

图253

对于白方而言这是个灾难性的局面——出子落后，黑方的王在g8被牢牢保护着，白方的王则弃置于中间，此时读者就会意识到训练内容了：（1）注意到敌方的王在中央滞留过久，立即积极攻杀它；（2）不得允许对方采取保护措施；（3）尽可能向交战区域调集子力，为决定性的突破做准备；（4）打开竖线扼其咽喉！

13...Ne5

马占据了个很强的位置，蓄势待发。

14.Be2

此时易位为时已晚：14.0-0 Nf3+ 15.Nxf3 Bxf3（h2叫杀）16.h3 Qg6（g2叫杀）17.g4（17.g3 Bxg3）17...Nxg4白方很快就会被将死。

14...Nd3+!

正对着白方的王打开了中心线。

15.Bxd3 exd3 16.Qxd3 Rfe8+ 17.Kf1 Bf5!

无论以什么方式吃去f5子，都有18...Qd1将死。

18.Qf3 Bd3+，0-1。无论19.Qxd3 Qd1还是19.Kg1 Re1都会直接结束战斗。

当然，王居中并不一定就等于被判了死刑。例如，若中心是封闭的，那么王可以在中间多留一会，这是因为敌方棋子无法入侵进来。另外，有的时候发现有些其他的走法有大利可图，那么无论什么水平的棋手（甚至特级大师）也会暂时放弃易位。有时这种做法会见效，有时则会在劫难逃。但无论如何，接受过目标意识训练的棋手应当立即意识到这种局势，尽力寻找打击对手的方法。若不能，那对手的思路就是可行的，你就只是平淡无奇地继续一场比赛。然而通常来讲，打击滞留在中间的王都是可行的，"猎王"一旦开始，比赛就变得有趣了。

杰里米·西尔曼 对阵 理查德·贝鲁布（2260），1991年 世界国际象棋公开赛

1.d4 Nf6 2.c4 e6 3.Nc3 Bb4 4.Qc2 c5 5.dxc5 Nc6 6.Nf3 Bxc5 7.Bg5 Be7 8.e4 Qa5 9.Bd2 Qc7 10.h3 a6 11.Be2 Ne5?

黑方局面只有一点儿差劲，但这也浪费了不少时间。

12.Nxe5 Qxe5 13.f4 Qd4 14.e5 Ng8 15.0-0-0

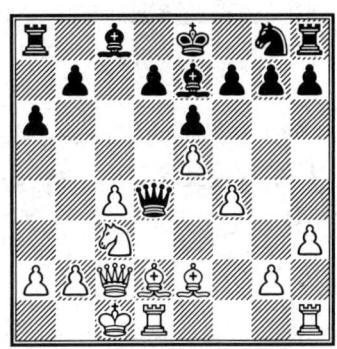

图254　黑方先行

白方的王很安全，黑方的则在中间。此外白方在出子上领先很多，黑方的后身处险境。若这种局面还无法让你想大开杀戒，那就再没有什么局面能做到了。

15...f6 16.Kb1 fxe5 17.Bh5+ g6

17...Kf8 18.Ne4会让白方给出制胜一击。

18.Bxg6+! hxg6 19.Qxg6+ Kd8 20.Nd5!

白方战术组合的关键点为Ba5+的致命威胁。

20...Qxd2

20...Qc5 21.Be3也是同样的结果。

21.Rxd2 exd5 22.fxe5 d6 23.Qg7

黑方阻止了将杀，但代价是极大的子力劣势。之后黑方只继续走了几步就认输了：

23...Bf5+ 24.Ka1 Kd7 25.Qxh8 Bg6 26.Qg7，1-0。

显然，追捕位于中间的王是有利可图的，但有时正确的做法并不是立刻冲上去，而是尽可能将王在中心长久地拖住，下面的实例体现的正是这一点。

爱德华·拉斯克 对阵 弗里茨·英格伦 1913年 席凡宁根

1.e4 e5 2.Nf3 Nc6 3.Nc3 Nf6 4.Bb5 Nd4 5.Nxe5 Qe7 6.Nf3 Nxe4 7.0-0 Nxc3 8.dxc3

Nxf3+ 9.Qxf3 Qc5 10.Re1+ Be7 11.Bd3

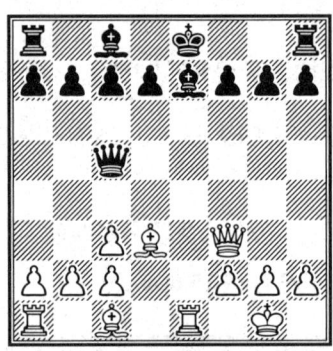

图255　黑方先行

黑方出子落后，而且王在中间。他若能防御得好自然无妨，但之后会发现这比想象中要困难。对于目前的局面，11...0-0会丢子，因为白方走12.Qe4会通过h7和Qxe7直接叫杀。

11...d5

黑方若走11...d6，意欲...Be6而后...0-0或...0-0-0，那么简单地以12.Qg3应对就会使黑方很困扰——因为黑方的后不保护象，而12...0-0也不可以，这是因为之后白方还有13.Rxe7。

还有比12.Qg3更有力的走法显得刺激得多：12.Bh6 gxh6 13.Qf6 0-0 14.Rxe7 这样尽管黑方设法易位成功，但付出了惨重的代价。

12.Be3 Qd6

或者可走12...Qc6 13.Bd4 Be6（13...f6 14.Qe3很糟！）14.Bxg7 Rg8 15.Bf6 Bxf6 16.Qxf6这样黑方少一个兵，而且依然不能成功易位！

13.Bf4 Qf6

13...Qd8 14.Qg3 0-0 15.Bxc7 Qd7 16.Be5使白方多一兵而且占有局面优势，而13...Qd7则直接落败，因为之后有14.Qe3（14.Qh5）14...Qe6（14...Qd8 15.Qg3）15.Qg3 Qf6 16.Bg5这样比赛就结束了。

14.Qxd5?!

白方被漂亮的将杀冲昏了头，这里更好的走法是14.Qe3 Be6 15.Be5 Qh4 16.Bxg7 Rg8 17.Be5这样黑方少一兵，而且因为白方有Qxa7的威胁所以黑方不能进行防卫，进而形成很糟的局面。

14...c6?

错失良机。他本应试走14...Qxf4 15.Bb5+ c6（显然白方迫不及待地预期着如下后续：15...Kf8 16.Qd8+ Bxd8 17.Re8将死）16.Bxc6+ bxc6 17.Qxc6+ Kf8 18.Qxa8 Qc7 19.Re4 g6 20.Rae1 Bd8 21.Re8+ Kg7 22.Rxh8 Kxh8 23.Re8+ Kg7 24.Qe4这样白方依然有优势，但黑方也仍然能打一场激烈的持久战。

15.Qe4 Be6 16.Re3

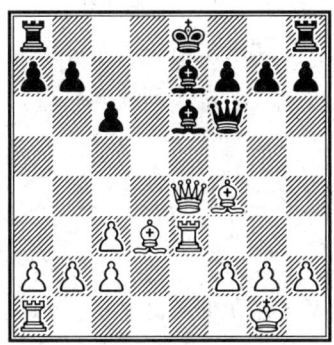

图256 黑方的王依然在中间！

这里还有几种更正确的走法：16.Be5 Qg5 17.f4是一种，16.g3 0-0-0 17.Ba6! 是一种，16.Rad1也是符合常理的一种。不过，16.Re3也并不差，之后我们会看到白方又开始追求出彩的结局，而且这次他的想法终于要实现了。

16...Bc5

16...0-0-0 17.Ba6对黑方也会造成很大压力。

17.Be5 Qh6 18.Rg3 Bf8 19.Rd1

白方实际上在布置一种很著名的将杀局面，黑方会发现吗？

19...0-0-0?

黑方最后成功易位，但大局已定，无论如何都会输了。

20.Qxc6+! bxc6 21.Ba6将死。

这个例子又一次表明，尽管将杀是追捕位于中间的王的最好效果，但如果对方有很好的防御技巧，将杀往往就会变得很难。然而在守方为保卫王的安全而疲于奔命的时候，攻势方总归会获得很多好处（例如子力和部署上的优势）。

在对"拖住中间的王"的理论探讨的最后，我想分享一个关于一位"C"级别（等级分1500）的棋手米奇·米尔斯[①]的故事。早在1974年的时候，他对发动攻击的要领的理解相当差劲，当时作为他的老师，我看到了他这个缺点，便推荐他读弗拉德米尔·瓦科维

---

① 米奇·米尔斯的名字写法为"Micky Mills"，作者在下文中也用了Micky的正式写法"Micheal"，即"迈克尔"来称呼他的这位学生。——编者注

奇的著作《进攻的艺术》一书。

几个月之后，米尔斯参加了一场公开赛（其中有各种水平的棋手），获胜者将会获得一项精英奖。有很多高手来参加了比赛，其中有美国冠军约翰·格雷弗以及多次夺得美国冠军的华尔特·布朗，因此所有人都预期这两位"大腕"中的一位最终会夺奖。

米尔斯在赛事中的表现并不是很出色，他遇上的是另一位"C"级别棋手，没人关注到他们的比赛，但我回到家之后（和米尔斯、两个等级分2400的高级大师以及约翰·格雷弗在一起），米奇·米尔斯叫道："看我的比赛！看我的比赛！我下了一局很精彩的棋！"

我并不会为此感到自豪，但我得承认我们当时都大笑起来，并用着调侃的口气回答道："好啊，给我们看看！"

R.加蒂格（1500）对阵 米奇·米尔斯（1500），1974年 旧金山

1.e4 c5 2.Nf3 Nc6 3.d4 cxd4 4.Nxd4 g6 5.Nc3 Bg7 6.Be3 Nf6 7.Be2 0-0 8.Qd2 d5!

至此之前我们一直没说什么，黑方开局走得很好，没有问题。

9.Nxc6

形如9.exd5 Nxd5 10.Nxd5 Nxd4!的后续演变对黑方很有利：之后有11.Nxe7+?（11.Bc4会最大限度地阻挡黑方，而11.Bxd4 Qxd5 12.Bxg7 Qxg2!则黑方会有许多获胜的方法）11...Qxe7 12.Bxd4 Bxd4 13.Qxd4 Re8这样白方的王便被困在中间了。

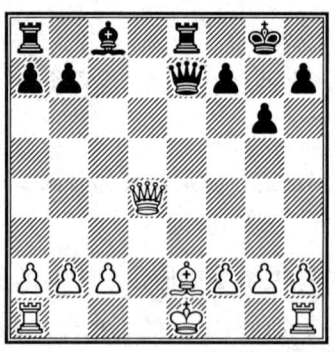

图257 白方先行，但已陷入"中央王"的困境之中

白方最好的走法是通过14.Qe3兑去后，但黑方（他正在追捕着白方的王）是不会让白方这么做的：14...Qb4+ 15.c3 Qa4 16.Qd2（16.Qd4更好，只是之后16...Qa6 17.c4 Bf5依然对白方不利）16...Bg4 17.f3 Rad8这样白方的处境就很危险了。一个可能的后续演变如下：18.Qg5 Bf5! 19.0-0 h6 20.Qf6 Rd2 21.Bd1 Qf4 22.Bb3（22.Kh1 Re6就捉死了白方的后）22...Rxg2+! 23.Kxg2 Bh3+ 24.Kxh3 Qxf6黑方便会获胜。

9...bxc6 10.e5 Ng4

不错的回应，另外10...Nd7 11.f4 e6也是可以的，若如此则之后的羁捕会连累白方更多的棋子：12.Na4?（马处于无根状态）12...Nxe5! 13.fxe5 Qh4+ 14.Bf2 Qxa4。

11.Bxg4 Bxg4 12.h3

若是12.f4 f6 13.h3 Bc8 14.exf6 Bxf6 15.0-0-0 Qd6，黑方也是不错的。

12...Bf5 13.g4?

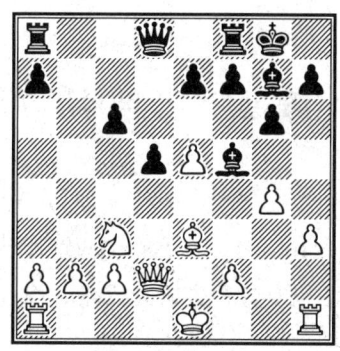

图258　白方上钩了

我们都在竭力找点什么错批评下，看到这里我们都激动地叫道："你傻吗！你干吗让他抢先捉你的象啊？"

"这个嘛，"迈克尔冷静地答道，"我在试图唆使他。"这我们可无法理解了，我们都情不自禁地趴在地上大笑，而迈克尔却不理这些，依然胸有成竹地继续。

这里我要问读者：他是否已经看到了白方阵线上的弱点？一个很大的问题就是e5兵是弱兵，如果它被摘除，g7象就会控制a1-h8对角线。不过另外一个问题才是这个例子的意义所在：白方的王依然留在中间！

13...Be6

当时我们只想笑话迈克尔，并没有注意到此时有13...Bxe5! 14.Bh6（14.gxf5 d4）14...d4! 15.Qe2（15...Bxf8 dxc3对白方极其不利，而15.Na4则还可以继续比赛）15...Bf6 16.Bxf8 dxc3 17.b3 Qd2+ 18.Qxd2 cxd2+ 19.Kxd2 Kxf8 20.gxf5 Rd8+ 21.Ke2 Bxa1 22.Rxa1 gxf5这样黑方在残局中多一个兵。

14.Qd4?

这一步除保护e5之外，还有将后移动到c5的意思——这想法不坏，但会遇到各种战术问题。有一种好得多的走法为14.f4。

14...f6

这是一步好棋,意欲打开中心通路,并向敌方没有易位的王进发,但这里另有一些更为有趣的走法:

▶ 14...Qb8可以同时打击b2和e5。

▶ 14...Rc8!?这是由计算机走出来的很古怪的走法:15.Qxa7(15.Na4 Qc7)15...Bxe5 16.Bh6 d4 17.Rd1 Ra8 18.Qc5 Qc7 19.Bxf8 dxc3 20.Bxe7 cxb2 21.O-O Bxa2这样白方很快就被消灭了。

15.f4?

一步坏棋。白方应当走15.exf6,之后15...Bxf6黑方依然有优势,但白方还可以继续战斗。

15...Qc7

我们嘲讽米尔斯为什么不走15...fxe5 16.fxe5 Qc7这样就得一个兵,而且后面的17.Bf4 c5是致命的。然而棋谱中的走法也会让白方陷入困难,而且之后表明这比15...fxe5更好。

16.exf6 Bxf6 17.Qc5 Bh4+

更直接的走法有17...d4 18.Bxd4 Qxf4 19.Bxf6 Rxf6这是决定性的攻击。而米尔斯选择的途径更深刻,也更漂亮。

18.Ke2

其他走法:

▶ 18.Kd1 d4! 19.Nb5 Qa5 20.Qxc6 dxe3 21.Qxe6+ Kg7 22.Nc3 Rxf4黑方获胜。

▶ 18.Bf2 Bxf2+ 19.Qxf2 Rxf4 20.Qe3 Bf7 21.O-O-O e5黑方亦胜。

▶ 18.Kd2 d4黑方立即就会获胜(例如19.Bxd4 Qxf4+ 20.Be3 Rad8+ 21.Kc1 Qf1+直接将死)。

18...Bc8!!

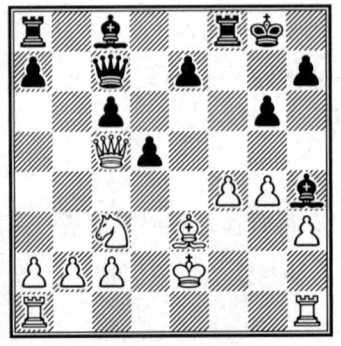

图259 一记高招

这一记高招超过了当时的计算机（2010年之前）的计算能力，既为...Ba6+做准备，又放开了e线兵，这样它就可以挺至e5，将中央暴露（因而追捕敌方中间的王）。迈克尔之前的走法没让我们觉得怎么样，但当我们看到这一着的时候，我们一开始的那种讥笑已经慢慢消失了。

19.Nxd5

很冒险也很贪婪，但此时的确没有什么完全可以接受的防御方法。其他的尝试走法有：

▶ 19.Kd2 Ba6（这样之后有...d4 以及...Rxf4）20.Rad1（20.Kc1!?）这样20...Rxf4就可以采取很有趣的战术，但这里20...e5更为简单，也可能是最好的走法：21.fxe5 d4 22.Bxd4 Rfd8 23.Kc1 Be7黑方得一子。

▶ 19.b4 e5 20.fxe5 Qxe5这样显得很凶悍。

▶ 19.Rag1 Ba6+ 20.Kd1 e5这样我可以说我无论如何也绝不愿意去当白方了。

▶ 19.Kf3这样无论是19...Bb7（20.Nxd5 Qe5 21.Nc3 Rxf4+）还是19...Ba6都是强有力的走法。

19...Ba6+ 20.c4

若20.Kf3，那么黑方有很多种可能走法，最简单的例如20...Qe5这样白方不得不弃一子：21.Nxe7+（若21.Qxc6 Rac8这样就结束了）21...Qxe7 22.Qxe7 Bxe7。

20...Qb7! 21.Nb4 e5!

白方尽力维持着局面，但米尔斯（如正在组装的阿廖欣之枪一般）依然在连发妙招！

这个时候我们所有人都说不出话来，大家都默默地看着棋局推进，并且听着米尔斯的讲解，比如说"他的王还在中间！我不得不摆平他！"或者"我在强行打开中心区域，以便我的棋子可以渗透过去！"

22.Nxa6

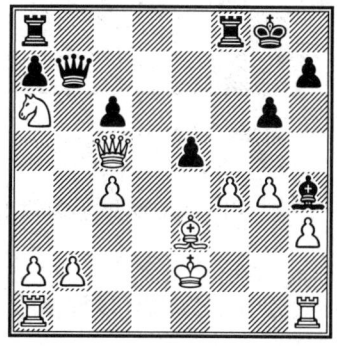

图260　正在组装的阿廖欣之枪

另外有些走法稍好一些，但在白方看来压力依然很大。例如22.f5 Be7 23.Qxc6 Bxb4这样黑方多一子，22.a3 exf4局势一边倒，还有22.fxe5 Be7 23.Qxc6 Qxb4黑方多一子而且展开了攻势。

22...exf4?

黑方已经意识到这种局面下他应当打开竖线，并且立即采取了措施。不过更直接的走法为：22...Qxb2+ 23.Bd2（23.Kf3 e4+也很可怕）23...Rxf4!这样白方就输定了。

23.Bd4

还有更糟的走法，例如23.Bd2 f3+ 24.Kd1 Qxb2 25.Rc1 Rad8。

23...Rae8+?

这是这种局面下最自然的走法，但确实不够准确。相反23...f3+是很强悍的走法：24.Kd3 Rad8 25.Nb4 Be7（立即走25...Rxd4+也不错）26.Qe5 Rxd4+ 27.Qxd4 Qxb4 28.Qc3 Qc5 29.Kc2 Rf4 30.b4 Qf2+ 31.Kb3 Bf6 32.Raf1 Qe2 33.Qc2 Qe3+ 34.Ka4 f2这样黑方取得胜势。

24.Kf3??

一个惊人的结局正在悄悄到来。白方本应走24.Kd3，这样24...Qxa6 25.Qxa7 Qxa7 26.Bxa7 f3 27.Bc5 Rf7 28.Rad1 Rd7+ 29.Kc2 Re2+，白方只会因为遭受到黑方f线的通路兵和白方身处险境的王所造成的麻烦。

在白方犯了这最后一次错误之后，米尔斯彻底组装好了阿廖欣之枪！

24...Re3+!!

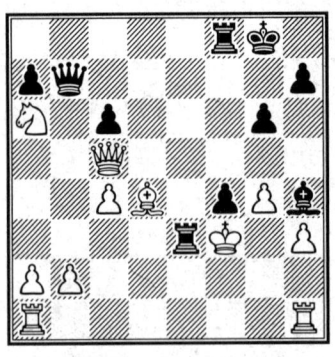

图261 米尔斯开火了！

他依然疯狂地清扫着竖列！这时我们全都露出了惊讶的表情，下巴都快掉了。

25.Kg2

若是25.Bxe3 fxe3+ 26.Ke4，这样黑方就有多种赢法可以选了，我个人最喜欢的是26...Re8+ 27.Kd3 Rd8+ 28.Ke4 Qxb2。

25...f3+ 26.Kf1

若26.Kg1，则26...Rfe8 27.Bc3（27.Nb4 Re1+会将死）27...Rxc3 28.bxc3（28.Rh2能够维持更久，但当然黑方有28...Rce3）28...Qb2将死。

26...Rfe8!!

黑方做出了...Re1+叫杀的威胁，而白方不能走27.Bxe3，因为黑方还有...Qxb2。

27.Kg1 Bg3!

将困住白方王的包围网收紧，车依然不会被吃掉——这是很不可思议的情景，当然27...Re1+很容易就获胜了。

28.Rf1 Re1 29.Bc3

若29.Be5 Qxb2，这会造成很古怪的布局。

29...Qxb2!!。再有30.Bxb2 Rxf1+ 31.Kxf1 Re1白方就会被直接将死。白方认负。

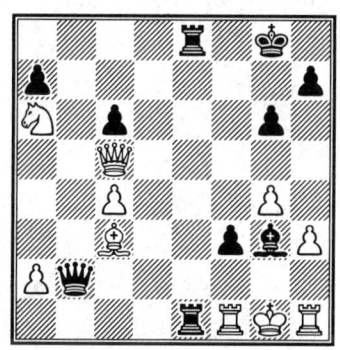

图262　漂亮的收官！

"那位深藏不露的特级大师是谁啊？"几个月后当我把这场比赛给特级大师拉里·克里斯汀森看的时候，他这样问道。

还有让我印象深刻的一点是，米尔斯在拆解这盘棋的时候并没有讲其他的变化（也不能在正确的演变下采取良好防御）。相反他解释他所有的走法时总是要采用从前述瓦科维奇的书中学来的命名，所以我们都在被各种拾来的牙慧轰炸，例如"中间的王，杀了他！""撕开中心线！""将我方棋子发挥到极限！""为向着敌方的王打开竖线作牺牲！""一石二鸟！""看我的天罗地网！"

当然，米尔斯最后赢得了精英奖，我们也只能祝贺他。很少有棋手（包括所有等级）能下出这么一场名垂青史的棋，所以他的确有如神助。这确实是一场极具创意的比赛，也许还可能是非大师级赛事中的最值得称道的一盘棋！

你若将"目标意识"完全消化并融入你的棋艺当中，你可能也会创造出这样的奇迹！

小　结

▶ 我们的基本理念是：如果你的王安全地易位，而对方的则在棋盘中间，那么你应当学着将那个中间的王看作攻击目标，立即尝试是否有打击它的方法。最起码当敌方君主在中间的时候，主动采取行动会让你得到很多好处，同时他则在为守卫他的王疲于奔命。

▶ 其他方面都势均力敌时，王处于险境的一方必然会很快遭受短兵相接的攻击。

▶ 至此读者需要理解以下要领：

- 看到敌方的王在中间滞留太久，应当立即主动起来攻杀它；
- 不要让敌方的王成功易位；
- 将子力尽可能调集到战斗区域，俟机突破；
- 打开竖线，直刺咽喉！

目标意识——习题

这里的所有习题全部都与弱兵、弱格、中心的王有关。你将必须确定每一道题与哪一个问题相关，并且决定如何将局面上的优势发挥到极致。

下面的习题都是以让你深入检查你的掌握程度为目的的，以及对此的一些额外讲解。如果你在做题时遇到了困难，不要着急——这说明我们发现了你所不理解的内容，这就需要你回头复习前面的材料，或者查阅书后第522页的答案来解决问题。

图263
【等级分：1600~2199】

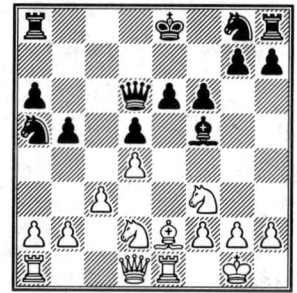

白方先行

图264
【等级分：1400~1600】

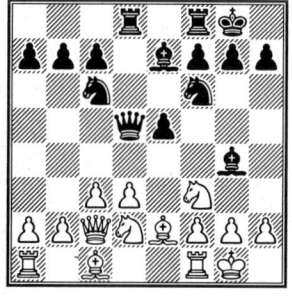

黑方先行

c3-c4是不是好主意？

第五章 习题3

图265
【等级分：1400-1600】

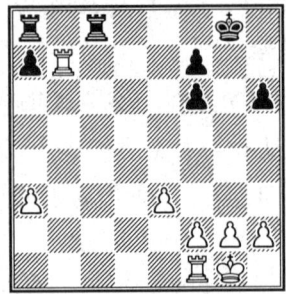

白方先行

列出黑方的弱点。

第五章 习题4

图266
【等级分：1400-1800】

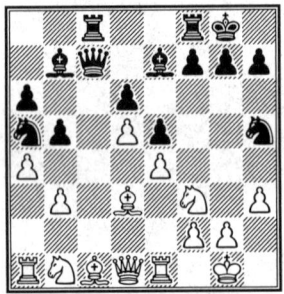

白方刚刚走完a2-a4。黑方不可能让白方吃掉b线的兵，那么白方这么走的目的是什么呢？难道就只是一步普通的威胁？

第五章 习题5

图267
【等级分：1400-1800】

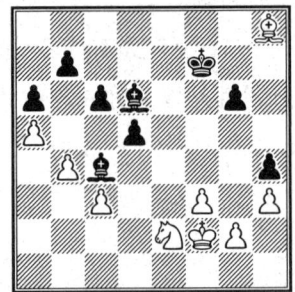

黑方先行

第五章 习题6

图268
【等级分：1400-2000】

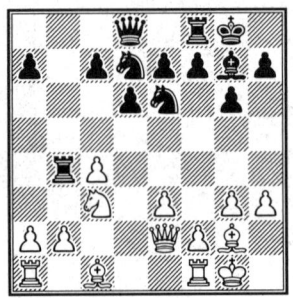

黑方先行

第五章 习题7

图269
【等级分：1800-2000】

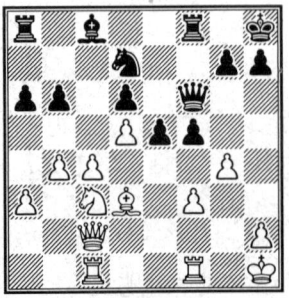

黑方先行

第五章 习题8

图270
【等级分：1400-1600】

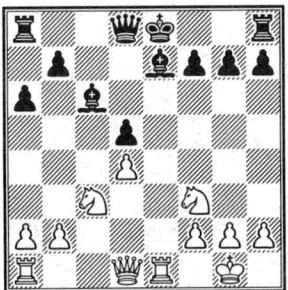

白方先行

第五章 习题9

图271
【等级分：1400-2000】

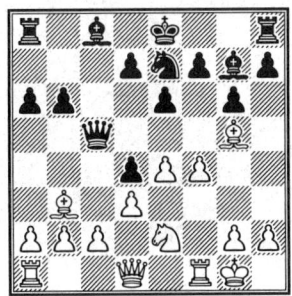

白方先行

第六章

静态 vs 动态

6.1 攻守兼备 vs 猛冲猛打——两种迥异棋风的对抗　273
　　6.1.1　开局中的静态与动态　277
　　小结　291
　　静态 vs 动态——习题　292

6.1 攻守兼备 vs 猛冲猛打——两种迥异棋风的对抗

我时常听到业余棋手谈论他们的下棋风格，他们通常喜欢夸自己如何将出击视为一切，只有很少的人为自己有牢靠的大局观而自豪。喜好某方面能力甚于另一方面当然并没有什么错，但若在其中任意一个方面缺乏基本技巧，你就难免感到棘手。因此对于一个好的局面型棋手，如果他没有好的战术头脑和动态棋感，那么他就要完蛋了，而一个战术家如果不明局势，或看不出对垒中的部署优劣，也会因疲于奔命而败。换句话说，个人风格是好东西，但若想赢棋至少要有起码的平衡全局的能力。

局面性的计划在于在敌方阵线上制造痼疾（弱格、弱兵、子力劣势、空间压迫，等等），而后"按摩"这些痛处，让对方疲于应付，最终沦为一盘散沙。相对地，战术家则谋划着用雷霆一击把对手打出擂台，或者对敌人施展超出其承受能力的绝妙连击。不管对于什么水平而言，都经常出现这两种奇思妙手。然而这总还是有一个前提，那就是坐在棋盘对面的那位已经把下巴伸出来让你打，否则他会在你局面占优的情况下抱头缩成一团。

但是如果对方看穿了你后面的战术又该怎么办？他若意识到他当前的局面是一团乱麻，不想坐以待毙并且敢于反击回来又当如何？如果对方也有优势之处，并且意图尽量利用它们，又该怎样？

最好的弈棋都是关于谋略的，它们是扬长避短，正面对决的比赛——如果没有斗志，在对手抓住优势一次次如虎狼般攻击你的时候胆怯退缩，你就无法赢棋，也无法享受下棋的快乐。弈棋的愉悦之处在于拼死一战的决心，在于棋艺、棋技和热情！

这就带来了动静之争这一极其重要的问题——交战双方中的一方有持久性优势（我们这里着重关注优势阵形），另一方则有即时的孤注一掷的机会（积极的棋子；对方王的破绽带来的攻击机会；以及不知从哪里冒出来，但却确实按照基本棋理组合起来的战术）。

本章要求读者能在一盘棋中彻头彻尾地注意"坚城"（局势、静态因素）与"利刃"（动态），这是你打算作起坚固的部署或发动突击时必须考虑的——攻击失败会给对方带来局势优势吗？或者你阵形的优势最终会让你获得胜利，还是会在敌方的积极棋子入侵时被攻破？

丹尼斯·施特伦茨威尔克 对阵 杰里米·西尔曼，1990年 美国全国公开赛

1.e4 c5 2.Nf3 Nc6 3.d4 cxd4 4.Nxd4 g6 5.Nc3 Bg7 6.Nb3 Nf6 7.Be2 d6 8.0-0 0-0 9.Kh1 Be6 10.Bg5 h6 11.Bh4 g5 12.Bg3 d5 13.Nc5 dxe4 14.Nxe6 fxe6 15.Bc4 Qc8 16.Bb3 Na5 17.Qe2 Nxb3?!

这里决定吃子显得很草率，但这（在18.axb3之后）为a1车进入a4格打开了通路（为何要激活敌方"失业"的棋子呢？）。更好的走法是17...Qc6，其效果也是差不多的。

18.axb3 Qc6 19.Ra4 Rfc8 20.Rc4 Qa6

黑方在对手"静态饥渴"的注视下抛出了一个诱饵。但这真的能让白方给黑方戴上"史上最烂兵形"的帽子吗？

21.Rxc8+?

他真的上钩了！更好的走法应当是21.Nxe4（21.Rd1!?）21...Rxc4 22.bxc4 Nxe4 23.Qxe4 Bxb2 24.Qg6+ Kf8 25.Qxh6+ Bg7 26.Qxg5 Qxc4这样由于黑方的王很容易被攻击，因而白方得到一点优势。

21...Rxc8 22.Qxa6 bxa6 23.Ra1

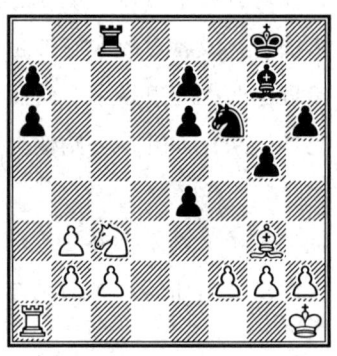

图272 史上最差兵形？

黑方多一个兵，但a线的孤叠兵真的能算作两个兵吗？另外e线的三叠兵又该如何看待？白方决定走成这种局面是可以理解的——他觉得他的阵形极具优势，因此局面应该仅仅对他有利。事实上，如果单看黑方的兵形，其他统统无视，那么这很令人忍俊不禁。然而若一叶障目地只去关注静态局势，这是不可以的。

这就带来一个问题："什么是动态？"这里我们就接触到了白方思维的缺陷——他没有看到对手的优势所在！下面我们拆解一下局面：

白方：
- 兵形远好于黑方。
- 积极的车（而且正面对着黑方的弱兵）。

黑方：
- 白方的王无法投入战斗（被挤在角落里，可能在最后因为底线问题遭到攻击），而黑方的王则可以通过...Kf7支持e7和e6（这样发挥了它的作用）。
- 黑方的车也是积极的，若白方的马走开，则...Rxc2会使这个车变成一个很凶悍的猛将。
- e线的三叠兵并没有看起来那么不堪——e6兵专门地保护了d5格，使...Nd5成为可能。
- 一旦黑方的马进入d5格这个绝佳营盘，c线就将被冲开，这样黑方马就比白方马的用处大很多。
- 一旦黑方的马移走，g7象会立即对白方后翼产生威胁，而白方的象则既无所攻击也无所守卫，只是沿h2-b8斜线干吹风而已。
- 黑方多一个兵。

总而言之，黑方实际上有很多优势：这是白方明显的局面优势与黑方巨大的动态优势之间的对抗。值得注意的是黑方所有的棋子都在发挥动态效用——王可以保护阵地中的关键位置，车、马和象可以合力击垮白方的后翼，而白方的棋子则散落各处，毫无协同。

23...Nd5

积极的棋子就要配之以积极的调遣！这一步立即将黑方的轻子进行了最优的部署，同时也击开了c线，使黑方的车可以参与进来。

24.Rxa6

白方开始吞食弱兵。这里其他的走法也并不见得有多好：

- 24.Nxd5 exd5 25.c3这样黑方不紧不慢地走25...Rc6可能是最好的，而25...d4 26.cxd4 Bxd4也可以让黑方完全主导局面。
- 24.Nxe4 Rxc2 25.h4 gxh4 26.Bxh4 Bd4 27.Rxa6 Kf7 28.Ra4 e5这样黑方的积极子力控制了整个棋盘。

24...Kf7!

很好地利用了王。e6兵得到了保护，避免白方Rxe6，这样黑方已准备好去认真研究c3和c2了。

25.Rxa7 Bxc3!

黑方注意到最好留住自己的马，因为马可以攻击所有格（而不像象那样只能呆在单色格里），因此这样可以保留一个比白方更为灵活的轻子。这里还应当补充的一点是，留马保护着c7也是很重要的——否则若3...Nxc3? 4.bxc3 Rxc3则白方有5.Rc7。

26.bxc3 Rxc3 27.h4

若走27.Ra2会比较被动，但这是白方最好的防守方法。

27...Rxc2 28.hxg5 hxg5 29.Kg1 e3

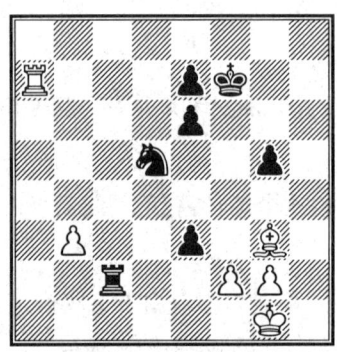

图273 犯错的后果！

比起白方看似完好实则无用的兵形，e线的三叠兵表现出了动态的优势！

30.fxe3 Nxe3 31.Bd6

还有同样无济于事的走法：31.Bf2 Ng4 32.Be1 e5 33.b4 Rc1 34.Kf1 Ne3+ 35.Ke2 Nxg2。

31...Rxg2+ 32.Kh1 Re2 33.Bxe7 Kg6 34.Bc5 g4 35.Bxe3 Rxe3

之后的比赛就无须讲解了——黑方很轻松地把棋局带入了制胜的卢塞纳局面[①]：**36.Rb7 Re2 37.Kg1 Kf5 38.Rf7+ Ke4 39.Rg7 Kf3 40.Rf7+ Kg3 41.Kf1 Rb2 42.Re7 Rxb3 43.Rxe6 Rb1+ 44.Ke2 Kg2 45.Kd2 g3 46.Rg6 Rb8 47.Ke3 Rf8 48.Rg7 Kh2 49.Ke2 g2 50.Rh7+ Kg1 51.Rh6 Re8+ 52.Kd2 Re5 53.Rh8 Kf2 54.Rf8+ Kg3 55.Rg8+ Kf3**，0-1。

▶ 在棋局中，表象没有任何意义，实质才是一切。

▶ 务必要搞清楚你和你的对手都可以利用那些失衡。

---

① 卢塞纳局面(Lucena Position)：一种经典的一车一兵对一车的残局，以著名棋手路易斯·拉米雷斯·德·卢塞纳的名字命名。其特点为：有车有兵的一方，兵在己方的第7行，而王则在兵的升变格中，车将对方的王与自己的王之间隔开至少一列；只有车的一方，其仅剩的车所在的列紧邻对方一王一兵所在的列。——编者注

- 动态可以击败静态，静态也可以击败动态，这取决于棋手在具体的局面下判断哪种更有效。
- 让所有子力向着同一目标协同运行。
- 尽管我们刚刚说过叠兵、孤兵和三叠兵是不好的，但我们没必要特意这么做！不要将要领当成教条对待。

6.1.1 开局中的静态与动态

当然，静态与动态的对抗极为常见，往往在开局阶段就经常可以见到静态与动态的例子。

维塞林·托帕罗夫 对阵 莱翁·阿罗尼安，2008年 莫雷利亚

1.d4 Nf6 2.c4 e6 3.Nc3 Bb4 4.Nf3 c5 5.g3 cxd4 6.Nxd4 Ne4 7.Qd3 Bxc3+ 8.bxc3 Nc5 9.Qf3 d6 10.Bg2 e5 11.Qe3 0–0 12.Nb3 Qc7 13.Nxc5 dxc5 14.0–0 Nd7

这在尼姆佐-印度式开局中是很常见的演变路线。白方具有双象，但同时在兵形上也有问题（c线叠兵是弱兵）。如果黑方可以兑去一个象，或者采取措施限制白方象的活动，他将获得绝佳的机会。

由于这显然是一个动态（两个积极的象以及出子占优）与静态（黑方兵形较好）相对抗的局面，白方需要使其象尽量持续发挥最大的潜力。

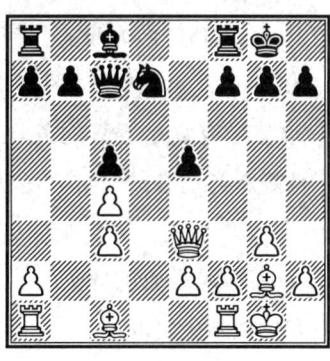

图274

15.f4!

这一步实际上让白方的兵形更差了（因为白方在a线孤兵与c线孤叠兵的基础上又立即会多出一个e线孤兵），但白方并不关心兵形问题——他关心的是子力的积极性！f线兵挺进之后可以有f4-f5，这样会在王翼制造机会。而且若黑方吃掉f4兵（而且他确实这么做了），那么c1象就可以与白格象一样冲进对角线上的高速公路中。

15...exf4

在我看来，这一步像是战略上的投降，如此白方就达到了所有的动态目的（当然托帕罗夫还需要几步好棋来证实这一点）。我认为，黑方应当走15...Re8!?，这一步可以暴露出白方在e线上的弱点，而且接下来可以通过16...e4来应对16.f5这一步，将g2象的对角线封死。需要注意的是，我所建议的走法并不像15...exf4那样正中白方下怀，而是限制了对方象的活动，而且试图利用白方兵形的缺陷。明智地讲（依据我的"失衡"理论），15...Re8是正确的走法，但这是否真的能成功抹平差距，还有赖于以后的分析。在15...Re8 16.f5 e4之后，形成了一个具有重要意义的局面：

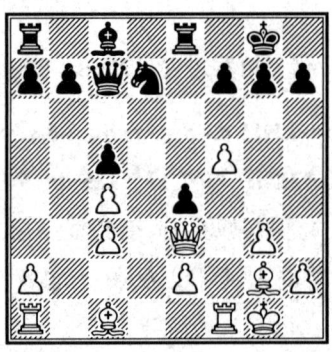

图275　白方先行

此时关键的一步是17.g4〔17.Qf4 Qxf4（17...Qa5!?）18.Rxf4 Nf6 19.g4 h6 20.h4 b6 21.g5（21.Be3 Ba6）21...Nh5 22.Rxe4 Bxf5对白方没有任何意义〕，这里亚西尔·塞拉万标注道："白方意图走Qe3-h3，Bc1-f4，g4-g5，试图将杀。我确实同意15...Re8是有意义的走法，但问题在于白方的'攻势'究竟是否真的危险。"这两种不同理念的争辩之中显现出来的不确定性，恰恰正是静态与动态的对抗之所在！

16.Rxf4

局面忽然完全打开了，黑方面临后翼子力削弱的巨大麻烦。当大相径庭的失衡双方相互碰触的时候，一方压倒另一方只在须臾之间。

16...a5

黑方企图通过...Ra6将a8车投入战斗。

17.Qe7!

漂亮！黑方的马被锁死了，而且白方的Bd5是一个巨大的威胁。

17...Qe5 18.Qxe5 Nxe5 19.Be3 Nd7

很蹩脚的走法，但为了守住c5，没有其他方法。

20.Re4!

继续压向e7。

20...Ra6 21.Rb1 Rg6 22.Re7 b6 23.Bf4

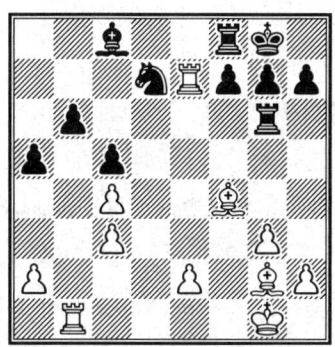

图276　黑方先行

白方的象扫清了h2-b8与h1-a8两条对角线，而且白方的车比黑方要强悍得多。黑方在战略上已经完全落败，接下来的对局只是平庸的练习了。

23...h5 24.Be4 Re6 25.Rxe6 fxe6 26.Bd6 Rf6 27.Rd1 Kf7 28.Bf4 Kg8 29.Bc7 Rf7 30.Bg6 a4

乍一看这有些惊人，但事实证明，黑方无论如何顽抗，他毕竟失去了决定性的子力。例如：30...Rf8 31.Bd6 Rf6 32.Be8 Rf5 33.Be7 Nf8（33...Nf6 34.Bxf6 Rxf6 35.Rd8也是一条绝路）34.Rd8 Ba6 35.Bg6这样的局面看起来不像棋局，倒像极了一部少年杀人狂电影。

31.Bxh5 Nf6 32.Bxf7+ Kxf7 33.Bxb6 Ba6 34.Bxc5 e5 35.a3 Bxc4 36.Bb4 e4 37.Kf1，1-0。

很多局面都会演变为静态与动态的激烈争斗。下面八步棋就可以形成一种最有趣的例子（于我看来）：**1.d4 Nf6 2.c4 e6 3.Nc3 Bb4 4.a3 Bxc3+ 5.bxc3 0-0 6.f3 Ne8 7.e4 b6 8.Bd3**

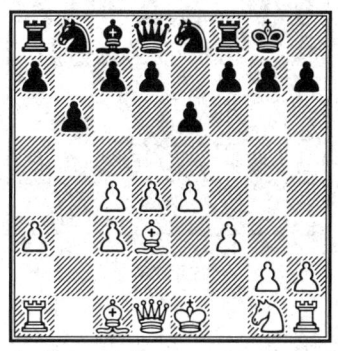

图277　黑方先行

如果黑方不熟悉图277的一般布局，他可能倾向于走...Bb7，之后...d6以及...Nd7。然而这种"常规"的走法却体现了对局面的静态以及动态的理解的极度缺乏。实际上，这样的局面（尼姆佐-印度式开局最有可能形成这种局面，其他局面也有可能）中充斥着涌动的暗流。白方有双象、强大的中心兵与王翼的攻势（动态），而黑方则准备除掉c4兵（打击静态弱点）。

读者若意识到c4是黑方的目标，那么应当明白...Bb7并不是正确的走法，因为它无法向c4兵施压。而将马跳到d7同样对"攻杀c4"没有作用，因此也是不合理的。不过既然黑方的目标很明确了，那么走法也很清楚了：8...Ba6（打击c4）9.Nh3 Nc6准备下一步...Na5（再次攻击c4）。

此外我要补充说明一步"怪招"——6...Ne8。为什么明明在没有必要的情况下却要退到这样一个愚蠢的格子里？事实证明，对于马而言e8实际上是个很灵活的格子——它为f7兵让出了路，这样通过适时的一步...f7-f5就能挡住白方的进攻。另外，这一步可以通过...g6与...Ng7参与王的保卫，而且还能通过...Nd6参与对c4的进攻。

下面来看一场采用了相同的阵势，而且使用了相同的策略的比赛（140年前的棋手就意识到这些实在是难以置信！）。这场比赛有些许缺憾，但却是一场静态与动态激烈搏击的上佳典范。

古斯塔夫·诺伊曼 对阵 阿道夫·安德森，1870年 巴登巴登

1.d4 f5 2.c4 e6 3.Nc3 Nf6 4.e3 Bb4 5.Bd3 Bxc3+ 6.bxc3 c5 7.Ne2 Nc6 8.0–0 b6 9.f3 0–0 10.e4 g6 11.Bh6 Rf7 12.e5 Nh5 13.f4 Ba6 14.Rf3 Na5 15.Qa4 Qc8 16.Ng3 Nxg3

另一种可能的走法是16...Ng7，这样可以让白方的马呆在g3无处可去。

17.Rxg3

图278

我们上述的白方双象、黑格控制、王翼攻势（动态）与黑方对c4的攻杀威胁（静态）之间的对决就要开始了！

17...cxd4

直冲c4兵而去，但白方的动态优势显得更有利。黑方不应吃掉d4，而应走17...Qc6，这样有很大的好处：18.Qxc6 Nxc6［或者另有一种有趣的走法为18...dxc6 19.d5! Re8! 20.d6这样黑方可以攻陷c4（静态），但白方对王翼黑格的控制以及凶悍的d6兵（静态或动态）也为他自己留下了很好的机会］19.dxc5（立即走19.h4显得好一些，这样白方的机会就在眼前）19...bxc5 20.h4 Rb8 21.h5 Rb2这样黑方的局面就很好了，他可以在后翼发动主动进攻（动态），也可以维持对c4的压力（静态）。

18.cxd4 Nxc4 19.Rc1 b5 20.Qd1?

20.Qb4!才是正确的走法。

20...Qc6?

20...Qd8是差不多的走法，这样会让后脱离c1车的牵制。

21.h4!

白方王翼的进攻机会，以及对黑格的掌控让他占据了明显的优势。

21...Kh8 22.h5 Rg8 23.Bxc4 bxc4 24.Rcc3 g5?

白方展开了强势进攻，但黑方这种强势的回应并不合适。

25.Bxg5 h6 26.Bf6+ Kh7 27.Rg6 Rxf6 28.exf6?

28.Rxg8! Kxg8 29.Rg3+ Kf7 30.exf6是很简单的取胜之道。

28...Rxg6 29.hxg6+ Kxg6 30.Rg3+ Kxf6 31.Qh5 Ke7 32.Qxh6 Kd6 33.Qf6 Qd5 34.Kf2 Kc6 35.Qe5 d6 36.Qxd5+ Kxd5 37.Ra3 Bb5 38.Ra5 Kxd4 39.Rxb5 d5 40.Ra5 Kd3 41.Rxa7 d4 42.Rc7 c3 43.a4 Kc2 44.a5 d3 45.a6 d2 46.Rd7 d1=Q 47.Rxd1 Kxd1 48.a7 c2 49.a8=Q c1=Q 50.Qf3+ Kc2 51.Qc6+ Kb1 52.Qxc1+ Kxc1 53.Ke3，1-0。在这场比赛中，黑方对c4兵施压并且最后攻陷了c4（获取了静态子力优势），但白方的动态优势却显得更为重要。

下面再看一场两位最顶级的棋手的对局，这场比赛清晰地体现了黑方的静态策略（相对于白方的动态）。

米哈伊尔·博特温尼克 对阵 塞缪尔·雷谢夫斯基，1948年 国际象棋世界冠军锦标赛[①]

---

① 1948年国际象棋世界冠军锦标赛（World Champion Tournament）：由世界国际象棋联合会举办的一系列巡回赛，举办地先为海牙，后迁至莫斯科。这次比赛决出了自前任冠军亚历山大·阿廖欣去世之后的首位国际象棋世界冠军，即米哈伊尔·博特温尼克，同时也开启了苏联棋手在世界国际象棋棋坛长达20余年的统治时代。——编者注

1.d4 Nf6 2.c4 e6 3.Nc3 Bb4 4.e3 c5 5.a3 Bxc3+ 6.bxc3 Nc6 7.Bd3 0–0 8.Ne2 b6 9.e4 Ne8 10.Be3 d6 11.0–0 Na5 12.Ng3 Ba6 13.Qe2 Qd7 14.f4

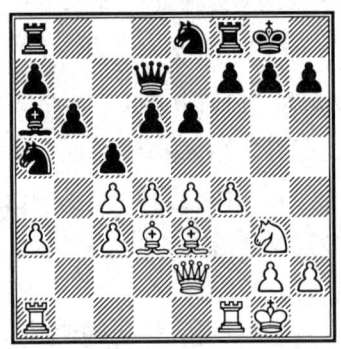

图279

白方——至少暂时地——守住了c4，此刻他要完成自己在王翼上的梦想——通过f4-f5制造威胁。然而，14.f4虽富具攻击性，但效果并不一定很好——这步棋在战略上是有漏洞的。

14...f5!

这一步挡住了白方的f线兵，还将这个兵变成了叛徒——白方的f线兵挡住了己方的黑格象，而黑方的f线兵则使白方的白格象和g3马无法再利用e4格，这样白方发现自己的轻子像是被锁在了牢笼里一样。

这种局面下的一种常规（而且通常也很有力）的走法是14...Qa4，对c4再施加一个棋子的压力。不过这样尽管可以攻陷c4（静态方略的最终目的），也会使白方通过类似于15.f5的方式继续展开他的王翼动态攻势。这种优势在王翼夺得了空间，为e3象打开了c1-h6斜线的通路使其变得灵活，还将之前死气沉沉的f1车投入了战斗。那么快速攻下c4而使白方获得主动攻势真的是值得的吗？可见后续的演变，继15.Bxc4 16.fxe6之后，黑方可以有如下尝试：

▶ 16...Bxd3 17.Qxd3 fxe6 18.Rxf8+ Kxf8 19.Nh5 Kg8 20.Rf1这给了白方强大的主动权——注意到白方的车、象与马都比黑方的要活跃很多。接下来可能会有：20...Qd7 21.Bg5! d5 22.Qf3 Nc7 23.Bh6!这样白方就要获胜了。

▶ 16...Bxe6，这样白方有两个很好的选择：

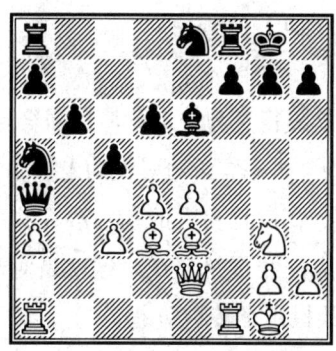

图280　少一个兵的白方必须利用动态优势

- 17.Bb5 Qb3 18.d5 Bc8（18...Bg4 19.Qxg4 Qxb5 20.Nf5 Kh8 21.Rf3白方可以发出致命的打击——由于黑方的王马上就被白方棋子包围了，所以这不奇怪）19.Bxe8（这显得不太主动，但除了通过攻击黑方的后来至少达到一个平局之外我找不到更好的走法，这里急需强力的解法！）19...Rxe8 20.Rxf7! Qxc3（20...Kxf7 21.Qh5+ 白方立即获胜）21.Rc1（还有一种有趣的走法是21.Raf1 Ba6 22.Qxa6 Qxe3+ 23.Kh1，但是为何要让黑方用消极的白格象兑去白方e3处强有力的象呢？）21...Qe5 22.Rcf1（通过Nh5在g7处叫杀）22...Bb7（或者22...g6 23.Bh6 Bb7 24.Qf3这样25.Rf8+的威胁就可以很快获胜）23.Nh5 Ba6 24.Qf3! Bxf1 25.Rxg7+ Qxg7（25...Kh8 26.Qf7将死）26.Nxg7 Kxg7 27.Qg3+ Kh8（差不多的走法还有27...Kf7 28.Qf4+ Ke7 29.Qf5 Kd8 30.Bg5+）28.Qxd6这样白方后与象可以联合将黑方的王将死在黑格里。

- 17.d5!? Bd7 18.Qh5 Qb3［18...Nb3 19.Rae1（19.Ra2也是有力的走法，详见下文对18...c4的分析）19...c4 20.Bb1 g6 21.Qh6 Qa5 22.e5 dxe5 23.Bxg6!! hxg6 24.Ne4 Bf5 25.Rxf5! gxf5 26.Qg5+可有致命一击，而18...c4 19.Bb1 Nb3 20.Ra2 g6 21.Qh6 Qa5 22.Raf2对于白方而言显然也很强力］19.e5 g6（或19...h6 20.Bxh6!）20.Qh6 Qxc3（20...dxe5 21.Bxg6!! hxg6 22.Ne4 Bf5 23.Rxf5 gxf5 24.Qg5+白方胜）21.e6! Qxd3 22.exf7+ Rxf7 23.Rxf7 Kxf7 24.Qxh7+ Ng7 25.Rf1+，白方获胜。

逐个分析这些激烈而又有趣的不同战术变化是很值得做的。这能够让读者对处于灵活、发动状态的棋子有一个更好的理解。当然，雷谢夫斯基是不会让它们得逞的！他计划着先扼杀这些动态的潜在威

> **小结**
> 静态局势往往比动态战机持续更久。

胁，而后再实施其针对c4格的邪恶的静态策略。

15.Rae1

走15.d5去试着把f5拔掉可能显得更为合理，但这样会遇到形如15...fxe4 16.Nxe4 exd5 17.cxd5 Bxd3 18.Qxd3 Qf5 19.c4 Nf6（卡斯帕罗夫的走法）20.Nxf6+ Rxf6这样白方不再有叠兵的困扰，但c4却依然是弱点，而且白方的动态潜在威胁也消失了。换句话说，白方失去了动态战机，而黑方的静态阵线依然存在。这就是对于静态一方而言的好处所在：静态阵线会持续很久，而动态战机则是转瞬即逝。

之后可有20...Rxf6 21.Qxf5 Rxf5 22.Rac1 Re8 23.Bd2 Nb3这样黑方蓄势待发，而形如21.Qc3 Re8 22.Rae1 Re4的走法则直接让白方陷入危机。

15...g6

加固f5，并且不给白方棋子以任何活动范围。

16.Rd1

走16.d5 Ng7会维持f5的封堵状态，而且白方的象依然没有通达的斜线可走。

16...Qf7

黑方依然可以通过16...Qa4攻击c4，16...cxd4 17.cxd4 fxe4 18.Nxe4 e5亦可。不过显然，雷舍夫斯基绝不想让白方棋子冲破牢笼。

17.e5

这一步让f5彻底变成了一块石头，使白方棋子长久地陷于被动。无论如何，白方本应当尝试走17.d5 Ng7。

17...Rc8

在斜向盯紧c4的同时，给予c5支持。

18.Rfe1

卡斯帕罗夫在他的著作《我伟大的前辈们》（My Great Predecessors）的第四章中指出，若走18.d5 Bb7 19.Bc1 exd5 20.e6 Qf6 21.cxd5 c4 22.Bc2 Nc7，这样对白方不利，因为之后有23.Qf3，会被黑方以23...Nxe6击败。

18...dxe5 19.dxe5

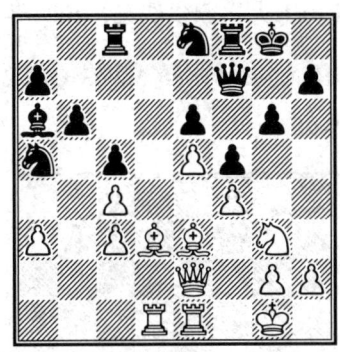

图281

在这之后,白方所有的动态战机对其静态劣势的补救都流产了——他只剩下了一群不灵活的棋子和捉襟见肘的守势。如果放弃c4兵,以19.fxe5 cxd4 20.cxd4 Bxc4 21.Bxc4 Nxc4 22.Bh6 Ng7 23.d5 Qd7 24.Qf3这样的走法搅乱局面,或许是比较明智的,但黑方依然有颠扑不破的优势,他可以选择24...Rfe8 25.d6 Rc5(把e5变成新的打击目标),也可以选择走24...exd5 25.e6 Qe7 26.Rxd5 Rfd8。

19...Ng7 20.Nf1 Rfd8 21.Bf2 Nh5!

漂亮。对f4的这一攻击可以阻止白方把黑格象调到h4。

22.Bg3 Qe8

至此白方再也没有威胁可做了,黑方的后可以移动至a4,这是一个打击白方a3与c4的弱点的绝佳位置。

23.Ne3 Qa4 24.Qa2 Nxg3 25.hxg3 h5!

黑方在以上两个回合中彻底摧毁了白方王翼的希望。至此博特温尼克只能顽强支撑并且希望雷舍夫斯基走不出决胜的后续。后面的对局虽然也很精彩,但和我们这里的主题无关(因为此时白方没有与黑方的静态优势对抗的资本),所以这里只给出棋谱,不再注释。

26.Be2 Kf7 27.Kf2 Qb3 28.Qxb3 Nxb3 29.Bd3 Ke7 30.Ke2 Na5 31.Rd2 Rc7 32.g4 Rcd7 33.gxf5 gxf5 34.Red1 h4 35.Ke1 Nb3 36.Nd5+ exd5 37.Bxf5 Nxd2 38.Rxd2 dxc4 39.Bxd7 Rxd7 40.Rf2 Ke6 41.Rf3 Rd3 42.Ke2, 0-1。

意识到当前的局面对你而言应当采取静态还是动态策略,这具有关键的重要性。有时你可能需要选择向哪个方向发展,但更多的情况下是板上钉钉,别无他选。最后,选择正确的途径有赖于你最初的探寻,以及对失衡的正确理解。如果作出了正确的决策,棋盘上通常就会喊出(很大声地)你所期望的局面。

安德烈·沃洛基廷 对阵 亚历山大·德尔切夫，2004年 卡尔维亚

1.e4 c5 2.Nf3 e6 3.d4 cxd4 4.Nxd4 Nc6 5.Nc3 Qc7 6.Be2 a6 7.0-0 Nf6 8.Kh1 h5 9.Nxc6 bxc6 10.f4 d5 11.exd5 cxd5

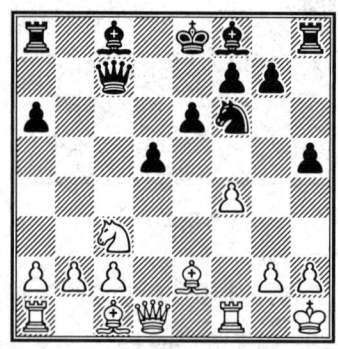

图282

黑方的中心兵更多，并且他已经在中心拓开了很大的空间——从长期看，黑方有着良好的局面，这多亏了中心的优势（静态优势），以及开放的b线与c线上的车将对白方后翼兵造成的压力（针对b2与c2上的静态隐患，这是动态的压力）。

白方的优势则在于黑方出子的落后（动态）以及未能易位的王（动态）。一旦黑方出动了更多的棋子，中间的王也在几步之内易位离开，这些优势就消失了。白方亟须意识到他眼下需要做什么——他必须立即想方设法利用这些优势！

12.f5!

冲破局面，让局面变开放，然后在黑方准备就绪之前发动战斗。注意到这一挺进不仅在黑方阵线上制造了弱点，也激活了f1车，还放开了c1象的斜线。

12...Bb7 13.fxe6 fxe6 14.Bd3 0-0-0 15.Qe2 Qc6

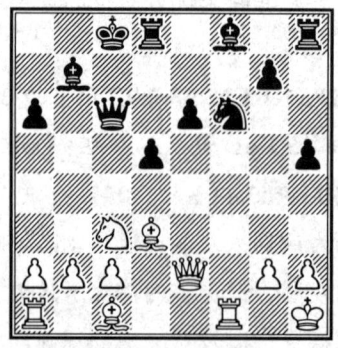

图283　角色反转

在15...Qc6之后双方的角色颠倒了：白方攻击性的突破导致黑方的阵线上充满了长期

的静态弱点（a6与e6的弱兵，e5的弱格），而黑方则凭借b7象与c6后的联合，对h1-a8对角线形成控制，这样有...h5-h4-h3切开这条对角线的威胁。

需要注意的是，在沃洛基廷的分析当中，如果走15...Ng4就会败给16.Qxe6+ Kb8 17.Bf4 Bd6 18.Qf7! Bxf4 19.Qxf4。

16.Bg5 h4 17.Rae1

17.Rxf6!? gxf6 18.Bxf6可能更强力一些，尽管黑方可以通过18...Rh6 19.Bxd8 Kxd8继续顽抗。

17...h3

若走17...Re8 18.Bg6 Re7 19.Rxf6则白方立即获胜。

18.Qxe6+ Qxe6 19.Rxe6

> **要诀**
> 动态优势常常可以由持续较久的静态优势转化而来。

多亏了"抓住局面的尾巴①"的思想，白方借此强行获得了明显的优势。

19...Bd6

实际的比赛中，黑方出现了失误：19...d4?（这使白方的马可以进入e4了），之后白方最终以如下的棋步取胜：20.Ne4 hxg2+ 21.Kxg2 Bd6 22.Bxf6 gxf6 23.Rfxf6 Rxh2+ 24.Kg1 Bc7 25.Nd6+ Bxd6 26.Rxd6 Rh1+ 27.Kf2 Rxd6 28.Rxd6 Ra1 29.a3 Ra2 30.Rxd4 Rxb2 31.Rc4+ Kb8 32.Rb4 Rxb4 33.axb4 Kc7 34.Ke3 Kb6 35.c4 Bc6 36.Kd4 Ba4 37.c5+ Kb7 38.Ke5 Bd7 39.Kd6 Bh3 40.Bc4 Ka7 41.Be6 Bg2 42.Kc7 Bf1 43.Bd7 Bg2 44.c6 Bf3 45.Be6!（不能走45.Kd8?? Bxc6 46.Bxc6 a5 47.b5 Kb6，如此则平局）45...Bg2 46.Kd7 a5 47.c7 Bb7 48.Bd5 Ba6 49.bxa5 Bb5+ 50.Kd8 Ba6 51.Bc6，1–0。

20.Bxf6 hxg2+ 21.Kxg2 gxf6 22.Rfxf6 Rxh2+ 23.Kg1 Bc7 24.Rf7 Rg8+ 25.Rg6 Rxg6+ 26.Bxg6 Rd2，按照沃洛基廷的说法，这样黑方就"真的有逼平的机会"（沃洛基廷的原话）。注意到在比赛中发生了这样的事：白方利用动态优势将局面变成了自己的静态优势（未如对方所愿！），此时白方是具有长期静态优势（多一个兵）的一方，而黑方则有一些双象和在第7行上的车所带来的动态补偿。

> **要诀**
> 一种失衡（静态或动态）转变成另一种（动态或静态）是很常见的事。

多数情况下，失衡状况会有清楚的动态或静态趋向，但其他时候则需要棋手选择。你可以凭个人喜好、风格和比赛状况选择演变方式。

---

① 抓住局面的尾巴（grab the position by the tail）：作者在这里换用了"grab the tiger by the tail"，借以形容本局棋中白方的冒险做法。——编者注

亚历杭德罗·拉米雷斯 对阵 亚历山大·莫洛泽维奇，2002年 布莱德

1.e4 e6 2.d4 d5 3.exd5 exd5 4.Nf3 Bd6 5.c4 dxc4 6.Bxc4 Nf6 7.0–0 0–0 8.h3 h6 9.Qc2 Nc6 10.Nc3 Nb4 11.Qb1

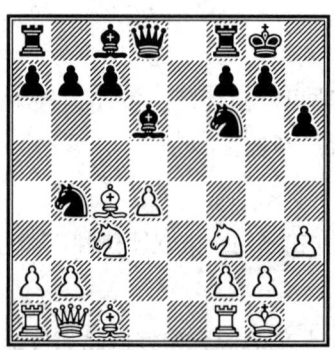

图284　黑方必须做一个重要的决定

到这里我们看到了很常见的d线孤兵局面（尽管白方的后在b1显得有些奇怪）。一般来说，这样的局面立即告诉我们，黑方具有长期的静态优势（针对d线孤兵与d5虚格的策略），而白方则可通过积极的子力与杀王的时机获得动态补偿。

这个场景原本可以这么展开：如果黑方自然而然地走出11...c6，保护d5格，并且为之后走...Nbd5做准备。形如常规的12.Re1 Nbd5 13.Ne5这样的走法，可以让黑方走13...Be6之后轻松应对比赛，而白方则可能会突然发起攻势：12.Bxh6!? gxh6 13.Qg6+ Kh8 14.Qxh6+（14.Bxf7 Nh7 15.Ne5 Bxe5 16.dxe5 Qe7有利于黑方，因为17.e6?会被应以17...Bxe6! 18.Bxe6 Rf6）14...Nh7，只是这样在15.Ne4 Be7之后，局面依然大致与之前相同，是一个很好的黑方静态子力优势与白方的动态（攻击）机会对抗的良好范例。

我认为多数棋手如果认定12.Bxh6并不危险，就会走11...c6（而且正如以上分析所示，这样的决策完全可以接受）。但是其实黑方并不一定要扮演静态一方，他确实可以用惊人的（非常理的）走法搞出"角色转换"。

11...Be6!

为了牢牢控制住d5格，以及利用刚刚打开的f线，黑方采取了一个弱化阵势的策略。这种新颖的动态决策创造出的局面十分契合莫洛泽维奇主动而善于独创的风格。白方（之前还是积极主动的一方）瞬间得到了攻击e6弱点的静态方案，而黑方活跃（动态）的棋子则给他自己提供着机会。

12.Bxe6 fxe6 13.Re1 Qe8

这并不难捉摸。黑方意欲将王后斜插入h5格，咬住白方的王。黑方有另一种较为谨慎的走法为13...Qd7 14.Ne4 Nxe4 15.Qxe4 Rae8，这会筑起坚固的防线，更易于接受。然而莫洛泽维奇通常倾向于把比赛变得尽可能激烈，而且他把他的对手想象成一个只有14岁、并且无法掌控这么激烈的战斗的人。

> **小结**
> 注意到白方必须阻止黑方部署出一个凶悍的马（黑方会用一个马兑去白方的马，用d6象兑去另一个，而后黑方的马会牢牢地扎在d5格）对一个坏象的局面。

14.Ne4 Nbd5 15.Nc5 Bxc5 16.dxc5 Nd7 17.Qc2

关键的一步是17.c6，破坏黑方的兵形。之后有17...bxc6 18.Nd4!?（18.Qe4是最好的走法，具有微弱但却很具有困扰性的静态优势）18...Qf7 19.f3 c5对白方没有任何好处，因为20.Nxe6?? Rfe8极为不好，而20.Nc6也给不了白方什么收益。

17...c6

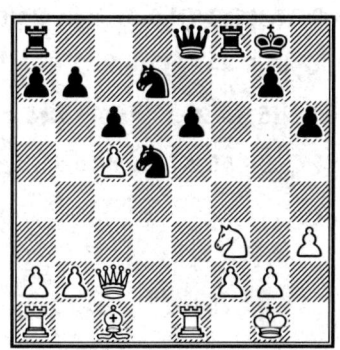

图285

黑方强悍的d5马与对半开放的f线的控制（这形成了对王翼的压力）带来的好处要比e6处的微小弱点提供的补偿多一些。

18.Be3

这里18.Bd2略微更准确一些，尽管之后会有18...Qh5（18...Rxf3?是无效的，因为之后有19.gxf3 Qh5 20.Qe4这样就不可能有...Ne5了）19.Nd4 Qh4!（同时打击f2和d4，迫使白方改变计划，而较差的走法为19...e5 20.Ne2之后白方走Ng3-e4这样马就进入了好的位置，白方的状况就好很多了）20.f4（20.Bc3 Nxc5 21.Nxe6 Nxe6 22.Rxe6 Rae8，和棋）20...Nxf4 21.Bxf4（21.Nf3 Nxh3+黑方就获胜了）21...Rxf4 22.Nxe6 Re8 23.Re2 Rf7 24.Rae1 Nf6，和棋。这样白方依然没有占据优势。

18...Rxf3!

与第20回合的走法相比，这里的大子换小子成功地保证了黑方持久的主动。

19.gxf3 Qh5 20.Qe4

或20.Kg2 Rf8 21.Qe4 Rf6。

20...Ne5!

黑方的马造成了强大的压力。

21.Kg2 Nf6

21...Rf8 22.f4是较差的走法。

22.Qf4 Ng6

黑方若走22...Nd3 23.Qg3 Nxe1+ 24.Rxe1 Rf8，则会争取到一个微弱但却安稳的静态优势，但他决定提升紧张感，对王翼施加了压力。他实际上已经成功争取到了明显的优势（在白方的失误之后），但后来却错失良机，最后结果为平局：**23.Qg3 Nh4+ 24.Kh1 Kh7 25.Bf4 Nxf3 26.Re3 Nd4 27.Re5 Nf5 28.Qg2 Rd8 29.f3 Rd4 30.Bh2 Rh4 31.Rg1 Qf7 32.Rge1 Nd7 33.Rxe6 Nxc5 34.R6e2 Qh5 35.Rg1 Rxh3 36.Re5 Nd3 37.Rxf5 Rxh2+ 38.Qxh2 Qxf5 39.Rg3 Nf4 40.Rg4 g5 41.Qd2 h5 42.Rg3 Kh6 43.Kh2 Qe5 44.Kh1 Ne2 45.Rg2 Ng3+ 46.Kg1 h4 47.Rh2 Nf5 48.Re2 Qf6 49.Re4 c5 50.Kg2 Kh5 51.Qd7 Qxb2+ 52.Kh3 Ng7 53.Qg4+ Kh6 54.f4 Qc3+ 55.Kh2 Qd2+ 56.Kg1 Qc1+ 57.Kh2 Qd2+ 58.Kg1 Qc1+ 59.Kh2 Qd2+**，1/2–1/2。

小　结

- 本章旨在让读者关注"坚城"（局面或静态因素）与"利刃"（动态）之间永无休止的对峙。
- 静态与动态的对抗——一方的长期优势与另一方转瞬即逝的短暂机会（积极的棋子，针对敌方防卫薄弱的王的攻杀机会，或者忽然闪现的策略，这种策略似乎是无缘无故出现的，但确实是基本棋理组合的必然结果）。
- 动态可以击败静态，静态也可以击败动态，这取决于棋手在具体的局面中判断哪一种更有效。
- 静态一方最具有优越性的一点在于静态阵线会持续很久，而动态战机则如闪光一般，一闪即逝。
- 相对地，当你认为你有着坚固的静态阵线时，动态优势有时可以让整个棋盘明晰起来！
- 判断局面要求你采取静态还是动态策略具有关键的重要性。
- 有时你可能面临究竟采取哪一种（静态或动态）决策的选择，但更多的时候还是板上钉钉，只有一条路是正确的。
- 长期持续的静态优势可能会引入动态优势。
- 一种失衡（静态或动态）转变成另一种（动态或静态）是很常见的事。

静态vs动态——习题

准备好解决更多静态vs动态的问题了吗？感觉将整个概念稔熟于心了吗？下面你就可以求证一下自己对静态vs动态的范例究竟掌握了多少。

下面的习题可助读者了解自己学到了多少，并且还可以给出一些窍门。如果解题有困难也不要担心——那意味着你发现了自己尚未理解的东西，你可以重新阅读之前的内容，并在535页的答案中重温遗漏的知识点。

图286
【等级分：1900~2200】

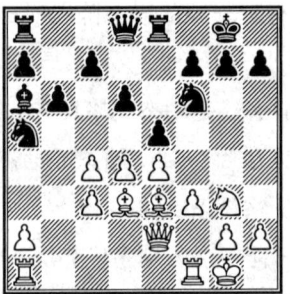

黑方先行

评价这个局面。

图287
【等级分：1400~2200】

白方先行

评价这个局面。

第六章 习题3

图288
【等级分：2100以上】

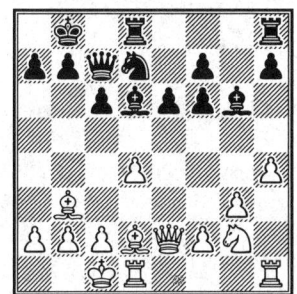

黑方先行

你需要指出正确的走法，但也要求看出白方最佳的应对方法。

第六章 习题4

图289
【等级分：1800~2200】

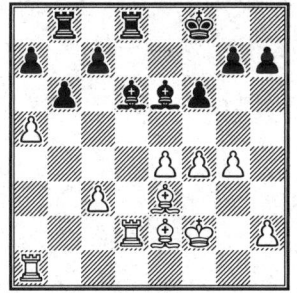

黑方先行

第六章 习题5

图290
【等级分：1400~1600】

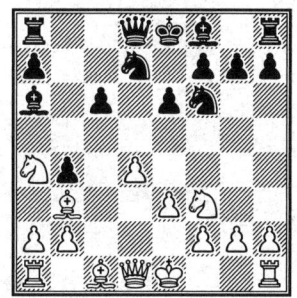

白方先行

评价这个局面。

第六章 习题6

图291
【等级分：1400~2200】

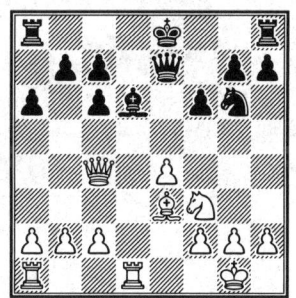

白方先行

评价这个局面。

第七章

空 间

7.1 把你的对手挤垮 297
    7.1.1 大圈地运动 297
    7.1.2 为空间优势而战 309

7.2 向空间开战 316
    7.2.1 兑子！ 316
    7.2.2 利用兵链突破！ 318
    7.2.3 空间夺取 = 潜在的虚格 325
    7.2.4 抢地盘的兵心可能变成靶子 329
    小结 341
    空间——习题 343

7.1 把你的对手挤垮

7.1.1 大圈地运动

一般来讲，业余者不会特别重视棋盘空间问题。子力——重要；攻击——重要；叠/孤兵——重要。这些都是实实在在的东西——你可以吃子，攻陷弱兵，也可以在对方的王身上画一个大叉，发动最终捕杀行动。但是空间呢？空间真的有那么重要吗？

答案当然是一个响亮的"是的"！只要问那些曾经被提格兰·彼得罗相、阿纳托利·卡尔波夫或亚西尔·塞拉万这样的夺取空间的高手困毙的棋手们"空间有多么重要"就可以了。实际上对现在的特级大师们而言，空间上的优势是最被看重的失衡优势之一。

这种激励式的言辞会带给我们一个简单却很关键的问题："为什么？"我们可以用一个形象的情景回答这个问题——一个彪形大汉如果24小时都呆在一个平均大小的宾馆房间里，他基本会觉得舒适，但如果把他关进飞机上的卫生间里，你就会发现他的身心都会崩溃——被困在这么小的空间里，几乎不能动，哪儿也不能去，也什么都不能做。

现在想象一下在棋局中把你的对手困在相同的情境下，他的棋子施展不开，无处可去，象、马、车互相挡着路。你悠闲地布置着你的兵形和其他子力，而对手则渐渐变得愁眉苦脸。他感到既不适又无助，唯一能做的就是眼睁睁地看着，希望你千万不要找出方法实施最后一击。这种状况下，谁不会感到沮丧呢？

我们第一个例子是卡尔波夫的一个杰作，这个例子对这些思想有着清晰而深刻的表现。理解这场比赛中所有的微妙之处并不重要，重要的是领会对空间的威力的感觉（以及重视！），看它是如何能够被所有等级水平的棋手所利用的。

> **理念**
> 历史上所有的阵地战高手都觊觎更多的空间，因为这样会压缩对手的活动范围，这必然会让他的棋子的活力降低。培养对空间的追求意识对于提高棋手的棋艺而言是必经之路。

阿纳托利·卡尔波夫 对阵 阿尔图尔·尤苏波夫，1993年 蒂尔堡

1.d4 Nf6 2.c4 e6 3.Nf3 b6 4.g3 Bb7 5.Bg2 Be7 6.Nc3 Ne4 7.Bd2 Bf6 8.Qc2 Nxd2 9.Qxd2 d6 10.d5

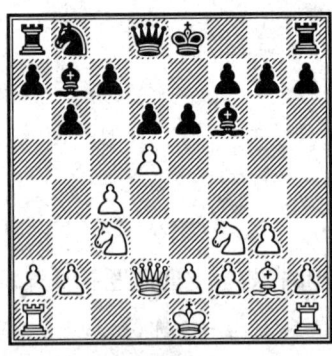

图292

第一次空间占领：白方占据了中心的空间，并且封死了b7象的对角线。

10...0–0 11.Nd4 e5 12.Nc6 Qd7

12...Nxc6 13.dxc6也可以夺取空间，并且使白方棋子可以占据d5。

13.Nxb8

很奇怪，不是吗？白方的马已经走了四步，却要兑掉对方尚未移动的马！表面看来这显得荒唐，但白方的马长途深入到b8其实有着深刻的理由：将黑方的第二个马也摘掉，白方是要制造一个封闭局面，这样马比象要有很大优势！

13...Rfxb8 14.h4

第二次空间占领：这是重要的一步，占领了王翼空间，并且准备通过Bh3使g2象脱出兵链。黑方此时就有些尴尬了：他的白格象只能困在a6或者b7，但他如果通过...Bc8兑掉白格象，那就会留下自己的一个坏象面对着对方的一个好马的局面。

> **小结**
> 黑方已经陷入长期、被动且龟缩的防守状态。他真正能期望的最好结果只能是一个平局——但谁也不会喜欢这种结果！

14...a5 15.a4

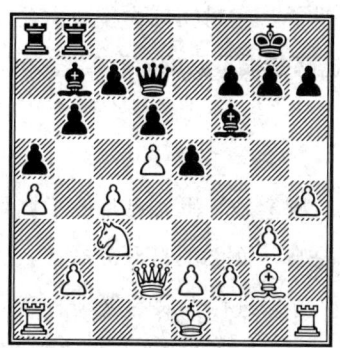

图293　扼杀后翼的反击

卡尔波夫清理掉了黑方后翼的所有攻击机会。注意到此时...b6-b5已经不可行了，而...c7-c6则会使b6和d6成为弱点（白方将c6吃掉之后），并且会使白方的马进入d5格。

对空间状况的总结：白方不仅在后翼占领了更多空间，而且在中心和王翼同样有明显的空间优势。

这对双方的战机意味着什么呢？这对黑方当然是凶多吉少！黑方的问题在于他无法从棋盘上任何地方主动发动攻击。白方在后翼有着长久的优势（多亏有b2-b4挺进的可能性），并且白方在其他两个区域（中心与王翼）的空间占领也多亏了白方在这些区域当中所占领的额外领地。

15...Rf8 16.e4

第三次空间占领：这一步通过阻挡黑方的e5兵的挺进（...e5-e4会使f6象变得很积极），巩固了白方在中心的空间优势，另外还对f5形成控制，拓展了一下王翼空间。

16.h5 17.O-O-O

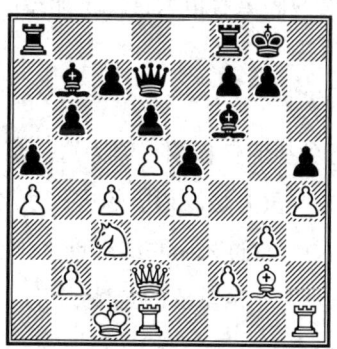

图294　兵链将被打开

如果黑方无法将后翼打开，白方的王就会很安全。也因为此时他的王在另一侧防护得很好，使白方能够在王翼打开开放线。

此时就到了兵链突破的时候了。在封闭局面中，兵链突破对于生成可以辅助进攻的开放线或让打通车进入战斗的道路是很重要的。我们来看双方的可能性：

黑方：

▶ 如果最后走出…g7-g5，则会破坏黑方自身的王翼兵防守，这是自杀性的走法。

▶ …f7-f5在这种局面下是自然而然的打开方式（黑方的c7-d6-e5兵链是指向王翼的，这表明他会向这个方向进行发展部署）。然而，f线兵的挺进（在象移动到d8或e7之后，或在…g6之后移动到g7）会带来严重的负担——这进一步弱化了黑方王翼兵的防守，使白方能够让马进入e4（在exf5之后），而且对多条直线而言这只是简单地帮助了白方慢慢逼近黑方的王。

▶ 适时地通过类似于…b6-b5的方式弃兵可能是好的，但只有一系列战术确保其成功才行。在当下以及之后的几步之内，很可能时机并不对。

▶ 余下唯一的一种打开方式就是…c7-c6——不管好不好，总得试一试。困兽犹斗总还是比坐以待毙，最后被对方鲸吞要强些。这里可能的演变例如：17…c6 18.dxc6 Qxc6 19.b3 Qc5 20.Kb2［20.Bf3 Rfd8 21.Bxh5? b5!（看到了吗？这偶尔会有点用的！）22.axb5（22.cxb5 Bxe4或22.Nxb5 Bxe4对黑方都有利）22…a4! 23.Nxa4 Rxa4! 24.bxa4 Bxe4 25.Rhe1 Qxc4+ 26.Kb2 Bf3!! 27.Bxf3? e4+ 28.Ka3 Ra8 29.a5 Bc3黑方就翻盘了！］20…Be7 21.Qe2 Rfd8 22.Rd2 g6 23.g4（23.f3!?之后白方有24.g4也很耐人寻味）23…hxg4 24.Qxg4 Qc8（24…d5 25.exd5 Qa3+ 26.Kc2 b5 27.axb5 a4 28.Rb1这种走法实在没什么用！）25.Qg3 Kg7 26.h5这样白方占有明显优势。如此可见在17…c6之后白方依然保持着明显的优势，但局势很容易变得复杂，甚至，白方若对隐患意识不足，可能瞬间就被击垮。

白方：

▶ b2-b4突破会对残局起到决定性作用，因为这一步会让白方打开后翼竖线，以王和车进行推进。而黑方则没有足以相应的进入残局的突破手段。

▶ c4-c5突破可能成为使白方王进入c4并继续推进（在残局中）的奇谋。

▶ 适时的f2-f4挺进也是一个非常重要的走法，可以获得更多的中心和王翼空间，白方必然可以想到这一点。

▶ 适时的g3-g4挺进也是一种可能性。

显然，白方比黑方有着多得多的突破方法！

17...g6 18.Bh3 Qe7 19.Kc2 Kg7

19...Bg7 20.g4 hxg4 21.Bxg4 f5 22.Bh3 Bc8 23.Rdg1会使黑方陷入极其难受的局面。

20.f3 Rh8 21.Rh2 Ba6 22.Nb5 Raf8

若通过22...Bxb5吃掉白方的马，则白方有23.cxb5，这会使白方对c线长久地施加压力。白方还可以通过f3-f4以及g3-g4保持王翼上的攻击机会。

23.Kb1 Qd8 24.Qd3 Be7 25.Re2 Bc8?

这一步使白方的马压制住了黑方的象，黑方无论好坏应当尝试的是25...Bxb5 26.cxb5 Qe8，这样之后有...Bd8。

26.Bxc8 Qxc8 27.Rg1

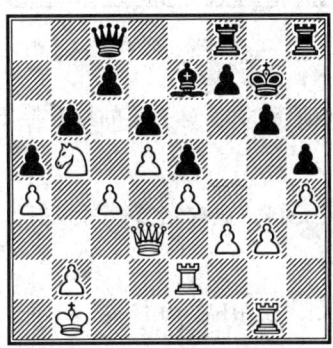

图295　有点猫鼠游戏的味道

27.f4是一步好棋，但卡尔波夫并不着急（对手彻底无助的时候你为何要着急呢？），他决定折磨一下对方。当你可以让对方忧心忡忡的时候，何不做些事让他一直提心吊胆地等你最后挺进f线兵呢？

27...Bd8

27...f5 28.f4 Qd7〔28...fxe4 29.Rxe4 Bf6 30.g4 hxg4 31.fxe5 Bxe5 32.Nd4! Bxd4（32...Rxh4 33.Ne6+）33.Qxd4+ Kg8 34.Re6比赛就结束了〕29.Rge1 fxe4 30.Rxe4 Bf6 31.fxe5 Bxe5 32.Nd4 Rf6 33.Ne6+（这可能比33.Nc6之后34.Nxe5更强悍些）33...Kg8 34.g4 hxg4（34...Rh7 35.Rg1）35.Rxg4 Rh6 36.Reg1这样白方的优势就很明显了。

28.Na7

28.f4也是可以的，但卡尔波夫决定尽量延长对手的痛苦。除此之外，当你在最后攻击之前还能安全地改善你的局面的时候，你也确实没有什么理由着急。

28...Qh3 29.Qc2 Re8 30.Nc6 Bf6 31.Rf2 Qd7 32.Qe2 Rhf8 33.Rh2 Rh8 34.Qf2 Ref8 35.Rf1

35.g4也是很强力的走法，当然像之前一样，卡尔波夫想在准备好之后再发动攻击，而不会提前。

35...Kg8 36.f4

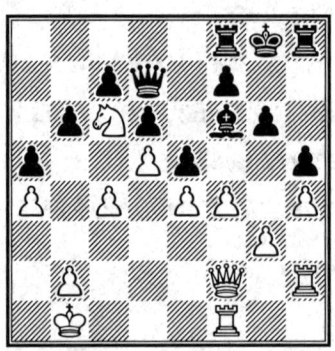

图296 终于！

第四次空间占领：白方清晰地确立了对王翼的绝对控制。

36...Qg4

更糟糕的走法是36...exf4 37.gxf4，这样白方就可以打出致命的"冲击波"e4-e5。

37.Qf3 Re8

37...Qxf3 38.Rxf3 Re8 39.Rhf2 Rh7 40.f5 g5 41.hxg5 Bxg5 42.f6 h4 43.gxh4 Bf4（43...Bxh4 44.Rh2 Be1 45.Ne7+）44.Rg2+ Kh8 45.Rg4（45.Ne7!?）45...Rh6 46.Nd4 Rxf6 47.Kc2 Rg8（47...Rg6 48.Rxg6 fxg6 49.Ne6）48.Rxg8+ Kxg8 49.Nf5 Kh7（49...Rg6 50.Ne7+）50.h5这样黑方彻底完蛋了——他的车不能离开f6，王也不能接近h线兵。白方即将适时地走b2-b4打开后翼，而后一切将水到渠成。

38.Qxg4 hxg4 39.f5 g5 40.h5

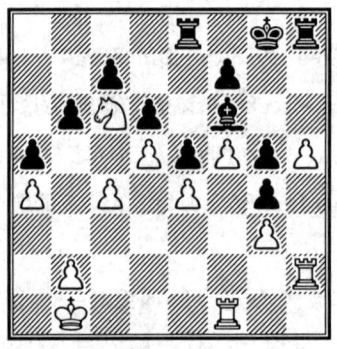

图297 黑方在f6剩了一个"高个子兵"

黑方的象被压得死死的。

40...Ra8 41.Kc2 Kg7 42.Kc3

白方最终将注意力转移到了后翼，他要准备通过b2-b4来突破了。

42...Ra6 43.Ra1 Rha8 44.b4 Kf8

44...axb4+ 45.Kxb4 Kh7 46.Rha2 Re8 47.Kb3 Raa8 48.Nb4黑方落败，他无法对白方的Nb4-d3-f2xg4展开防御。之后Nf2，g3-g4，马再返回c6，最后a4-a5白方就获胜了。

45.b5 R6a7 46.h6 Bh8 47.f6

一个小策略，防止黑方通过...f7-f6进行顽抗。

47...Bxf6 48.Rf1 Bh8 49.Nxa7 Rxa7 50.Rh5 Ke7 51.Rxg5 Ra8 52.h7 f6 53.Rg8 Rf8 54.c5!

这次突破是最终的点睛之笔，白方的王开始向着敌方阵线深入。

54...dxc5 55.Kc4 Kf7 56.d6 cxd6 57.Rxf8+，1-0。黑方若走57...Kxf8，则白方有58.Kd5，之后Kc6和Kxb6会让黑方看不到任何希望。

从这个实例中我们可以学到什么呢？我们来列举如下：

▶ 空间的巨大优势可以让敌方无可选择。实际上，如果空间占领较少的一方不进行适当应对，他很容易陷入被动苦闷的局面。

▶ 封闭局面中，兵链突破方案较多的一方拥有更强的攻击力。

▶ 猫鼠游戏是对手处于无助状态时的一种策略。这种情况下除非必须速胜，否则"能走两步而走二十步"是一种好做法。换句话说，让你的对手慢慢尝尽他的局面的滋味。

▶ 如果在空间上有优势，也别忘了其他的失衡要素。例如，活用一个强力的轻子，对于空间的占领是一个强力的辅助。

下面来看一个例子，一方的空间劣势已经将自身阵势破坏了，而对方对空间的挤占则将它彻底摧垮。

亚历山大·奥尼楚克 对阵 杰克·彼得斯，2001年 美国西部公开赛

1.d4 Nf6 2.c4 g6 3.Nc3 Bg7 4.e4 d6 5.Nf3 0-0 6.Be2 e5 7.Be3 Ng4 8.Bg5 f6 9.Bc1 Nh6 10.dxe5 fxe5 11.c5!

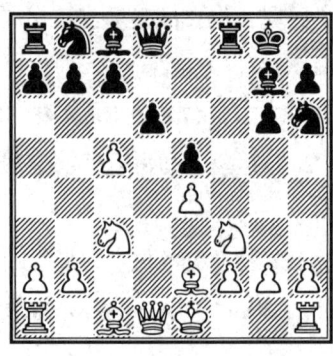

图298 在敌方阵营内制造弱点

在对王的印度式防卫中，这种挺兵的方式是一种非常强力的主流走法。这一步不仅为白方的白格象空出了c4格，也对d6形成了吃子态势，使黑方或者在e线留下孤兵（如果用后或马吃回来），或者在d线产生落后兵（如果用c线兵吃回来）。

11.c5很好地体现了给敌方制造弱兵或者虚格的思想——不要只想着它们会像变魔术般地忽然涌现出来！

11...Nf7

彼得斯指出，若走11...dxc5 12.Bc4+ Kh8 13.Qxd8 Rxd8 14.Bg5 Rf8（14...Re8 15.Nd5）15.Nxe5 Bxe5 16.Bxh6 Re8 17.0-0-0则会使白方占据明显优势。

12.Be3 Nc6 13.0-0 Be6 14.cxd6 cxd6

14...Qxd6会更好一点，但无论如何白方依然占据着优势（更好的兵形，以及黑方几乎没有反击的机会）。

15.Qd2 h6 16.Rfd1 Re8 17.Rac1 Re7 18.Nd5 Rd7 19.h3 Kh7 20.Bc4 Qe8

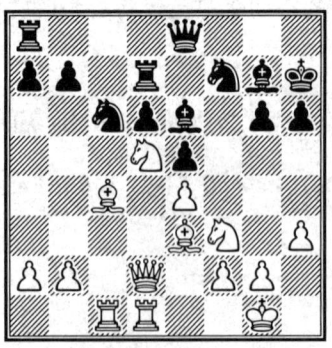

图299 白方先行，占领更多空间

黑方的d6兵和e5兵把己方的棋子压得快要窒息，而白方中心的子力则占据着很大的空间。如白方的大好局面所示，d6兵被挡死，找不到决定性的突击机会。所以白方决定再占领后翼空间，进一步挤压黑方的阵线！很快这就会使本就已经陷于龟缩状态的黑方无法再抵抗了。

21.b4!

白方开始侵吞后翼空间了！

21...Nfd8

自掘坟墓的一步。21...Qd8可以坚持更久，但他在兵形或空间上处于劣势的被动局面依然毫无希望可言。

22.b5

占领更多空间！更多！这强悍的一步棋更像是不假思索走出来的，实际上白方忽略了以下走法：22.Bxh6!可以赚一个兵，因为之后若有22...Bxd5（22...Bxh6 23.Nf6+）23.Bxg7 Bxc4黑方就会被将死：24.Qh6+ Kg8 25.Qh8+ Kf7 26.Ng5+ Ke7 27.Bf6#。

22...Bxd5

走22...Qf7会更好一些。这里有一个很精彩的变化：23.Be2（23.bxc6 bxc6对白方而言也很好，但23.Be2更好）23...Ne7（23...Nd4可以有更顽强的抵抗）24.b6 Bxd5 25.exd5 Nf5 26.Qa5! Nxe3 27.fxe3 e4（27...a6 28.Nd2白方即将获胜）28.Ng5+!! hxg5 29.Qxa7 Rxa7 30.bxa7这样马上会诞生一个新的王后。

23.exd5 Nb8

23...Ne7 24.b6 e4 25.Nh2 axb6 26.Bb5黑方也会彻底输掉。

24.b6 a6 25.Bb3 Qf7 26.Rc8，1-0。白方在中心和后翼的优势，造成了子力的活力差异，结果让大师级的对手表现得像个小孩子。狭窄的空间不知曾经让多少高手双膝着地！

在奥尼楚克对彼得斯的比赛中，黑方棋子被狭小的空间阻碍了发挥。这让我想起了"大众甲壳虫"汽车，虫迷们会在那狭小的空间中塞入尽可能多的人（我记得最高纪录应该是27个人①）。待在拥挤的车厢里会让人无法忍受，但如果只有三四个人就没事了。

> **小结**
> "我有一个d线落后兵，处于非常糟糕的被动局面。最后我几乎都不能动了。"——杰克·彼得斯

对于空间劣势的一方而言，通过兑子为其余棋子腾出移动空间，在比赛的任何阶段都是有效的做法。下面来看一个典型的开局例子：

---

① 截止本书完稿前，世界上"在甲壳虫汽车中单次进入成年人最多的纪录"是2009年在美国佛罗里达州创造的，人数为17人。作者记错了这个数字。——编者注

1.d4 Nf6 2.c4 c5 3.d5 e6 4.Nc3 exd5 5.cxd5 d6 6.e4 g6 7.f4 Bg7 8.Bb5+ Nfd7 9.a4 0–0 10.Nf3 Na6 11.0–0 Nb4 12.Re1 a6

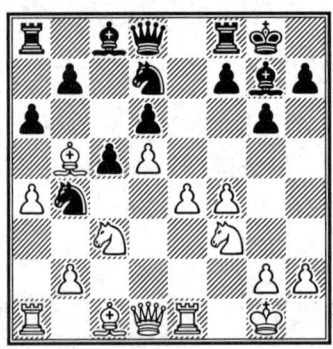

图300 白方先行，避免兑子

> **要诀**
> 对于空间优势一方，避免不必要的兑子通常是明智的做法。

白方占有多得多的空间，注意到黑方白格象的存在挡住了其他棋子，同时白方的白格象正在受到攻击，必须移走。很多时候白方棋手会走出13.Bc4，但实际上13.Bf1才是正确走法。为什么呢？这是因为13.Bc4会给黑方机会让象变得积极并和对方兑子：13...Nb6 14.Be2 Bg4这样黑方的子力就有更多空间可走（就像伊恩·华生与约翰·纳恩1980年在布莱顿进行的一局对弈一样）。相反，13.Bf1则避免了这一点：13...Nf6 14.h3!这样黑方依然受到"禁闭"的些许困扰。

占领较多空间的一方应当避免不必要的兑子，这可能会让人认为在残局中已经兑了很多棋子之后，空间的用处就不大了，但实际上没这么简单。

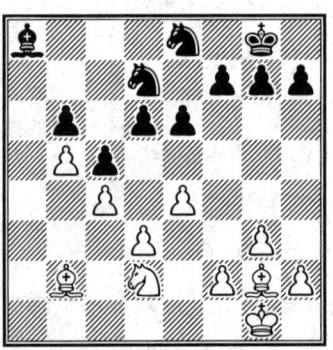

图301 白方先行
弗拉基米尔·克拉姆尼克 对阵 米格尔·伊列斯卡斯，1997年 两姊妹镇

白方占有明显的空间优势，而且有双象。尽管局面相当封闭（这种局面会使马变得

积极），但黑方的马达不到有效的前沿格点（d4到不了，如果立即跳到e5，则会被白方可以利用优势吃掉），什么也做不了。

白方显然更有优势，但最终要获胜还是需要花费时间和耐心。

1.Nb1!

这步棋是亮点。马即将到达c3，阻止黑方先走…Nc7之后再走…d6-d5的意图——而且白方的马也可以继续跳到a4，d7马就会为了防守b6而被锁死。

有的棋手可能会问这究竟有什么了不起，毕竟白方的马在a4也会像黑方的d7马一样被锁死。这确实是很敏锐的观察力，但有一点欠缺：一旦双方的马形成那样的对峙，d7马就需要被保护起来以防止白方白格象的攻击。因此黑方虽有一步主动的…d6-d5但却达不到效果，因为白方exd5之后有Bh3，并且借此仍然会攻下d6。

这一切都意味着，黑方此时就会看到自己处于我们之前所见识到的局面之中所有的情况：没有空间，子力被动，无路可走，陷入绝望。

1…Bb7

1…Ne5 2.Bxe5 dxe5 3.Nc3 Nd6 4.Na4 Nc8 5.Bh3 Kf8 6.f4 exf4 7.gxf4这样对于白方有明显优势——克拉姆尼克。

2.f4

这一步占据了更大的空间，并且剥夺了黑方马对e5的利用。如我们在关于马的那一章所言，占领对方的马向前的格点，是有效对付马的战术中重要的一部分。

2…f6 3.Nc3 Kf7 4.Na4 Ke7 5.d4 Kd8

其他的走法会更糟：

▶ 5…cxd4 6.Bxd4 Nc5 7.Bxc5 dxc5 8.e5 Bxg2 9.Kxg2 fxe5 10.fxe5 Kd7 11.Kf3 Kc7 12.Kf4，"之后的马残局中白方就占据了胜势。"——卡尔波夫。

▶ 克拉姆尼克给出5…Nc7 6.e5 Bxg2 7.exd6+ Kxd6 8.Kxg2会让黑方陷入很糟的局势中。他指出之后8…cxd4 9.Ba3+ Nc5 10.Nxb6 e5 11.Na4 Ne6 12.f5黑方的末日就到了。

6.d5

白方还在圈占更多空间，黑方的号房越来越狭小了。

6…exd5

6…e5 7.Bh3 Bc8 8.Kf2（白方应当想到如下走法：8.Bxd7 Bxd7 9.Nxb6 Bg4 10.Kf2 Nc7 11.Na4 Bd1 12.Nc3 Bb3——当你占领了更多空间的时候，你应当利用它来扼杀对方的反击。这里白方显然忽视了这一点！）8…Kc7 9.Bc1 h6 10.Be6这样黑方依然无助地被关在笼子里。

7.exd5 Nc7

7...Kc7 8.Bh3 Nf8 9.Kf2——克拉姆尼克。

8.Bh3

这一步之后可以接着走Bxd7，这样能威胁到黑方的b线兵。

8...Na8 9.Be6 Nf8 10.f5

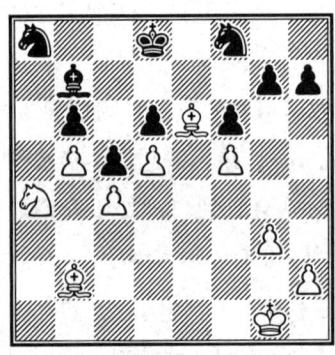

图302

白方巨大的空间优势已经空前了！这样的局面会令对方哭笑不得。

10...Bc8 11.Kf2 Bd7 12.g4 Ke7 13.g5

13.h4也是很强力的走法。

13...Nxe6!

这一步避免了13...Be8 14.gxf6+ gxf6 15.Nc3 Nd7 16.Ne4 Ne5 17.Bxe5这样的走法，两种回吃都会导致来自白方兵的致命的一将。

14.fxe6 Be8 15.gxf6+ gxf6

黑方的局面惨不忍睹，但对方的异色格象也无法让胜利唾手可得。

16.Ke3 Bg6 17.Kd2

白方使用王去守卫c4。但其实还有17.Nc3!?也是值得认真考虑的。

17...Be4 18.Bc1 Bg2 19.Kc3 Bf1 20.Bh6 Bg2 21.Bf4 Bf1 22.Nb2 Nc7 23.Nd1 Bg2 24.Ne3 Be4 25.Bh6 Ne8 26.Kd2 Nc7 27.Ke2 Ne8 28.Kf2 Nc7

白方玩起了猫鼠游戏，企图拖死对手。这里克拉姆尼克指出28...Bb1!?之后再走29...Ba2应当是很有趣的防守尝试。

29.Kg3 Bd3 30.Kg4

这一步可以制造31.Nf5+ Bxf5 32.Kxf5的速胜威胁。

30...Ne8 31.Kf4 Bb1

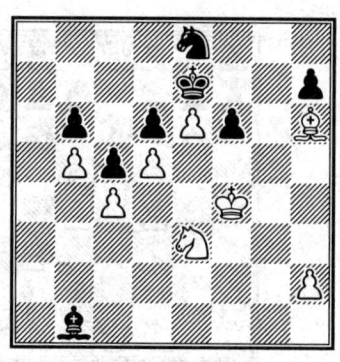

图303

白方看似永无止境的漫长布置结束了，此时他可以迈向胜利了。

32.Nf5+ Kd8

如常而言，吃掉白方的马是没有用的：32...Bxf5 33.Kxf5 Nc7 34.Bg7 Ne8 35.Bh8这样白方可以通过强迫移动来获胜。

33.Bf8 Bd3 34.Be7+ Kc7 35.Ne3 Kc8 36.Kg4 Kc7 37.Kh5 Ng7+ 38.Kh6 Ne8 39.h4 Kc8 40.h5 Kc7 41.Ng2! Kc8

41...Bxc4 42.Kxh7 Bxd5 43.Nf4 Be4+ 44.Kg8 c4 45.Kf7 c3 46.Kxe8 c2 47.Bd8+ Kb8 48.Ne2 Bf3 49.Nc1 Bxh5+ 50.Ke7白方获胜——克拉姆尼克。

42.Nf4 Bc2此时白方万不可走43.Bxf6?（尽管无论如何白方也是要胜利了），正确的走法应当是**43.Ng6! 43.hxg6 44.hxg6 f5**（44...Bd3 45.g7 Nxg7 46.Kxg7 Bxc4 47.Bxd6简单易行）**45.g7**（45.Bxd6也可以）**45...Nxg7 46.Kxg7 Kc7**（46...Bd3 47.Bxd6 Bxc4 48.Bf4 Bxb5 49.Kf8这样比赛结束）**47.Bd8+! Kxd8 48.Kf8**这样白方的e线兵就可以升变了。

7.1.2 为空间优势而战

之前我们看到的都是单方具有空间优势的局面。然而远比此多得多的情况是双方分别在棋盘的不同区域占领着空间。例如在王的印度式防御中，很普遍的情况是白方在后翼有很大的优势（这经常可以让白方在这一翼攻杀黑方，在多数残局中也有明显优势），而黑方则强势地占据着的王翼空间，可以针对白方的王发动猛烈攻击。

1.d4 Nf6 2.c4 g6 3.Nc3 Bg7 4.e4 d6 5.Be2 0-0 6.Nf3 e5 7.0-0 Nc6 8.d5 Ne7

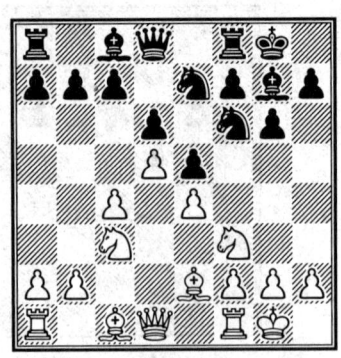

图304

> **要诀**
> 在封闭局面中，你要前进的方向通常是你的兵链所"指向"的一侧。

当走到这种变化情况时，双方都很清楚他们期望着什么。中心是封闭的，所以只能在两翼发动战斗。在这样的局面中，你通常是要走你占领着更多空间的一侧的（当然也确实也有所例外——千万不要把任何诀窍当成教条）。一旦你决定了是哪一侧，你就要试图在对方阵线上制造弱点，利用兵的挺进在你选择的一侧占据更多区域，之后利用兵链的突破为车打开竖线，这样就可以深入敌方阵地了。

下面的一般性演变体现出了双方是如何做的：

9.Ne1

白方的马要进入d3，借此提升走c4-c5（以及打开竖线）并占据更多空间的概率。

> **规定**
> 利用齐头兵会让你获得额外的空间，并且能够打通让你的车直达敌方阵地的开放线。

一般而言你占据的空间是处于你的兵链所指向的方向的——应当在那些区域占领更多空间（以及打开竖线），故应推进最前面的兵旁边的兵。对于白方而言，先导兵是d5兵，而有待挺进的则是c线兵（e4-e5是不可能的）。对于黑方先导兵则是e5兵，旁边的是f线兵。因此，双方都会利用齐头兵：白方会走c4-c5（占据后翼）而黑方则会走...f7-f5（准备攻击王翼）。

9...Nd7

黑方的马为f线兵腾出道路，并且控制c5格，暂时让白方的c4-c5挺进变得更为困难。

10.Nd3

继续为关键的c4-c5做准备。

10...f5

黑方的王翼优势很清楚了。

11.Bd2

出子，并且准备让a1车移动到c1，先占领c4-c5挺进所打开的竖线上。

11...Nf6

黑方要通过...f5-f4在王翼获取更多空间，但目前由于可能白方会有12.Bg4!之后兑去白格象，致使黑方的王翼攻击彻底失败，因此是不可行的。11...Nf6则攻击着e4，而且迫使白方应对这一威胁，或者吃掉f5，或更为常规地，以f2-f3守住e线兵。

12.f3 f4

此时由于白方不能走Bg4，因此这一步可以产生作用了。

13.c5

双方都走出了理想的兵形。

13...g5

黑方兵链的末端位于f4，所以黑方要将g线兵推进到g4，正对着白方的王打开一条竖线！

14.cxd6

这一步打开c线。

14...cxd6 15.Rc1 Ng6这样白方攻后翼，黑方攻王翼，激动人心的鏖战即将开始。

我们下面的两个例子展示的就是实战中的这种思想。就这一点来说，我们不需要详细的分析——我想要读者做到的是对于这类局面结构直观的与内心的感受，拆解变化对此是没有帮助的。所以读者尽可以放松地欣赏这种激烈的智斗，并且特别关注双方对各自的目标的坚持。这类王翼对决后翼的智斗都是很复杂而且相当白热化的——如果你要走其中一方，你必须准备好迎接接踵而来的酣战，不可畏惧！

根纳季·索松科 对阵 沃尔夫冈·乌尔曼，1975年 阿姆斯特丹

1.d4 Nf6 2.c4 g6 3.Nc3 Bg7 4.e4 d6 5.Nf3 0–0 6.Be2 e5 7.0–0 Nc6 8.d5 Ne7 9.b4 Nh5 10.g3 f5 11.Nd2 Nf6 12.c5（契合此处主题的齐头兵，既赢取空间，又对d6施加压力，还使白方可以在感到有足够优势时以cxd6打开c线）**12...f4 13.Nc4 g5**（黑方准备也在己方做出齐头兵，以...g5-g4扩张空间）**14.Ba3 Bh3 15.Re1 Rf7 16.b5 Nc8 17.Bb2 Re7 18.c6 b6 19.a4 Qe8 20.a5 Rb8 21.axb6 axb6 22.Ra3 h5 23.Qd3 Qg6**

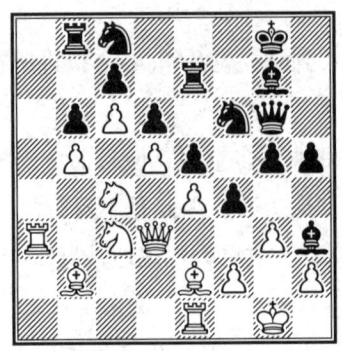

图305 双方都在各自的一翼彻底泛滥成灾了!

24.Rea1 Re8 25.Ra8 Rxa8 26.Rxa8 Rf8 27.Nd2 Bh6 28.Bf1 Bxf1 29.Nxf1 g4 30.gxf4 exf4 31.Qc4 g3 32.hxg3 fxg3 33.fxg3 h4 34.e5 Be3+ 35.Nxe3?(黑方无论如何都可以获胜,但这一步——看起来更像是出于时间紧迫而走出来的——活像是自己往火坑里跳。)**35...Qxg3+ 36.Kh1 Qh3+ 37.Kg1 Qxe3+ 38.Kh1 Qh3+ 39.Kg1**此时白方没有等黑方走39...Ng4就认输了,这一步会很快促成将杀。直到最后白方还占领着后翼,但王却死了!

亚历山大·贝里亚夫斯基 对阵 德拉甘·索拉克,2000年 圣文森特岛

1.d4 Nf6 2.c4 g6 3.Nc3 Bg7 4.e4 d6 5.Nf3 0–0 6.Be2 e5 7.0–0 Nc6 8.d5 Ne7 9.Nd2 Ne8 10.b4 f5 11.c5 Nf6 12.f3 f4 13.Nc4(契合此处主题的计划,白方开始紧逼d6了)**13...g5 14.a4 Ng6 15.Ba3 Rf7 16.b5 Ne8 17.a5 Bf8 18.Na4 h5 19.b6**

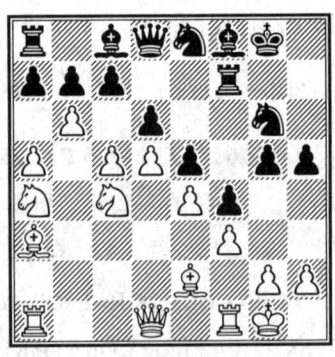

图306

白方已经吞掉了整个后翼,比赛似乎也就是那样了。此时黑方唯一的希望是在另一翼发动攻击——他真的能在被彻底挤出棋盘之前成功攻击吗?

19...Bd7 20.bxc7 Qxc7 21.a6 bxa6 22.c6 Bc8 23.Nab2 Rg7 24.Nd3 Nh8 25.Nf2 Nf7

26.h3 Nh6 27.Rb1 Qd8 28.Bb4 Nf6 29.Rb3 a5 30.Bxa5 Qe8 31.c7 Qg6 32.Rb8（黑方即将遭受毁灭性的丢子）**32...g4**（不成功便成仁！不巧的是对黑方而言，他的局面大势已去）**33.hxg4 hxg4 34.Rxa8 Bd7 35.c8=Q Bxc8 36.Rxc8 g3 37.Nh3 Nf7 38.Bb4 Ng5 39.Bxd6 Qh5 40.Bxf8 Nxh3+ 41.gxh3 Qxh3 42.Bxg7+ Kxg7 43.Rc7+ Kg8 44.Rf2 gxf2+ 45.Kxf2 Qh4+ 46.Kg2 Qg3+ 47.Kf1**，1–0。这一连串将军很快就会结束于47...Qh3+ 48.Ke1。

向己方兵链所指的方向前进，以及将与先导兵邻近的兵进行挺进从而获得更大空间，并打开竖线，是某些局面中常见的主题。下面的比赛体现出等级水平在1600左右也可以掌握"兵链指向律"和齐头兵的部署思想！

焦阿基诺·格雷科 对阵 佚名，1620年 欧洲

1.e4 e6 2.d4 d5 3.e5 c5 4.c3

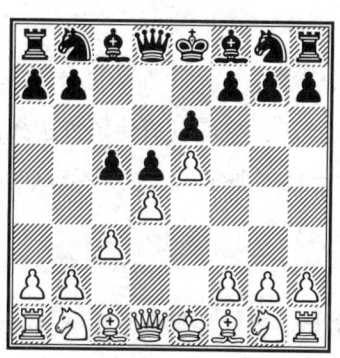

图307

这是法兰西防御中的著名演变路线，它清晰地展示出了两条指向不同方向的兵链，以及这种结构是如何表征双方的动向的。黑方的f7-e6-d5兵链指向后翼，白方的b2-c3-d4-e5兵链则指向王翼。在全封闭局面下，这表明黑方最后会通过...c5-c4以及...b7-b4（占领大量空间并为车打开开放线）发动攻击，白方的计划则是f2-f4-f5，在另一翼击碎对方的阵线。

然而，法兰西体系的中心并不一定一直处于封闭状态，也就是说双方都还有其他的选择。实际上黑方通常可以采用压制d4的作战计划，以...Nc6、...Qb6以及...Ng8-e7-f5对白方的d线兵施加组合性打击。类似地形如...Bd7和...Rc8的走法也会让黑方在以...cxd4打开c线之后沿着c线制造攻击机会。最后，很多时候黑方还可以通过适时的...f7-f6冲击对e5形成打击。

而白方由于在中心有优势，当然通常就会尽量稳固这种优势，如Nf3、Be2、0-0，有时还可以通过Nb1-a3-c2给予d4强力的支持。在某些情况下，白方可以用Qg4或者Bd3在王翼发动攻击，或者另外还可以适时地走dxc5之后用马在刚刚腾出来的d4格内牢牢地驻扎住。

4...cxd4 5.cxd4 Bb4+ 6.Nc3 Bxc3+ 7.bxc3

黑方的这几步棋走得很差（你能在一个公元1620年的佚名棋手身上期待些什么呢？），他急切地兑子使本可作为攻击目标的d4变得固若金汤。这并不意味着黑方在中心全无失衡优势而只剩一个单一的明显计划：此时白方c3兵是落后兵，并且可以通过在半开放的c线上放一个车（或后）进行攻击。另外c4格是虚格，可以用Nb8-c6-a5-c4进行占领。

但尽管如此，白方在这种局面下还是占有优势。他在中心和王翼占据更多的空间，且有活跃的双象——白格象可以呆在d3并在两条斜线上（f1-a6和b1-h7）释放能量之光，黑格象则可以进驻a3镇压a3-f8斜线。以防你会忘记，f2-f4-f5做齐头兵的方案依然是可行的。

7...Nc6 8.Bd3

8.Qg4!?是一种值得考虑的走法，它可以迫使黑方选择像...Kf8或...g6这种并不令人愉快的应对（这样所有的黑格就都被削弱了）。注意到8.Qg4 Qa5 9.Bd2依然会让黑方碰到和之前一样的问题。

8...Nge7 9.f4

白方意欲走f4-f5形成齐头兵。当然如果之后不走f4-f5，那么f4兵会影响到己方的象对c1-h6的控制。我个人倾向于走9.Qg4 Qa5 10.Bd2 0-0 11.Nf3，这样对白方而言是很好的攻击阵势。

9...Nf5 10.Nf3 0-0

这让白方可以排出齐头兵。黑方只能以10...h5应对（这是这种局面下契合主题的走法——黑方通过阻止白方g2-g4来对f5形成支撑）。之后有11.0-0 g6（11...0-0!?也是可以的，但通常车应该呆在h8以作防守）12.Ng5（12.Ba3 Ne3）12...Kf8 13.a4 Kg7 14.Re1这样白方有15.Bxf5 exf5 16.e6的威胁，黑方被迫走14...Re8（因为车在h8会有很好的防守，因此这也并不理想）或者 14...Nce7（这也并不理想，因为这匹马本应跳到a5，最后进入c4）。此时白方处于优势，但黑方的局面也并不容易被击垮，而且如果白方不谨慎，黑方可能会对c4和c3成功地施加压力。

11.g4 Nh4 12.0-0 Nxf3+ 13.Qxf3 Bd7 14.Qh3 g6

14...h6 15.g5。

15.f5

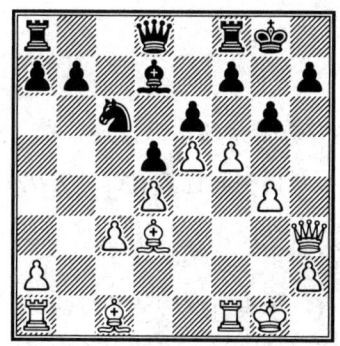

图308

黑方的局面已经无法阻挡白方的齐头兵了。

15...exf5 16.gxf5

白方也可以走16.Qh6，形成17.gxf5和17.Bg5的双重威胁而获胜。不过格雷科的走法更简单，而且非常致命。

16...gxf5

此时黑方已经无法防守了：

- 16...Kh8 17.e6 fxe6 18.fxg6 Rxf1+ 19.Kxf1 Qg8（19...Qf6+ 20.Ke1 Qg7 21.Bh6 Qf6 22.Bg5 Qg7 23.Bf6）20.Bg5 Rf8+ 21.Kg2具有碾压式的威胁如22.Rf1和22.Qh4，这样白方可以发动制胜的攻击。
- 16...Qa5 17.Qh6 Bxf5 18.Rxf5 Qxc3 19.Rh5! Qxd4+ 20.Kh1叫杀。
- 16...Qe7 17.Qh6 Rfc8 18.Ba3 Qxa3 19.fxg6 fxg6 20.Bxg6 Qe7 21.Rf7 Qxf7 22.Bxf7+ Kxf7 23.Qxh7+ Ke8 24.Qh8+ Ke7 25.Qf6+ Ke8 26.Rf1#。

17.Rxf5 Bxf5 18.Bxf5，1-0。传说级的格雷科吃掉了他的手下败将。

7.2 向空间开战

我们见到了空间优势给持有者带来的很多益处，然而这并不就是说空间劣势的一方就只能蜷缩着等死。一般来说，对付空间优势有四种方法：

▶ 兑子，从而在狭小的空间中不会感到难受。
▶ 利用兵链突破将对方看似坚不可摧的兵列打断。
▶ 尽力表明对手在占领空间的同时，也留下了虚格。
▶ 将占领空间的兵心当作目标攻击！

7.2.1 兑子！

我们提到过，兑子是一种减轻狭小空间所带来的不适的方法。下面有这样一个例子：

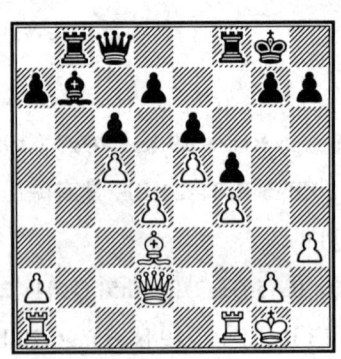

图309 黑方先行

白方在中心和后翼享有更多的空间，还有一个非常好的象，相较之下黑方的象看起来并不活跃（当然如果黑方的a线兵位于a6，白方的a线兵位于a5，那么黑方的象就真的成了一个"高个子兵"了，白方的优势就是决定性的）。

这里我们要采取的是一系列的诀窍："用不好的轻子兑掉对方的好子""象要走到兵链外面"以及"空间较小时要兑子"，有这么多的诀窍，黑方的走法就不需要动多少脑筋了！

1...Ba6

黑方让象变得积极，并强行让其去兑子。

2.Rfb1 Bxd3 3.Qxd3 Qc7

黑方准备通过...Rxb1以及之后...Rb8兑去所有的车。

4.Rb3 Rxb3 5.axb3 Rb8

白方最后的车盯着a7，但黑方的车同时也瞄着a3，双方不相上下。

6.Qc3

6.Ra6 Rb4 7.Kh2 Qb7 8.Ra3 a5，平局。

6...Qb7 7.Ra3

白方若走7.Ra4，那么就给了黑方所有的转机，之后有7...a5! 8.Rxa5（8.Qxa5 Qxb3会使白方的王的处境比黑方要危险得多）8...Kf7!（这样黑方的王就可以保护d7，而且由于b3、d4和f4都是弱点，白方无法联合所有棋子，所以黑方很容易补回一个兵的差距）9.Ra3 Qb4 10.Qxb4〔10.Qb2 Qe1+ 11.Kh2 Qe3 12.b4（12.g3? Rb4对白方不利）12...Qxf4+这样只会对黑方有利〕10...Rxb4这样白方之前的空间优势就没有什么意义了。之后11.Kf2 Rxd4白方可以求和，但黑方可以继续下去，争取在和棋之前击败对手。

如你所见，黑方的走法实际上比较容易掌控，因为某种程度上白方会发现自己的王处于一个很别扭的位置上。

7...Kf7

黑方的王需要设法保护住d7。

8.Kf2 a6

这种走法看起来愚蠢，但实际上很有效！这里的想法在于如果a线兵停在a7，那么若白方吃掉了黑方的a线兵，此时吃掉兵的棋子就会立即攻击到d7。因此黑方将兵置于a6会赢得一步时间，此时保卫d7还并不是很紧迫。

9.Qa5

9.g4!?可能是白方最好的走法，只是9...g6会让黑方之后就完全没有压力了。

9...h6 10.Ke3

10.h4!?

10...g5 11.g3

11.fxg5 hxg5 12.Kd2 Qb5 13.Qxb5 Rxb5 14.Kc3 a5 15.Ra2 Kg6这样黑方的王可以通过...Kg6-h5-h4-g3前进了！

11...Qb4 12.Qxb4 Rxb4 13.Kd3 a5 14.Kc3 gxf4 15.gxf4

这一步避免了15.Rxa5 fxg3 16.Kxb4 g2 17.Ra1 f4。

15...Rb5 16.Ra1 Kg6 17.Rg1+ Kh5 18.Rg7 Rb7

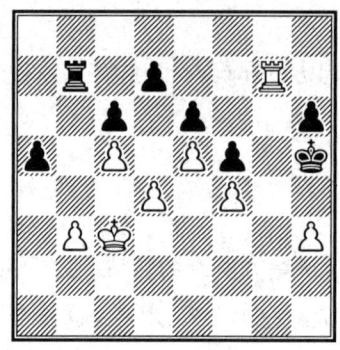

图310 白方先行

黑方看似咄咄逼人,但白方此时却使出了一个锦囊妙计。

19.b4!! axb4+ 20.Kb3 Kh4 21.d5! Rb8 22.dxe6 dxe6 23.Rg6这样白方积极的车可以为他争取平局。

7.2.2 利用兵链突破!

当面前的对手不亦乐乎地挺兵,意欲吞掉整个棋盘上所有的格子时,兵链突破是一种应对的选项。兵链突破或者阻碍对手的进一步挺进,或者从另一侧将已被占领的空间扫清。下面的一个简单易懂的例子可以展示兵链的突破是如何发挥效果的。

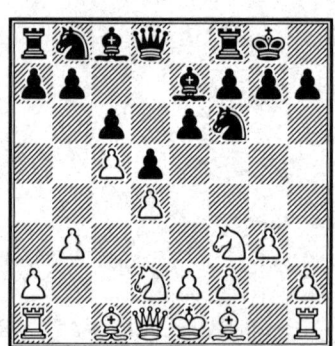

图311 黑方先行
SinEater7 对阵 DLJ,2008年 在线棋局

白方有占领后翼空间的自信,于是走了c4-c5。事实证明如果白方的a1车被保护着,这步挺进至少值得考虑,然而a1车并没有根,因此这一步侵吞空间的挺进是一步错误。我将在黑方第二步的注解中解释这条关于无根的a1车的简评。

这类错误在业余水平的比赛中经常出现,所以对于学生而言,熟悉有针对性的解决方法是很重要的。

1...b6!

这次兵链突破直接威胁到了c5兵，此时2.cxb6已经势在必行，尽管2...axb6和2...Qxb6都会让黑方的局面变得很好。

对于白方而言被迫走2.cxb6就像一记耳光，要看懂这一点，可以回顾一下1.c5之后的整个局面。白方的c5兵和黑方的a7兵哪个更有价值呢？显然靠近中心的c线兵远比a7兵更好（一般来说中心兵都是比边兵更有价值的）。其次来看2.cxb6 axb6之后的局势。从效果来看，白方以c线兵兑去了黑方的a线兵。因此白方走1.c5又以c线兵兑去黑方的a线兵实际上浪费了时间，同时还为先前处于沉默状态的a8车打开了竖线！显然，白方做了个老好人！

当然白方走1.c5不是为了兑去黑方的边路兵的，他是想通过支援让c线兵坚守在c5，所以他现在要缓和这个问题，走了一步2.b4，合乎常理但却有战术破绽。

2.b4? a5!

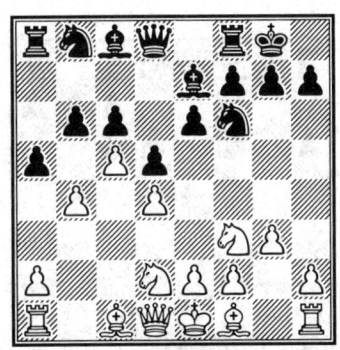

图312　白方将要丢子

信不信由你，白方在这里真的是要丢子了！为什么呢？因为此时他不能全面守护整个后翼，这就是之前所说的"a1无根车"的评注所在。如果a1车位于b1，或者白方的象位于b2（保护着a1车），那么3.a3就可以保住所有的兵。然而这里由于车处于无根状态，因此之后黑方有3...axb4，这样由于a线上的牵制，白方就吃不回来了。

这里的关键在于完全理解白方究竟是如何溃败的，因此不妨反复推究这个局面，直到全部彻底明白为止。

3.Qa4

这是一步勇敢的尝试，但要阻止被屠宰却为时已晚。注意，3.cxb6 axb4会让黑方完全多一个兵，因为b6兵马上就可以被吃掉。同样的，3.Ba3 Na6也可以让黑方赢得一兵，因为此时黑方在同时攻击b4和c5两处。

3...Ba6

黑方成功完成了这一挑战，找到了最好的走法。白方依然无法避免丢兵。

4.a3

窘迫的棋手SinEater7依然在竭力维持兵链的完整，但悲哀的是，他的幻想终究还是要面对现实。

4...Bb5! 5.Qb3 axb4 6.Qxb4 bxc5 7.dxc5 Na6 8.Qb2 Nxc5这样白方已处于败势——他少一个兵，a线兵是弱兵，同时出子也较为落后。

下面来看一个相同的局面，但这次白方是故意走出c4-c5的，他原本就知道前线的c线兵是保不住的。

阿列克谢·科尔涅夫 对阵 谢尔盖·鲁布廖夫斯基，2007年 俄罗斯

1.d4 d5 2.c4 c6 3.Nf3 Nf6 4.e3 a6 5.Nc3 e6 6.c5 b6

主题所在的"兵链突破"登场了。如上一个例子所述，若走7.b4则会败于7...a5。

7.cxb6

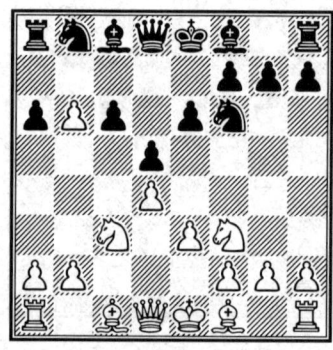

图313

夺取空间的c5兵已经被迫离开了，但白方的局面布置是很清晰的：他想通过Na4、Bd2和Rc1控制住虚格c5，对黑方落后的c6兵施压。而黑方显然不会如其所愿。

7...Nbd7 8.Na4

这种局面多年以来频频出现，但实战说明这样的局面下白方无法对获得一个有意义的优势抱有任何期待。

8...Nxb6 9.Bd2 Nxa4 10.Qxa4 Bd7 11.Ne5 c5

如果白方成功锁死了黑方位于c线的c6兵，那他会占据优势。然而这个"弱兵"却并不是一个攻击靶。白方意图将它变成那样——而不是让这个兵被动地留在原地，而黑方则通过第二次兵链突破对后翼形成了争夺。

12.Nxd7 Qxd7 13.Qxd7+ Kxd7 14.dxc5 Bxc5 15.Rc1 Rhc8 16.Bd3，1/2-1/2。这不是一个精彩的例子（退一步讲！），但它却体现了兵链突破在应对空间狭小困境中的效用。

到目前为止我们看到了...b6、...a5、...c5，以及...f5与...g5-g4结合（在王的印度式防御中）这样的兵链突破。另外还有一种主要的突破方式是...e7–e5突破（白方在不同局面下当然也有自己的多种突破方法，但你若掌握了典型的黑方突破背后的思想，白方的突破方法也就很容易找到了），下面是一个相当疯狂的例子。

贡纳·汉森 对阵 德拉戈柳布·奇里克，1989年"政治报"杯[①]

1.e4 c6 2.d4 d5 3.exd5 cxd5 4.c4 Nf6 5.c5

这步走得不好，白方只顾着占领空间，却没有一次出子！

5...e5

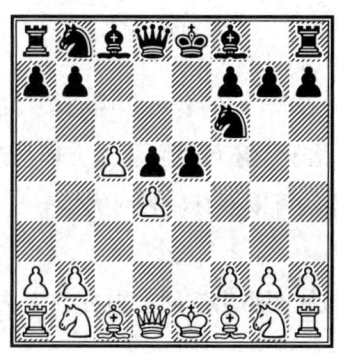

图314 撕碎白方的空间

黑方还有其他可行的走法（在这种局面下5...b6是通常的应对方式，不过比较耐心的走法5...g6也可以），但5...e5显然是最强硬的走法，直冲着对抗白方的c5挺进而来。这一步立即引发了战斗（利用白方没有出子的状态），立即攻击到了防守着c5的d4兵。

6.dxe5 Ng4

6...Ne4也是好的走法。

7.Qd4?

白方要解决5.c5带来的问题，他被急转直下的状况吓着了，于是马上犯了一个严重的错误。

7...Nc6 8.Bb5 Qa5+ 9.Nc3 Qxb5! 10.Nxb5 Nxd4 11.Nxd4 Bxc5 12.Ngf3 Nxe5 13.0–0 0–0，0–1。白方很明显少了一个兵，于是干脆放弃了。

见过了这么多兵链突破的方式，下面来看一个将它们结合在一起的重量级实例。

格雷高里·凯达诺夫 对阵 瓦迪姆·米洛夫，2007年 直布罗陀

1.d4 d5 2.c4 c6 3.Nc3 Nf6 4.Nf3 a6 5.c5 Bf5 6.Bf4 e6 7.e3 Nbd7 8.Be2 Be7

---

① "政治报"杯（Politiken Cup）：著名国际象棋赛事，由丹麦著名报业集团Politiken（即《政治报》）所赞助，举办地点为丹麦城市赫尔辛格，首届比赛举办于1979年。中国棋手卜祥志曾于2014年夺得该赛事冠军。

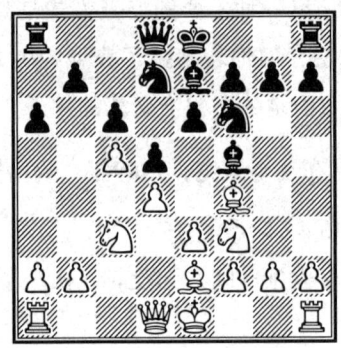

图315

白方在后翼有明显的优势，而且控制着更多中心格（d6和e5）。如果白方可以维持空间优势，同时避免不必要的兑子，还可以阻止黑方以兵链突破打开空间（黑方可能的突破有...b7-b6和...e6-e5），他就可以拥有显著的优势。

9.Nd2

黑方打算通过...Ne4兑去马从而腾出空间。白方的走法（9.Nd2）使这个计划变得不再可行。

9...Bg6 10.Rc1 Qc8 11.a3 0-0 12.g4 Ne8 13.h4 f6 14.h5 Bf7

黑方将所有的希望放在了第二种突破...e6-e5上。

15.Nf3

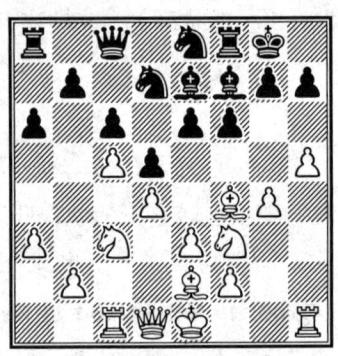

图316

白方不仅要阻止黑方的e6-e5挺进计划，很明显他还想在整个棋盘上都取得空间优势！除了空间之外，12.g4、13.h4使兵并排推进，并且打算在王翼将黑方扫荡一空，同时彻底打消黑方所有反击机会，而自己在两翼都可以灵活行动。

然而事情并没有那么简单，虽说黑方常规的...b7-b6突破在这个时候不太起效（若打开了c线，那么c1车会对c6施加压力，这会有些危险），但他还可以通过另一个契合此处主题的兵链突破...e6-e5冲开中心。

15...Nc7

米洛夫在此推荐了另一个合情合理的走法，改走15...Bd8，之后...Bc7，再走...e6-e5。

16.Na4

压制后翼，并给予c5更多支援（黑方...e6-e5的作用之一就是摘除c5最主要的保护子力，因此白方的16.Na4参与了这一支援）。

16...Qd8 17.Bd3 e5

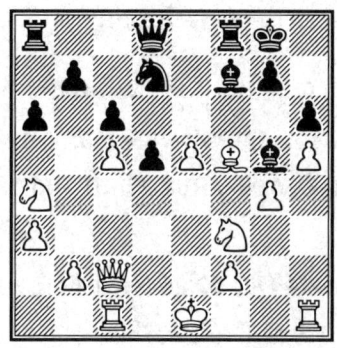

图317　挣脱

黑方不愿被动地坐以待毙，相反，多亏了这一关键的突破，黑方以弃一兵为代价激活了全部的棋子，并且发动了猛烈的反击。白方可能依然处于优势，但局面开始变得更加复杂了——当对手忽然反击回来的时候，自己往往会出现失误。

18.dxe5 Ne6 19.exf6

19.Qc2!? h6 20.Bf5这样的走法比较值得玩味，但在20...Nxf4 21.exf4 fxe5 22.fxe5 Bg5之后，评估如此错综复杂的局面就很是不易了。下面我们简单地看一下这个局面后续的可能演化：

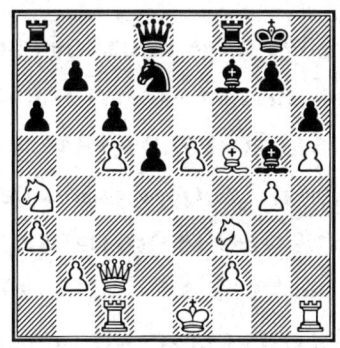

图318　白方先行
22...Bg5之后的局面

▶ 23.Rd1 Nxe5 24.Nxe5 Qe7 25.0-0 Qxe5 26.Nb6 Rad8 27.Nd7 Rxd7 28.Bxd7 Qe7 29.Bf5 Bf4 30.Rd4 Bb8 31.Rb4 Be8这样白方的王周围的那些空虚的黑格就会让黑方得到很多机会：32.Rb3 d4 33.Bg6 Bxg6 34.Qxg6 Rd8 35.Qc2 Qh4 36.f3 d3，和棋。

▶ 23.Nxg5 hxg5 24.Bxd7 Qxd7 25.Nb6 Qxg4 26.Nxa8 Qf3 27.Rh2 Qf4 28.Rg2 Qh4 29.Qd3 Bxh5 30.Qg3 Qe4+ 31.Kf1 Bf3 32.Nb6（32.Rh2 Qe2+ 33.Kg1 Rf4这样黑方有...Rg4的威胁，很是棘手）32...Qe2+ 33.Kg1 Bxg2 34.Qxg2 Rf4 35.Rc3 Qxb2 36.Rg3 Rh4这样白方就有了一些需要解决的很恼人的麻烦了。

这些似乎表明在19.Qc2!? h6 20.Bf5 Nxf4 21.exf4 fxe5 22.fxe5 Bg5 23.Nxg5 hxg5之后，黑方就高枕无忧了，但果真是这样吗？其实白方若不走24.Bxd7而改走24.h6!，则有24...Nxe5 25.hxg7 Kxg7（25...Re8 26.Nb6 Rb8 27.Kf1 Qf6 28.Kg2）26.Rh7+ Kg8 27.Rh6这样白方有显著的优势。

19...Nxf6 20.Ne5 Nxf4 21.exf4 Qc7 22.g5 Ne4 此时白方的a4马处于边路，王在中间，同时时间也有些紧迫，因此黑方得到了一定的补偿。

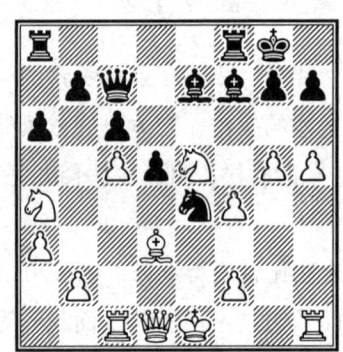

要诀
发挥空间优势的途径之一就是简单地维护它，避免不必要的兑子，而且不能让对手利用兵链的突破。

图319　一团乱麻

最后白方失去良机，最终落败：**23.g6 Be8 24.Qg4 Bf6 25.h6 Bxg6 26.Nxg6 hxg6 27.f3 Qa5+ 28.b4 Qxa4 29.Qe6+ Rf7 30.fxe4 Qxa3 31.Rd1 Qb2 32.e5 Qg2 33.h7+ Kh8 34.Qxf7 Qxh1+ 35.Kd2 Qh2+ 36.Kc3 Qa2 37.Qxg6 Rd8 38.Kd4 Qf2+ 39.Kc3 Qa2 40.Bc2 d4+ 41.Kd3 Qa3+ 42.Ke4 Qe3+ 43.Kf5 Qh3+ 44.Ke4 Qe3+ 45.Kf5 Bh4 46.Ke6 Qxf4 47.Qf5 Qh6+ 48.Qg6 Qf4 49.Qf5 Qh6+ 50.Qg6 Qe3 51.Rg1 Bf6 52.Be4 Qb3+ 53.Kf5 Qh3+ 54.Qg4 Qxh7+ 55.Kf4 Qh6+ 56.Kf3 Bxe5 57.Ke2 d3+ 58.Kd1 Kg8 59.Rh1 Qf6 60.Bf5 Bc7 61.Be6+ Kf8 62.Qf5 Qxf5 63.Bxf5 Kf7 64.Rh3 d2 65.Rf3 Rd4 66.Bc8+ Bf4 67.Bxb7 Rxb4**，0-1。

7.2.3 空间夺取 = 潜在的虚格

兵保护着格子。这看起来很简单,但这其中有一些事情需要仔细考虑领会,因为很多棋手都会忘记随着兵的挺进,可能被兵控制并保护到的格子就逐渐减少了。这意味着当棋手进兵占领越来越多的空间的时候,也有很多潜在的虚格随之留了下来。

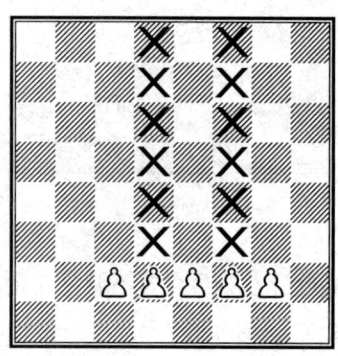

图320

e2兵可能控制所有画有叉号的格子,但是如果挺进到e3,则d3和f3就不再受控制了,如果移动到e4,自然d3、d4、f3和f4都不受控了。

一般来说其他的兵可以填补e兵挺进所留下的破绽,例如e2兵移动到e4失去了对d3、d4、f3和f4的保护,但c2兵还可以代为防守d3和d4,g2兵则可以同样代为防守f3和f4。然而如果白方走出了个大兵心c2-c4,d2-d4和e2-e4,那么兵对d3和d4的控制就不复存在了。

当棋手没有意识到无差别地盲目进兵所带来的弱点,只顾拼命抢占空间的时候,这些"丢失"的格子就有可能(而且经常确实是)落入敌方手中。

下面我将以另类的方式讲评一盘棋——不谈变化,也略去对一步棋是好是坏的评注。我只专注于三个格子(c5、d3和f4),关注白方是如何进兵并在后来抛弃它们的,以及黑方的棋子和兵是如何争夺它们的。

何塞·卡帕夫兰卡 对阵 罗伊·特恩布尔·布莱克,1911年 纽约

1.e4

e线兵已经挺到了d3和f4等格的上方,只能让c2兵防守d3,g2兵守卫d4。

1...c5 2.b4 cxb4

c5的一个守卫者(白方的b线兵)消失了。

3.a3 bxa3 4.Bxa3 d6 5.Nf3 Nc6 6.d4 g6 7.h4 Bg4 8.c3

此时这一步还不是很重要,但d3格已经再也不能由白方的兵来保护了。

8...Bg7 9.Nbd2 Nf6 10.Qb3 Qb6 11.Qa2 Bxf3 12.gxf3

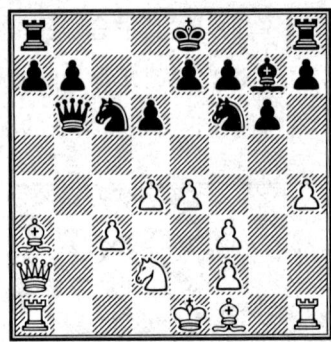

图321

下面轮到f4格了！d3和f4都被白方的兵弃置不管了（此时轮到其他棋子守卫它们了，但是被用来当"保姆"的大子绝不会感到开心）。

12...Nh5

黑方的马的行动表明它一直盯着f4的状况！

13.Nc4 Qc7 14.Bc1

白方的象保证了f4不被遗弃。

14...0-0 15.Rb1 Kh8 16.Bh3 b6 17.Bg4 Nf6 18.Ne3 h5 19.Bh3 Na5 20.Bd2 Bh6

黑方用行动向对方表明，他还在觊觎f4。

21.Rc1 Kh7 22.c4 Nb7 23.Nf5 Ng8 24.Nxh6 Nxh6 25.Bxh6

象在第14回合参与了f4的防守，但此时白方却忘了它的使命，让它离开了棋盘（这里的原因并不容易看出来）。

25...Kxh6 26.Qd2+ Kh7 27.f4 e5

漂亮的一步。c5格被d4兵丢弃，b7马便趁机夺取了c5。

28.fxe5 dxe5 29.d5 Nc5

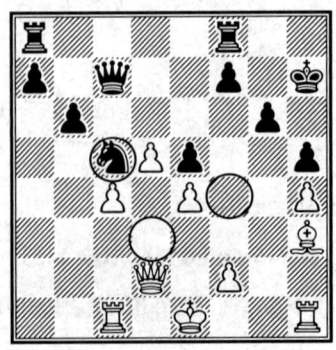

图322

"鹰"已着陆！"鹰"已着陆！①黑方的马占据了c5，还控制了d3（c4兵和e4兵都可以后顾到它但却伸手莫及），先前提到的三个虚格（c5、d3和f4）开始在比赛中发挥重要作用了。

30.Qe2 Qe7 31.Bf5 Kg7 32.Rc3 Rh8 33.Rg3 Rh6 34.Qe3 Qf6 35.Rhg1 Kh7 36.Rg5 gxf5 37.Rxf5 Qe7 38.Qf3 f6 39.Rxh5 Nd3+

黑方的马想要独吞了这三个格子，由于40.Qxd3会导致40...Rxh5，白方只能眼睁睁地看着它跑来跑去。

40.Kd1 Nf4

黑方一马当先走遍了整条路线，击溃了白方的攻击，结束了整局比赛。

41.Rxh6+ Kxh6 42.Qg3 Rc8 43.Qc3 Qc5，0-1。这是个合情合理的结局——黑方的后也可以利用c5漏洞，衷心希望这场比赛能够提醒读者多多注意挺兵所带来的隐患！

当然，在对弈中挺兵可能会产生虚格是无法避免的，关键在于能够发现——只要你能知道每一步进兵所带来的副作用，你就可以在比赛中更好地判断一个空格是否真的会带来问题。

伊安·斯库利斯基 对阵 约翰·威廉·唐纳森，1982年 西北未来赛

1.d4 Nf6 2.c4 c5 3.d5 e6 4.Nc3 exd5 5.cxd5 d6 6.e4 g6 7.Nf3 Bg7 8.Bb5+ Bd7 9.Bxd7+ Nbxd7 10.Bf4 0-0 11.0-0 Qe7 12.Re1 Ng4 13.Qe2 Nge5 14.Nxe5 Nxe5 15.Bg3 Rac8 16.f4 Nd7 17.Qf3 a6 18.a4 Qd8 19.Re2

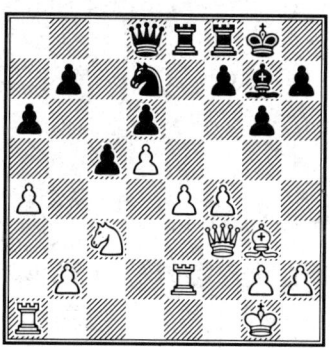

图323

---

① "鹰"已着陆（The eagle has landed）：1969年7月20日，尼尔·阿姆斯特朗操纵"鹰"号登月舱在月球表面成功软着陆后，向地球方向汇报时用"The eagle has landed!"表达自己当时的进度。第二天，《华盛顿邮报》用这句话作为头条对阿波罗登月报道的标题。此后这句话泛指达到某项重大目标。——编者注

我们看到了一个典型的贝诺尼兵形。白方的中心优势很明显，作战计划也很清楚：将e4兵挺至e5，可能还要进一步到e6！黑方暂时将其阻挡住，但白方简单地走一步Rae1便可以开绿灯了。黑方如何在这个过程中破坏对手的计划呢？

19...c4!

黑方指向了白方没料想到的一个弱点——d3格！这是c2-c4与e2-e4两步进兵的必然结果，使d3无法由兵来保护。此时黑方的...Nd7-c5-d3就构成威胁了，如如下变化所示：20.Rd1 Nc5 21.e5 Nd3 22.e6 fxe6 23.dxe6 Qb6+ 24.Kh1 Nxb2 25.Rb1（25.Nd5 Qc6）25...Bxc3 26.Qxc3 Nxa4 27.Qa1 Qc6这样白方就要输了。

20.Bf2

象回撤阻止黑方走...Nc5，然而为此象也失去了对e5的控制，使白方自己的计划更为难以推进。

20...Qa5 21.Rd1 b5

唐纳森夺得了后翼空间，并且使其后翼兵变成了很灵活机动的子力。

22.axb5 axb5 23.Ree1?

黑方在前几步中获得了可观的益处，白方的23.Ree1（这其实是一种精神上的屈服）也使他牢牢掌握了主动权。不管白方喜欢与否，他只能以如下方式进行他自己的作战计划：23.e5! dxe5 24.f5! b4 25.Ne4，此时白方弃了一兵，但却创造了属于自己的战机！

23...Ra8 24.Rd2 b4 25.Nd1 Rfe8

这是一步可靠的好棋（在唐纳森"不给对方反击机会"的风格下尤是），继续阻挡着白方的e4-e5挺进，同时对e4施加了一点压力。形成这种局面还有另一种走法为25...Nc5 26.Bxc5 Qxc5+ 27.Qf2 Rfc8 28.Qxc5 Rxc5这样白方面临着严重的问题。

26.Bd4

白方的局面更糟了，但实际上他已经输了。

26...Bxd4+ 27.Rxd4 Qc5 28.Qf2 Ra1

黑方有很多好的选择。可能最佳的当属28...c3 29.bxc3 bxc3 30.Re2 Nf6 31.h3 Nxe4! 32.Rdxe4 Rxe4 33.Qxc5 dxc5 34.Rxe4 c2这样一切就都结束了。

29.Kf1 Nf6 30.Qd2 Ng4 31.h3 Ne5!

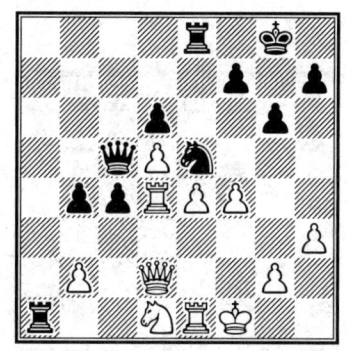

图324

漂亮！白方阻止了这匹马从c5进入d3（通过20.Bf2），但他没想到马还会通过这条途径进入d3！

32.Qe3 Nd3 33.Rxd3 cxd3 34.Qxc5 dxc5 35.Nf2 Rxe1+ 36.Kxe1 c4 37.Kd2 Rd8 38.Ng4 c3+ 39.bxc3 b3，0–1（白方时间到）。

7.2.4 抢地盘的兵心可能变成靶子

空间是通过兵链的扩张占领的。如果将一列兵想象成一道篱笆，你会很容易明白"篱笆"后面的空间是你的这一道理。在19世纪与20世纪初，人们认为一个大规模兵团在几乎任何情况下都是优势，一条由兵组成的结实"篱笆"怎么可能不好呢？然而在20世纪20年代有一批棋手（阿伦·尼姆佐维奇、里夏德·雷蒂、亚历山大·阿廖欣、叶菲姆·波戈留波夫、恩斯特·格林菲尔德、久洛·布赖尔等人）扭转了这种"兵心是好东西"的思想。这些"超现代主义者"认识到，棋手可以设法使对手像发狂的海狸一样远远地筑起兵列，但这样最后却因为丧失了兵与其他子力的呼应而面临压力。

把中心兵团像靶子一样戏弄的最有力的例子之一是格林菲尔德防御。尽管在1922年格林菲尔德用这种新的开局击败阿廖欣之后才被关注，但它首次用于实战应当追溯到1855年：

约翰·科克伦 对阵 马赫什·昌达·班纳吉[①]，**1855年 加尔各答**

1.d4 Nf6 2.c4 g6 3.Nc3 d5 4.e3 Bg7 5.Nf3 0–0 6.cxd5 Nxd5 7.Be2 Nxc3 8.bxc3 c5

---

① 马赫什·昌达·班纳吉（Mahesh Chandra Banerjee）：这位印度人仅仅出现于约翰·科克伦的国际象棋著作中，大概出生于1800年前后，卒年不详。他的名字有很多种拼法，其中书中的拼法为"Mahescandra"。——编者注

9.0-0 cxd4 10.cxd4 Nc6

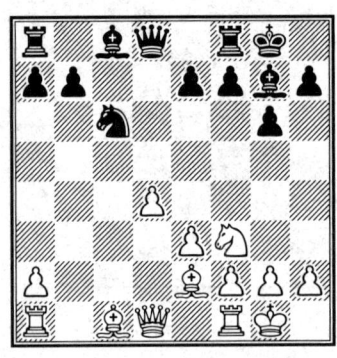

图325

白方有一个坚固的中心兵团，但这个兵团在黑方子力的牵制下，已经无力脱离自己的大本营。

11.Bb2 Bg4?!（11...Qd5，和棋）**12.Rc1 Rc8 13.Ba3 Qa5 14.Qb3 Rfe8?? 15.Rc5 Qb6 16.Rb5 Qc7 17.Ng5 Bxe2 18.Nxf7??**（18.Qxf7+ Kh8 19.Ne6就能立刻获胜）**18...Na5??**〔18...Nd8! 19.Rc5（19.Nh6+ Kh8；19.Nd6+ Bc4 20.Nxe8 Qd7）19...Nxf7 20.Rxc7 Rxc7 21.Re1 Bc4这样显然对黑方更有利〕**19.Nh6+ Kh8 20.Qg8+ Rxg8 21.Nf7**将死。在双方频频出现重大失误之前，黑方拥有着绝佳的局势！然而遗憾的是当时没有人关注这场比赛——这本应该是彻底改变19世纪的棋术思想的。

阿廖欣防御（1.e4 Nf6）是另一种远在超现代主义诞生之前就被用于实战的超现代主义开局！我能找到的最早的实例是在1802年（！）德·雷米莎夫人与拿破仑·波拿巴在巴黎进行的棋局中（1.e4 Nf6 2.d3 Nc6 3.f4 e5 4.fxe5 Nxe5 5.Nc3 Nfg4 6.d4 Qh4+ 7.g3 Qf6 8.Nh3 Nf3+ 9.Ke2 Nxd4+ 10.Kd3 Ne5+ 11.Kxd4 Bc5+ 12.Kxc5 Qb6+ 13.Kd5 Qd6将死）。我不知道阿尔盖尔[①]是不是见过这场比赛，但他于1819年曾经分析过1.e4 Nf6这种走法，并认为这是赌博式的走法。直到阿廖欣在1921年两次用这种开局分别对阵弗雷德里希·塞米施和安德烈·施泰纳并取得了一胜一和的战绩之后，这种开局才引起关注——很多大胆的棋手就此掀起了一股超现代风潮，将白方的中心兵团向前拖拽，如果它们真的敢孤军深入就将其消灭！

---

① 约翰·巴普蒂斯特·阿尔盖尔（Johann Baptist Allgaier）（1763—1823）：奥地利籍国际象棋大师，国际象棋理论家。他曾用德语写过一些国际象棋的专著。

尼古拉·佩戈拉罗 对阵 S.亨德森，1996年 伊斯基亚岛

1.e4 Nf6 2.e5 Nd5 3.d4 d6 4.c4 Nb6 5.f4 dxe5 6.fxe5 Nc6 7.Be3 Bf5 8.Nc3 e6 9.Nf3 Be7 10.d5

比较古典的主线演变是10.Be2 0-0 11.0-0 f6 12.exf6 Bxf6这样黑方的棋子对中心造成的压力会造成一个对双方而言都有差不多的机会的局面。但是，佩戈拉罗的走法放弃了采用10.Be2造成的势均力敌的比赛，而改用中心兵企图将黑方挤出整个棋盘。

10...exd5 11.cxd5 Nb4

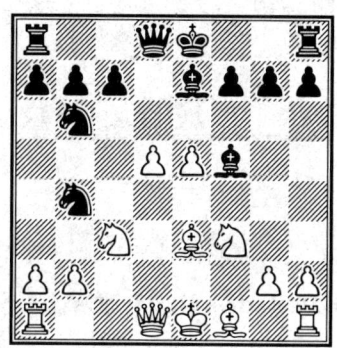

图326

白方的兵一下子就深入了敌方区域，d5成了黑方的盘中餐。白方的中心兵团看起来比之前更加气势汹汹，但死到临头意味着白方只能尽可能地进行攻击了——想重新回到慢条斯理的阵地战已经太晚了，现在已经是纯粹的动态搏斗了！

12.Nd4

攻击f5，同时防止黑方有...Nc2+。

12...Bd7

更为常规的走法12...Bg6已经被证实是会被逼死的。

13.Qf3

这一步防守d5，同时有a2-a3的威胁，这时轮到黑方开始有所攻取了！

13...c5!

若d4马移走，黑方就会有...Nc2+，因此白方别无选择，只能将黑方的c线兵吃掉，从而毁掉了自己之前很强悍的中心兵团。

14.dxc6 e.p. bxc6 15.e6

白方试图将黑方的王尽可能久地拖在中间。15.a3 c5 16.axb4 cxd4 17.Bxd4 0-0则对黑方有利（18.Bd3 Bc6!）。

15...fxe6 16.0-0-0

白方中心兵团消失了!

16...N6d5 17.a3 Nxc3 18.Nxe6

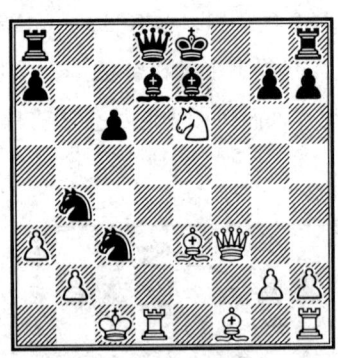

图327

这下棋盘上的火药味散去了,白方悲惨地变成了被宰割的一方。

18...Nca2+ 19.Kb1 Bxe6 20.Rxd8+ Rxd8 21.axb4 Nxb4 22.Be2 Rf8 23.Qh5+ g6 24.Qe5 Bf5+ 25.Ka1 Rd5 26.Qb8+ Kf7,0-1。白方不愿看到下面会发生什么。接下来在27.Qxa7 Nc2+ 28.Ka2 Nxe3之后,白方如果不能吃回棋子就将会丢失子力(29.Rc1 Rd2 30.Qxe3 Ra8+ 31.Kb3 Rb8+ 32.Kc3 Bb4+ 33.Kc4 Be6+就不用说了),但29.Qxe3 Ra5+ 30.Kb3 Rb8+ 31.Kc3 Bf6+ 32.Kd2 Rxb2+ 33.Ke1 Ra1+ 34.Kf2(34.Bd1 Bg4)34...Rxh1也依然不会更好一些。

当然,多年以来"猛攻中心"的战术也在深化——最终人们明白,除了击溃中心军团并蚕食其碎片之外,棋手也可以强迫对方向中心挺进,并利用由于挺进而经常会产生的新的虚格。这样的思想可以用于对付所有类型的中心兵团,无论是由什么开局形成的都可以。不过下面我们还是回到格林菲尔德体系,看一个围攻中心兵团的经典例子。

斯韦托扎尔·格利戈里奇 对阵 瓦西里·斯梅斯洛夫,1959年 基辅

1.d4 Nf6 2.c4 g6 3.Nc3 d5 4.cxd5 Nxd5 5.e4 Nxc3 6.bxc3 Bg7 7.Bc4 c5 8.Ne2 0-0 9.0-0 Nc6 10.Be3 Qc7 11.Rc1 Rd8

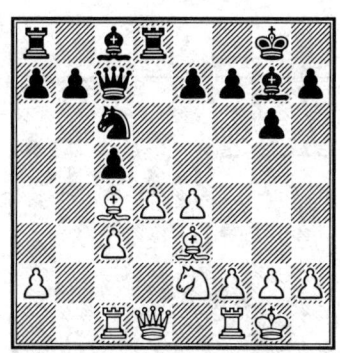

图328　白方占领中心的部分到底是强韧还是脆弱？

这个局面流露出一种对平衡和团体合作的良好体现。白方大量子力占着中心，但黑方也集结了一切可以调遣的子力来针对着它。注意到他并不是随意攻击，而是将最佳兵力放在了d4，由黑格象、c线兵、马和d8车组成——这么多棋子都向着同一个目标！

另一方面，白方欲将这个中心兵团加固得坚不可摧，如果他能做到，他就可以把对手向后挤，最后从侧翼攻击或从中间突破。因此他采取了对d4兵的支援以应对黑方的锋芒——己方的c线兵、黑格象、马和王后都在协同保卫着命脉。

12.h3

如果立即走12.f4，则黑方有12...Bg4，d4格就会遭到削弱。12.h3阻止了...Bg4，为f2-f4挺进做了准备。

12...b6 13.f4 e6 14.Qe1 Bb7

当中心的挺进形成了弱格的时候，对手便可能有机可乘，格利戈里奇与斯梅斯洛夫的这局棋就是一个这样的例子。然而还有另一场经典的比赛给出了完全不同的结果：14...Na5 15.Bd3 f5! 16.g4! fxe4 17.Bxe4 Bb7 18.Ng3 Nc4 19.Bxb7 Qxb7 20.Bf2 Qc6 21.Qe2 cxd4 22.cxd4 b5此时白方的中心军团被击碎，黑方取得了更优的局面。然而此时斯帕斯基（白方）从此时开始走得非常好，而菲舍尔则急于求胜，直到优势丧失之后依然如此，最后付出了代价：23.Ne4 Bxd4 24.Ng5 Bxf2+ 25.Rxf2 Rd6 26.Re1 Qb6 27.Ne4 Rd4?!（这里走27...Rc6!则会让菲舍尔得到所有的机会）28.Nf6+ Kh8 29.Qxe6 Rd6 30.Qe4 Rf8?!（此时白方占据了一点优势）31.g5 Rd2 32.Rf1 Qc7? 33.Rxd2 Nxd2 34.Qd4 Rd8 35.Nd5+ Kg8 36.Rf2 Nc4 37.Re2 Rd6 38.Re8+ Kf7 39.Rf8+，1-0，鲍里斯·斯帕斯基 对阵 罗伯特·菲舍尔，1970年 锡根。

15.Qf2?

之后白方走得更糟糕了，这里原本应该很自然地走15.f5，但是之后又有15...Na5 16.Bd3 exf5 17.exf5 Re8这样黑方就没有任何问题了。

15...Na5 16.Bd3 f5!

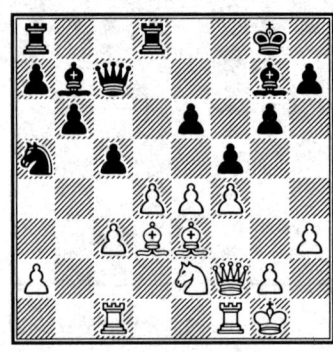

图329

这是一步很重要的棋，起了很多重要作用：

▶ 继续攻击白方的中心。

▶ 封住了f4兵的挺进（白方的整个攻击都要基于f4-f5挺进），这样也限制住了白方的黑格象，还有马、后和f1车。

▶ 强行撞开了h1-a8对角线，激活了b7象。

17.e5

17.Ng3 Qd7。

17...c4 18.Bc2 Nc6

黑方更占优势。白方的王翼攻击被抵挡住了，僵死的棋子在硬顶着己方的c3、d4和f4兵（c2象被c4和f5兵困住）。而黑方反而有灵活的后翼兵团，一个如激光束一般进行着大范围控制的白格象，以及一匹可以进驻d5的马。

19.g4

这进一步放开了h1-a8对角线，因此使己方王处于险境。不过只有这样可能在王翼发动反击，或者就只能眼巴巴地等死。

19...Ne7

马抵达了一个很好的位置——顾及到了王翼兵形，而且将要压向d5格。

20.Kh2 Qc6

这一步将白方面临的h1-a8对角线问题具体化了。

21.Ng3 b5

注意到在这里黑方并不必为22.gxf5 exf5担忧，尽管这会让白方拥有一对相邻的通路兵。白方的局势为什么不会因此得到好转呢？答案在于通路兵如果不能前进，就没有多大用处，而且这种局面下d线兵如果挺进到d5就会被吃掉。关于通路兵，更多讨论可见第八章。

22.a4 a6 23.Rb1 Rab8 24.Bd2

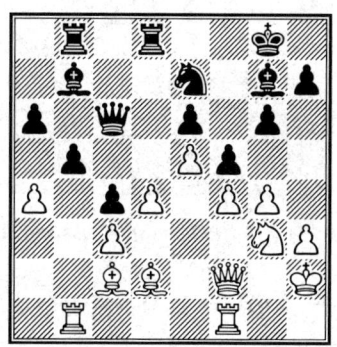

图330

24...bxa4?!

黑方在后翼打开了开放线，他认为这样能够获益。然而这样白方的棋子也会变得灵活，一般来说当对手被牢牢束缚住的时候是不应该给他喘息之机的。这里他应当将这一步稍作推迟，改走24...Ba8!。这步撤退看似奇怪，但实际上有着很清楚的意义：这一步让象给车让出了路，这样依据白方的第25步走法，黑方再走25...bxa4会有...Rb2（如果白方的车离开了b线）或...Rb3这样的大子换小子（正如在实战中走出来的一样）一类的不同威胁。如此则逼迫白方走25.axb5（或25.gxf5 exf5 26.axb5），则黑方走25...axb5又有了两个新的行动目标：他可以通过...Nd5最后作出...b5-b4挺进（这样使c4兵继续向前行进，而且困住了白方d4兵。他也可以让象离开a8，之后有...Ra8，从a线向下逼进。

之后的比赛和我们的主题就无关了，但其中也不乏有趣之处：**25.Ra1 Ba8 26.Bxa4 Qc7 27.Ra2 Rb6 28.gxf5 exf5 29.Bc1 Nd5 30.Ne2 a5 31.Bc2 Rb3! 32.Bxb3 cxb3 33.Ra4 Bf8 34.Bb2 Ne3! 35.Rfa1 Nc4 36.Ng3 Be7 37.Nf1 Qc6 38.Rxc4 Qh1+ 39.Kg3 h5**，0-1。此时已经有40...h4的杀棋，白方王后无论怎么移动都会失去对g1或f3的控制，这样在三步之内就会被将死。

最后我们再来看一个"中心大兵团vs大子施压"的比赛，这回是中心兵团获胜了！

里夏德·雷蒂 对阵 伊曼纽尔·拉斯克，1924年 纽约

1.Nf3 d5 2.c4 c6 3.b3 Bf5 4.g3 Nf6 5.Bg2 Nbd7 6.Bb2 e6 7.0-0 Bd6 8.d3 0-0 9.Nbd2 e5 10.cxd5 cxd5 11.Rc1

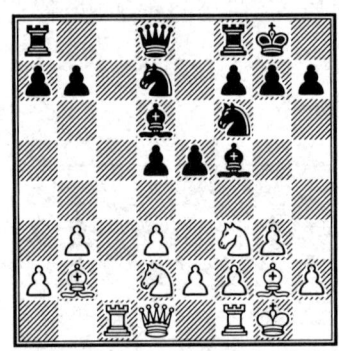

图331 子力压制 vs 黑方的中心空间

雷蒂在打造他最喜欢的阵形：车移动到c2（给王后让路，并且准备叠子），王后移至a1（控制a1-h8对角线），以及Rfc1（占据c线）。由于黑方有一条开放线，会让车直接进入对中心的战斗（见图328），因而这种"对中心的远程攻击"在格林菲尔德体系中甚为有效。然而这个局面并不是如此，因为黑方可以轻而易举加强中心兵力，因此慢条斯理的走法很容易对白方造成被动，使其对着铜墙铁壁干瞪眼。

雷蒂的部署生动而且易于理解，但拉斯克则表明了这只不过是在根据自己的教材照本宣科而已。因此白方需要通过适时的e2-e4来触发战斗。这里的问题在于，这一步必须现在开始，还是推迟一些会更好（这有赖于黑方对11.Rc1的应对）？

几乎所有的评注都对11.Rc1这一步有所诟病——它们坚持认为11.e4才是正确的走法。这也许会是正确的，但我却对"11.Rc1本身一定是一步臭棋"表示不敢苟同。我们可以先探讨一下11.e4，这步立即引发黑方中心区域的交兵的棋，之后再继续顺着实战讲评11.Rc1的意义。黑方对11.e4具有如下可能的应对：

▶ 11...dxe4 12.Nxe4!（白方走12.dxe4，则黑方12...Be6白方得不到多少好处，而13.Ng5则黑方应以13...Bg4）12...Bxe4（12...Bc7 13.Nxf6+ Qxf6 14.Nh4 Be6 15.Rc1 Bb6 16.Bxb7 Rad8 17.Ba3 Rfe8 18.Qe2此时黑方弃兵得不到足够的补偿）13.dxe4 Nxe4 14.Nh4 Ndf6，而后有15.Re1 Nxf2（15...Nc5 16.Nf5对黑方很不利）16.Kxf2 Qb6+ 17.Kf1 Bb4于是黑方获得了更多的好处。所以15.Qe2!才更为干净利落，这样15...Nc5 16.Nf5对白方有利。

▶ 11...Be6 12.exd5 Bxd5 13.Nc4 Qb8 14.Re1 Re8 15.Rc1如此则白方对黑方的e5兵造成了严重的压力（注意b2象、双马和e1车全都参与压制黑方，使其处于防守所产生的协同效果）。

▶ 11...Bg4 12.exd5 Nxd5 13.h3 Bh5 14.Nc4 Qf6 15.Qe2这样如前所述，黑方的中心

军团已经处于枪口之下了（15...Rfe8 16.Qe4!）。

➤ 11...Bg6!这一步既稳健又合理，白方此时很难争取到明显的优势了。

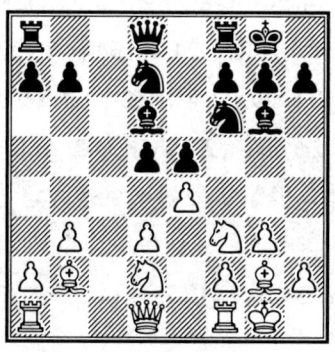

图332

- 12.Qe2 Re8 13.Rfc1 Nc5 14.Nh4 Bh5，和棋。

- 12.d4 Nxe4 13.Nxe5〔13.dxe5 Be7 14.Nxe4（14.Rc1 Nec5就会让黑方得以进行在d3格入驻子力的想法，并且不给白方留有余地）14...dxe4 15.Nd2 Nc5 16.Qe2 Qd3 17.Qxd3（17.Rae1 Qxe2 18.Rxe2 Bh5! 19.f3 exf3 20.Bxf3 Bxf3 21.Nxf3 Rad8可以让黑方有更好的兵形）17...Nxd3 18.Bd4 Rfd8之后黑方就没有麻烦了〕13...Nxe5 14.dxe5 Bc5 15.Qe2〔15.Nxe4 dxe4 16.Qe1 e3 17.fxe3 Qb6 18.Rd1 Rad8 19.Bd4 Bxd4 20.exd4（20.Rxd4 Rxd4 21.exd4 Qxd4+ 22.Qf2 Qxe5平局）20...Bh5! 21.Rd2 Rxd4 22.Rxd4 Qxd4+ 23.Qf2 Qxf2+ 24.Rxf2 b6 25.Rd2 Rc8! 26.Bh3（26.Rd7 Rc1+，和棋）26...Rc1+ 27.Kf2 g5，和棋〕15...f5 16.exf6 e.p. Nxf6 17.Rad1（17.Qb5 Qd6）17...Kh8! 18.Nf3 Ne4黑方占据了很好的主动局面。

- 12.exd5!?（试图照例控制住c4格供d2马入驻，目的依然在于对黑方中心施压，而且很明显c4是马的一个好位置）12...Bxd3（白方要通过Nc4吃掉e5兵，而且黑方位于d3的白格象有些危险。另一方面如果黑方能够守住e5并且让f线和e线的兵并肩前进，那么他可以为自己创造一些极其犀利的动态机会）13.Re1 Ng4!〔这是很好战的一步，给f7兵让了路，并且盯上了f2。还有一种可能性为13...Re8 14.Nc4 Bxc4 15.bxc4 Rc8 16.Rc1这样白方具有微弱的优势。这种局面可以发生很有趣的后续，如16...Qa5（16...Qb6!?可能更强力一些）17.Bh3! Qxa2（这里可能17...Rc7是更稳固的选择）18.Re2 Qa6 19.Nxe5 Bxe5 20.Bxe5 Rxc4 21.Ra1 Qb5 22.Rb1 Qc5 23.Bxd7 Nxd7 24.Bd4 Qf8 25.Rxe8 Qxe8 26.Rxb7此时黑方会遇到严重的问题〕14.Ne4（不能走14.h3??，之后有14...Nxf2! 15.Kxf2 Bc5+）14...Bxe4 15.Rxe4 f5

16.Re2 e4（16...Re8!?）17.Nd4 Nc5（两边的马都在向着优异的位置进发）18.Rc1 Nd3 19.Ne6 Qa5 20.Bxg7 Rf7 21.Bd4 Qxd5 22.Qxd3 Qxe6 23.Qd2 Be5 24.Bxe4（24.h3 Nf6 25.Bxe5 Qxe5 26.Qh6 Re8 27.Rec2 e3 28.Kh2 exf2 29.Rxf2 Ne4 30.Bxe4 Qxe4 31.Rcc2，双方认和。然而，24...Bxd4显得更强悍：25.hxg4 Qb6 26.Qf4 Raf8 27.gxf5 Rxf5 28.Qg4+ Kh8 29.Bxe4 Rxf2 30.Rxf2 Qf6 31.Rcf1 Bxf2+ 32.Kg2 Qb2这样黑方就没问题了）24...fxe4 25.Rxe4 Qf5 26.Rxg4+ Qxg4 27.Bxe5（这里可能有人会认为白方有优势，但事实证明这只是假象）27...Rd7 28.Qe3 Re8 29.Kg2 Rd5 30.Qf4（30.f4会暴露白方的王，黑方应以30...Red8就没有问题了）30...Qxf4 31.Bxf4 Re2 32.Rc8+ Kf7 33.Rc7+ Re7 34.Rc2 Re6 35.h4 Rc6，和棋。

这样11.e4显得无法给白方带来什么特别的好处，而11.Rc1则依然保持蓄势，寻找更好的时机走出e2-e4的挺进。然而11.e4对于我们的主题而言是很重要的一步。一般来讲你无须等着对方的中心越来越牢固，而应当尽量强力地攻击出去。

11...Qe7 12.Rc2?!

雷蒂急不可耐地部署着最好的局面，但是12.e4!比在第11回合走出来的时候有更多意义，这是因为Rc1这一步比...Qe7更为有效（这弥补了Nf3-h4-f5造成了时间拖延），这里有一个简单的例子：12.e4 Bg6（12...dxe4 13.dxe4，此时黑方若走13...Nxe4??则白方14.Nh4获胜，而13...Bxe4??则白方有14.Nxe4 Nxe4 15.Nh4 Ndf6 16.Qc2 Ng5 17.Nf5 Qe6 18.h4白方获胜，还有13...Be6 14.Nc4白方获得机会。若白方走13.Nh4（13.exd5!?这种走法也很有趣）13...Bh5（13...d4 14.Nf5 Bxf5 15.exf5则多亏了白方的白格象庞大的控制范围，白方受益颇多）14.Nf5 Qe6 15.Qc2此时白方处于优势。

12...a5

准备走...a4。

13.a4?

白方在阻止对手的意图。但我仍然认为13.e4!?值得一试，这样继续攻击黑方的中心。

13...h6 14.Qa1

若走14.e4 Bh7这样白方就不会留下麻烦了。

14...Rfe8 15.Rfc1

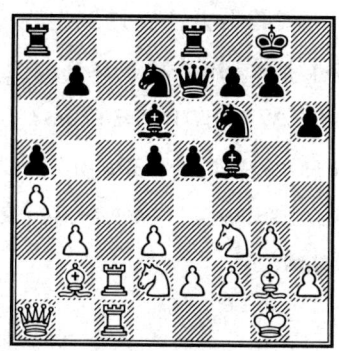

图333　雷蒂最爱的布局

白方最后布置出了他想要的局面，但同时黑方也是如此！尽管白方在远处瞄准了黑方的中心，并且控制了c线，但这并不是很好。问题在于他对中心兵的打击没有效果了，并且无法再有效施加压力。对于c线而言，所有可用的格子都守得很严实，这意味着白方走到了死胡同里。

15...Bh7 16.Nf1 Nc5! 17.Rxc5!?

白方意识到他中了拉斯克的圈套，事情开始变得不妙了，于是他采取了弃子性的兑子来打破平衡，给自己创造一些战机。若走防守性的17.N3d2或17.Qa2那么黑方可应以17...Na6，之后可以走18...Nb4。

17...Bxc5 18.Nxe5

白方通过兑子得了一兵，他的黑格象进入了新打开的a1-h8对角线，黑方强悍的中心军团也被拆除了。但是黑方的局面还是很坚固，子力配置不错，双车可以沿着c线和e线下行，棋子位置也比较靠前。所以白方并没有通过兑子得到足够的补偿。

18...Rac8

18...Bd6可以逼迫白方走19.f4，削弱e线防守和g1-a7斜线，也是好的。

19.Ne3 Qe6

守住d5，并且阻止白方走Bh3。

20.h3 Bd6?

这是一步严重的错误，白方忽然占据了优势！黑方有几种很好的走法（如紧凑的20...b6，侵吞性的20...Bxe3 21.fxe3 Qb6 22.Bd4 Qxb3 23.Rb1 Qc2 24.Rxb7 Qxe2，还有20...h5，这样可以阻止白方的马进入g4）。然而最好的走法可能还是20...Qd6!，这样白方走21.d4挡住了自己的b2象，放开了黑方的h7象，而若走21.Kh2则黑方有21...Bxe3 22.Rxc8（22.fxe3 Rxc1 23.Qxc1 Rxe5可以让黑方多一子）22...Rxc8 23.fxe3 Rc2，这样有24...Rxe2和24...Qb6的威胁，同时打击b3和e3两格，黑方就要胜利了。

后面的比赛会有少许评注，雷蒂失去了机会，并且又一次被睿智的对手击败了：
21.Rxc8 Rxc8 22.Nf3?（22.N5g4!）22...Be7 23.Nd4 Qd7 24.Kh2 h5 25.Qh1 h4 26.Nxd5 hxg3+ 27.fxg3 Nxd5 28.Bxd5 Bf6 29.Bxb7 Rc5 30.Ba6?（走30.Be4可以有和棋的机会）30...Bg6 31.Qb7 Qd8（31...Qd6!）32.b4 Rc7 33.Qb6 Rd7 34.Qxd8+ Rxd8 35.e3 axb4 36.Kg2 Bxd4 37.exd4 Bf5 38.Bb7 Be6 39.Kf3 Bb3 40.Bc6 Rd6 41.Bb5 Rf6+ 42.Ke3 Re6+ 43.Kf4 Re2 44.Bc1 Rc2 45.Be3 Bd5，0-1。

小　结

▷ 空间由兵的挺进得以扩张。如果将一列兵看作篱笆，就很容易理解在"篱笆"后边的空间就是属于你的这一情景。

▷ 空间优势是现代国际象棋大师予以最多重视的失衡情况之一。

▷ 巨大的空间优势会大大限制对方的选择。实际来讲，如果空间劣势一方不能处理好局面，很容易造成无助的被动局面。

▷ 如果在空间上占优势，不要忘了其他的失衡因素，例如一个好的轻子对空间优势有着极大的帮助。

▷ ——对于占有较多空间的一方，避免不必要的兑子一般是有好处的。

▷ 一般来讲应对对方的空间优势有四种方法：
- 通过兑子来克服狭小空间带来的局促感。
- 利用兵链突破来打碎对方看似坚不可摧的兵阵。
- 试图利用对方在夺取空间之后留下的虚格。
- 将对方的中心兵团当作目标实施攻击！

▷ 兵对格子有守护作用，这看似平常，但其中有值得特别注意与思量的地方，因为很多棋手会忘记当兵挺进的时候，它所可能保护到的格子就减少了。这意味着当棋手挺兵以获得更多的空间的时候，也埋下了虚格的隐患。

▷ 当然，挺兵之后形成虚格是不可避免的，关键在于意识到这一点——只要你了解每一步挺兵所造成的隐患，你就可以更好地判断这样一个格子随着比赛进行究竟会不会真的成为问题。

▷ 除击碎中心并打击其碎片之外，也可以逼迫对方的中心向前推进，利用经常因此而新出现的虚格。

▷ 一般来讲你不会希望看到对方的中心越来越坚固，所以需要尽可能强力地打击它。

▷ 当面对严重的空间劣势的时候，应当设法寻求反击，可以在棋盘另一侧夺取空间，可以设法进行兑子在己方释放更多的活动空间，可以利用对方夺取空间所留下的致命弱点，也可以利用兵链突破撕开直线，给己方棋子打开反击的道路。

▷ 在封闭局面中，必须通过兵链突破打开直线来组织攻击，以及打开竖线使车进入战斗。

▶ 在封闭局面中，有更多兵链突破点的一方更有能力发动攻击。
▶ "猫鼠游戏"是对手处于无助状态时的一种策略。这种情况下除非必须速胜，否则"能走两步而走二十步"是一种好的做法。换句话说，慢慢让你的对手尝尽他的局面的滋味。
▶ 如果中心是封闭的，就应当在侧翼寻找战机，在这种局面下，一般应当选择己方占据更多空间的一侧（当然确实也有例外——不要把任何要诀当成教条）。一旦决定了是哪一侧，就应当努力在敌方阵线上造成弱点，利用挺兵在选择的这一侧占领更多的空间，以及用兵链突破为车打开竖线，以期用车深入敌方阵地。
▶ 一般来讲，你的空间区域取决于你的兵链所指的方向——要在这样的区域占领更多空间（以及打开竖线），你需要挺进领头兵旁边的兵。

空间——习题

空间这一章是很大的一章，有很多需要学习的要点。无论你是不是专家级棋手，以下习题都可以助你建立良好的思路利用以及破坏空间。

如果对这些习题感到有困难，也不必担心——那意味着这里面涵盖了一些你没有理解的东西，你可以重新阅读前面的章节查漏补缺，或求助于第551页的答案。

第七章 习题1

图334
【等级分：1600~2200】

黑方先行

这个局面都说明了什么？什么样的走法与主旨是最合理的？

第七章 习题2

图335
【等级分：1400~2000】

白方先行

评估这个局面，并指出白方最好的走法。

第七章 习题3

图336
【等级分：1800~2100】

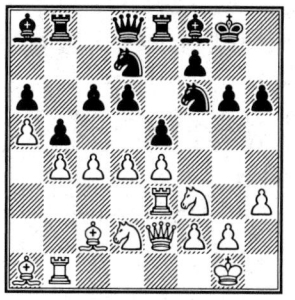

黑方先行

1...Bg7、1...exd4、以及1...Nh5，哪种走法最好？

第七章 习题4

图337
【等级分：1400~1800】

黑方先行

指出失衡因素和黑方最合理的走法。

第七章 习题5

图338
【等级分：1400~1800】

黑方先行

在这个局面下，有三种走法明显优于其他走法，这三种走法是什么？你认为其中哪种又是最好的？

第七章 习题6

图339
【等级分：1800~2200】

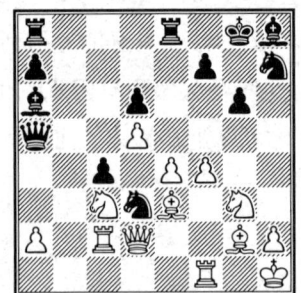

白方先行

第七章 习题7

图340
【等级分：1400】

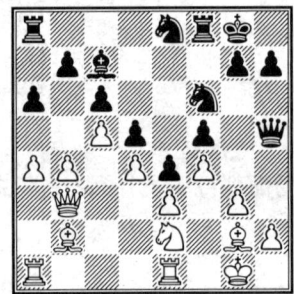

白方先行

1.a5夺取空间这种走法是可以的吗？

第八章

通路兵

8.1 奔波着的小王后们　347

　　8.1.1　创造通路兵　347

　　8.1.2　来自伙伴们的一点帮助　352

　　8.1.3　通路兵的探戈舞　354

　　8.1.4　有活力的通路兵　355

　　8.1.5　三种没用的通路兵　359

　　8.1.6　阻拦通路兵　365

　　小结　375

　　通路兵——习题　376

8.1 奔波着的小王后们

在这本书中，我已经把大多数兵形的主题混入了其他的部分当中（弱兵、空间，等等），但是经过深思熟虑，我决定给通路兵单独设一个章节。我这样做的原因有：

- 一个通路兵可以是一个静态的强牵制和（或）一个动态的胜负手。因此理解它也将增进你对静态和动态的理解。
- 对于通路兵的论述是很好理解阻塞概念的一个理想的训练场。
- 多兵的根本目标是创造出一个通路兵。因此，理解通路兵主要增进你对多兵局面的理解。
- 对方有一个通路兵，尤其是一个有根通路兵，经常会使你陷入严重的劣势。仅仅是这个可怕的事实便保证了这一章的诞生！

不论你把它称作一个"通路兵"，一个"过路人"，一个"通过的香蕉"（丹佛的棋手们最喜欢这么叫），一个"小王后"，一个"摆姿势的波利"（一个只是呆在那儿，看起来位置不错但是并没有向前冲的通路兵）还是一个"敏捷的路易"（快速前进的通路兵），这个特殊种类的兵已经俘获了各地业余爱好者们的想象与尊敬。一个有根通路兵得到了更多的敬畏，因为这时没有子力可以去伤害到它，在任何时刻它都可能火箭般冲向对方底线（"敏捷的路易"！）或者（如果对方拥有有根通路兵）让你感到相当不适。在本章中，我们将重点关注无人可挡的通路兵，同时也将展示如何阻挡"敏捷的路易"的加速能力。是的，通路兵可以，而且经常入侵底线区域并完成升变，但是它也可能很容易发现自己被粘在一格上，不能移动或者通过任何有意义的方式影响棋局。

本章的例子将使你对通路兵的理解更加真切，并且使你有能力判断不同情形下通路兵的具体价值。

8.1.1 创造通路兵

产生通路兵的最通常的方式是通过多兵优势。下面是一个例子清晰地展现了多兵的威力：

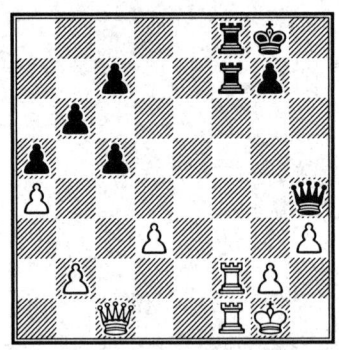

图341　白方先行

黑方看起来不错，但是实际上他败局已定了！为什么？因为白方在王翼多兵并有良好兵形而黑方后翼的多兵的兵形是破碎的。当然，如果仅仅是这样不会是决定性的，因为黑方的后处于积极有利的位置。然而，白方意识到他可以迫使黑方交换所有重子，而留下一个必胜的王兵残局。

1.Rxf7 Rxf7

1...Qd4+ 2.R7f2 白方多一个车。

2.Rxf7 Kxf7 3.Qc4+! Qxc4 4.dxc4

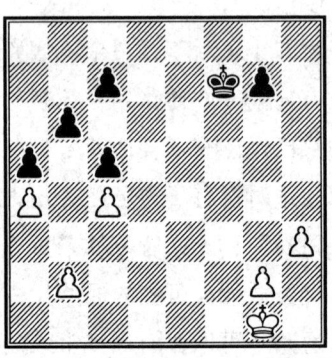

图342

现在局面清晰了：白方可以很容易地通过挺进王翼兵来创造一个通路兵，相反黑方不能在后翼创造出通路兵因为他的多兵是被抑制的——如果黑方尝试...c6然后...b5，白方以b3应对，这样黑方的希望就破灭了因为...b4是一条死路，而兑掉a4或c4的兵后他也一无所获。

4...Kf6 5.Kf2 Ke5 6.Ke3

黑王进入白方阵营的通路被切断！

6...Kf5 7.g4+ Kg5 8.Kf3 Kh4

8...c6 9.Kg3 Kf6 10.Kf4 g5+ 11.Kg3 Ke5 12.h4 黑方甚至不会在这场速度比拼中接近胜利。

9.Kg2 c6

9...g5 10.Kh2 c6 11.Kg2 b5 12.axb5 cxb5 13.cxb5 c4 14.b6 c3 15.b7 c2 16.b8=Q c1=Q此时17.Qh8和17.Qg3都能完成杀王。

10.Kh2

白王可以不断地在h2和g2之间移动直到黑方走完了后翼的兵。然后黑王只能离开h4，从而允许了白方多兵的王翼的挺进：Kg3、h4，等等。

10...g6 11.Kg2 Kg5

11...g5会和上文中9...g5导致相同的结果。

12...Kg3 Kf6 13.h4 Kg7 14.Kf4 Kf6 15.h5

我们终于见证了通路兵的诞生！

15...g5+

15...gxh5 16.gxh5 Kg7 17.Kg5之后基本上是一样的。

16.Ke4 Ke6 17.h6 Kf6 18.h7 Kg7 19.Kf5 Kh7 20.Kxg5 Kg7 21.Kf5 Kf7 22.g5 Kg7 23.g6

白方走Ke6吃光黑方后翼所有兵也能赢。

23...Kg8 24.Kf6 Kf8 25.g7+ Kg8 26.Kg6 b5 27.axb5 cxb5 28.cxb5 c4 29.b6 c3 30.b7 c2 31.b8=Q将死。

我们可以清晰地看到多兵是一个巨大的静态加成因为它可以长时间不动。然后，在一瞬间，冲向前去，升变成王后。然而，多兵也是一个动态的突破口，通过一些曲线走法来获取更合理的空间以创造通路兵。

鲍里斯·斯帕斯基 对阵 列夫·阿伦森，1957年 莫斯科

1.c4 Nf6 2.d4 e6 3.Nc3 c5 4.d5 exd5 5.cxd5 d6 6.e4 g6 7.f4 Bg7 8.Bd3 0–0 9.Nf3 Na6 10.0–0 Nc7 11.a4 b6 12.Re1 a6 13.Rb1 Rb8 14.Bd2 Re8 15.h3 b5（白方中心多兵，黑方后翼多兵——通常情况下，中心更重要）**16.axb5 Nxb5 17.Bxb5 axb5 18.b4 Nd7**（18...c4也是可行的，但是通路兵被c3马挡死，19.Ra1之后黑方将不得不担心总要来到的e5，同时还要防备白方Ra5打击b5兵）**19.Qc2 Qc7 20.Kh2 Ba6 21.Nd1 Rbc8 22.Rc1 Qb7 23.Qb1 Rc7 24.Ne3 Nf6**

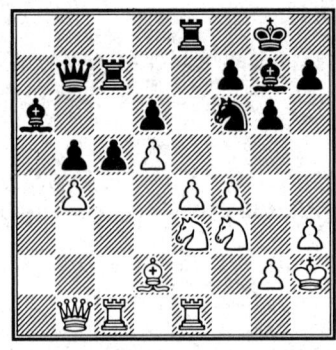

图343 白方先行

现在是时候让白方的多兵优势发挥作用了。

25.e5! dxe5 26.d6 Rcc8 27.fxe5 Nd7 28.Ng4

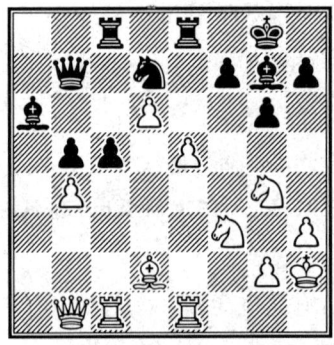

图344 黑方在路上

现在很明显白方强悍的中心兵（将黑方子力压制在后三线）获得了显著的动态优势，如果它们可以确保自己不被黑方吃掉（注意到e8车，d7马和g7象都在攻打e5兵）。白方大力发展王翼也会建立起相当的优势。

28...Qd5

28...c4 29.Qa1 Qc6（29...h5 30.Nh6+）30.Bh6 Bh8 31.Qd4（强有力地占据了中心）正合白方胃口，但是28...cxb4!?可能值得一试。

29.Rcd1

29.Bh6!?看起来更精确。

29...Qe6

29...Bb7也许是最好的。

30.Bh6 Bb7 31.Bxg7 Kxg7 32.Qc1

32.Ng5 Qf5 33.e6 Qxb1 34.Rxb1 fxe6 35.Rf1白方直接可以获胜。

32...Bxf3 33.Qh6+ Kh8

33...Kg8 34.Nf6+ Nxf6 35.exf6 Qxf6 36.d7 Bc6 37.Rxe8+ Rxe8 38.dxe8Q+ Bxe8 39.Qe3 白方获胜。

34.Nf6 Nxf6

34...Nf8是继续比赛的唯一方法，但是白方可以通过35.Nxe8 Rxe8 36.gxf3确立优势。

35.exf6 Qxf6 36.d7

通路兵终于前进了，并且给对手致命一击。

36...Bc6? 37.dxe8=Q+，1-0。

我们可以看到，一个良好的多兵优势既是静态加成也是动态加成。在上面这个例子中，描绘了双方在不同区域多兵的情形，而在许多其他情况下，是由你自己来决定区域多兵是不是你获胜的最佳路径。

佚名 对阵 焦阿基诺·格雷科，1620年 欧洲

1.e4 e6 2.d4 d5 3.e5 c5 4.c3 Nc6 5.Nf3 Bd7 6.Be3 c4 7.b3 b5 8.a4 a6 9.axb5 axb5 10.Rxa8 Qxa8 11.bxc4

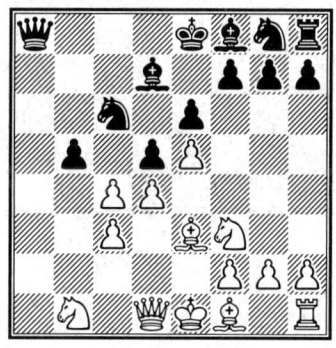

图345　决定时刻！

黑方要吃回c4兵。两种走法都是可行的，但是其中一种更好。

11...dxc4!

打破了"总是抢占中心"的旧思想。这给黑方带来更多的变化。通过11...dxc4，黑方在d5格为马创造了一个良好的位置，为后打开了a8-h1大斜线（白象也可以利用其来攻击），并且（更重要的是！）在后翼创造了多兵优势。这意味着黑方可以在他希望的适当时机通过b5-b4创造出一个通路兵。

12.Be2

12.d5 exd5 13.Qxd5 Qb8对黑方而言也不错。

12...Nge7 13.0-0 Nd5，现在黑方的马舒服地占据着d5格，同时他的后翼多兵有一个极好的位置与形状，并可以在他希望的任意时刻创造出通路兵（通过b5-b4）。剩下的起起伏伏的局面在下面不加评论地给出了：**14.Bd2 Be7 15.Ng5 Bxg5 16.Bxg5 0-0 17.Bf3 Na5 18.Bxd5 Qxd5 19.f4 Bc6 20.Qd2 Nb3 21.Qc2 Nxd4 22.cxd4 Qxd4+ 23.Kh1 Be4 24.Qc3 Qc5 25.Nd2 Bd3 26.Rc1 Rc8 27.Nb3 cxb3 28.Qxc5 Rxc5 29.Rxc5 h6 30.Rc3 b2 31.Rb3 b1=Q+ 32.Rxb1 Bxb1 33.Be7 Kh7 34.g4 Be4+ 35.Kg1 Bf3 36.h3 h5 37.g5 Kg6 38.Kf2 Bd5 39.Ke3 h4 40.Kf2 Kf5 41.Ke3 Bg2 42.Bf8 g6 43.Bb4 Bxh3 44.Be1 Kg4 45.Bd2 Bg2 46.Kf2 h3 47.Bc1 Bd5 48.Kg1 Kg3 49.Be3 h2+ 50.Kf1 h1=Q+**，0-1。

8.1.2　来自伙伴们的一点帮助

当进入一方有一个通路兵的残局，我们已经看到王兵残局已经是稳操胜券。除此之外，其他子力会怎样影响拥有通路兵的战局？我们来看一看：

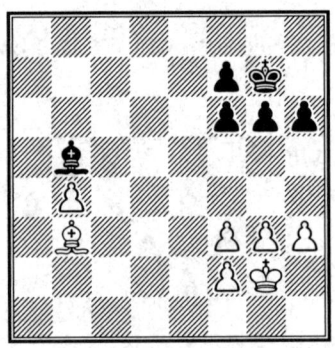

图346　白方先行

一眼就可看出，没有王和其他兵的帮助，白方的b线兵无法挺进。

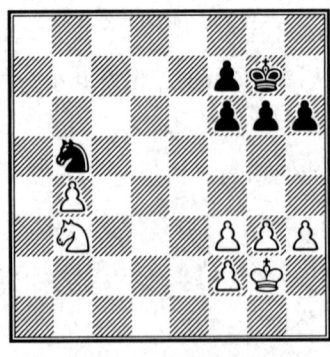

图347　白方先行

同理，b线兵被阻挡，没有白方其余子力的帮助，白方无法移开b5格的马。

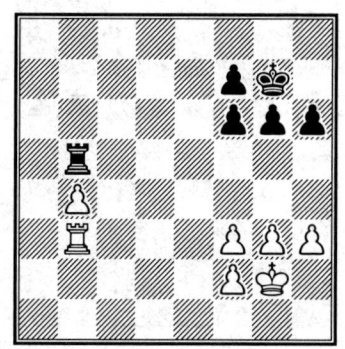

图348　白方先行

甚至车也无法帮助自己的通路兵升变！

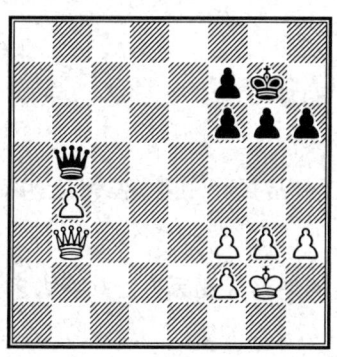

图349　白方先行

我们终于解决了这个问题！没有其余同胞的帮助，后冲破了阻碍，成功地帮助通路兵升变：

1.Qa3!（如果后被兑掉，要确保白方的通路兵要尽可能地远离黑王）**1...Kf8 2.Qa5 Qb8**（当然2...Qxa5 3.bxa5 Ke8 4.a6 会导致这个兵更快地加冕）**3.b5 Ke8**（试图帮助黑后，否则在白方完成b6和Qa7之后这个兵将不可阻挡）**4.b6 Kd8 5.Qa7 Kc8**（5...Qe5 6.b7 和 5...Qxa7 6.bxa7都没有用）**6.Qxf7 Qxb6 7.Qxg6**，1–0。

由于在有后的残局中通路兵异常强大，它们可以从一些看起来无望的局面中逃出生天。

> **要领**
> 一个通路兵通常在王兵残局和后兵残局中显现出较大威力，因为一个后无法独自阻挡通路兵前进。

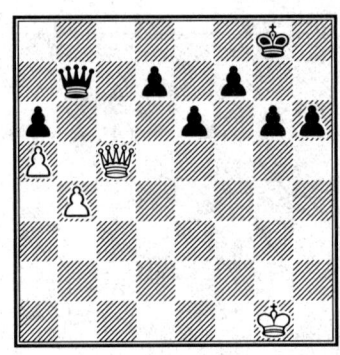

图350　白方先行

白方少四个兵并且甚至没有一个通路兵！电脑都已经宣判白方死刑了，谁能打它们的脸呢？

1.b5!

给我一个通路兵！现在就要！

1...axb5

1...Qe4 2.b6 Kg7 3.Qc8 不改变战局——白方b线兵太快而黑方只能通过长将求和。

2.Qb6 Qf3 3.a6

白方少五个兵，但是白方的通路兵比黑方的兵好太多——这一不起眼的事实决定了局势！

3...Qg4+ 4.Kf1 Qc4+ 5.Kg1 Qc1+ 6.Kg2 白王只要在h1、h2、g1、g2、f1、f2格徘徊就行了。如果白王没有被将，白方将把兵推进至a7，否则就会出现"黑方将军，白方躲避，黑方再将军，白方再躲避"的情况，直到双方同意和棋为止。

8.1.3　通路兵的探戈舞

多数业余爱好者由于经常想象一个通路兵会一路挺进直至升变的场面而对其十分惧怕。而且……有时候确实是这样的！当然只有当拥有通路兵的一方控制着该兵对应的底线升变格的时候才可能发生上述情况。

杰里米·西尔曼 对阵 卡姆兰·希拉兹，1988年 西南太平洋公开赛

1.d4 Nf6 2.c4 d6 3.Nc3 Bf5 4.Nf3 g6 5.g3 Bg7 6.Bg2 Ne4 7.Nd5 c5 8.0–0 Nc6 9.dxc5 dxc5 10.Nh4 0–0 11.Nxf5 gxf5 12.g4 e6 13.gxf5 Qh4 14.Qd3 Be5 15.f4 Bd4+ 16.e3 exd5 17.cxd5 Nb4 18.Qxe4 Rae8 19.Qf3 Nc2 20.exd4 Nxa1（白方的兵形值得我们注意！）**21.Qd1 Qf6 22.Bd2**（22.dxc5！是电脑的选择，但22.Bd2也不错）**22...Qxd4+ 23.Kh1 Nc2**

24.Rg1 Ne3 25.Qh5 Qxb2 26.Bxe3（26.Be4+会强行将死对方：26...Kh8 27.f6 Rxe4 28.Qh6 Rg8 29.Rxg8+ Kxg8 30.Qg7将死。但是我当时时间比较紧张，并且看到了稳赢的一步，所以我就这么走了！）**26...Kh8**（26...Rxe3 27.Be4+ Kh8 28.f6 Rxe4 29.Qg5将死）。

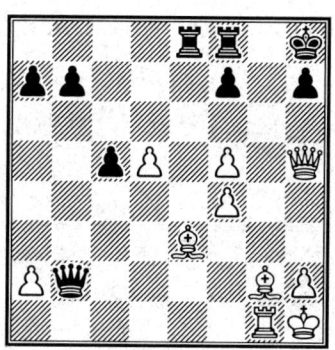

图351

一个非常复杂的棋局发展成了这个混乱（但是白方必胜）的局面。大家会认为有许多获胜的办法，而我选择了让通路兵冲向d8进行升变。

27.Bxc5!

这样解放了d4格，可以让白方在a1-h8对角线上创造一些威胁。但是真正的目的是为了控制d8格！

27...Rg8 28.Qd1!

这步棋完成了两个事情：它制造了Bd4+的威胁，并且可以推进d线通路兵向前冲。

28...Qg7 29.f6

29.d6也非常强势，但是29.f6是当我下27.Bxc5时就想到的。

29...Qh6 30.Be7

现在，d8格是白方的，黑方对d5-d6-d7-d8所造成的威胁也无能为力。接下来的棋就不需要评论了：**30...Rc8 31.d6 Rc5 32.Bf3 Rxg1+ 33.Qxg1 Rc8 34.Qg7+ Qxg7 35.fxg7+ Kxg7 36.d7**，1-0。

8.1.4 有活力的通路兵

我们认为一个通路兵有两种方式来展现一个有活力的姿态。一个是刚才提到的通路兵的探戈舞，另一个将这个通路兵作为一个攻击的子力。

阿吉巴·鲁宾斯坦 对阵 保罗·莱昂哈特，1908年 布拉格

1.d4 d5 2.c4 e6 3.Nc3 Nf6 4.Bg5 Be7 5.e3 0-0 6.Nf3 Nbd7 7.Qc2 h6 8.Bh4 c5 9.Rd1 Qa5 10.Nd2 cxd4 11.exd4 e5 12.dxe5 Nxe5 13.Nb3 Qb4 14.Bxf6 Bxf6 15.cxd5 Nc4 16.Bxc4 Qxc4 17.Qe2 Bxc3+ 18.bxc3 Qxc3+ 19.Rd2 Bd7 20.0-0 Rfe8 21.Qd1 Bb5 22.Re1??（22.Qa1!对黑方来说稍好一点）**22...Rxe1+ 23.Qxe1 Re8 24.Qd1 Ba4??**（双方都没有看到一步好棋24...Re4!，这样25...Qe5就可以制造出制胜的威胁！需要注意24...Re4 25.Nd4 Ba4!是一个陷阱）**25.h3**

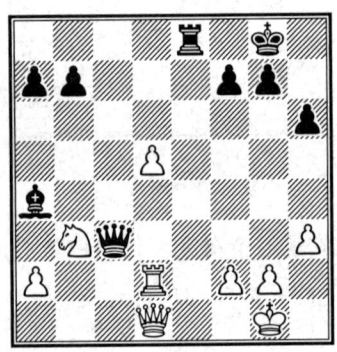

图352 黑方先行

白方已从糟糕的开局中存活下来，现在他可以安稳地坐好，然后庆祝自己重获新生——黑方已经无法对其构成严重威胁，并且自己的d线通路兵是一个很好的优势。令人震惊的是，对于已经达到如此级别的选手，莱昂哈特竟然极为罕见地连下了两步臭棋，以致白方接管比赛。

> **要领**
> 拥有通路兵的一方的策略是交换掉所有轻子并保留重子。这创造了之前提到的后兵残局的可能性，也让对方阻挡通路兵的屏障只能是重子，这会使他很不舒服。记住后要保留，因为后的威力可以使对方的王参与防守时的处境非常危险。

25...Bxb3?!

黑方应该保留白格象，因为它可以控制d7格，阻止通路兵前进。交换子力后，黑方只能用车或后来阻挡通路兵，这些重子都不应用来作为阻挡通路兵前进的屏障。事实上，我通过这个错误小结出一条特别有用的要领【看边框】：

25...b6比较好，不让马跳入c5格。还可以考虑25...Qb4!?和25...Re4 26.Re2 Bxb3 27.axb3 Rd4，经过之后几步后会变成平局 28.Re8+ Kh7 29.Qb1+ Qd3（29...g6 30.Re7）30.Qxd3+ Rxd3 31.Rb8。以上这些走法都会让黑方给白方施加一些压力。

26.axb3 Rd8?

这两步棋下完，白方便成功进入只剩重子的残局了。更好的应该是26...Qe5! 27.d6 Qe1+ 28.Qxe1 Rxe1+ 29.Kh2 Re8，后换掉以后，黑王可以过来帮忙——如果黑王可以抵达d7，那么它不仅能够阻挡通路兵前进，还可以造成吃掉通路兵的威胁！当然白方在29...Re8之后可以利用黑方的被动进行多种尝试（在恰当时机走Rd2-c2-c7是一种，还有g4、Kg3、f2-f4-f5都可以攫取更大的空间）但是精确的防守可以很容易地让黑方得到0.5分。

27.d6 Qc6 28.d7 Kf8 29.Qg4 Qe6 30.Qb4+ Qe7 31.Qc3

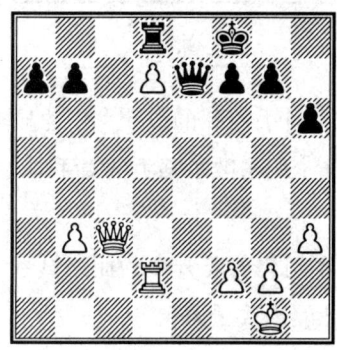

图353

黑方现在陷入了永久的被动之中。剩下的比赛中我们可以看到白方享受着"猫抓老鼠"的过程，耐心地、无情地折磨着对手直到获胜：**31...Qe6 32.Qc5+ Qe7 33.Qc7 b6 34.Kh2 a6 35.g3 b5 36.b4 f6 37.h4 Kf7 38.h5 Kf8 39.Kg2 Qe4+ 40.Kh2 Qe7 41.Kg1 Qe1+ 42.Kg2 Qe4+ 43.Kh2 Qe7 44.Rd4 Kf7 45.Rd2 Kf8 46.Kg2 Qe4+ 47.Kh2 Qe7 48.Rd6 Kf7 49.Qc6 Qe5 50.Kg2 Ke7 51.Rd3 Kf7 52.Rd2 Ke7 53.Rd3 Kf7 54.Kg1 Qe1+ 55.Kg2 Qe5 56.Rd2 Ke7 57.Rd3 Kf7 58.Kg1 Qe1+ 59.Kg2 Qe5 60.Kg1 Qe1+ 61.Kg2 Qe5 62.Rd2 Ke7 63.f4 Qe6 64.Qc5+ Kf7 65.f5 Qe4+ 66.Kf2 Qe5 67.Qxe5 fxe5 68.Kf3 Ke7 69.Ke4 Rxd7 70.Rxd7+ Kxd7 71.Kxe5 Ke7 72.g4 Kf7 73.Kf4 Kf6 74.g5+ hxg5+ 75.Kg4 Kf7 76.Kxg5 a5 77.bxa5 b4 78.a6 b3 79.a7 b2 80.a8=Q b1=Q 81.Qa7+ Kf8 82.Kg6**，1-0。

现在让我们来看看把通路兵视作一个进攻单位。这种通路兵（通常是精神上给对方以压力！）并不想要变成王后。这个对自己的角色非常自豪的兵大叫道："我来收拾你了，对面的国王，我将把你的脸按在棋盘上然后踩死你，怕不怕！"

亚瑟·比斯盖尔 对阵 威廉·伦巴第，1957年 纽约

1.d4 Nf6 2.Nf3 e6 3.Nbd2 c5 4.e3 d5 5.c3 Nbd7 6.Ne5 Nxe5 7.dxe5 Nd7 8.f4 f6 9.Bd3

g6 10.exf6 Qxf6 11.e4 c4 12.Bc2 Qxf4 13.Nxc4 Qc7 14.Qd4 Rg8 15.exd5 Bg7 16.Qh4 Nf6

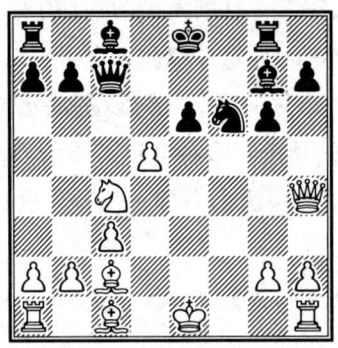

图354

黑方少了一个兵而且面对着对手疯狂的进攻——他显然处于劣势，而比斯盖尔（一位进攻天才）只用了接下来的几步便击败了强大的对手。

17.d6!

这个兵加入了战斗！它并不幻想着要升变，而是试着帮助其他子力来攻击黑王。换句话说，这个兵是一个火力全开的进攻子力！

17...Qc6 18.Bg5

每一步都是压迫性的；黑方根本没有喘息的机会。

18...b5

其他应着也都会遭遇到一场血腥的杀戮：

- 18...Rf8 19.0-0 继续威胁f6格的马。一种后续：19...Nh5 20.Be7 Qc5+（甚至更奇特的是20...Bd7 21.Rxf8+ Bxf8 22.Qg5 Qxc4 23.Qxg6+ hxg6 24.Bxg6#勇敢的小通路兵厥功至伟。）21.Kh1 Bd7 22.Bxf8 Bxf8 23.b4 Qb5 24.a4 Qc6（24...Qd5 25.Rad1）25.Ne5 Qxd6（这个兵带着微笑而死去，它因为自己的军队作出的重要贡献而高兴！）26.Nxg6黑方是时候认输了。

- 18...Nd5 19.Qxh7获得了显著的子力优势。

- 18...Nh5 19.Bd8（制造了Qe7将杀的威胁）19...Bf8（19...Qd7 20.Ba4 b5 21.Bxb5 Qxb5 22.Qe7#）20.Bc7 Qxg2 21.Rf1（将杀方式一抓一大把）21...Bd7（阻止了Qd8将杀，但是没能阻止其他的。21...Qxf1+或者直接认输是更好的选择）22.Rxf8+ Kxf8 23.Qe7# 这个将杀归功于d6兵，它给后提供了支撑点！

19.Bxf6 Qxc4 20.Bd4

当然20.Qxh7也不错。

20...Bf8 21.Qxh7,1-0。黑方已经无望去坚持21..e5（用后保车）22.Bxg6+ Kd8（或者22...Rxg6 23.Qxg6+ Qf7 24.Qxf7+ Kxf7 25.0-0+ Kg8 26.Bxe5，在粗暴地兑子过后，白方多四个兵，已经稳操胜券。）23.b3! Qe6（其他走法例如23...Rg7 24.Qh4+ Kd7 25.bxc4和23...Qc6 24.Qxg8只是延长了黑方的痛苦）24.Qc7# 这也是d6兵威力的又一次展现。

8.1.5 三种没用的通路兵

尽管拥有一个通路兵可以在残局提供一个静态的保证，或者如果它开始顺着棋盘一路向下冲的话会有动态的奖励，在其他时候一个通路兵可能是完全没用的。以下列举了三种没用的通路兵：

▶ 自己王受到进攻，生死攸关，而通路兵却无能为力的时候。
▶ 对方阻挡成功的时候。
▶ 通路兵的弱点大于优点的时候。

这意味着你不能在没有看清场上局面、不仔细判断它在最终计划中的位置的情况下，直接爱上你的通路兵。让我们用具体的例子来看看这三种通路兵——然后你便可以明确地判断一个通路兵在什么情况下才是一个好的通路兵。

> **理念**
> 无用通路兵第一条：当整个棋盘都在受到狂轰滥炸的时候，不要死守着一个兵！

焦阿基诺·格雷科 对阵 佚名，1620年 欧洲

1.e4 e5 2.f4 exf4 3.Nf3 Ne7 4.h4 h5 5.Bc4 Ng6 6.Ng5 Ne5 7.Bb3 f6 8.Nh3 g5 9.hxg5 fxg5 10.d4 Ng6?!（10...Ng4）11.g3 fxg3??（黑方已经沉迷于制造通路兵之中，但是很显然他的王快死了。）**12.Nxg5?**（12.Qf3!更强势）**12...g2??**（他本应该抓住最后的稻草——12...Qf6）

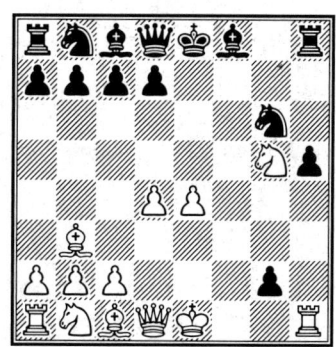

图355

黑方有一个兵冲到了第2行,并认为他的两个王翼通路兵能引以为傲。不仅仅是这样,通路兵还抓着白车并威胁变后。然而,所有的情节在这儿都是没有意义的,黑方那两个王翼通路兵也是。黑方在这局面下唯一要关心的事是出子和王的安全。悲哀的是,他在这两方面都是失败者。

13.Bf7+ Ke7 14.Rg1 Nh4

我们可以理解黑方的感受——这步棋保住马的同时也保住了他挚爱的g线通路兵!

15.Bxh5 Bg7 16.Qg4 Bxd4

黑方仍然梦想着通过...Bxg1、...Bd4、...g1=Q来升变。然而,这加速了他的输棋,尽管不论怎样他已经必输无疑。

17.Qxh4 Rxh5 18.Qxh5 Bxg1 19.Qf7+ Kd6 20.Qd5+ Ke7 21.Qe5+ Kf8 22.Qh8+ Ke7 23.Qg7+ Kd6 24.Nf7+,1-0。很奇怪,黑方仍然拥有着g线兵,但它是完全没用的!

瓦西里·伊万丘克 对阵 彼得·列科,2007年 穆卡切沃快棋对抗赛①

1.e4 e5 2.Nf3 Nc6 3.Bb5 a6 4.Ba4 Nf6 5.0–0 Be7 6.Bxc6 dxc6 7.Nc3 Nd7 8.d4 exd4 9.Nxd4 0–0 10.Qe2 Ne5 11.Be3 Bd6 12.Rad1 Qh4 13.h3 Re8 14.f4 Ng6 15.e5 Bc5 16.Qf3 Qe7 17.Ne4 Bxd4 18.Bxd4

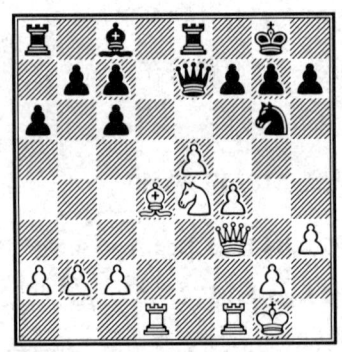

图356

这样的局势看起来对白方非常有利。他的子比黑方的更主动,并且他的兵更健康,更有机动性。事实上,一步f4–f5的推进将不仅使白方可以通过e5–e6获得一个更深入的通路兵,还可以通过f5–f6的威胁创造王翼的进攻。

---

① 穆卡切沃快棋对抗赛:2007年10月27日—29日,来自乌克兰的瓦西里·伊万丘克和来自匈牙利的彼得·列科在乌克兰西南部城市穆卡切沃展开了一系列快棋对抗赛,双方原定每天对战4局,并于10月29日打成6比6平。在最后的加赛中,伊万丘克战胜列科,最终赢得了这场系列赛。——编者注

18...f5!

黑方强行将白方的中心多兵转化成了一个有根的e线通路兵。但是创造通路兵不是多兵的梦想吗？因此，黑方的18...f5起到任何作用了吗？事实上，它起到了！通过给白方一个有根通路兵，他终止了所有白方潜在的动态多兵变化。扩大空间的威胁f4-f5没有了，王翼进攻f4-f5-f6也没有了。剩下的只有白方的e线通路兵。

这留给我们一个最后的问题：e5兵是一个有根通路兵，所以弱点在哪里呢？是的，我们依旧不清楚这个兵是一个"摆姿势的波利"还是一个"敏捷的路易"，但是至少它给白方提供了一个有用的残局优势。或者，在以上语言上的分析中是否有遗漏疏忽的地方呢？我将在黑方第19步后来回答这个问题。

19.Ng3

19.Ng5 h6 20.Qh5 Nxf4 21.Rxf4 hxg5不会使白方满意，但是如果白方走19.Nc5，并制造20.Nxb7! Bxb7 21.Qb3+? 的威胁。黑方可以用多种方法来回应这种进攻，其中之一是19...Rb8 20.b4（20.Qb3+ Qf7 21.Be3 b6 22.Rd2 Qxb3 23.Nxb3 c5，和棋）20...b6 21.Nb3（21.Nd3 Be6 22.Qxc6 Rbd8 23.Be3 Bxa2，和棋）21...Qxb4 22.Qxc6 Qe7，和棋。

> **理念**
> 无用通路兵第二条：有效的阻挡可以将敌方的通路兵变成叛徒！

19...Be6

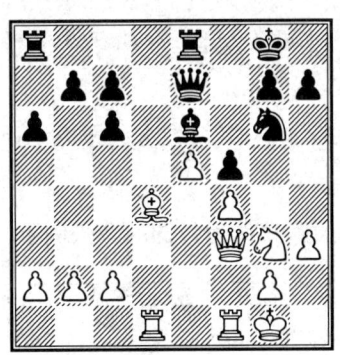

图357

现在我正式宣布：e5兵是一个"摆姿势的波利"！但是它是否仍然是接下来的残局中的一个有用的优势呢？在我们看来，黑方的叠兵差于白方强有力的有根通路兵！是这样吗？不是。以下是三个理由：

▶ e5兵是白方阵中的一个叛徒！是的，一个叛徒！首先，它挡住了d4象的线路。

其次，它占住了e5格（白方的象与马本可以踩进去的）。最后，它挡住了e线，这让黑方舒服地占住了e6格（若没有e5兵，白方在e线叠车给黑方以压力，而现在e6格十分坚固）。

▶ 黑方在后翼多兵，尽管c线是叠兵，但仍然是可移动和积极的（以后冲...b6, ...c5可以控制关键格并扩大后翼空间）。另一方面，白方的e兵根本没有动态加成。

▶ 我们仍要确认双方今后的计划。黑方后翼多兵（在...b6, ...c5之后）将在后翼得到很好的局面。除了双方都可以利用的d线以外，中心是封闭的。白方在王翼也无法有所作为。

当你考虑了以上这些后，你将意识到白方并没有获得真正的优势。

20.b3 Rad8 21.c4

这步棋防止了...Bd5，也防止了黑方通过...c6-c5-c4xb3的兑子来解开c线上的叠兵。

21...Rd7 22.Rd2 Red8 23.Rfd1 a5 24.Ne2 c5

d4格已经成为摆放的极限了。这意味着白方的马不能通过Nd4来影响e6格。因此，24...c5实际上保护了e6格！

25.Be3 Rxd2 26.Rxd2 Rxd2 27.Bxd2 b6 28.Qd3 Qd7 29.Qxd7 Bxd7 30.Nc3 Bc6 31.Kf2

31.Nd5看起来值得一试，但是 31...Bxd5 32.cxd5 Kf7之后，d5兵很难保住。一个问题是d2象因为要保f4的兵而被牵制，另一个问题是...Ne7将把看起来很厉害的白方中心兵变成可口的攻击目标。比如：33.g3（33.g4 Ne7! 或者33.e6+ Ke8都是白方更差）33...Ne7 34.d6 cxd6 35.exd6 Nd5之后...Ke6和...Kxd6。

31...Kf7 32.g3 Ke6 33.Be3，1/2-1/2。白方的子力无处可走也无的放矢。而异色格象也使双方认为没必要再继续下去了。

让我们来看一个关于有根通路兵作为叛徒的夸张例子：

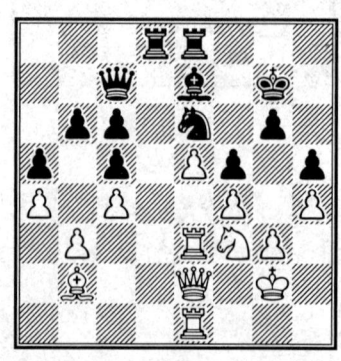

图358

白方的有根通路兵被黑方的马有效地阻挡住了。白方还能再做些什么呢？没有了——王翼和后翼都封闭了，而唯一的开放线现在还被黑方控制。因此白方在这样的局面下毫无优势。

然而，如果我们移去e5兵（只是把它拿走扔进旁边的盒子里！）白方立刻可以获胜，因为所有的子力都重新焕发出活力：他的三个重子可以碾压e线，象贯穿着a1-h8大斜线，马可以随时跳入e5格。

悲哀的是，e5兵必须留在棋盘上（我认为你可以把这个兵送给你的对手："我想把我的e5兵送给你。真的！我会直接把它从棋盘上拿下并双手奉上！"），这意味着所有白方的子力都呆错地方了，因为他们都在e5撞墙。

由于黑方想要在d线叠车，白方可以直接换子并很快同意和棋：**1.Rd1 Rxd1 2.Qxd1 Rd8 3.Rd3 Rxd3 4.Qxd3 Qd8**，平局。

一个进入敌方阵营的通路兵（推进到第5行或者更深入）可以非常强势，但也可能非常脆弱，因为它脱离了其他子力的保护！在把你的通路兵推进到如此深入（或让对方推进他的通路兵到你的地盘）之前，你应该仔细考虑一下它到底有多安全。

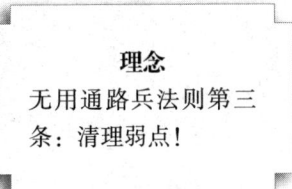

理念
无用通路兵法则第三条：清理弱点！

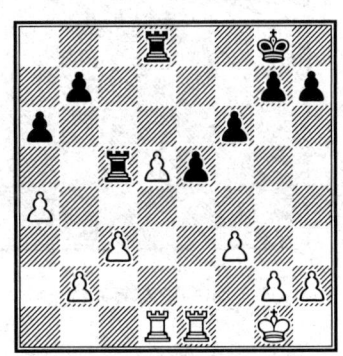

图359　白方先行
杰克·彼得斯 对阵 杰里米·西尔曼，1990年 洛杉矶

在这盘棋中，我弃掉了一个兵，并且意识到对方多的通路兵冲得太远，而我可以轻易把它吃掉。

1.d6

1.f4 Rcxd5 2.Rxd5 Rxd5 3.fxe5 fxe5 4.Kf2 Kf7 5.Ke3 Ke6，和棋。这么走也好不到哪去。有趣的是，现在黑方是拥有通路兵的一方！

1...Kf7

黑方必须小心，因为白方会更乐于通过弃掉一个兵而获得一些新的优势。因此，1...Rc6 2.f4 exf4 3.Re7 Rcxd6 4.Rxd6 Rxd6 5.Rxb7 对白方有利，白方的车成功卡住了黑方的第7行。

2.Rd3

2.f4 .Ke6 3.fxe5 fxe5，和棋，结果再一次重演，白方占不到任何便宜。

2...Ke6，1/2-1/2。3.Red1 Rd7 4.b4 Rc6 5.a5 Rcxd6 6.Rxd6+ Rxd6 7.Rxd6+ Kxd6 8.c4 f5之后，这样的王兵残局是和棋。

然而有时候，我们并不能完全清楚地看清一个冲得很深的通路兵是强有力的还是虚弱的。下面就是一个例子：

佚名 对阵 焦阿基诺·格雷科，1620年 欧洲

1.e4 c5 2.f4 Nc6 3.Nf3 d6 4.Bc4 Nh6 5.0-0 Bg4 6.c3 e6 7.h3 Bxf3 8.Qxf3 Qd7 9.d3 0-0-0 10.f5 Ne5 11.Qe2 Nxc4 12.Bxh6 Na5 13.b4 Nc6 14.Bd2 exf5 15.exf5 f6 16.b5 Ne7 17.Qe6

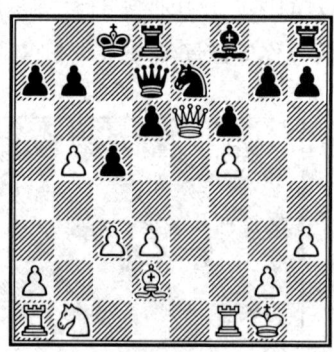

图360　黑方先行

白后直接卡入了e6格，在那里它舒展了它的威力，牵制了黑方的多个子力，一旦交换，白方将得到一个怪兽般的e6通路兵。但是，那个兵在e6格是一个怪兽，还是一个过客？

17...Qxe6! 18.fxe6

这个兵在e6格很威风，但是它也很容易被攻击。

18...Ng6

另一种走法是18...Re8 19.a4 Nd5 20.c4 Nc7。

19.d4 d5 20.Be3 c4 21.Bc1 Re8 22.Re1 Bd6 23.a4 Nf8

这个兵被抓死了，现在黑方多兵，获得了优势。

24.Nd2 Nxe6 25.Nf3 g5 26.Nh2 h5 27.a5 Rhg8 28.a6 b6 29.Nf1 f5 30.Ne3 Nc7 31.Rf1

f4 32.Nd1 Ne6 33.Ra2 g4 34.Nf2 f3 35.hxg4 hxg4 36.Nh1，0–1。白方不想看到36...Rh8 37.gxf3 Rh3 38.fxg4 Reh8而提前认输了。

8.1.6 阻拦通路兵

当有人提到通路兵，一个下过棋的人就会直接想到，"阻拦！"确实，有一些阻塞是强有力的，而有些则没能起到什么作用。

失败的阻塞

鲍里斯拉夫·伊夫科夫 对阵 伊戈尔·普拉东诺夫，1970年 维克安泽国际象棋大师赛

1.Nf3 c5 2.c4 Nf6 3.Nc3 e6 4.g3 b6 5.Bg2 Bb7 6.0-0 Be7 7.b3 0-0 8.Bb2 d5 9.e3 dxc4 10.bxc4 Nc6 11.Qe2 Nb4 12.Ne1 Bxg2 13.Kxg2 Qd7 14.a3 Nc6 15.Nf3 Rfd8 16.Rfd1 Qb7 17.Kg1 Rd7 18.Rab1 Rad8 19.d3 h6 20.Ne1 Ne8 21.Nb5 Bf6 22.Bxf6 Nxf6 23.Qf3 Qc8 24.Qe2 Ne8 25.Nc3 Nd6 26.Nf3 Qa8 27.d4 Na5 28.Ne5 Rc7 29.d5 f6 30.Ng6 e5

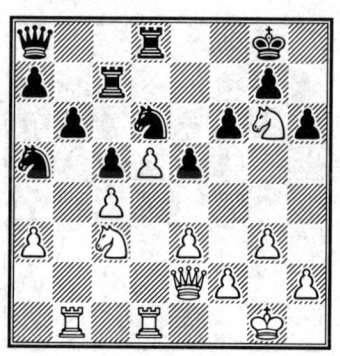

图361　白方撕碎了黑方的阻拦计划

31.Nb5 Nxb5 32.Rxb5 Nb7 33.e4 Nd6 34.Rb3 Kh7 35.Nh4 Qc8 36.Rc1 Re8?

黑方已经输掉了阻拦通路兵的战斗！黑方很可能认为局面已经足够安全，而他需要不畏艰险地让白方无法踏入f5一步：36...g6! 37.f4!?（激进的一步棋，但是白方没有必要这么走）exf4 38.gxf4 Re8（38...g5 39.fxg5 hxg5 40.Rg3! Re8 41.Rf1! 白方展开强烈的进攻 41...Nxe4 42.Qh5+ Kg8 43.Nf5 Nxg3 44.Qg6+ Kh8 45.Qxf6+ Kg8 46.Qxg5+ Kh8 47.Qh6+ Kg8 48.hxg3白方获胜）39.e5 Nf5 40.Nxf5 Qxf5 41.e6 Qxf4 42.Rf1 Qd4+ 43.Re3下步准备Rd1，之后直接把d线和e线通路兵捅进黑方的喉咙。

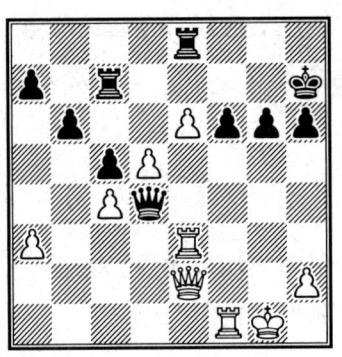

图362　43.Re3之后的局面
所有的阻拦全部都被清除了

在这样的局面下，黑方要么让白方e4–e5，这样白方就会冲破封锁；要么就会极大地削弱王的安全，黑方的王随时都会被对方大卸八块。因此，36...g6 37.f4之后黑方最好通过37...Re8!来坚守e5格（因此会保住d6阻塞格）。这不仅维持了对通路兵的阻拦，还给e4兵以潜在的压力。就算现在e5兵不和f4兵交换，破坏阻塞的e4–e5被防止了。37...Re8之后白方有两种下法：

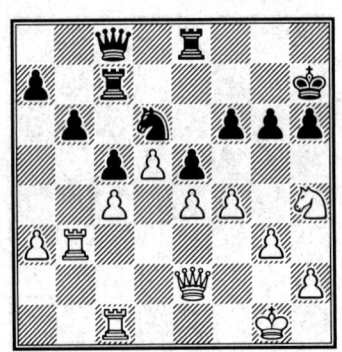

图363　为拦住那个通路兵而战！

➤ 38.Re3看起来是一个理智的选择，但是 38...exf4 39.gxf4 Rg7!让白方感受到他的王也没有以前一样安全了。40.Kh1（40.e5 g5!）40...g5 41.Ng2 gxf4 42.Nxf4 Qg4 43.Nh5 Qxe2 44.Rxe2 Rf7 45.Ng3 Re5黑方不仅成功守住了d6，e5格也成功守住了（卡住了e4格，f6–f5是众多变化中的一步好棋）！我们还注意到，d6马死死得卡住了d线通路兵，还给c4和e4兵施加压力。

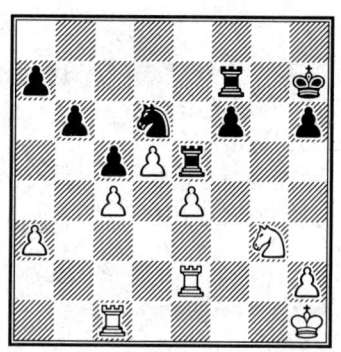

图364　45...Re5之后的局面
黑方拦截成功！

▶ 38.f5 gxf5 39.Qh5 Rg8 40.Nxf5 Nxf5 41.Qxf5+ Qxf5 42.exf5 Rg5也一样，尽管d6的阻塞被打破了，但是白方也必须担心一下自己的弱点c4和f5兵。

仔细地观察这些变化是十分重要的（事实上，这些变化本身并不重要，但是这些理念与思路是值得学习的）！它们（还有整盘棋）清晰地展示了双方进攻和防守阻塞格的重要性。在真正的这盘棋中，你将看到黑方的一个不起眼的小疏忽便足以让他葬送一整盘棋。

37.Qh5 Qd7 38.Qg6+ Kg8 39.Nf5

Nxh6+的威胁迫使黑方兑掉负责堵路的黑马。

39...Nxf5 40.Qxf5 Qxf5 41.exf5 Kf7 42.a4

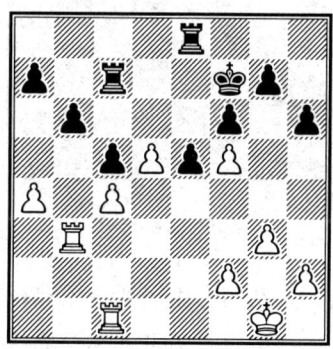

图365　黑方麻烦大了

42...g6

我并不喜欢这步棋，42...Ke7更合理（尝试通过Kd6来建立坚固的阻塞），但这也会使黑方陷入彻底的被动之中：43.a5 Rb8 44.Rcb1 Rcb7 45.f3! Kd6 46.Kf2。

> **理念**
> 当棋盘上出现一个通路兵时，对它的阻挡往往对双方都很重要。防守者能成功制造出一个成功的阻挡吗？拥有通路兵的一方能成功阻止对手吗？一盘棋的输赢就取决于此，所以就把阻挡之战当作棋艺提升的成果吧！

43.fxg6+ Kxg6 44.Kf1 e4 45.Ke2 Kf5 46.Ke3

黑方没有对策，而白方可以通过a4-a5在后翼施加压力，以及在合适的时机在王翼冲f2-f3。剩下的棋就不加评论了，这是对伊夫科夫世界级技术的证明：**46…Rd8 47.Rf1** Re7 48.a5 Rd6 49.Rb5 Rc7 50.f3 exf3 51.Rxf3+ Kg5 52.Kf2 bxa5 53.Ra3 Rb6 54.Raxa5 Rxb5 55.Rxb5 Kf5 56.Kf3 Ke5 57.Ke3 Kd6 58.Kf4 Re7 59.Ra5，1-0。

杰里米·西尔曼 对阵 B.艾伦，1989年 圣巴巴拉

1.d4 d5 2.c4 e6 3.Nf3 c6 4.e3 Nf6 5.Nc3 Ne4 6.Bd3 f5 7.0-0 Bd6 8.Ne5 0-0 9.f3 Nxc3 10.bxc3 a6 11.a4 dxc4 12.Bxc4 b5 13.axb5 cxb5 14.Bxb5 Qc7 15.Ba4 Qxc3 16.Bd2 Qc7 17.Rc1 Qe7 18.Nc4 Bc7 19.Qb3 Nd7 20.Bb4 Qh4 21.Bd6 Bxd6 22.Nxd6 Qe7 23.Nxc8（23.Rc6！）23…Raxc8 24.Rxc8 Rxc8 25.Qb7 Rd8 26.Qxa6 Nf6 27.Bb3 Nd5 28.e4 Nc7 29.Qc4 fxe4 30.fxe4 Qd6 31.Rc1 Rd7 32.d5 exd5 33.exd5 Ne8 34.Re1

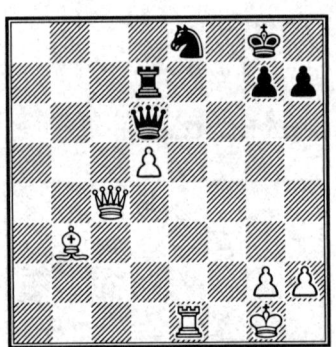

图366 黑方先行

白方拥有一个坚固的通路兵。然而，由于双方所剩的兵都很少了，加上黑方很可能将马放在d6格进行阻塞，黑方还是很有希望求和的。而现在白方正在抓马，而且还威胁Re6。

34…Nf6?

欠考虑的一步棋。黑方最好走34…Qb6+ 35.Kh1 Nd6还有希望守住阻塞点，但是白方还是有极好的获胜机会：36.Qc3 h6（36…Rb7或者36…Rc7或者36…Qf2）37.h3 Rc7 38.Qe5 Rc8 39.Ba4

35.Re6 Qb8 36.h3

36.d6 Kh8 37.h3更精确，但是它对于局面并没有实质性的效果。

36...Kh8

没有办法去阻塞这个兵，因为36...Rd6 37.Qc5可以迫使车退回去。

37.d6!

黑方"本可以阻塞成功"的想法彻底破灭了。d6兵太强大了，现在白方的象和后可以调转枪头攻击h7格，这正中黑方的七寸。

37...h6 38.Qd3 Rb7 39.Bc2 Qc8 40.Qf5 Qg8

40...Rb5是最后反击的机会。

41.d7! Rxd7 42.Rxf6 Rd5

42...Rd8 43.Rxh6+ gxh6 44.Qf6+ Qg7 45.Qxd8+。剩下的棋不需要再加以评论了：**43.Qxd5 Qxd5 44.Rf8+ Qg8 45.Rxg8+ Kxg8 46.Kf2 Kf7 47.Ke3 Kf6 48.Ke4 Kg5 49.g3 g6 50.Bd1 Kf6 51.h4 Ke6 52.Bc2 Kf6 53.g4 g5 54.h5**，1–0。

成功的阻塞

威廉·伦巴第 对阵 罗伯特·菲舍尔，1957年 纽约

1.d4 Nf6 2.c4 g6 3.Nf3 Bg7 4.g3 0–0 5.Bg2 d6 6.0–0 Nc6 7.d5 Na5 8.Nfd2 c5 9.a3 b6 10.b4 Nb7 11.Bb2 a5 12.b5 e5 13.dxe6 e.p. fxe6 14.e4 e5 15.Nc3 Rb8 16.Nd5 Be6 17.a4 Nd7 18.Ra3 Bh6 19.f4 exf4 20.Nxf4 Bf7 21.Nd5 Bxd5 22.cxd5 Rxf1+ 23.Bxf1 Bg7 24.Bxg7 Kxg7 25.Nc4

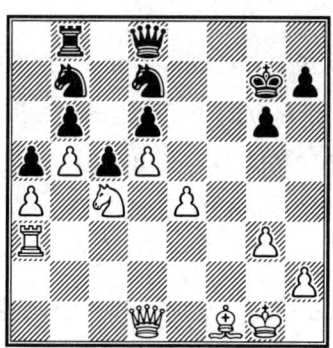

图367　黑方先行

乍看上去，很多棋手肯定会觉得白方较好——他的白马压着c5兵，控制着b6、d6和e5格，他的十分活跃的象可以攻击h3-c8斜线，而黑方的b7马的处境很堪忧。

25...Ne5!

黑方把一个在d7的并不活跃的马跳入如此好的格子中,从而挑战白方的阻拦。黑方接下来想要...Nxc4,...Qf6或者...Qe7,...Rf8或者...Re8,以及Nb7-d8-f7-e5,这样黑方的马完全优于白方的象。

26.Nxe5

其他的走法是26.Qa1 Qf6!?(26...Qc7!? 27.Rf3 Re8,和棋)27.Nxb6 Rf8 28.Ra2 Qf3 29.Bg2(29.Nc4 Qxf1+ 30.Qxf1 Rxf1+ 31.Kxf1 Nxc4黑方占优)29...Qe3+ 30.Kh1 Qd4 31.h4(31.Qxd4 cxd4之后...Nc5黑方占据更大优势)31...Rb8 32.Bh3 Qxe4+ 33.Kh2 Qd4,和棋。

26...dxe5 27.Qg4?!

白方没能强有力地回应黑方的阻挡所带来的威胁。正确的走法是27.d6!,这样可以不让黑方的马卡在d线通路兵(叛徒!)后面的d6格。

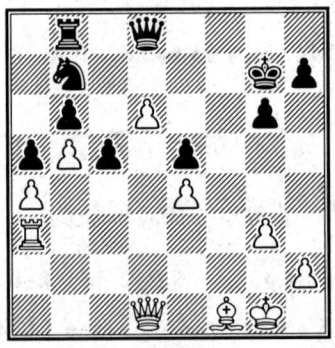

图368 对阻塞说"不!"

27.d6之后黑方有两种下法:

▶ 27...Qxd6 28.Rd3 Qf6 29.Rd7+ Kh8 30.Bc4(白方的子力突然焕发活力!他的车卡在了第7行,白象好于黑方的马。幸运的是,黑方可以轻易地通过创造长将的威胁来挽回局面。)30...Rd8 31.Qd5 Rf8 32.Qd2(32.Qxb7 Qf2+便是长将和棋)32...Rd8 33.Qd3(或者33.Qd5 Rf8和棋)33...Rxd7 34.Qxd7 Qd8 35.Qxb7 Qd4+ 36.Kg2 Qxc4,和棋。

▶ 27...c4!?是一个极好的主意!

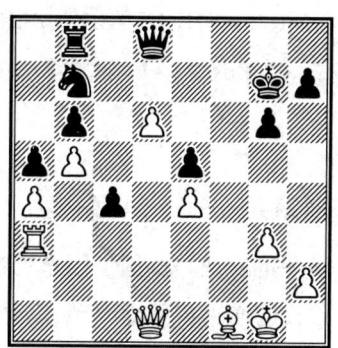

图369 双方都疯了!

双方都有各自的通路兵！27...c4解放了c5格，可以有Nc5（这样的马十分强大）或者战术性的...Qc5+。这也同时看住了d3格防止Rd3。

28.Bxc4 [28.d7 Qe7 29.Qd5（29.Rc3 Rd8 30.Bxc4 Nc5 31.Bd5 Rxd7，多亏了强大的黑马，黑方局面占优）29...Rd8黑方局面更好] 28...Qxd6 29.Qxd6 Nxd6 30.Bd5 Nb7（威胁Nc5！）31.Bxb7 Rxb7 32.Rc3 Rd7 33.Rc6 Rd4 34.Rxb6 Rxe4，和棋。

27...Qe7 28.Rd3 Nd6 29.Qe6 Re8

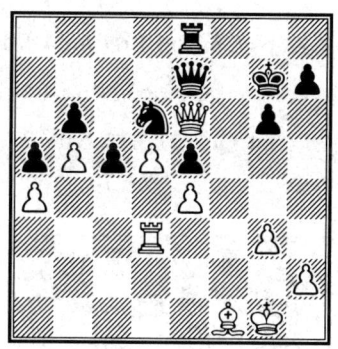

图370 黑方拦截成功

在d6格优雅的黑马（一位超级拦截英雄）无法被移除，这意味着黑方掌握着绝对的主动。为什么这么说呢？因为e4兵将处于持续的压力下，白方d线兵无法挺进而且还是一个公认的叛徒，黑方c线通路兵（一旦它开始向前冲）将给白方带来严重的问题。而且黑马还控制着c线兵前进的格子，这样的话一旦黑方想要冲兵，白方将很难阻止他。

接下来是剩下的棋谱，只有一处评论：**30.Bh3 Qc7 31.Qd7+ Qxd7 32.Bxd7 Rd8 33.Bc6 Nxe4 34.Re3 Nd2 35.Re2 Nc4 36.Re4 Nb2 37.Kf2 Nd1+?**（菲舍尔难得的技术性失误。更强硬的走法是37...Kf6 38.Ke2 c4进入黑方胜势的残局，而走37...Nd1+黑方就不得不重新组织棋步了）**38.Ke1 Nc3 39.Rxe5 Nxa4 40.Re7+ Kh6 41.Kd2 c4 42.Re4 Nc5 43.Re7**

Na4 44.h4 Rf8 45.d6 c3+ 46.Kc2 Rf2+ 47.Kb3 Rb2+ 48.Kxa4 c2 49.Re1 Rb4+ 50.Ka3 Rb1 51.Be4 Rxe1 52.Bxc2 Re6 53.d7 Rd6，0-1。这盘棋中的通路兵与轻子的相互配合值得我们反复咀嚼与体会！

阻拦通路兵——货品出门概不退换

看完以上两节，认真的同学一定发现并掌握了阻塞通路兵的本质，他会很认真地听取我的建议，成功地将马放在敌人的通路兵前面，顶住通路兵，庆祝这个无可撼动的阻塞将给他提供极好的机会。然后，当他发现他对局面束手无策的时候，他就会被动地坐着（在棋钟滴答的每一秒咒念我的名字），看着他以西尔曼的理论为基础建起的大厦像脆弱的鸡蛋壳一样被碾压。

啊，质疑也随之而来！"这怎么会发生的？""西尔曼是不是在骗我们？""西尔曼知道怎么下棋吗？"

冷静！阻塞敌方的通路兵确实非常重要，但是我留下了一个小前提：如果你没有积极进攻的方式，你将注定陷入无法挽回的防守之中。

阿吉巴·鲁宾斯坦 对阵 格奥尔格·萨拉沃，1911年 卡尔斯巴德

1.e4 e5 2.f4 Bc5 3.Nf3 d6 4.c3 Nc6 5.Bb5 Bd7 6.d4 Bb6 7.fxe5 dxe5 8.d5 Nb8 9.Bd3 Qe7 10.Na3 Nf6 11.Nc4 Ng4 12.Nxb6 axb6 13.h3 Nf6 14.O-O O-O 15.Bg5 Qd6 16.Qe1 Ne8 17.Be3 f6 18.c4 c5 19.a3 Na6 20.Nh4 Qe7 21.Rc1 Nd6 22.g4 Rac8 23.Nf5 Bxf5 24.gxf5 Nb8 25.a4 Nd7

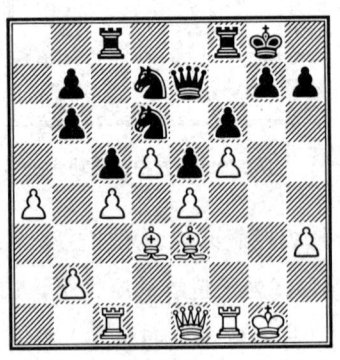

图371　白方掌控比赛

黑方坚固而永久地挡住了白方的d线通路兵，根据之前我们关于阻塞的讨论，d6马应该被看作一个真正的英雄。这听起来很对，但这其实是非常错误的！问题在于黑方没有反击的手段，这会导致他只能静静地等待，并希望白方不要找到一种打破局面的方法。

尽管一个处于完全被动的棋手有时可以获得和棋，但通常情况下，他总是会在对手无情的进攻下认输。

26.Rc2（因为黑方啥都做不了，白方可以在对对方王翼展开核打击之前安静地、安全地布置他理想的子力位置）**26...Ra8 27.b3 Rf7 28.Rg2 Kh8 29.Kh2 Nf8 30.Qh4 h6 31.Rfg1 Nh7 32.Rg6 Raf8 33.Qg4 Ng5 34.h4 Qd8**（黑方放弃了，34...Nh7 35.Bxh6 Ne8 36.Be3之后h4-h5-h6黑方一样会输）**35.hxg5 hxg5 36.Kg2 Kg8 37.Rh1 Re8 38.Qh5**，1-0。

当然，同样的"无棋可走"的情况也需要被应用到有通路兵的一方——如果通路兵被完全阻挡住，而且阻塞的一方有多种进攻手段，那么阻塞方将下得其乐无穷了。

杨·斯梅伊卡尔 对阵 大卫·布龙斯坦，1976年 桑多梅日-维特鲁布德公开赛

1.c4 c5 2.Nf3 Nf6 3.Nc3 d5 4.cxd5 Nxd5 5.e3 Nxc3 6.bxc3 g6 7.Be2 Bg7 8.0-0 0-0 9.d4 Nc6 10.Rb1 b6 11.Ba3 Be6 12.Ng5 Bd7 13.d5 Na5 14.c4 h6 15.Nf3 e5 16.e4 f5 17.Nd2 h5 18.Bb2 f4 19.Bc3 Nb7 20.a4 a5 21.Nf3 Re8 22.Qd2 Nd6 23.Qb2 Rb8 24.Bd3

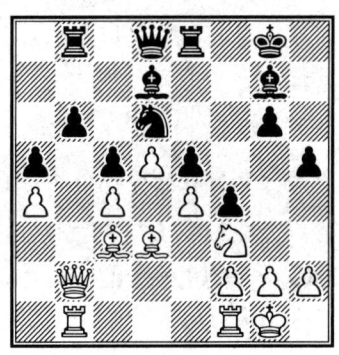

图372　黑方先行

现在看起来白方好——他持续对b6和e5兵施加压力，而他的d线通路兵尽管被阻挡了，但在未来的残局中也有可能是一个优势。然而，布龙斯坦对这个局面有不同的看法——他认为，一旦他守住了b6和e5兵，使他们不易受攻击，白方将突然发现没有了攻击的目标。如果这样的话，依靠在王翼的一个兵的优势（此处指他已经拥有了明显的空间优势）便可以碾压白王。

24...Nf7

保住e5兵。现在黑后还得呆在d8保住b6兵。

25.Qc2 g5 26.Rb2 g4

黑方王翼的优势十分明显。

27.Nd2 Bf8!

这个象准备扮演一位防守英雄。

28.Rfb1 Bd6 29.Nf1 Bc7

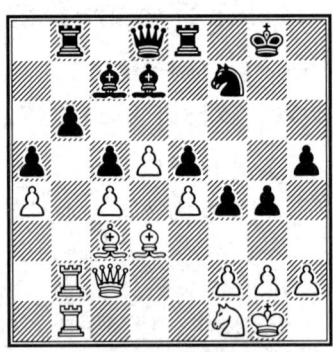

图373　黑方策略生效了！

突然间b6和e5兵十分坚固，白方寻找不到新的攻击目标了。

30.Qd1 Qf6 31.Be2 f3

很有逻辑并且强有力的一步棋，尽管他也可以考虑31...Ng5!? 32.f3 h4 33.Nd2 g3 如果34.h3 黑方将有毁灭性的34...Bxh3!

32.d6??

白方在王翼被进攻得极其痛苦，并且开始变得急躁！他本可以下32.gxf3（32.Bd3!?）32...Ng5 33.Kh1 gxf3 34.Bd3 尽管黑方在Kf7 35.Ne3 Rg8之后会有极其强烈的进攻。

32...fxe2 33.Qxe2 Nxd6 34.Ng3 Qf7 35.Rd2 Bc6 36.Rbd1 Rbd8 37.Qe3 Qg6，0-1。

小　结

▷ 一个通路兵可以是一个静态的威胁，也可以是一个动态的胜负手。因此很好地理解通路兵也将提升你对动态和静态的理解。

▷ 讨论通路兵是训练阻塞概念的理想场地。

▷ 一个多兵的最终目标是创造一个通路兵——理解通路兵会极大地增长你对多兵的理解。

▷ 一个通路兵，甚至一个有根通路兵，很可能是一个严重的缺点。

▷ 一个通路兵在王兵残局中最显优势，其次是后兵残局，因为单单一个后无法阻拦通路兵。

▷ 对拥有一个通路兵的一方的理想计划是去交换所有的轻子，留下后和车这样的重子。这让通路兵很难被阻挡，因为后和车不是理想的阻挡者。后常常应该被保留，因为它的力量让王参与防守变得相当危险。

▷ 有三种无用通路兵：
  - 自己的王受到进攻，生死攸关，而通路兵却无能为力的时候。
  - 对方有成功阻挡的时候。
  - 通路兵的弱点大于优点的时候。

▷ 当对局中出现一个通路兵的时候，阻拦这个兵往往对双方都尤为重要。防守方能否创造出成功拦截？有通路兵的一方能否阻止对方？一盘棋的输赢就取决于此，所以就把阻塞之战当作你棋艺生涯的十字路口吧！

▷ ——阻塞敌方的通路兵确实非常重要，但是我留下了一个小前提：如果你没有积极进攻的方式，你将注定陷入无法挽回的防守之中。

通路兵——习题

通路兵有许多方面值得考虑——要知道它们什么时候好，什么时候坏，要知道如何去评估它们，如何把它们变成强大的子力，要知道什么子力强化了通路兵，什么子力让它变得毫无威胁，要知道一个通路兵是安全的还是易受攻击的，等等。这些问题将考察你领会通路兵到底有多深。

如果你在做习题时遇到困难，不要着急——这意味着我们正在弥补一些你没有理解的事情，通过重新读一下之前的材料或者通过看从第561页开始的答案增长知识。

第八章 习题1

图374
【等级分：1400–1900】

白方先行

白方的c线通路兵是好是坏？

第八章 习题2

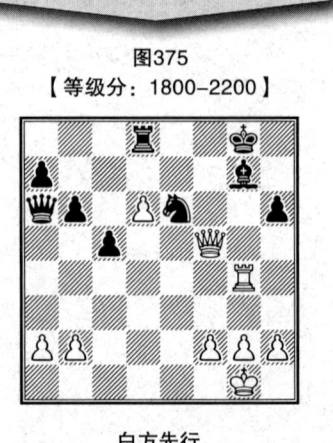

图375
【等级分：1800–2200】

白方先行

谁更好？好多少？

第八章 习题3

图376
【等级分：1800-2200】

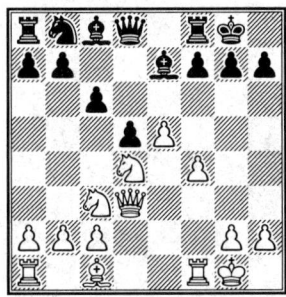

黑方先行

第八章 习题4

图377
【等级分：2000-2200】

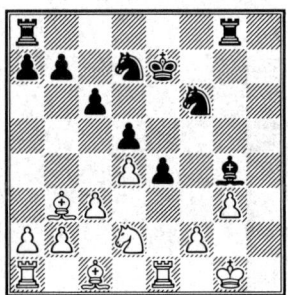

白方先行

第八章 习题5

图378
【等级分：1800-2200】

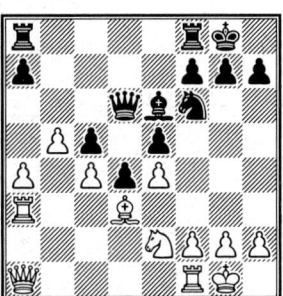

黑方先行

第八章 习题6

图379
【等级分：1600-2000】

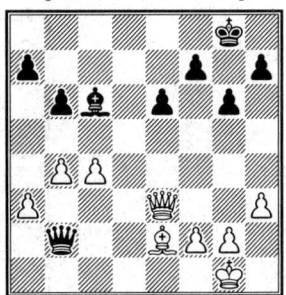

白方先行

第八章 习题7

图380
【等级分：1600-2000】

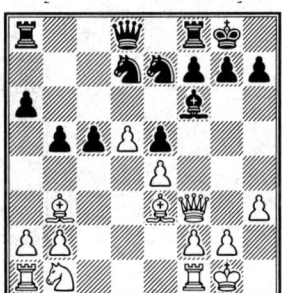

黑方刚下了…c7-c5，现在白方需要做决定，要么吃过路兵，要么保留他的通路兵，请你分别描述一下这两种选择，并讲讲他们不同的想法。

第八章 习题8

图381
【等级分：1400-1800】

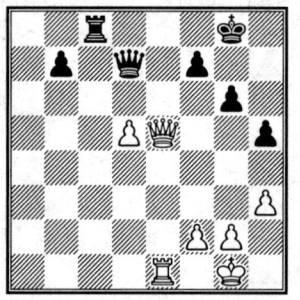

白方先行

白方优势多大？

第八章 习题9

图382
【等级分：1600-2100】

黑方先行

说说看这里发生了什么，并寻找黑方正确的下一步棋。

第九章

其他失衡

9.1 开局中的失衡　381

　　9.1.1　创作一支开场曲　381

　　9.1.2　把你的开局选择与失衡整合在一起　382

　　9.1.3　在开局中浑水摸鱼　404

　　小结　408

　　开局中的失衡——习题　409

9.2 失衡综合版　412

　　失衡综合版——习题　412

9.1 开局中的失衡

9.1.1 创作一支开场曲

到目前为止，我最常问的问题是，"什么开局最适合我，我该如何创造一个合适的开局体系？"当然，我一直警告学棋的朋友们不要患上"宁可记变式不想下好棋"综合征，然后我将来回答他们的询问，但对于每一个特定的人需要参考以下几点来选择开局系统：

▶ 选择适合你风格（或者说"性格"）的开局——仅仅是因为世界最好的棋手下这个开局并不意味着它适合你！

▶ 选择适合你时间安排和记忆能力的开局——如果你执黑想走西西里式防御的纳道尔夫变式（**1.e4 c5 2.Nf3 d6 3.d4 cxd4 4.Nxd4 Nf6 5.Nc3 a6**），确保你有大量的时间因为这里面有无穷无尽的变化，确保你有能力记住所有的变化。也有许多开局不需要过多的"理论上的阵形结构"，也更能容忍那些记忆力不行的棋手。

▶ 选择迎合你棋力的开局——例如，如果你在封闭局面中下得非常好，那么就寻找试图封锁中心的系统。如果你是一位强大的局面型选手，但是总跟不上尖锐的战术性局面，那么你就选择避免混乱的开局。如果你特别擅长战术组合，确保你的开局可以将局面引导到你擅长的方向上去。

▶ 选择让你开心的开局——这听起来有一点奇怪，但是如果你从开局获得的局面中并不感到兴奋、开心、满意的话，你还为什么要用这样的开局呢？

▶ 不要基于别人像棋类符号"+="和"="的意见或者电脑的评估来选择开局。甚至有一个局面被认为比对方好很多，这也不意味着它将会是很好下的——一个棋手对一个特定局面的熟悉程度往往比它的名声更重要。最基本的理念是，如果你喜欢它，那么就用它开局吧。

现在，让我们**彻底停下来**！

以上那些信息是给那些希望能通过开局来展现他们已有的强项的，也能借此迅速获得优势的局面。然而，如果你对于提升你的综合理解与棋艺水平更感兴趣（而不是由于相符的开局体系的帮助增长一些等级分）的话，这里就要给你一套截然相反的开局哲学了：

▶ 选择不适合你风格/性格的开局！
▶ 选择迎合你下棋弱点的开局！
▶ 选择使你感到害怕，让你感到易受攻击、不安全的开局！

换句话说，这样的想法逼着你直面你的软肋，而这样才可以弥补你的弱点！因此，如果你先下，而你不喜欢攻击对方的王，那么就要采用疯狂的开局，制造完全开放的局面和尖锐的战术组合（1.e4 e5 2.d4 exd4 3.c3 dxc3 4.Bc4 就是一个例子）。如果你是一个经验丰富的棋手（等级分也许在1400-1900），在坚固的开局中很成功，但是害怕更尖锐的局面，那么你就该走王前兵1.e4 并多走一些多变的局面。如果你是一个很好的攻击手，但是却对局面性的棋一窍不通，那么舍弃你挚爱的王前兵1.e4而改走1.d4或甚至1.c4来看看对面是怎么赢的吧。特级大师尼古拉斯·埃内斯特·德·菲尔米安，一个全世界都害怕的攻击手，当他意识到他对局面性的棋的理解远不如他开放性棋的技术的时候，也采用了这一方法。他下了一年1.d4，当他对此有了足够的认识，他又下回了1.e4，而此时的1.e4变得更加睿智和强大了。

要当心！这样诡异的开局策略，只是给那些极度渴望提升他们下棋的各方面水平的勇敢棋手使用的，不管这将让他们承受多少痛苦与耻辱（当你输很多局棋的时候，这确实是痛苦与耻辱，但慢慢地，你的棋商将上升到一个新的高度）。

当然，所有这些（通过两个有哲理的开局体系当中的任意一个）只是创造一个非常个性化、非常有效的开局体系的开始。例如，学习所有你开局中常见的计划与战术也是一个必须的事情。然而，就算学会了所有计划和战术，这两个有哲理的开局体系仍然遗漏了开局中的重要的一点：不论你的开局是动态的还是静态的、封闭的还是开放的，你需要深入理解你的开局提供的双方失衡产生的相互作用与影响。

9.1.2 把你的开局选择与失衡整合在一起

把你对失衡的理解（现在你已经看到了书的最后了，我希望你能清晰地抓住失衡的精髓！）整合到你的开局中是十分必要的，因为很多时候，不怎么背棋谱的对手总是会走出你记得的棋谱之外的棋。这对于理解他自己的开局灵魂的人来说并不是什么大事，因为他可以立刻意识到他对手这步不在棋谱上的棋是不是有漏洞，该怎么下来抓住漏洞，如果这步棋是一步不错的新招，怎么通过逻辑性的思考来处理局面。只背着一堆棋谱的棋手是做不到这点的。

有一个例子是加速龙式，毛罗齐式兵形：**1.e4 c5 2.Nf3 Nc6 3.d4 cxd4 4.Nxd4 g6 5.c4**

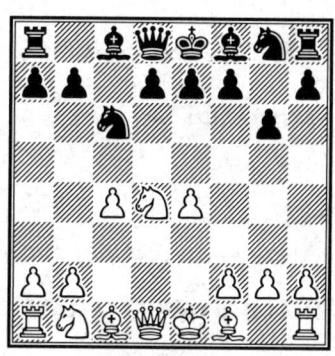

图383　黑方先行

作为黑方，你需要知道白方的意图和你通常的计划、部署、你想下怎样的残局，以及这些失衡将给你带来什么。由于这步不在棋谱之中，我们将简单地来分析一下它。

毛罗齐的理论：

白方的5.c4扩大了中心和后翼的空间，使黑方常规的挺兵突破（...b7-b5和...d7-d5）很难实现。白方死死地控制着d5格，接下来基本可以跳马踩d5格——如果黑方下...e7-e6，不让白方利用d5格，那么这将把留d7兵在后面，d6格成了潜在的虚格。

之后白方可以简单地通过b2-b3和f2-f3冲冲兵，希望他的空间优势可以使黑方感到窒息。白方也可以推进后翼兵，展开进攻，或者f2-f4-f5展开王翼攻击。

很明显，被动的防守肯定抵挡不住白方拥有空间优势的进攻。但是黑方该怎么做呢？有以下几种计划：

▶ 黑方可以在黑格上做文章。有多种方法，但最通常的是拿c6马换掉d4马并最终换掉黑格象。然后黑方的后可以游走在a5、b4格，黑方的马可以踩在c5或d4格。

▶ 黑方可以尽可能地清理轻子，留给自己一匹强有力的马（踩在c5或者d4格）对上白方的白格象。这在残局对黑方极其有利。

▶ 黑方可以...b7-b5进行兵链突破，夺取后翼主动。

▶ 黑方可以...d7-d5进行兵链突破，打开中心。我说5.c4使黑方冲兵突破变得困难,但不是不可能!

所以我们已经发现毛罗齐变例中最主要的失衡是空间(因此黑方要冲兵,冲击白方的空间优势),黑方可以有可能形成的轻子优势和黑格控制。当然还有许多别的知识,但这一些小理念将让加速龙式爱好者轻松很多。

让我们来看这些理念的一些实际的例子。首先,...d5突破:

乔纳森·贝里 对阵 杰里米·西尔曼,1975年 凤凰城

1.c4 c5 2.Nf3 g6 3.d4 cxd4 4.Nxd4 Nc6 5.e4

变回了毛罗齐兵形。

5...Bg7 6.Be3 Nf6 7.Nc3 b6 8.Nc2

遵循"拥有更大空间的一方应该避免不必要的兑子"这一格言。

8...Bb7 9.Be2 0–0 10.Qd2 d6 11.0–0 Qd7 12.f3 Rfd8 13.Rad1 Rac8 14.Bh6 e6

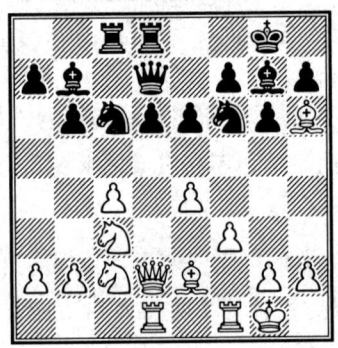

图384

我没有选择更为保守的下法,而是选择冒险,因为我想赢(所以我下了7...b6)。14...e6显示了以后冲...d6-d5的决心。

15.Bg5 Ne7

依旧准备...d6-d5。

16.Qf4 Ne8 17.Qh4 f6 18.Bc1 Nc7

他们称这是一心一意的目标!对于黑方来说,要么...d6-d5,要么输棋。

19.Rd3 d5!

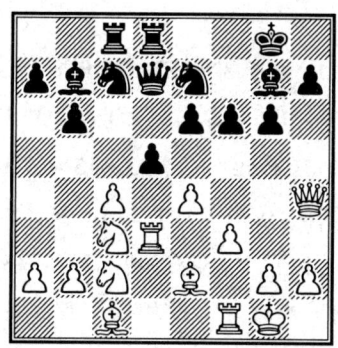

图385

终于！好像整个世界都聚焦在d5！

20.Rfd1 Qe8

黑方达到了他的目标——他创造了一个双方都有机会的尖锐局面。白方能从容面对这个"从通常安全的'毛罗齐控制'变成白刃战"的变化吗？

21.Ne3

21.cxd5 exd5 22.Nd4 dxe4 23.fxe4 Ba6 24.Rh3 h5之后，白方什么都得不到，双方机会均等。25.g4? f5!是白方希望避免的局面。

21...f5?

事实证明我是最先出错的！我已经爱上了这个紧张的局面并且希望它能够更激烈些。然而，如果我想保持紧张的局面21...Qf7!?更为明智；如果我想简化局面：21...dxe4! 22.Nxe4 Rxd3 23.Bxd3 Bxe4 24.Bxe4 Rd8就基本是平局了。

22.cxd5 exd5 23.exf5?

复杂的局面（还有棋钟上的时间分分秒秒地流逝！）也让白方很难做出正确的决策。他本应该下23.exd5 Nexd5 24.Nexd5 Nxd5 25.Bg5!黑方就有麻烦了。

23...gxf5 24.Nc2 Ng6 25.Qf2 Ne6

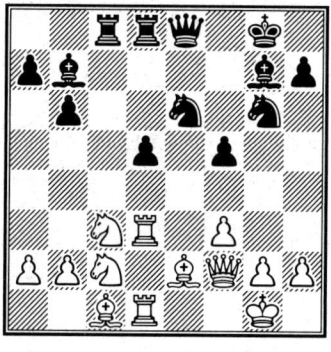

图386

白方的阵形已被粉碎（c4、e4兵都没了），黑方极其积极的子力会得到更多的机会。之后的棋在双方的时间压力下也频频出错：**26.Bf1 d4! 27.Nxd4 Nxd4 28.Rxd4 Rxd4 29.Rxd4 Bxd4 30.Qxd4 Qe5 31.Qd7 Rc7**（31...Qc5+! 32.Kh1 Qf2 33.Qe6+ Kg7 34.Qd7+ Kh8 给了黑方非常明显的优势）**32.Qd8+ Kg7 33.Bg5 Rf7 34.h4? h6 35.Bd2 Qc5+ 36.Kh2 Qe7?**（36...Bxf3!是正确下法）**37.Qxe7 Rxe7 38.h5 Ne5?**（38...Rd7!维持优势）**39.Nb5 Bxf3??**（在时间紧迫前通常还有犯大错的权利。39...Kf6或者39...Kh7是不错的选择）**40.Bc3??**（在快要超时没时间思考之际，他相信了我。40.Bb4! 将立马把局面翻过来）**40...Bxh5**（时间压力缓解了，白方也已经无法挽回局面了）**41.Nd6 Kg6 42.Kg3 Nf7 43.Nc4 Be2**，0-1。

下一个毛罗齐兵形的例子展示了以下三个典型的思想——控制黑格（特别是c5和d4格），创造好的轻子，和...b7-b5突破：

爱德华·威廉·福马内克 对阵 约翰·威廉·唐纳森，1987年 哈特斯

1.e4 c5 2.Nf3 Nc6 3.d4 cxd4 4.Nxd4 g6 5.c4 Bg7 6.Be3 Nf6 7.Nc3 0-0 8.Be2 d6 9.0-0 Bd7 10.Rc1 Nxd4 11.Bxd4 Bc6 12.f3 a5 13.b3 Nd7

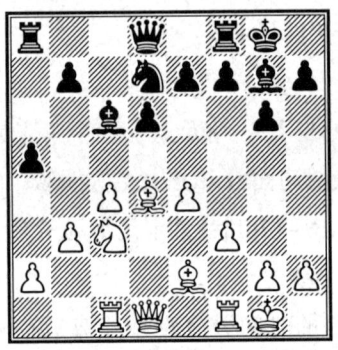

图387

黑方主要计划的开始——他准备兑掉黑格象，这样他的其他子力就能自由地在黑格游走。

14.a3 Bxd4+ 15.Qxd4 Nc5

白方可能的轻子问题已经显现了：黑马比白马好，黑象也优于e2格的白象。

16.Bd1 e5!

这步棋掌控了d4和f4两个黑格，阻挡住了e4兵，并为自己增加了空间。潜在的d线兵问题其实并不用担心。

17.Qe3 Ne6

仍然控制黑格！黑方的e6马现在攻击着c5，d4，f4，g5格。

18.Ne2?!

被动地阻止黑马跳入d4格。如果18.Nd5或者18.Nb5黑方就用象把白马换掉，之后...Nd4。这样的轻子之战（好马对坏象）显然是黑优。在这个开局中，黑方总是寻找创造这种轻子优势的机会。

18...b5!

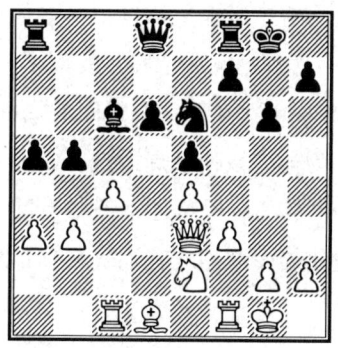

图388

在上一盘棋中，我通过...d5进行了兵链突破，现在我们看到黑方...b5的突破梦想也实现了。

19.Bc2 bxc4 20.bxc4 Qc7 21.Rb1 Rab8 22.h3 Rxb1 23.Rxb1 Rb8 24.Rxb8+ Qxb8

这个残局中黑方已经占据绝对优势（好马，好象，并且他可以很快攻击c4兵）。之后的棋则是唐纳森先生精湛棋技的表现：**25.Kf1**（25.Qb3 Qa7+ 26.Kf1 Qc5）**25...Kg7 26.Ke1 Nc5 27.Kd2 Qb7 28.Kc1 Qb6 29.Kd2 Bd7 30.Qc3 f6 31.Bd3 Be6 32.Kc2 h5 33.h4 Nd7 34.Kd2 Qc5 35.g4 Nb6 36.Qb3 Nxc4+ 37.Bxc4 Bxc4 38.Qb7+ Bf7 39.Qe7 Qxa3 40.Nc3 Qb2+ 41.Kd3 Qb3 42.Kd2 Qb4 43.Kd3 Qd4+ 44.Kc2 Qf2+ 45.Kc1 Qe3+ 46.Kc2 Qxf3 47.Kd2 Qf2+ 48.Kd1 Qd4+ 49.Kc2 a4**，0-1。

国际大师唐纳森完整地归纳研究过毛罗齐兵形，但是就像我刚才看到的，只要知道一些布局，有利用失衡的想法就能使一位棋手想出清晰、逻辑性强、有效的计划。让我重申一下：这些计划不是基于情感或者愿望的实现——他们应当基于对失衡的清晰感知。

说到愿望的实现，让我们来看看一个棋手根据他自己的风格而不是根据局面下棋时会发生什么！

很久以前（在1834年），有两个棋手（路易·查尔斯·德·拉布尔多奈，和亚历山大·麦克唐奈）统治着国际象棋界，有"南慕容北乔峰"之势。当然，人们十分希望能看见这两位国象巨人之间的对弈，而这个愿望促成了绵延的至少85局棋，每年举办的比赛至少6场！当硝烟散开后，大家发现德·拉布尔多奈获得了决定性的胜利，毫无疑问，这证明了他是当时最好的棋手。这场大战的胜利的一个原因是，德·拉布尔多奈（当时的英国观察者描述道，"一个肥硕的、不修边幅的法国人，他大多数时间在贬低和诅咒对手，而其余时间在唱歌和嘲笑对手。"）在下棋的每一个阶段每一个局面都处理得比较好，而麦克唐奈（一个"安静而沉默"的爱尔兰人）是一个真真正正的寻找机会、摧毁碾压对手的人。对于任何运动的最高水平竞技中，平衡性的缺失通常会导致一场难以挽回的失败，这场大战就是这一真理的又一个实际的例子。

在几盘对局中，麦克唐奈（执黑）用一个坚固的局面性下法来应对1.d4（1.d4 d5 2.c4 dxc4），但在此之后他认为他应该使开局的选择符合自己的风格，而不是根据棋谱走向局面性的中局——他选择了极其有侵略性，但却有问题的…f7-f5（有早在第三步就下的，也有之后下的），希望使局面激烈化。而这样做的结果是，他被对方用各种残酷的手法反复屠杀。

德·拉布尔多奈 对阵 亚历山大·麦克唐奈，1834年 第1场比赛 第8局

1.d4 d5 2.c4 dxc4 3.Nc3 f5?

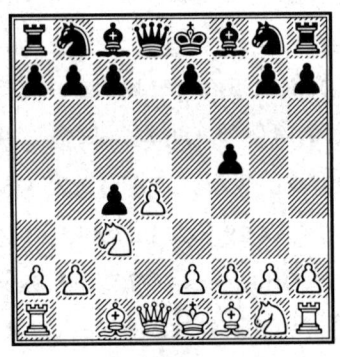

图389

仅仅在开局的三步棋之后，我们就能看到，场上发生了一些奇怪的事情。黑方的前两步争取了时间——被称作可接受的后翼弃兵，而他的第三步（菲利多尔[①]的建议！）很少会（可能再也不会）出现在一个现代的棋盘上了。这给我们留下了一个很明显的问题：3…f5不好吗，如果确实不好，那为什么要下这步棋呢？当然像菲利多尔这样的国际象棋传奇人物和像麦克唐奈这样的进攻型选手一定是看到了3…f5的许多好处。你能发现

---

① 菲利多尔（Philidor）：全名弗朗索瓦－安德烈·丹尼根·菲利多尔（François-André Danican Philidor）（1726—1795），法国国际象棋大师，被认为是首位对国际象棋做出系统理论分析的棋艺理论家。

黑方第三步棋的优点吗？

3...f5的主要目的就是争取控制重要的e4格。黑方想象着，他未来可以通过...Nf6、...e6、...c6牢牢看住e4格，而且阻止白方e2-e4挺兵，这样他也可以无可撼动地踩住d5格。做着这些局面性的美梦的人通常会想象着对方的王在中局落荒而逃的美妙场景！

然而，理想比现实要丰满得多——黑方这步侵略性的抢占e4格是弊大于利：...f5（为了好的静态局面的一个动态尝试）同时弱化了e5和e6两格，减弱了王的防御，阻挡了c8象的通路，削弱了a2-g8对角线。

在这样的选择中，麦克唐奈对...f5的喜爱显示出他作为一名棋手的强项和主要的弱点：他想要成为一个进攻者，尝试着让每个人相信和他下棋会十分的危险。但是当对手在一瞬间发现像...f5这样的一步棋正在让黑方的局面变得极其被动的时候，那么黑方就该重新尝试一些新的变化了。我们将会看到，麦克唐奈拒绝接受这样的现实，所以他的固执让他一次又一次犯下了同样的错误！

这让我想起许多爱上如下开局方式的一些业余爱好者们：1.e4 c5 2.b4 或者1.e4 e5 2.Nf3 d5。这种开局可以非常有效地对付比他们弱或甚至和他们水平相当的棋手，所以如果你很享受这种棋局，那么你在各种意义上都要这么走。但是不要抱有想当然地以为这么走很好——这种开局当然不怎么样！如果你想，你还是可以继续下，但是一旦有人专门对你的开局做了准备，那你还是乖乖跟着棋谱走，别想出什么新花样了吧。

4.e3

白方意识到了黑方3...f5的缺点，他认为并不需要疯狂的冒险，因为他还没出子（如果你的子力还没做好准备就不要展开进攻）。因此，他之后想做以下几件事：

▶ 出子。

▶ 在黑方通过...c6、...b5之前吃掉c4兵。

▶ 占住虚弱的a2-g8斜线。

4...e6

黑方封闭了a2-g8大斜线（知道白象会占领c4格），并且增加对d5格的控制，打开f8象的线路。到目前为止，每个方面都在按着黑方的计划执行。

5.Bxc4

不走这步真的很难：出子、吃兵并控制严重虚弱的大斜线！

5...c6

依旧按着他的计划来控制e4和d5格。

6.Nf3

白方想在开启攻王模式前调出更多的子力。这步棋出子、瞄准e5格、准备Ng5（攻击e6格）和短易位。我们看到白方的棋简捷、安全、自然，而黑方的每步棋只是让局面更糟糕。这是由于黑方的3...f5造成了无法弥补的长期弱点。换句话说，如果黑方能从开局中坚持过来，白方也将利用黑方结构上的弱点在中局折磨他至死。如果白方看见有直接杀死黑方的机会，他也不会轻易地浪费的。

6...Bd6 7.e4

白方在出子上有极大的领先，展现了他优秀的把握时机的能力！由于白王现在可以立刻易位，而黑王在可以预见的未来将一直留在中心，德·拉布尔多奈没有理由不去打开中心，因为0-0之后就有Re1，而Qb3也十分有威胁。

7...b5 8.Bb3 a5?

糟糕的一步棋，只是更好的下法：8...fxe4 9.Nxe4或者是8...b4 9.e5（9.Ne2 fxe4 10.Ng5也对黑方不利）9...bxc3 10.exd6依旧留给黑方一个非常不利的局面。

10.exf5 exf5 10.0-0

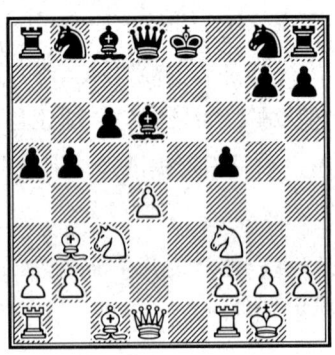

图390

黑方完全没有出子，开放的e线和虚弱的a1-g8（由黑方的3...f5形成）让黑方完全陷入被动。

10...a4 11.Bxg8 Rxg8 12.Bg5 Qc7 13.Qe2+?!

德·拉布尔多奈在麦克唐奈思考的时候经常在旁边下快棋来赚钱，他试着在这些与麦克唐奈的比赛中下得非常快（而麦克唐奈下每步棋时从来不在乎时间）。因此，这里他错过了更有侵略性（而且更明显）的后续进攻：13.Rc1［事实上，13.Re1+ Kf7 14.d5! b4 15.dxc6可以更快结束战斗 15...bxc3?（15...Ra5 16.Nd5）16.Qd5+ Kg6 17.Re6+ 将死］13...Qb7 14.Re1+ Kf7 15.d5 c5 16.Re6! Bxe6（16...Ra6 17.Qd3）17.dxe6+ Kxe6 18.Qd3，白方的下步Re1+将会给黑方致命一击。

13...Kf8??

这步棋之后黑方再也没有机会了。他只能下13...Kf7，尽管14.Rfe1之后白方优势依然巨大。

14.Rfe1 Kf7 15.Rac1

直接冲15.d5也很好。

15...Qb7 16.d5! h6 17.dxc6 Qa6

17...Qxc6 18.Nxb5或者17...Nxc6 18.Nxb5，这两种选择都没有希望。

18.Nxb5 hxg5 19.Nxd6+

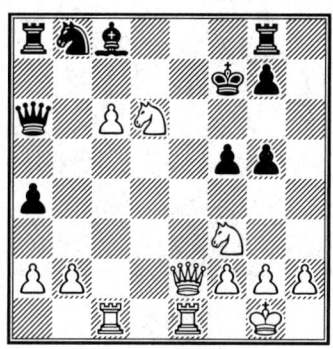

图391

这是一步压迫性的将军；所以系好你的安全带，马上就要开始狂轰滥炸啦！

19...Kg6 20.Ne5+ Kf6 21.Qh5 g6 22.Qh7

更快的应该是：22.Ne8+! Rxe8 23.Qxg6+。

22...Be6 23.Nxg6

泰山压顶。不过23.Ng4+! fxg4 24.Ne4+ 也可以快速制胜。

23...Nxc6 24.Rxc6! Qd3

避免了24...Qxc6 25.Rxe6+! Kxe6 26.Qe7+ Kd5 27.Qe5#，但是让白方更快地结束了战斗。

25.Qe7+

我确信麦克唐奈一直在想，"你已经击败我了，快点结束我的痛苦吧！"如果白方下25.Rxe6+! Kxe6 26.Qf7#黑方便将如愿以偿。而白方却选择再和黑方玩耍一番。

25...Kxg6 26.Rxe6+ Kh5 27.Qh7+ Kg4 28.Rc4+ f4 29.h3+ Qxh3 30.Qxh3 将死。美好的时光啊！

在这次屠杀之后，双方都在可接受的后翼弃兵开局上做了适当的调整。白方改走3.e3（现在更流行的一种走法），黑方则放弃了认为...f7-f5是极好的这样的想法。

然而，尽管在接下来的三场比赛中（第10局、第12局和第15局）双方都在开局上做了修正与改进，但结果还是一样的：白方全部获胜。麦克唐奈对这一体系的处理越来越好了,但是在尝试"可接受的后翼弃兵"的棋局中0-4落败的苦果实在是令人难以下咽。因此,我们可以预见到这样的情绪让他又回想起了他挚爱的...f7-f5,即使是改进版。

德·拉布尔多奈 对阵 亚历山大·麦克唐奈,1834年 第1场比赛 第17局

1.d4 d5 2.c4 dxc4 3.e3 e5 4.Bxc4 exd4 5.exd4 Nf6 6.Nc3 Be7 7.Nf3 0-0 8.Be3 c6 9.h3 Nbd7 10.Bb3 Nb6 11.0-0 Nfd5 12.a4 a5 13.Ne5 Be6 14.Bc2 f5

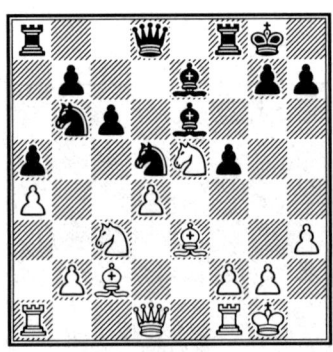

图392

黑方在开局下得很好,并且稳固地占住了d5格。尽管他的14...f5不是最好的,但它也是一步不错的选择:它阻挡了b1-h7白方进攻的斜线,也阻止了白马跳进e4格。不幸的是,黑方不是因为以上理由而下...f5的——他下这步棋是因为他想攻击白王!

15.Qe2 f4?

很糟糕的一步棋!麦克唐奈又一次按照自己的喜好来下棋,而没有根据具体的局面来分析!希望到现在,这本书的读者们已经知道了,你必须基于场上的失衡和局面的需要来下棋——通常情况下,你不能做你想做的,你必须做这个局面想让你做的!

冷静的15...Bf6(准备接下来...Re8、...Nb4)可以给黑方一个不错的局面。

16.Bd2 Qe8

为白方的白格象打开了b1-h7的斜线,黑方本来至少可以通过16...Bf5来挑战斜线的控制权,17.Bb3 Kh8黑方也还有机会。

15.Rae1

e线的问题是由于...f7-f5直接导致的,因为这一步冲兵直接削弱了e6和e5格。

白方这时还可以尝试17.Ng6 hxg6 18.Qxe6+ Qf7 19.Qxg6 Qxg6 20.Bxg6 Bf6 21.Nxd5(21.Ne2更好一些)21...Nxd5 22.Bc3但也许他并不喜欢22...c5 23.dxc5 Nxc3 24.bxc3 Bxc3异色格象让黑方看到了求和的机会。

17...Bf7?

17...Bf5更好一些。

18.Qe4 g6 19.Bxf4 Nxf4 20.Qxf4 Bc4 21.Qh6 Bxf1

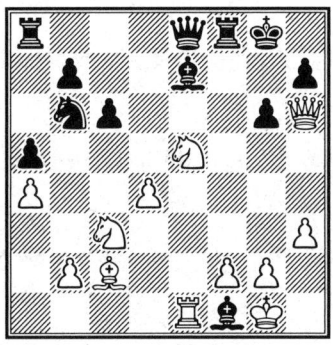

图393

黑方挨了当头一棒（他活该！）。

22.Bxg6! hxg6 23.Nxg6 Nc8

现在德·拉布尔多奈有机会在六步之内解决战斗。

24.Qh8+ Kf7 25.Qh7+ Kf6 26.Nf4

威胁Ne4将杀。

26...Bd3 27.Re6+ Kg5 28.Qh6+ Kf5 29.Re5 将死。

真是难以置信，当他们再一次走"可接受的后翼弃兵"的时候，麦克唐奈竟然又一次利用了完全错误的...f5然后...f4，这一次当他...f4的时候局面就变得非常难下了！

德·拉布尔多奈 对阵 亚历山大·麦克唐奈，1834年 第2场比赛 第6局

1.d4 d5 2.c4 dxc4 3.e3 e5 4.Bxc4 exd4 5.exd4 Nf6 6.Nc3 Be7 7.Nf3 0-0 8.0-0 c6 9.h3 Nbd7 10.Be3 Nb6 11.Bb3 Nfd5 12.Qe2 Kh8 13.Rae1 Bd6 14.Bc2 f5 15.Ne5 f4??

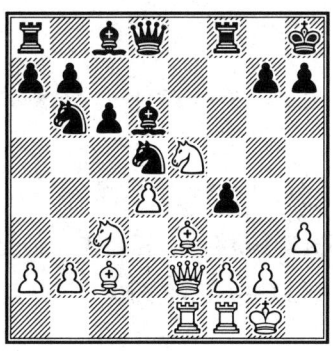

图394 再来一次！

显然，麦克唐奈对这种冲兵的爱已经远远超出了正常的渴望。不能让对方子力更积极的理念（...f4给c3马有机会跳进e4并打开了b1-h7的对角线）是不能忘记的。

16.Qh5

啪！麦克唐奈出于某种原因没看到这步棋——或许他赛前喝多了？

16...Nf6

16...h6 17.Nxd5 Nxd5 18.Qg6 Bf5 19.Bxf5 Rxf5 20.Qxf5 Bxe5 21.Qxe5 fxe3 22.fxe3也同样糟糕，黑方败局已定。

17.Ng6+ Kg8 18.Bb3+ Nbd5 19.Nxd5 cxd5 20.Bxd5+ Nxd5 21.Qxd5+ Rf7 22.Ne5

22.Bxf4 更好！

22...Be6 23.Qxe6 Bxe5 24.dxe5 fxe3 25.Rxe3 Qe8 26.Qxe8+ Rxe8 27.f4 白方赢得很轻松。

显然"...f7-f5-f4自杀传奇"终于要结束了吧？毕竟，就算是飞蛾也会在一次又一次地把下巴伸进火里之后受到教训。但是麦克唐奈却完全没有理睬前车之鉴，接下来的三盘棋都走到了如下图这样的情景：

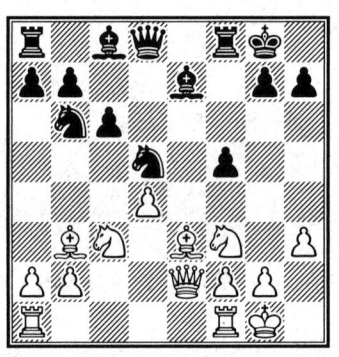

图395 白方先行

之后分别是这样下的：

▶ **13.Rae1 f4?? 14.Bxf4 Rxf4 15.Qxe7 Qxe7 16.Rxe7** 白方获胜，这是第2场比赛的第8局棋。

▶ **13.Rae1 g5?**（一个大胆新颖的尝试，准备...f5-f4来代替原先的直接冲兵！）**14.Bd2 Bf6 15.Ne5 Qe8 16.f4**（不算差棋，但是16.Nxd5 Nxd5 17.Bb4更好）**16...g4 17.hxg4 fxg4 18.f5** 黑方已经要输了，并且又一次一头扎进了火里。此为第3场比赛的第3局棋。

▶ **13.Ne5 f4 14.Bd2 g5 15.Rae1 Kg7 16.Nxd5 Nxd5 17.Nxc6! bxc6 18.Bxd5 Qxd5**

19.Qxe7+（黑方又要输了！）**19...Rf7 20.Qb4 Bf5 21.Re5 Qd7 22.d5 cxd5 23.Qd4 Kh6 24.h4 Be6 25.Rfe1 Re8 26.Rxg5 Ref8 27.Qe5 Bg4 28.Rh5+ Bxh5 29.Qg5**将死，这是德·拉布尔多奈与亚历山大·麦克唐奈在1834年第3场比赛当中所展开的第5局较量。

不过还好，最后黑方终于领会到了这一点，不再在...f7-f5-f4的问题上没完没了地撞南墙了（之后的几局"可接受的后翼弃兵"开局的比赛1.d4 d5 2.c4 dxc4 3.e3，麦克唐奈让他的f兵停在f7格——他甚至有机会获胜）。

这一系列比赛是我遇见过的最好的例子，一个进攻型选手一次又一次尝试着在开局进攻对方王翼，但局面上根本没有这个选项！黑方这样做只会暴露自己的弱点，并最终发现自己的王反而会被对手将杀！

这给大家的理念已经很清晰了：如果你必须进攻，那么选择一个可以使你有机会将进攻化为现实的开局。然而，甚至最杰出的进攻者，也无法一直得到可以让他们进攻的局面。因此，努力让你的能力更加平衡一些。进攻是重要的，但至少要保证自己有能力去利用场上的失衡来包围一个弱兵，或者利用一个虚格，以及其他当时局面需要你做的事。

阿列克谢伊·希洛夫 对阵 艾蒂安·巴克罗，2003—2004赛季 德国国际象棋甲级联赛

1.e4 e5 2.Nf3 Nc6 3.Bb5 a6 4.Ba4 Nf6 5.0-0 Be7 6.Re1 b5 7.Bb3 0-0 8.c3 d5 9.d4 exd4 10.e5 Ne4 11.cxd4 Bg4（11...Bf5是一个更安全的选择）**12.Nc3 Bxf3 13.gxf3 Nxc3 14.bxc3**（希望f3-f4-f5推进）**14...f5**（挡住白方f线兵的挺进——e线通路兵现在对黑方还构不成威胁）**15.Kh1 Na5 16.Rg1 Qd7 17.Qe2 Qe6 18.Bg5 c6**

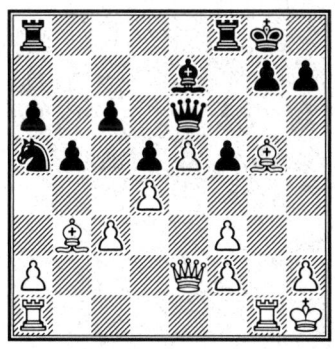

图396

与之前德·拉布尔多奈与亚历山大·麦克唐奈的比赛不同，这个局面需要白方在王翼发起进攻！当然，这对希洛夫来说是好消息，他是世界上最好的进攻型选手之一。然而，即使白方是极优秀的局面型选手伍尔夫·安德森，他也必须在王翼发起进攻。正如我一直说的，你要做局面需要你做的事。

当然，希洛夫故意在这个开局中做了些变化，希望进入这样的局面——一个非常适合他风格的局面。

为什么白方在这时候不得不进攻？他的后翼比黑方差，并且中心是半封闭的。只剩下王翼，所以在王翼做文章是理所当然的。当然，还有e5兵影响着王翼，g线是一条开放线（攻击黑方的路线），这些"小细节"更是加强了白方全力进攻王翼的决心。

19.Bc2

很简单的一步棋——黑马离自己被包围的王距离很远，而白方的白格象可以在远距离配合进攻王翼。因此，为什么要让黑方交换而失去一个进攻王翼的子力呢？

19...Ra7 20.f4 Kh8 21.Qh5 Ba3

希洛夫（在《New In Chess》2004年第4期）中指出 21...Bxg5 22.Rxg5 g6 23.Qh6 Rg7 24.Rag1 Rff7 25.h4黑方也输。

22.Rg3 Nc4 23.Rag1

白方进攻的方式并不难想到（当你知道你的正确计划后，下棋会变得很简单），现在他必须想出一个突破的方法。

23...Qf7 24.Qh4

在许多进攻局面下，王后被看作一个极为关键的子力。防守方通常很乐意去交换，所以白方机智地躲开了。

24...Nd2 25.Rh3

从方式、形状、结构上看起来并不太合理，但是却是极为有效的！

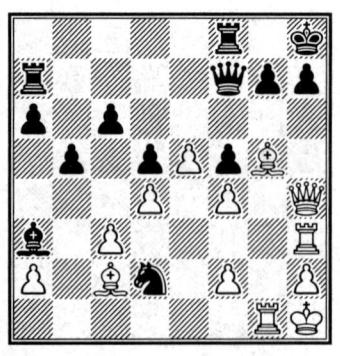

图397

看看白方的每一个子力是如何加入战斗的——真正的团队合作！

25...Qg8 26.f3

更好的下法是：26.Bf6 Ne4 27.Bxe4 dxe4 28.Rhg3（28.c4，用h3车攻击a3格也十分强有力）28...Rff7 29.e6 Rxf6（29...Rfb7 30.Rh3黑方败局已定）30.Qxf6 Qf8 31.Qe5白方轻松获胜。

26...Nc4 27.Bd3 Nb2 28.Bb1 Nc4 29.Bf6 Nd6

29...Ne3可以坚持更久一些。

30.Be7 Rxe7 31.Qxe7，1-0。

白方从开局就寻求进入一个进攻性的局面（那是最适合他风格的局面），他成功得到了它，并集中精力全力进攻。这种开局甚至中局（如果需要的话还有残局）的选择和你风格的适应性需要被高度重视（也是你下棋能力和喜好的体现），这样你才能从开局中获得优势。

杰里米·西尔曼 对阵 查尔斯·范·巴斯科克，1989年 圣芭芭拉

1.d4 e6 2.c4 Nf6 3.Nc3 Bb4 4.Qc2 c5 5.dxc5 0-0 6.a3 Bxc5 7.Nf3 Nc6 8.Bg5 Nd4 9.Nxd4 Bxd4 10.e3 Qa5 11.exd4 Qxg5 12.Qd2 Qxd2+ 13.Kxd2

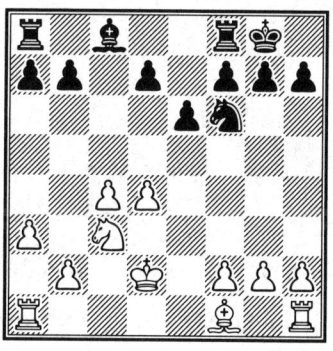

图398 我的天堂，别人的地狱

所有的这些都是众所周知的套路。白方中心和后翼有空间优势，而王在中心，这就需要白方展开局面性的进攻，慢慢磨死对手。这样的事会把麦克唐奈带入地狱，但对我来说却是天堂。很显然，让你的开局适合你的"棋风"非常重要！

13...b6 14.b4 Bb7 15.f3

这个小兵阻挡了b7象的线路，并且阻止黑马进入e4格和g4格。

15...Rfc8 16.Nb5 Ne8 17.Bd3 Kf8 18.Rhc1 Ke7 19.c5 d6 20.cxb6 axb6 21.Rxc8 Bxc8 22.a4

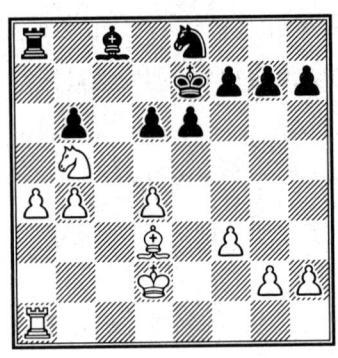

图399

在兵阵交换、变形之后，白方仍然享有着更大的空间，后翼多兵也将马上转变为一个通路兵。

22...d5 23.a5 h6 24.Kc3 bxa5 25.Rxa5 Rb8 26.Ra7+ Rb7 27.Kb3 Rxa7 28.Nxa7 Bb7 29.b5 Nd6 30.Kb4

黑方形势极为严峻——所有白方的子力（包括王）都比黑方的要好。

30...Kd7 31.Kc5 Ba8

这是一个极差的象！

32.b6

我的马和b兵防止了黑王进入后翼。接下来的棋（没有评论了）仍然沿着我希望的方向前进：

32...Nb7+ 33.Kb4 Nd8 34.Bb5+ Ke7 35.Nc8+ Kf6 36.Nd6 e5 37.Ne8+ Ke7 38.Nxg7 exd4 39.Nf5+ Ke6 40.Nxd4+ Kd6 41.Nf5+ Ke5 42.Nxh6 d4 43.Be8 f5 44.Nf7+ Nxf7 45.Bxf7 Kf4 46.Bc4 Ke3 47.h4，1-0。

到现在为止，多数比赛都是一边倒的。在高水平的比赛中更常见的情况是，一方想扩大自己有利的失衡的局面，而另一方却尝试着在整个局面中寻找机会。

芒努斯·卡尔森 对阵 约翰·纳恩，2006年 阿姆斯特丹

1.e4 c5 2.Nf3 d6 3.d4 Nf6 4.Nc3 cxd4 5.Nxd4 a6 6.Be3 e5 7.Nf3

白方想要通过Bc4攻击d5格，这步棋帮助他达到这一目标。如果黑方7...Be6防止白方Bc4，那么白方有8.Ng5，黑方要么让白方有双象优势，要么再次动象，让白方Bc4。

7...Be7 8.Bc4 0-0 9.0-0 Be6 10.Bb3

白方不能走10.Bxe6，因为10...fxe6将给黑方对d5格和f5格有坚固的保护。

10...Nc6 11.Qe2 Na5 12.Rfd1 Nxb3 13.cxb3

这步棋腾出了c2格，以便给白方运马。

13...Qe8 14.Ne1

控制d5格还在进程之中！白马准备c2-b4（或者可能e3），并最终Nd5。

14...h6 15.Nc2 Qd7 16.Nb4

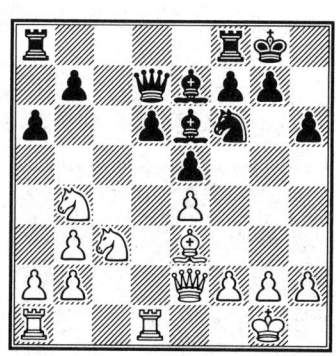

图400

白方开局的策略从第七步就开始显现，那就是控制d5格。卡尔森现在仅仅略占优势，但黑方的双象也给他提供了足够的机会。

16...Rfc8 17.f3 Bd8 18.Rd3 a5 19.Nbd5 Nxd5 20.Nxd5 a4 21.bxa4 Rxa4 22.b3 Ra6 23.Rad1 Ra5??

像23...f5、23...Ba5的下法还能与白方进行周旋。不幸的是，23...Ra5暴露了d兵！

24.Nb6 Bxb6 25.Bxb6 Ra6 26.Rxd6 白方接下来就很轻易地获胜了：**26...Qe7 27.Qb2 Qg5 28.a4 h5 29.a5 h4 30.b4 Raa8 31.Qd2 Qxd2 32.R1xd2 Rc4 33.Bc5 Rc8 34.Rb6 Rc7 35.Kf2 Kh7 36.Bd6 Rd7 37.Ke3 f6 38.Bxe5 fxe5 39.Rxe6 Rxd2 40.Kxd2 Rxb4 41.Rxe5 Rb2+ 42.Kc3 Rxg2 43.Rh5+ Kg6 44.Rxh4 Ra2 45.Kb4**，1-0。

白方在这局比赛中很成功，但黑方没能发挥自己的优势。没过多久，同样的事情又发生了！

芒努斯·卡尔森 对阵 谢尔盖·卡尔亚金，2006年 阿德格角

1.e4 c5 2.Nf3 d6 3.d4 Nf6 4.Nc3 cxd4 5.Nxd4 a6 6.Be3 e5 7.Nf3 Be7 8.Bc4 0-0 9.0-0 Be6 10.Bb3 Nc6 11.Qe2 Na5 12.Rfd1 Nxb3 13.cxb3 Qe8 14.Ne1

上一盘棋也是走到这里，但这次卡尔亚金看到了黑方的双象优势和潜在的动态优势。作为高级别选手的开局战役，他们最终展现出了不同的哲学理念！

14...Ng4!

比纳恩的14...h6更积极。

15.Nc2 f5 16.f3 Nxe3

16...Nf6!? 也是十分有趣的一步棋。

17.Nxe3 fxe4 18.Nxe4

这看起来很好，但是它给了黑方将来挺进d兵的希望。更有远见的应该是18.fxe4继续压制d兵。接下来有：18...Qg6 19.Ncd5 Bg5（由卡尔亚金给出）黑方的象开始从冬眠中苏醒过来。

18...Rd8 19.Nd5 Qf7 20.Qd3 Bxd5 21.Qxd5 Qxd5 22.Rxd5 Kf7 23.Rad1 Ke6

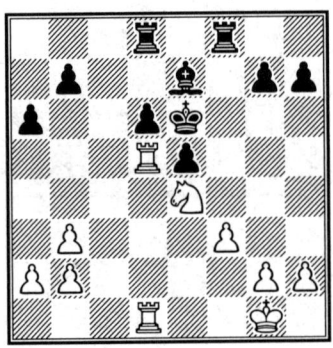

图401

如果我们通过"哪方看起来不错"来评价这个局面，我们会觉得白方非常好（毕竟，他的马占着e4格，他的车攻击着d6兵）。但是如果你仔细通过失衡的概念看一看的话，你会得到如下不同的结论：

▶ 白方后翼的叠兵让他处于劣势（至少他需要b3-b4-b5来解开叠兵）。

▶ 白方的车看起来很棒，但是他们被卡在了d线（如果d1车离开d线，那么d5车就会被抓，而如果d5车离开，这可能会让黑方d6-d5）。这意味着c线会遭到黑方的攻击，一旦黑车移到第7行，便可展开这样的进攻。

▶ 只要d兵无法前进，白马就是个怪物。但白车可以一直呆在现在的位置吗？如果不行，d兵就可以挺进，那就意味着白马将瞬间比黑象差了。

黑方的局面已经比较舒服了，尽管可以争取守和。

24.b4 Rc8 25.b5

不让黑车进入c2也不会有理想的效果：25.R1d2 Rc1+ 26.Kf2 Rc4（同时做出...Rxb4和...Rxe4的威胁）27.Nxd6 Rxb4 28.Ke2？（28.b3）28...Bg5白方突然陷入危机。

25...Rc2 26.bxa6

26.Nxd6!? axb5（26...Rd8将和我们的下一个注解相同）27.Nxb5 Rxb2 28.Nc7+ Kf6

29.R5d2 Bc5+ 30.Kf1 Rxd2 31.Rxd2，和棋。

26...bxa6 27.Ra5?!

黑方的d线兵看起来很虚弱，但是他将很快成为英雄。因此，白方应该抓住这个吃掉它的机会：27.Nxd6! Rd8 28.Rxe5+! Kxe5 29.Nf7+ Kf6 30.Nxd8 Rxb2 31.a4 Bc5+ 32.Kh1 Ra2 33.a5 Bb4 34.Nc6 Bxa5 35.Nxa5 Rxa5进入理论上持平的残局。

27...Rb8 28.b3 Rb6 29.Kf1 Rbc6 30.h3 h5 31.Rd3 g5 32.Rd2 Rxd2 33.Nxd2 d5（终于！）**34.Ra4 a5 35.Ke2 Bd8 36.Kd3 Rc1 37.b4 axb4 38.Rxb4 Rg1 39.g4 Rg3 40.Rb8 e4+ 41.Ke2 Rg2+ 42.Kf1 Rxd2 43.Rxd8 hxg4 44.hxg4 exf3 45.Re8+ Kd6 46.Rf8 Rxa2 47.Rf5 Ke6 48.Rxg5 d4 49.Rf5 d3 50.Ke1 Re2+，0-1。**

> **诀窍**
> 在两个高级别棋手的开局战斗中，胜负往往取决于根本理解的不同。但是如果你不知道开局背后的哲理（失衡和普通的理念），那么你所下的棋都是漫无目的的。

让我们再更深入地理解一下这个理念：

瓦西里·伊万丘克 对阵 泰穆尔·拉贾博夫，2009年 维克安泽国际象棋大师赛

1.d4 Nf6 2.c4 g6 3.Nc3 Bg7 4.e4 d6 5.Be2 0–0 6.Nf3 e5 7.0–0 Nc6 8.d5 Ne7 9.b4 Ne8 10.a4 f5 11.a5

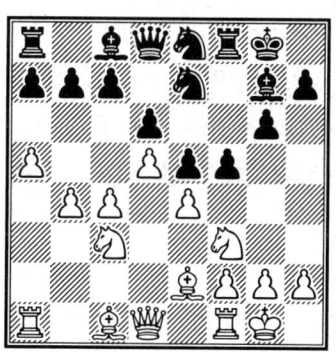

图402

特级大师拉贾博夫在这里送给我们一句言简意赅的话（选自《New In Chess》2009年第2期）："白方在后翼获得很大的空间，而黑方却在王翼可以大做文章。"

就是这样！这就是每个人在开局时需要做的——你需要知道你的开局给你带来什么，同时给对手带来什么。

这些事情看起来很简单，但是如果在15步之后，我把你拉到边上，叫你解释这个开局给你带来什么，给对手带去什么，你能说清楚吗？你能在你下的每个开局中做到这一点吗？许多棋手不能，生硬地理解开局将会是十分悲惨的。

在多数情况下，如果双方开局都比较正规，这些理论上的开局争论将不会被解决——双方都有机会，而对局面理解更深的一方，或者是下得更好的一方，将获得主动。在一些试验性的开局中，有可能出现一边倒的局面。下面就是一个黑方十分有意识的局面性尝试的一个例子，开始时还不错，但之后却陷于被动之中。

门诺·欧克斯 对阵 杰伦·博斯，2003年 荷兰

1.e4 c5 2.Nf3 a6

欧克利变例。这种变例少见却十分有趣，并且在3.d4 cxd4 4.Nxd4 Nf6 5.Nc3 e5! 6.Nf3 Bb4之后，黑方会比较主动。

3.c4

这是白方众多选择中较好的一种。还有一个有挑战的选择是3.c3。

3...d6 4.d4 Bg4 5.d5

5.dxc5 Bxf3 6.Qxf3 dxc5 白方虚弱的d4格给了黑方许多机会：

➤ 7.e5 Nc6 8.e6 fxe6 9.Bd3 Nf6 10.Qh3 Nb4 11.Ke2 Qd4 12.Rd1 Nxd3（12...Rd8!?可能更强大）13.Rxd3 Qxc4 14.Nd2 Qg4+黑方子力占优。出自：克捷万·阿拉哈米娅-格兰特 对阵 博扬·库拉捷卡，2001年 马拉加。

➤ 7.Qb3 Nc6 8.Qxb7? Nb4 9.Na3 Rb8 10.Qa7 Qc8 11.Be3 e6，0-1，克里斯蒂安·卡米纳德 对阵 奥维迪乌-多鲁·福伊绍，2002年 滨海诺雅克。

➤ 7.Bd3 Nc6 8.0-0?? Ne5 9.Qg3 Nxd3 10.Rd1 Nxc1 11.Rxd8+ Rxd8 12.Nc3 Rd1+，0-1，玛丽亚·玛尔切蒂奇 对阵 苏珊娜·马克西莫维奇，2007年 塞尔维亚冠军杯。

➤ 7.Be3 Nc6 8.Nc3 e6 9.Be2?（9.Qg3!?）9...Nd4 10.Bxd4 cxd4 11.Rd1 Qb6黑方显然更好。出自：亚历山德鲁·布图诺伊 对阵 阿林·阿尔德列亚努，2006年 阿拉德。

5...e5

黑方的计划是创造好马vs坏象的场面，而5...e5封闭中心为这个做了准备。

6.Nc3 Nd7 7.Be2 Bxf3 8.Bxf3 g6 9.h4 h5 10.Be2 Bh6

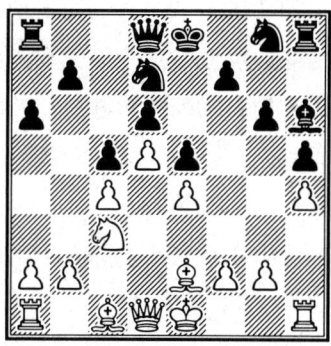

图403

这步棋希望交换掉黑格象，使白方没有双象优势，从而寻找一个局面使白方的白格象不如黑方的马。

11.g3 Kf8

直接11...Bxc1也很好。

12.Bd3 Kg7，和棋。

一切都很好！你现在可以理解为什么在这开局有它的生命力，但是在此之后有些不愉快的事情突然发生了。

1.e4 c5 2.Nf3 a6 3.c4 d6 4.d4 Bg4 5.dxc5 Bxf3 6.gxf3!（代替了我们之前看到的6.Qxf3）**6...dxc5**

另一种选择6...Qa5+ 7.Nc3 Qxc5［7...dxc5 8.Qb3 Nd7（8...Qc7? 9.Bf4!）9.Qxb7 Rb8 10.Qc6 e6 11.Qa4 Qxa4 12.Nxa4白方白白多个兵。出自：亚历山德鲁·布图诺伊 对阵 努尔·亚楚，2007年 阿拉德；D. 马斯特洛瓦斯基利斯 对阵 阿林·阿尔德列亚努，2007年 德累斯顿］8.Be3 Qc6白方出子领先，并且他那两个积极的象会在黑方的局面上贴上"通缉犯"的标签。

7.Qxd8+ Kxd8

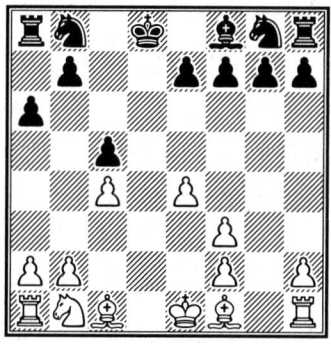

图404

这不是黑方在下4…Bg4时所想要的局面——他原本希望有一个封闭的局面，并在轻子上占优势。而现在，他得到的局面反而有一个易受攻击的王，而且他还要面对对方的双象。这时白方明显更主动。黑方稍占优的兵形和可控的d4格（都是长期的静态优势）并不能弥补前面提到的动态缺点。

8.Nc3

8.Be3 e5 9.f4 f6 10.Nc3 Nc6 11.0-0-0+ Nd4 12.fxe5 fxe5 13.f4 exf4 14.Bxf4 Ke8 15.Nd5 Rd8 16.Bc7 Rd7 17.Bh3 Rf7 18.Rhf1 Nh6 19.Bc8黑方彻底完了。如此走法出自：弗朗齐歇克·博尔科夫斯基 对阵 安瓦尔·纳扎罗夫，1990年 卡托维兹。

8…e6 9.Be3 Nf6 10.0-0-0+ Nfd7 11.f4 b6 12.f5 Nc6 13.fxe6 fxe6 14.Bh3 Ke7 15.Bg5+ Nf6 16.e5 Nxe5 17.Rhe1 Nf3 18.Bg2

更好的下法是18.Bxf6+（当然18.Rxe6+也没什么问题）18…gxf6 19.Nd5+ Kf7 20.Bxe6+ Kg6 21.Re3 Bh6（21…Ng5 22.Rg1）22.Ne7+ Kh5（22…Kg7 23.Nf5+）23.Bf7+ Kg5 24.Bd5 Ne5 25.Rh3黑方被烤熟了。

18…Nxg5 19.Bxa8 Kf7 20.Bg2 Nh5 21.h4 Nf4 22.hxg5 Nxg2 23.Re4 Be7 24.Rg1，1-0，罗伯特·方丹 对阵 博戈米尔·安多诺夫，2009年 法国团体冠军赛。

多数棋手想要准备一个适合他们自己风格的开局，并随着时代的进步不断改进它。没有一个主流的开局（卡罗-康、法兰西防御、1.e4 e5、西西里、格林菲尔德防御、古印度、后翼弃兵、英格兰开局，等等）会被人们排斥，所以如果你想要长时间地继续研究开局，你就应该去学所有的经典的和新颖的东西，并且试着避免一些奇怪的旁门左道。坚持下那些你对局面有清晰认识的棋，最终你将发现你一生都会因此受益。

9.1.3 在开局中浑水摸鱼

当你进入了你自己选择的开局中（你事先准备过的开局——尽管你准备的深浅取决于你的能力、经验和准备的热情），你会发现这通常意味着你已经知道（在一定的程度上）局面中最主要的失衡、想法和计划。另一方面，你的对手可能会出乎你的意料地（比如，1.b4，或者作为黑方，1.e4 e5 2.Nf3 d5）并把你拖入你不了解的局面中去。

在第一种情况下（比如你走到了自己熟悉的开局中），你会做得很好，因为即使对手也知道相应的理论，你也可以很理智地来到中局（完全按照失衡的理念）。当你进入到一个你并不熟悉的变例中的时候，尽管可以根据一些局面性的棋谱来下，但下起来还是会感到比较吃力，这时候你就要回到最初的失衡理念来分析局面。比如，1.b4之后，你发现白方在后翼扩大了空间，并且打算走Bb2。很简单！你可以说："你在后翼获得空间，那么我将在别的地方获得空间——中心的空间怎么样？"因此1...e5有理有据。然后你就要继续在中心做文章（努力使你的中心牢不可破），而白方将从侧翼攻击你的中心，并尝试继续在后翼获取优势。你不知道任何关于1.b4的知识，但你这样的思考方式保证了一场势均力敌的对抗。

更难处理的是一些开局战术上的变化。在这种情况下，理智的想法（失衡）会使生硬的计算黯然失色。然而，你的对手想拉你进老鼠洞，并不意味着你不得不进！下面一盘棋就说明了这一点。

杰里米·西尔曼 对阵 T. 汉克斯，1998年 美国国家公开赛

1.d4 g6 2.e4 Bg7 3.Nf3 c6 4.Nc3 d5 5.h3 Nf6 6.e5 Ne4

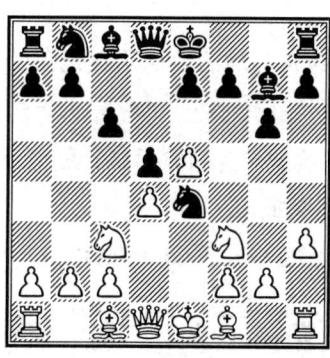

图405

真是烦人！我隐约记得一些变化7.Nxe4（这是拔去6...Ne4的唯一方法）7...dxe4 8.Ng5 c5，但是不记得更多的细节了。而我的对手前六步下得很快，并且看起来对局面相当满意——很明显他清楚地知道占领e4格后会发生什么！

尽管我可以接受让对手来选择开局，但这必须"公平"，因为我认为在局面性的对抗上我可以战胜任何人（只要让这些失衡带我们进入理想的局面），我也很自信能找到正确的策略来对付一些寻求没有战术的垃圾开局。但是这步6...Ne4是不一样的——局面十分复杂，如果他有备而来，那走入他预备好的局面真是愚蠢至极的（若是这样的话，我不是在和汉克斯先生下棋，而是在和一群特级大师级别的分析师下棋）。所以考虑到这些，我的决定便很容易理解：

7.Bd3

防止他策略上的应招，并发起不同的战斗。现在，这盘棋的胜者将会是下得好的人，而不是记得牢的人！避免尖锐的开局变招，并保持冷静，这一理念使局面保持复杂。"友好的失衡"让我受益匪浅，我也推荐你好好利用它！

7...Nxc3 8.bxc3 c5 9.0-0 白方稍稍占优。

尽管我的"不无谓地钻进兔子窝"的理念在我职业生涯中展现出了重要的价值，但还是有时候我的对手变得太多了以至于我没法把它拉回来。下面就是一个例子：

杰里米·西尔曼 对阵 道格拉斯·鲁特，1981年 伯克利

1.d4 d5 2.c4 e5

仅仅两步棋，黑方已经成功把d兵和e兵推到了第5行。在这里，安静地回应2...e5（3.Nc3、3.e3，等等）并不好，因为黑方的中心兵和快速的出子将确保他有一个不错的对局。你会让黑方仅仅在两步之后，就可以侥幸逃过你所有明智和正确的施压吗？不会！黑方要求的太多太快了，做事必须有个度！

3.dxe5

我并不太知道阿尔宾反弃兵式开局的理论（我把我的学习时间花在了更主流的开局上），但现在生死就在一线间，我已经放弃了有静态局面的想法。现在我的心悬着，要么赢要么输——他将会走...d4继续扩大空间然后试着创造一个攻击的局面，而我将通过积极的出子和压倒性的贪吃来迎接挑战。

3...d4 4.Nf3 Nc6 5.g3 Bg4 6.Bg2 Qd7 7.0-0 h5 8.Qb3 Nge7 9.Bg5 h4

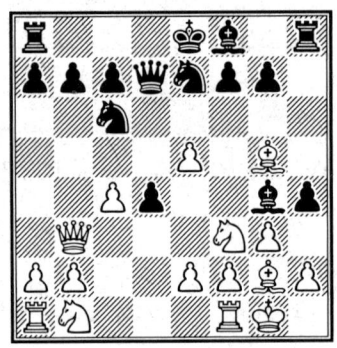

图406

黑方像疯子一样地在进攻，但是他不是在给我吃第二个兵吗？我愿意忍受多吃两个兵的耻辱！

10.Bxh4

我感觉我像是在一个"想吃什么就吃什么"的自助餐厅里。

10...Ng6 11.Bg5 Rh5 12.Nbd2 Bb4 13.Rfd1

这局比赛的主题已很明显：他下一些高度进攻性的棋，而我要么出子，要么再吃他点什么东西。

13...f6

真的——你想让我再吃个兵吗?

14.exf6

好吧,现在三个兵了。给我看看你有什么!

14...0-0-0 15.fxg7

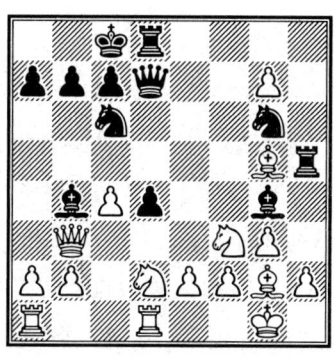

图407

我从没意识到下棋是这么容易的事。当然,我们仍然活在失衡的世界里:他正试图攻击我的王(对他来说,不成功便成仁),我正在吃他送我吃的所有东西(白方正沉浸于巨大的子力优势之中)。

15...Rg8 16.Ne4 Qxg7 17.h4

有许多不错选择的地方。17.Bf6也许是最好的,而17.Nf6 Rxg5 18.Nxg8尽管有些复杂,但也很不错。但是我为什么要冒任何险呢?我决定为我王翼增加保护而锁定胜利。

17...Be7 18.Bxe7 Qxe7 19.Nxd4

多四个兵了。对多子的渴望(这给你提供了实际的优势)通常比进攻(很容易随风而逝)更重要。

19...Bd7 20.Qa3

当然,黑方不能兑后。

20...Nxd4 21.Rxd4 c5 22.Rd5(22.Rxd7!更新奇),1–0。

下你熟悉的开局是一个很好很实际的理念。然而,当你的对手用头槌、提尖刀(但理论上十分钝)和你拼命的时候,即使你对那个局面的知识并不精通,你也经常不得不接受挑战和他对抗。

小　结

- 失衡是正确理解任何开局的一个重要工具。
- 选择适合你风格/性格的开局——仅仅是因为世界最好的棋手下这个开局并不意味着它适合你!
- 选择适合你时间安排和记忆能力的开局。
- 选择迎合你棋力的开局——例如,如果你封闭局面下得非常好,那么就寻找试图封锁中心的系统。如果你是一位强大的局面型选手,但是总跟不上尖锐的战术性局面,选择避免混乱的开局。如果你特别擅长战术组合,确保你的开局可以将局面引导到你擅长的地方上去。
- 选择让你开心的开局——这听起来有一点奇怪,但是如果你从开局获得的局面中并不感到兴奋、开心、满意的话,你还为什么要用这样的开局呢?
- 不要基于别人的意见、像棋类符号"+="和"="或者电脑的评估来选择开局。甚至有一个局面被认为比对方好很多,这也不意味着它将会是很好下的——一个棋手对一个特定局面的熟悉程度往往比它的名声更重要。最基本的理念是,如果你喜欢它,那么就用它开局吧。
- 如果你对于提升你的综合理解与棋艺水平更感兴趣的话,你就要考虑以下三件事:
  - 选择不适合你风格/性格的开局!
  - 选择迎合你下棋弱点的开局!
  - 选择使你感到害怕,让你感到易受攻击、不安全的开局!
- 不论你的开局是动态的还是静态的、封闭的还是开放的,你需要深入理解你的开局提供的双方失衡产生的相互作用与影响。
- 在两个高级别的棋手的开局战斗中,胜负往往取决于根本理解的不同。但是如果你不知道开局背后的哲理(失衡和普通的理念),那么你所下的棋都是漫无目的的。
- 你需要知道你的开局给你带来什么,同时给对手带来什么。

开局中的失衡——习题

这组问题将会有些不同。如果一个问题假定你知道这个局面从哪个开局而来，我会列出最基本的失衡的计划（给你一个人工的"我知道将要发生什么！"），然后提出一个特定的问题。如果一个问题假定你不知道从哪个开局而来，我将直接提出一个问题。

接下来的习题将给你用来评估自己学了多少并给你一些额外的指导。如果你在做习题的时候遇到问题，不用担心——那意味着我们发现了一些你还没理解的东西，这能帮助你到先前的指导中再仔细感受感受，或者收获一些你不知道的知识，答案从第574页开始。

第九章 习题1

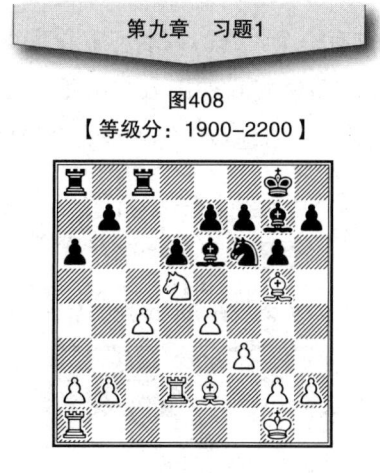

图408
【等级分：1900-2200】

黑方先行

白方有通过Nb6和Nxe7+获胜的威胁，攻取f6的企图也隐约可见。很明显白方的马必须被吃掉，但是用什么吃？黑方通常会避免失去双象而不走...Bxd5，但是用马吃会暴露e7兵（它通常被间接保护着，但现在好像并不是）。吃d5马的正确方式是什么？

第九章 习题2

图409
【等级分：1600-2000】

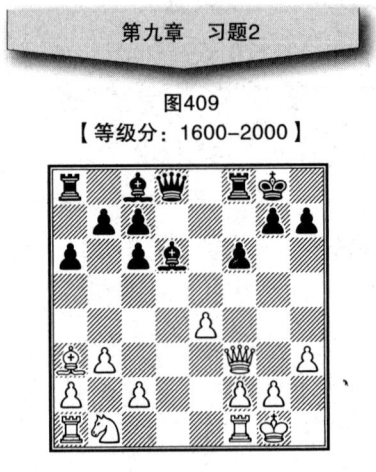

白方先行

西班牙式交换变式使白方有一个更好的兵形（中心兵对上黑方的叠兵），但是黑方有双象优势，在e线也会给白方的e兵潜在的压力。在现在这个局面下，黑方还可以...f6-f5，为他的双象进一步打开局面。白方应该怎样处理这个局面？

第九章 习题3

图410
【等级分：1400-2000】

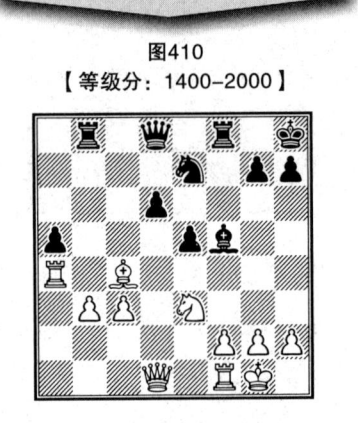

白方先行

这个局面从西西里式开局斯韦什尼科夫变式演变而来。双方都很理智地完成了开局，白方稍占优。双方的子力都很积极。黑方对b3兵有压力，并十分希望挺起中心兵...d6-d5。尽管白方有一个很好的攻击点a5兵，但他的首要任务是阻止黑方...d6-d5的计划，这样d兵就是一个静态的弱点，而不是一个动态的优势了。一旦白方成功压住了d6兵，他可以集齐子力攻击d6兵而使黑方永远陷入被动。哪步棋是达到这两个目标（阻止...d5和攻击d6）的最佳尝试？

图411
【等级分：1400-1600】

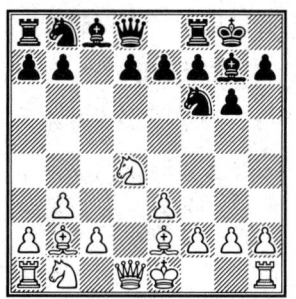

黑方先行

白方刚下完第七步，还没有获得任何优势。很显然，这并不是一个很好的开局选择。所以，白方并没有很深入地研究过我们现在看到的局面，而黑方却几乎完全没有准备过——他必须自己思考。

黑方最显著的失衡优势是什么？一旦你发现了，你将完全理解并喜爱上接下来的几步棋。

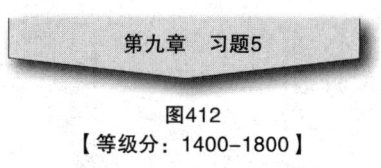

图412
【等级分：1400-1800】

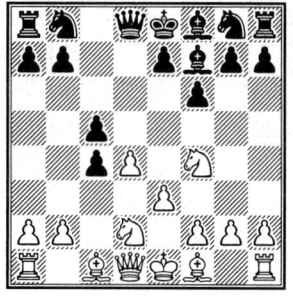

白方先行

又一个"我从来没见过"的局面。你怎样评估这个局面？黑方布局上什么特殊的东西引起了你的关注？

9.2 失衡综合版

恭喜！你已经基本完成了对失衡局面概念的探索、理解、运用的漫漫旅程。我认为很有必要把单独的失衡概念展现给你们来严格安排你们的学习过程。然而，大多数比赛是由许多失衡组成的，而往往这与失衡相互冲突。

接下来的习题将给你用来评估自己学了多少并给你一些额外的指导。如果你在做习题的时候遇到问题，不用担心——那意味着我们发现了一些你还没理解的东西，这能帮助你到先前的指导中再仔细感受感受，或者收获一些你不知道的知识，答案从第582页开始。

失衡综合版——习题

第九章 习题6

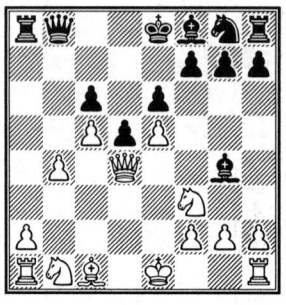

图413
【等级分：1400-1900】

黑方先行

第九章 习题7

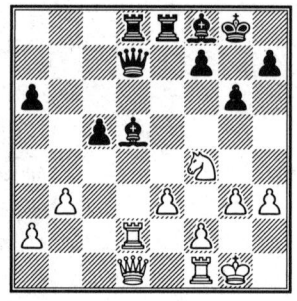

图414
【等级分：1800-2200】

黑方先行

第九章 习题8

图415
【等级分：1800-2200】

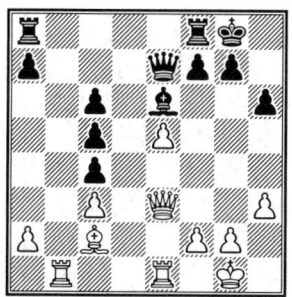

黑方先行

评价这个局面。

第九章 习题9

图416
【等级分：1400-1800】

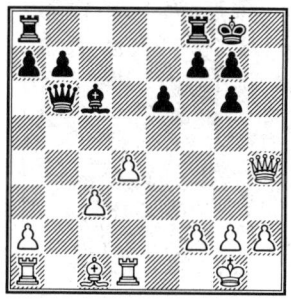

黑方先行

评价这个局面。

第九章 习题10

图417
【等级分：1800-2200】

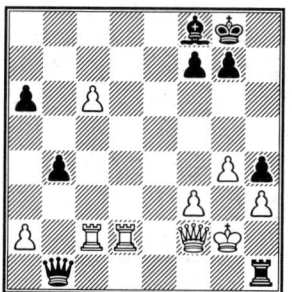

白方先行

第九章 习题11

图418
【等级分：1400-1800】

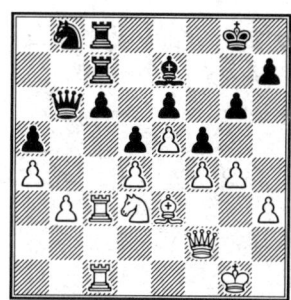

白方先行

评价这个局面。

第九章 习题12

图419
【等级分：1400-1800】

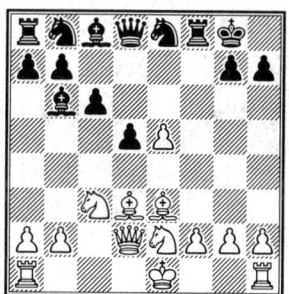

黑方先行

评价这个局面。

第九章 习题13

图420
【等级分：1400-1800】

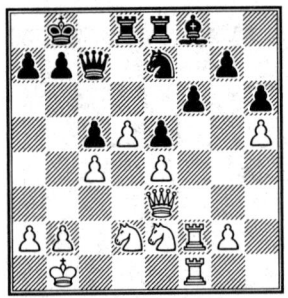

白方先行

评价这个局面，并指出该如何走出符合你的评估的棋步。

第九章 习题14

图421
【等级分：1600-2000】

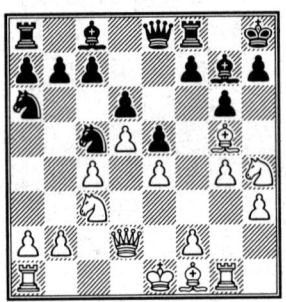

白方刚下了Nh4，在几场棋局中曾经尝试过这么走。为什么他会走这样一步棋？

第九章 习题15

图422
【等级分：1600-2000】

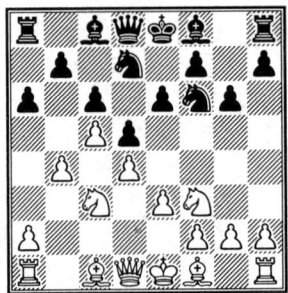

白方先行

走Bb2好吗？

第九章 习题16

图423
【等级分：1600-2000】

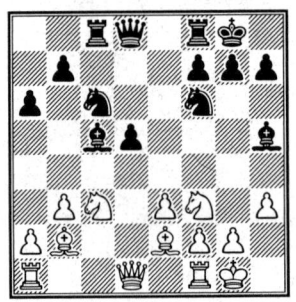

白方先行

走Nh4好吗？

第九章 习题17

图424
【等级分：1800-2200】

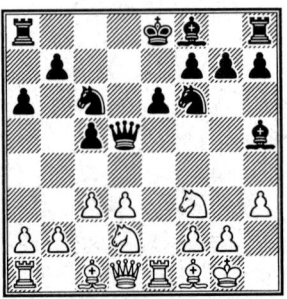

白方先行

12.g4怎么样？

第九章 习题18

图425
【等级分：1600-2000】

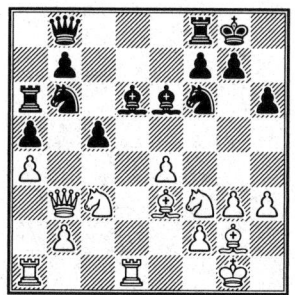

黑方刚下了19…Be6，之后20.Qc2 Nc4 21.Bc1。你对白方的最后两步棋怎么看，在21.Bc1之后你怎样评价这个局面？

第九章 习题19

图426
【等级分：1600-2100】

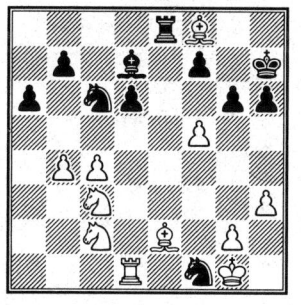

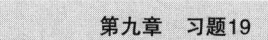

黑方少一个子，但是他可以有…Ng3，让自己的马撤退的同时威胁抓两匹马。…Ng3之后你怎么评价这个局面？

第九章 习题20

图427
【等级分：1400-2000】

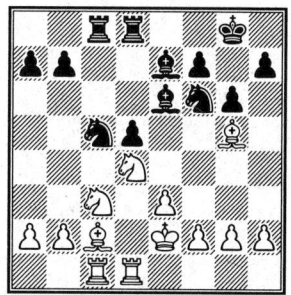

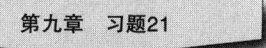

白方下了18.Bb1，这步棋的目的是什么？

第九章 习题21

图428
【等级分：1600-1800】

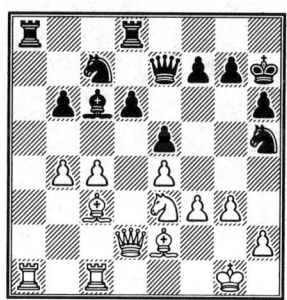

白方先行

29.Nd5是一个好想法吗？

第九章 习题22

图429
【等级分：1400-1800】

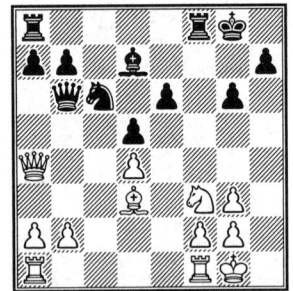

白方先行

第九章 习题23

图430
【等级分：1800-2200】

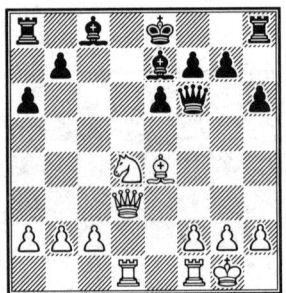

白方先行

第九章 习题24

图431
【等级分：1400-2000】

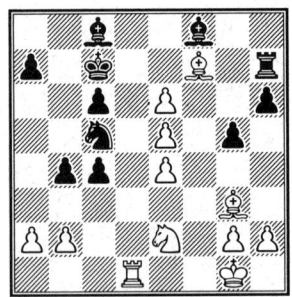

白方先行

这局面正在发生许多事。为了不让你陷入忙乱之中，让我来提一个简单的问题：在这个局面下最重要的格是哪一格？

第九章 习题25

图432
【等级分：1400-1800】

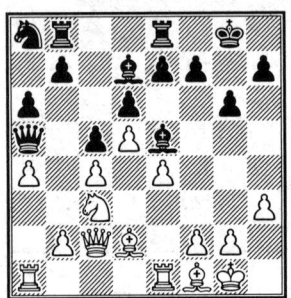

白方先行

兵形基本说明了双方的想法和计划。这个局面的结构说明了什么？

习题参考答案

第二章 轻子——马

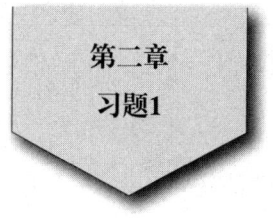

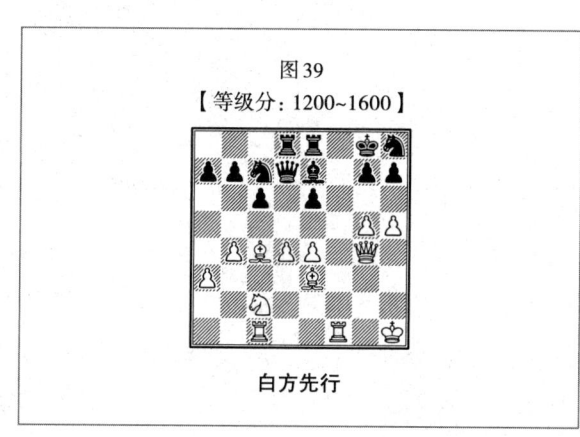

图39
【等级分：1200~1600】

白方先行

这个局面来自一盘在Chessworld.net上的两位用户0404it（2150分）和RR（无等级分）之间于2008年进行的一盘网上对弈。双方都可以换个更酷的名字，但是他们走出的这个局面是非常有启发性的。白方在棋盘的每个部分都占有优势。白方有两个开放的象。白方正在攻击黑方的王。白方控制着中心。白方的兵结构更好（e6兵显得很虚弱）。黑方扮演着一个完全防守者的角色。这些事实告诉我们白方在局面上有着压倒性的优势。

评价等级解释：本题的答案非常直观，不仅可以将黑方的马困死，同时也攻击着王。一个等级分1200分的棋手可能会想不到限制黑方的马，但是走g6攻击黑王总是十分自然的选择。

这位棋手教科书式地终结了比赛。

1.g6!

白方有很多招好棋，但是这一步（目前来说！）是最佳的。如果你走这一步特地为了困死黑方的h8马，你可以给自己一些鼓励！

1...h6

黑方这样应招无异于用一块钝刀片慢慢地刮自己的手腕。然而，黑方其他的防守方式也难以真正奏效，比如1...Bf6（1...Rf8更加好，但是2.gxf7+ Kxf7 3.Rg1 Rf7 4.Rcf1 Rdf8 5.Bd3 白方的进攻将难以阻挡）2.gxf7 Kxf7 3.e5 Be7 4.Bd3+ Kg8 5.h6（威胁6.h7将杀）5...g6 6.Bxg6 一切都结束了。

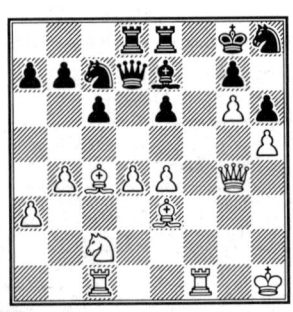

图39a　h8格上的是什么东西？

在1...h6之后，我们有幸亲眼目睹了一次经典的将马困死的实例，以及制造一个新的国际象棋术语。从此以后，在h1，a1，a8或者h8格被困死的马可以被称作退化的马——它看起来像一匹马，它闻起来也像一匹马，但是它不会动弹（即使你鞭打它）或者发挥任何实际的作用。实际上这意味着白方有了多一子的优势，将会轻松地中盘取胜（由于他有更多的兵力）或者赢下最后的残局。

2.Ne1!

体现白方水平的一步棋。看到黑方已经彻底处于无望的境地，白方意识到并不必急于进攻，而是首先试图提升自己目前最差的子——c2马的位置。这种冷静地把你所有的子调动到最佳位置上的理念是十分重要的，同时也是初学者经常会忽视的。下面这句引用特级大师杰西·克莱的话（在2008年的一次演讲中提及的）很好地诠释了这种思想："不好的棋手不考虑自己子力的位置直接作战。优秀棋手的标志就是他们总是在解决了自己位置不好的棋子的位置之后才发动进攻。"

2...Rf8 3.Nd3 Rxf1+ 4.Rxf1 Bd6 5.Nc5 Bxc5 6.dxc5

白方的优势扩大了，因为他现在有双象，对黑方的一个马，和h8格上的一个家伙。

6...Qe7 7.Bf4，1-0。黑方已经无法阻挡8.Bxc7，接着在e6兵丢掉之后黑方的阵地将直接失守。

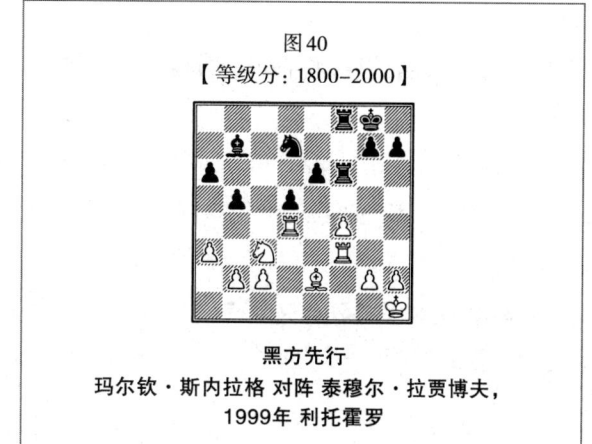

图40
【等级分：1800-2000】

黑方先行
玛尔钦·斯内拉格 对阵 泰穆尔·拉贾博夫，
1999年 利托霍罗

1.e4 e6 2.d4 d5 3.Nc3 Nf6 4.e5 Nfd7 5.f4 c5 6.Nf3 a6 7.Be3 Qb6 8.Rb1 Nc6 9.Qd2 Qa7 10.Be2 cxd4 11.Nxd4 Bc5 12.Rd1 0-0 13.0-0 b5 14.Rf3 Bb7 15.Rg3 Rac8 16.a3 Nxd4 17.Bxd4 f6 18.exf6 Rxf6 19.Kh1 Bxd4 20.Qxd4 Qxd4 21.Rxd4 Rxf8 22.Rf3——图40

这个局面可能会误导某些棋手认为白方局面还可以，因为黑方的象并不好，而且他的马并不是那么有威胁。以及黑方的兵形不是也不好吗（三组连兵对两组连兵）？

这些支持白方的想法看起来也许有道理，但是他们没有考虑到黑方的优势和主导局面的主动性。比如说，黑方对f4兵施加了很大的压力，如果白方的任何一个车被迫离开对兵的保护，黑方将会赢得一个兵的优势，很有可能借此赢得比赛。同时注意到黑方"被诟病的"多一组连兵是由很强大的中心兵组成的，既获得了空间，又封锁了白方子的位置和线路。最后一点，白方的马并没有发挥任何作用。它不能安全地向前跳，而向后走也没有合适的线路可以让它大展身手。

由于白方的f线兵正遭到攻击，黑方需要做的第一件事就是看看能不能增加对f4兵的压力，或者赶走一个保护它的车。由于通过…e5或者…g5直接攻击f兵起不到任何效果（白方可以直接吃掉任何一个兵），这就让我们考虑另一种赶走保护者的方法。目前，f3的车位置十分稳固，很难对其发动有效的进攻。d4的车就不一样了；很明显b7的象无法攻击到d4格，那么黑方的马呢？一旦你想到这个问题，正确的走法就显而易见了。

评价等级解释： 这个局面看起来有很多走法，所以等级分在1800以下的棋手很难想到退马到b8这一步，一些更高等级的棋手也可能会错过这步好棋。然而，我还是期待看过前面内容的等级分在1800-2000的读者可以想到这步棋。

22...Nb8!

强制性的夺兵！谁能想到退了一步的马会这么强大？

23.Kg1

唯一保住f4兵的方法是23.g3，但是这样会败得更惨：23...e5 24.Rd1 d4 25.Nb1 g5 白方的阵地将完全失守。注意到那个"不好的"b7格白格象立刻变成了一枚寻找目标精确打击的导弹。

23...Nc6 24.Rd1 Rxf4 25.Rxf4 Rxf4 26.g3 Rf6 27.Re1 Nd4 28.Bd1 Kf7 黑方有一个稳固的多兵优势并最终获胜。

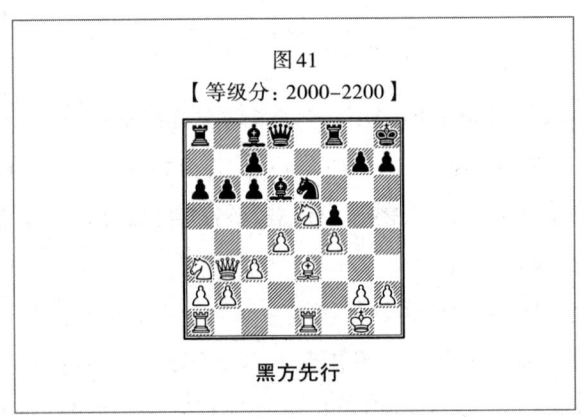

图41
【等级分：2000-2200】

黑方先行

很多棋手第一眼看到这个局面都会认为黑方处于劣势。白方有着控制局面的主动权，有更多空间，威胁要吃c6兵，甚至还有更好的兵形！事实上，黑方除了并不活跃的双象，没有任何可以庆幸的东西。

我在一场有大约200名听众（从初学者到等级分2200分以上的棋手）的演讲中展示了这个局面。我问大家哪一方局面有优势。绝大多数人认为白方有明显优势，而200人中没有一个认为黑方有哪怕一点儿优势。

评价等级解释：很难的一个局面！我毫不惊讶一些大师级的棋手也会错过这一步棋。不管怎么说，放弃掉双象又给白方一个有根通路兵是违反国际象棋直觉的！然而，当你意识到一匹马的封锁威力时，你就会乐于创造出这样的局面。

1...Bxe5!

太棒了！黑方很开心地主动放弃了双象优势，来为白方创造了一个有根通路兵！这要么很深奥，要么很愚蠢。然而，由于我加上了一个惊叹号，你也许应该赞同前者。

注意，1...Qe8虽然保持了双象，同时也护住c6兵，但这是一步错招，因为2.Nac4令白方稳稳地获得了上面提到的所有优势。在2...Be7之后，黑方将会面临e线虚弱的问题，白方可以简单地通过3.Re2接着Rae1来加以利用（3.Nf3也是很好的选择）。

2.dxe5

很不幸，2.fxe5会导致黑方2...f4 3.Bf2 f3，黑方将发动强大的攻势。

2...c5

非常合理的一步，即防御的白方占领d4格，也准备把c8象放到b7，这样它的火力就可以直接到达白方的腹地。

另一个很有趣的选择是2...g5，试图将g线打开，如果白方吃掉了g5兵，黑方就可以努力把f兵冲到白方的腹地。这个看起来疯狂的一步是完全可行的，但是黑方并不用过于着急。一旦他稳固了自己的局面，并把象调整到了理想的位置上，可以随时回来走这一步g线挺兵。

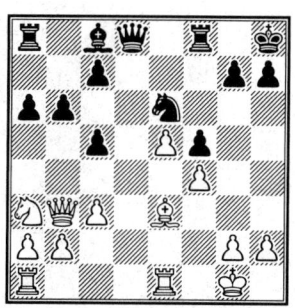

图41a　一个完美展示马封锁能力的局面

在2...c5之后，是时候仔细地再分析一下局面了。黑方获得了什么呢？一个关键点是现在e线封闭了。白方的兵在黑格上——这样的兵形很大程度上削弱了自己e3象的威力。而黑方的象一旦到了b7格，它相比于e3上白方象的优势将不言而喻。

所有这些都让我们赞赏黑方的前瞻性，但是我们是不是忽略了白方有根通路兵的威力呢？完全没有！那个兵封锁了e线，而它本身被e6的马牢牢阻挡。如果e线是开放的，这个好的、灵活性很强的位置（使马可以对c5、d4、f4和g5格施加压力）将不再安全，所以会有人认为这个e5兵是一个叛徒！

简单地说，在2...c5之后，白方的子没有了突破的点和攻击目标。白方也缺少了一个兵的突破可能。另一方面，黑方的子要比白方的活跃很多，此外...g7-g5的突破会在另一翼像达摩克里斯之剑一样悬在白方头顶。

3.Rad1

车是属于开放线的，难道不是吗？白方很乐于遵照基本要领，但是他很快会发现d线上是没有好位置的。

3...Qe8

冷静地把后移动到了安全的地方，同时给自己的王一些支持。其他移动后的招数像3...Qe7甚至3...Qh4也都是不错的选择。

4.Nc4，现在黑方需要在先走4...Bb7（你很难拒绝把这个象放在如此开放的a8-h1对角线上）接着走g7-g5挺兵，和立刻走4...g5 5.fxg5 f4迅速发动进攻之间做出选择。这样的进攻（现在或者在一两步之后）是完全合理的，因为黑方的象、f线兵、王翼车、王和后都将配合参与进来。

那些急于想了解更多有关通路兵和阻挡通路兵知识的读者可以翻阅第八章。

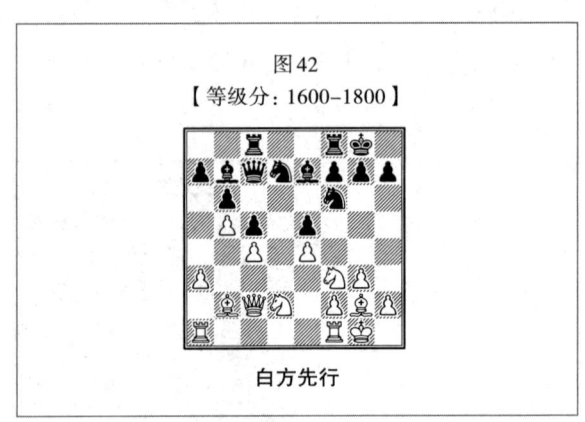

图42
【等级分：1600-1800】

白方先行

这个局面来自girl-brain（帕姆·鲁杰罗）2007年在国际象棋在线俱乐部对阵Brooklyn的一场对局。白方并不确定接下来该做什么，于是随便走了会阻碍她的合适计划的一步（1.Bc3?）。这个局面下的关键是要注意到d4和d5格的缺陷。黑方需要尽快把一匹马调动到d4格，而白方需要迅速在d5格放置一匹马。一旦你意识到了自己的子该去哪里，找到合适的招数把它们移动过去就变得十分容易了。然而，如果你只是漫无目的地乱走而心中没有真正的长远计划，那你通常会走出对局面发展毫无帮助的棋。

在这个局面下，白方很乐于走Nd2-b1-c3-d5。但是，挪开d2马会导致丢掉e4兵。因此，要先保护这个兵！

评价等级解释：我希望等级分在1400-1800分的棋手可以发现这个黑方的弱点，并试图把子力调动过去。然而，这个情况下e4兵比较虚弱，所以这个过程需要一点耐心。因而，我把难度等级提升到了1600分。

1.Rfe1!

保护了e4兵也从而解放了d2马。

正如前面提到的，在实战中白方走了毫无意义的1.Bc3?，占据了本来马的位置。接下来的演变（双方都没有走出最好的招数）是：1...Rfd8 2.Rfd1 Ne8 3.Nf1（白方终于发现了d5格是自己马的好去处！好在这个局面下可谓条条大路通罗马）3...f6 4.Ne3 Qb8 5.Nd5（白方做得不错）5...Bf8 6.Rd2（6.Bh3是很好的）6...Nc7 7.Rad1（真的完全忽视了黑方的计划——如果你不考虑你的对手的计划，你将会遇到大麻烦。相比于7.Rad1，简单地走7.Bh3就行了，阻止了黑方...Ne6调动马的路线，将会使白方获得很大的优势）7...Ne6 8.Nh4 Nd4 尽管白方仍有一点优势，黑方的机会已经大大增加了。也应当注意到白方想要在d线叠车的想法是多么地无用。

1...a6 2.a4 axb5 3.axb5 Ra8 4.Rxa8 Rxa8 5.Nb1! 接着走Nc3-d5白方将获得稳固的优势。

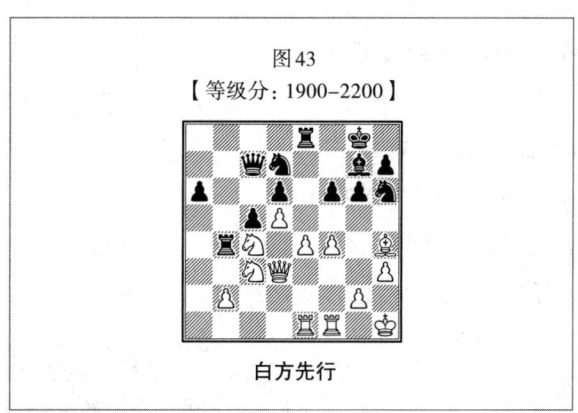

图43
【等级分：1900-2200】

白方先行

这个局面出现在1987年杰里米·西尔曼与斯图尔特·布思在洛杉矶的对局中。双方的后翼兵都比较虚弱（黑方的a6兵，白方的b2兵），但是白方更加积极的轻子和在中心占有的优势（让黑方始终担心f4-f5和e4-e5的挺兵）让他有更好的机会。这个局面下白方最好的子是c4马，但是黑方会想要用自己差得多的d7马来与白方交换（通过...Nb6）。当你以这种视角来看这个局面时，白方应当走的第一步就不足为奇了。

评价等级解释：尽管你现在可能对撤回马已经比较熟悉，这一步还是会被白方在中心拥有的很多机会和对a6兵继续施加压力的选择所蒙蔽。而且，白方已经有了一匹马在c4，所以为什么还要再把另一匹马运过去呢？很明显，这并不是一步简单的撤马，所以这是一道比较高级的题目。

1.Nb1! Nb6

黑方也会乐意走1...f5，但是白方可以如此应对：2.exf5 Rxe1 3.Bxe1 Nxf5 4.Rxb4。

2.Nbd2

使命完成。白方得以在c4格保留一匹马。为什么白方的马在c4格如此强大呢？看一下你就会发现它的攻击范围向各个方向延伸：当然它看管着内部的a3、d2和e3格，但这并不是最重要的。当你意识到它保护着b2兵，盯着a5格（是一个Nc4-a5-c6的中间格——这也意味着当白方走Ra1开始攻击a线兵时，黑方并不能把兵挺到a5，因为这会直接送进马的嘴里），盯着b6格，对d6兵施加很大压力，同时也看管着e5格（这为白方战略性的e4-e5挺兵做好准备，或者当白方选择f4-f5挺兵时，它可以看住e5格的缺陷）的时候，你就知道它在这里变成了一个超级英雄。

2...Nxe4

这只能帮助白方。而2...Qb8 3.Na5! Rxh2 4.Rb1是很让人头疼的，2...f5 3.e5!将使情况更糟，稳固的2...Nf7将可以把白方的优势控制在可以接受的范围内。

3.Nxc4 Nf7 4.Ra1 Qb7?

在这之后局面开始失控。他应该走4...Qe7，因为5.Rfe1会占据象的e1格。接着5...Qd7然后...Qb5黑方将还有机会。

5.Be1 Rb5 6.Bc3 Qe7 7.Rfe1

黑方已经输在战略上了。他没有了主动进攻的机会，他的子都很被动，他的d6兵需要持续的保护，他的a6兵已经危在旦夕。

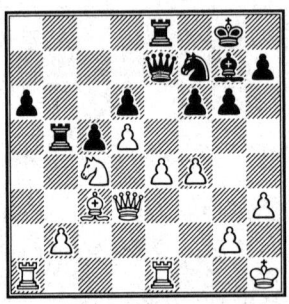

图43a c4马的荣耀

7...Qb7 8.f5 g5 9.Ra4 Ra8 10.Rea1 Kf8 11.Qb1 Kg8 12.Qa2

全部结束了。剩下的步数不需要任何注解。

12...Qe7 13.Rxa6 Rd8 14.Ra8 Rbb8 15.Rxb8 Rxb8 16.Qa7 Qe8 17.Qc7 Rd8 18.Ra7 h5 19.Qe7 Qxe7 20.Rxe7 Ne5 21.Bxe5 fxe5 22.Rb7 Kf8 23.Kg1 g4 24.hxg4 hxg4 25.Kf2 Bf6 26.Kg3 Be7 27.Kxg4 Kf7 28.Kf3 Ra8 29.Nxd6+，1-0。

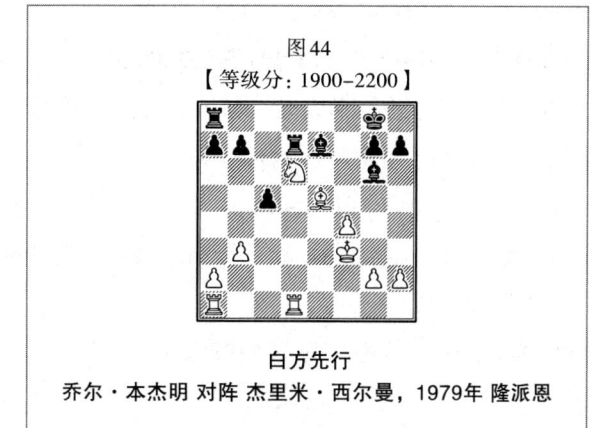

图44
【等级分：1900–2200】

白方先行
乔尔·本杰明 对阵 杰里米·西尔曼，1979年 隆派恩

1.e4 c5 2.Nf3 Nc6 3.b3 e5 4.c3 Nf6 5.Bb5 Be7 6.0–0 0–0 7.d4 exd4 8.e5 Nd5 9.cxd4 cxd4 10.Bb2 Nc7 11.Bxc6 dxc6（黑方的双象给了他稳固的优势。不幸的是，黑方变得懒于长远思考，而让白方逐渐地把局面引向平局）**12.Nxd4 c5 13.Nc2 Qxd1 14.Rxd1 Be6 15.Nc3 Rfd8 16.Ne3 f6 17.Ne4 fxe5 18.Bxe5 Nb5 19.f4 Nd4 20.Kf2 Nf5 21.Nxf5 Bxf5 22.Kf3 Rd7? 23.Nd6 Bg6??**（我相信，如果黑方看到了白方的下一步，他会走23...Bxd6的）——图44

24.Nc8!

本杰明在他的著作《美国特级大师》（Everyman Chess出版社，2007年版）中写道："这并不是一个马正常的位置，但是当我看到24.Nf5 Bxf5 并不可行的时候，我想到了这一步。我听到了西尔曼的嘀咕：'小杂种。'我觉得他是在称呼这匹马——杰里米和我是多年的好朋友。"

我并不记得嘀咕过那个粗鲁的词汇（本杰明在下这盘棋时还不到两岁，所以意识到要输给一个婴儿无疑激起了我的一些焦虑），但是我还记得当看到白方的马跳到第8行时的恐慌，这瞬间把一个我认为只有两种结果（我获胜或者和棋）的局面变得不再那么可控。

正如前面提到的，马并不会经常跳到这里，但是当它们真的跳到第8行时，通常是因为可以实现一定的战术目的。在这个局面下，马利用了最简单常见的战略性设置阻碍的方式：一个无根的子（d7的车成了这里的罪魁祸首）。

评价等级解释：我的要求有点高了，因为我知道大多数读者会根据基本的原则来考虑如何使用这匹白马。然而我在这里举的是一个战术性的、令人会有点吃惊的例子（因为跳到第8行是很少见的）。

这个计算本身并不困难，但是你要能看到它！

24...Rxd1 25.Nxe7+ Kf7 26.Rxd1 Kxe7 27.g4!

24.Nc8体现了很好的战术眼光，而这步挺兵则诠释了白方精准的招数和一种冷静地榨取这个局面下可以获得的所有优势的耐心。

27.Bxg7 Bb5+ 28.g4 Bxg4+ 29.Kxg4 Rg8 白方什么都得不到。而对于看起来很诱人的27.Bd6+ Kf6 28.Bxc5，本杰明说道："黑方并没有遭受什么其他的打击。只有一个多兵的优势，白方将很难获胜。"

我把24.Nc8看作幸运的发现，而在高水准的27.g4之后，我意识到了自己的年轻对手真的不简单。

27...Rd8 28.Rxd8 Kxd8 29.f5 Bf7 30.Bxg7 白方即将走向胜利。

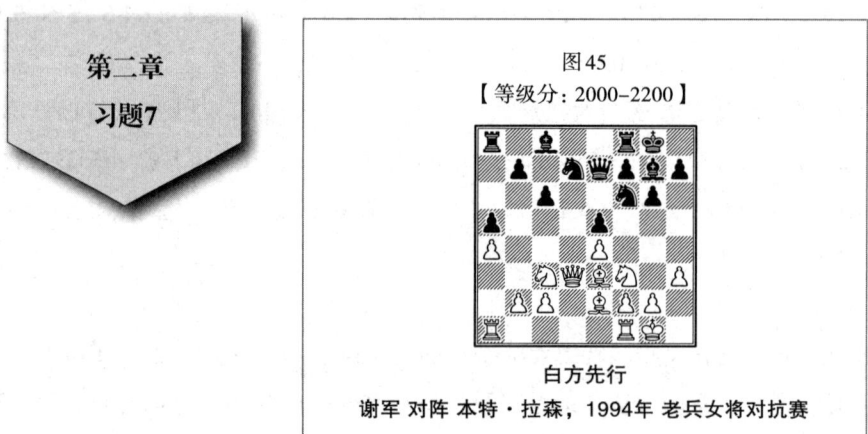

第二章 习题7

图45
【等级分：2000-2200】

白方先行
谢军 对阵 本特·拉森，1994年 老兵女将对抗赛

1.e4 g6 2.d4 Bg7 3.Nc3 c6 4.Nf3 d6 5.h3 Nf6 6.a4 0-0 7.Be3 Nbd7 8.Be2 e5 9.dxe5 dxe5 10.0-0 Qe7 11.Qd3 a5 ——图45

由于b6和d6两个缺陷格，这个局面对白方有利。现在，无论何时你看到对方的缺陷格，我都希望你问问自己："我能不能把我的马调动到那里？"接着在进一步思考之后，你也应当注意到如果你的马在c4格，那么两个格子都是可到达的了。因此12.Nd2就显得很明朗了。然而，每一个棋手都应该注意到自己的对手想要做什么，直接走会导致12.Nd2 Nc5（我们允许了它！）13.Qc4 b6 14.Bxc5 bxc5 15.Nb3 Nd7，接着...Ba6，这样黑方的局面就会很好。所以很明显，白方需要进行一些精细的计算（尽管你应该为自己发现了Nf3-d2-c4的策略而自豪）。

评价等级解释：注意到b6和d6的缺陷体现出你了解自己的子力，但是找到一种方法走Nf3-d2-c4来利用这个弱点则是另一种水平层次。而且我们还加了另外一点细微的差别，让你不得不暂缓移动马的战略，来先走一步预防性的Qc4。所有这些都让这个问题的答案是"只有高水准棋手可解答"。

12.Qc4!

黑方的...Nc5被阻止了。

12...Re8 13.Rfd1 h6

13...Qb4!?已经被想到了。加里·莱恩接着给出了14.Ng5 Rf8 15.b3（我觉得15.Qa2!?会产生更多变化15...h6 16.Nf3 Nxe4 17.Nxe4 Qxe4 18.Bd3 Qd5 19.Bc4 Qe4 20.Rd6 Nf6 此时21.Bxf7+!?和Bxh6!?都是可以考虑的）15...h6 16.Nf3 Qxc4 17.Bxc4 白方获得了优势。

14.Nd2

将要把后移动到b3，接着调动马到c4，那里这匹疯狂的马就将攻击a5、b6、d6和e5格。

14...Nh7

14...Bf8并接着走...Qb4也是可行的。

15.Qb3 Ng5 16.Nc4 Nc5?!

16...Ne6是更好的选择，但是17.Rd2也让白方持有一点小优势。

17.Qa3 Nce6 18.Qxe7 Rxe7 19.Nb6 Rb8 20.Bg4 Re8 21.Bxg5 hxg5

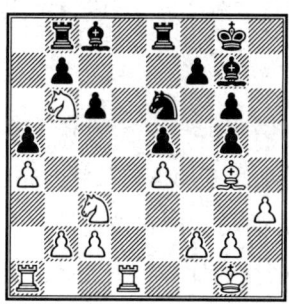

图45a　白方找到了另一步调动马的妙招

22.Nb1!

很好的一步棋。这匹马在c3格是没有前途的（b5和d5格都被保护着），所以它想要跳动c4格（在通过a3或者d2），那里它就可以参与到攻击b6和d6格的战斗中。也要注意到这步退马使c2-c3的挺兵变得可能，让黑方的子无法占据d4格。

接下来到结束也非常精彩：

22...Bf8 23.Nd2 Bc5 24.Ndc4 Bxb6 25.Nxb6 Kf8 26.Rd2 Ke7 27.Rad1 Rf8 28.Nxc8+ Rfxc8 29.Rd7+ Kf6 30.Bxe6 fxe6 31.g4!，1–0。黑方已经无法阻止白方接下来R1d3，然后Rf3将杀的招数了。

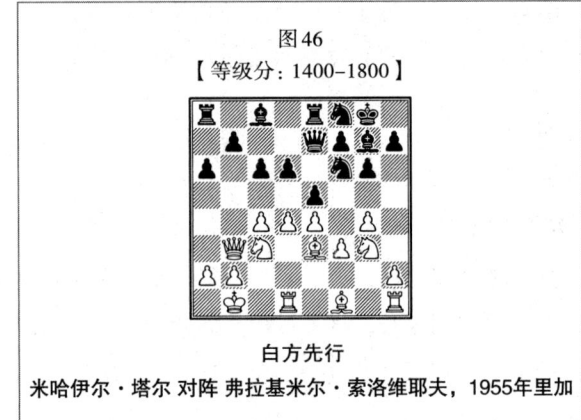

图46
【等级分：1400–1800】

白方先行
米哈伊尔·塔尔 对阵 弗拉基米尔·索洛维耶夫，1955年里加

1.d4 Nf6 2.c4 g6 3.Nc3 Bg7 4.e4 0–0 5.Be3 d6 6.f3 e5 7.Nge2 c6 8.Qb3 Nbd7 9.0–0–0 Qe7 10.Kb1 Re8 11.g4 a6 12.Ng3 Nf8——图46

黑方把马移动到了f8格，很明显想要走13...Ne6，它将可以跳到d4或者f4格。

评价等级解释： 正确的走法可以从不同的思考角度实现。比如说，如果你只是想获得空间，那么d5就是你的选择。或者，如果你担心黑方...exd4，同样你也会走d5。但是，我希望你是因为注意到了对方可能走...Ne6才走了d5，以此特意限制对方的马！

白方现在走**13.d5**，因为他打算以h2–h4–h5来在王翼发动进攻，所以需要封锁中心来保证该策略实现——白方也想阻止黑方的f8马跳到e6格发挥巨大作用。换句话说，白方利用这一步d线的挺兵来制约黑方的马，让它被迫呆在f8格充当一个完全防御型的子。在**13...Nbd7 14.h4**之后，白方有了明显的优势，离获胜已经不远了。

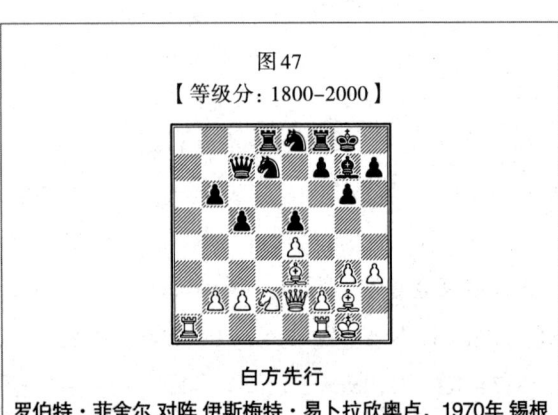

图47
【等级分：1800–2000】

白方先行
罗伯特·菲舍尔 对阵 伊斯梅特·易卜拉欣奥卢，1970年 锡根

1.e4 c6 2.d3 d5 3.Nd2 g6 4.Ngf3 Bg7 5.g3 Nf6 6.Bg2 0–0 7.0–0 Bg4 8.h3 Bxf3 9.Qxf3 Nbd7 10.Qe2 dxe4 11.dxe4 Qc7 12.a4 Rad8 13.Nb3 b6 14.Be3 c5 15.a5 e5 16.Nd2 Ne8 17.axb6 axb6——图47

局面对白方来说很不错。他有双象优势，b4和c5格很容易被他掌控，d5格对黑方也是一个很大的缺陷（d4格对白方来说就没有这么严重，因为一步简单的c2-c3就可以解决这个问题）。

评价等级解释：是的，这又是一次后撤马！我应该把它的评价等级设置得低一点（因为我知道你们已经习惯了让马向后跳），但是这个局面下马已经控制着不错的c4格，而且像Qb5这样的招数是很有干扰性的，所以这个答案就显得困难一些。

18.Nb1!

你现在应该对这种思想非常熟悉了！这匹马即将跳到c3格，在那里它可以同时控制着b5和d5格。

18...Qb7

如果18...Qc6 19.Nc3 Nc7 20.Ra7 Ra8，白方可以如下应对：21.Nd5! Nxd5 22.exd5 Qd6 23.Rfa1 Rxa7 24.Rxa7 Nf6 25.Qb5!，然后现在25...Nxd5 26.Rd7 Nc7 27.Rxd6 Nxb5 28.Rxb6 Nd4 29.c3 由于白方更加积极的车，双象优势和黑方c5兵的虚弱，白方来到了一个可以轻松取胜的残局。

19.Nc3，白方局面上的优势已经十分明显。接下来的演变很好地体现了菲舍尔的高水准。

19...Nc7 20.Nb5

20.Rfd1也是不错的选择（当然也是看起来最自然的一步），但是白方决定换掉马，来让自己的后可以到达b5格。

20...Qc6 21.Nxc7 Qxc7 22.Qb5

黑方的局面已经陷入无望（白方的双象，在a线的压力，对b6兵的压力，更加积极的子）。没有人可以与拥有这种局面的菲舍尔大师抗衡了。

22...Ra8 23.c3 Rxa1 24.Rxa1 Rb8 25.Ra6

每走一步黑方的局面就变得更加糟糕。

25...Bf8 26.Bf1

白方象参与到战斗中来标志着黑方死期将至。要注意菲舍尔是如何确保他的每个子都参与作战的。

26...Kg7 27.Qa4 Rb7 28.Bb5

完全的控制——每一个白方的子都优于相应的黑方的子。

28...Nb8 29.Ra8 Bd6 30.Qd1 Bc6 31.Qd2

我想让读者们自己考虑31.Bh6+ Kxh6 32.Rg8 能否奏效。

31...b5 32.Bh6+ Kh7 33.Bg5 Rb8 34.Rxb8 Nxb8 35.Bf6 Nc6

在35...Be7 36.Qg5 Bxf6 37.Qxf6之后，我们会看到一幕别致的象控制马的情形（同时白方的后也控制着黑方的后）。

36.Qd5 Na7 37.Be8 Kg8 38.Bxf7+ Qxf7 39.Qxd6，1—0。

第二章 轻子——象

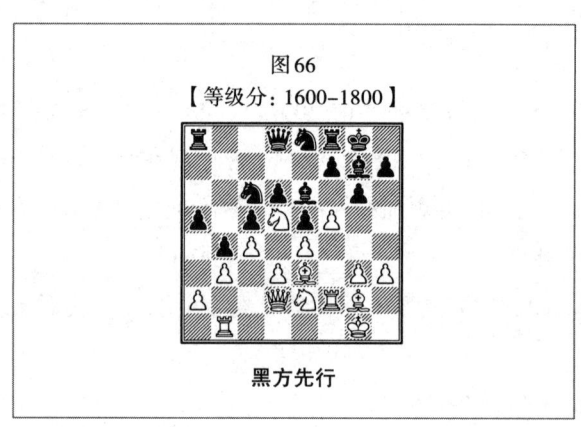

图66
【等级分：1600-1800】

黑方先行

黑方面临着麻烦，他不得不作出一个痛苦的决定：他应该吃掉白方d5的马还是后撤自己的白格象？

弃象通常并不是大家愿意做的——不仅因为它是一个有用的子，而且在1...Bxd5之后，2.exd5（威胁通过g4和Ng3来对e4格加以利用，同时也始终暗含着对黑方王的攻击）和2.cxd5（打算通过Rbf1，g3-g4-g5，等等，来继续在王翼发动进攻）都对白方有利。然而，无论你喜欢与否，黑方必须这么做。

为什么这么紧急呢？为什么给白方创造一个好的位置又给他留下在王翼进攻的机会呢？为什么自愿进入一个自己处于劣势的局面呢？这些问题的答案可以分为两个方面。首先，你已经处于劣势局面了——我们是在想办法把损失降到最低，并不奢望扳平局面（换句话说，你需要现实一点）。其次，后撤象会导致更加糟糕的结果。

评价等级解释： 尽管我不确定是否每个人都能看到在1...Bxd5 2.exd5之后白方的潜在威胁（当然在2.cxd5之后白方在王翼的进攻还是十分明显的），但真正的问题是一个棋手能否看到在1...Bd7之后f5-f6是可行的，因为不仔细看的话黑方会认为自己对f6格是充分控制的。这就让问题不只是"不要让你的象被困住"这么简单了。我相信一些"C"等级的棋手会看到1...Bxd5的缺点，但是我也觉得很多这个水平的棋手会单纯地忽视f5-f6的陷阱。

1...Bd7?

无论你喜欢与否，你都应该试试1...Bxd5接着2...Nd4。

2.f6 Bh8

这个兵是不能吃的。2...Bxf6?? 3.Nxf6+ Nxf6 4.Bg5 和2...Nxf6?? 3.Bg5 都会导致黑方决定性的丢子。

3.Bh6

在兑子中占据优势，同时也将接着进行经典的困子战术。当然，3.g4接着g5将是很自然的走法，因为白方这样就会相当于领先了一个子。仅仅这样就足以让每一个明智的人都选择1...Bxd5来用象把马砍掉（不要让任何你的子被困死！）。那为什么要搭上一个车又让自己的一个象被困死呢？要记住，在国际象棋中，贪心是一件好事情！

我应该补充一下3.Bg5（接着想要Ne7+）也是很有威胁的。

在3.Bh6之后，我会建议3...Nd4 4.Ne7+ 已经是黑方最好的选择了吗？他的煎熬终于结束了，也能博得观众们一笑。

其他的应招也并不会让黑方好过一些：

▶ 3...Nc7 4.Bxf8 Kxf8 5.Nxc7（5.Qg5也很有威胁，但是让我们坚持"用兵困死对方子"的原则）5...Qxc7 6.g4 Kg8 7.g5 这时黑方可以认输了——他实际上已经少一个车了（那个呆在h8格的家伙可能觉得自己是一个象，但我们知道它当然不是）。

▶ 3...Nxf6 4.Bg5（4.Bxf8 同样可以解决问题）4...Nxe4 5.dxe4 f6 6.Raf1 将是黑方的噩梦。

▶ 3...Bxf6 4.Nxf6+ Nxf6 5.Bxf8 Kxf8 6.Raf1 会让黑方有"在别人看到我这么惨的局面之前，我最好还是认输吧"这种想法。

图 67
【等级分：1400–1600】

白方先行
尤里·阿维尔巴赫 对阵 米哈伊尔·塔尔，
1958年 苏联冠军杯

哪些因素合起来让黑方有了决定性的优势？

1.d4 Nf6 2.c3 e6 3.Nc3 c5 4.d5 exd5 5.cxd5 d6 6.e4 g6 7.Be2 Bg7 8.Nf3 0–0 9.0–0 Re8 10.Qc2 Na6 11.Bf4 Nb4 12.Qb1 Nxe4（很可能是有问题的，但塔尔在那个时期很喜欢这么走）**13.Nxe4 Bf5 14.Nfd2 Nxd5 15.Bxd6?**（15.Bg3 Qe7 16.Bf3 Rad8 17.Re1）**15...Nf6 16.Bf3 Nxe4 17.Nxe4 Bxe4 18.Bxe4 Qxd6 19.Qc2 Re7 20.Bf3 Rae8 21.Rad1**——图67

黑方有稳固的多一兵优势。但是，我们知道在异色格象情况下一个兵的优势并不能确保获胜。因此，黑方想要尽可能多地保留子力，并且用自己的象攻击白方的象无法防守的地方。这样看来，对d4格的控制就十分重要了，因为在那里黑方的象可以控制f2格，同时封锁住d线。注意到这个多兵优势可以确保黑方的象安全地呆在d4格，而白方的象就没有这种优待了。总的来说，多兵优势，更好的象和对e线的稳固控制结合起来让黑方有很大的获胜可能。

评价等级解释：黑方多兵的优势和对e线的控制是显而易见的，所以对于d4格的利用就是黑方需要主要考虑的问题了。这完全是1400等级分的水平要求。

21...Bd4 22.a4 b6

黑方并不急于进攻，因为白方除了等在那里祈祷他的对手不要找到突破进来的方法以外，没有什么可以做的了（他找不到对黑方的攻击目标或者任何有效的突破手段）。当你的对手处于绝望状态时，进一步巩固你的局面是很好的选择。22...b6 把兵从白方象的嘴里移走，并且对c5兵提供了支持。

23.b3 Re5 24.Rd2 h5

这个小兵将要在白方的王翼阵地制造新的弱点。

25.Re2

白方在试图交换掉所有可以交换的子，来达到一个只有异色格象的残局。尽管他少一个兵，但他还是很有机会守和那样的局面的。

25...Rxe2 26.Bxe2 h4 27.Kh1

白方并不急于走27.h3来阻挡黑方h线兵的脚步，因为那样会使h2-b8对角线变得非常虚弱。黑方将会通过27...Qf4，以及如果可能的话...Be5来利用这个弱点。

28...Qf6 29.Qd1 Rd8

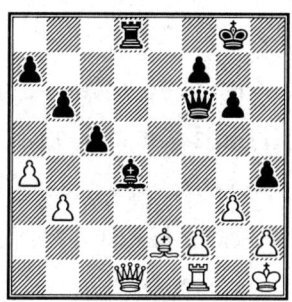

图67a　白方能够顶住压力吗？

30.Bg4?

白方在压力之下崩溃了。更好的防御手段是30.Qd3（试图弥补h1-a8对角线的弱点，而且也给Qf3换后提供了可能），尽管这样以后白方也仍要面临长期、痛苦的煎熬。另一方面，看起来很自然的30.Kg2也是很不好的：30...Bc3 31.Bd3 Qc6+ 32.f3 h3+ 33.Kh1（33.Kxh3 Qd7+ 34.Kg2 Qxd3）33...Qd6 34.Be2 Qe7 35.Qc2 Rd2 36.Qxc3 Qxe2 将杀。

30...Bxf2! 31.Qe2

现在事情很简单了。白方更应该尝试31.Qf3 Qxf3+ 32.Bxf3，这样白方将会少两个兵，但是他仍然可以利用异色格象的情形来抵抗一下。

31...Rd2

白方可能漏算了这一步。现在32.Qxd2 Qc6+ 将杀。

32.Qe8+ Kg7 33.gxh4 Qd4 34.Bh3 Qd3 35.Bg2 Rd1，0-1。在36.Qb5 Rxf1+ 37.Bxf1 Qe4+ 38.Bg2 Qxh4 之后，黑方将会多两个兵，同时仍然对白方虚弱的王施加着很大的攻击压力。

第二章
习题12

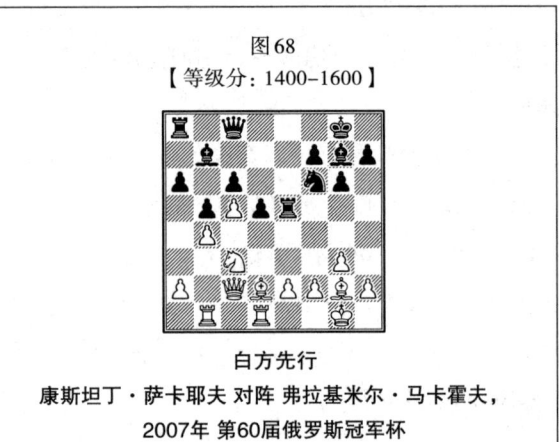

图68
【等级分：1400-1600】

白方先行
康斯坦丁·萨卡耶夫 对阵 弗拉基米尔·马卡霍夫，
2007年 第60届俄罗斯冠军杯

1.d4 d5 2.c4 c6 3.Nf3 Nf6 4.Nc3 a6 5.c5 Nbd7 6.Bf4 Nb5 7.Bd2 Nhf6 8.Bf4 Nb5 9.Bd2 Nhf6 10.Qc2 g6 11.g3 Bg7 12.Bg2 0–0 13.0–0 b6 14.b4 Bb7 15.Rab1 Re8 16.Rfd1 Qc8 17.Na4 b5 18.Nc3 e5 19.dxe5 Nxe5 20.Nxe5 Rxe5——图68

黑方在后翼遭到着空间方面的挑战，但是他在局面上最突出的问题是在b7格上的白格象，那完全是一个高个子兵。白方在d2的象可以通过Bf4变得活跃，但是白方的另一个象似乎在d5格碰壁。因此，白方现在的首要任务是打开中心来让g2的象变得开放。要记住：你必须总是让象变得开放——你不能指望这会凭空发生！

评价等级解释：我知道Bf4是很不错的一招，但是主要的问题是你要注意到g2的象并不在它应用的活跃状态上。如果这个简单的想法出现在你的脑海中，那么我很欣慰。而如果你决定做点什么来解决g2象的困境，并打算走e2-e4，那么你可以准备接受国际象棋之神的荣耀了。

21.e4 dex4

不好的走法是21...d4 22.Ne2，黑方的d线兵将不保。

22.Nxe4 Nxe4 23.Bxe4

现在我们可以看到e2-e4这步挺兵还有另外一个好处：为白方的d1车打开了d线，让自己的子可以到达黑方的弱格d6。

在23.Bxe4之后，白方的优势是毋庸置疑的：除了双方白格象位置的巨大悬殊以外，黑方虚弱的c6兵（在整个剩下的局面中都会很虚弱）意味着白方有攻击目标而黑方却没有。

23...Qe6 24.Bf3 Qf6 25.Bf4 Re7 26.Rd6

黑方的局面很明显地恶化了。这是怎么发生的呢？很明显白方并没有走出什么大妙招。事实上，他做的只是激活自己的象，把一个弱兵变成攻击目标，并且利用对方开放线上的一个缺陷格。这是每个人都会做的事情！然而，白方的招数让像马卡霍夫这样厉害的特级大师也只能被动挨打。

26...Re6 27.Rxe6 Qxe6 28.Qd2

更加简单的国际象棋思想——白方占据了d线。

28...Qf5

也许28...Re8会好一点儿，尽管在29.Rd1 Qc8（29...Qh3 30.Qd6 黑方就只能应对30...Qc8。然而，注意到29...Qh3 30.Qd7?? 将是不正确的，因为黑方有30...Re1+）30.Kg2之后，黑方将注定要经历长期被动的痛苦防守事务。

29.Re1

贪心是好的。白方控制了d线和e线两条中心线。现在每一个白方的子都好于相应的黑方的子。

29...Bf8 30.Kg2 a5 31.a3 axb4 32.axb4 h5 33.h4 Qc8 34.Be5 Qd8 35.Qf4

完全掌控。这局棋剩下的部分证明了黑方的白格象是有多么的不好。

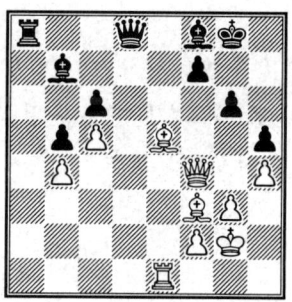

图68a

35...Bg7 36.Rd1 Qe7 37.Bxg7 Kxg7 38.Rd6 Re8 39.Qd4+ Qe5 40.Qxe5+ Rxe5 41.Rd7 Ba8 42.Rd8 Bb7 43.Rd7 Ba8 44.Bd1 Re1 45.Bb3 Rb1 46.Rxf7+ Kh6 47.Bc2 Rb2 48.Bd3 Rxb4 49.Rf6 Kg7 50.Rxg6+ Kf7 51.Rg5 Bb7 52.Bg6+ Kf6 53.Bxh5 Rc4 54.Rg6+ Kf5 55.Rg8 Ke5 56.Bf3 Rd4 57.h5，1-0。黑方的白格象直到他认输都没能发挥任何作用。

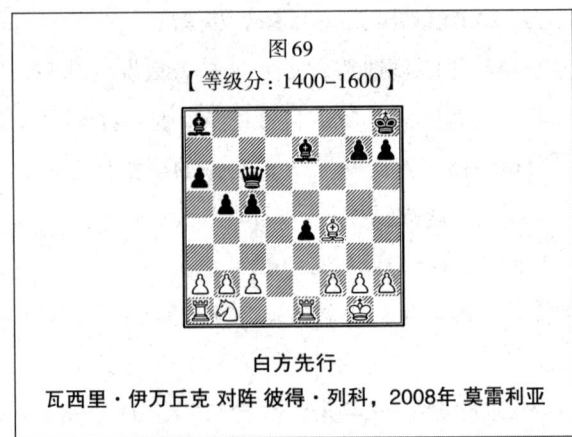

图69
【等级分：1400-1600】

白方先行
瓦西里·伊万丘克 对阵 彼得·列科，2008年 莫雷利亚

1.e4 e5 2.Nf3 Nc6 3.Bb5 a6 4.Ba4 Nf6 5.0–0 Be7 6.Re1 b5 7.Bb3 0–0 8.d4 Nxd4 9.Bxf7+ Rxf7 10.Nxe5 Rf8 11.Qxd4 c5 12.Qd1 Qc7 13.Ng4 Nxg4 14.Qxg4 d5 15.Qh5 dxe4 16.Qd5+ Kh8 17.Qxa8 Bb7 18.Qa7 Ra8 19.Bf4 Qc6 20.Qxa8+ Bxa8——图69

白方以两个车对黑方的一个后，但是他在局面发展上处于下风，黑方的象看起来很活跃，而且黑方随时都可以走...e4-e3（打开可怕的h1-a8对角线）。如果白方要巩固自己的局面并且遏制住黑方的机动性，理论上讲，白方的车应该能够控制住黑方的后。因而伊万丘克的招数就很有意义。

评价等级解释： 我认为大多数等级分在1400左右的棋手会注意到h1-a8对角线的潜在威胁。而且，由于这部分章节是完全关于象的，答案一定和它们有一些关系。因此，21.Be3，阻止这条对角线被黑方通过...e4-e3打开，是1400等级分的棋手可以想到的。

21.Be3!

这阻挡了黑方的兵，也从而让h1-a8对角线成为黑方在接下来的局面中不能利用的一个点。

21...Qf6 22.c3 Bd6 23.Nd2 Qe5!

黑方很重要的一个战略。通过迫使白方走g2-g3（24.Nf1也是可行的，但是这样这匹马就完全沦为被动防守的子了），黑方希望用自己的后和a8象来利用白方这步挺兵创造出的白色格缺陷。

这样的博弈非常有趣。白方在尽自己的最大努力封锁黑方白色格象的线路，而黑方在尽自己的最大努力为自己的象创造新的开放对角线，这会给黑方发动反击攻击白方王提供机会。

24.g3 h6 25.a4!

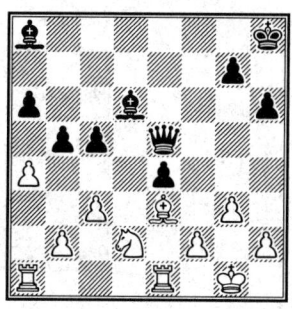

图69a

打开a线可以激活白方的a1车。如果白方的两个车都突破进了自己的阵地，黑方将会面临极大的困难。双方战斗的焦点现在已经十分明朗了：哪一方会先成功地突破进对方的领地——白方的车还是黑方的白格象和后？接下来的演化仍然很复杂，我尽可能少地添加注解，读者可以领略到双方是如何努力使自己预期的目标实现的：**25...Bc6**（25...b4?? 将会是重大败招，因为这让白方可以交换掉黑方的一个象同时又打开一条新的开放线：26.Nc4 Qe6 27.Nxd6 Qxd6 28.Red1 Qe7 29.cxb4 cxb4 30.Rac1 这样白方所有的愿望就都实现了）**26.axb5 axb5 27.Nb3 Bf8 28.Red1 Bd5 29.h4 Kg8**〔在29...Bxb3 30.Rd8 Kg8 31.Raa8 Qf5 之后，黑方被困住了，但是由于32.Rxf8+ Qxf8 33.Rxf8+ Kxf8 34.Bxc5+ 仅仅会导致和棋，很难确定白方是否可以找到利用被压制的f7格象来取胜的方法；黑方则可以轻易地利用白方白格的缺陷来发动反击。比如说：32.Bf4（32.Rac8 Be6）32...Bc4 33.Bd6 Qh3 突然黑方就成了掌控局面的一方〕**30.Nc1!**（这匹马想要跳到f4格；如果黑方不能对白方王翼的白色格弱点发动有效的攻击，他将会被困住）**30...g5 31.hxg5 hxg5 32.Ra5 Qc7 33.Ra6**（并不是33.Rxb5? Bc4 这样白方就只有34.Rb3来应招，放弃交换子力了）**33...Qf7 34.Rb6 Be7 35.Rxb5 Be6**（黑方已经整装待发，准备好通过...Qf3，接着...Qf3，或者...Be6-g4-f3来发动进攻了。现在局面十分紧张）**36.Rb8+ Kg7 37.Rb7 Kh6**（37...Kg6!? 也许更加精确）**38.Re1**〔看起来把车从d线挪开停止攻击并不那么合理。相反38.Ne2显得更加强势。这样黑方38...Qf3，白方可以应对39.Rxe7 Bh3 40.Rd6+ Kh5 41.Nf4+ Kg4（41...gxf4 42.Re5+）42.Rg7 黑方即将输掉。由于本书的主旨关于诠释概念而非进行无休止的分析，我更愿意把38.Ne2会产生的变化留给有兴趣的读者去思考。〕**38...Qf6??**〔一步败招。正确的走法是38...Bh3（终于抓住了攻击白方白格的机会！）39.f4 Qh5 40.Re2 Qf3 这样局面对黑方来说还可以接受〕**39.Rb6 Qf5 40.Nb3 Kh5 41.Nd2 Bd7 42.Ra1 Bd8 43.Rb8**，1-0。

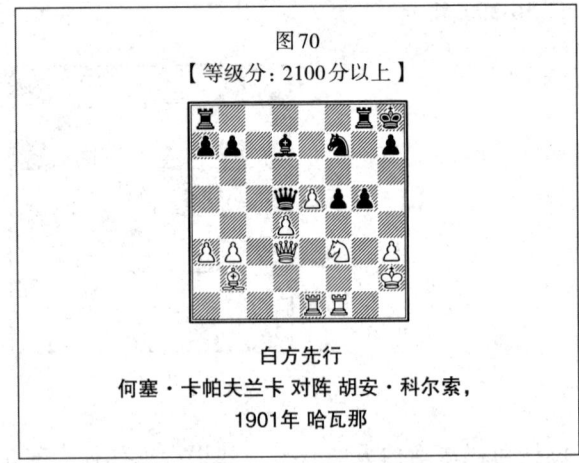

图70
【等级分：2100分以上】

白方先行
何塞·卡帕夫兰卡 对阵 胡安·科尔索，
1901年 哈瓦那

很有名的一盘棋。这个局面非常有意思。关键点是双方的异色格象，白方的两个中心通路兵和黑方在王翼的多兵优势。此时白方的中心兵被困住了。而黑方王翼的多兵正在向前挺进，但是这种向前在它们的身后留下了许多弱点。大多数的评论（至少在我看来）都是关于白方的象不好的位置——这个可怜的家伙已经接近了高个子兵的境地。我们知道，如果你有一个这样的象，你需要把它从兵链中解放出来（从而让它变得开放）或者把挡住它线路的兵赶走。这些目标可以通过位置上的或者战略上的手段实现。

另一方面，黑方的象看起来非常好！如果黑方能在e6和d5格创造永久的障碍（比如说，马在e6格，后在d7格，象在d5格），他就将获得显著的优势。

那么哪个象有希望成为英雄呢？由于现在白方先行，他应当尽力保证自己的象占据主动。因为黑方的王呆在白方的象控制的对角线上，很明显如果那些兵突然消失，白方的象就会从一个高个子兵转变成强大的怪兽。卡帕夫兰卡当时仅仅12岁，也许一瞬间就看明白了这些问题。于是他开创了最著名的战术组合之一。

评价等级解释： 如果你注意到了b2格的象是一个严重的问题，并且意识到a1-h8对角线的潜在威力，还尽了一切可能的努力来解决这个问题，那我得承认你做得很好。剩下的解决方案就完全是战术性的了——是可以让白方的战略目的得以实现的战术。

1.e6!!
这个e线兵牺牲了自己来努力将中心的黑色格腾空，来激活自己的象。

另一种更加简单的取胜手段是1.Qc4! Be6 2.Qxd5 Bxd5 3.e6 此时黑方的阵地已经变得散乱（当然是由于a1-h8对角线的打开）。接着比如说：3...Nh6 4.Re5 Rad8 5.e7，1-0。

1...Bb5

1...Bxe6会导致黑方输得更快2.Rxe6而接着2...Qxe6 3.d5+黑方将会丢后。

2.Qxb5!!

弃掉后来把d5格的阻碍物引开。这使黑方最后的黑格守卫者也被迫离开了。

白方其实并不必以这种方式来走（但是谁会拒绝弃后的战术呢？）。只是2.Qd2也可以解决问题：2...Nd8 3.Re5 同样地a1-h8对角线将很快为b2象敌开。

所有这些方法的目的（1.e6或者1.Qc4，2.Qxb5或者2.Qd2——两种位置方面的招数和两种战略方面的招数）都是一样的：把黑方对d4兵的阻碍扫清，来为b2线打开a1-h8这条大对角线。

2...Qxb5 3.d5+ Rg7 4.exf7 h6

4...Rf8 5.Nxg5是完全毁灭性的。

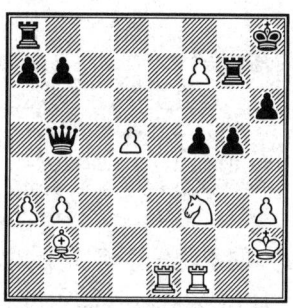

图70a

5.Nd4

很理性的一步——它看起来非常自然，通过攻击黑方的后来争取时间，并且看起来（也确实）很有威胁。然而，这并不是最准确的走法。其实，违反直觉的5.Nh4!（继续保持a1-h8对角线的牵制）是最佳的招数：5...Kh7（5...gxh4 6.Rg1）6.Bxg7 gxh4 7.f8=Q Rxf8 8.Bxf8 Qxd5 9.Rg1 Qd2+ 10.Kh1 Qd3 11.Rg2 Qxh3+ 12.Kg1 此时白方有双车和一个象（更不必说对黑方王的攻击），明显比黑方一个单独的后有优势。

5...Qxf1

卡帕夫兰卡大致会想到黑方走5...Qd7 接着可以6.Nxf5 Qxf7 7.Bxg7+ Kh7 8.Re7 Qxd5 9.Be5+ Kg6 10.Rg7+ Kh5 11.Ng3+ Kh4 12.Rf4+ gxf4 13.Rg4将杀。

6.Rxf1 Rxf7 7.Rxf5 Rxf5 8.Nxf5+ Kh7 9.Ne7!

将黑方的王困死，同时剥夺了黑方的车占据c线的可能。

9...Rf8 10.Kg2 h5 11.d6 g4 12.hxg4 hxg4 13.Be5 Kh6 14.d7 Rd8 15.Ng8+ Rxg8

更糟糕的是15...Kg6 16.Nf6 Kf7 17.Bc7。

16.Bf6 白方现在已经领先一个子了。接下来事情就非常容易：**16...Kg6 17.d8=Q Rxd8 18.Bxd8 b5 19.Kf2 Kf5 20.Ke3 Ke5 21.Kd3 Kd5 22.Kc3 g3 23.Bh4 g2 24.Bf2 a5 25.b4 Ke4 26.Bb6 Kd5 27.Kd3 Kc6 28.Bg1 Kd5 29.Bh2 Kc6 30.Kd4 a4 31.Ke5 Kb6 32.Kd5 Ka6 33.Kc5**（不要走错33.Kc6?? g1=Q 34.Bxg1 逼和），1-0。

第二章
习题15

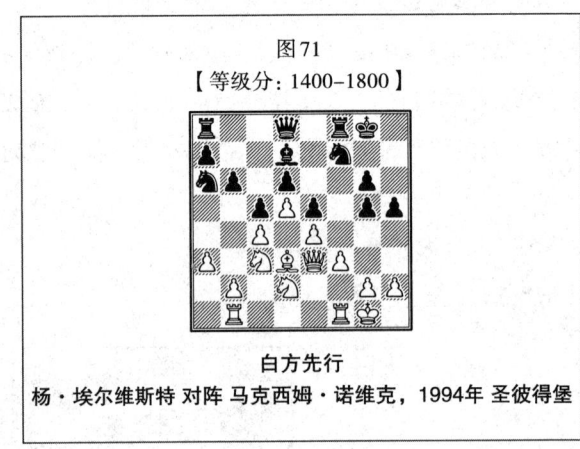

图71
【等级分：1400–1800】

白方先行
杨·埃尔维斯特 对阵 马克西姆·诺维克，1994年 圣彼得堡

这个局面提供了一个简单但是很典型的经典要领：用你不好的子去交换对手好的子！

浏览一下局面你就会发现白方的象是一个高个子兵，而黑方的象则非常积极，控制着两条对角线（e8–a4和c8–h3）。白方有什么办法可以交换掉这两个象吗？

评价等级解释：我希望你能注意到你的象的困境，接着尽你最大的努力来让它好过一点。由于对这一章节仔细的学习已经让你了解怎么处理一个高个子兵，我完全相信你可以找到解决方案。如果没有，不要失去信心，再仔细阅读一下那个部分！

1.Bc2!
准备通过Ba4来用这个不好的象交换黑方开放的象。
1...Qe7
我觉得应该仔细考虑一下1...Qe8，防止白方进行换象。
2.Ba4 Bxa4 3.Nxa4 Nd8 4.b4 白方在后翼的几步给了他比较明显的优势。

图72
【等级分：2100分以上】

白方先行
莱翁·阿罗尼安 对阵 彼得·斯维德勒，
2006年 莫雷利亚/利纳雷斯

1.d4 Nf6 2.c4 g6 3.Nc3 d5 4.Bg5 Ne4 5.Bh4 c5 6.cxd5 Nxc3 7.bxc3 Qxd5 8.e3 cxd4 9.Qxd4 Qxd4 10.cxd4 e6 11.Rb1 Be7 12.Bxe7 Kxe7 13.Bd3 Nc6 14.Nf3 b6 15.Ke2 Bb7 16.Rhc1 Rhc8——图72

这个局面的主要失衡在于白方的中心多兵优势和黑方的后翼多兵优势。很多初学者在发现对手有后翼优势时会十分不安——"难道那不是很大的优势吗？"他们会问。这可以是，但是中心兵在中局，尤其是棋盘上还有很多子的时候是很有价值的。此外，正如我们已经看到的，白方的中心兵给了他更大的空间（这并不是多么大的优势，但却是白方占优！）。

然而，另一场博弈也同时在进行着：象之间的战斗！白方已经注意到了黑方的中心和王翼的兵都在白色格上。如果接下来一直如此，这样的局面对白方的象来说是好消息，因为对方的兵都是自己潜在的攻击目标。因此，白方想要把黑方的兵控制在白格上。

评价等级解释：这完全是关于找到精妙的方法来创造本来不存在的东西的例子。这非常高深，所以评价等级也非常高。

17.g4!

太棒了！白方接着要走g4-g5，而黑方则没有合适的方法来阻止他。

17...h6

其他的选择还有：

➤ 17...f5 18.gxf5 gxf5 19.Rg1（另一种选择是19.d5 exd5 20.Rg1（很不好的是20.Bxf5 Ba6+）20...Rg8 21.Nh4 Ne5 22.Nxf5+ Kf6 23.Nd4 Nxd3 24.Kxd3 白方将来到一个

很有利的残局）19...Rg8 20.Rg3 Rxg3 21.hxg3 白方获得了一点儿但是很舒服的结构上的优势（三个内部的兵对两个，黑方虚弱的h7、e6格，以及e5格的缺陷）。

➤ 17...f6 18.g5 f5 19.h4 此时白方实现了他想要把黑方的中心和王翼兵留在白格的目标。

18.h4 Na5

另一种选择是18...Rc7 19.g5 Rac8（威胁要走...Nxd4+。在此之后走19...hxg5 20.hxg5 Rac8 21.Rh1! 会直接宣告h线远比c线要重要）20.Kd2 现在20...h5就将完全是白方的成功了，因为黑方王翼的兵永久地被限制在了白格上。而20...hxg5 21.hxg5 Nb4（21...Na5 22.Ne5会把局面引向和实战相同的结果）22.Rxc7+ Rxc7 23.Rxb4 Bxf3 24.e4 此时的局面仍然会让黑方很不舒服。

19.g5 hxg5 20.hxg5 Rxc1 21.Rxc1 Rc8 22.Rxc8 Bxc8 23.Ne5

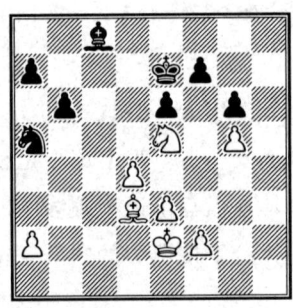

图72a

黑方期待着把车都兑掉之后，他的防守压力可以减轻，但是白方马和象相比于黑方的轻子在位置上更有优势，以及黑方的兵很多都被限制在了白格上，都使黑方仍然要经历长期的被动局面。

23...Bb7 24.a3 Nc6 25.Ng4

由于黑方的局面十分被动，白方选择先保留马（只有在对自己最有利的时候才交换）并且逐渐提升自己王的位置，并且用自己的兵获取尽可能大的中心空间。白方并不需要着急，正如我之前说过的：当你的对手十分被动，只能等待命运的审判时，你可以在最后进行攻击行动之前，冷静地尽可能提升自己子力的位置。并不是说这里黑方一定会输，但是他面临的局面已经很难守住了。

25...Nb8 26.Kd2 Bc6 27.Kc3 Nd7 28.f4 a5 29.e4 b5 30.Bc2 f5?

黑方完了。他本应该走30...f6的。

31.exf5 exf5 32.Ne5 Nxe5 33.dxe5

突然之间黑方的局面变得无望。他的王翼兵仍然还在白色格上，但是现在白方有了一个被保护着的通路兵，并且王可以通过Kc3-d4-c5轻易地渗透到黑方的阵地中。

33...b4+

当白方的王到达c5格之后，黑方都要不可避免地丢子。

34.axb4 axb4+ 35.Kxb4 Bd7 36.Bb3 Bc6 37.Kc5 Be8?

这让白方的取胜变得容易了。黑方本应该尝试37...Bf3，这样就来到了一个理论上白方（但是很复杂）可以获胜的局面。当然，这种类型的详细知识远远超出了本书的既定范围。只是提一下白方可以从对g6兵施加压力（Bg8-h7），适时的e5-e6挺兵和决定性的推进王这几个方面入手取得胜利。注意到是因为黑方的兵都在白色格，在白方象的攻击火力之下，所有这一切才变得可能。以g2-g4-g5挺兵开始的进攻响亮地吹响了胜利的号角！

37.e6，1-0。更完整的结束方式可能是38...Bf8 39.Kd6 Bb5 40.e7+ Ke8 41.Bd5 Ba4 42.Bc4! Bd7 43.Bf7+ 这就是全部了。

第二章　轻子——象vs马

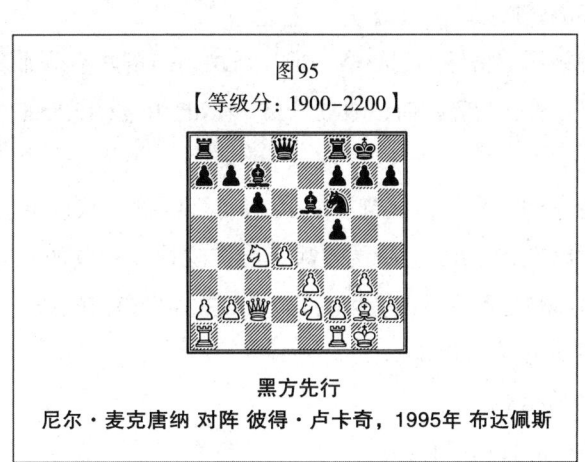

图95
【等级分：1900-2200】

黑方先行
尼尔·麦克唐纳 对阵 彼得·卢卡奇，1995年 布达佩斯

1.d4 Nf6 2.Bg5 d5 3.Bxf6 exf6 4.e3 c6 5.Nd2 Bd6 6.g3 0-0 7.Bg2 f5 8.Ne2 Nd7 9.0-0 Nf6 10.c4 dxc4 11.Nxc4 Bc7 12.Qc2 Be6——图95

黑方有f线的叠兵。这并不像世界末日那么可怕，但的确让黑方的局面不那么有灵活性。白方d4格的兵给了他在中心和后翼的空间优势。事实上，半开放的c线，c4格的马，对c5格的控制，以及白色格象都给了白方寻找突破手段的机会。

除了兵形的考量，这个局面的主要失衡在于黑方的双象vs白方的象和马。但是，兵结构在这里也起着很重要的作用，因为兵会严重限制象的灵活性。

所以关于这两点内容，白方需要集中注意力于：

▶ 在后翼寻找机会（可能的b2-b4-b5挺兵进攻随时都可以进行）。
▶ 最大限度地利用马的力量！

最大限度地利用马是指把它们中的一个或两个调动到可以在即将进行的后翼进攻中发挥重要作用的位置（记着你所有的子都应该为了一个目标共同努力）。于是，c5格就是很好的选择。一旦到了那里它将攻击b7兵，而如果黑方走...b7-b6来试图赶走它，那么c6兵（呆在半开放线上）就会变得十分虚弱。

因为兵形对白方有利，又由于马在这种兵结构之下更容易找到好的位置，白方拥有一点小的但是令黑方很困扰的优势。

评价等级解释：这个问题并不容易，因为白方不仅要能够把自己的马调动到c5格，还要小心黑方的轻子进攻。更重要的是在白方Ne5之后要考虑黑方...Bxe5.在我看来，需要考虑这么多内容要求你的等级分在1900以上，但是我当然希望很多读者可以证明我是错的！

13.Ne5!

将跳到d3格然后到c5格。把e2马跳到c5格并不是那么可行：13.Nf4 Bxf4 14.gxf4 Bd5 此时双方机会均等，而13.Nc1 Nd5 14.Nd3 Bxg2 15.Kxg2 Qd5+ 16.Kg1 Ne4 也同样对黑方有利。

注意到和13.Nc1比起来，13.Ne5可以把马从危险的c4格挪开。这意味着13.Nc1使黑方可以走13...Bd5，因为f5兵不会被吃掉（白方的后需要呆在c2格保护c4马），但是13.Ne5 Bd5是不可行的，因为14.Qxf5白方将白白吃掉一个兵。当然，把马留在e2格也使Nf4这一步随时可以走。

13...Nd5

其他的选择还有：

▶ 13...Bxe5 14.dxe5会导致非常复杂的局面，白方将拥有令人苦恼的主动权。比如说14...Nd7（14...Nd5也是可以的，但是这样并没有给e5施加任何压力，就给了白方一步先手）15.Qc3 Qb8（黑方的后在15...Qc7 16.f4之后位置并不好）16.f4 f6 17.Nd4 Qe8 18.Rad1 fxe5 19.fxe5 此时白方占一点优势，因为19...Nxe5 20.e4是很令黑方苦恼的：20...fxe4?? 21.Rxf8+ Kxf8 22.Qc5+。

▶ 13...Nd7 此时由于之前提到的那些优势点，14.Nd3和14.Nxd7 Qxd7 15.Nc1 Bd6 16.Nd3都会给白方主导局面的机会。注意到14.Nxc6是很有趣但是有争议的一步，因为14...bxc6 15.Bxc6 Rc8! 16.d5 Be5（16...Nb8!? 17.Bb7 Bxd5 18.Bxc8 Qxc8 19.Rac1 Na6也会让黑方有一点儿优势）17.dxe6 Nb8 18.Rad1 Qe7 19.Qxf5 Nxc6 20.exf7+ Qf7 21.Qxf7+ Rxf7 此时黑方多一个子的优势要大于白方多出来的三个兵。

▶ 13...Qe7 14.Nd3 Rad8 15.b4（15.Nef4也是不错的选择）15...Bd6 16.Rab1，白方同样有更多的机会。

14.Nd3 g6 15.Nc5 Bc8 16.Nc3 Nf6 17.b4 凭借着目的明确的轻子进攻，白方很快占领了后翼并且获得了教科书式的胜利：**17...a6 18.a4 Bd6 19.b5 axb5 20.axb5 Rxa1 21.Rxa1 Qc7 22.bxc6 bxc6 23.Qa4 Nd7 24.Na6 Bxa6 25.Qxa6 Nb8 26.Qc4 h5 27.Na4 h4 28.Nc5 hxg3 29.hxg3 Rc8 30.Rb1 Qe7 31.Rb7 Qe8 32.e4 Bxc5 33.dxc5 fxe4 34.Bxe4**（我想这里时间有些紧张了，因为34.Bh3 Rd8 35.Rxf7就将直接结束比赛）**34...Nd7 35.Ra7 Ne5 36.Qc3 Rd8 37.Rc7 Qe6 38.Kg2 Rd7 39.Rc8+ Kh7 40.Qa1 Rd1 41.Qxd1 Qxc8 42.Qh5+**，1-0。

图96
【等级分：2000分以上】
白方先行
霍华德·斯汤顿 对阵 约翰·雅各布·勒文塔尔，
1858年 伯明翰
在这个局面下，白方尝试走15.Bxc6 Bxc6 16.e4，给了黑方双象组合，但是封闭了局面，让它变得不开放。这是一个明智的选择吗？

1.c4 e5 2.Nc3 Nf6 3.e3 Bb4 4.Qb3 c5 5.Nd5 Nc6 6.Ne2 d6 7.Ng3 Be6 8.a3 Ba5 9.Qxb7 Bd7 10.Qb3 0–0 11.Nxf6+ Qxf6 12.Be2 Qh4 13.Bf3 Rab8 14.Qd3 Bc7——图96

白方多一个兵，但是黑方在局面发展上握有主动权，而且在15.0-0 f5 16.Bd5+ Kh8之后会获得很好的补偿。然而，这里斯汤顿突然有了灵感——为什么不在多一个兵的基础上再增加一个优势的轻子呢？于是**15.Bxc6 Bxc6 16.e4**就发生了。如果白方有时间走

0-0、Qe2、d3和f2-f4，局面将变得非常有利。但黑方当然不会坐视不管，接受封闭的局面和较差的象。

评价等级解释：又是一个复杂的问题。我认为大师水平以下的棋手分析这个局面是有困难的。毕竟，黑方已经少了一个兵，而且他的象的确看起来并不好过。为了能避免某些在这个局面下的错误理解，你需要对静态vs动态（在第六章中有详细讲解）有熟练的掌握，以及拥有识别战术的慧眼。

16...f5!

这一步将局面打开，并且打碎了白方的幻想。这里的启发很明显：如果你打算让你的对手拥有双象，确定他不能把局面打开！

相反地，如果你有双象而它们看起来很不活跃，一定要坚持找到方法让它们变得开放！关于心理毅力的内容（努力实现自己的目的）在第四章中讲到了。

17.0-0

这并不是白方最想走的招数，但是他突然注意到17.Nxf5会导致17...Bxe4 18.Nxh4（18.Qg3 Qxg3 19.Nxg3 Bxg2 20.Rg1 Bc6接着21...Rf3将会有很大的麻烦，因为白方很难找到可以应对的招数）18...Bxd3 此时白方的局面已经陷入无望。注意到黑方的白色格象是如何羞辱白方的马的。

当然，试图走17.f3死守会导致17...f4白方将丢子。

17...fxe4

简单的这样一步使黑方有了明显的优势。子力上双方是对等的，但是黑方的每一个子都比白方相应的子要好。勒文塔尔笑到了最后，尽管看起来他费了很大的努力：

18.Qc2 Rf4 19.b3 Rbf8 20.Bb2 R8f6 21.Rae1 Rh6 22.h3 Rhf6（22...e3!接着走...Bxg2是很有威胁的）**23.Re3 Ba5 24.Qd1 Qh6 25.Qe2 Qg6 26.Bc1 Rh4 27.Re1 Rff4 28.Nf1 Rf3 29.Ng3 Rxe3 30.Qxe3 Qf7 31.Re2 Rf4 32.Bb2 Qg6 33.b4 Bb6 34.b5 Bb7 35.Qc3 h5 36.Re3 h4 37.Nh1 Qf7 38.a4 Qc7 39.d3 Ba5 40.Qc2 exd3 41.Qxd3 e4 42.Qd1 Qe7 43.g3 hxg3 44.Rxg3 Rf7 45.Re3 d5 46.cxd5 Qg5+ 47.Ng3 Bxd5 48.Bc1 Qe5 49.Qc2 c4 50.Bb2 Qg5 51.Bd4 Bb6 52.Qd2 Qf4 53.Nh5 c3 54.Bxc3 Qg5+ 55.Ng3 Bxe3 56.Qxe3 Qxe3 57.fxe3 Rf3 58.Be5 Rxe3 59.Nf5 Rd3 60.a5 e3 61.Nd4 Rd1+ 62.Kh2 e2 63.Nxe2 Rd2 64.Bb8 Rxe2+ 65.Kg3 Rb2**，0-1。

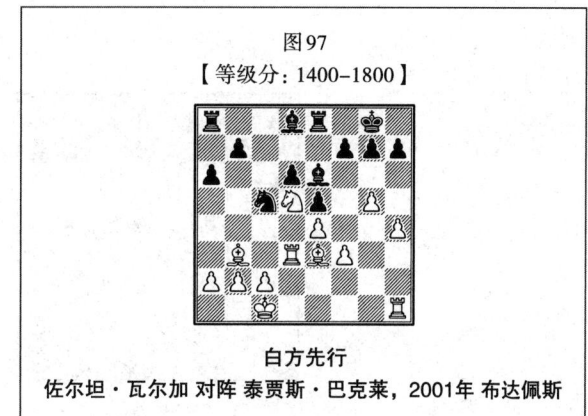

图97
【等级分：1400-1800】

白方先行
佐尔坦·瓦尔加 对阵 泰贾斯·巴克莱，2001年 布达佩斯

1.e4 c5 2.Nf3 d6 3.d4 cxd4 4.Nxd4 Nf6 5.Nc3 Nc6 6.Bg5 a6 7.Qd2 Qb6 8.0-0-0 Nxd4 9.Qxd4 Qxd4 10.Rxd4 e6 11.f3 Bd7 12.Bc4 Bc6 13.Rdd1 Be7 14.Bb3 0-0 15.Rd3 Rfe8 16.Bf4 e5 17.Be3 Bd7 18.g4 Be6 19.g5 Nd7 20.Nd5 Bd8 21.h4 Nc5——图97

有人可能会以为这个局面完全是关于d6兵的弱点，但这是不正确的。相反，我想强调的完全是使用轻子的技巧。

评价等级解释： 这个章节是有关轻子之战的，所以每个问题的答案都会与之相关。而最典型的轻子对决就是一个象vs一匹马。我知道这是一个在这种等级分水平的棋手可以完全理解的（现在，或者再进行一些训练）。

白方应该通过以下招数来让自己的轻子变得更好（好的马vs差的象）：**22.Bxc5 dxc5 23.Ne3 Bxb3**。

交换掉一对象（从而使黑方失去双象）将使所有的白色格都在马的统治之下。

24.axb3

白方由于拥有一匹强大的马（它可以直接跳到c4、d5、f5或者g4格）并控制着开放的d线，占据着明显的优势。当然，占据优势并不意味着你一定能获胜，这一盘接下来出错的棋局就是证明：

24...f6 25.Rd7

25.Rg1可以阻止黑方任何的反击并继续牢固地掌握局面上的优势。

25...fxg5

更好的走法是25...Re7 26.Rhd1 Rxd7 27.Rxd7 fxg5 28.h5! 此时白方尽管少一个兵，但由于他的车和马都比黑方的要好，所以仍然有着稳固的优势。

26.Nf5 Bf6

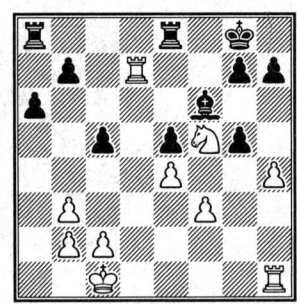

图97a

27.Rg1?

错过了27.hxg5! Bxg5+ 28.f4!! Bxf4+ 29.Kb1 g6（29...Kh8 30.Rxg7 h6 31.Rxb7 会更好，但是白方仍然占据着很大的优势）30.Rg7+ Kf8 31.Rhxh7 gxf5 32.exf5 接着f6，接下来Rh8叫杀。

27...h6 28.Rxb7?

28.hxg5 Bxg5+ 29.Kb1也还能握有明显优势。

28...Rab8 29.Rc7 gxh4 30.Nxg7 Bg5+ 31.Kd1

现在白方的优势消失了。然而31.Kb1 Rec8 32.Rd7 Rd8 33.Rxd8+ Rxd8 34.Ne6 Rd2 35.Nxg5 hxg5 36.Rxg5+ Kf7也还是双方平手。

31...Red8+ 32.Ke1 h3 33.Ne6 h2 34.Rh1 Rd2 35.Rg7+ Kh8 36.Nxg5??

白方要输了。他本还可以走36.Rh7+! Kg8 37.Rg7+ 而黑方也不得不接受长将和，因为37...Kh8 38.Rh7+ Kxh7 39.Nxg5+ Kg6 40.Kxd2 Kxg5 41.Rxh2 是对白方有利的。这盘棋剩下的部分是对白方的煎熬。

36...Rxc2 37.Rh7+ Kg8 38.Rxh6 Rc1+ 39.Kf2 Rxh1 40.Rg6+ Kf8 41.Kg2 Rc1 42.Kxh2 Rxb3 43.Rxa6 Rxb2+ 44.Kh3 c4

44...Rh1+ 45.Kg4 Rg2+ 46.Kf5 Rh5 将很快取胜。

45.Kg4 c3 46.Kf5 Rcb1 47.Kf6 Rb6+ 48.Ne6+ Rxe6+，0–1。

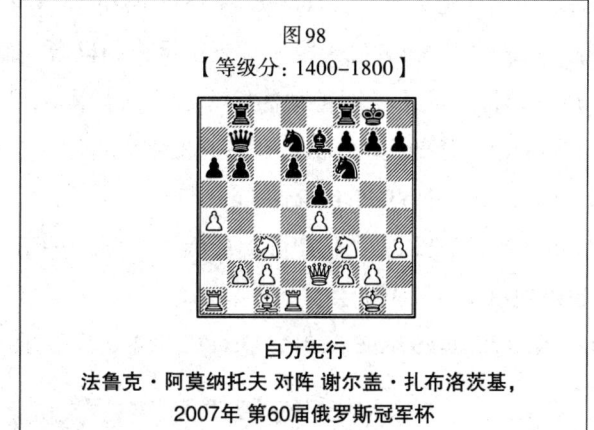

图98
【等级分：1400-1800】

白方先行
法鲁克·阿莫纳托夫 对阵 谢尔盖·扎布洛茨基，
2007年 第60届俄罗斯冠军杯

1.e4 d6 2.d4 Nf6 3.Nc3 e5 4.Nf3 Nbd7 5.Bc4 Be7 6.0-0 0-0 7.a4 c6 8.Ba2 b6 9.Qe2 a6 10.Rd1 Qc7 11.h3 Rb8 12.d5 cxd5 13.Bxd5 Bb7 14.Bxb7 Qxb7——图98

一个典型的西西里兵形（然而是从皮尔茨式开局变形为菲利多尔式开局！）。黑方有一个d线的落后兵（但是防御得很稳固）而且d5格很虚弱，但他仍希望通过...Rfc8以及...b6-b5来寻求反击。但是，白方有创造好的轻子的走法。

评价等级解释：又是一个在这个等级分水平的棋手可以轻易理解并解决的问题。兑掉一些轻子并留下你比对方要好的轻子是很基本但是十分重要的战略。

15.Bg5!

白方直接朝着马vs象的优势局面进发，这也会在d5格形成一个永久的攻击点。这一步既直奔主题又很好理解：黑方的马是d5格的守卫，而白方的象永远不能直接控制d5格。因此，白方想要交换掉黑方的两匹马，留给他一个黑色格象vs（理想情况下）自己的一个在d5格的马。

15...Rfc8 16.Bxf6

这并不是最好的选择。你注意到f3格的马并没有参与到对d5格的争夺之中吗？提升你的全局视野是很重要的，这样你就能很快发现自己的哪些子并没有在好的位置上。一个判断你的子是否发挥作用的方法是问一问："它能帮助其余的子力来实现主要的战略目标吗？"如果它没有这么做，它很可能是一个懒汉！

最正确的走法是16.Nh2，立刻就让它参与到了d5格的争夺之中：它将要跳到g4格，那里（在Bxf6兑换掉对方的一个马之后）它可以交换掉黑方剩下的一匹马（创造出理想的好马vs象的局面），或者它也可以跳到e3格，威胁跳到d5或者f5格。

意识到这种调动如何把一个偷懒的马变成一个积极争夺d5格的子是非常重要的。

在16.Nh2之后的演化可能是：16...h6 17.Bxf6 Nxf6 18.Ng4 Nxg4 19.hxg4 Rc5 20.Nd5 Rbc8 21.c3 Bg5 22.g3 此时黑方已经没有了真正反击的机会，而由于白方强大的马和自己长期虚弱的d6兵，将要经历长期被动的防守。引用国际大师埃利奥特·温斯洛的一句话："把这个局面放在你的记忆深处，理解它的细微差别；这是'职业'西西里杀手。"

16...Nxf6 17.Nd5 Nxd5 18.Rxd5 g6?

18...f5! 本可以把白方的优势降到最低，因为19.c3 Rc5、19.c4 b5和19.Rad1 Qc6都给了黑方超出他想象的反击机会。

19.c3 Rc5 20.Rxc5 bxc5 21.Nd2 Qc6 22.Nc4 此时白方的马在c4格完全是一个统治者。

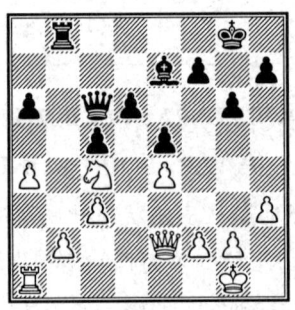

图98a

这盘棋剩下的部分非常平淡，因为黑方只能呆在那里看着白方一点儿一点儿地提升自己的局面而无计可施：**22...Kg7 23.Qc2 Qb7 24.Rb1 Qb3 25.Qxb3 Rxb3 26.Kf1 Kf6 27.Ke2 Ke6 28.Ne3 f5 29.f3 h5 30.Kd3 Bd8 31.Nd5 Rb8 32.b4 cxb4 33.cxb4 Kd7 34.g4 hxg4 35.hxg4 Ke6 36.Rh1 fxg4 37.fxg4**，1-0。白方的马对黑方象的优势在最后的局面中体现了出来。黑方认输了，因为他已经完全处于被动，只能等待着白方积蓄力量进行最后一击。一个有趣的可能演化是：37...Rc8（37...Bg5 38.Nc7+ 接着39.Nxa6）38.Rh6 Kf7 39.Rh7+ Ke6 40.Rg7 g5（可怜的象现在已经到了高个子兵的境地）41.b5（41.Ra7也是不错的选择）41...axb5 42.axb5 Rb8 43.b6 Ra8（43...Bxh6 44.Re7将杀）44.b7 Rb8 45.Kc4 此时轮到黑方被迫移动，难以避免要丢掉大量的子力。

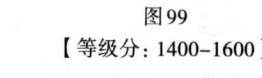

白方先行
泰穆尔·拉贾博夫 对阵 维斯瓦纳坦·阿南德，
2008年 利纳雷斯

白方走了**18.Bd3**双方于是同意和棋。这样合乎情理吗？
难道白方没有在开放局面中占据拥有双象的优势吗？

1.e4 c6 2.d4 d5 3.Nc3 dxe4 4.Nxe4 Bf5 5.Ng3 Bg6 6.Nh3 Nf6 7.Nf4 e5 8.Nxg6 hxg6 9.dxe5 Qa5+ 10.Bd2 Qxe5+ 11.Qe2 Qxe2+ 12.Bxe2 Nbd7 13.0-0 0-0-0 14.Rad1 Nb6 15.Bc1 Bd6 16.Rfe1 Kc7 17.h3 Rhe8 18.Bd3——图99

是的，白方如果能保持双象，就能够占据着优势，但是白方难以阻止黑方根据我们基本的反双象战略交换掉其中一个。在这个局面下，黑方走...Nfd5，接着...Bf4就可以实现。注意到18.c4试图阻止这个计划会导致18...Bxg3 此时白方将要丢掉一个兵（19.Rxd8 Bxf2+）而19.fxg3?? Rxd1则丢一个子。

评价等级解释： 如果对手有双象，兑掉其中一个是等级分1400分的棋手能够理解和运用的。

在**18.Bd3**之后，接下来可能的演化是**18...Nfd5 19.Ne4**（19.c4 Nb4是令白方苦恼的，因为白方的象已经不可能在保护自己的同时还控制着c4和a2格）**19...Bf4**白方就没有什么优势了。

第二章
习题22

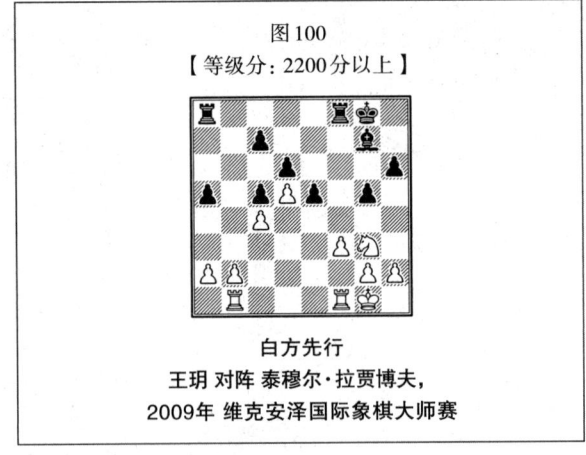

图100
【等级分：2200分以上】

白方先行
王玥 对阵 泰穆尔·拉贾博夫，
2009年 维克安泽国际象棋大师赛

1.d4 Nf6 2.c4 g6 3.Nc3 Bg7 4.e4 d6 5.Nf3 0-0 6.Be2 e5 7.Be3 Ng4 8.Bg5 f6 9.Bh4 g5 10.Bg3 Nh6 11.d5 Nd7 12.0-0 f5 13.exf5 Nxf5 14.Nd2 Nd4 15.Nde4 h6 16.Bg4 b6 17.f3 Nc5 18.Bxc8 Qxc8 19.Bf2 Qd7 20.Ng3 a5 21.Nce2 Nf5 22.Nxf5 Qxf5 23.Ng3 Qg6 24.Bxc5 bxc5 25.Qb1 Qxb1 26.Raxb1——图100

黑方可以通过…a5-a4接着…Rf8-b8-b4给白方的后翼施加很大的压力，同时对c4和b2兵造成打击。然而，"另一场"战斗在黑方高个子兵和白方的马之间展开，白方的马在Ne4之后将威力巨大。尽管通过26…a4接着27…Rfb8直接攻击后翼可以弥补轻子上的弱势地位，但是黑方明智地问："为什么我不能两方面都占优呢？"

评价等级解释：如果任何等级分在2200以下的棋手注意到了轻子之战和黑方在后翼的机会，我将非常欣慰。然而，真的看到并且有勇气走黑方此时的最佳招数又是另一件事情了。这很有启发性，但是要求很强的视野、勇气和信心。

26…e4!

突然之间黑方的象就不再是一个高个子兵了！把这个休眠的象变成一个强大的子，那么这个兵的牺牲是值得的。这种局面，以及在实战中真正走这一步时的心理过程，将在第四章心理漫谈中做更深入的剖析。

27.Nxe4 Bd4+ 28.Kh1 a4

黑方走得非常系统合理：首先他把自己的象变得积极，接着他把白方的王赶到了棋盘的最右边（远离在后翼真正的战场），最后他发起了对白方后翼兵的攻击。

29.h4?

这步棋并不好。更好的走法是29.Rfc1 Rfb8 30.Nc3，当然黑方在30…Rb4 31.b3 Bxc3 32.Rxc3 Re8 33.Ra1 Re2之后也并没有什么问题。

29...gxh4 30.Kh2 Rfb8 31.b3 axb3 32.axb3 Ra2 黑方活跃的子让它拥有主动权。这盘棋接下来的部分是一个象制服一匹马最好的诠释：**33.Rfd1 Kf7 34.Rd2 Ra3 35.Kh3 Raxb3 36.Rxb3 Rxb3 37.Kxh4 Kg6 38.Rc2 Rb1 39.Ng3 h5 40.f4 Bf6+ 41.Kh3 Rb3 42.Kh2 h4 43.Ne2 Kf5 44.Ra2 Rb4 45.Ra8 Rxc4 46.Re8 Rb4 47.Re6 Rb3 48.g4+ hxg3+ e.p.49.Nxg3+ Kg4 50.Ne2 Rb2 51.Kg2 Be5 52.Kf2 Bxf4 53.Re7 Kf5 54.Rf7+ Ke5 55.Kf3 Bd2 56.Rxc7 Kxd5 57.Ng3 Rb3+ 58.Kg2 Bf4 59.Ne2 Be5 60.Kf2 Ke4 61.Rh7 Rf3+ 62.Ke1 d5 63.Kd2 d4 64.Rh4+ Kd5**，0-1。

第二章
习题23

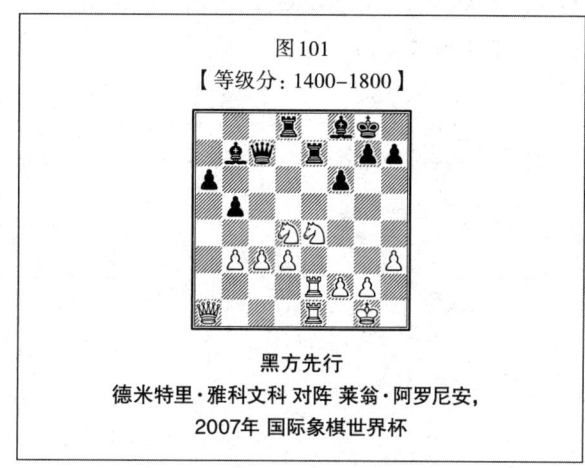

图101
【等级分：1400-1800】

黑方先行
德米特里·雅科文科 对阵 莱翁·阿罗尼安，
2007年 国际象棋世界杯

1.e4 e5 2.Nf3 Nc6 3.Bb5 a6 4.Ba4 Nf6 5.0-0 Be7 6.Re1 b5 7.Bb3 0-0 8.h3 Bb7 9.d3 d5 10.exd5 Nxd5 11.Nxe5 Nd4 12.Bd2 c5 13.Nc3 Nxb3 14.axb3 Nb4 15.Rc1 f6 16.Nf3 Qc7 17.Ne4 Rfe8 18.Bxb4 cxb4 19.c4 bxc3 e.p. 20.bxc3 Ba3 21.Rc2 Rad8 22.Qa1 Bf8 23.Rce2 Re7 24.Nd4——图101

黑方落后一个兵但是有双象优势。这足够弥补子力上的不足吗？也许不能。我们不要忘了白方马的位置也很好，而且如果它们能够在中心扎根，白方将拥有明显的优势。换句话说，不要总是盯着兵的多少而忽视了轻子之战！

评价等级解释：我对等级分在1400的棋手很有信心，所以我把等级范围放低到了1400分！在学习了所有这些有关象和马的知识之后，我完全相信这个等级水平的棋手已经有了对有支撑格的敏锐洞察力。然而，如果对这个概念还有一些模糊，那么第五章（目标意识）会进一步阐明它。

正如我们知道的，不让对方的马到达有支撑的格是非常重要的（反马战略！），所以很切中主题的一步**24...b4!**，削弱白方对d4格的控制，也因而让白方的马不能舒服地永久呆在有支撑格。在 **25.c4 Bc8!** 之后，阻止了白方Nf5，在进一步的准备之后再走…f6-f5，剥夺白方另一匹马在中心的好位置！那样的话黑方的机会就将比实战中要更好。

棋手们养成这种破坏对方有支撑的格的观念是十分重要的！在实战中黑方走了 **24…Rde8?!** 在 **25.b4!** 之后，d4马就可以永久地呆在那里了。接着，在一些起起伏伏之后，白方最终赢得了胜利：**25…Kh8 26.Ng3 g6 27.Rxe7 Rxe7 28.Rxe7 Qxe7 29.Qd1 f5 30.Qe2 Kg8 31.Qxe7 Bxe7 32.f4 h5 33.Nge2 Kf7 34.Kf2 Bf6 35.Nf3 Ke6 36.Ned4+ Kd6 37.Ne2 Bd5 38.Ke3 Bd8 39.g3 Bb6+ 40.Nfd4 Bg2 41.c4 bxc4 42.dxc4 Ba7 43.Nc3 Kd7 44.h4 Bf1 45.c5 a5 46.Ncb5 Bxb5 47.Nxb5 Bb8 48.Kd3 axb4 49.Kc4 Ke6 50.Nd4+ Kd7 51.Kxb4** 接下来获胜就很容易了。

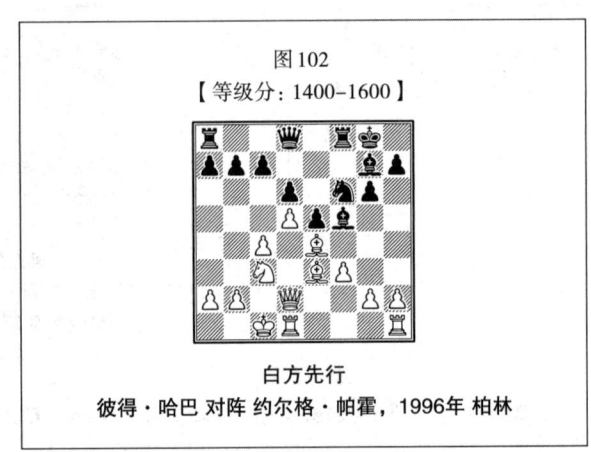

图102
【等级分：1400-1600】

白方先行
彼得·哈巴 对阵 约尔格·帕霍，1996年 柏林

1.d4 Nf6 2.c4 g6 3.Nc3 Bg7 4.e4 d6 5.f3 0-0 6.Be3 e5 7.d5 Nh5 8.Qd2 f5 9.0-0-0 Nd7 10.Bd3 Ndf6 11.Nge2 fxe4 12.Nxe4 Nxe4 13.Bxe4 Bf5 14.Nc3 Nf6——图102

这是对e4格的激烈争夺。白方找到了赢下这场争夺的方法，也因而获得了更好的轻子位置。

评价等级解释：大家都很清楚这一章节完全是关于象和马的，所有的招数都应该与它们相关，所以本例中关于一个格子的基本争夺所有人都应该做得到。

15.Bg5! Bxe4 16.Bxf6!

不可走16.Nxe4? Nxe4! 这样白方完全没有赢得这个格子。

16…Rxf6 17.Nxe4

毫无疑问白方的马要优于黑方的象。

17…Rf4 18.Kb1 Qd7 19.c5!

开始在后翼行动了。黑方现在面临着严重的问题：他中心的空间较小，白方将在后翼制造巨大的压力，而黑方常见的王翼反攻现在完全无法实现。所有这些，再加上白方马的巨大优势，都让黑方的局面十分难过。

19...dxc5 20.Nxc5 Qf5+ 21.Ne4

不允许黑方走...Rf4–d4。

21...Bf8 22.Qe2 Bd6 23.Rd3 Rf8 24.Rc1 h6 25.a3

白方花了一点时间来照看自己的王；你永远不知道什么时候你的王将很需要一个安全格。现在黑方面临着一个困境：他可以继续被动地走，这样拖着期待最好的和棋结局（这样的战略很少可以真正达到目的），或者他可以通过...h6–h5和...g7–g5–g4来尝试王翼的反攻。然而，这有可能削弱他的王翼位置，并且很有可能轻易地滑向"治疗比疾病更要命"的境地。

25...g5

黑方决定进行一些行动。

26.h3 h5 27.g4!

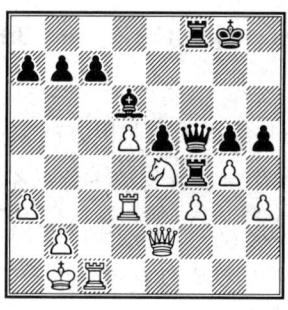

图102a

似乎轻子和后翼的优势还不够，白方现在又接管了王翼！通过把黑方的兵困在g5格，黑方的后将要长期地担起保护它的任务。

27...hxg4?

这步错招打开了h线，并且让白方又抓住了这个弱点。然而，看起来不错的27...Qg6也没有给黑方任何希望。那样的话白方就要在通过28.gxh5 Qxh5 29.Rg1 Kh8 30.Rxg5直接攻击黑方咽喉，或者通过28.Ka2 h4 29.Rb3 b6 30.Rc6牢固地掌控局面并且逐渐对黑方阵地施加压力之间做出选择。

28.hxg4 Qg6 29.Rh1 Kg7 30.Rg5 这盘棋剩下的部分不会给黑方任何好日子过：**30...Be7 31.Rc3 Bd8 32.Rxc7+ Bxc7 33.Rxg5 Bb6 34.Rxg6+ Kxg6 35.Qh2 Rxe4**（35...Rxf3 36.Qh5+ Kg7 37.Ng5 Rf1+ 38.Ka2 Kf6 39.Nh7+）**36.Qh5+ Kg7 37.Qg5+ Kh7 38.Qe7+ Kh8**

39.fxe4 Rf1+ 40.Ka2（白方第25步的意义得到了体现！）**40...Bd4** 此时黑方在白方走下一步之前认输。接下的41.d6 Rf2 42.Qxb7会让黑方觉得走下去是耻辱。

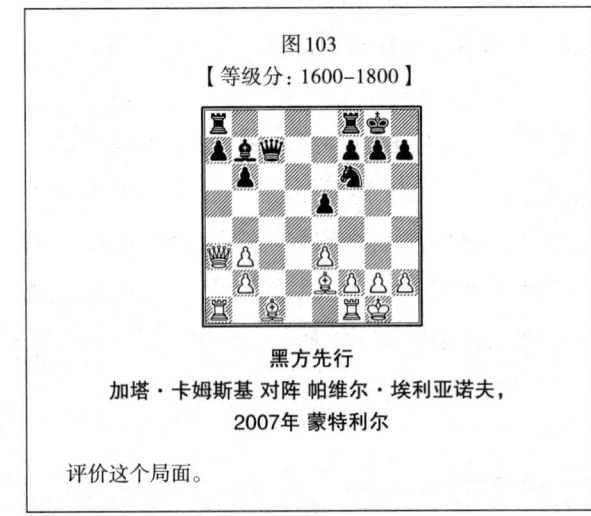

图103
【等级分：1600—1800】

黑方先行
加塔·卡姆斯基 对阵 帕维尔·埃利亚诺夫，
2007年 蒙特利尔

评价这个局面。

1.d4 Nf6 2.Nf3 d5 3.c4 e6 4.Nc3 Bb4 5.e3 0–0 6.Bd3 c5 7.0–0 dxc4 8.Bxc4 Nbd7 9.Qb3 cxd4 10.Qxb4 dxc3 11.Qxc3 Qc7 12.Qb3 b6 13.Be2 Bb7 14.Nd4 Nc5 15.Qa3 e5 16.Nb3 Nxb3 17.axb3——图103

白方的双象vs黑方的象和马。然而，此时黑方的象远比白方的任何一个都要好（它对a8–h1对角线的控制是很有威胁的），并且黑方的马相比白方的象也有更多的选择（它可以跳到e4、d5格，甚至通过d7跳到c5格）。为什么白方的轻子这么不积极呢？答案很简单：c1格象并没有发挥应有的作用，它没有找到自己可以控制的对角线！

评价等级解释：我想一些棋手可能会被白方通过a线对a7兵施加的压力和双象而误以为白方在局面上占优。希望这个问题可以让你在有关马的知识上产生一些共鸣。

c1格的象没能发挥应有的作用使黑方拥有了明显的优势。现在让我们在局面上做一点"小小的调整"：把白方的e线兵放在e4格，f线兵放在f3格，黑色格象放在e3格。

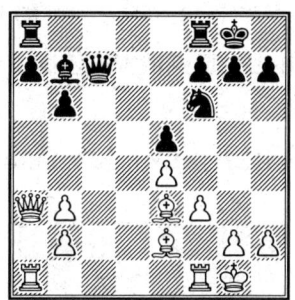

图103a　黑方先行
现在白方成了局面占优的一方

突然之间黑方的优势消失了，而白方成了明显占优的一方。所有情况都变了！黑方的马不再可以长期地呆在e4或者d5格，此外b7格象原本控制的对角线被封锁了。我们还是不要忘了白方黑色格象的问题，但这成了黑方要面对的问题！骄傲地坐在e3格，它同时掌控着两条斜线（g1-a7和c1-h6）。

正如你已经发现的，只是拥有双象而期待着它们凭空为你赢下比赛是一个严重的误区！在对局面作出评判之前，所有位置上的细节都必须被考虑在内。

让我们回到实战中的局面（如图103），黑方需要确保白方的c1象依然不开放，当然他还需要确定上图所示的白方的理想局面永远不能变为现实。

17...Rfd8

非常简单的一步，但是很有作用。这个车现在占据了开放线，阻止了白方的Bd2。

18.Re1

如果白方走18.b4，那么18...Qc2是非常令白方苦恼的：19.Bb5（19.Ba6 Bxa6 20.Qxa6 Rd1 21.Rxd1 Qxd1+ 22.Qf1 Qc2 现在白方在23.h3 h6 24.Kh2 Rc8和23.e4 Qxe4 24.Bd2 Nd5 25.Bc3 f6之后都面临劣势）19...a6 20.Ba4 Qg6 21.f3 e4!（不允许白方"梦想中的"e3-e4挺兵）22.f4 Rd3 23.Qa2 Rc8 黑方胜势。

18...a5

这是很重要，也很有效的一步！现在白方的b3兵被困死在了那里（因为19.b4的话黑方可以立刻19...axb4），a7格不再面临任何压力，而且黑方随时可以走Qb4。

19.e4

牺牲掉一个兵来激活c1格象——这并不是最理想的解决方法，但是白方已经实在很难找到真正有效的一步了！如果走19.f3（期待着自己可以接着走e4和Be3）19...e4（告诉白方他的想法很少能变为现实）20.f4 Qc2! 21.Qe7（21.Bf1 Rd1!黑方将很快取胜，而21.Qa4 Nd5 22.Bd1 Qc7 23.Qxe4 Nb4 24.Qc4 Rac8之后，此时25.Qe2 Qd6和25.Qxc7 Rxc7

都将让白方的局面十分糟糕）21...Rd7 22.Qe5 Qxe2! 23.Rxe2 Rd1+ 24.Kf2 Ng4+ 25.Kg3 Nxe5 26.fxe5 Rc8 27.Rd2 Rg1 现在白方已经被牢牢控制，不久就将会丢子，并难逃被将杀的命运。

19...Bxe4 20.Bg5 h6 21.Rac1 Qb7 22.Bxf6 gxf6 23.Bf1 Rd4

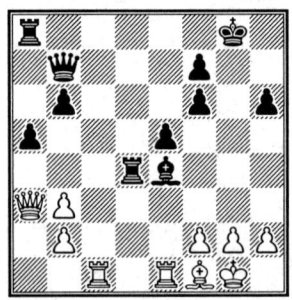

图103b

白方已经成功地提升了自己子的位置，甚至还打乱了黑方王翼的兵形。但不幸的是，黑方现在有了稳固的多兵优势，他的王比想象中要安全得多，此外他的子也都占据着中心的有利位置。白方（已经十分绝望）试图在王翼制造对黑方的威胁，但是并不能取得任何实际的效果。最后的演化是：**24.b4 Rxb4 25.Rc3 Rxc4 26.Bxc4 Kg7 27.h4 Bg6 28.Qg3 h5 29.Rd1 Qc7 30.Be2 Kh7 31.Qf3 Rd8 32.Re1 Rd6 33.b3 Qc5**，0–1。

第二章
习题26

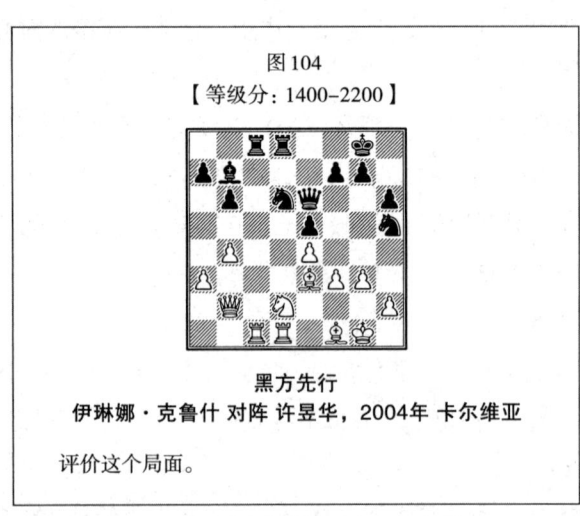

图104
【等级分：1400-2200】

黑方先行
伊琳娜·克鲁什 对阵 许昱华，2004年 卡尔维亚

评价这个局面。

1.d4 Nf6 2.c4 e6 3.Nc3 Bb4 4.Qc2 0-0 5.a3 Bxc3+ 6.Qxc3 b6 7.Bg5 Bb7 8.e3 d6 9.Nf3 Nbd7 10.Nd2 h6 11.Bh4 c5 12.f3 Rc8 13.dxc5 dxc5 14.b4 Ncd7 15.Qb2 Ne5 16.Be2 Ng6 17.Bf2 d5 18.0-0 e5 19.cxd5 Qxd5 20.Rfd1 Qe6 21.e4 Nf4 22.Bb5 Rfd8 23.Be3 Ne8 24.g3 Nd6 25.Bf1 Nh5 26.Rac1——图104

由于双象优势和黑方在h5的那个不好的马，这个局面下白方占优。但双方都没有严重的弱点，所以白方不能过度骄傲，而黑方也并没有经历痛苦的折磨。大致来说，在这种情况下弱势的一方（在这个例子当中，我们指的是黑方）有两种方案选择：一个是承认自己的劣势，并一点一点地提升自己的局面，努力达到双方平手，最后追求和棋。另一个是寻求战略突破机会，但在诀窍这个问题上不能强求，因为侵略性过度的招数反而会在自己的阵地制造弱点，让局面变得更加糟糕。这时黑方应该仔细地斟酌这两种战略。主要的"冲上去"战略可以是26...f5（想要让b7格象参与到战斗中来），但是27.Rxc8 Rxc8 28.Bh3 Nf6 29.Re1让黑方面临巨大的压力。

评价等级解释：所有的分析都应该源于"白方的局面较好，因为他有双象"这一事实，但是此外还有很多细微差别和可供调整的空间。

由于26...f5并不能解决问题，黑方需要首先巩固自己的局面。走...f7-f5挺兵的机会也许在后面会出现，也许不会。但是现实一点，承认对方的双象比自己的象马要好并不是什么丢人的事情。一旦你做了这个清醒的决定，你就应该接着考虑常见的反双象战略（试图兑掉其中之一），让你所有的子都参与进来，并建造一个坚硬的"壁垒"来阻挡白方对自己弱点的攻击。比如说：26...Nf6（不要让你的马在棋盘的角落上发霉！）27.Rxc8（27.a4？）27...Rxc8 28.Rc1 Rxc1 29.Qxc1 Nfe8 这时黑方来到了一个防守稳固但是仍处于一点劣势的局面。好吧，因为你这里面对的是克拉姆尼克，所以可能仍会担心输掉比赛，但是你真的相信你并不是克拉姆尼克的对手有能力赢下这个局面吗？在30.Qc3（30.Qc2将会阻止黑方...f5的可能——白方在局面上占优，那他怎么会愿意让事情失去控制呢？）30...f5!（黑方原本是遵循"牢牢地守住"这一战略的，但是这一步很有趣）31.Bh3 Qf6 32.Qb3+ Kf8 谁知道接下来会发生什么呢？

在实战中，黑方走得十分积极。

26...g5?!

这里的想法是接着走...g5-g4来削弱e4兵。然而，黑方h5格马不好的位置以及对进一步打开局面将对白方的象有利（通常的确是这样的！）让这步挺兵值得商榷。

再一次提醒：除非你确定自己侵略性/攻击性的想法可以获得好的回报，不要执着于冒险，否则这将很可能只会增加你的防守压力，你的阵地中也会出现新的弱点和缺陷！

27.Nc4 Nxc4 28.Rxd8+ Rxd8 29.Bxc4 Qf6 30.Be2 Rd7 31.Qb3

很好的一步，威胁要走32.Qa4，这样会同时攻击a7兵和d7车。

31...a6 32.b5

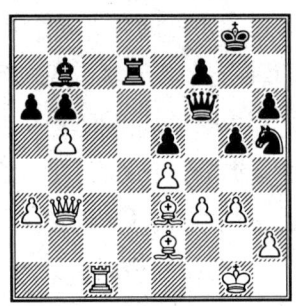

图104a

克鲁什小姐走得非常好（没有比克鲁什更适合做国际象棋棋手名字的了）！通过把b6兵困死，它将成为"对角线死伤者——在Bf2接着Qe3之后，黑方将如何守住这个兵呢？

32...a5 33.Rd1 Rd6 34.Bf2! g4

在这个局面下，黑方痛苦得无以复加。

35.fxg4 Ng7 36.Rxd6 Qxd6 37.Qe3 Qg6 38.Bf3 Ne6 39.Qxb6 Bxe4 40.Be2 Ng5? 走什么也不应该走这一步！这样的残局对黑方毫无希望。剩下的演变更像是执行死刑而非战斗：**41.Qxg6+ fxg6 42.b6 Bb7 43.Be3 Nf7 44.Bd2 a4 45.Bb5 Kg7 46.Bxa4 Nd6 47.Bb3 g5 48.a4 Kf6 49.a5 e4 50.Bc3+ Ke7 51.Bb4 e3 52.Bc4 Kd7 53.Bxd6 Kxd6 54.Be2 Be4 55.a6 Kc6 56.b7 Kc7 57.Kf1 Kb8 58.Ke1 Bc2 59.Bc4**，1-0。

第二章
习题27

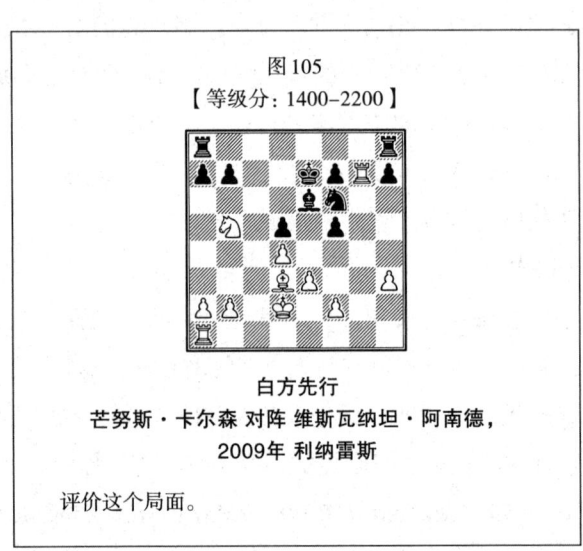

图105
【等级分：1400-2200】

白方先行
芒努斯·卡尔森 对阵 维斯瓦纳坦·阿南德，
2009年 利纳雷斯

评价这个局面。

1.d4 d5 2.c4 c6 3.Nc3 Nf6 4.e3 e6 5.Nf3 Nbd7 6.Qc2 Bd6 7.g4 Nxg4 8.Rg1 Qf6 9.Rxg4 Qxf3 10.Rxg7 Nf6 11.b3 Qf5 12.Qxf5 exf5 13.cxd5 cxd5 14.Nb5 Bb4+ 15.Bd2

Bxd2+ 16.Kxd2 Ke7 17.Bd3 Be6——图105

有着更好的兵形和积极的象vs高个子兵,白方有着虽然不大但是很令黑方苦恼的优势。

评价等级解释:最基本的局面评价是很直接的(因此是1400等级分水平)。但决定用白方的马来兑掉黑方并不好的象则不是一眼就能看出来的(因此是2200等级分水平)!

18.Nc7!?

有些惊讶,但这和我们之前对象的分析是符合的。卡尔森意识到,尽管对手的象看起来不好,却是一个很好的防御性子力(换句话说,它不积极但是很有用)。因此,他用马交换了黑方的象,迫使黑方的王去防御f5兵。

18...Rag8 19.Nxe6 Kxe6 20.Rxg8 Nxg8

黑方的马在向e7格移动,那里它可以同时保护d5和f5兵。然而,20...Rxg8 21.Rc1 Rg2 22.Ke2 Rh2是更加积极的防御手段,增加了守和的可能性。

21.Ke2 Ne7 22.Kf3

白方提升了王的位置,在必要的准备之后,它将移动到f4格,在那里与象合作对f5兵施加压力。

22...Rc8 23.a4 Rc7 24.a5 h6 25.h4

白方同时在两翼拓展空间并且逐渐地提升自己的子和兵的位置。白方靠前的a线兵意味着黑方走...a7-a6挺兵将会把自己的后翼兵都固定在白色格(这使它们在即将到来的象马残局中很容易遭到攻击)。如果黑方在某些时候尝试...b7-b6,白方可以兑掉兵并利用a线进行车的突破。注意到黑方的车c线什么都做不了,因为白方的象守着c4和c2格,而b2兵守着c3格。白方的h线兵可以冲到h5格,让黑方的马不能跳到g6格。这使白方的王可以走到f4格,而不必担心被黑方的马将。

一旦所有这些都实现,白方将提升自己车的位置,把占据c线或g线的威胁和对h6兵的攻击可能性结合起来。

我需要说明一下所有这些都是比较深奥的。不要因为这样的复杂局面而灰心丧气,我希望你注意这两点:

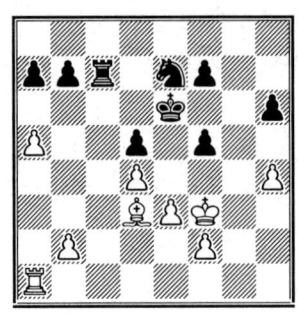

图105a

▶ 留意象并且发现它是怎样持续地证明自己比马要积极得多。

▶ 注意白方是如何确保自己所有的子都在最佳的位置上。

你需要的是在这个局面下积累棋局经验,而不是完全理解大量特级大师级别的复杂分析计算!

25...Kf6 26.h5 Nc8 27.Kf4 Nd6 28.Rg1

28.a6!?也很有趣。

28...Rc8 29.f3

很有效的一招——黑方的马不能再跳到e4格(反马战略),而且在适当的时候还可以走e3-e4挺兵。注意到白方是没有兴趣走b2-b3挺兵的,因为除了不必要以外(...Nc4将会吊着f5兵),这样还会阻挡自己的象到a4格,而让黑方的车可以到达c3格。

在29.f3之后,一个接近被困死的局面已经形成:如果黑方把车从c线上移开,白方就可以走Rc1去占据它,如果黑方走29...b6,那么30.axb6 axb6 31.Ra1白方将占领a线,如果黑方把王移到e7格,那么像30.Rxf5、30.Rg7、30.Ke5都是可能的,如果黑方走29...Rc7,那么30.Rg8是很有威胁的,最后,如果黑方走29...Ke6(就像实战中这样),那么30.Rg7增加了黑方的痛苦。这意味着,无论你喜欢与否,29...a6!(尽管这把后翼的兵都困在了白色格里)是需要加入考虑范围之内的,因为这样白方就不能实现困死——那样的话30.Rg2 Rc1给了黑方反击的机会,30.b3 Rc3是对黑方有利的,而30.Bb1 Ke6也可以守住,因为31.Rg7的话,黑方可以31...Rc1捉象。

29...Ke6?

正如在对第29步后做的注释中说明的,29...a6!是正确的走法。

30.Rg7 Rh8

否则白方将通过Rh7占据h线。

31.Bc2!

这个象开始发挥威力!由于f5兵得到了很好的保护,白方的象将移动到b3格,对d5

兵施加压力。

31...Rc8 32.Bb3 Rh8 33.Rg1 Rc8 34.Rg7 Rh8 35.Rg2 Rc8 36.Rg1

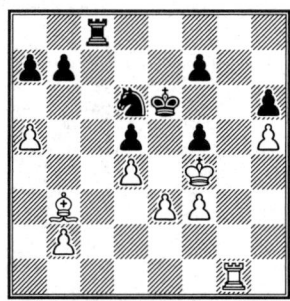

图105b

白方正在打算困死对手，并提升自己的局面同时赢得时间。黑方的问题是他不能把c线交给白方，但他也不能走像...Rc7这样的棋，因为这将给白方Rg7-h7捉死h6兵的机会。这意味着黑方只能无意义地走来走去，祈祷白方不要找到决定性的突破手段。

36...Ne8

如果走36...Nc4，37.Bxc4和37.e4都将给黑方造成严重的问题。黑方走的这一步将给白方走e3-e4突破的机会（那是否真的对白方有利是另一件事了），而他已经无力阻止白方的攻击浪潮了。比如说，36...a6会导致另一种形式的困死：37.Rg7（威胁走Rh7）37...Rh8 38.Rg2（威胁走Rc1）38...Rc8 39.Rg1 此时黑方不得不要么放弃c线，要么把马挪走允许白方的e3-e4挺兵。

37.e4

避开了陷阱：37.Rg8?? Nf6 38.Rxc8 Nxh5将杀。

37...fxe4 38.fxe4 Nf6 39.e5 Ne4

不能走39...Nh5+??，因为40.Ke3就会把马困在h5格。

这盘棋接下来又走了一会儿。双方都犯了一些严重的错误，但最终黑方还是在战斗中败下阵来。我接下来仅列出剩下的步数而不做评论，但是象和马之间的战斗一直持续到其中之一被吃掉：**40.Ke3 b6 41.axb6 axb6 42.Kd4 Nf2+ 43.Ke2 Ne4 44.Ke3 f6 45.Rg6 Rc1 46.Rxh6 Rh1 47.Bc2 Rh3+ 48.Kf4 Rh4+ 49.Kf3 Nd2+ 50.Ke2 Rh2+ 51.Kd1 Nc4 52.Rxf6+ Ke7 53.Bg6 Rd2+ 54.Kc1 Rxd4 55.b3 Nxe5 56.Rxb6 Rh4 57.Bf5 Nh3 58.h6 Nd4 59.h7 Nxf5 60.Rb8 Nd4 61.Kb2 Kd6 62.h8=Q Rxh8 63.Rxh8 Kc5 64.Rh5 Nc6 65.Rh4 Nb4 66.Ka3 d4 67.Rh5+ Nd5 68.Kb2 Kc6 69.Ka3 Kc5 70.Rh4 Nb4 71.Rh8 Nc6 72.Rh5+ Kd6 73.b4 d3 74.Rh3 Ne5 75.Kb3 d2 76.Kc2 Nc6 77.Rh4 Kd5** 黑方在白方应招之前认输。

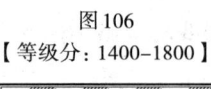

图106
【等级分：1400-1800】

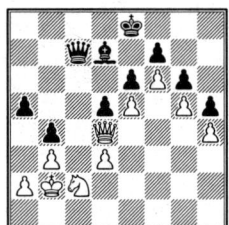

白方先行
雷尼尔·多明格斯 对阵 中村光，2006年
库埃纳瓦卡青年特级大师赛

哪一方的轻子比较好? 相比较而言好出了多少?

1.e4 e6 2.d4 d5 3.Nc3 Nf6 4.e5 Nfd7 5.f4 c5 6.Nf3 Nc6 7.Be3 cxd4 8.Nxd4 Bc5 9.Qd2 0-0 10.g3 Nxd4 11.Bxd4 Bxd4 12.Qxd4 Nb8 13.0-0-0 Nc6 14.Qc5 Bd7 15.Kb1 Rc8 16.Qd6 Na5 17.Bd3 Rc6 18.Qa3 a6 19.Ne2 b5 20.Nd4 Rc8 21.Rhe1 Re8 22.Nf3 Qb6 23.Qb4 Nb7 24.g4 Nc5 25.Qd2 b4 26.f5 Nxd3 27.f6 Qc5 28.cxd3 Qf8 29.Nd4 a5 30.Rc1 h6 31.g5 g6 32.h4 h5 33.Rxc8 Rxc8 34.Rc1 Ba4 35.Qe3 Qd8 36.b3 Bd7 37.Rxc8 Qxc8 38.Nc2 Bb5 39.Kc1 Qc3 40.Qd4 Qc7 41.Kd2 Bd7 42.Kc3 Kf8 43.Kb2 Ke8——图106

除了一些特殊的战略问题，这种结构——结合这种特定的轻子之战——无论在中局还是残局都几乎注定是有马的一方将获胜。以下是几条黑方的局面处于劣势的原因：

▶ 这个象将完全是防御型子力，因为白方的兵都会始终呆在黑色格上（意味着黑方的象无法攻击到它们）。

▶ 白方在后翼巨大的空间优势遏制了黑方的象和王。

▶ 这种特定的兵形使白方可以实施一种特殊的战略思想（在后面的注释中会详细说到），这会让黑方从头到尾处于被动。

▶ 白方的王可以循着黑色格走而避开黑方象的攻击，但是黑方的王无法避开白方敏捷的马。

综上所述我们看到的是一个马主导局面的情形。

评价等级解释：我希望每个人都能发现马的优越性。真正的问题只是分析判定它比象要好多少。

44.a3

最应该先做的是清除黑方的b4兵。这会给白方到达c3格的可能，并同时准备着适时的b3-b4挺兵。

44...bxa3+ 45.Nxa3 Kd8 46.Nc2 Kc8 47.Qc3

交换掉后使白方的王可以安全地向前，向黑方的腹地突破。

47...Kb7 48.Qxc7+ Kxc7 49.Kc3 Kb6 50.b4

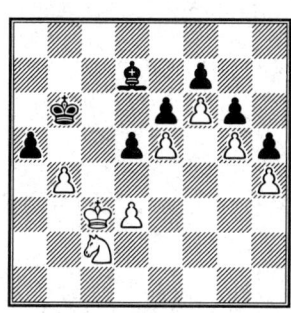

图106a

白方的王想要前进，而黑方的a5兵在阻挡它。因此这个交换（将会最终使白方的王可以到达b4格）是很有意义的。

50...a4

一切都完了。最合理的走法应该是50...axb4+或者50...Bb5（都会导致同样的结果），但是白方王和马相配合仍然会使黑方的子只能后退，而实现向黑方关键位置的决定性突破：50...Bb5 51.Nd4 Be8 52.Nb3 axb4+（52...a4 53.Nc5而此时53...Bc6就让白方可以实施这个关键的战略思想：54.Nxe6! fxe6 55.f7接着一个新的王后就要诞生了。因此，黑方必须走53...Kc7来应对白方的53.Nc5，而这样白方就可以通过54.Kb2 Kb6 55.Ka3 Kc7 56.Nxa4来吃掉a线兵）53.Kxb4 Bb5 54.Nc5（威胁走决定的Nxe6！）54...Be8 55.d4（黑方的王必须让出位置，因为此时动象的话白方又可以对e6兵实施战略）55...Kc6 56.Ka5 Bd7 57.Ka6 Bc8+（57...Be8 白方走58.Nb7接着59.Nd6黑方将很快输掉）58.Ka7 Kc7 59.Ka8 Bd7 60.Na6+（又一次马主导了比赛，黑方的王不得不接受将输掉比赛的后撤）60...Kc8（或者60...Kb6 61.Kb8! Kxa6 62.Kc7 Ba4 63.Kd8 Kb5 64.Ke7 Kc4 65.Kxf7 Kxd4 66.Kxe6，1-0）61.Ka7 Kd8（61...Bc6 62.Kb6 Ba4 63.Nc5 Be8 64.Nb7 接着走Nd6）62.Nc5 Bc8（62...Kc7 63.Nb7马又将走到决定性的d6格）63.Kb6 Bd7 64.Nb7+ Ke8 65.Nd6+ Kf8 66.Kc7 Ba4 67.Kd8 Bc6 68.Nc8 Ba4 69.Nb6 Bb5 70.Nd7+ Kg8（70...Bxd7 71.Kxd7 Kg8 72.Ke7 Kh7 73.Kxf7，1-0也并不更好）71.Ke7 Bd3 72.Nc5（同时抓象并威胁72.Nxe6）72...Bf5 73.Nb7 接着74.Nd6并f7将赢得比赛。

一遍一遍地重复分析这个局面很有意义。不，你不需要死记任何东西。我真正想让你了解的是一匹马有多么强大，以及它是怎样可以从各个角度对兵施加攻击，同时把黑方的王从白方的王向前的道路上赶走。

51.Nd4

黑方的王不能走到b5格，他的象还需要始终防着Nxe6。

51...Ka6 52.Kb2 Kb6 53.Ka3 Be8 54.Ne2 Bb5 55.Nc3 d4

接着还有更多马的战术：55...Bxd3 56.Nxd5+! Kb5（56...Kc6 57.Ne7+ Kb5 58.Nc8接着Nd6）57.Nc7+ Kc4 58.Nxe6！，1–0。

56.Ne2 Bxd3 57.Nxd4 Bc4

57...Bb5 58.Nxe6。

58.Kxa4 Bd5 59.Ne2 Bc6+ 60.Kb3 Bb5 61.Nf4 Be8 62.Kc4 Bb5+ 63.Kd4 Be8 64.Ne2 Bc6

黑方走64...Kb5的话，白方的马将更快地施展威力：65.Nc3+ Kxb4 66.Ne4 接着Nd6就将迅速取胜。

65.Nc3 Bg2 66.b5，1–0。不用再走下去了，因为66...Bf3 67.Kc4 Bb7 68.Kb4 Bf3 69.Na4+ Kc7 70.Kc5白方的王和马配合将赢下比赛。

第三章　车

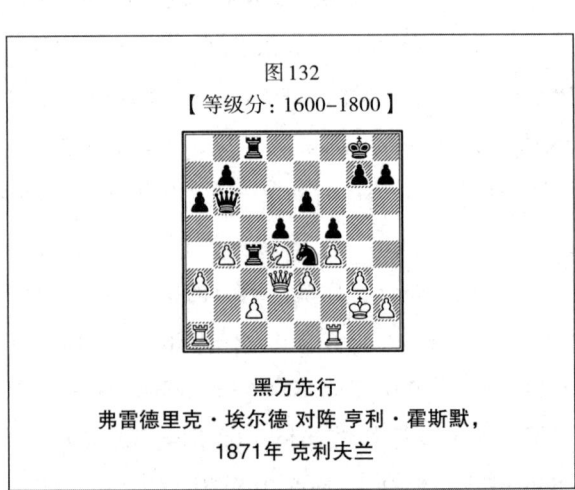

图132
【等级分：1600–1800】

黑方先行
弗雷德里克·埃尔德 对阵 亨利·霍斯默，
1871年 克利夫兰

1.f4 d5 2.Nf3 e6 3.e3 c5 4.Bb5+ Bd7 5.Bxd7 Nxd7 6.b3 Be7 7.Bb2 Ngf6 8.Nc3 a6 9.0–0 0–0 10.Ne2 Rc8 11.Ng3 c4 12.Qe2 Qc7 13.Kh1 Bd6 14.Rac1 Qa5 15.a3 Qb6 16.Nd4

Nc5 17.b4 Nce4 18.Rf3 c3 19.dxc3 Nxc3 20.Qe1 Nce4 21.Nxe4 Nxe4 22.Rh3 Be7 23.Qe2 f5 24.Rf1 Nf6 25.Rhf3 Ne4 26.Rc1 Bf6 27.Rff1 Nc3 28.Qd3 Ne4 29.Ba1 Bh4 30.g3 Bf6 31.Ne2 Bxa1 32.Rxa1 Rc4 33.Nd4 Rfc8 34.Kg2——图132

黑方对c线的控制和对c2兵的压力是明显的。问题是白方的马牢固地守着c2兵，让黑方车的努力成为无用功。由于你的目标是攻击c2兵，又由于白方的马在守着它而让车无从下手，那么正确的走法就很好找到了。

评价等级解释：这是一个完全通过观察解决的问题；你看到自己的目标，你看到了对方的防御者，接着你就会问怎么可以把那个关键的子除掉。我想一个1400等级分的棋手可能会致力于寻找一种有侵略性的方法突破进对方阵地，而错过简单的换子方法。但是我希望我是错的，而每个1400等级分的棋手都能发现这个方法。

34...Nc3!

就是这样！黑方打算接着走35...Nb5来交换掉白方防御性的马。在某种意义上，你可以说34...Nc3攻击了c2兵！

35.Rf2 Nb5 36.Nxb5 Qxb5 此时白方面临着严重的麻烦。这盘棋剩下的部分虽然谈不上完美，但还是对的一方赢得了比赛：**37.Ra2 d4**（为什么要着急呢？像37...Qe4这样的一步，接着威胁38...Rxb4，将让白方被困住并且陷入无望）**38.exd4 Qd5+ 39.Qf3 Qxf3+ 40.Kxf3 Rxd4 41.Ke3 Re4+ 42.Kd3 Rd8+ 43.Kc3 Kf7 44.Ra1 h6 45.Raf1 g5 46.fxg5 hxg5 47.Rf3 Kf6 48.R1f2 Red4 49.Re3 e5 50.Rfe2 R4d5 51.Kb2 b5 52.Kb3 f4 53.Rf3 g4 54.Rf1 f3 55.h3 Rd1 56.Ref2 Rxf1 57.Rxf1 Kf5**，0–1。

第三章
习题2

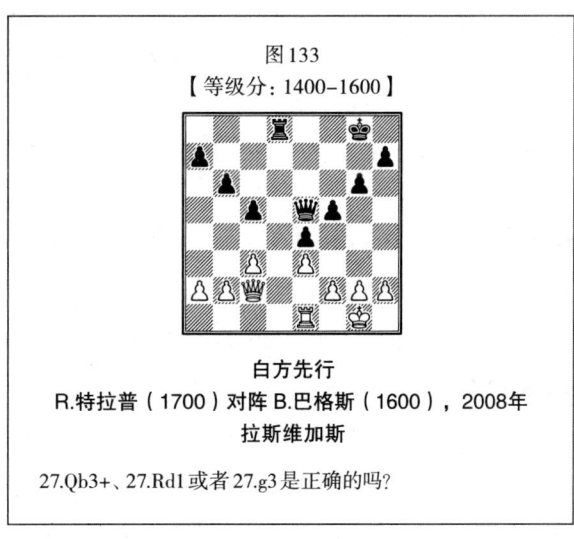

图133
【等级分：1400-1600】

白方先行
R.特拉普（1700）对阵 B.巴格斯（1600），2008年
拉斯维加斯

27.Qb3+、27.Rd1 或者 27.g3 是正确的吗？

这里有两件事值得注意：黑方想要永久地占领d线以及白方的d3格是一个弱格。问题中提到的三个选择中的两个没有解决这些问题，而另一个可以。

评价等级解释： 你并不想把d线就这样让给白方，不是吗？我相信1400等级分的棋手会觉得这个练习很简单。

▶ 27.g3? 把d线和d3格都让给了黑方。黑方可以通过27...Qd5或者27...Qd6来永久地占据这条开放线，他也可以通过27...d4来进一步控制d3格（接着走28...Rd3），或者他还可以直接占据d3格（27...Rd3）。

▶ 27.Qb3+ 偷偷地设置了一个陷阱：27...Qd5?? 28.Rd1! 比赛就结束了，因为28...Qxb3 29.Rxd8+ 白方将多一个车。然而，一个陷阱并不能成为走那一步的理由，在正确的应招27...Kg7 28.Rd1 Rd3之后，黑方将占有d3格。接着29.Rxd3 exd3黑方将获得一个怪兽一样强大的通路兵。

▶ 27.Rd1!（实战中走的一步）使黑方的梦想破灭，也让局面最后终结于平局。

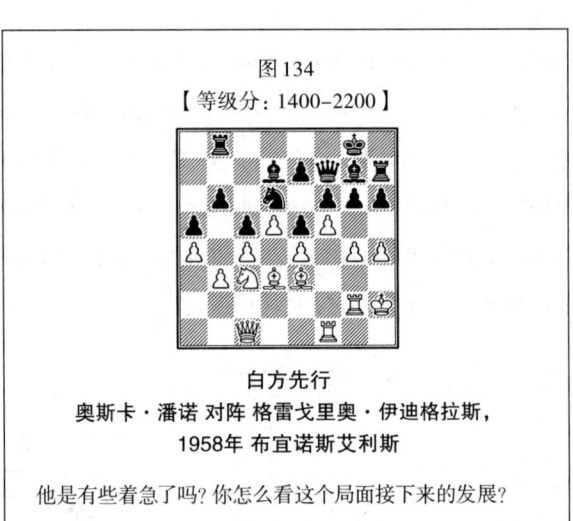

图134
【等级分：1400-2200】

白方先行
奥斯卡·潘诺 对阵 格雷戈里奥·伊迪格拉斯，
1958年 布宜诺斯艾利斯

他是有些着急了吗? 你怎么看这个局面接下来的发展?

1.d4 Nf6 2.c4 g6 3.g3 Bg7 4.Bg2 0-0 5.Nc3 d6 6.Nf3 c5 7.d5 Na6 8.0-0 Nc7 9.Bf4 Rb8 10.a4 h6 11.Qc1 Kh7 12.Rd1 b6 13.e4 Nd7 14.h3 a6 15.Bf1 Ne5 16.Nxe5 dxe5 17.Be3 a5 18.f4 f6 19.Kh2 Ne8 20.Bd3 Nd6 21.Rf1 Qd7 22.f5 Qe8 23.b3 Bd7 24.Ra2 Rh8 25.Rg2 Qf7 26.h4 Kg8 27.g4 Rh7——图134

黑方面临着中心和王翼的空间不足的状况，除了前后来回走之外什么也做不了。这意味着白方完全不必着急，可以按照自己喜欢的任何方式发展局面。白方在王翼的空间优势——加上他的车、象和后都将火力瞄准了那个方向——给了他很大的在王翼发动有效进攻的机会。我希望你也注意到了黑方的g7格象，它完全是一个高个子兵！我们能不能把高个子兵这项荣誉同样颁发给h7车呢？

关于你怎么看这个局面发展的问题听起来会有些复杂，但是一个学过相应知识的棋手会知道黑方也许会在合适的时候走...g6-g5挺兵，从而形成一个非常著名的兵形（我们在第三章中提到过的）兵有清晰的计划进行攻击。如果你能在现在的兵形和未来可能的兵形之间建立联系，那将是很大的成就！

在实战中，非常出色的局面专家，特级大师潘诺尽了自己最大的努力来模仿猫鼠游戏，对他的对手展开了长期的缠斗，直到最终赢下比赛。

评价等级解释：我完全相信1400等级分的棋手会意识到白方完全没有必要着急。而另一方面，看到可能的兵形转变则是十分困难的，所以等级的上界到了大师级水平！

28.Rf3 Kh8 29.Qf1 Rg8 30.Rfg3 g5（成了！我们碰到了一个你应该并不陌生的兵形！）**31.Rh3 Bf8 32.Qf3 Rgg7 33.Kg1 Kg8 34.Ne2 Rh8 35.Ng3 Rgh7 36.Qd1 Qe8 37.Rhh2 Bg7 38.Ra2**（即将利用39.b4 axb4 40.a5的战略思想玩弄对手，在后翼寻找突破）**38...Nb7**（黑方阻止了他！）**39.Nh5 Qb8 40.Rh3 Be8 41.Ng3 Bf8 42.Rah2 Bd7 43.Kf2 Qe8 44.Qh1**（潘诺用看起来是阿廖欣之枪的战术来迷惑对手，但是黑方的防守十分稳固，所以白方不得不再创造一个更加有想象力的子力结构）**44...Qf7 45.Be2 Bc8 46.Bf3 Bd7 47.Ne2**（白方意识到要想突破黑方的防守就必须作出一些牺牲，这一步就是这一战略的开端。马将要跳到d3格，可以攻击e5兵。接着后会走到h2格，黑色格象会移动到c3格，最后马将要砍掉e5兵，将黑方的阵地撕开！）**47...Nd6 48.Nc1 Bc8 49.Nd3 Ba6 50.Kg3 Qg7 51.Kf2 Qf7 52.Qe1 Nb7 53.Qc3 Bg7 54.Kg3 Bf8 55.Rh1 Qe8 56.Qd2 Qf7 57.Qh2**（既对h线施加着压力，又参与了对e5兵的攻击）**57...Nd6 58.Bd2**（黑方被警告道：撕碎后翼的弃子进攻随时都可以进行）**58...Nb7**（可怜的黑方看到了来自每个方向的威胁。这阻挡了白方后翼的行动，只是预防！但白方心里已经有了更加致命的战术）**59.Bc3 Qg7 60.Kf2**（白方机智地将他的对手包围，最大程度地增加了自己所有突破的可能点——他的子现在完美地平衡了对后翼、中心和王翼的牵制！）**60...Nd6 61.Nxe5**（你几乎可想象到爆炸声，和烟幕缓缓地升上天空的情景）**61...fxe5 62.Bxe5 Qf7 63.hxg5 Bg7**（63...hxg5 64.Bxh8）**64.g6 Qe8 65.g5**，1-0。潘诺的一场精彩表演！

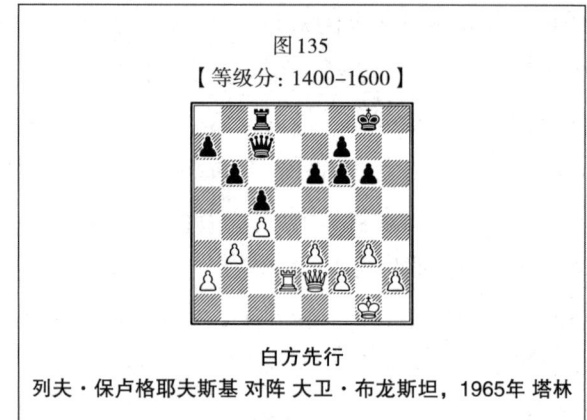

图135
【等级分：1400-1600】

白方先行
列夫·保卢格耶夫斯基 对阵 大卫·布龙斯坦，1965年 塔林

1.c4 Nf6 2.Nc3 e6 3.Nf3 c5 4.g3 b6 5.Bg2 Bb7 6.b3 Be7 7.Bb2 0-0 8.0-0 d5 9.e3 Nbd7 10.Qe2 Rc8 11.d3 dxc4 12.dxc4 Ne4 13.Nxe4 Bxe4 14.Rfd1 Qc7 15.Ne5 Nxe5 16.Bxe4 Bf6 17.Rd2 Rfd8 18.Rad1 Rxd2 19.Rxd2 Ng6 20.Bxf6 gxf6 21.Bxg6 hxg6——图135

双方都剩下了一个后和一个车，而且现在棋盘上只有一条完全的开放线。很明显答案是完全关于d线的，只留下一个最后的悬念：白方会走22.Qd3（"头靠前"占据开放线）还是22.Qd1（"脚靠前"占据开放线）？白方需要在这两步中选择一个，否则黑方就将走...Rd8平先。

评价等级解释： 我确定1400等级分的棋手会奇怪我为什么把题目出得这么简单。然而，正如上面提到的，我相信有一些棋手会选择"头靠前"。

22.Qd1!

比22.Qd3要好得多，因为如果白方愿意，他可以随时兑掉后。然而，为什么不保留两个重子，来对黑方的王施加压力呢？此外，如果白方选择了"头靠前"，黑方将无视Qd7冲向第七线。但是"脚靠前"的Rd7呢？那是不可忽视的！

22...Qc6 23.Rd7 Rc7 24.Rd6 Qe4 25.Rd8+

并不能走25.Rxe6？Qxe6 26.Qd8+ Kg7 27.Qxc7 Qe4，和棋。

25...Kg7 26.Rb8!

威胁通过Qd8来实现决定性的突破（在走h2-h3或者h2-h4来避免黑方长将和之后）。在实战中，白方走了26.h4，给了黑方继续抵抗的机会，不过最终保卢格耶夫斯基还是赢得了比赛：26...Qc6 27.h5 Rc8 28.hxg6 Rxd8 29.Qxd8 Qe4 30.gxf7 Qb1+ 31.Kg2 Qe4+ 32.Kf1 Qb1+ 33.Ke2 Qxa2+ 34.Kf3 Kxf7 35.Qd7+ Kg6 36.Qe8+ Kg7 37.Qa4 Qb1 38.Qxa7+ Kg6 39.Qxb6 Qf5+ 40.Kg2 Qe4+ 41.Kh2 Qc2 42.Qxe6 Qxf2+ 43.Kh3 Qf1+ 44.Kh4 Qh1+

45.Qh3 Qb1 46.Qg4+ Kh6 47.Qf3 Kg6 48.Kg4 Kg7 49.Qb7+ Kg6 50.Qd5 Qc2 51.Kf4 Qf2+ 52.Qf3 Qb2 53.Qe4+ Kf7 54.Kf5 Qf2+ 55.Qf4 Qc2+ 56.e4，1-0。

26...Rb7 27.Rc8

兑车是疯狂的，因为白方可以制造严重的威胁而黑方的阵地即将失守。不要用你好的子去交换对方不好的子！

27...g5 28.h3 接着29.Qd8的威胁将给白方决定性的优势。

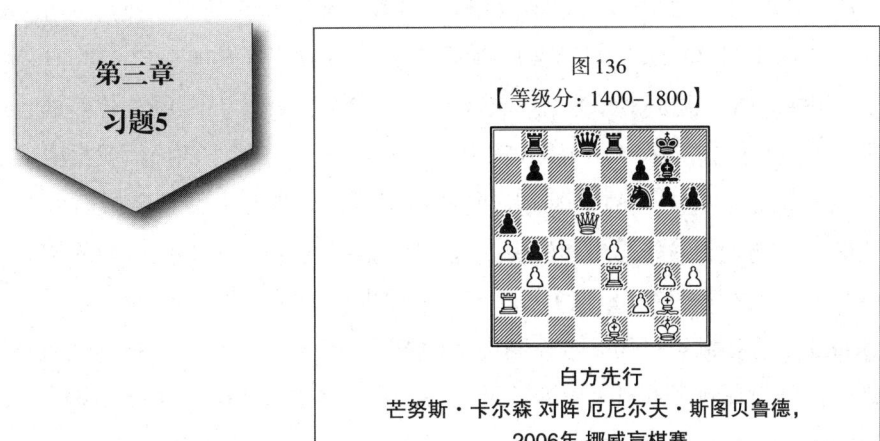

第三章 习题5

图136
【等级分：1400-1800】

白方先行
芒努斯·卡尔森 对阵 厄尼尔夫·斯图贝鲁德，
2006年 挪威盲棋赛

1.Nf3 Nf6 2.c4 g6 3.d4 Bg7 4.Nc3 0-0 5.g3 d6 6.Bg2 Nbd7 7.0-0 e5 8.h3 a6 9.e4 exd4 10.Nxd4 Re8 11.Re1 Rb8 12.a4 c5 13.Nc2 Ne5 14.b3 h6 15.Bf4 Nh5 16.Bd2 Nd3 17.Re3 Nb4 18.Nxb4 cxb4 19.Nd5 a5 20.Ra2 Be6 21.Be1 Bxd5 22.Qxd5 Nf6——图136

白方（在同时下10盘盲棋！）有双象（它们此时并不那么积极）和更好的兵形——d6兵随时可能遭到攻击。黑方想要保护住d6兵，并把马放到c5格，在那里可以攻击e4和b3兵（试图牵制白方的子）。当然，白方需要首先考虑自己受到攻击的后。它应该去哪儿呢？

评价等级解释：谁不喜欢阿廖欣之枪呢？我完全相信任何水平的熟悉这个局面的棋手都迫不及待地想要它发生。

23.Qd1

这是很有意义的，如果你发现了这一步，那我相信阿廖欣之枪（在第三章——车之中）给你留下了深刻的印象。这个想法很简单：用两个车打头来在d线集中三个重子对d6兵施加压力。

23...Qc7 24.Rd2 Red8?

完全接受了被动局面，这并不是很明智。好得多的是23...Re6，打算把马调动到它的理想位置c5格，接着走...Rbe8，对e4兵施加最大的压力。白方是不会允许这发生的，所以一场有趣的战斗即将展开，双方都会努力来实现自己的目标：24.f4! Rbe8［24...Nd7 25.e5!则完全是另一番局面：25...Nf8 26.Rxd6（26.Bd5!? Ree8 27.Rf3 dex5 28.f5也很有趣）26...Rxd6 27.exd6 Qb6 28.Bf2 Bd4 29.Qd2（29.Re2 Bxf2+ 30.Rxf2 Rd8 31.Bd5 Rxd6 32.Kg2 Nd7 黑方的马毕竟找到了c5格，尽管33.Qf3 Nc5 34.Re2使白方占据优势）29...Qxd6（29...Bxe3 30.Bxe3也只对白方有利）30.Bd5 Qf6 31.Re4 Bxf2+ 32.Qxf2 Nd7 一旦黑方的马跳到c5格，局面对他来说就还不错］25.Bf2 Nxe4（25...Bf8是更好的，这样白方就将只有一点儿优势）26.Bxe4 Rxe4 27.Rxe4 Rxe4 28.Rxd6 黑方的局面就很困难了。

这些分析是很有启发性的，因为它们展示了当双方都努力将自己局面可获得的优势最大化时，一场关于战略思想和失衡的战斗是怎样的。把这些和实战中的招数相比较（24...Red8）——这只是恼怒地甩了甩手，并就此进入应急模式。

25.Red3 白方控制了局面（也控制了他的对手的情绪）。这盘棋剩下的部分黑方越来越被动，最终也导致了意料之中的结果：**25...Ne8 26.Rd5 b6 27.R2d3 Bf8 28.e5 Be7 29.exd6 Bxd6 30.Bd2 Kh7 31.Bf4**，1-0。

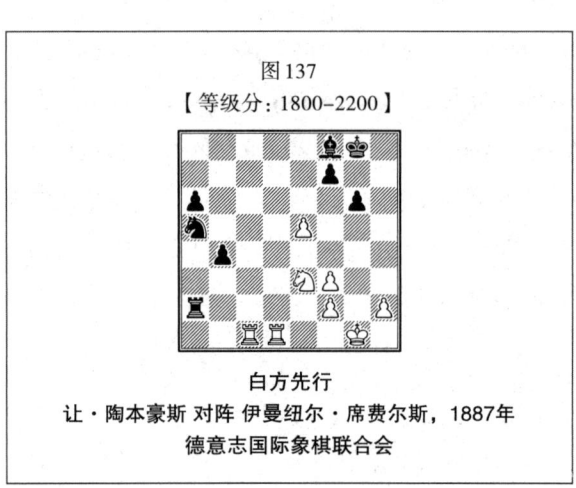

图137
【等级分：1800-2200】
白方先行
让·陶本豪斯 对阵 伊曼纽尔·席费尔斯，1887年
德意志国际象棋联合会

1.e4 e5 2.Nf3 Nc6 3.Bb5 a6 4.Ba4 Nf6 5.d3 d6 6.c3 Be7 7.d4 exd4 8.cxd4 0-0 9.Nc3 b5 10.Bc2 Bg4 11.Be3 Bh5 12.0-0 b4 13.Ne2 Bg6 14.Ng3 d5 15.e5 Ne4 16.Rc1 Na5 17.Nxe4 dxe4 18.Nd2 Qd5 19.Qg4 c5 20.Bxe4 Bxe4 21.Nxe4 h5 22.Qf3 Rfd8 23.Nxc5 Qxf3 24.gxf3 Rd5 25.Nd3 Rad8 26.Nf4 Rxd4 27.Bxd4 Rxd4 28.Nxh5 Rd2 29.Ng3 Rxb2 30.Nf5 Bf8 31.Rfd1 g6 32.Ne3 Rxa2——图137

尽管黑方的b线通路兵看起来有点可怕，但白方仍将获胜。事实上，黑方所有的希望都在这个兵身上了！白方可以通过33.Ra1 Rxa1 34.Rxa1转换到防御模式，但是接下来的34...Nc6 35.Nc4（或者35.f4 a5 36.Nc4 b3 37.Kg2 Bb4）35...a5 36.f4 b3 37.Nd2 b2 38.Rb1 Bh6 是无疑对白方有利的，但白方也很难立刻取胜［黑方还会再继续抽搐着挣扎一段时间，而正如我们知道的，一个受伤的动物（对手）总是很可怕的］。

与让黑方拖长对局，甚至被好运眷顾相比，为什么不发挥出你两个车的威力呢？毕竟，它们都占据着开放线，而且不得不承认黑方大部分的子都离自己的王很远。

评价等级解释： 这个问题并不容易，因为很多棋手会在对方的b线通路兵面前陷入恐慌！

33.Rc8

33.Rd8会导致同样的结果。33.Rc7也是压倒性的（但是不能走33.Rd7，因为在33...b3 34.e6之后，34...b2很有威胁）33...b3 34.e6! b2 35.e7 Bxe7 36.Rxe7 Ra1 37.Re8+ Kg7 38.Rb8 Nc4 39.Rxb2 Rxd1+ 40.Nxd1 Nxb2 41.Nxb2 白方胜势。

所以一个第7行的攻击解决了问题（并不惊讶），但实际上沿着第8行的攻击是完全致命的，因为白方的车，e6兵和马组合起来的威力将会把黑方的王埋葬。

33...b3

同样无望的是：33...Kg7 34.Rd7 b3 35.e6 Kf6 36.Rxf8 Kxe6 37.Rxf7 b2 38.Rfe7+ Kf6 39.Ng4+ Kg5 40.Rd5+ Kh4（40...Kf4 41.Rf7）41.Rh7将杀。

34.Rdd8 b2 35.Rxf8+ Kg7 36.Rg8+ Kh6 37.h4!

此外还有很多种取胜的方法。陶本豪斯不仅找到了最佳的招数，也是最精彩的！

37...h1=Q+ 38.Kg2 f5

38...Rxf2也无济于事：39.Kxf2 Qb2+ 40.Kg1 Qb2+ 41.Kg2 Qb2+ 42.Kh3 黑方会在接下来的几步之内被将死。

39.exf6 e.p. g5 40.Rxg5，1-0。黑方没有任何理由去面对40...Rxf2+ 41.Kxf2 Qb2+ 42.Kg3 Qe5+ 43.Kh3，这时白方走了Ng4+之后的几步之内就会将杀黑方。

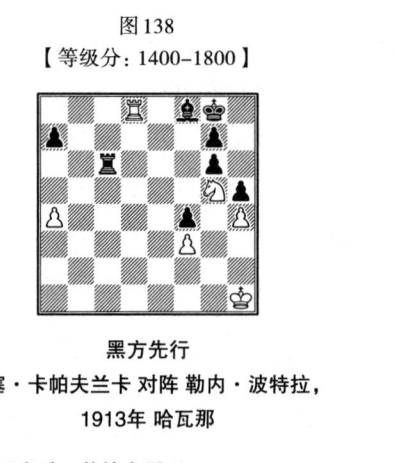

图 138
【等级分：1400-1800】

黑方先行
何塞·卡帕夫兰卡 对阵 勒内·波特拉，
1913年 哈瓦那

白方少了两个兵，他输定了吗？

尽管黑方多两个兵，但是他没有获胜的可能，因为白方的第八线车和强大的马的紧密配合。黑方的王和象都无法移动，他的车也被困在第3线，承担着防止白方走Ne6捉死自己象的责任。这盘棋应该以和棋终结。

评价等级解释：多两个兵听起来是很大的优势，但是你必须把白方这两个活跃的子考虑在内。我相信读过前面内容的1400等级分的棋手会意识到黑方是没有机会赢棋的。

1...Ra6 2.Kg2 Rxa4?!

很明显强大的波特拉并不满足于与自己传奇性的对手和棋。实际上，在那一年的早些时候，他已经在一次表演赛中和卡帕夫兰卡走成了和棋。他在很短的时间之后又和卡帕夫兰卡进行了对弈——一共三盘棋，每小时走二十步——尽管波特拉输掉了前两盘（他在其中一盘中占优但是失掉了大好局面），他看起来下定决心只有赢下一盘才行。你可以想象，这时波特拉可能会认为他是实力占优的一方，只是运气没有站在他这一边。因此，他决定全力争胜，这样可以在这次对阵卡帕夫兰卡的系列赛中保有一些尊严！

3.Ne6

这匹马开始了它这场值得被铭记的狂暴模式的第一步。信不信由你，它将要吞下f8格象，和g6、f4、h5和g7兵！

3...Kf7 4.Nxf8 Ke7?

赌运气的走法。4...Ra2+就会和棋。

5.Ra8 a5？

慢慢输掉棋局，最终也达到了他的愿望。他还是应该尝试5...Ra2+。

6.Nxg6+ Kd6 7.Rf8 Kd5 8.Nxf4+ Kd4 9.Nxh5 Kc3 10.Kg3 Rc4 11.Nxg7 a4 12.h5 a3 13.h6 a2 14.Ra8，1–0。可怜的波特拉完全失去了尊严。

第四章　心理漫谈——子力

第四章
习题1

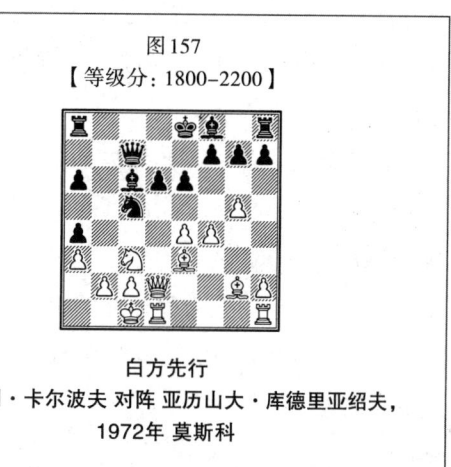

图157
【等级分：1800–2200】

白方先行
阿纳托利·卡尔波夫 对阵 亚历山大·库德里亚绍夫，
1972年 莫斯科

白方有两个大相径庭的理性选择。它们分别是？

黑方有两个问题：他的王处在中心，他的后翼兵形是破碎的。另一方面，黑方希望易位，然后通过...Rb8和...Qb7在b列形成攻势。

白方必须做出一个重大决定：他应该通过打开中心奋力去蹂躏黑方中心的王，还是应该保持简单的状态通过某种方式充分利用黑方的后翼兵的弱点呢（这最终将会导致a4上的兵倒下，结果，获得子力）？

评价等级解释：我认为任何在局面背后需要涉及哲学理念的东西都是高深的。并且，当你混淆于两个完全不同的观点的时候，那么它就更加困难了！

1.Bxc5

比起安全的阵势和的局势令人窒息，卡尔波夫很少选择冒险的战略操作。那么，在这种情况下，为什么他要这样呢？1.Bxc5增加黑方局势的混乱，同时也消除了其中一个a4上的兵的保护者。现在他的计划很简单：兑掉所有a4兵的保护者然后取胜！

战略天才和狂热者也许倾向于更加锐利的1.f5!?，这样一条可能的演变（只是让你尝尝白方在寻求什么）是1...Qb7 2.Nd5 Rb8 3.Qc3 exd5 4exd5 Bd7 5.Bxc5 dxc5 6.Rhe1+ Kd8 7.d6 Qb5 8.f6 g6 9.Re7会带来一次猛烈的进攻。比如，9...h6（尽力使他的王翼子力进入其中）10.Rxf7 hxg5 11.Qe5 Bh6 12.Rxd7+ Qxd7 13.Bc6获胜。

1...dxc5 2.e5

接连不断地兑子！在第一种情况下，白方摆脱了一枚带进攻性的危险棋子，并且完全毁坏黑方的兵形。现在他以另外一枚后翼攻击棋子为代价，夺去了黑方的两个象，并且消除a4兵的主要保护者。每一次兑子都在削弱黑方的动态潜能，同时也强化他的弱点。最终，注意到2.e5这一步修复了兵形（某样马喜欢的东西）同时也让马走到e4。换言之，他也建立了一种马比e7上的象强大的局势。

2...Be7

出子，准备易位。然而，当黑方的王急忙赶去安全位置的时候，卡尔波夫依然在继续实行他的计划。

3.Bxc6+ Qxc6 4.Qe2

每一步棋都和其他的棋步配合得天衣无缝。白方目标旨在a6，看着可能的Qc4（袭击a6和a4同时也阻隔c5上的兵），也非常渴求Qe4，因为兑掉后（这带走a4最后的保护者）给黑方留下了绝望的终局。

4...c4

在4...Rb8上白方控制c4格，5.Qc4这样5...0-0 6.Nxa4任务完成（白方多一个坚实的兵），更加锐利的5···h6使6.g6! fxg6 7.Rhg1 Kf7 8.Qd3 g5 9.Rdf1接下来会有一场激烈的进攻。

而4...0-0则使白方以一种纯粹的方式实现他的计划：5.Qe4 Qxe4 6.Nxe4 Rfd8 7.Rxd8+ Rxd8 8.Rd1 Rxd1+ 9.Kxd1这样a4上的兵就无法挽救了。

通过4...c4黑方阻止Qc4同时为他的象释放a3-f8对角线。

5.Qe4通过强行兑后（意识到他的整个计划是基于通过兑子来减少敌方的反击）白方彻底终结黑方后翼反击的美梦。黑方的后不仅对b列的兵来说是铁锤，同时也是仅剩的保护a4的子力。因此，兑掉它也使a4失去了防御。

5...Rc8

5...Rc8 6.Rd4接着7.Rxc4是没有希望的，但是5...Qxe4会掀起更多反抗。

6.Qxc6+ Rxc6 7.Nxa4白方多一个兵，随后赢得比赛。

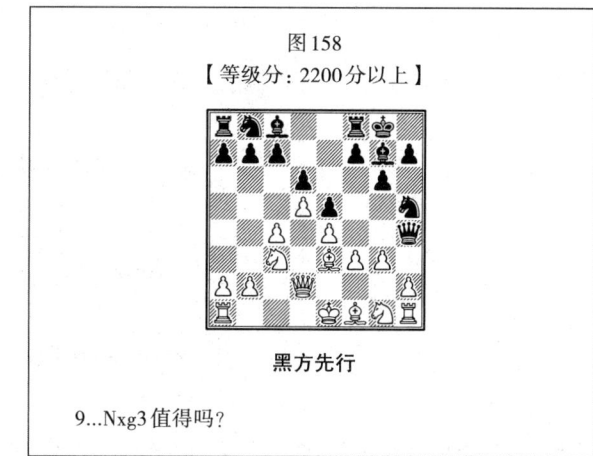

图158
【等级分：2200分以上】

黑方先行

9...Nxg3值得吗？

1.d4 Nf6 2.c4 g6 3.Nc3 Bg7 4.e4 d6 5.f3 0–0 6.Be3 e5 7.d5 Nh5 8.Qd2 Qh4+ 9.g3——图158

王翼印度防御塞米施变式的演变，深受那些喜欢做标新立异的事的人和喜欢提供奇怪的子力失衡情况的人的欢迎。事实证明，走到g3是关键的延续。

评价等级解释：如果你之前没有见过这种回答，那么这将会证明，即使对大师来说也极其困难，他们中的许多人会感到（有一些理由）完全不合理。

9...Nxg3!? 10.Qf2

你是不是在能看见这一步赢得子力之后就卡住了？黑方的下一步棋（11...Nf1）是真的会发生在你身上，还是你会发现这是"惯性思维"而立刻摒弃它？当然这很高深，并且我并不期望你去找到这种兑子的走法（所以如果你没有看出来的话不要觉得不高兴！）。然而，一旦你复习所有在这一部分的例子，一旦你仔细考虑他们并且开始把他们看作失衡与失衡的对抗，那么你将会发现自己慢慢钟情和理解这种节骨眼的情况。

当然，10.Bf2会遭遇10...Nxf1。

10...Nxf1

开始局面性的兑后！据我所知，很多强大的选手很着迷于这个想法，但是并不真正信任它的最终可靠。然而，我猜想在这个走法系统中还有很多东西要去发现，这也许会比证明它的口碑更好。

11.Qxh4 Nxe3 12.Qf2 Nxc4

一个很有意思的局面！黑方的后有两个象和两个兵协助。对黑方来说那是一个不坏的兑子。他也有一个坚实的局面，只有一个潜在的弱点（c7），并且黑方知道即使攻下c7，白方在攻下它的时间内也可能会让黑方的军队变得惊人的活跃。除了攻击c7，白方只有一个另外的计划：把h列的兵推到h5，尽力去威胁黑方的王。

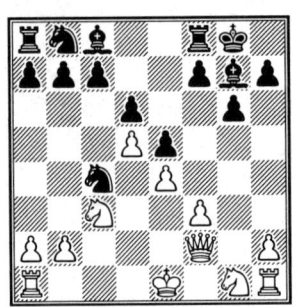

图158a

白方的部队没有很好地协作，就提及到的计划而言也没有很多选择，但黑方却有像...c7-c6和...f7-f5的兵的突破，还有恼人的马在换着花样地跳来跳去。如果在...f7-f5之后，白方夺得f5，稍后黑方...e5-d4，那黑格的象在h8-a1对角线上可能会变成悍将。而即便不是如此，象也能够走到h6，进而造成严重的影响。

总体来说，这个情况对双方来说都很难处理，你会有兴趣研究它，事实上，在与后对抗的时候，轻子能很好地自处。

请记住，我不是尽力去说服你在自己的棋局中去实施这种变化。重点是去打破那让你害怕失去子力的条件作用，并且让你在出现子力失衡时感觉更加自然。

有两个白方在由这种演变带来的混乱中战败的例子。二者都充满了严重的错误，但是不要让它蒙蔽你，使你看不到黑方军队挣脱束缚的力量。我故意没有标出注释。现在只需坐好，慢慢地欣赏这两场大屠杀吧：

列昂尼德·沃洛申 对阵 扬·米哈莱克，2003年 皮尔森

1.d4 Nf6 2.c4 g6 3.Nc3 Bg7 4.e4 0-0 5.Be3 d6 6.f3 e5 7.d5 Nh5 8.Qd2 Qh4+ 9.g3 Nxg3 10.Qf2 Nxf1 11.Qxh4 Nxe3 12.Qf2 Nxc4 13.0-0-0 c6 14.Kb1 Bd7 15.Nge2 b5 16.Ng3 b4 17.Nce2 cxd5 18.exd5 f5 19.h4 Na6 20.h5 Nc5 21.hxg6 hxg6 22.Rh4 f4 23.Ne4 Bf5 24.N2g3 fxg3 25.Qxg3 b3 26.axb3 Nxb3 27.Rd3 Rab8 28.Qg2 Nd4 29.Ka1 Rfc8 30.Rh2 Nb3+ 31.Kb1 Ncd2+，0-1。

托马什·斯图德尼奇卡 对阵 卢卡什·克利马，2003年 皮尔森

1.d4 Nf6 2.c4 d6 3.Nc3 g6 4.e4 Bg7 5.f3 0-0 6.Be3 e5 7.d5 Nh5 8.Qd2 Qh4+ 9.g3 Nxg3 10.Qf2 Nxf1 11.Qxh4 Nxe3 12.Qf2 Nxc4 13.Nb5 Na6 14.b3 Nb6 15.Ne2 Bd7 16.Nbc3 f5 17.Qe3 c6 18.0-0-0 Rac8 19.Kb1 Rf6 20.h4 Nc5 21.h5 fxe4 22.fxe4 cxd5 23.exd5 Rcf8 24.Rdg1 Rf3 25.Qd2 Bf5+ 26.Kb2 Rd3 27.Qg5 e4 28.hxg6 hxg6 29.Rg3

Nxd5 30.Rxd3 Nxd3+ 31.Ka3 Nxc3 32.Nxc3 Bxc3 33.Qe7 Bb4+ 34.Ka4 Bd7+，0–1。

第四章
习题3

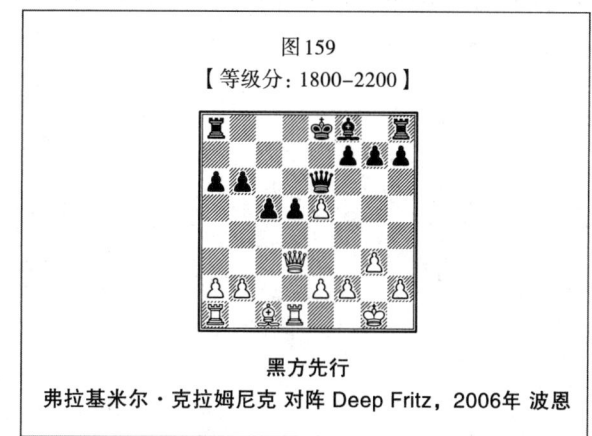

图159
【等级分：1800–2200】

黑方先行
弗拉基米尔·克拉姆尼克 对阵 Deep Fritz, 2006年 波恩

1.d4 Nf6 2.c4 e6 3.g3 d5 4.Bg2 dxc4 5.Qa4+ Nbd7 6.Qxc4 a6 7.Qc2 c5 8.Nf3 b6 9.Ne5 Nd5 10.Nc3 Bb7 11.Nxd5 Bxd5 12.Bxd5 exd5 13.0-0 Nxe5 14.dxe5 Qc8 15.Rd1 Qe6 16.Qd3——图159

黑方的王仍然没有易位，他d线的兵处于危险之中。因为16...Rd8会败于17.Qxa6，加之16...d4（这于他中间的王无益）17.Qe4 Rd8 18.e3 Qd5 19.Qd3 Qxe5 20.Qxa6 Be7 21.Qb5+ Kf8 22.exd4 Rxd4 23.Rxd4 Qxd4 24.Qxb6 Qd1+ 25.Kg2 Qd5+ 26.f3 f6 27.Qb8+ Bd8 28.Be3 Kf7 29.Bf2 Re8 30.Qa7+ Be7 31.Re1对黑方来说是残忍的，他会认为我们在图159的开始局势只是对黑方来说很糟糕。但其实不然。

评价等级解释：很多选手会想，"我的兵有危险，我必须对此作出行动。"然而其实没有保护这个兵的有效办法。所以对不起，这是另外一个麻烦！

16...Be7!

如此简单，然而却很容易错过！黑方中心的王是他很多尴尬的根源，因此他急忙去出子，易位，并且把他的整个军队投入到战斗中去。然而在我们机械地去保护d5的思维中（"它被威胁，所以我应该保卫它"），很容易掉进恶性循环并最终在死亡的旋涡里告终。

17.Qxd5 Rd8 18.Qb3

不要走18.Qxe6？？ Rxd1+，这样黑方获胜。

18...Rxd1+ 19.Qxd1 0-0，突然，黑方在出子中取得主动权，有更多的子力，大量的后翼兵和在白方在a2和e5上的兵身上施加的压力。换言之，黑方突然有很多有利的失衡可以实施，还有一个安全的王。白方唯一值得称道的是他额外的兵。双方最终和棋：**20.Qb3 c4 21.Qc3 f6 22.b3 Rc8 23.Bb2 b5 24.Qe3 fxe5 25.bxc4 Rxc4 26.Bxe5 h6 27.Rd1**

Rc2 28.Qb3 Qxb3 29.axb3 Rxe2 30.Bd6 Bf6 31.Bc5 a5 32.Bd4 Be7 33.Bc3 a4 34.bxa4 bxa4 35.Rd7 Bf8 36.Rd8 Kf7 37.Ra8 a3 38.Rxf8+ Kxf8 39.Bb4+ Kf7 40.Bxa3 Ra2 41.Bc5 g6 42.h4 Kf6 43.Be3 h5 44.Kg2，1/2–1/2。

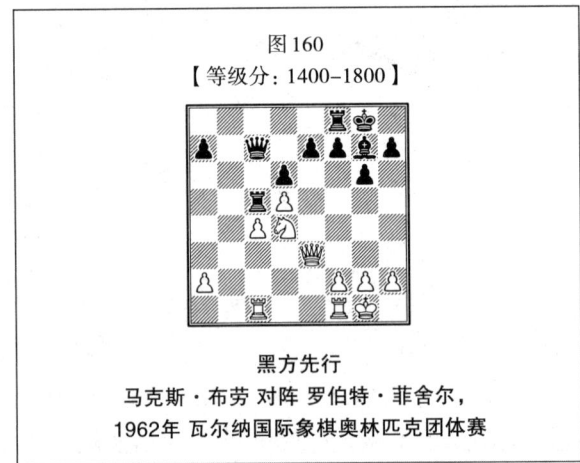

图160
【等级分：1400–1800】

黑方先行
马克斯·布劳 对阵 罗伯特·菲舍尔，
1962年 瓦尔纳国际象棋奥林匹克团体赛

很明显在这个局势上c线的兵是大目标，菲舍尔渴望砍掉它。但是现在不是"把握贪心"的局面。相反地，这是一个棋手在敌人的阵营里创造弱点的计谋巅峰，围绕它（它们），最终享受这个目标倒下的时刻。

明显地，子力的获得在国际象棋策略中发挥着重要的作用，但是观念上人们想要以一种可掌控的方式这样做。因此，人们必须考虑一些东西：

▶ 如果太多的兵被兑掉，在某些情况下，较少兵的一方仍有很多平局的机会。
▶ 处于赢得子力的狂热之中很容易遭受不必要的反击。因此，黑方应该尽力避免让白方获得比他能得到的更多的施展空间。
▶ 在c列上的战斗中哪一方的轻子更有影响呢？

因为1...Rxc4会败于2.Nc6 Rxc1 3.Nxe7+ Kh8 4.Rxc1，黑方出子的正确是不言而喻的。

评价等级解释：一个等级分1400的选手会想要阻止Nc6吗？毫无疑问！

1...Bxd4! 2.Qxd4 Rc8 3.Rc2

若对于3.Qe3（希望为c4和d5而占据e7和a7），黑方会通过3...a5使他a列的兵离开脆弱的线。然后…Rxc4的威胁再一次到来，因为他会为e7上寂寞的兵赢得在c4和d5上的两个兵。

3...Rxc4 4.Rxc4 Qxc4 5.Qxa7 Qe4!

这个很好的趋中走法紧紧抓住了e7（记住保持尽量多的兵和优化你的取胜机会——

在这种情况下守方通常会尽力去兑尽可能多的子），这阻止了白方走到e7之后所可能展开的反攻，此外黑方可准备一个针对a2和d5的长期围攻，这个走法阻止了这种可能的反击。黑方打算赢得一个兵，但是他只会根据自己的条件去吃它。

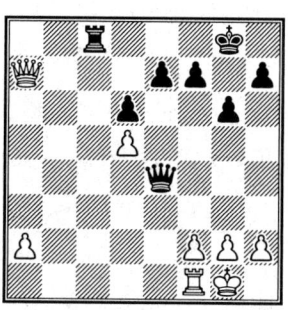

图160a

6.h3 Rc4

打算通过...Ra4继续对a2展开猎杀。

7.Rd1 Kg7

改善王的局势没有什么不好的。

8.Qb7 Qe2

不仅阻止在b2上的任何将军，还能看着a2，并且把白方的车推到一个被动格。

9.Rf1 Ra4

这样a2就将要（终于！）陷落，在这以后黑方将会把他的枪对准d5。

10.Qb3 Rxa2 11.Qc3+ f6 12.Qe1 Qe5! 黑方多一个坚实的兵，完全控制了局面。棋局总结如下：**13.f4 Qxd5 14.Qxe7+ Kh6 15.Qf8+ Kh5 16.g4+ Kh4 17.Qxf6+ Kxh3 18.Qc3+ Kxg4 19.Qc8+ Kh4 20.Qd8+ Kh5**，0-1。

第四章
习题5

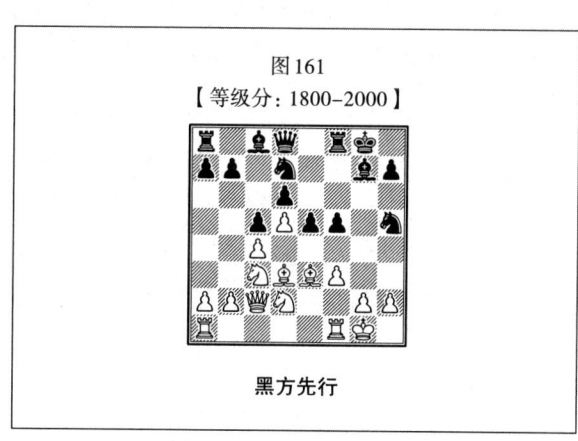

图161
【等级分：1800-2000】

黑方先行

乍看起来，人们会觉得白方进展得很好。他在出子中领先，他威胁要夺得f5上的兵，他的王似乎比黑方的更安全。……这一点没错！黑方怎样做才能够改变他的明显劣势呢？

问题是没有"正常的"走法能够阻止这伤痛：

1...Qf6 2.g4!（2.Bxf5!?）2...e4 3.Be2!（3.Bxe4!?也很有意思）3...Qg6（3...exf3 4.Nxf3 Qe7 5.Bg5 6.Bxf6 Nhxf6 7.gxf5也对白方有利）4.Kh1 exf3 5.Nxf3 fxg4 6.Bd3对黑方来说是不好的——毕竟，如果局面开放的话，发展得更好的一方（白方）通常会感到很高兴。需要注意，在6.Bd3 Qe8 7.Bxh7+ Kh8 8.Ng5 Qxe3?之后通过9.Rxf8+ Bxf8 10.Nf7+ Kg7 11.Qg6将死。

1...f4??把兵悬在h7上，但是即使兵在h6上是安全的，f4仍会是一个错误，因为它把e4格拱手送给白方。

1...Nb8和1...Nb6都是典型的电脑"不管多么丑陋也要把所有东西聚在一起"出子方式。是的，他们的确给f5一些非常需要的支持，但是他们没有为任何攫取而斗争，只是为了生存！

评价等级解释： 事实上，任何一个过去曾经被介绍过这个想法的人都会走出正确的棋步。这是一个在王翼印度防御中很常见的战术装置。然而，如果黑方不知道它的话，我会认为这是相当难找到的。

1...e4! 2.fxe4 f4 3.Bf2 Ne5 4.Be2 Qg5 5.Nf3 Nf3+ 6.Bxf3 Be5（6...Bg4!?）突然黑方有很多东西值得称道了：他对e5格的掌握把那里的所有棋子都变成怪兽，开放的g列能够让黑方轻松发动进攻，一旦一个黑方的车走到g8或者g7，白方必须保持小心，以免f4上的兵前进到f3，在那里它也许会成功消除白方的王的防御。同时白方在e4上多出来的兵是叛徒，因为它限制死了白方先前活跃的后和象，同时剥夺c3马对e4格的使用权。

黑方没有通过像1...Nb8这样的一步棋等着看是否有好事降临到他身上，相反，他使好事发生——他完成了一个之前从未出现过的积极失衡的连击。

在这种情况下（所有事似乎都在针对你），如果一个兵像这样兑子，你一定要实施它，即使它仍会对对方更好（当然，我不是说黑方在这里更糟糕，在某种方式、外形或形式上来说）。为什么？因为不把局面变糟几乎没有什么好结果。但是伴随着更糟一点的局面（不管怎样，有人在乎"–0.20"吗？）意味着所有三种可能的结果仍然鲜活地"存在"着。

图162
【等级分：1800-2200】

黑方先行
罗伯特·菲舍尔 对阵 拉里·埃文斯，
1963-1964年 美国冠军赛

...Qxh4是明智的吗？

1. e4 e5 2.f4 exf4 3.Bc4 Qh4+ 4.Kf1 d6 5.Nc3 Be6 6.Qe2 c6 7.Nf3 Qe7 8.d4 Bxc4 9.Qxc4 g5 10.e5 d5 11.Qd3 Na6 12.Ne2 Nb4 13.Qd1 0-0-0 14.c3 Na6 15.h4 g4 16.Nh2 h5 17.Nxf4——图162

17...Qxh4?

17…Qxh4是一步很糟糕的棋的一些原因：

▶ 在h1上的车没有参与到棋局中，但它突然得到一条半开放的线。总体来说，要尽力去避免激活敌方的子力！

▶ h2的马并不强大，但是在黑方夺得h4之后，白方的马很快会发现自己正在履行一份优越的职责。

▶ 黑方在f列遭遇长期的局势压力——f4、f5和f6格全都很弱，f7上的兵能够轻易地成为目标。他应该尽力去发展他的剩余力量并且弥补他的局面弱点。相反地，攫取兵，失去时间也凸显了他的问题，而不是解决它们。

▶ 最后，走到h4上连一个兵也赚不到！白方在一些出子以后回来并且迅速地把一个有趣的局面（在17.Nxf4之后）变成局面上的崩溃！

记住，如果确实能赢得一个兵，并且如果你不是在给你的对手太多其他失衡作为报答的话，拿下它并没什么大碍。但是浪费时间、不去发展你的子力使他们推进你自己的进程，你最后会发现甚至连一个兵也赚不到（这起码让得子掩盖了你局面上的恶化），最后只会是一场灾难！

评价等级解释： 白方去夺回h4（18.Kg1）的回应是一步很多选手都会错过的棋，在这种情况下，过多的想法使事情很难实现。

在17...Qxh4?（像17...Qd7接着...Ne7、...Kb8和...c5这样的棋本来会更加有建设性。）菲舍尔充分利用黑方的很多王翼弱点：

18.Kg1

这步棋防御h1，威胁通过Nxg4去占毫无防备的h8上的车的便宜。

18...Nh6 19.Nf1

通过把不积极的马带入到棋局中来争取时间，还强制赢得h5上的兵。

19...Qe7 20.Nxh5

不仅吃掉一个兵，还对f6格施加压力。

20...Rg8

这没有带来好的作用，黑方的局面已经明显落后。

21.Nfg3

另一匹马（它不久前在h2上看上去相当郁闷）加入战斗，并剥夺了h6上的马进入f5的权利。

21...Rg6 22.Nf4

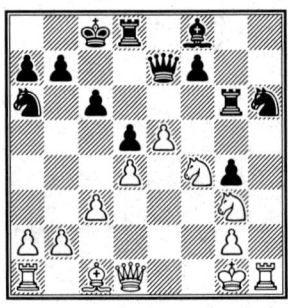

图162a

g6上的车正在遭受攻击，但是突然h6上的马也被死亡威胁，因为h1上的车在袭击它，并且一旦f4上的马离开的话，c1的象也将去突袭。

22...Rg5

黑方没有一个适当的回应，因为22...Rg8 23.Nxd5! Rxd5 24.Bxh6也很令人沮丧（尽管比在实际棋局中好一些）。

23.Be3 Nc7

水深火热，但是像23...Nf5 24.Nf5 Rxf5 25.Qxg4 Qd7 26.Rh7和23...f6 24.Nd3 Rg6 25.Bxh6 Bxh6 26.Nf5的演变也是没有希望的。

24.Qd2 Rg8 25.Nfe2

赢得一整个子。黑方在这里本来能够认输的，但是他决定继续顽抗。

25...f6 26.exf6 Qxf6 27.Bxh6 Bd6 28.Rf1

确保每粒棋子各司其职。

28...Qe6 29.Bf4

当你多一个子的时候，清理掉对方积极的棋子并结束所有的反击，这是无风险的成功的通常准则。

29...Rde8 30.Rh6 Bxf4 31.Qxf4 Qe7 32.Rf6 Ne6 33.Qe5 Ng5 34.Qxe7 Rxe7 35.Rf8+ Rxf8 36.Rxf8+，1-0。

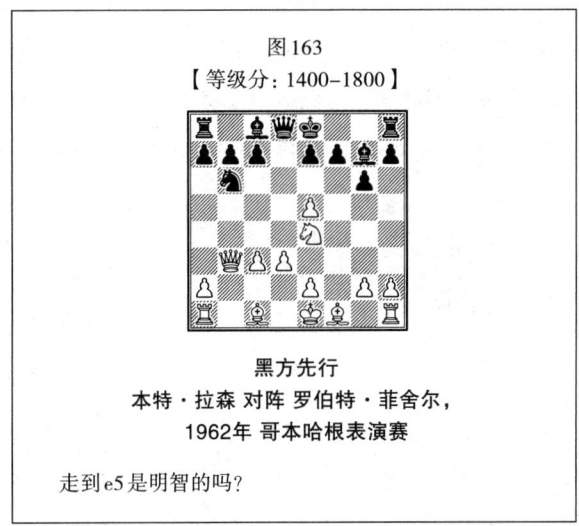

图163
【等级分：1400-1800】

黑方先行
本特·拉森 对阵 罗伯特·菲舍尔，
1962年 哥本哈根表演赛

走到e5是明智的吗？

1. f4 Nf6 2.Nf3 g6 3.d3 d5 4.Nbd2 d4 5.c3 dxc3 6.bxc3 Nd5 7.Qa4+ Nc6 8.Ne5 Bg7 9.Ne4（如果白方可以，尝试9.Nxc6 Qd7 10.Bb2也许更好）**9...Nb6 10.Qb3 Nxe5 11.fxe5**——图163

这是一场两位传奇巨人之间几乎无人知晓的表演赛。最初的出子体现了拉森一如既往的创意与菲舍尔的开门见山和惯常贪婪的风格。

黑方能够通过一些简单的走子，比如11...Be6或者11...0-0（更加好的兵形，在出子中占优以及在白方阵营各种弱格。比如，如果白方通过d3-d4防御e5，那么c4格就会在...Be6之后就落入黑方手中）留住优势。然而，菲舍尔决定要走夺取e5兵这条路。他知道白方会为此得到一些主动性，但是他也认为这种主动性终将枯竭，并且额外的子力会接着激励他取得胜利：

评价等级解释：我希望读这本书的每个人能够理解：如果你能够吃掉某些子，并且你看不出为什么你不应该这么做，那么尽全力吃掉它吧！

11...Bxe5

菲舍尔小心地推测着白方的补救措施，并断定他获得的子力失衡比白方的主动权更有价值。

12.Qb5+ Nd7 13.Bh6 c6 14.Qb3 Nf6 15.Bg7 Rg8 16.Bxf6 exf6 17.d4 f5! 18.Nf2

18.dxe5 fxe4 19.Rd1 Qb6很明显对黑方有利。

18...Bf4 19.e4 fxe4 20.Bc4 Rg7

20...Qe7 21.0-0 b5 22.Be2 Be6 23.Qc2也很有趣，现在23...Bf5和23...Be3 24.Qxe4 Bd5都保持一种稳固的优势，得益于额外的子力和两个积极的象的局面性失衡。

在20...Rg7之后棋局继续：**21.0-0 b5**（21...Be3!?值得慎重考虑：22.Rae1 Bxf2+ 23.Rxf2 f5）**22.Nxe4 bxc4 23.Qxc4 Be3+ 24.Kh1 Bf5 25.Qxc6+ Kf8 26.Nd6 Rb8 27.Qc5 Qb6 28.Qe5 Bg5 29.Rae1 Qd8 30.g4 Bf6 31.Qd5 Be7 32.gxf5 Qxd6 33.Qxd6 Bxd6 34.f6 Rg8 35.c4 g5 36.c5 Bf4 37.h4 Rg6! 38.d5 Rxf6 39.hxg5 Bxg5 40.d6 Rc8 41.Rxf6 Bxf6 42.d7 Rxc5 43.Re8+ Kg7 44.d8=Q Bxd8 45.Rxd8 Rc1+ 46.Kg2 Rc2+ 47.Kg3 Rxa2**，0-1。

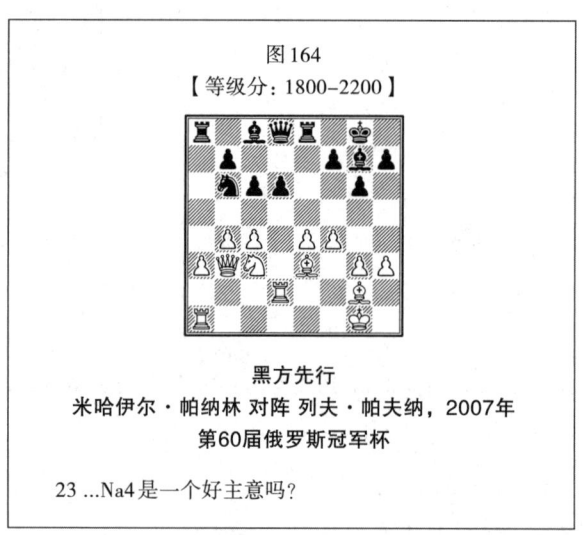

图164
【等级分：1800-2200】

黑方先行
米哈伊尔·帕纳林 对阵 列夫·帕夫纳，2007年
第60届俄罗斯冠军杯

23...Na4是一个好主意吗？

1. d4 Nf6 2.c4 d6 3.Nc3 Nbd7 4.e4 e5 5.Nf3 Be7 6.Be2 0-0 7.0-0 c6 8.Re1 a6 9.a3 a5 10.b3 Re8 11.Bf1 Bf8 12.g3 exd4 13.Nxd4 g6 14.Bg2 Bg7 15.h3 Nc5 16.Bf4 Nfd7 17.Be3 Ne5 18.Re2 a4 19.f4 Ned7 20.b4 Nb3 21.Nxb3 axb3 22.Qxb3 Nb6 23.Rd2——图164

黑方因为贸然出击而丢了一个兵，现在他被迫在二者之间做出选择：23...Na4赢得兑子，或者23...Be6迫使白方处理c4上的威胁。无论是好是坏，他本应该选择23...Be6，因为这样他的子力变得极其积极（像23...Be6 24.Bf1 d5 25.cxd5 cxd5 26.e5 Nx4这样的演变会导致非常有趣的局面）。

评价等级解释：23...Na4赢得子力，但是就那本身来说并不好。我认为23...Na4对等级分1800以下的选手是很有吸引力的。

在这盘棋中，黑方无法抗拒**23...Na4 24.Nxa4**（24.e5 Nxc3 25.Qxc3 Qe7 26.Rxd6 Qxd6）**24...Bxa1**，这样**25.e5**让黑方在接下来的整局棋中都被关了起来：**25...Be6 26.Rxd6**

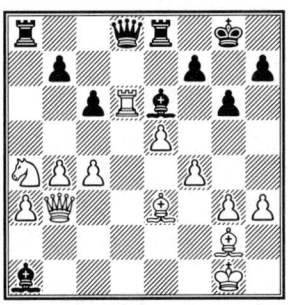

图164a

是时候该评估情况了：黑方为了兑子的胜利而战，并在最终实现他的愿望。但很不幸，白方很理所当然地换来了太多的有利失衡。在中心和在后翼获得压倒性的空间优势是不是很值？在d6上强悍的车怎么样？两个大范围控制的象呢？黑方的子力无所事事（车只有在开放线上巡逻的时候才有价值），这一事实显得很重要。在a1上的可怜的象怎么样？它真的能成功生还吗？最终，黑方甚至没有子力优势，因为白方凭借兑子多了两个兵。换言之，这对黑方来说这是一场完全的灾难。

准则？不要为赢得子力而走棋，除非你已经小心评估所有对手作为回报将会得到的补偿因素！

剩下的棋局是一场屠杀：**26...Qc7 27.Nc5 Rad8 28.Nxe6 Rxe6 29.c5 Rde8 30.Kh2 Qe7 31.Qd1 Bxe5 32.Rd7 Qf6 33.fxe5 Qxe5 34.Qf3 f5 35.Bd4 Qe1 36.Rg7+ Kf8 37.Qf4 R6e7 38.Qh6**，1-0。

第四章
习题9

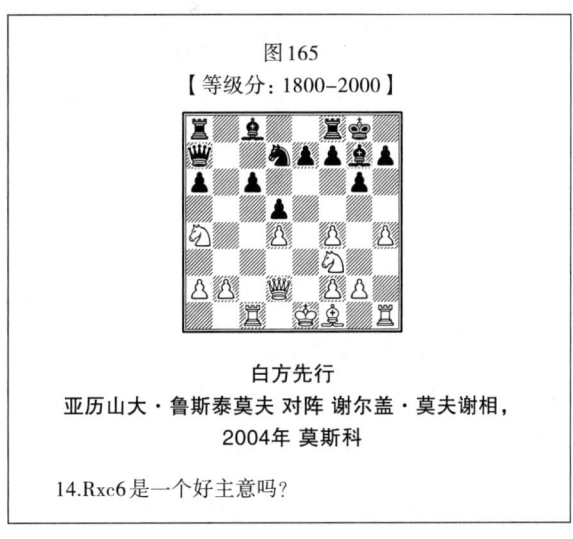

图165
【等级分：1800-2000】

白方先行
亚历山大·鲁斯泰莫夫 对阵 谢尔盖·莫夫谢相，
2004年 莫斯科

14.Rxc6是一个好主意吗？

1. d4 2.c5 c6 3.Nc3 a6 4.Nf3 a6 5.c5 Nbd7 6.Bf4 Nh5 7.e3 g6 8.h4 Nxf4 9.exf4 Bg7 10.Qd2 b6 11.cxb6 Qxb6 12.Rc1 0–0 13.Na4 Qa7——图165

对白方来说事情进展得很好，他有机会通过h4-h5进行王翼进攻，绑定e5格（多亏了f列的兵加倍。如果白方的兵仍然站在"稳固的"e3格上，那么黑方能够通过…e7-e5寻求反击），在棋盘的每一个部分都有更多的空间，对抗在a6和c6上弱兵的长远的压力。

黑方有什么？他有两个象，但是此时白方的马优于它们。黑方其他仅有的优势是白方位于中间的王，但是如果中心不能打开，那么也许无法产生任何作用，因为黑方的子力够步到白方在e1上的君王。

走到c6是否是个好主意，这是个问题。在这种情况下，在14.Rxc6?! Nf6 15.Nc5 Ne4 16.Nxe4 dxe4 17.Ne5 Rd8 18.Bc4 e6之后，黑方得到了比他应得的更多的选择。在这个局面下，如果保证牢牢掌控形势会有更多东西能够获得的话，为什么要给你的对手大量的反击机会呢（白方也许仍然更好，但是确实没那么好）？

评价等级解释：白方有尺寸的优势，所以当你控制棋局的时候，为什么要让黑方反击？尽管如此，我真的很感激贪心，充分理解14.Rxc6的原因。但是，我猜，更加有经验的选手会选择不这么干。

在实际的棋局中，白方明智地没有夺取c6，相反的，他通过**14.h5 a5 15.hxg6 fxg6**推进自己的进程（15...hxg6更加可取，但是对白方来说仍然更好），这样我们得到另外一个夺得c6的机会。

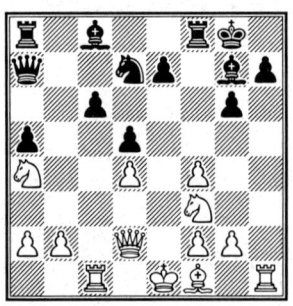

图165a

在实际棋局中白方再次通过加紧的16.g3这一步避免了16.Rxc6。这是一个好的实际决定并且导致最终的胜利。然而现在，多亏了在黑方王局势新创造的弱点，情况改变了，拿下这个兵是最好的：**16.Rxc6! Nf6 17.Nc5 Ne4**（17...Bd7 18.Ra6）**18.Nxe4 dxe4 19.Bc4+ e6 20.Ng5**有一个压倒性的局面。

需要明确的一点是，攫获子力优势不都是很无脑的行为。事实上，如果它给你的对手太多积极的失衡，那么你应该击退这些贪婪的冲动，并寻找一种更能控场的方式去处理这种情况。另一方面，如果你已经处于麻烦之中，为了反击而兑子（在我们的最后一个例子中，14.Rxc6使黑方有14...Nf6后15...Ne4，这样黑方原本的消极的子力被激活）是一件你需要去习惯做的事。

很有趣的是，图165上的例子展示了许多与放弃和拿下子力相关的心理上的和实际上的细微差别：我们看到（在第14步）保护者为反击而弃掉了一个兵（展示了他克服了"我不能放弃我任何的子力"的病症），我们看见白方明智地拒绝它（不让对手获得不值得的活跃），接着我们看到白方拒绝去拿下一个本来可以安全拿下的兵。然而，这个决定是非常人性化的——既然当你确立了优势，而且你可以继续蹂躏你的对手，为什么不延续战略优势（这也许很容易导致疏忽）直至你的对手彻底散架呢？

第四章　心理漫谈——心理崩溃

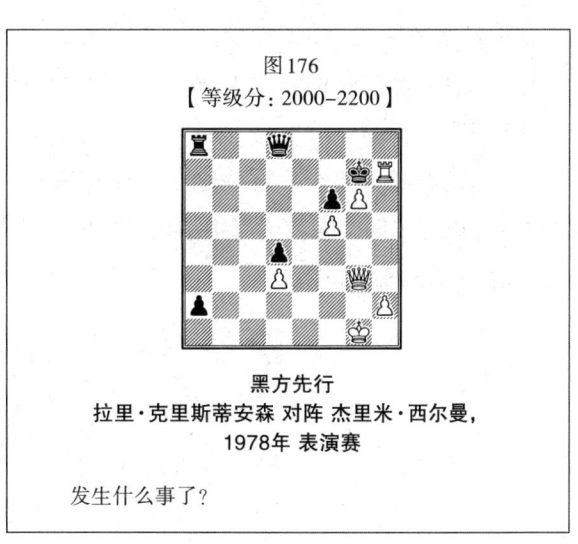

1. e4 c5 2.f4 Nc6 3.Nf3 e6 4.Bb5 Nf6 5.Bxc6 dxc6 6.d3 Be7 7.0–0 0–0 8.a4 a5 9.Na3 Qc7 10.Qe1 b6 11.Bd2 Nd7 12.Nc4 Ba6 13.b3 Bxc4 14.bxc4 e5 15.f5 Rfd8 16.g4 Nb8 17.Qg3 Na6 18.Nxe5 Bd6 19.Bf4 f6 20.d4 cxd4 21.Nd3 Nc5? 22.Rae1 Bxf4 23.Rxf4 Nxd3 24.cxd3 b5 25.axb5 cxd5 26.cxb5 a4 27.g5 Kh8 28.e5 a3

28...fxg5 29.Qxg5 a3才是正确的。

29.b6 Qxb6 30.exf6 gxf6 31.Re7

我不记得我为什么会允许这种情况发生，但是在这里我醒悟了，并且意识到我被击败了。还有，因为我很确定我会输掉（很可能以某种可怕的形式），我落进自掘坟墓一样的"我不能"的世界（正如在"我活不了了"里一样）。

31...Rg8 32.g6??

在这里，拉里屈服于"我必须"的瞬间（正如在"我必须在这以后获胜"里一样）。如果他已经思考过一小会这种情况，他会看到32.Rh4可以直接获胜（32...Rg7 33.Rxg7 Kxg7 34.gxf6+强行将死）。

32...Rg7 33.Rfe4 Qd8??

更多的失败主义想法随之而来——"我在劫难逃，我是一个傻瓜，我无法救我自己"在我脑海中一遍又一遍重复。如果我关掉这个同情的水龙头，我也许已经意识到33...Qb1+能救我：34...Kg2（34.Re1 a2 35.Rxg7 Kxg7 36.Qc7+ Kh6 37.Qf4+这样可以和棋，而不是37.Qxh7+?? Kg5这样黑方获胜）34...Qa2+! 35.Kf3 Qg8，我的后设法成功阻止他将死我。

34.Rxg7??

拉里有他自己的问题，他保持这种"这一定赢"的出子，而不是冷静下来并证明它像它看上去那样是决定性的。如果他这样做了，那么他当然会改变他的想法，然后走34.Qe1!，轻易获胜。

不幸地，他这样自负地走了34.Rxg7（好像在说"你死定了，笨蛋"）以致于我完全相信他的欺骗。毫无疑问，在我脑海中结局很快要来了。

34...Kxg7 35.Rh4 a2 36.Rxh7+

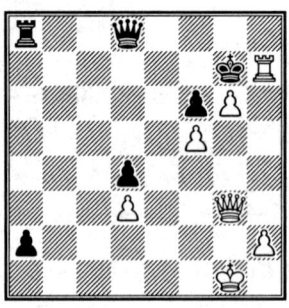

图176 黑方先行

黑方认输！我怀疑这未必是你决定的一步，但是它事实上是我在棋局中的（完全疯狂的）选择。事情看上去很令人害怕，但是"认输"似乎是黑方问题的一个相当极端的"解决办法"！

评价等级解释： 你当然已经收到一些事情正在发生的警告，但是这局棋仍然相当艰难。部分困难取决于这样的事：当选手的王被迫四处游荡的时候，他们就有点被吓着了。

在图176中，黑方只有两种选择，但是，正如你已经看到的，我找到了第三种！事实上我在这里花了相当长的时间。我做的第一件事是不去走36...Kf8因为这样会给白方以36...Kg8（36...Kf8 37.Rh8+ Kg7 38.Rxd8）局面机会变得均等，同时也为他提供了额外37.g7+ Kg8 38.Rh8+ Kf7的可能，这似乎完全令人恐惧。事实证明，在我脑海里的恐惧，并没有在棋盘上出现：39.Rf8+（39.Rxd8 a1=Q+ 40.Kg2 Qa2+ 41.Kf3 Rxd8 42.Qc7+ Ke8 43.Qc6+也是和棋）39...Qxf8 40.gxf8=Q+ Kxf8 41.Qd6+ Kg7 42.Qe7+ Kg8，和棋。

因为白方能够推动在36...Kf8和36…Kg8以后关键的一条演变，我关注那个特别的变化：36...Kg8 37.Rh8+ Kg7 38.Rxd8 a1=Q+ 39.Kg2 Ra2+（我不信任39...Qb2+，但是事实证明还不错：40.Kh3 Rxd8 41.Qc7+ Kh6 42.Qxd8 Qf2，和棋）40.Kh3 Qf1+ 41.Kh4

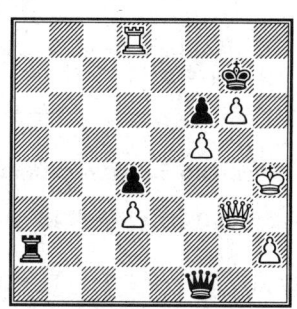

图176a 黑方先行

仔细考虑这个局面，我认识到，该结束了。"我在劫难逃，我已经在劫难逃很久了。是时候结束了。"

我伸出手（在36.Rh7+之后），说"我认输"，然后握住克里斯蒂安森的手。他震惊地看着我，说，"我正准备和你和棋！这是长将和或者逼和！"接着他走出导致预期最终情况的棋步（前面在41.Kh4以后发生的图）并且走出了41...Rxh2+!! 42.Qxh2（42.Kg4会输掉）42...Qf4+! 43.Kh3（43.Qxf4逼和）43...Qg4+ 44.Kxg4逼和。

幸运地，那时没有什么其他的事，这使我还有斗志再战一天。同时正如常有的事一样，事实证明这是重要的一课。我认识到我心中的消极框架使我无法看见事实上在发生什么，我明白了在棋局以后不受控制的情感只应该被释放，而不是承受。结果，我努力从我的灵魂中消灭"我不能"——事实上，我努力将"我不能""我在劫难逃"和"没希望了"这类想法转变为"总会有防御的办法的！" 这个人们在最坏的情况下都能够与痛苦作斗争、并且能给对手造成严重的困难的信念，伴随着我职业生涯的进程，使我受益匪浅。同时，当对方走出刁钻的棋步时，我紧紧遵循着它是"垃圾"或者它"必须收拾收拾他"的心态。

第四章
习题11

图177
【等级分：1600-2000】

黑方先行
Empire 对阵 girl-brain（帕姆·鲁杰罗），
2007年 国际象棋在线俱乐部

a7上的兵正在遭受攻击。最自然的保护它的方式是什么？是最自然的棋步发挥作用，还是白方暗中已有锦囊妙计？

1.e4 c6 2.d4 d5 3.Nc3 dxe4 4.Nxe4 Nf6 5.Nxf6+ gxf6 6.Be3 Bf5 7.Bd3 Nd7 8.Bxf5 Qa5+ 9.Qd2 Qxf5 10.0-0-0 0-0-0 11.Ne2 Nb6 12.Ng3 Qd5 13.Kb1 Qxg2 14.Qa5——图177

评价等级解释：这个例子向我们展示了很容易说服我们不作出最合理的出子。我猜一位等级分1400的选手会马上走出正确的14...Kb8，但是会错过白方的15.Bf4+接着16.Bc7的走法。如果你等级分是1400并且你看到这条演变，那么接受一场掌声吧！

白方刚刚攻击a7，并且黑方（有一个额外的兵和明显的优势）想要防御它。黑方更想要的走法是14...Nc4，但帕姆·鲁杰罗立即说道"我不能"，而后选择在14...Nc4 15.Qxa7 Nxe3 16.fxe3之后让出了兵，这样优势倾斜到了白方一边（虽然她后来远胜于她的对手）。什么可能会吓着她呢？结果，她意识到14...Kb8 15.Bf4+ Ka8 16.Bc7，并且感觉她处于麻烦之中。是的，这看上去很受威胁——车和马都被攻击。但是因为14...Kb8是理想的一步，你真的需要去防御它并尽最大努力去证明16.Bc7后的局势对黑方来说不成问题。很伤心，她没有作出努力——威胁吓着她了，就是那样。是时候去寻找不一样的第14步了。

当然，到目前为止，你明白一个成功的选手是不能被小威胁吓坏的。你需要打开你的"坚持对你来说有好处"的心理模式，并且竭力寻找能再次使你控制你的领土的出子。16...Nc4 17.Qc3 Rc8 18.Qxc4 Rxc7会是一种方法，但是黑方在19.Qxf7之后确实无法说有优势。

因为帕姆·鲁杰罗无法找到最理想的解决办法，那就让我们尽力冷静地去口头描述这个问题吧。因为车身处危险之中（在14...Kb8 15.Bf4+ Ka8 16.Bc7以后），我们要问"我怎样才能够使我的车安全，又不给他时间去吃我的马呢？"

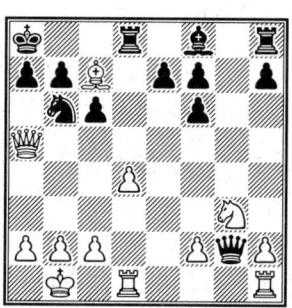

图177a 黑方先行

就这么想，答案可能就豁然开朗了：16...Rd5!拯救车，并且同时威胁白方的后。在那种情况下，黑方得以保留他额外的兵并以此来保持对局面的控制。

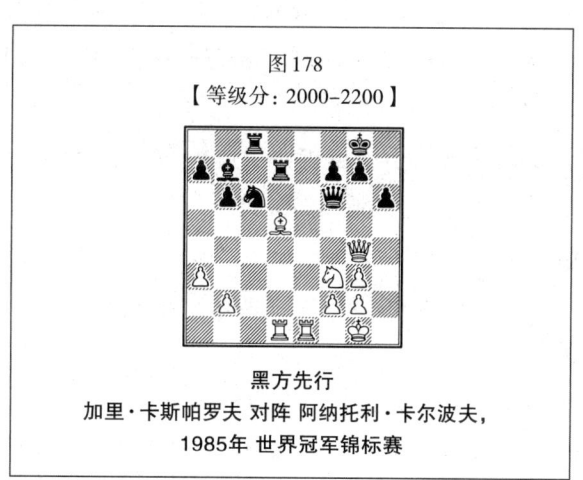

图178
【等级分：2000-2200】

黑方先行
加里·卡斯帕罗夫 对阵 阿纳托利·卡尔波夫，
1985年 世界冠军锦标赛

1.d4 Nf6 2.c4 e6 3.Nc3 Bb4 4.Nf3 0-0 5.Bg5 c5 6.e3 cxd4 7.exd4 h6 8.Bh4 d5 9.Rc1 dxc4 10.Bxc4 Nc6 11.0-0 Be7 12.Re1 b6 13.a3 Bb7 14.Bg3 Rc8 15.Ba2 Bd6 16.d5 Nxd5 17.Nxd5 Bxg3 18.hxg3 exd5 19.Bxd5 Qf6 20.Qa4 Rfd8 21.Rcd1 Rd7 22.Qg4

白方威胁d7上的车，但是为什么不终结威胁同时做出你自己的威胁呢？与理智去争辩是很难的，22...Rcd8是正如人们曾经见过的自然的一步。然而，它也涉及我们深入思维的习语："他不能"（正如"在我防御我的车之后，他就吃不掉它了。"）。事实上，个人结论阻止了思考和证明主张的过程，是大脑战略疏忽的原因之一。是的，22...Rcd8 很有道理——如果它起作用的话！

无论什么时候，当你在你意识到局面的战略挺进信号时（在这个例子中，白方有更多积极的棋子，可以考虑底线，f7处于压力之下，d7悬着，b7无防御），去证明你选择的走法是好的，而不只是理智的和策略的，而是战略的，是关键的！这些信号命令你比平时作出更多努力而不是应对一些隐藏的不愉快。

在棋局中卡尔波夫决定22...Rcd8不仅仅是在这个局势最合理的一步，它还是战略性的阻截。比如，23.Re8+（尽力去充分利用黑方的脆弱的底线）23...Rxe8 24.Qxd7（同时攻击b7和e8）会败给24...Re7。很不幸，事实证明22...Rcd8是他职业生涯中最大的错误之一！–图178

评价等级解释：这是个连世界冠军都会错过的狡猾战略？也许我不该拘泥于等级评价，一个等级分2000的选手没有希望意识到危险吗？

22...Rcd8 23.Qxd7!

蹂躏黑方后面行的弱点和散漫的b7上的象的不同方式（这次起作用了！）。

23...Rxd7 24.Re8+ Kh7 25.Be4+，1–0。问题不仅是白方的后有两个车，而且他还凭借武力通过25...g6 26.Rxd7 Ba6 27.Bxc6赢得黑方的轻子，因为27...Qxc6成为28.Rxf7将杀的受害者。

所以图178黑方处于困境中吗？不，他有相当多的补偿。如果他意识到在他的22...Rcd8里面的瑕疵，那么他当然会找到。

22...Rd6!

封舱！现在后防御d6，所有事情似乎都在防御c6，并且...Rcd8再次"出现"（但这次是安全的）。

我应该指出22...Re7？由于先前提到的f7和b7的问题遭受打击：23.Rxe7 Qxe7 24.Bxf7+! Qxf7 25.Rd7。这再次列举潜伏在这个位置的战略陷阱和需要避免它们的谨慎！

23.Ba2

黑方局面的坚固能够在23.Re4之后显现（威胁要通过Rf4拿下f7）23...Rf8! 24.Rf4 Qd8，一切顺利。

23...Rcd8 24.Rxd6 Rxd6

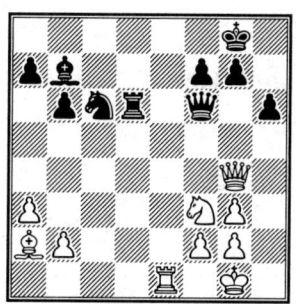

图178a 黑方很好

25.Re8+

我给出这个是要展示白方最后对底线的冲击。像25.Qe4这样更平和的出子之后导致均势：25...g6 26.b4 Kg7 27.Bd5 Qd8，和棋。

25...Kh7 26.Qe4+ g6 27.Bd5 Kg7 28.b4 Rd7 29.Rg8+

希望有29...Kxg8? 30.Qe8+接着31.Qxd7。

29...Kh7!

现在...Rxd5接着…Kxg8被威胁，那么车必须承认它的冒险没有任何效果。

30.Rf8

30.Re8 Nd8，和棋。

30...Kg7 31.Rg8+ Kh7，1/2-1/2。

第四章
习题13

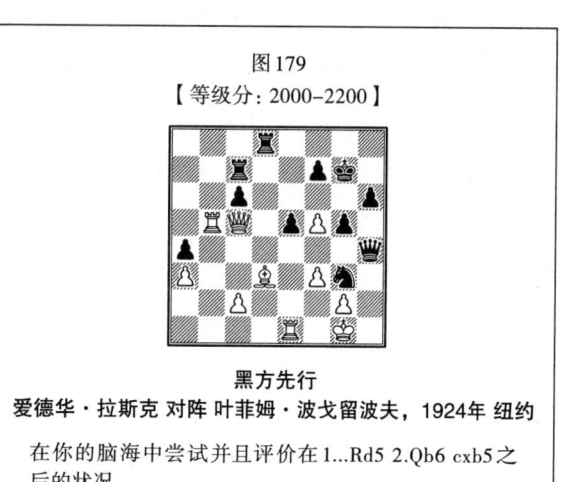

图179
【等级分：2000-2200】

黑方先行
爱德华·拉斯克 对阵 叶菲姆·波戈留波夫，1924年 纽约

在你的脑海中尝试并且评价在1...Rd5 2.Qb6 cxb5之后的状况。

1. e4 e5 2.Nf3 d6 3.d4 Nf6 4.Nc3 Nbd7 5.Bc4 Be7 6.0-0 0-0 7.Bg5 c6 8.Bb3 h6 9.Bh4 Re8 10.Qd3 Nh5 11.Qc4 Rf8 12.Bxe7 Qxe7 13.Ne2 a5 14.Qc3 a4 15.Bc4 b5 16.Bd3 Bb7

17.dxe5 dxe5 18.Rad1 Rfe8 19.Ng3 Nxg3 20.hxg3 Nf6 21.Nh4 g6 22.Qd2 Kg7 23.Qe3 Ng4 24.Qd2 Qc5 25.Be2 Nf6 26.Bd3 Rad8 27.Qe2 Bc8 28.Kh1 Bg4 29.f3 Be6 30.a3 Re7 31.Rde1 Qd4 32.Qf2 Qxb2 33.Qc5 Rc7 34.Rb1 Qd4 35.Rxb5 g5 36.Nf5+ Bxf5 37.exf5 Nh5 38.Re1 Nxg3+ 39.Kh2 Qh4+ 40.Kg1——图179

后面在实战中的走法是40...f6?，这是一个错误［结局是41.Rxe5 fxe5 42.Qxe5+ Kg8 43.Rb4 Qh1+ 44.Kf2 Rf7 45.Rb8??（45.Kg3也许已经赢了）45...Rxb8 46.Qxb8+ Kg7 47.Qe5+ Kf8 48.Qb8+ Kg7 49.Qe5+，1/2–1/2］阿廖欣（他在一本经典的竞赛书中对这场比赛的所有棋局全部给出了备注）如是说："然而这里在他接近目标的时候，他踌躇了，这样做令他暴露在失败的威胁中。通过40...Rd5 41.Qb6 cxb5 42.Qxc7 Qd4+（一开始由于43.Re4不是42...Nxf5）43.Kh2 Nxf5 44.Re4（如果44.Bxf5则可以在四步以内将死对方）44...Qc5，多亏了多出来的两个兵，棋局对黑方来说本来会很轻易获胜。"

评价等级解释：我认为一位等级分为1400的选手，他能够在脑海中遵从那两步棋，但是，有趣的事就此开始了！接下来的错觉可以轻易地影响不同实力的选手。

在40...Rd5 41.Qb6 cxb5之后，你会放任自流，通过42.Qxc7突然摘去c7上的车吗？事实证明阿廖欣的分析完全是一团糟。然而，让我们集中关注40...Rd5 41.Qb6 cxb5??以后的局势吧——看图179a。

我认为很多读者会走42.Qxc7??接着尽力去评估这步棋所导致的局面。41...cxb5和42.Qxc7都被阿廖欣看作是理所当然的，然而二者都错的离谱——41...cxb5??使得42.f6+ Kf8 43.Qb8+四步以后被将死，42.Qxc7??则完全错过了结束战斗的机会。一直以来都身为最好的选手和最好的计算者之一，怎么能够犯这种错误呢？好的，他的确崇拜酒神巴克斯，因此我认为醉酒可以成为一个理由。他还因为不用棋盘就写了大量著作而出名（他在脑海里做分析，然后把它们写下来）。但是我的理论更加简单：他被"他一定"或者"他必须"害了（正如在"黑方必须夺得b5，白方必须夺得c7"一样）。一旦你进入这种思维模式，你就会单纯地被它带歪——因此开始的"黑方必须拿下"毫不费劲地导致接下来的"白方必须重夺"。

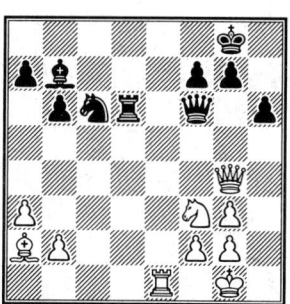

图179a 白方先行

这带给我们一个很好的训练建议：在比赛之后，坐下来深入地注释你所有的棋局。不要仅仅投入到出子中！还要写下你为什么这样走，以及为什么你会作出这样的决定（还要写下你感觉你的对手作出他的选择的原因）。不要在你分析完你的棋局之前使用工具！一旦你的注释完成了，再去使用工具（或者与你的象棋老师复习它们）。你也许会感到很惊讶，你一次又一次地成为"我不能"或者"他必须"的受害者。一旦你看到这发生在你自己的比赛中，你首先要把问题个人化，然后就可以开始改正它的进程了。

结束时，阿廖欣准备走40...Rd5，但是41.Qb6之后，黑方必须走41...Rxb5！42.Bxb5 Qd4+ 43.Qxd4 exd4 44.Bxa4 Nxf5，这样白方会处于严重的困境之中。

第四章
习题14

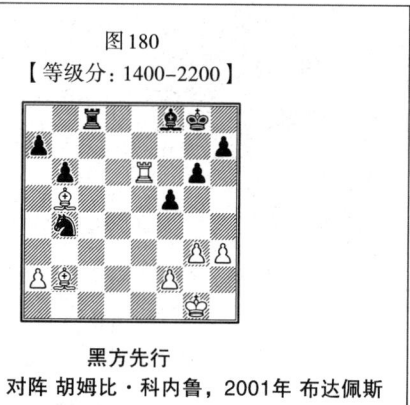

图180
【等级分：1400-2200】

黑方先行
阿提拉·采拜 对阵 胡姆比·科内鲁，2001年 布达佩斯
在你的脑海中计算接下来的演变：1...Rc2 2.Re2 Rxe2 3.Bxe2 Bc5。现在你会怎样评价黑方的获胜机会呢？

1. Nf3 Nf6 2.d4 e6 3.e3 b6 4.Bd3 Bd7 5.0-0 Be7 6.b3 0-0 7.Bb2 c5 8.c4 cxd4 9.exd4 d5 10.Nc3 Nc6 11.Rc1 Rc8 12.Qe2 Nb4 13.Bb1 dxc4 14.bxc4 Bxf3 15.Qxf3 Rxc4 16.d5 Nbxd5 17.Rfd1 Qc8 18.Ne4 Rxc1 19.Rxc1 Qd7 20.Qg3 Rc8 21.Re1 Qb5 22.Qe5 Qd7 23.Bd3 Bf8 24.h3 Nxe4 25.Qxe4 f5 26.Qxe6+ Qxe6 27.Rxe6 g6 28.g3 Nb4 29.Bb5——图180

黑方在棋局中几乎早就获胜了，但是，尽管她放弃了一部分自身的优势，她仍然掌管并且能够自信地期待获胜或者和棋。就像你刚才说的，她意识到施加压力的29…Rc2（"我走29…Rc2，白方通过30.Re2防御一切，我吃掉它，她不得不吃回来，我走…Bc5然后彻底碾碎对方取胜的希望。"）并且决定简化为一个提供成功机会的残局，尽管白方的两个象（和不变的用马兑掉白方黑格象的盘算，这会创造异色象与一个可能的和局）能够提供合理的防御机会。

等级评价解释： 这其实更是本书邪恶的作者的一道诡计。事实证明，我为可怜的读者设下一个陷阱（不要恨我！把它当作严厉的爱！）。你上当了吗？

根据科内鲁女士的计划，棋局继续：

29...Rc2 30.Re2 Rxe2??

这里黑方希望31.Bxe2，因为白方很明显"不得不吃回来"。不过悲哀的是，意外发生了！

31.Bc4+，1–0。在31...Re6 32.Bxe6之后黑方被将死。像这样的噩梦发生的时候，很多选手就会被迫接受防自杀监视[1]！但是为什么它会发生呢？还有，如果你栽在同样的事上，为什么你会错过明显的将杀机会呢？答案很简单：一旦你信奉"他必须"，那么除了你自己强加的谎言以外，你什么也看不到。

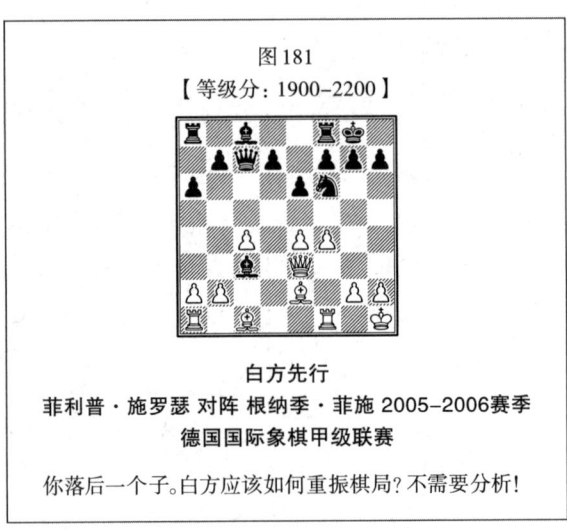

图181
【等级分：1900–2200】

白方先行
菲利普·施罗瑟 对阵 根纳季·菲施 2005—2006赛季
德国国际象棋甲级联赛
你落后一个子。白方应该如何重振棋局？不需要分析！

1. Nf3 Nf6 2.c4 e6 3.Nc3 c5 4.e4 Nc6 5.Be2 a6 6.0–0 Qc7 7.d4 cxd4 8.Nxd4 Nxd4 9.Qxd4 Bd6 10.Kh1 Be5 11.Qe3 0–0 12.f4 Bxc3——图181

---

[1] 防自杀监视（suicide watch）指在监狱、医院、精神医院、军事基地等地，为确保部分人无法自杀而进行的监视。作者以此来形容棋手在这种情况下可能崩溃得想自杀的情形。——编者注

评价等级解释： 棋局本身是极其高级的，但是这个例子的真实目的，是为了展示落入"我必须重新掌控"的模式之后你的双眼是如何被蒙蔽的，使你看不到起码值得探讨一下的可能性。

仅有的甚至能够稍有考虑的出子是13.bxc3、13.Qxc3以及13.e5。其他一切都只会徒然丢子。如果你意识到所有这三步，那么你就能解决问题（即使你觉得13.e5一定是垃圾，你意识到它存在的事实也是很重要的）。然而，很多选手会错过13.e5，由于"我必须重新掌控"的模式。

白方少一枚棋子，并且很明显，他"必须"赢回来。然而，事实证明有三个这样做的可行方式：

▶ 13.Qxc3使13...Nxe4成为可能，但是白方在14.Qd4 f5（14...Nf6!?）15.Be3之后，在黑色格上得到一些补偿。

▶ 13.bxc3是实际棋局中的走法：13…d6?（13...e5更好）14.Ba3 Rd8 15.Rad1 Ne8 16.e5 dxe5 17.Qxe5 Rd7 18.Kg1 Qxe5 19.fxe5 Rb8 20.c5 f6 21.c4 Nc7 22.Bf3 fxe5 23.Bb2，1−0。

这些走法在"我必须马上重新掌控我的子力"思维模式的边界倒下了。但是我们的第三选择也可以重新获得子力，这是某样更难发现的东西。

13.e5!!

对"我必须掌控"而言是如此重要。当然，这是一个极其高级的例子。不要让它使你沮丧（不，我不期望你作出像13.e5的出子）。相反的，它将展示"我必须"的地毯是如何铺满各个水平级的。如果"我必须"折磨甚至大师级选手的话，那么你能够放心，这是每个人的棋局中很大的一部分——是一种很少有人能够意识到它的存在的严重疾病！

13...Bxe5?!

其他可能性：

▶ 13...Bxb2? 14.Bxb2 Ne8然后再15.Ba3，当然，很明显都很强有力，但是15.c5!?是一种有趣的选择，因为在接下来很长的一段时间里它把黑方的军队留在监狱里。

▶ 13...Bb4? 14.exf6 gxf6 15.Qg3+ Kh8 16.Qh4 Qd8 17.f5 Rg8 18.Rf3 Rg7 19.Rh3 Be7 20.Bh6 Rg8（20...Qg8坚持得久一点，但也是很可怕的）21.Bf8!将死。

▶ 13...Nd5? 14.cxd5 Bb4 15.d6白方的优势（空间！）很明显。

▶ 13...d5!?很有趣。

▶ 13...Ne4!?也许是最好的：14.Qxe4 f5 15.Qd3 Bb4虽然白方更好，黑方仍然活着并且反击。

14.fxe5 Ne8 15.Bd2 f6

15...d6也是可能的，但是白方可以通过如下的棋步宣示自己的优势：16.Bb4 a5 17.Ba3 dxe5（没有更好的了，因为17...f6会遭遇18.Qd3!这样一方夺得e5，并且丢掉h7上的兵——18...fxe5 19.Rxf8+ Kxf8 20.Qxh7和18...dxe5 19.Bxf8 Kxf8 20.Qxh7）18.Bd3!（一步一步清除e列），这样18...f5和18...h6黑方在兑子中处于劣势，并且19.Bxf8 Kxf8 20.Rae1会失去e5上的兵。

16.Bh5!! 白方在每一种演变上最终都有很大的优势：

▶ 16...Qxe5 17.Qxe5 fxe5 18.Rxf8+ Kxf8 19.Bb4+ d6 20.Rf1+ Nf6 21.Bxd6+ Kg8 22.Bf3黑方处于严重的困境之中：22...Nd7（22...e4 23.Bxe4）23.Kg1而且黑方很难找到有用的出子。

▶ 16...f5 17.Bb4。

▶ 16...g6 17.exf6 Nxf6（17...gxh5? 18.Qg5+ Kh8 19.f7游戏结束，然而17...d6 18.Qg5 Qf7 19.Be2对黑方来说也很不爽）18.Bc3!!（惩罚黑色格的弱点）18...Nxh5（18...Qd8 19.Bxg6 hxg6 20.Qg5 Kg7 21.Rxf6 22.Rf1更糟糕）19.Qd4 e5 20.Qd5+黑方可以认输了。

第四章　心理漫谈——有气魄的棋术

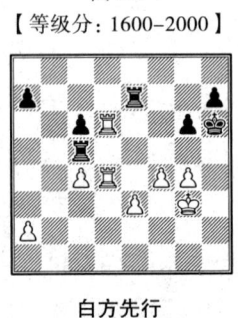

图195
【等级分：1600-2000】

白方先行
亚历山大·克列切托夫 对阵 克雷格·费伯，2008年
美国公开赛

1. Nf3 f5 2.g3 Nf6 3.Bg2 d6 4.d4 g6 5.b3 Bg7 6.Bb2 0-0 7.Nbd2 e5 8.dxe5 Ng4 9.Nc4 d5 10.Na3 c6 11.0-0 Qe7 12.c4 Be6 13.h3 Nh6 14.Qc1 Nf7 15.Nd4 dxc4 16.Nxe6 Qxe6 17.Qxc4 Qxc4 18.Nxc4 b5 19.e6 bxc4 20.exf7+ Rxf7 21.Bxg7 Kxg7 22.bxc4 Rc7 23.Rfd1 Na6 24.Rd6 Rac8 25.Rad1 Nc5 26.g4 fxg4 27.hxg4 Kh6 28.Kh2 Re8 29.e3 Ne4 30.Bxe4 Rxe4 31.R1d4 Re5 32.Kg3 Rc5 33.f4 Re7——图195

黑方刚走了33...Re7，威胁通过将军抽掉e3上的兵。这会说服很多选手去"遵守"和防御兵，但是克列切托夫拒绝给予"威胁"任何尊重，而且，相反的，他推进着自己的进程，对黑方的进程选择无视。

评价等级解释：通过将军的威胁来吃子会吓怕许多选手，他们竭尽全力不择手段地去保卫子力的安全是完全可以理解的。

34.Rd7!

像34.e4和34.g5+ Kg7 35.Rd7 Kf7这样的出子也能够取胜（虽然在这最后的演变中，黑方的王可以加入防御），但是34.Rd7消灭所有真实的反抗机会。

34...Rxe3+

这是自杀，但是34...Rxd7 35.g5+ Kg7 36.Rxd7 Kg8 37.Rxa7也完全没有希望。

35.Kh4 g5+

白方威胁要通过g4-g5将军。令人绝望的是，黑方尽力去避开这不可避免的一步，但是事实证明这（和所有其他可能的出子）是徒劳的。

36.fxg5+ Rxg5 37.R4d6+，1-0。在37...Rg6 38.g5之后仍然会被将死。

第四章
习题17

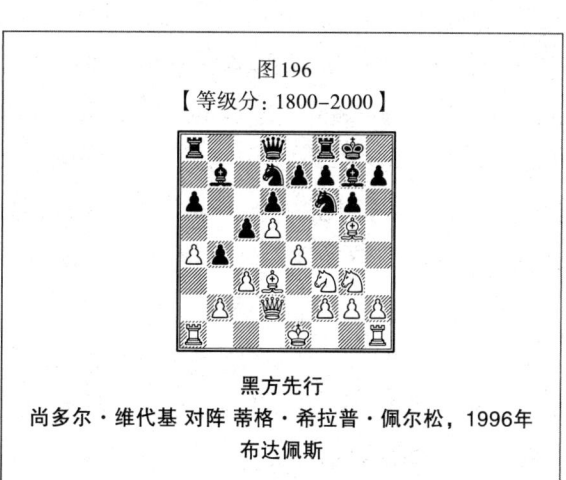

图196
【等级分：1800-2000】

黑方先行
尚多尔·维代基 对阵 蒂格·希拉普·佩尔松，1996年
布达佩斯

1.e4 g6 2.d4 Bg7 3.Nc3 d6 4.Bg5 a6 5.Nf3 b5 6.Qd2 Bb7 7.Bd3 Nd7 8.a4 b4 9.Ne2 c5

10.c3 Ngf6 11.Ng3 0-0 12.d5——图196

这对黑方来说是一个重要的时刻。白方有更多的中心空间，并且当b7上的象形同虚设时，黑方走后翼的希望与先前相比更加渺茫，那么如果允许的话，白方将会c3-c4。这样的话，黑方怎样才能确保他激活自己的棋子并获得所有好机会呢？

一个相当合理的想法是12...e6（主张后翼的选择同时在中心打击）这样13.c4 exd5 14.cxd5（14.exd5? Re8+ 15.Be2 Nb6 16.0-0 h6 17.Bf4 Ne4给黑方太多积极度，同时17.Bxh6 Rxe2! 18.Nxe2 Nxc4 19.Qc1 Bxh6 20.Qxh6 Bxd5对黑方有利）接近均势，13.dxe6 fxe6 14.0-0给黑方留下漂亮的中心的兵（...d6-d5会建立一个大的中心前线），同时白方希望对他们施压，证明"漂亮的"中心兵实际上是目标（像Rfd1、Bf4或者Bc4一类的出子将会是可能证明他的观点的方式）。

蒂格是一名非常好斗的选手，他觉得他应该能够比12...e6呈现的得到更多，他马上通过大多数动态可能的方式努力去推动他自己的进程。

等级评分解释：一位等级分为1400的选手也许会很好地走出出色的12...e6这步棋。但是，我真正寻求的走法是一个更加困难的命题。

12...c4!

他掌握了自己的命运！这个出子使他所希望的后翼出子得以进行（在12...c4以后不再是"希望"，现在是现实！），并且为d7上的马释放c5格。如果白方撤退象，那么黑方获得时间，同时如果白方夺得c4，c列将会被打开，黑方通过...Rc8获得额外的时间。

13.Bxc4

在实际的棋局中，白方拒绝接受挑战，并且很快就倒在了麻烦之中：13.Bc2 b3 14.Bd1 Nc5 15.Bxf6 exf6 16.Be2他应该在情况要好转的时候把他的王救出来。但现在太晚了：16...Re8 17.Bxc4 Nxe4 18.Nxe4 Rxe4+ 19.Be2 Qe8 20.Nd4 f5 21.Nc6 Bh6 22.Qd1 a5 23.Kf1 Rxw2 24.Qxe2 Ba6（余下的可以以"被象杀死！"为标题了）25.c4 Qxe2+ 26.Kxe2 Bxc4+ 27.Kd1 Kf8 28.Nd4 Bxd5 29.f3 Be3 30.Nb5 Rc8 31.Re1 f4 32.Na3 Bb7 33.Rxe3 fxe3 34.Ke2 Ba6+ 35.Kxe3 Re8+ 36.Kd2 Re2+ 37.Kc3 Rxg2 38.Nb5 Rxh2 39.Rd1 Ke7，0-1。

在13.Bxc4之后黑方必须做出决定：他应该走13...Qc7、13...Rc8，还是首先夺得c3呢？个人来讲，我觉得13...Rc8是最灵活的选择，因为直接走13...bxc3 14.bxc3 Rc8会给白方额外的15.Qa2的可能性。因为我在这里只是尽力去展示黑方的一些动态可能性，所以我们将会解释接下来的车的移动。

13...Rc8 14.Bb3

在14.b3 bxc3 15.Qc2之后黑方一定很高兴，这样15...h6和15...Nb6都给他精彩的表演。

白方也许会考虑14.Ba2!? bxc3 15.bxc3，这样黑方将会在15...Nc5!?和15...Nxd5（颠倒的顺序为14.Bb3 bxc3 15.bxc3 Nxd5）中间有平常的选择。

14...bxc3 15.bxc3 Nc5!?

这一步自然的出子充分利用了12...c4来清理格子，并且把马放置在一个完美的位置上。选择是复杂的15...Nxd5!? 16.Bxd5! Bxc3 17.Bxb7 Bxd2+ 18.Bxd2这样白方的后有三个轻子。然而，在18...Rc2 19.Bxa6 Nc5 20.Bb5 Nb3 21.Rd1 Nxd2 22.Rxd2 Qa5 23.Ke2 Rfc8之后黑方可能仍会更好，因为白方的轻子没有以任何一种动态方式一起起作用，并且白方的王有一点暴露。

16.Qc2 Rb8 17.Rb1 Bc8 18.0–0 Bd7 19.Nd4 Qc7 20.Ba2现在走20...Bxa4不会太糟，同时建设性的走法20...Rfc8也为黑方提供了精彩的棋局。

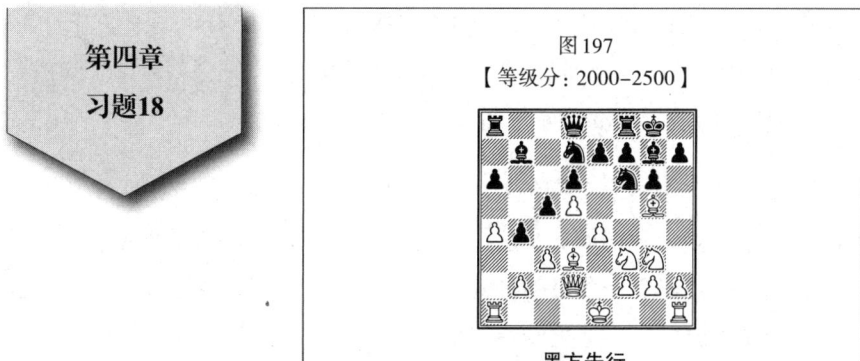

图197
【等级分：2000–2500】

黑方先行
托尼·米尔斯 对阵 杰里米·西尔曼，1979年 隆派恩

1. d4 Nf6 2.Nf3 e6 3.c4 d5 4.Nc3 Bb4 5.Bg5 h6 6.Bxf6 Qxf6 7.e3 0–0 8.Qb3 c5 9.cxd5 exd5 10.a3 Bxc3+ 11.Qxc3 Nd7 12.Be2 c4 13.b3 ——图197

等级评分解释：这盘棋兼具了局面性力量的控制和以详细的策略控制动态进程的努力。比如，看到13...b5而不理解接下来必须是什么，是不够好的。换言之，是高深（但是非常有益）的东西。

已故的托尼·米尔斯是一位比我优秀很多的选手，但是那不是我在这场棋局中现出可怕心理落差的理由。当进入图197的局面时，我原本打算走13...b5! 14.a4 Nc5!? 15.Nd2（15.bxc4 bxc4 16.0–0 Ne4 17.Qa5 Qd8对黑方有利）15...Bf5 16.axb5 Nd3+ 17.Bxd3 Bxd3 18.bxc4 dxc4，但是接着我被19.f3吓着了，这样白方的王将会舒适地坐落在f2上（我并不担心19.Nxc4 Qg6）。我的情绪受到了冲击，认为我所有的计算都是无用功。我突然对自己失去信念。毕竟，我正和米尔斯下棋，他一定已经看到并且能阻止我的整条演变。充满自我厌恶感，我通过13…cxb3?举了白旗，像一个没有希望的懦夫一样死去：14.Qxb3（黑方局面很被动，因为他的三个连兵——b7和d5处于压力之下，a3-a4-a5将会追捕黑方的马，如果它移到b6的话，0-0接着Rfc1能够轻易导致白方穿透c列。）14…Qd6 15.Qb4 Qb8 16.0-0 Nf6 17.Rfc1 Bg4 18.Rab1 Bf5 19.Rb3 Rc8 20.Rxc8+ Bxc8 21.Qe7 Bd7 22.Ne5 Qe8 23.Qxe8+ Bxe8 24.Rxb7 Rc8 25.f3 a5 26.Bb5 Rc3 27.a4 Rxe3 28.Ra7 Bxb5 29.axb5 Ra3 30.b6 Rb3 31.b7 Kh7 32.Nc6 Nd7 33.Nxa5 Rb4 34.Ra8 Rb5 35.Rd8 Rxa5 36.Rxd7 Rb5 37.Rxf7 Kg6 38.Rc7 Kf6 39.h4，1-0。比赛过后，我把我计划的变化给他看（13…b5 14.a4 Nc5）然后一直推到19.f3。他说，"我没有看到那当中的任何一个！"

我为大量罪行感到愧疚：

▶ 我向"我不能"低头了。

▶ 我荒谬地害怕更优秀的对手的"全知之眼"。

▶ 当我意识到没有发生在我身上的某样事情的时候，我立刻放弃了我的变化。记住：如果你不坚持你的分析，谁会呢？

事实上，缺乏想象力的（散漫的）13…cxb3就是一步坏棋。比起接受一个被动的局面和长期的局面性灾难，我的职责更应该是是在尽力寻找"轻松的出路"，并且从我自己身上要求更多——我需要令我最初的意图起作用，因为它提供了积极的子力和某种动荡的白方的王给我的折磨。

如此"关键"的时刻经常发生，你发现自己在英雄主义与疑问之间平衡。你看到的这条演变也许不需要很复杂，但是他们真的需要一个自信的统帅去令他们起作用。

事实证明，我计划的变化是充分可行的：13…b5! 14.a4 Nc5!? 15.Nd2 Bf5 16.axb5 Nd3+ 17.Bxd3 Bxd3 18.bxc4 dxc4 19.f3，现在19…a6!为黑方提供充分的反击机会：20.b6（20.bxa6 Qxa6 21.Kf2 Ra8 22.Rc1 Qa2 23.Kg3 Ra3 24.Qb4 Ra4和局）20…Qxb6 21.Kf2 Rfc8，和棋。

然而，我们认为19.f3确实对白方有利。这是故事的结束吗？也许是，也许不是。唯一确切知道的方式是，在好战的**13…b5 14.a4**之后，去寻找先前的改善方法。我没有这样做，也没有得到我应得的。但是，如果我以自信的眼光去看待这个局面的话，我会意识到我当时所错过的一切：

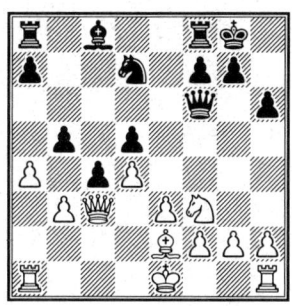

图197a 这里实际上在发生什么?

▶ **14...Nc5!? 15.Nd2 Nd3+**（我们已经看到15...Bf5是可行的。但是15...Nd3+也非常有趣！）**16.Bxd3 cxd3 17.0-0**（17.Qxd3 b4!对白方来说是很危险的，因为18.Qb5 Qe6 19.Qxb4 Ba6使黑方成为白格的主导者）**17...bxa4 18.Rxa4 Qg6**一场复杂的棋局即将诞生。

▶ **14...b4!**这比14...Nc5更加明显。很难解释我是如何错过它的。**15.Qxb4 Rb8 16.Qa5 cxb3**和充满力量的b列通路兵给黑方一盘好棋：**17.0-0 b2 18.Rab1 Qd6**，像...Qb4或者...Qa3的走法将会加强这个兵。

第四章
习题19

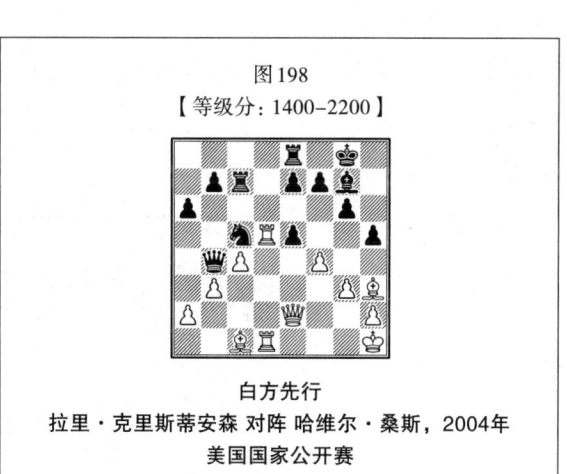

图198
【等级分：1400-2200】

白方先行
拉里·克里斯蒂安森 对阵 哈维尔·桑斯，2004年
美国国家公开赛

1. c4 c5 2.Nf3 Nc6 3.Nc3 Nf6 4.d4 cxd4 5.Nxd4 g6 6.e4 d6 7.Be2 Bg7 8.Be3 0–0 9.0–0 Bd7 10.Qd2 Re8 11.Nc2 Rc8 12.f3 Qa5 13.Rfd1 Be6 14.Rac1 h5 15.Qe1 Nd7 16.Na1 Nde5 17.b3 a6 18.Kh1 Nd7 19.Bd2 Qc5 20.Nc2 Nd4 21.Nxd4 Bxd4 22.Bf1 Bf2 23.Qe2 Bh4 24.Be3 Qa5 25.Nd5 Bxd5 26.Rxd5 Qa3 27.Rcd1 Bf6 28.f4 Nc5 29.g3 Bg7 30.Bc1 Qb4 31.Bh3 Rc7 32.e5 dxe5——图198

这里黑方期望白方吃回e5上的兵，这样会遵循先前的"我吃你，你吃我"的样式。

然而，克里斯蒂安森（美国历史上最伟大的攻击型选手之一）不是在棋盘上被牵着鼻子走的人！

等级评分解释：一个令人吃惊的等级评分！这种事怎么可能发生？好吧，第一步，别让煮熟的鸭子飞了，是我对这本书的等级分在1400的读者的期望。但是下面克里斯蒂安森的可爱战略许多高级棋手也许都会忽略。

33.Rd8

如果在行动中出现一个间歇，可以让白方不用失去任何主动权和冲击力就拿下的话，那么白方将会吃回e5。

33...Rxd8 34.Rxd8+ Kh7

34...Bf8马上败给35.Qxe5，这样36.Qxc7和36.Rxf8+ Kxf8 37.Qh8的双倍威胁会将死黑方，终结棋局。

35.Qxh5+!!

白方作出的令人吃惊的举动！现在35...gxh5导致精彩的36.Bf5+ Kh6 37.fxe5+（现在我将吃回兵！）37...Qd2 38.Bxd2将死。

35...Bh6 36.Qxe5

一个吃回e线兵的完美时机——白方的后不仅吃掉一个兵，它还攻击c7，威胁在h8上将军，并且阻止...Qe1+。

36...Bg7 37.Qe2

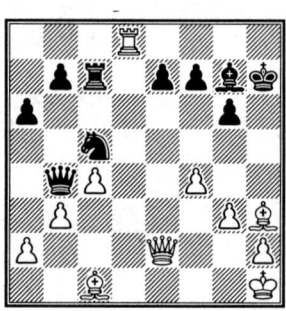

图198a

许多选手正是如此组织他们自己的进攻，以达到他们想要继续进攻的意图，即使情况已经有所改变。当然，如果你能够更加有力地猛击对手，那么通过各种手段这样做吧。然而，通常一次成功的袭击会使子力分散——他们无法继续为某个特定的目标起作用。如果那发生了，最好去重组它们，从而确保你的王是安全的，并且只有到那时再去尝试获得新的收获。

在36…Bg7以后的局势，白方多一个坚实的兵，同时有两个强悍的象。无论什么都没有任何原因在这里用任何东西冒险！是的，能够夺得一个车，但是那是自寻死路。事实上，37.Qxc7? Qe1+ 38.Kg2 Ne6白方在这个局势中失去了他的钢铁权柄。可能发生局势的例子：39.Qb6 Qe4+ 40.Kf1 Nxd8（甚至40…Bd4!? 41.Rxd4 Nxd4 42.Bg2 Qd3+ 43.Kg1 Ne2+ 44.Kf2 Nxc1 45.Qe3 Qb1令黑方持续斗争）41.Qxd8 Qh1+ 42.Kf2 Qxc1 43.Qxe7 Bd4+ 44.Kf3 Kg7最好去避免相反颜色象的存在和脆弱的白方的王。

白方的37.Qe2比由37.Qxc7造成的疯狂更加明智。白方在它开始之前就阻止所有敌人的反击，并且令他的对手知道他不会给任何机会，让他从可怕的局势中复原。

37…e6

这步棋，看上去使黑方的局势更加稳固，事实上，使另外一个白方的战略运行成为可能。37…Qc3更好，虽然这个局势无论如何会失去。

38.f5!

非常强有力！这步棋释放c1上的象，并且威胁破坏黑方的王翼兵形。

38…exf5?

黑方错过白方的回应，这使观众变得有些紧张！

39.Qh5+!! 第二次在h5上牺牲自己！黑方认输，因为下一步就将死了：39…Bh6 40.Qxh6#或者39…gxh5 40.Bxf5#。真可爱！

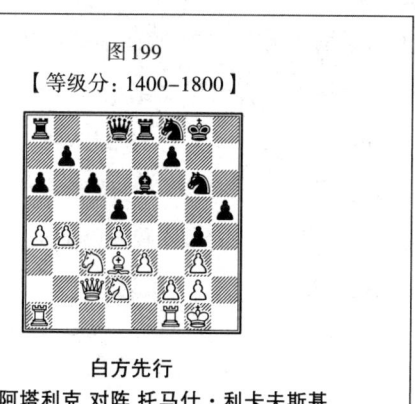

图199
【等级分：1400-1800】

白方先行
苏阿特·阿塔利克 对阵 托马什·利卡夫斯基，
2007年渥太华

白方在充分利用小攻击（在后翼通过b4-b5推进），但是黑方通过展开一个看上去令人恐惧的王翼进攻（通过…h5-h4的威胁）搅乱了白方的进程。白方怎样才能够处理那个威胁呢？

1. d4 d5 2.c4 e6 3.Nc3 a6 4.cxd5 exd5 5.Bf4 c6 6.e3 Bd6 7.Bg3 Ne7 8.Qc2 Bf5 9.Qb3

Ra7 10.Nf3 0-0 11.Be2 Re8 12.0-0 Bxg3 13.hxg3 Nd7 14.Nh4 Be6 15.Qc2 Ra8 16.Bd3 Nf8 17.b4 g5 18.Nf3 Neg6 19.a4 g4 20.Nd2 h5——图199

白方应该怎样处理黑方没那么微妙的王翼展开呢？很简单——忽略它，并且声明你认为你的后翼角色更加重要！

等级评分解释：面对黑方的攻击，你被晃得跪倒在地了吗？或者你传达了你自己的计划的优越性的消息了吗？因为这一部分是关于推进你自己的进程的，我有充分的信心让我的等级分为1400的读者告诉黑方谁才是老大！

21.b5!

这步棋不仅延续了你所选择的计划（这样做是很重要的），它向你的对手表明你并不担心他的王翼展开，并且它还让你的思路回归正轨，告诉它无须惧怕，如果没有真正的威胁要处理的话，你只会向你的对手回应！

对于有一部分人，如果他们不熟悉这类常用小攻击，这里有一个快速提示：白方使用两个兵（他的a和b列上的兵）去攻击一个敌人的多数兵（因为是2个兵对抗3个兵）。这个目标是要去打开在后翼上的线（该列可以令白方的车渗透到阵地当中，同时c5格能够轻易成为白方其中一个马的漂亮的家）并且，在相互的c6的争夺以后，创造一个暂时的兵弱点，那么白方恰好能够进攻进入终局。

21...h4

黑方也没有大意。他知道如果他得不到对抗白方的王的东西的话，他将会在后翼展开永恒的被动防御，直到棋局结束。

22.gxh4 Qxh4 23.bxc6 bxc6 24.Ne2

一步非常漂亮的棋——马的撤退一举两得：它使后对c6创造一个即时威胁（这意味着24.Ne2是攻击性的一步）并且它还阻止...g4-g3（这意味着它还是防御的一步）。

24...Kg7 25.Rfb1

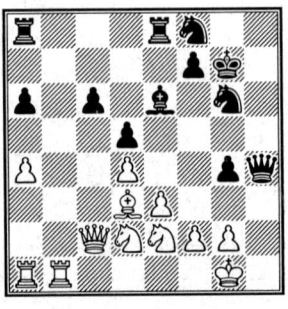

图199a

白方知道，如果他能够成功阻止敌人的威胁成真的话，他就能牢牢掌控棋局（黑方的后翼弱点并没有消失）。当然，他本来可以走到c6，但是那会令他的对手把一个车向着h8（f8上的马离开以后）孤注一掷。相反的，他走了另外一步决斗意图的棋：25.Rfb1把车放到攻击后翼上的进攻位置里，同时还为另外的马释放f1格——通过建立一个牢固的防御，黑方将会一点希望也没有。

25...Nd7 26.Nf1 Rh8 27.Nfg3

h1格被保护起来了，黑方的进攻失去势头，没有令白方有丝毫紧张。

27...Qh2+ 28.Kf1 Nh4 29.Nf4

通过防御g2，对手的进攻和整盘棋同时结束。

29...Rhc8

惨淡的一步棋——黑方宣布放弃他在王翼上的坏意图，转换为纯防御模式。然而这太晚了。

30.Ke2!

突然，黑方意识到他的后和h4上的马也许走得太远了，进入了敌人的地盘！白方的31.Rh1有搅局的威胁。

30...Nxg2 31.Ngh5+，1-0。接着32.Rh1，白方赚了一个后。

图200
【等级分：1800-2200】

白方先行
安东尼·赛义迪 对阵 理查德·拉塞尔，1999年
美国国家公开赛

黑方刚走了...g6-g5;那说得通吗？还是他发狂了？白方应该怎样回应呢？

1. d4 Nf6 2.c4 g6 3.g3 Bg7 4.Bg2 d6 5.Nf3 0-0 6.Nc3 Nbd7 7.0-0 e5 8.e4 exd4 9.Nxd4 Re8 10.h3 a6 11.Be3 Rb8 12.a4 Nc5 13.Qc2 a5 14.Rad1 Bd7 15.Ndb5 b6 16.Rfe1 h6 17.f4 Bxb5 18.axb5 Qe7 19.Bf2 Qf8 20.Kh2 h5 21.Bxc5 bxc5 22.Ra1 h4 23.g4 g5——图200

在23.g4以后，黑方在发现a5上的兵成了白方的囊中物之后，决定玩一把"万福玛利亚"，试一试23...g5。但与最好的走法相反，这步棋事实上加速他的败亡（23...Nd7更加有弹力，这样...g5的想法也许在一个更好的时机会来临），但是拉塞尔先生值得赞扬，因为尽管如此——通过弃一个兵，黑方希望获得一些局面上的王牌，并且期待着一些反击。

这步棋还有一些心理影响。国际大师安东尼·赛义迪是美国国际象棋界的一位传奇，他感到非常自信——他曾完全打败比他等级更低的对手并且期望一个无障碍的胜利。23...g5出现时，我能够想象赛义迪先生拒绝给这步棋任何称赞。另一方面，黑方已经把他糟糕的开局抛之脑后，并且对他的对手宣布："我可不想一头扎进黑夜里！"

那么23...g5有什么好处呢？23.g4以后看一眼这个局面，你将会知道白方有更多的空间，并且他将要吃掉一个免费的兵（a5）。在棋盘的另一边，很难看出黑方的走法出自何处——他没有任何一个子力占有自己的有利空间。这样，人们就开始能够理解23...g5弃兵的目的了：在24.fxg5 Nh7之后，马将会占据在g5上的位置，象将会在e5上统治棋盘，白方的王周围的黑格突然间被严重削弱。换言之，虽然在23...g5 24.fxg5之后黑方也许会明显变糟，但他的子力将会被部分激活，并且他将会有一些他引以为傲的失衡。

等级评价解释： 如果你看见黑方有什么劣势，并且如果你足够有气魄（明智的）去剥夺他所期待的局面性的及动态的王牌，那么你应该对自己感到满意。虽然这里的适用对象从等级分1800开始，但是如果那些在较低等级分的棋手们也面临这个问题，那么期望自己的棋艺得到迅速的提升吧！当然，如果你没有解决它，你也不用感到任何羞愧，因为赛义迪自己在实际比赛中也没能成功这样做。

所以一个微妙的心理转变出现了，白方没有抓住它。在实际比赛中赛义迪走到g5上，错过几个大好机会，最终成为他的黑格弱点的受害者：24.fxg5 Nh7 25.Nd5 Be5+ 26.Kh1 Rbc8 27.Rxa5 Nxg5 28.Ra7 Ne6 29.Rf1 Ra8 30.Rxa8 Rxa8 31.Qf2 Bg3 32.Nf6+ Kh8 33.Qf5 Qh6 34.Nh5?（34.e5!非常强有力，为白方的象打开h1-a8对角线，还使白方的象到达e4格）34...Be5 35.Qf2 Ng5 36.Qxh4 Ra2 37.Rb1 Kg8 38.Qf2 Qg6 39.Qc2 Kf8 40.Qb3 Ra8 41.Re1 Ne6 42.Rf1 Nd4 43.Qe3 Ra2 44.Rb1 Ne6 45.Qb3 Ra8 46.Ng3 Qg5 47.Nf1 Qh4 48.Qe3 Ra2 49.Qe1 Qxe1 50.Rxe1 Rxb2 51.Rd1 Nf4 52.Rd2 Rb1 53.Rc2 Re1 54.Kg1 Bd4+ 55.Kh2 Ne2 56.Bf3 Be5+ 57.Kg2 Nf4+ 58.Kf2 Nd3+ 59.Kg2 Ra1 60.Re2 Nf4+ 61.Kf2 Nxe2 62.Bxe2 Ra2 63.Kf3 Ke7 64.Bd1 Ra3+ 65.Ke2 Bf4，0-1。因此黑方自始至终都处于困境之中，但是尽管如此，他还是有一些战机（他通过23...g5创造的战机），这让白方在犯下各种错误之后，黑方得以暂时地安然渡过难关。

虽然24.fxg5保持重要的优势，白方应该问问自己，"我为什么应该给我的对手有价值的东西？为什么他应该获得所有黑格的控制权？为什么他有资格让子力保持积极？有什么方法能够把这个人碾碎吗？"事实上，甩出一句"杀！"对双方都不会造成伤害。

如果真的用这些对白与自己对话的话，那么去找更好的走法时，他就不会有任何困难。

24.e5!!

这是有气魄的棋步！

24...dxe5

差不多的走法是24...Nd7 25.Bc6 Red8 26.Qf5。

25.fxg5 Nh7–看图200a

你看见这个局面和在棋局中出现的局面之间的差异了吗（通过24.fxg5 Nh7）？在原棋局中的局面，黑方到达e5格，他的象非常积极，同时白方的象是一粒可怕的棋子。通过插入24.e5 dxe5我们已经改变一切：现在黑方的象死了，黑方的棋子无法到达e5，白方的象统治宽广开放的h1-a8对角线，白方的马到达e4，白方的后在去往f5的快速轨道上。24.e5白方剥夺黑方梦想得到的所有东西，同时增加自己已有的大量优势。

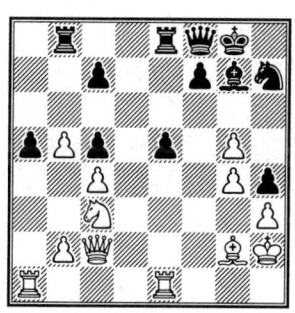

图200a

26.Qf5

把后放置在强有力的格，防御g5，威胁Be4。同时26.g6也很强有力。

26...Qe7 27.Bc6 Red8 28.Ne4

白方已经完成神话般的局面：几乎他的所有棋子都被理想地放置，所以黑方的棋子都无法支配，白色格的阻塞被看作奇迹。如果再加上黑方的兵是虚弱的，他的王会轻易陷入将军攻击（白方能够走Rf1接着Nf6+），人们就能够看到黑如此无助的原因了。

小结：在实际的棋局中，白方使他的对手对24.fxg5很高兴，因为这给他一些可以扔的石头（这个意思是，这给了黑方希望）。另一方面，24.e5会马上打破对手的美梦，让他陷入被动、无助防御的痛苦之中。

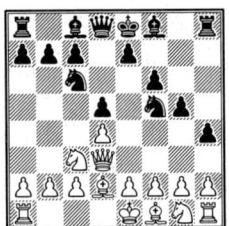

图201
【等级分：1400-1800】

白方先行
本杰明·芬戈尔德 对阵 贾斯廷·萨卡尔，2007年
全美公开赛

他应该如何防御d4呢？

1. d4 d5 2.Bg5 f6 3.Bh4 Nh6 4.Nc3 Nf5 5.Bg3 h5 6.Qd3 h4 7.Bf4 g5 8.Bd2 Nc6——图201

黑方挑衅性的开局给他留下了王翼空间，但王翼上边有弱点。双方都需要去处理他们中心的王，因为如果一方的王困在中间，而另一方安全易位的话，形势会变得很棘手。白方因为无法承受而变得防御过度（那会使黑方容易出子，给他留下上述的空间），他必须表明立场，并忽略黑方对d4的假威胁。

等级评价解释： 王在中间，不向敌人的威胁屈服，要推动自己的进程。如果这些没有刺激你去行动，那么就没有东西真的可以了。我充分相信我等级分1400的观众会在这里发光。

9.0-0-0!

白方的王找到一个落脚处，并且他还是灵活的——白方可以通过Nf3发展，通过e3加紧防守，或者通过e4粉碎开放的中心。现在轮到黑方了，他会如何回应这一切呢？

9...Kf7

在这里黑方的王并不完全安宁，我会认为他本应该可以做得比这更好。因为很明显9...Nfxd4 10.Qg6+必须避免，9...Ncxd4 10.e3 Nc6 11.Qxd5给白方一个小但令人讨厌的牵扯，人们会推断黑方应该表现得更有精神一些——因此9...Be6很有道理（它覆盖了被削弱的白色格，并且准备通过...Qd7, ...0-0-0易位）。在那种情况下会爆出一些真的很有趣的现象，那将考验双方的想象力：10.Nf3 g4（10...Qd7，单纯地想要易位似乎是最理智的：11.e4 dxe4 12.Qxe4 Nd6，平局。10...Nd6!?同样有趣）11.e4，那么现在：

- 11...Qd7 12.exd5 Bxd5 13.Nxd5 Qxd5 14.c4 Qd7 15.d5一定令白方很开心。
- 11...dxe4 12.Qxe4 gxf3 13.Qxe6 Nfxd4 14.Qg4白方领先。
- 11...Nd6（缠斗！）12.exd5 Bf5 13.Qe3 Bh6 14.Qe1 Nb4 15.Bxh6 gxf3 16.g4! Bxc2 17.Bf4 Bxd1（17...c6!?）18.Qxd1 c6（18...Na6 19.Qxf3）19.Qa4 Nxd5 20.Nxd5 b5 21.Nxf6+ exf6 22.Qb4 Nc8 23.Bd3白方的两个杀手象（和黑方脆弱的王混合在一起）使他变得更好。

10.e3 e5?

正如我们所能够看到的，当你勇敢地面对你的对手的威胁，并且迫使他去处理局面或者蔫掉的时候，不少选手会在压力之下崩溃！他的9...Kf7是第一次失足，10...e5是一个严重的错误，失去了一个兵。相反地，合理的10...Be6本来是可行的（发展和保持一切牢固的防御），虽然对白方来说也许会更加舒适。

余下的棋局，虽然不再符合我们的主题，但却是相当令人兴奋的并且很值得检验的：**11.dxe5 Nxe5 12.Qxd5+ Qxd5 13.Nxd5 c6 14.Nc3 Be6 15.Nf3 Nxf3 16.gxf3 h3 17.Ne4 Be7 18.Bc3 b5 19.b3 a5 20.Be2 a4 21.Kb1 axb3 22.cxb3 Rhb8 23.Rhg1 Rd8 24.f4 Rxd1+ 25.Bxd1 gxf4 26.Bh5+ Kf8 27.Nxf6 Bxf6 28.Bxf6 fxe3 29.fxe3 Nxe3 30.Re1?**（众所周知，时间压力会影响接下来的出子。通过30.Bd4来掌握局面才是正确的）**30...Bf5+ 31.Kb2 Nd5 32.Bd4?**（一个失去优势的严重错误。32.Bh4保持优势。）**32...Kg8?**（错过32...Rxa2+! 33.Kxa2 Nb4+ 34.Kb2 Nd3+ 35.Kc3 Nxe1，和棋）**33.Re5**（33.Re8+ Rxe8 34.Bxe8）**33...Rf8 34.Bc5 Nf4 35.Kc3**（35.Bxf8 Nd3+ 36.Kc3 Nxe5 37.Bd6 Ng4 38.Kd4将要获胜）**35...Rf6 36.Bf3 Ne6 37.Be3 c5 38.Bc6 b4+ 39.Kc4 Kg7 40.Bd7 Nd4 41.Bxd4**，1-0。

第四章 心理漫谈——象棋意识的各种形态

图218
【等级分：2200分以上】

白方先行
约翰·格雷夫 对阵 彼得·拜亚萨斯，1974年 美国公开赛
Ra8 和 Ra7 有什么不同吗？

1. e4 e5 2.Nf3 Nc6 3.Bb5 a6 4.Ba4 Nf6 5.0-0 Be7 6.Qe2 b5 7.Bb3 d6 8.c3 0-0 9.d4 Bg4 10.Rd1 exd4 11.cxd4 d5 12.exd5 Nb4 13.h3 Bh5 14.Nc3 Re8 15.g4 Bg6 16.Ne5 Nbxd5 17.Nxd5 Nxd5 18.Qf3 Nf6 19.Nxg6 hxg6 20.g5 Nh5 21.Bxf7+ Kh7 22.Bxe8 Qxe8 23.Re1 Rd8 24.Qe4 Rd7 25.Be3 Qf7 26.b3 Bb4 27.Red1 Re7 28.Qg4 Qd5 29.Rac1 Re4 30.Qf3 Bd6 31.Kg2 Qe6 32.Rc6 a5 33.Rdc1 a4 34.bxa4 bxa4 35.R6c4 Qe8 36.Rxc7 37.Rxc7 Qe6 38.Ra7 Rh4 39.Rxa4 Qd6——图218

这是一场冠军争夺战。1973年的美国冠军约翰·格雷夫落后他的加拿大对手（他在1972年和1975年赢得加拿大冠军）半分，只有获胜才能夺冠。他似乎马上要赢了！他已经击败了拜亚萨斯，多出三个兵，似乎通往美国公开赛冠军称号的路会很顺利。

彼得·拜亚萨斯以他的防御力量和他永不言败的态度而出名——他参与的每一场比赛都奋战到底，但是他怎么能犯像40.Ra8明显而重大的出子错误呢？Rf8的威胁（在f4上终结所有的反击）接着Qa8（创造险恶的将军威胁）似乎将会迅速终结棋局。

等级评定解释：这是极其艰难的一局，需要计算、妙计和狡猾的头脑！

40.Ra8?? Nf4+ 41.Bxf4 Rxf4

格雷夫预料所有这一切并且准备了一些他认为很明显会赢的因素。

在棋局之后观众坚持41.Bxf4是一个大错，41.Kf1和41.Kg1都将取胜，但是无论如何，结果都是和局：

▶ 41.Kf1 Qc7与…Qc4+的想法给黑方足以和棋的反击。

▶ 41.Kg1 Nxh3+ 42.Kg2（42.Kf1 Qb6白方无法取胜）42…Nxf2!和局，而42…Qe6也足以保住棋局。

42.Rd8

格雷夫所指望的这步棋——当然，黑方现在会认输吗？他的想法是42…Qxd8 43.Qxf4给白方获胜的后终局，而42…Qc7 43.Rd7!也能完成这项工作。

白方也能尝试42.Ra6但是黑方坚持下去：42…Qxd4 43.Qe3（43.Qg3 Qd5+ 44.Kh2 Qd2，和棋）43…Qd5+ 44.f3 Qxg5+ 45.Kh2 Qf5 46.Ra5 Qxa5 47.Qxf4 Qxa2+和局。

42…Rg4+!

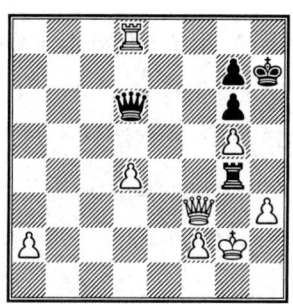

图218a

黑方发狂了吗？没有，这是他先前的棋步的关键点，而白方完全没有发现。

43.Qxg4

不能走43.Kf1?? Qa6+这样黑方就赢了！仅有的其他尝试是43.Kh1但是接下来我们看到略有不同但同样是僵局的局面出现在棋局中：43…Qh2+ 44.Kxh2 Rg2+ 45.Kh1 Rg1+，和棋。

43…Qg3+! 最后一个关键棋步。双方同意和局，因为44.Kxg3（44.Kf1 Qxf2+ 45.Kxf2是同样的结果）导致白方马上被逼和。这真是一次令人目瞪口呆的挽救！我们的格言"集中注意力"格言在这里是很切题的，因为白方没有像他应该那样，尽可能多地注意对手的防御机会。另一方面，黑方真的在密切留意每一个可能的情况提供给他的诡计。

第四章
习题24

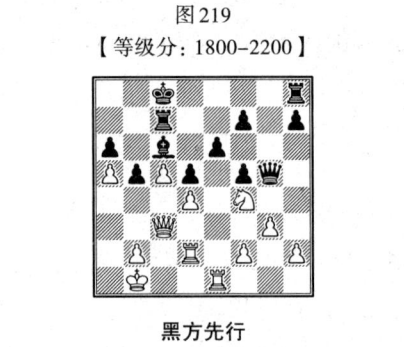

图 219
【等级分：1800-2200】

黑方先行
杰里米·西尔曼 对阵 罗伯特·赫德尔，1998年
西部业余团体赛

1. d4 Nf6 2.Bg5 d6 3.Bxf6 gxf6 4.e3 c6 5.Bd3 d5 6.Qh5 e6 7.Ne2 Bd6 8.Nd2 Nd7 9.e4 Qc7 10.0-0-0 Bf4 11.g3 Bxd2+ 12.Rxd2 dxe4 13.Bxe4 f5 14.Bf3 Nf6 15.Qh6 Qe7 16.Qe3 Bd7 17.c4 Rc8 18.c5 Nd5 19.Bxd5 cxd5 20.Nf4 Bc6 21.Re1 Kd8 22.Kb1 Rc7 23.Qa3 a6 24.Qb4 Kc8 25.a4 b5!?（黑方意识到他将要一声不吭地死去之后，便抓住一切机会疯狂反扑）26.a5［更强有力的是26.axb5 axb5（而不是26...Bxb5?? 27.Nxd5）27.Rd3 Ra7 28.Ra3，但是他令人震惊的25...b5着实把我吓了一跳］26...Qg5 27.Qc3? 给黑方一个他从不应该获得的反击机会。——图219

我几乎梦游一般下完了这盘棋，感觉（相当适当地）我在第十步以前有巨大的局面优势。然而，我也感到失去这样一个局面是不可能的，结果，我不再全神贯注，并开始期待胜利自己到来。

在目前的情况下，白方有更加优越的兵形，在后翼一个重要的空间优势，充满力量的马与"高个子兵"（也就是说，黑方糟糕的象）的对决。很难找到黑方能够满意的东西。这一切"在我局面的荣耀取暖"的结果是，我变懒了，忘记即使是一个受伤严重的动物也有撕咬的欲望和能力。通常我会非常小心避免敌人的反击。然而，这里我只是无法想象他创造任何东西。

等级评定解释：黑方要做的第一件事，是意识到他已处于败北的边缘。一旦他意识到这一点，他就会被绝望充斥。真诚对待这一局面，并避免所有软弱步，这是非常不容易的。

27...b4!

漂亮的一步。电脑不喜欢它，但是如果黑方的兵无法走到b4的话，那么他的棋子将注定永远被动。在那种情况下，黑方必须在周围等，并且祈祷白方在中心或者王翼不能找到取胜的计划。

在兵牺牲之后，黑方的象（在棋局的大部分中它有"高个子兵"的高贵身份）能够在b5上加入战斗，并且他的车突然可以使用b列。换言之，黑方得到活跃的棋子和一个战斗的机会！

28.Qxb4 Rb7 29.Qc3 Bb5 30.b4?!

为我先前的错误而想到失望，我心里急转直下，并且在余下的棋局中像僵尸一样下棋。另一方面，我的对手突然像鲨鱼一般凶悍，这种血腥气息对一些选手来说起了很大的作用。

30.b3更好（不像我的30.b4，这一步没有把c4格给黑方的象）30...Kb8 31.Ka1白方仍然更胜一筹。

30...Kd7 31.Kb2 Rc8 32.Ka3 Bc4 33.Rb2 Rb5 34.Qd2 Qd8 35.Qc3 Rcb8 36.Ka4??

要输了——我的王匆匆赶去迎接它的后！36.Re3可以简单地保护我的后，并且避免任何战略的诡计。白方接下来仍会更好，并且有机会去影响在中心或者在王翼的突破。比如：36.Re3 Ke7 37.Nd3（37.h3!?）37...Bxd3 38.Rxd3 Kf8 39.h3 h5 40.Qd2 Kg7 41.Rbb3 Kh7 42.g4白方胜利。当然，黑方能够更好地防御，但是这条演变表现白方的总体思想。

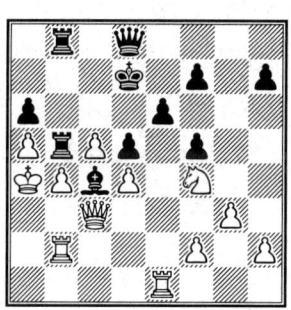

图219a　黑方先行并取胜

36...Qxa5+!

呃！我绝望地想象自己正在被传送到一个更加仁慈和温和的地方。唉，但我还留在棋盘上，还有很多人在周围专心地看我被击败。

37.bxa5 Rxb2 38.Ra1 R8b3 39.Qxb3 Rxb3 40.Re1 Rb2 41.Re3 Rd2，0-1。对手完成了逆转——我还在洋洋洒洒地书写他的败北宣言！

在《用象棋心理学取胜》（帕尔·本克　布尔特·霍赫伯格著，1991年McKay Chess Library出版）一书中，作者说道："拉斯克的理论是国际象棋是两种个性的斗争，不理解他的人常常认为他是幸运的。人们对他的误解使他在1926年在他的《象棋手册》中作出如下的非凡断言。'谁处于轻微劣势的一方，会下得比他要么放松、要么追求太多的对手更加聚精会神，更有创造力并且更加大胆。所以轻微的劣势常常转变成好的、坚实的优势。'"

正如在我们刚刚看的棋局中，我自己的死亡所证明的那样，拉斯克所说的并非只是一个事实真相！

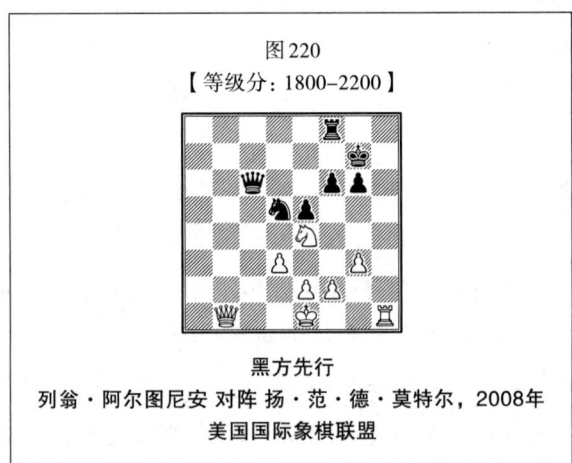

图220
【等级分：1800-2200】

黑方先行
列翁·阿尔图尼安 对阵 扬·范·德·莫特尔，2008年
美国国际象棋联盟

这盘棋是一个需要注意的经典例子。图220中，黑方落后一个兵，他的王不是很安全。另一方面，白方的王仍然坐在棋盘的中心，这可能是基于h1上无防御的车和敌方在c6上的后的斜向打击做出的战略考虑。

自然地，如果白方可以易位（结束h1-a8对角线上的战略问题，也使王离开容易受伤的路），那么他的子力优势会给它巨大的取胜机会。因此，黑方必须马上打击！

等级评定解释：黑方有许多吸引人的走法，但是他选择的那一步被最终证明是一条死胡同。我认为正确的出子很容易被错过，而这些错误的证明对大量选手来说是有吸引力的。

1...f5?

一个旨在清理h1-a8对角线并在白方的局面中投下战略炸弹的诱人走法。然而它没能发挥预想的作用。更好（而且最可能被忽视）的是1...Rb8! 2.Qa1（2.Qxb8?? Qc1将杀会突然终结这一切，2.Qd1?? Nc3 3.Qc1 Rb1黑方获胜）2...Ra8 3.Qb2！［避开子弹：3.Qb1?? 败给3...Nc3 4.Qc1 Nxe4! 5.Qh6+（避免5.Qxc6?? Ra1+ 6.Qc1 Rxc1将死）5...Kf7 6.Qh7+ Ke6 7.0-0 Nc3黑方有一个额外的子力］3...Ra2（如果黑方对和局感到高兴，那么3...Rb8 4.Qa1 Ra8这个任务就落在了白方的后上。虽然黑方现在有更好的兵形，但他也可以尝试3...Rb8 4.Qa1 Nc3!? 5.0-0 Nxe2+，在6.Kg2之后黑方自己的王是如此的开放，以至于他没有任何获胜的机会）4.Qb1 f5（4...Nc3 5.Qc1 Nxe4 6.Qh6+ Kf7 7.Qh7+ Ke6和局，因为黑方的车不再控制它的第一行，这会导致那个位置能让对方将一军：8.Qg8+ Kd6 9.Qf8+，和棋）5.0-0 Rxe2（5...fxe4?? 6.Qxa2）6.Rc1 Qa8 7.Nd6黑方脆弱的王使白方保持均势。比如：7...Ne3 8.Nb7 Ng4 9.Rc7+ Kf6 10.Qc1 Nxf2 11.Rc6+ Kg7 12.Rc7+，和棋。

因为1...f5的辩驳不是非常精细的，人们一定想知道黑方是怎样错过更加优越的1...Rb8的。当然，我无法不让莫特尔先生直接给出一个最后的答案，但是通常的"借口"是令我们感到愧疚的某些事：我们看见前途光明的走法就这样失败。我们没遵守那句古老的格言，"当你看见一个好的出子，要静下来寻找一个更好的。"并且最终结果是在小水沟里翻了船——我们只是玩弄自己的情绪，并栽在了快速出子和缺乏注意力上。

2.Ng5 Ne3

2...Rb8更好，虽然它没有起到前一步棋相同的作用，因为3.Qa1（3.Rh7+?? Kf6黑方取胜）现在攻击无防御的e5上的兵：3...Kf6 4.Nh7+ Ke6 5.0-0 Nc3 6.e4（冲开中心。6.Re1也很好）黑方开放的王让他处于严重的压力之下。

3.Rh7+ Kf6 4.fxe3 Kxg5 5.Qb4! f4 6.exf4+ exf4 7.Qxf8 Qc1+ 8.Kf2 Qe3+ 9.Kf1 Qc1+ 10.Kg2这一步把我们带到下一道题。

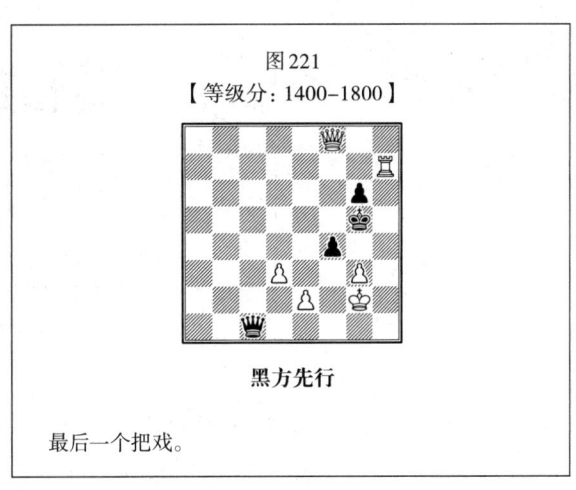

图221
【等级分：1400-1800】

黑方先行

最后一个把戏。

等级评定解释：我会想"最后的把戏"也许会是一个巨大的提示。我接下来的一步没有起作用，但是比认输好很多，因为它给你救世主一样的最后一击。大多数等级分1400的选手会意识到这个逼和并且设下陷阱吗？也许不会，但是我希望阅读这本书的等级分1400的选手会！

黑方落后一个车和一个兵，所以已经完全没有希望了。然而，因为认输是一种随时都能选的选项，黑方找到了一个最后的陷阱。

1...f3+!

为什么不试试这个呢？如果白方不注意，他可能会通过2.Qxf3??突然折断它，这样2...Qg1+ 3.Kh3 Qh2+ 4.Kxh2棋局会被逼和。对白方来说，甚至更加不幸的是2.Kxf3?? Qf1+抽掉白方的后！最后，2.exf3?? Qg1+ 3.Kh3??（3.Kxg1，和棋）3...Qh1将死，说得委婉一点，这会完全摧毁白方的一天的心情。

2.Kf2，1–0。当事情恶化的时候，你会发现像这样的诡计是很重要的（人们会比你想象的更经常陷入到他们中去），同样重要的（如果你是更强大的一方）是，避免快速出子；相反地，你应该镇静地看四周，尽力去发现你的对手打算去做的事。

第五章　目标意识

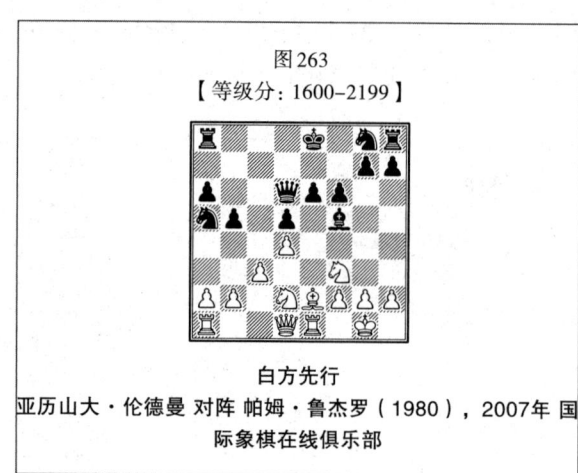

图263
【等级分：1600–2199】

白方先行

亚历山大·伦德曼 对阵 帕姆·鲁杰罗（1980），2007年国际象棋在线俱乐部

1.e4 c6 2.d4 d5 3.exd5 cxd5 4.c3 Bf5 5.Qb3 Qd7 6.Nf3 f6 7.Bf4 Nc6 8.Nbd2 e6 9.Be2 a6 10.0–0 b5 11.Rfe1 Na5 12.Qd1 Bd6 13.Bxd6 Qxd6——图263

白方像上了发条的机械钟一样，出子明显占优，而且黑方的王在中间。这种局面亟须白方立即采取动态行动——否则黑方会通过...Ne7和...0–0加固防御，而他的后翼布局则会提供很好的行动机会。

评价等级解释：本题适用的等级范围很广，这是因为不同水平的棋手的答案会反映不同的考虑深度。1600等级的棋手应当注意到中间的王，以及白方在出子上的优势，如果等级1600的学员能够意识到这些，并走出**14.a4**（试图将局面打开）我会感到很欣慰。不过，要看出白方最好的走法则困难得多，一般要"A"级或专家级的人才能看到。我不要求读者能够看出那种走法（只要看出像14.a4、14.b4或14.Nb3这样中规中矩的走法就可以），但若能看出来的那就是冠军级棋手了。

实战中白方并未表现出很好的目标意识，走出了很平淡的走法14.Nf1?，之后继续如下：14...Ne7 15.Ng3 Bg6 16.Bd3 0-0 17.Qe2 Bf7?（无论17...Bxd3 18.Qxd3 Ng6还是17...Rfe8都可以让黑方获得很好的局面）18.Qc2 Bg6 19.Nh4 Bxd3 20.Qxd3 Rae8 21.Nf3（21.a4对于白方更好一些），1/2-1/2。

很明显，14.Nf1对局面毫无意义，那么白方应当怎样走呢？这里的确有很多有趣的尝试，我们在这里只讨论三种（这三种都会立即引起激战！）。

▶ **14.a4 b4 15.Nh4 Ne7 16.Nxf5 Nxf5 17.Bg4 0-0 18.Qe2 bxc3 19.bxc3 Rfe8 20.Bxf5 exf5 21.Qxe8+ Rxe8 22.Rxe8+ Kf7 23.Rae1 Nb7**这样白方能做些什么就很难说了，因为此时他后翼的兵很容易被敌方的后吃掉。

在**14.a4 b4**之后，**15.g4**是一种疯狂的走法，它很好地体现了棋手应当怎样努力利用他的局面优势——这种情况下的出子，以及敌方位于中间的王都要求着棋手快速积极地采取行动，因此15.g4体现了这种精神，当然之后我们会发现这一步并不是特别好的走法。我们看一下为何：**15...Bxg4?**（当我们就不知道白方以削弱王翼力量为代价，可以换取什么的时候，**15...Bg6**是更为简洁且合理的走法）**16.cxb4**

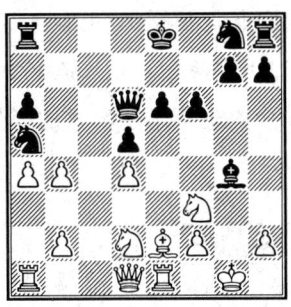

图263a　黑方先行

16...Qxb4〔16...Nb7 17.Nh4 Bxe2 18.Qxe2 Nd8（18...Kf7 19.Qh5+ Kf8 20.Ng6+在换子中占优）19.Nf5 Qd7 20.Nb3这样黑方就要被消灭了。另外还有一种退马的走法：16...Nc6也会让白方占据有力的主动：17.b5 Nb4 18.Nh4 Bxe2 19.Qxe2 Kf7（19...Nc2 20.Nf5 Qd7 21.Nb3 Nxe1 22.Nc5白方得到制胜一击的机会）20.Nb3〕**17.Nh4 Bf5 18.Nxf5 exf5 19.Bf3+ Ne7 20.Rc1**黑方面临着Rc7，这下麻烦大了。

▶ **14.b4! Nc4**（14...Nc6 15.a4 Rb8 16.Nb3 Nh6 17.Nc5对黑方很不好）**15.a4 Rb8**（15...Nb2 16.Qb3 Nxa4 17.c4 dxc4 18.Bxc4 Kf7 19.g4!!将黑方的象调离对e4的控制，这样d2马便可以安全进驻。而黑方出子落后，王处于险境，无法应对这种残酷的攻击。

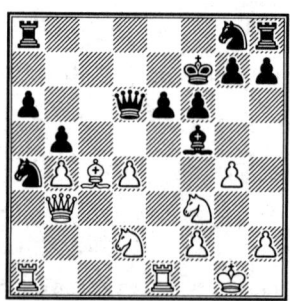

图263b　白方展开了猛攻！

19...Bxg4 20.Ne4 Qf4（20...Qd7 21.Neg5+）21.Bxe6+ Kf8 22.Qd5白方可以实施致命的打击：22...Re8 23.Bxg8 Rxg8 24.Neg5）**16.Nh4 Ne7 17.Nxf5 Nxf5 18.axb5 axb5 19.Nxc4 bxc4 20.Bg4 0-0 21.Qe2**（21.Bxf5 exf5 22.Qa4也不错）**21...Rfe8 22.Bxf5 exf5 23.Qxe8+**这样白方双车对单后，还有一个极具优势的兵形（包括b线通路兵），胜券在握。

▶ **14.Nb3! Nc4**（14...Nxb3 15.axb3 Rb8 16.c4 Ne7 17.c5 Qc6 18.Nh4 0-0（18...Bg6 19.Bg4 f5 20.Bh5 0-0 21.Bxg6 Nxg6 22.Nxg6 hxg6 23.b4这样黑方在e5有弱格，在a6和e6还有弱兵，局面非常糟糕）19.Nxf5 Nxf5 20.Bg4这样白方具有明显优势）。**15.Bxc4 bxc4 16.Nc5 Ne7**（16...Nh6 17.Nh4 0-0 18.Nxf5 exf5 19.Re6是毁灭性的）**17.Nh4**此时e6快要陷落了！黑方的王最终虽然可以守卫住，但最后的局面会极其不堪。

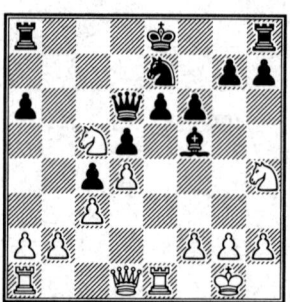

图263c　黑方先行

17...0-0（17...e5 18.dxe5 fxe5 19.Nb7 Qe6 20.Qa4+ Kf7 21.Nf3同时有Ng5+和Nxe5+两

个决定性的威胁）**18.Nxf5 exf5 19.Re6**这样黑方面临的局面就非常恶劣了。

以上分析无论如何都不是绝对具有决定性意义的，只是要让你体会如果具有目标意识习惯，那么之后可以发生什么。另外还有如果王成为了攻杀目标，应当最大限度地利用这种状况。

应当牢记的是，一切都是从被意识到而开始的——如果你看不到你手里到底有什么，当然也就无从利用它。

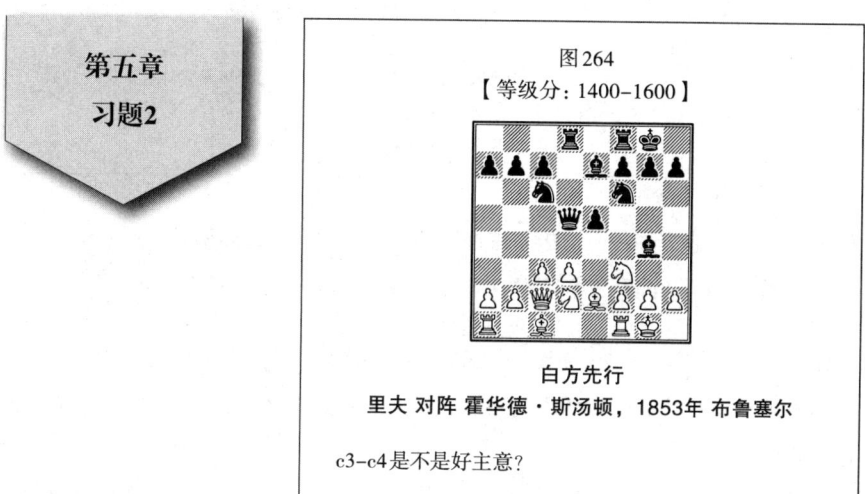

图264
【等级分：1400-1600】

白方先行
里夫 对阵 霍华德·斯汤顿，1853年 布鲁塞尔

c3-c4是不是好主意？

1.e4 e5 2.c3 d5 3.exd5 Qxd5 4.Nf3 Nc6 5.d3 Bg4 6.Be2 Nf6 7.0-0 Rd8 8.Qc2 Be7 9.Nbd2 0-0——图264

评价等级解释：我很期望等级1400的棋手理解一点：明显的单步攻击应当尽力避免，除非还有接下来更深的威胁（而不是抱手祈祷对方不要看出来）。

10.c4??

这是部署上的大失误，白方在d4留下了弱点，却没有得到什么好处。

10...Qd7之后黑方的优势就很明朗了。之后白方的下场更惨，恶果不久即至：**11.a3 Nh5 12.b4 Nf4 13.Ne4 Nxe2+ 14.Qxe2 Nd4 15.Qd1 Bxf3 16.gxf3 f5 17.Ng3 f4 18.Ne4 Qh3 19.Nd2 Rf5**，0-1。白方几步之内便会被将杀。

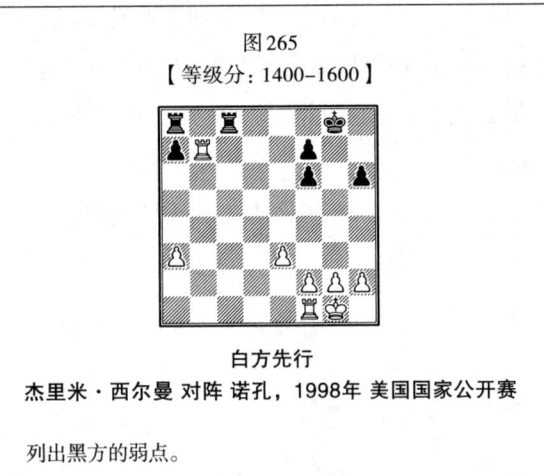

图265
【等级分：1400-1600】

白方先行
杰里米·西尔曼 对阵 诺孔，1998年 美国国家公开赛

列出黑方的弱点。

白方多一兵，但在车兵残局中这往往不够，不过黑方支离破碎的兵形也给白方造成了优势——a7、f7、f6和h6兵全都是目标！之后的比赛中白方一直盯着它们。

评价等级解释：这种局面下有f5、f4、h5和h4这样的弱格（因为黑方兵形极差），但我所期望的是等级1400的棋手此时应当大开贪戒，应当已经开始垂涎于黑方的每一个兵了。

1.Rb4

将车置于可以攻击a7（Ra4）、f6（Rf4）或h6（Rh4）的位置上。

1…Rab8 2.Rg4+ Kh7

2…Kf8可让黑方继续打击白方在a3的一个弱点，但面对黑方许多可以被攻击的目标，白方完全可以开始骚扰了：3.g3 Rc3〔3…Rb2 4.Rd1 Ra2 5.a4 Rcc2（其实5…f5会形成更强的抵抗，但黑方在6.Rf4之后依然不会好多少）6.Rf4这样黑方就会很窘迫〕4.Ra4 Rbb3 5.Ra1 Rb7（5…Rc2 6.Rd1 Rcc3 7.Rd8+ Kg7 8.Rg4+ Kh7 9.Rd7）6.Ra6 Kg7 7.Rd1 Rbb3 8.a4这样同时有Rxa7和Rdd6的威胁就会让黑方彻底落败。

3.g3

找时机消除底线闷杀的可能，是个不错的想法！

3…Rc3 4.Ra4

保护a3，同时也迫使黑方退守a7。

4…Rb7

4…Rbb3 5.Rxa7 Rxa3 6.Rxf7+。

5.Rd1 Rc6 6.Rd5

准备通过Rda5攻陷a7。

6...Re6 7.Rda5 Ree7

此时黑方已经完全陷入被动，白方下一步要做的事是：转战f6。

8.Ra6

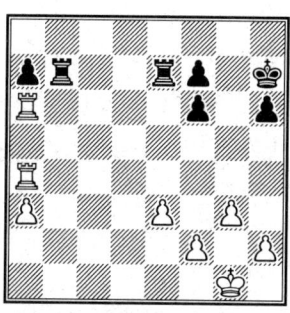

图265a 同时打击a7与f6

8...Kg6

这一步加速了灭亡，黑方局面已经完全落败了。

9.Rg4+ Kh5

当然，黑方并没有为9...Kh7 10.Rxf6这样的变化而激动，他决定向前走一个更别致的走法。

10.Rg8

黑方忽然觉察到王已经处于被将杀的陷阱中了。

10...Re6

10...f5 11.Ra5黑方同样会被将死。

11.Ra4，1-0。

第五章
习题4

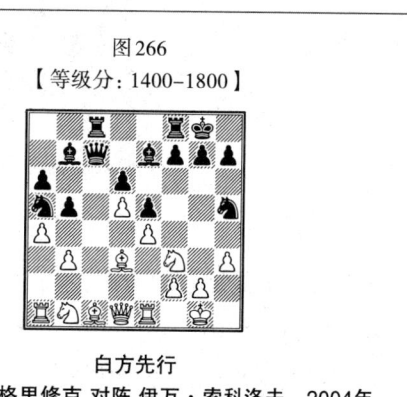

图266
【等级分：1400-1800】

白方先行
亚历山大·格里修克 对阵 伊万·索科洛夫，2004年
波伊科夫斯基

白方刚刚走完a2-a4。黑方不可能让白方吃掉b线的兵，那么白方这么走的目的是什么呢？难道就只是一步普通的威胁？

1.e4 e5 2.Nf3 Nc6 3.Bb5 a6 4.Ba4 Nf6 5.0–0 Be7 6.Re1 b5 7.Bb3 d6 8.c3 0–0 9.h3 Na5 10.Bc2 c5 11.d4 cxd4 12.cxd4 Bb7 13.d5 Rc8 14.b3 Qc7 15.Bd3 Nh5 16.a4——图266

16...b4之后，白方在敌方阵线上造成了三个弱点：b4兵孤立无援，a6格被施压，c4还是一个多方面的漏洞，能被白方的马作为绝佳的营盘。

评价等级解释：此题的适用等级有一定的跨度，这是因为尽管16.a4在黑方阵线上造成了弱点，但黑方也能够进入c5和c3，而且值得注意的是b3也有些脆弱。这要求处于所列等级上限水平的棋手应当注意到在16.a4 b4之后，双方其实都可以获得好处。

16...b4 17.Bd2

立即针对b4弱点施加打击，不过这一步挡住了白方的b1马向d2的去路，也浪费了时间。

17...f5

黑方以牺牲b4为代价换取王翼的部署，以及可能对d5进行施压（d5兵在黑方进行...fxe4和...Nf4之后就会处于险境）。这里黑方的另一种主要走法为17...Qb6 18.Be3 Qd8 19.Nbd2（立即盯上c4格）19...Nf4 20.Bxf4 exf4 21.Qe2（瞄准a6兵）21...Qb6 22.Nc4 Qc5（22...Nxc4 23.bxc4!可有下一步迅速进行e4-e5挺进，也可以造成很有趣的局面）23.Nfd2 Bf6 24.Rac1 Bc3 25.Red1。

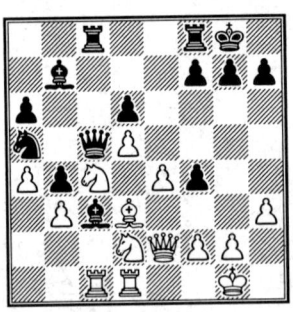

图266a

这样形成了一个很复杂的局面，其中充斥着双方互相留下的破绽、目标与演变——白方依然紧盯着a6，利用了c4，随时可走e4-e5，而黑方的f4兵离本方阵脚有些远，虽在一定的程度上利用了c3漏洞，但b7象的活动却受限。白方面临抉择（注意到25...Bxd2 26.Nxd2 Qxc1 27.Rxc1 Rxc1+ 28.Kh2 Ra8 29.e5对白方很有利）。

18.Bxb4 Nf4

若走18...Qb6 19.Bxa5 Qxa5 20.exf5 Bxd5 21.Na3 Nf4 22.Bc4，白方依然掌握些许主动。

19.Nc3 Nxb3

19...Qb6基本上一样。

20.Rb1 Nc5 21.Bxc5 Qxc5 22.Rxb7这样白方就占据了优势,黑方在之后的失误中很快落败:**22...Qxc3 23.Bxa6 Qa5 24.Rxe7 Qxa6 25.Nh4 fxe4 26.Qg4 Rf7 27.Nf5 h5 28.Qg5 e3 29.Rxf7 exf2+ 30.Kh2**,1–0。

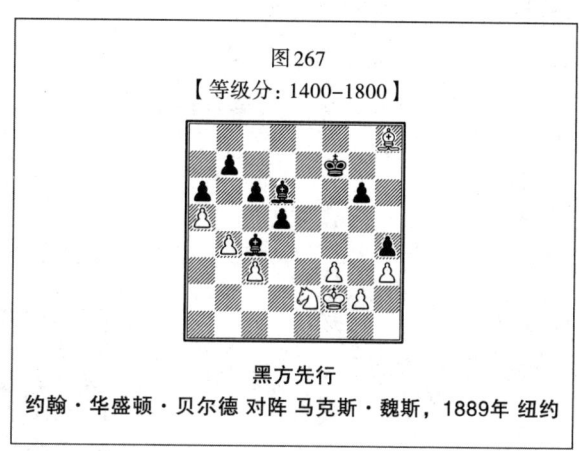

图267
【等级分:1400–1800】

黑方先行
约翰·华盛顿·贝尔德 对阵 马克斯·魏斯,1889年 纽约

白方刚刚走了一步很奇怪(也很糟)的棋Bd4-h8。毋庸置疑,由于要保护c3兵,这个象只能在对角线上移动。白方很可能也觉得己方的王可以保护其王翼兵免受位于c4的那个对这边虎视眈眈的象的威胁,而且黑方的王也无法进入白方的阵线。因此白方必须有足够的自信,能够保持自己的城池连成坚固的一体。

不过没过多久,贝尔德先生就对这种微妙的相持局面表现出了明显的疏忽。

评价等级解释:此时白方的弱点只有c3和g2两处,然而黑方是否能再制造一个呢?如今水平处于1400的棋手若读了本书,那他应当意识到有必要创造打击目标,而不是只是寄希望于浮现。

1...c5!

很有力的一步,极具困扰。既然c3兵尚不能攻下,黑方就打掉b4,将a5变成弱点,这样白方要处理的后翼防守从一个c3变成了两个,这就困难得多了。

建立目标意识主要也在于不仅仅能意识到弱点,也能创造弱点。

2.bxc5 Bxc5+

很简单,也是很好的走法。黑方不会去走2...Bc7 3.Nd4 Bxa5 4.c6导致局势迷乱,而是吃回了一个兵,同时既保持己方的安全,也保全了双象优势,还依然对c3和a5都有压力。

3.Bd4 Bd6

黑方丝毫没有放弃双象的意思！

4.Ke3

白方若走4.Bb6，则会有较为有力的抵抗（保护a5），但就算如此他也并不会顺畅，之后有4...Be5（注意对a5和c3的威胁）5.Nd4 Bg3+ 6.Ke3（6.Kg1 Be1）6...Bf1 7.Ne2 Be1。

4...Bc7。这一步是显然的，也很有效。黑方成功在a5创造出了弱点，而后就要将它攻陷。之后若白方走5.Bb6，则有5...Bxb6+ 6.axb6 Bxe2! 7.Kxe2 Kf6 8.Kd3 a5，再之后有...Kf5–f4–g3xg2xh3（这样黑方就可以轻松获胜），因而白方最终失去了a5兵，也输了整盘棋。

第五章
习题6

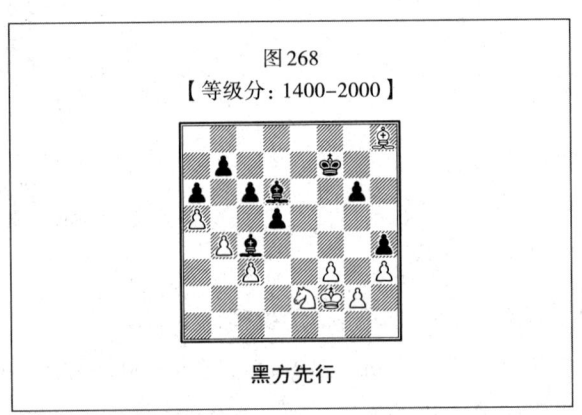

图268
【等级分：1400-2000】

黑方先行

引用菲舍尔在《国际象棋文摘》一书（1969年第二期）中回顾尤多维奇的《王翼印度防御》时的话："也许因为我之前迫不及待地想看吧，1968年这本书入手的时候我大失所望。大多数参考都来自于50年代晚期和60年代早期，没有提及哈瓦那奥赛，也几乎没有沙克曼尼公开赛和少年苏锦赛。这229页书里面几乎没有我还闻所未闻的东西，不过我却从这儿学到了很重要的金玉良言：**1.d4 Nf6 2.c4 g6 3.g3 Bg7 4.Bg2 0-0 5.Nf3 d6 6.0-0 Nc6 7.Nc3 Bg4 8.h3 Bxf3 9.Bxf3 Nd7 10.Bg2 Nxd4 11.Bxb7 Rb8 12.Bg2 Rb4 13.e3 Ne6 14.Qe2**。"——图268

评价等级解释：菲舍尔在书中所谓的（以及图268的局面所展示出来的）金玉良言与创造目标密切相关。有些人会对这种解法感到不快，但其他水平在1400以上的棋手应当可以给出一些完全可以接受的走法，可以创造出一些持久的攻击目标。

菲舍尔继续写道："此时尤多维奇给出了14...Bxc3!，我没见过这种走法，不过根据整本书来判断，我可以认为这是从其他地方照搬来的。黑方将白方的兵形破坏而获得了好处；而白方也没有什么真正的机会发动攻击。在14...Bxc3!以后尤多维奇没有继续说什么，但之后的走法15.bxc3 Ra4!显然是对的。"

几年后有一场比赛：1971年，在南斯拉夫，由斯尔詹·茨维特科维奇对阵德拉戈柳布·维利米洛维奇，这些走法真的出现了。那之后有14...Bxc3! 15.bxc3 Ra4 16.Rb1 Nec5 17.e4 Qc8 18.Bh6 Re8 19.e5 Qa6 20.Rb5 Rxa2这样黑方有明显的优势，但之后黑方犯了严重的失误，最后成了平局。

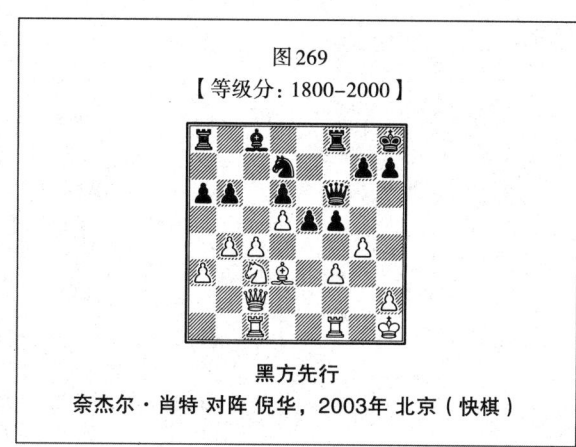

图269
【等级分：1800-2000】

黑方先行
奈杰尔·肖特 对阵 倪华，2003年 北京（快棋）

1.e4 c5 2.Nf3 Nc6 3.d4 cxd4 4.Nxd4 Nf6 5.Nc3 e5 6.Ndb5 d6 7.Nd5 Nxd5 8.exd5 Nb8 9.c4 Be7 10.Bd3 a6 11.Nc3 0-0 12.0-0 f5 13.f3 Nd7 14.Kh1 Bg5 15.b4 b6 16.a3 Kh8 17.Qc2 Qf6 18.g4 Bxc1 19.Raxc1——图269

白方为了夺取e4格所采取的g2-g4是一步很大胆凶悍的走法，因此形如19...fxg4或19...f4这样的走法会正中白方下怀。然而黑方不可能让对手得逞，因此他并没有将格子拱手让给白方，而是打出一记重击，反而给自己开辟了一格！

评价等级解释：这又是一道创造弱点（而非等待其浮现）的问题。我将起始等级设置为1800的原因是白方的18.g4容易对很多棋手造成心理上的打击，并且其解法也显得很奇怪，它会打开f线，使f1车立即敏锐地盯上黑方的后。

19...e4!

白方盯准了一个格子，黑方也同样这么做！正如之前所言，弱格通常不会魔术般地出现——而是需要棋手去创造的。而且，若这样需要弃一个兵，那么这只是取得战略胜利的一个小代价罢了。

20.fxe4 f4

黑方明显处于优势，为何呢？这样一来黑方的马会占据e5这个极具效用的弱格，而白方的王翼被打开了，危机四伏，而且黑方的f4兵也将在之后的参战中发挥强大的作用。注意到白方多出来的e4兵实际上是将己方的棋子堵住了——c3马不能进驻e4，d3象也被c4和e4兵挡住。之后的比赛就是一边倒了：**21.Ne2 f3 22.Qd2 Ne5 23.g5 Qg6 24.Ng1 Bg4 25.Bb1 Rf7 26.c5 bxc5 27.bxc5 dxc5 28.h3 Raf8 29.Rf2 Qh5 30.Qc3 Bxh3 31.Nxh3 Ng4 32.Rh2 Nxh2 33.Kxh2 f2 34.Bd3 Rf3 35.Bf1 Rxc3 36.Rxc3 Qd1 37.Kg2 Qg4+ 38.Kh2 Qxe4 39.Rxc5 Qd4 40.Rc6**，0-1。

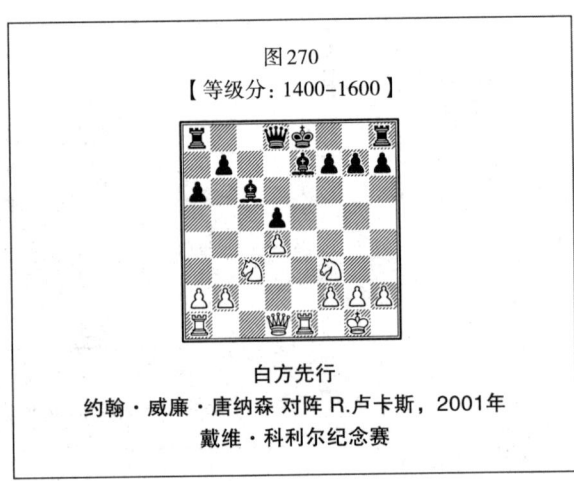

图270
【等级分：1400-1600】

白方先行
约翰·威廉·唐纳森 对阵 R.卢卡斯，2001年
戴维·科利尔纪念赛

1.e4 c6 2.d4 d5 3.exd5 cxd5 4.c4 e6 5.Nf3 Nc6 6.Nc3 Nf6 7.cxd5 exd5 8.Bb5 Bd7 9.0-0 Be7 10.Bg5 a6 11.Bxc6 Bxc6 12.Bxf6 Bxf6 13.Re1+（此时黑方其实应该看到白方主要的应对意图，走13...Kf8。当然这不好看，但若如此做，白方除了些许微弱的优势之外也得不到什么了：14.Qd2 g6 15.Qh6+ Bg7 16.Qf4 Bf6 17.Ne5 Kg7 18.Re3 Re8 19.Rae1 Re6）13...Be7——图270

评价等级解释：如果你注意到黑方的王在中间，并且特意将它拖住，那恭喜你做得很好！我希望水平在1400的多数读者能够注意到这些，若没有，那么希望这个例题能让你以后更容易做出正确的决定。

14.Qe2!
将对方的王拖在中间的常用手法。

14...Rc8?
黑方意图走...Rc7，之后...0-0（保护e7），但之后可见这是要付出代价的。而14...f6则是黑方应该尝试的——它阻止白方的马进入e5，并且之后有...Qd7，再之后有...Kf7。

15.Ne5 Rc7
还有一种尴尬的走法是15...Kf8 16.Qf3 Bf6 17.Rac1这样黑方会面临着很严重的压力。

一个典型的后续演变为：17...g6 18.Nxd5 Bxd5 19.Rxc8 Bxf3 20.Rxd8+ Bxd8 21.Nxf3这样白方在残局中多一兵。

16.Nxc6 bxc6

还有更糟的走法为：16...Rxc6 17.Nxd5 Re6 18.Qc4。

17.Qxa6这样尽管黑方成功地防卫住了，但也大伤元气，白方有一个强悍的当头兵，随后赢下了这一局。

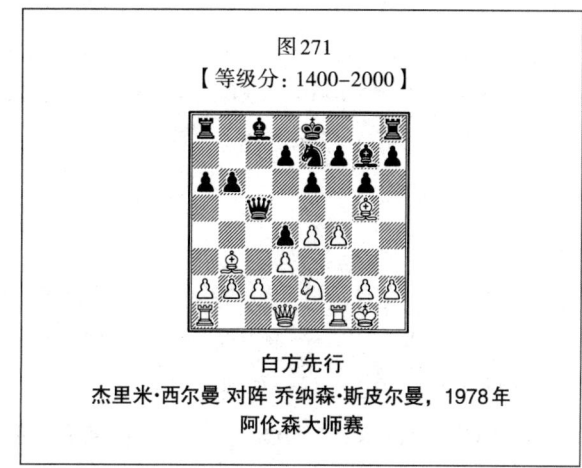

图271
【等级分：1400-2000】

白方先行
杰里米·西尔曼 对阵 乔纳森·斯皮尔曼，1978年
阿伦森大师赛

1.e4 c5 2.Nf3 Nc6 3.Bb5 Qb6 4.Nc3 e6 5.0-0 Nd4 6.Bc4 Ne7 7.d3 a6 8.Nxd4 cxd4 9.Ne2 g6 10.Bg5 Bg7 11.Bb3 Qc5 12.f4 b6——图271

白方出子领先，黑方的王仍留在中间，激战马上就要开始！

评价等级解释：解此题需要注意到黑方王处在中间的状态，以及13.f5这一步能够在敌方的王安定下来之前发起战斗。除此之外就不需要什么了。

13.f5!

白方的两个优势都是暂时的（出子领先以及黑方的中心王），所以必须立即行动（黑方的王很快就会安定下来，最后出子也会逐渐赶上来），因此我明白此机不可失，时不再来。

在此我要再次强调，你应当给自己灌输一种潜意识，无论何时当你看到对方王在中间时就要立即攻杀之。首先看出对方的困境，之后进行力争，最后冷眼观察这种特殊局势是怎样继续演变的。

13...gxf5 14.Bxe7?!

因为已经过去太久记不清楚，我想我在这里可能是走得太快了。我之所以在这里没看到14.Ng3!这一强悍（而且也很显然）的走法，只能姑且作此解释。当然在如此好的局面下走得太快未免愚蠢，但我应该是已经布置好了一个喜欢的发展（当走出13.f5时）而且尽快付诸了实施。我对攻击目标的嗜好是对的，不过目标却没有了。对此在第四章的"棋感的不同状态"中，你可以看到关于快（慢）棋步的讨论。

14...Qxe7 15.exf5 Bb7 16.Ng3 Be5?

更好的走法应当是16...h5、16...Qg5或16...Qh4。

17.Qh5?

这里应当看出好棋，但无须费力再找更好的。简单的形如17.fxe6 dxe6（不能走17...fxe6 18.Qh5+或17...0-0-0 18.exf7）18.Qh5 Bxg3 19.hxg3就可以让黑方受到Bxe6的严重威胁。无论是选择走19...0-0-0 20.Rxf7还是19...0-0 20.Rae1 Rae8 21.Qg4+ Kh8 22.Qxd4+都是凶悍的走法。

17...Bxg3 18.fxe6!

正是这步好棋提示我不该走17.Qh5的。这样18...Bxh2+ 19.Kxh2 dxe6 20.Bxe6对白方很有利，18...dxe6 19.hxg3也是一样（这只是与前述对白方第17回合的注解相反而已），如此一来黑方只能被迫弃去一兵，但这当然也对我有好处。

18...0-0-0 19.exd7+ Rxd7 20.hxg3 Qe3+ 21.Kh2 Rd6?

这形成了22...Rh6的威胁，但接着就被白方的后化解了。更好的抵御应当走21...Rg8。

22.Qg4+! Kb8 23.Qf4! Qxf4 24.Rxf4 Re8 25.Raf1 Re2 26.Rf6! Rxg2+ 27.Kh3

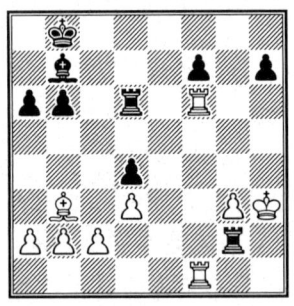

图271a

黑方恢复了子力均衡，但这只是暂时的——很多弱兵（这又是"目标意识"的另一种完全不同的情况！）让他爱莫能助。

27...Rg1 28.Rxd6 Rxf1 29.Rxb6 Kc7 30.Rb4 Bf3 31.g4 Kd6 32.Rxd4+ Ke5 33.Ra4 h5 34.gxh5 f5 35.Kh4 Bc6 36.Rc4 Bb5 37.Rb4 f4 38.Re4+ Kf6 39.Ba4 Kf5 40.Kh3 Bxa4 41.Rxa4 Rh1+ 42.Kg2 Rc1 43.Rc4 Kg4 44.h6 Rd1 45.h7 Rd2+ 46.Kg1 Rd1+ 47.Kf2 Rd2+

48.Ke1 Rh2 49.Rc7 f3 50.d4 Kg3 51.Rg7+ Kf4 52.d5，1–0。目标意识从一种情况（中间王）变到了另一种情况（弱兵），这种转变是很普遍的。

第六章　静态vs动态

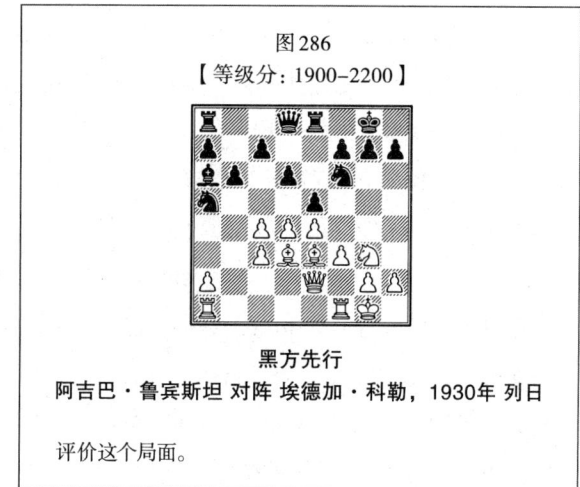

图286
【等级分：1900–2200】

黑方先行

阿吉巴·鲁宾斯坦 对阵 埃德加·科勒，1930年 列日

评价这个局面。

1.d4 Nf6 2.c4 e6 3.Nc3 Bb4 4.e3 Bxc3+ 5.bxc3 d6 6.Bd3 0–0 7.e4 e5 8.Ne2 Re8 9.f3 b6 10.0–0 Nc6 11.Be3 Ba6 12.Ng3 Na5 13.Qe2——图286

黑方实施的主要计划是向c4兵施加两个轻子的打击，然而却没有有效的方法进一步再派遣第三个攻击手。问题在于白方有非常强悍的中心兵阵，而且已经在王翼部署好了进攻的准备。由于中心和王翼都由白方控制，黑方必须在棋盘的另一侧发动突击，否则就只能走向灭亡。

除了最理想的…Qd8-d7-a4能够对c4施加最大的压力（尽管白方通过a2-a4就可以彻底将其阻止）之外，这样的局面下一般的走法是使王后从c6或e6攻击c4，迫使白方走d4-d5，这样使黑方能够利用c5格，而且之后还可以有c7-c6给黑方的车打开一条线。不过不巧的是这样只能走Qd8-d7-c6或者Qd8-d7-e6，这样当黑方在花费大量时间对兵形做一个微小改变的同时，白方在王翼的攻击则可能将黑方消灭。

评价等级解释：判断一个已知的部署何时可以有效发挥作用，何时不能，以及一方的战术计划已经被对方封死的情况，这需要棋手具有相当老练的水准。另一方面，多数棋手都倾向于发动攻击，我猜想白方的攻击态势不仅明显，而且会博得等级1900以上的棋手的青睐。

一些走法示例：

▶ 13...Qd7（下一步意图14...Qa4或14...Qc6、14...Qe6）14.Bg5!（这一步太烦人了！黑方的马无处可去，后也不能安稳地保护它，而且这样白方可以在黑方王翼制造叠兵，极具威胁。）14...Kh8（14...Qe7 15.Nh5这样对黑方很不利，而14...Qe6可以迫使白方挺进d线兵，但这也会有15.d5 Qd7 16.Bxf6 gxf6 17.f4，一段猛烈的攻击便会击溃黑方王翼）15.Bxf6 gxf6 16.f4 Rg8 17.fxe5 fxe5，然后有18.Qf3（18.Rf5!?也是一种对棋手有吸引力的走法）18...Qe6（不能走18...Bxc4? 19.Qf6+ Rg7 20.Nf5）19.Qxf7 Qxf7 20.Rxf7 Rac8 21.Raf1 Bxc4 22.Bxc4 Nxc4 23.R1f6这样白方明显占据优势。

▶ 13...Qe7 14.Bg5 h6 15.Bh4 Bc8 16.f4! exf4（或16...Bg4 17.Qf2）17.Rxf4 g5 18.Qf3 Nh7 19.e5这样白方可以发动猛攻。

▶ 13...Kh8 14.f4 exd4 [14...exf4 15.Bxf4 Qd7 16.e5 Qc6 17.Bg5（17.Nh5也很强悍）这样便可以获胜：17...dxe5（其他走法并不会更好，例如17...Ng8 18.Qh5 h6 19.Rxf7，或者17...Nd7 18.Rxf7 Bxc4 19.Bxc4 Nxc4 20.Nf5，两者都无望）18.Rxf6（更平淡的走法为18.Bxf6 Bxc4 19.Qg4，但也可以完成任务）18...gxf6 19.Be4] 15.cxd4 c5 16.d5，白方便获得了优势：16...Qd7 17.Bd2 Qg4 18.Rf3这样黑方处境很恶劣。

▶ 13...h6（这种走法是防止白方走出Bg5的，但也浪费了时间，而且可能会在h6处发生牺牲性的爆裂）14.Rad1，之后有：

- 14...Nc6 15.a3（这样阻止了之后形如15.f4 exd4 16.cxd4 Nb4的演变，因为白方牢牢占据中心，因此没必要着急）15...Qd7 16.h3（在发动进攻之前依然从容应对，这样之后走f4就不会被...Ng4威胁）16...Na5 17.Nf5（这针对的是h6这一步，此时h6随时可能出现缺口）17...Kh8 [17...Qa4 18.Bxh6 gxh6（18...g6应当是更好的防守，尽管依然对白方有利）19.Qe3 Bc8 20.Qxh6 Bxf5 21.exf5白方胜] 18.f4 exd4 19.Bxd4 Qe6 20.e5 Nc6（20...Bxc4 21.Nxg7 白方胜）21.Qf2，这样白方获得优势。之后可以有：21...dxe5 22.fxe5 Ng8 23.Qg3 g6 24.Nxh6 Nxh6 25.Qg5 Ng8（25...Kg7 26.Rf6这样会很痛苦）26.Rxf7黑方末日已到。

- 14...Qd7 15.f4 exd4（15...Ng4 16.Bc1 exd4 17.cxd4 Nf6 18.e5对于黑方来说显然是很愚蠢的走法，而15...Qa4 16.fxe5 dxe5 17.Rxf6则白方会发出致命攻击）16.Bxd4（这样可以避免中心阵线被突破，例如16.cxd4 d5 17.cxd5 Bxd3 18.Qxd3 Nxe4 19.Nxe4 Qe7）16...Qe6 17.Bxf6（白方也可以走17.e5!? c5 18.exf6 cxd4 19.Qxe6 Rxe6 20.cxd4 Bxc4 21.fxg7 Re3 22.Bxc4 Nxc4 23.Rc1 d5

24.Nh5 Rd8 25.f5 b5 26.f6，对白方有利）17...Qxf6 18.e5 Qe6 19.Qe4 g6 20.f5 Qxe5 21.fxg6 Qc5+ 22.Qd4［有一种更具有创造性的走法为：22.Kh1 Rxe4 23.Nxe4 Qe5 24.Rxf7 Rf8（或24...Nxc4 25.Nf6+ Qxf6 26.Rxf6 Nb2 27.Be4 Nxd1 28.Bxa8）25.Rdf1 Rxf7 26.gxf7+ Kf8 27.Nf6白方胜利］22...fxg6 23.Rf6 Qxd4+ 24.cxd4 Bxc4 25.Rxg6+ Kh7（或25...Kf7 26.Rf1+ Ke7 27.Rg7+ Ke6 28.Re1+ Kd5 29.Be4+ Rxe4 30.Rxe4）26.Bc2这样白方占据了优势。

当然，鲁宾斯坦不需要分析这些，他据经验可以知道这种对于黑方来说没有反击能力的局面，白方占着明显的优势。

在实际比赛中，黑方走了13...c5，但是既然如此，白方走14.d5就没有那种如若黑方兵还位于c7时就会存在的隐患了（此时通过...c6将c线打开是不可能了，而且c5格还被封堵住，黑方无法利用）。而由于...Qd7（准备走...Qa4）可以被a2-a4化解，黑方就彻底失去了反击机会，只能眼睁睁等着白方从容地将局面部署得更好。以下是后续比赛：**13...c5 14.d5 Kh8 15.f4 Nd7 16.f5 f6 17.Nh5 Re7 18.g4 Qe8 19.g5?**（这里其实没必要急于挺进成这样的局面，无疑，一个最好的鲁宾斯坦根本不该这样走棋。**19.Kh1 Qf7 20.Rf2 Rg8 21.Rg1**等走法应当才是维持局面的更好走法）**19...Bxc4! 20.Bxc4 Nxc4 21.gxf6 gxf6?**（漏失了一步好棋21...Nxe3!）**22.Bh6 Nb2 23.Kh1 Nd3 24.Ng7 Rxg7 25.Bxg7+ Kxg7 26.Rg1+ Kh8 27.Qxd3 Qf7 28.Rg3 Rg8 29.Rag1 Rxg3 30.Rxg3 Nb8 31.Qe2 a6 32.a4 Qe8 33.h4 Qf7 34.Kg2 Qf8 35.h5 h6 36.Qg4 b5 37.axb5 axb5 38.Qg6 Nd7 39.Kf3 Nb6 40.Rg1 Na4 41.c4**，1-0。

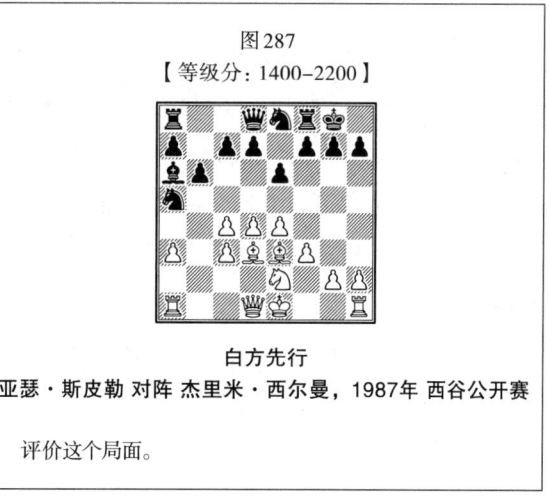

图287
【等级分：1400-2200】

白方先行
亚瑟·斯皮勒 对阵 杰里米·西尔曼，1987年 西谷公开赛

评价这个局面。

1.d4 Nf6 2.c4 e6 3.Nc3 Bb4 4.a3 Bxc3+ 5.bxc3 0–0 6.f3 b6 7.e4 Ne8 8.Be3 Ba6 9.Bd3

Nc6 10.Ne2 Na5——图287

白方开局走得并不华丽，现在c4格即将被攻陷。若走11.0-0 Bxc4，这样弃兵并不会得到足够好的补偿，因此他需要另寻方法制造一些动态机会，以应对他处于被动的局势。

　　评价等级解释： 我预期多数棋手都能注意到c4兵命悬一线，但是有些人可能就此耸耸肩放弃它了（也没有作出补救）而另外一些人可能会走11.Qa4，徒劳地去尽力把持住它，却并不花气力去观察黑方会如何应对。一个水平处于1400左右的可靠的棋手应当注意到这些事情，并且意识到白方其实没有多少选择可作——除非走11.c5，否则就要被打垮！当然，最后可能会出现的c线孤叠兵（通过12...bxc5一步可得）也很容易吓住他。

而对于黑方的走法，我就要提升水平标准要求了——在第12回合努力让白方的兵叠起来是很难的，而走12...d6，之后中心吃子，则打破了一条古老的定律（"向着中心占据"）。

11.c5!
不是最理想，但确实是最好的走法，若走11.Qa4 d5，则丢掉了c4兵，而且白方的后的移动浪费了时间，这走法就差远了。

11...Bxd3
这是一步重要且令人愉悦的换子。黑方摘掉了白方最具有攻击性的棋子中的一个，若最后有e4-e5的挺进，这个马就会在黑方的王翼造成很恼人的威胁。

12.Qxd3 d6
黑方试图给白方压力，在局面处于劣势的同时不让其有任何动态的反击机会。比赛中我没有受12...bxc5 13.dxc5 d5 14.exd5（这比14.e5 Qh4+ 15.Bf2 Qc4这种对黑方有利的走法更好）14...Nf6 15.Qb5 Nxd5 16.Bf2 c6 17.Qa4这样的走法诱惑，因为这样黑方的马就没有持久的营盘，而且白方可以有Ne2-g3-e4-d6，这样d6就可能落到白方手里（而且白方还有可能通过c3-c4将d5马赶出d线，之后有Rd1-d6）。

13.cxb6 cxb6
13...axb6也可以，但我想通过打开c线将c4掌控到手中，对c3施以重压。
这样白方面临着一个重要的选择。

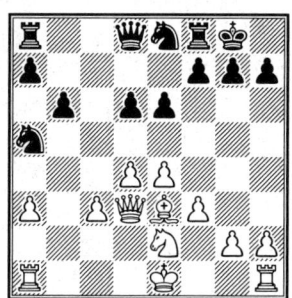

图287a　白方先行

14.0-0?

国际象棋教师一直要求学生们注意防守，但是这个局面下老师们需要及时训诫——当看到学生意图通过王车易位求赞许的时候，他应当教导"为何要在这种时候防守？这么做很明显是错的！"

这一步棋看似自然，实则松懈，对于很有经验的大师这是一个严重失误，因为这并没有针对c4处的对峙，而这一步的落后也奠定了黑方胜利的基础。

这里正确的走法应当是14.c4，这样不会让c线兵被困在c3，使其既变成了攻击目标，也成为了动态子力（在最好的静态vs动态的经典局面中）。比赛可能会继续如下：14...Qc8 15.Rc1 Qa6 16.Bd2［16.Nf4 Nf6 17.c5 Qxd3 18.Nxd3 bxc5 19.dxc5 d5 20.e5（20.0-0 dxe4 21.fxe4 Rfc8 22.Ne5 Rc7，平局）20...Nd7 21.c6 Nb6 22.c7 Rfc8这样兵已经前进得很远了！］16...Rc8 17.Bxa5 Qxa5+ 18.Kf2 Nf6 19.Qb3 Rc6。

在14.0-0之后，可以看到黑方控制了c4，并扫除了对方所有的反击，并且深入后翼以及中心的白格：**14...Qc7 15.Bg5 Rc8 16.f4 f6 17.Bh4 Qc4 18.Qe3 d5 19.e5 f5 20.Kh1 Qa4 21.h3 Qc2 22.Rfc1 Qe4 23.Qxe4 dxe4 24.d5**（这是孤注一掷的主动出击，他其实本不应该等着a5马进驻c4，而后e8马通过...Ne8-c7-d5再占据d5！）**24...exd5 25.Nd4 g6 26.Rab1 Nc7 27.Be7 Rfe8 28.Bb4 Nc4 29.Nc6 Ne6!**（通过弃半子兑换制造一列无敌兵链，之后控制整个局面）**30.Ne7+ Rxe7 31.Bxe7 Nxf4 32.Rd1 Kf7 33.Bd6 Nd3**（马已经好得不能再好了！）**34.Kg1 Ke6 35.a4 Ndb2 36.Rd4 Nxa4 37.Rb4 Nxc3 38.Kf2 a5 39.Rdxc4 dxc4 40.Rxb6 Nd5 41.Ra6 c3 42.Ba3+ Kxe5**，0-1。

图288
【等级分：2100以上】

黑方先行
鲁斯兰·波诺马廖夫 对阵 扬尼斯·帕帕约安努，
2003年 普罗夫迪夫

你需要指出正确的走法，但也要求看出白方最佳的应对方法。

1.e4 d5 2.exd5 Qxd5 3.Nc3 Qa5 4.d4 c6 5.Bc4 Bf5 6.Bd2 Nf6 7.Nf3 e6 8.Nd5 Qd8 9.Nxf6+ gxf6 10.Bb3 Nd7 11.Qe2 Qc7 12.Nh4 Bg6 13.0-0-0 0-0-0 14.g3 Kb8 15.Ng2 Bd6 16.h4——图288

局面十分尖锐，此时我们可以看到黑方的兵形不如白方，但被我们称之为"潜在隐患"的叠兵同时也有动态的优势：打开的g线为黑方的车提供了便利，而且白方无法利用e5与g5格。

黑方的主要计划为...c6-c5，然而此时他必须应对白方h4-h5的威胁。采用16...e5的应对方法是可行的（尽管这样之后有17.h5 Bf5 18.Nh4 Be6 19.Bxe6 fxe6 20.dxe5 Bxe5 21.Nf3会有利于白方），但是最显然的应对当然是16...h6或16...h5。

评价等级解释：很多棋手能够注意到16...h5这一步，但却很少有人会有目的地弃掉这个兵！要全面掌握这个局面（了解合适的兵链突破，以及有意弃掉一兵以取得动态补偿）需要有相当的经验和棋艺。

16...h5!

由于黑方的兵形做成了动态模式，他需要通过想方设法让他的棋子尽量变得活跃来"加快进度"。而另一方面，白方则会倾向于让比赛放慢下来，使黑方关键的...c5这一步难以实现，尽量导致黑方的子力处于被动。我们可以发现16...h6不是最好的走法，因为"之后会有17.h5 Bh7 18.Ne3这样黑方在h6会有一个弱兵，这样...c6-c5就很难实现"——波诺马廖夫（New In Chess，2003年第8期）。他认为这样一来18...c5就会被应以19.d5，此时20.dxe6与20.Ng4（捕捉h6兵）的双重威胁对白方有利。

而16...h5就完全不同了。此时由于h兵控制了g4，白方Ng2-e3-g4的走法就不能实现了（而且当然同时也不存在被捉住的h6兵了），此时黑方的...c6-c5挺进就可以实现了。当然黑方也要付出代价：白方可以走17.Nf4吃掉h线兵（这又会让白方产生多一兵的静态优势），但是Ng2-f4xh5这种走法很耗时间，所以黑方可以利用这段时间尽量让子力变得最为活跃。

这里对于低水平的读者而言无疑显得很难懂，但其实只有一点是需要你学习掌握的：对一个局面你若不清楚你的机会在于静态还是动态，那你是无法作出合适的应对的。只有你明白你的（以及对方的！）局面属于什么情况，你才能想你推进的路线！

17.Nf4 Bf5

另一种不够激烈却也可行的走法：17...e5!? 18.Nxg6 fxg6 19.dxe5 Nxe5 20.Rhe1 Ng4。

18.Nxh5 c5

这就是黑方所要达到的局面：他少一个兵，但关键的...c6-c5挺进已经实现了。另外，白方的马在边线上，需要王后保护。比赛此时变得尖锐，各种战术忽然四处涌现了出来。

19.g4

其他走法：

▶ 19.d5?这种走法适用于16...h6 17.h5 Bh7 18.Ne3 c5 19.d5这样的变化，但在这里（16...h5 17.Nf4 Bf5 18.Nxh5 c5）就不合适了，这是因为此时若有19...c4! 20.Bxc4 Ne5，产生21...Nxc4和21...Bg4的威胁，h5处的马就会变得危险。

▶ 19.dxc5 Nxc5 20.Bc3 Be5 21.Bxe5 fxe5："黑方依然有强势的主动权"——波诺马廖夫（New In Chess，2003年第8期）。

▶ 还有很耐人寻味的走法19.Be3!?以及一种非人的走法19.Ng7。不过，因为本书并不侧重没完没了地作分析（虽然有时也像是这样的），我们下面回到比赛主题。

19...Rxh5!

漂亮！白方一直试图阻止黑方子力被激活（动态），以期利用多出来的h线兵和优势的全局阵势（静态）。黑方没有屈服，继续浇油添柴，让动态优势更凶猛。

不过话虽如此，还有一种比较平淡的走法19...Bg6也很耐人寻味：

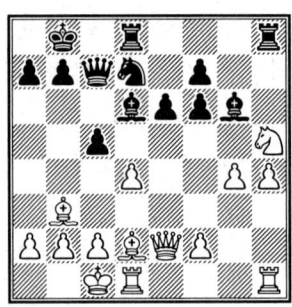

图288a 一个全新的战局

▶ 20.Bc3 cxd4 21.Bxd4 Bc5 22.Bc3 Bxh5 23.gxh5 Qf4+ 24.Kb1 Qxf2这样便进入了一个白热化的残局，白方有双象，后翼多兵，h线有一个高兵，而黑方则在f线和e线有一个中心兵团。白方具有优势，但我不能估计有多少优势。

▶ 20.d5，此处波诺马廖夫建议黑方走20...Ne5 21.Nxf6 c4，但这样实际上会遇到意想不到的大麻烦：22.Bc3!! cxb3 23.axb3这样黑方就无望了（如果之后是22.Ba4 Nd3+，那么他的建议是正确的）。此时白方在Rhe1之后挺进h5，我就看不出黑方如何能以满意的方式应对了。

除了走20...Ne5之外，黑方还可以尝试走20...exd5，之后有21.Bxd5 Nb6 22.Ba5 Be5!对黑方有好处，然后有22.Be4 Na4!这样黑方针对b2制造出了一些刁钻的招数，有望解决黑方的所有问题。

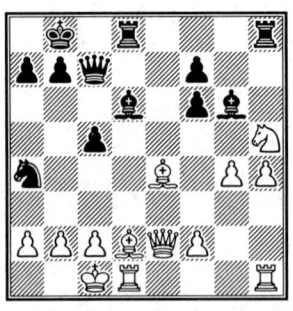

图288b 22...Na4之后的局面
白方只得疲于奔命！

23.Qc4 Nb6 24.Qe2是一种死记硬背式的走法，23.b3?则很轻率，之后会有23...c4!，而23.Nxf6 Be5也不会对黑方造成困扰。尤其还有一种走法23.c3则会陷入灭顶之灾：23...Qb6 24.b3 c4! 25.Qxc4 Ba3+ 26.Kb1（26.Kc2 Nb2）26...Rxd2! 27.Bxg6（27.Rxd2 Bxe4+ 28.Ka1 Qd6!! 29.Qxe4 Qxd2黑方胜）27...Rb2+ 28.Ka1 Qxf2 29.bxa4 Rb4 30.Qxb4 Bxb4 31.cxb4 fxg6这样黑方胜利在望。积极的子力能够发挥惊人的威力！

不能走22.Ba5或22.Ba4，白方可以走22.Bg2!，这样我就看不出黑方扳回局面的方法了。当然，关于19...Bg6的发展还可以再写出很多页书来，所以如果你想追根究底，你就得费上几天几夜的脑细胞了。

20.gxf5!

白方没有被挑动，他继续实施着他的战略，将对方的反击磨光。相反地，20.gxh5 cxd4 21.Kb1 Ne5则会让黑方的子力极度活跃，黑方会从弃子中得到极佳的补偿。

至此典型的静态vs动态局势有望变得完全清晰：静态一方力图实施他的静态策略，动态一方也要尽力在棋盘上打出他的战斗。谁先屈服于对方的意图，谁就可能输掉比赛。

20...Rxf5 21.Be3 cxd4 22.Bxd4

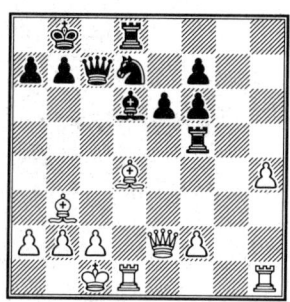

图288c

白方抵挡住了动态突击，渐渐形成一个纯粹静态（但却优劣势悬殊）的局面。这样静态vs动态的局面消失了，取而代之的是悬殊的静态vs静态局面。

22...Bc5

波诺马廖夫认为这步是错误的，他建议走22...Rh8!这样会让局面变"模糊"。不过在我看来，白方的双象和高起的h线兵使他具有一定的优势，黑方依然需要谨慎行事以恢复势均力敌。例如23.h5 Bh2? 24.h6 Rxh6看似没有问题，但后来我发现25.Bxe6!!会给黑方招来大麻烦：25...fxe6 26.Qxe6 Bf4+ 27.Be3 Rxh1 28.Rxh1 Bxe3+ 29.fxe3 Qe5 30.Qxd7 a6 31.Rh8+ Ka7 32.Qd4+ Qxd4 33.exd4。

一个更好的走法（在22...Rh8 23.h5之后）为23...Nc5 24.h6（24.Kb1!?）24...Bf4+ 25.Be3 Rg5!（25...Ne4!?）26.Rh4（26.Qf3）26...Bxe3+ 27.Qxe3 Qe5 28.Qxe5+ fxe5 29.Bc4 Rg6 30.h7 Rg7 31.b4 Na4 32.Rdh1 Nb6 33.Bd3 f5 34.f3 Kc7 35.Rh6 Kd7 36.R1h4 Rf7而后黑方具有...Nb6-d5-f6的威胁，就安定了。不过这里24.Kb1比起24.h6看似会好一些。

23.Bxc5 Nxc5 24.Rxd8+ Qxd8 25.h5这样h线兵就无敌了：**25...Nxb3+ 26.axb3 Qd5 27.Qd1 Kc7 28.h6 Qxd1+ 29.Kxd1 Rd5+ 30.Ke2 Rd8 31.b4 a6 32.c4 Rh8 33.Ke3 Rh7**

34.Kf4 Rh8 35.Rh3 Rg8 36.h7 Rh8 37.Ke4 Kd6 38.Kd4 Kc6 39.Rh6 Rd8+ 40.Kc3 Rh8 41.Rh5 Kd6 42.c5+ Kc6 43.Kc4 b6 44.cxb6 Kxb6 45.b5，1–0。波诺马廖夫给出了后续：45...a5 46.Kb3 f5 47.Ka4 Kc5 48.f4 f6（48...Kd4 49.b6 Ke3 50.b7 Kxf4 51.Rh4+ Kg3 52.Rc4）49.Rh6 e5 50.b6 exf4 51.b7 f3 52.Rxf6 Kd5 53.Rxf5+ Kc6 54.Rxf3这样就结束了。

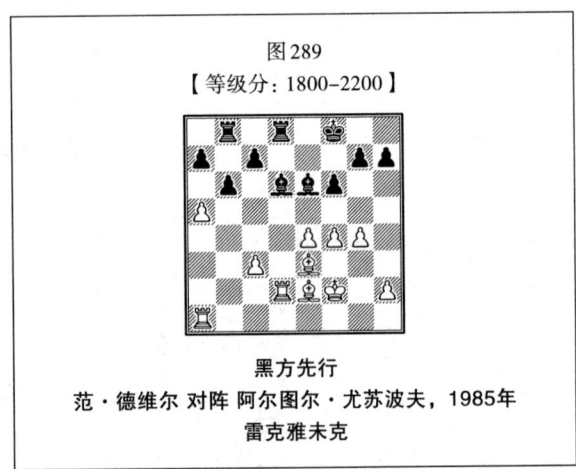

图289
【等级分：1800-2200】

黑方先行
范·德维尔 对阵 阿尔图尔·尤苏波夫，1985年
雷克雅未克

白方在中心和王翼占有明显优势（这是一个能够立即转变为动态的静态优势），对黑方的阵线也有压力（他可以随意打开a线，王翼兵链的破坏也可以随时发动）。尤苏波夫不愿意接受被动防守的形势，于是他采取了一个惊人的方法活化他的子力。

评价等级解释：黑方...bxa5的吃子会严重破坏黑方兵形，这与多数棋手所受到的训练思想是相违背的。然而我感觉有一些"A"级棋手（1800-1999）可能会喜欢放开b8车让其活跃，因此会敢于克服对这种破坏阵线结构带来的副作用的惧怕。

1...bxa5!!

这一步破坏了黑方后翼的兵形（因此让白方有了空间和阵形结构的静态优势），但也打开了b线，让沉默的b8车变成了强悍的动态先锋。

2.Rxa5 Rb3 3.Rc2?!

这步是可行的，但有点被动。最好的走法应当是3.e5 fxe5 4.fxe5 Be7 5.Rxd8+ Bxd8 6.Rxa7 Ke8!（一步稳当的聚拢，守住d8，并消除白方走Ra8的困扰，而6...Bh4+则有7.Kf3，使白方的王移动到了更好的位置，之后7...Bd5+又会被白方以8.Kf4轻松应对。而7...Rxc3则白方可以有8.Ke4，两种情况下白方都会有一点收益。注意到6...Rxc3??会被7.Ra8捉死。此时有如下几种走法示例：

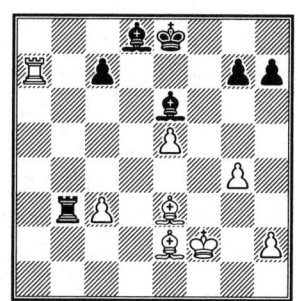

图289a 很刁钻的局面！

- 7.Ra8? Bd5，之后有8.Ra2?? Bh4+ 9.Kg1 Rb1+捉死了a2车。而8.Rc8??则会被黑方8...Kd7反击。这意味着若走7.Ra8 Bd5，则必须凭借比较别扭的走法：8.Ra1，这样有8...Bh4+ 9.Kf1 Rxc3黑方会占据主动（其子力比白方活跃很多），但白方依然可以争取平局。

- 7.Bd2?? Rb2这样白方基本上就落败了：8.Ke1 Bh4+ 9.Kd1 Bb3+ 10.Kc1 Rc2+ 11.Kd1 （当然白方最好的走法是11.Kb1 Rxd2，但那样他也最好投降了）11...Rxc3将杀！

- 7.Bd4 Rb2 8.Kf1 Rb1+ 9.Kg2 Rb2 10.Kf3??（这样会输，正确的走法应当是10.Kf1 Rb1+以局面重复造成和棋）10...Bd5+ 11.Ke3 Bg5+ 12.Kd3 （12.Kf2 Bc4则黑方得一子，最后可以获胜）12...Rd2将杀！

- 7.Bd3 Rxc3 8.Bf5 Kf7，和棋。

这个局面的惊人之处在于充斥着各种出人意料的招数，对积极的子力的威力有着全面的体现。

3...Ra3 4.Rh5

另一种捉法：4.Rxa3 Bxa3 5.Bxa7??（5.c4 a5 6.Ra2 Bb4，和棋）5...Bb3如此一来车被捉死了！

4...Kg8 5.c4 Bb4 6.Rb5 a5 7.c5

这里走7.Bc5也并不会更好：7...Rh3 8.Bxb4 axb4 9.Rxb4 Bxg4 10.Kg2 h5，和棋。

7...Ra2??

7...Rb3才是正确的走法，这样白方不得不扰乱局面争取均衡：8.c6 a4 9.f5 Bf7 10.Bf4 Rc8 11.Rb7 Ba5 12.Be3 a3 13.Bc4，和棋。

8.Rxa2此时黑方忽然陷入危机之中了！他按部就班地向下进行：**8...Bxa2 9.Rb7 Rd7 10.Bb5 Re7 11.Bc6 Kf8 12.h4 Bf7 13.Rb8+ Be8 14.Rc8 a4 15.Bxa4 Rxe4 16.Bc2 Re7**

17.Bxh7 Kf7 18.h5 Bc6 19.Bg8将死。

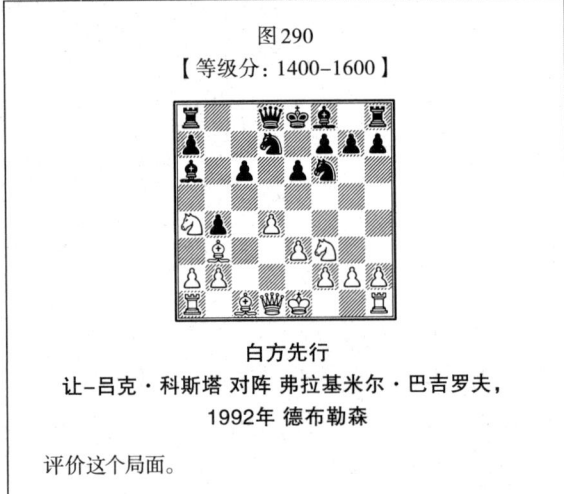

图290
【等级分：1400–1600】

白方先行
让-吕克·科斯塔 对阵 弗拉基米尔·巴吉罗夫，
1992年 德布勒森

评价这个局面。

1.d4 d5 2.c4 c6 3.Nc3 Nf6 4.e3 e6 5.Nf3 Nbd7 6.Bd3 dxc4 7.Bxc4 b5 8.Bb3 b4 9.Na4 Ba6——图290

白方对c6的落后兵有可能施加压力（静态优势），但同时他的王陷在中间（动态劣势）。

评价等级解释：我殷切希望等级1400左右的棋手，在学习掌握失衡局面（并且钟爱本章）的时候，看出这种静态vs动态的局面。a6象显然会让执白者感到很不舒服，而在本书中深入学习这类局面的人也自会注意小心应付c6兵这样的弱兵。这些有什么理由看不出来呢？

10.Bd2

说得通的走法——白方意图对c6施压，同时通过Rc1和Bc4顺便解决f1–a6斜线的问题。相比于黑方的动态优势，白方则具有静态优势，因此黑方应当设法尽快应付10.Bd2这一步。

10...c5!

这一步将处于弱势的c线兵一下变成了动态的突击者！此处黑方若走比较保守的10...Be7或10...Rc8，也是可以的。

11.dxc5

若走11.Rc1 cxd4 12.Nxd4?（尽管12.exd4会让黑方取得很好的局势，但这样依然较好）12...Ne5就糟了，这样白方就会陷入麻烦。

11...Nxc5 12.Nxc5 Bxc5 13.Bxe6

之后13...fxe6 14.Qa4+可以吃掉a6象，这样可以赢得一兵。其他可能的走法如下：

▶ 13.Ba4+ Kf8 14.Rc1 Qb6 15.Ne5 Rc8 16.Qb3 g6 17.Nc4 Qb8 18.0-0 Kg7这样黑方的局面极佳，来自斯洛特科·艾林西克 对阵 德拉吉萨·布拉戈耶维奇，1996年波多黎各。

▶ 13.Rc1 Qb6 14.Bc4 Bb7 15.Qa4+ Bc6 16.Qc2 Bd6 17.Bd3 Bb7 18.Qa4+ Ke7 19.Nd4 Rhc8 20.Ke2?（20.0-0可以使局面大致均衡，更有意义）20...Ne4 21.Bxe4 Bxe4 22.f3 Bd5黑方取得了优势，来自让-吕克·科斯塔 对阵 弗拉基米尔·克拉姆尼克，1992年 德布勒森。

13...0-0

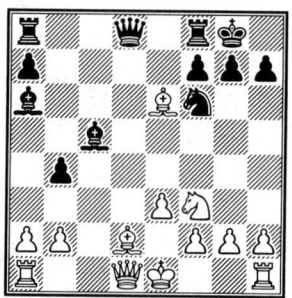

图290a

黑方通过弃兵得到了很好的补偿，他的子力非常积极，而白方依然忙于寻找王车易位的机会。

14.Qb3 Bb7 15.Bc4 a5 16.Rd1

巴吉罗夫指出，若走16.0-0?则是败着：16...Bxf3 17.gxf3 Qxd2 18.Rad1 a4 19.Bxf7+ Kh8。

16...Qc7 17.0-0 Rad8

尽管若走17...a4 18.Qc2 Ng4显得更具有决定性，但这种走法也有其道理。17...a4 18.Qc2 Ng4之后有：19.e4（19.h3 Bxf3 20.hxg4 Bxd1会让白方获得一些弃子的补偿，但不是很足够）19...Rac8 20.b3（20.Be1 Rfe8 21.Qxa4 Bc6 22.Bb5 Bxe4 23.Bxe8 Bxf3 24.g3 Ne5会让白方非常糟糕）20...Rfe8 21.Rde1 Ba6黑方获得了比弃兵更多的优势。

18.h3 Ba7 19.Bc1 Rc8 20.Be2 Bb8 21.Rfe1

若走21.g3? Ne4则黑方有Nxg3的威胁——巴吉罗夫。

21...Ne4

黑方意图...Ng5，不过更有力的走法应当是21...Be4!（这样有...Bc2的威胁）22.Rd4 Bxf3 23.Bxf3 Qh2+ 24.Kf1 Rxc1 25.Rxc1 Qh1+这样就获胜了。

21...Ne4之后的比赛后续（里面有很多你来我往的激战）如下：

22.h4 Nf6 23.Qa4 h6 24.a3 Bc6 25.Qc2 Qb7 26.Qf5 Qc7 27.axb4 axb4 28.Bd2 Be4 29.Qb5 Bc2 30.Rc1 b3 31.Bb4 Rfe8 32.Bd3 Bxd3 33.Qxd3 Qxc1 34.Rxc1 Rxc1+ 35.Be1 Be5 36.Qxb3 Rb8 37.Qd3 Bxb2 38.Kh2 Ng4+ 39.Kh3 h5 40.Qd7 Nf6 41.Qf5 Rd8 42.Ba5 Rh1+ 43.Kg3 Re8 44.Ng5 Be5+ 45.f4 Bc3 46.e4 Bxa5 47.Qxa5 Rd1 48.Qf5 Rd3+ 49.Kf2 Red8 50.Nf3 Ng4+ 51.Kg3 g6 52.Qg5 Kg7 53.f5 Re8 54.Kf4 Re3 55.f6+ Kg8 56.e5 Re6 57.Nh2 R6xe5 58.Nxg4 R5e4将死。

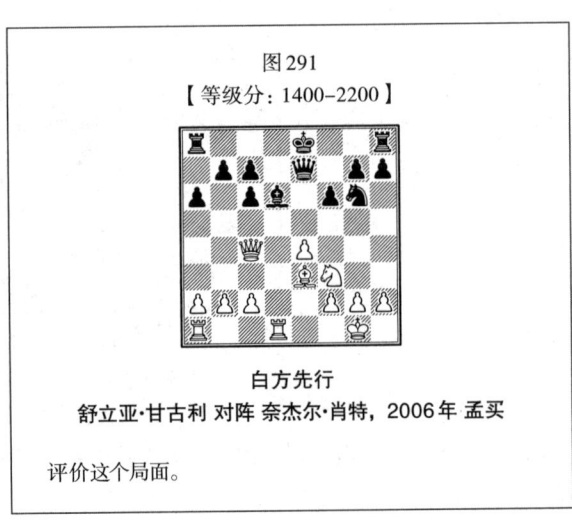

图291
【等级分：1400-2200】

白方先行
舒立亚·甘古利 对阵 奈杰尔·肖特，2006年 孟买

评价这个局面。

1.e4 e5 2.Nf3 Nc6 3.Bb5 a6 4.Bxc6 dxc6 5.0-0 Bd6 6.d4 exd4 7.Qxd4 f6 8.Be3 Ne7 9.Nbd2 Be6 10.Rfd1 Ng6 11.Nc4 Bxc4 12.Qxc4 Qe7——图291

这里我们引用奈杰尔·肖特在New In Chess（2007年第1期）的注解中写得极好的解释："这是一个标准的局面。黑方被迫弃去一个象，而且c线还有叠兵——这是很差劲的劣势。众所周知，若这是个王兵残局，就意味着他一定要这样策划：白方的e线兵有些薄弱，保护起来有些不便。尽管静态局面对白方有利，但动态战机则在黑方这边，因此这个局面基本上可以认为是势均力敌。"

评价等级解释： 这一类局面里集中了各种战术思想，等级在1400的棋手能够很容易地捕捉到它们（对兵施压，利用活跃子力，等等），另外其中同时也混入了很多更高级的微妙的走法，在实战中我们可以看到。

继续主题之前，我们先来看看肖特对"在王兵残局中的c线叠兵是种很差劲的劣势"的解说。白方可以实施一种兑去所有轻子和重子的计划，这样很容易形成如下局面：

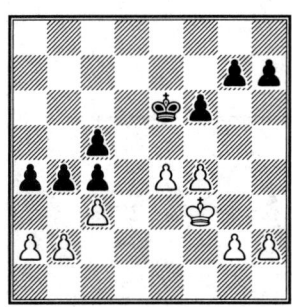

图291a　白方先行

如果此时为黑方先行，他可以采取一种很容易理解的战术取得最终胜利：**1...a3! 2.bxa3 b3!** 这样兵就可以升变成后。

然而有经验的棋手会对这种可能性有所警觉，所以白方会走**1.a3!** 这样黑方的兵团就被挡废了。白方要获胜，只需要在王翼制造出一个通路兵，让王深入对方区域，即可成功。此时黑方应走**1...g6**，显然形如1...bxa3 2.bxa3或者1...b3的走法会使黑方的后翼兵彻底动弹不得。之后有**2.g4**，另外还有可能的走法为2.h4 h6 3.g4 Kd6 4.h5，而2.axb4?? cxb4 3.cxb4 c3则会让白方输掉。黑方的下一步为**2...Kd7**，其他的走法会导致败北：2...g5 3.e5! gxf4 4.exf6 Kxf6 5.Kxf4 h6 6.h4 Kg6 7.Ke4这样白方就把黑方后翼所有的兵摘掉了；另有2...f5 3.exf5+ gxf5 4.gxf5+ Kxf5 5.h3此时白方的王可以控制e4，但凡黑方移动兵，白方就可以有Kf3-e3-f3，一直等到黑方被迫移动王：5...h6 6.Ke3 h5 7.Kf3 h3 8.Ke3 Kf6 9.Ke4 Ke6 10.f5+ Kf6 11.Kf4比赛结束。**3.h4 Kd6**另有走法：3...h6 4.f5 g5 5.hxg5 hxg5（试图通过...Kd6的威胁来和棋）6.e5! fxe5 7.Ke4 Kd6 8.f6 Ke6 9.f7 Kxf7 10.Kxe5，1-0。**4.f5 gxf5 5.gxf5**另走5.exf5 Ke5 6.Ke3也可获胜。**5...Ke7 6.h5 h6 7.Ke3 Kd6 8.Kf4 b3**此时黑方的兵完全无法移动了，白方就可以采取让王杀入敌方阵地的计划。**9.e5+! fxe5+ 10.Ke4 Ke7 11.Kxe5**，1-0。

现在我们回到图291，甘古利与肖特的比赛：

13.Re1 0-0-0 14.Rad1 Rhe8 15.Bc1 c5

压住白方的马，使其无法进入d4、e5、g5或h4，这意味着白方竭力要做的Nf3-d4-f5不能实施了（至少现在是如此）。

16.b3 Qe6 17.Qxe6+ Rxe6 18.Rd2 b5 19.Kf1 Rde8 20.Rde2 Kb7

20...Ne5!?也可以考虑。

21.g3 h5

黑方下得顺畅，但为了赢得获胜的机会，他马上要被迫走一些被肖特自己称之为"很难看，很反位"的走法。

22.Nd2 Ne5 23.f4 Nc6 24.c3 b4!?

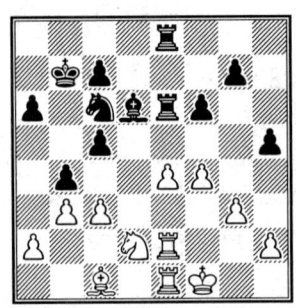

图291b　升级的静态vs动态对峙

来了！奈杰尔不想眼睁睁坐等白方继续加强阵线，但这一步进一步弱化了黑方的后翼兵形，而且让白方的马不费吹灰之力控制了c4格。然而尽管白方的静态优势加强了，但黑方的马也同时可以掌握d4，加强了动态优势。

25.c4?!

25.Bb2 bxc3 26.Bxc3更好，尽管这样之后有26...Nd4 27.Rf2 g5这样黑方棋子对白方阵线形成了巨大的压力，但这依然是更好的走法。

25...Nd4 26.Rf2 f5 27.Bb2 h4 28.Bxd4 cxd4 29.Ke2

白方感到他的马比黑方的象要有优势，那么将所有车兑去就可以了。但是重子的存在使白方的王很不安全，这给了黑方很强大的主动权。

29...hxg3 30.hxg3 Rh8 31.Rg1??

这样白方彻底失败了。如果按照本书的宗旨来看，棋手应当尽力制造对己方有利的失衡点，那么31.e5 gxf4 32.gxf4 fxe5 33.f5（之后Ne4）应当较好。白方弃兵之后己方有了一个高兵，还有一个极具威力的轻子——换句话说，这样局面依然处于一个双方都在尽力表现自己的部署比对方更好的状态。

31...d3+ 32.Kxd3 Bc5 33.Rff1 Rd6+，0-1。

第七章 空间

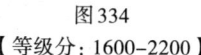

图334
【等级分：1600-2200】

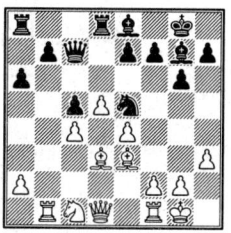

黑方先行

爱德华·波佩尔 对阵 维克多·米哈列夫斯基，2009年加拿大公开赛

这个局面都说明了什么? 什么样的走法与主旨是最合理的?

1.d4 Nf6 2.c4 g6 3.Nc3 d5 4.cxd5 Nxd5 5.e4 Nxc3 6.bxc3 Bg7 7.Bc4 c5 8.Ne2 Nc6 9.Be3 0-0 10.0-0 Bd7 11.Rb1 Qc7 12.Bd3 Rfd8 13.h3 Be8 14.d5 Ne5 15.c4 a6 16.Nc1——图334

白方构筑了巨大的中心兵团，黑方必须尽力摧毁它。为此他需要利用他具有多种兵链突破的优势：...b5、...e6，或者某些情况下可以有...f5。在这个局面下他无法走得过于慢条斯理，因为白方正准备以f2-f4挺进占领更多空间，所以黑方必须采取活跃的走法维持平衡！

评价等级解释：我认为水平在1600级别的棋手应当完全理解黑方必须在白方巩固中心兵力之前把它瓦解。只是分析其细节需要等级水平在这个级别段的上限。

在实战中，黑方没能阻止白方的中心攻势：**16...Rab8 17.f4 Nd7**（这里他应当走17...Nxd3，尽管这样白方仍然可以走18.Nxd3保持优势）**18.Qc2 Nb6 19.Ne2 Na4 20.e5 b5 21.Nc3 Nxc3 22.Qxc3 e6 23.Be4 exd5 24.cxd5 c4**（白方的中心优势胜于黑方在后翼的占领）**25.Bd4**

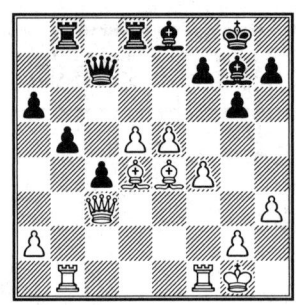

图334a　白方的中心太强悍了

25...f5?（这样就输了，25...Qb7是一种可能的走法，可以进行大子换小子...Rxd5，当然白方可以走26.Rfd1予以阻止，这样黑方就非常麻烦了）**26.exf6 Bf8 27.Be5 Qc5+ 28.Kh1 Rb7 29.f5 Rxd5 30.Bxd5+ Qxd5 31.Rbd1 Qc6 32.Rd8 b4 33.Qg3 c3 34.Bd6**（这样走也很好，但34.fxg6 hxg6 35.Bd6是更强力的走法，因为若如此则有35...Bxd6，之后白方有36.Qxg6+，非常尖锐的攻杀）**34...Bxd6 35.Rxd6 Qb5 36.Re1 Rb8 37.Qe3 c2 38.Qe7 Qb7 39.Qxb7 Rxb7 40.Rxe8+ Kf7 41.Rc8**，1-0。

由于16...Rab8是很不好的一步，我们来看看其他对黑方局面可能更有帮助的三种走法（从图334开始）：

▶ **16...Nxd3**，这种走法并不是必须的，也不如后面两种选择好（急于吃子就限制了自己的选择）。然而如果你是想在之后走出17.Nxd3 b5! 18.Rc1 e6!（这样黑方完全做出了兵链突破的架势），这说明你学到位了！

▶ **16...e6** 是合情合理的走法——这立即开始砍削对方的中心兵团。**17.f4 Nxd3 18.Nxd3 b5**

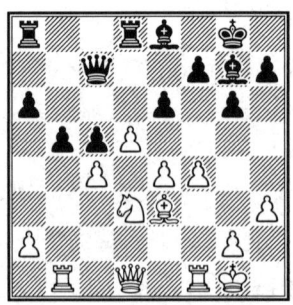

图334b　这就是击打中心的方法！

19.Bxc5（19.Nxc5 bxc4（19...Bf8也很好）20.Rb7（若是20.Nb7 Rdb8 21.d6 Qc6 22.Nc5 Rxb1 23.Qxb1 Qxd6，以及20.Qf3 exd5 21.exd5 c3，都有利于黑方）20...Qd6 21.Rb1这样黑方可以重复21...Qc7，也可以按喜好走21...exd5 22.Nb7 Qa3 23.Bc5 Qxa2

24.Nxd8 Rxd8，或者还可以走21...Qe7 22.Rb7 Qf8把局面弄复杂，这些对他而言都很不错）**19...bxc4 20.Bb6 Qd6 21.Bxd8 Rxd8 22.e5 Qxd5 23.Nf2 Bf8!**（无论是23...Bc6还是23...Qa5都可以导致各种有趣的复杂局面，但我不确定其中是否有具有同样的效果的。幸好的是对于黑方而言，合情合理的23...Bf8可以让黑格象进入战斗，这样黑方就可以很轻松）**24.Ne4**（若走24.Ng4??会导致24...Qc5+，捉了白方的王后，而24.Qxd5 exd5 25.Rb6 Bb5 26.a4 Bc5 27.Rf6 Bxa4 28.Rxa6 Be8则只能有利于黑方）**24...Kg7 25.Qe2 Qd3**（25...Ba4!?）**26.Qxd3 cxd3** 这样黑方就占据了很有利的状态，因为d线兵此时非常凶悍，双象也非常强力。

▶ **16...b5**（黑方试图竭力击碎白方的中心）**17.cxb5 axb5**［不可以走17...Nxd3?? 18.b6!）**18.Bxb5 Rdb8 19.a4**（19.Qe2 Ra3 20.Bd3（20.f4? Ng4对白方而言非常危险）20...c4 21.Rxb8 Qxb8 22.Bc2（22.Bxc4 Nxc4 23.Qxc4 Rc3 24.Qe2 Bb5）22...Qb5（22...c3!?）23.Qd2（23.f4 Nd3）23...Qb2 24.Qd1或24.Qe2（24.Bc5 Rc3）24...Bb5这样弃一兵可以得到很多补偿］**19...Nc4 20.Qf3 Bxb5 21.axb5**（或颠倒顺序走21.Rxb5 Rxb5 22.axb5 Qb7 23.Nb3 Qxb5 24.Nxc5）**21...Qa5 22.Nd3 Rxb5 23.Rxb5 Qxb5 24.Nxc5**，这样无论黑方走24...Ra2 25.Rd1 h5!还是24...Ra5 25.Rc1 Bb2 26.Rb1 Nxe3 27.Qxe3 Be5! 28.Nb3（28.Rc1 Bb2会和棋）28...Ra2都可以。

这些演变很复杂，甚至棋艺高超的大师在实战中要走好这样的棋都有困难。然而这类问题的关键不在于分析，而在于能够理解开局中的一般思想或概念——包括黑方需要利用可能的兵链突破打碎白方的中心这一点。就目前涉及的走法而言，你若能意识到需要以...e6或...b5来进行中心打击，你就可以为自己骄傲了。

第七章
习题2

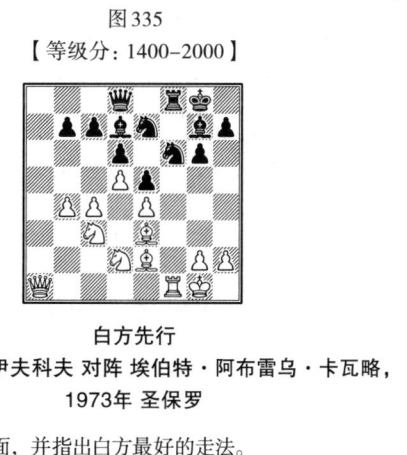

图335
【等级分：1400-2000】

白方先行
鲍里斯拉夫·伊夫科夫 对阵 埃伯特·阿布雷乌·卡瓦略，
1973年 圣保罗
评价这个局面，并指出白方最好的走法。

1.Nf3 Nf6 2.c4 g6 3.Nc3 Bg7 4.d4 0–0 5.e4 d6 6.Be2 e5 7.Be3 Nc6 8.d5 Ne7 9.Nd2 Ne8 10.b4 f5 11.f3 a5 12.a3 Nf6 13.0–0 axb4 14.axb4 Rxa1 15.Qxa1 fxe4 16.fxe4 Bd7——图335

黑方的阵线看似坚固，但其实他麻烦大了。

评价等级解释：笔者期望一个水平1400并且认真读了空间这一部分的所有内容的棋手能够会利用白方在后翼巨大的空间优势。以及，我期望他能够想到通过17.c5这一符合主题的走法扩大他的领地。然而，要意识到黑方处境真正的危机，还是需要更高水平的棋手才行（毕竟黑方的局面——至少看上去——并不是那么糟糕的！）为什么黑方的处境很不利？因为他没有照例在王翼形成反击，而若在王翼没有反击机会，白方的后翼攻击就会将他挤出整个棋盘。

17.c5

白方向前挺进，对d6形成压力，并准备以Nc4进一步加重压力。

17...Qa8

若黑方走17...Ng4 18.Rxf8+ Qxf8 19.Bxg4 Bxg4 20.Nc4，情况也不会好很多。

18.Nc4 Qb8 19.b5

这样支离破碎的一步可能是立即走出来的（我确定白方已经开始考虑比赛的结局了），这才能解释为什么像伊夫科夫这样的杰出棋手居然没有走出19.cxd6 cxd6 20.Nxd6! Qxd6 21.Bc5 Qb8 22.Bxe7这样的好棋。

19...Ne8 20.Rxf8+ Kxf8 21.Qa3 Kf7 22.c6 bxc6 23.bxc6 Bc8 24.Nb5!黑方到这里只能认输了，但他决定继续撑一段时间，看看他那令人敬佩的对手是怎样进一步打击他的：**24...Kf8 25.Qa5 h6 26.Ba7 Qa8 27.Nxc7 Nxc7 28.Qxc7 Ba6 29.Nb6**，1–0。

第七章
习题3

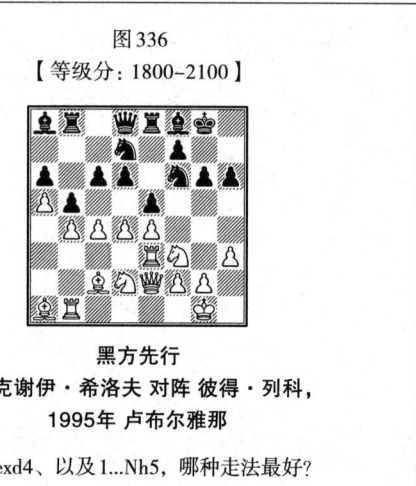

图336
【等级分：1800–2100】

黑方先行
阿列克谢伊·希洛夫 对阵 彼得·列科，
1995年 卢布尔雅那

1...Bg7、1...exd4、以及1...Nh5，哪种走法最好？

1.e4 e5 2.Nf3 Nc6 3.Bb5 a6 4.Ba4 Nf6 5.0-0 Be7 6.Re1 b5 7.Bb3 d6 8.c3 0-0 9.h3 Nb8 10.d4 Nbd7 11.Nbd2 Bb7 12.Bc2 Re8 13.a4 Bf8 14.b4 Nb6 15.a5 Nbd7 16.Bb2 Rb8 17.Rb1 h6 18.Ba1 Ba8 19.Re3 g6 20.Qe2 c6 21.c4——图336

这一会儿白方一直在忙着占领空间——在10.d4这一步在中心占领了略多一些的区域之后，便开始以13.a4、14.b4和15.a5侵吞后翼，最后以21.c4继续扩张。显然黑方不能再让白方这么继续下去了！

评价等级解释： 局面看来很复杂，白方有种占领e5之后以c4-c5再把对方的空间限死的走法，很容易看漏。因此笔者设计了这样一个面向高水平者的问题。当然，笔者希望低水平的棋手能够注意到白方在后翼的紧逼，然后指出我所说的错在哪里。

21...Bg7?

黑方没有去阻止白方夺取全局的计划，而是慢条斯理地将象出到了一个看似合情合理的位置，任由白方继续发展。目前我们知道这种闷杀的做法对于空间劣势的一方而言，只有当具有某些反击机会，可以利用挺兵前进带来的弱格，或者在棋盘另一侧有一些机会，或者占领空间的中心兵团可以被当作攻击目标的时候，才可以予以容忍。而在这种局面下，黑方什么也没做，于是陷入了极其尴尬被动的局面之中。

尽管21...Nh5比21...Bg7显得更强悍一些，但白方还是可以凭22.dxe5 Nf4 23.Qf1 Nxe5 24.Nxe5 dxe5 25.Nf3 Bg7 26.Rd1 Qc7 27.c5保持优势。

很显然最好的走法是21...exd4! 22.Bxd4 Nh5!，这样无论是23.g3 c5!还是23.Ba1 Nf4 24.Qf1 Bg7 25.Bxg7 Kxg7 26.g3 Ne6，两种演变都可以给黑方以极大的有利。

注意到三种走法的不同：21...Bg7和21...Nh5都会让白方加固其空间优势，让黑方几无反击之力。而更强力的走法21...exd4!则给了黑方一个灵活的布局，可以让棋子活跃起来，以及产生兵链突破（...c5或...d5，与...bxc4结合）可以立即把阵线撕开。

很显然你一定不会束手就擒，任由对方将你一网打尽。回击吧！

22.dxe5 dxe5 23.c5这样白方的空间优势就很明显了，黑方的棋子都被限制住了，没有任何目标可攻击。后面的比赛就无需再评注了：**23...Nh5 24.g3 Qc7 25.Rd3 Rbd8 26.Rd1 Nf8 27.Nf1 Rxd3 28.Qxd3 Nf6 29.Ne3 Bb7 30.Kg2 Qb8 31.Bb2 Qc7 32.Bb3 Re7 33.Qd8 Qxd8 34.Rxd8 Nd7 35.Nh4 Kh7 36.Nhf5 gxf5 37.Nxf5 Bf6 38.Nxe7 Bxe7 39.Re8 Bg5 40.Bxf7 Kg7 41.Bb3 Bf6 42.f4 Ng6 43.f5 Ngf8 44.h4 Kh7 45.Kh3 Kg7 46.g4 Kh7 47.Bc1 Bg7 48.g5 hxg5 49.hxg5 Kh8**这时黑方不等回应就认输了。**1-0**。

第七章
习题4

图337
【等级分：1400–1800】

黑方先行
亚历山大·布斯拉耶夫 对阵 提格兰·彼得罗相，
1946年 彼得罗相

指出失衡因素和黑方最合理的走法。

1.e4 e5 2.Nf3 Nc6 3.Bb5 a6 4.Ba4 Nf6 5.0–0 Be7 6.Re1 b5 7.Bb3 d6 8.c3 0–0 9.h3 Na5 10.Bc2 c5 11.d4 Qc7 12.Nbd2 Bb7 13.d5 Bc8 14.a4 Bd7 15.Nf1 c4 16.Ng3 g6 17.Nh2 bxa4 18.Bxa4 Bxa4 19.Rxa4——图337

白方占领了中心区域，一般而言会选择如下两种做法之一：①以Bh6或Ng4这样的走法发动王翼攻击；②以Qe2、Ng3-f1-e3（攻击c4）对a6和c4的弱兵施加压力，之后将e1兵叠到a1（打击a5马，并盯上a6）。

我们最起码可以说黑方占有后翼，所以他会沿着b线向下攻击b2兵。但是这绝不能代表整个比赛——因为比起这个还有很多更有意义的东西。白方的d4–d5挺进使其获得了更多的中心区域，但也为此付出了代价：c5格（被白方d4兵保护住的）这时在黑方手中，黑方的马若位于此格则又控制了白方阵线上的另外两个弱格b3和d3。读者若能意识到这些（c5、b3和d3的空虚及其之间的关联），那么黑方最合理的走法就很明显了。

评价等级解释：如果你注意到了c5、b3、d3这些弱格，而且明白要如何利用它们，那就开干吧！我相信等级分达到1400的读者们可以（或者很快就能！）以一种最舒适的方式找到有理有据的策略...Nf6-d7-c5。

19...Nd7!

真是很难想象还有比这更自然而然的走法了。马在f6做不了什么，所以开始向c5移动，在那里可以攻击白方的车，也可以准备移动到d3。比起呆在f6那个无所事事的地方，进驻c5则变得像一条威风八面的章鱼一样——触手全方位地深入到了敌方的阵地之中！

20.f4??

这一步严重的败着不仅加强了黑方的马入侵d3的威力，还在g1-a7斜线上造成了严重的削弱——很明显这是一个棋手盲目地实施自己的计划却对其他事情毫无考虑的例子。白方这里应当走20.Be3 Nc5 21.Bxc5 Qxc5 22.Qe2这样之后有Ng3-f1-e3以及Rea1对黑方后翼的兵造成压力。

后续比赛如下，这里仅仅稍作评注：**20...exf4 21.Bxf4 Nc5 22.Ra1 Nab3 23.Rb1 Nd3 24.Bh6**（24.Rf1 Qa7+ 25.Kh1 Nf2+）**24...Nxe1 25.Qxe1**（25.Bxf8 Qc5+ 26.Kh1 Nd3 27.Ng4 Kxf8这样黑方可以多一子）**25...Nc5 26.Bxf8 Nd3 27.Qe3 Rxf8 28.Nf3 Rb8 29.Ra1 a5 30.Nd4 Rxb2 31.Nc6 Bd8 32.Nxa5 Qb6 33.Qxb6 Bxb6+ 34.Kh1 Bxa5 35.Rxa5 h5 36.h4 Nf2+ 37.Kh2 Ng4+ 38.Kh3 Rc2 39.Ra8+ Kg7 40.Rd8 Rxc3 41.Rxd6 Nf2+ 42.Kh2 Rxg3**，0-1。

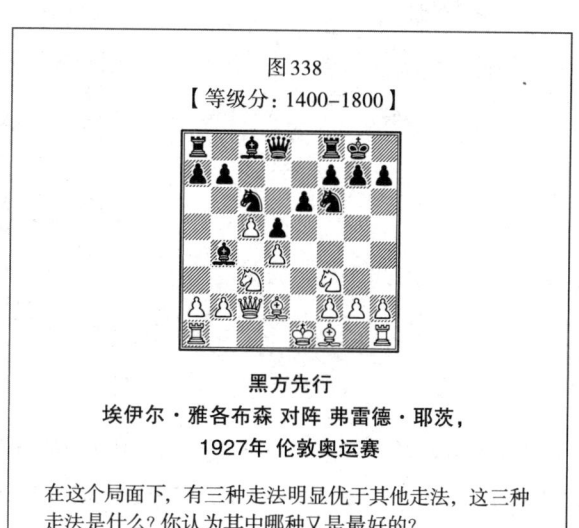

1.d4 e6 2.c4 Nf6 3.Nc3 Bb4 4.Qc2 c5 5.e3 0–0 6.Bd2 cxd4 7.exd4 d5 8.Nf3 Nc6 9.c5
——图338

白方的9.c5没有顾及到他的王依然在中间这一状况，也没有考虑c线兵这样到底是不是可以保住，因此是一步破绽。形成这种局面之后，黑方应当尝试的是9...Ne4（之后以...f5巩固这个马），9...b6（将占领空间的c5兵摘掉），以及9...e5（不仅将白方的兵链打断，而且可以打开中心，针对白方滞留于中心的王进行痛击）。

评价等级解释：这样的想法是很容易予以讨论的，因此一个警觉性高的水平

1400的棋手应当了解这些。如果没有（不管你的水平如何），都应当重新阅读第七章，直到熟练掌握。

9...e5!

这一步将白方的兵链击碎，并且在白方的王依然滞留在中间的时候发动了战斗。其他的走法（9...b6或9...Ne4）也是可行的。

10.dxe5，之后黑方走10...Ng4就可以下一场很棒的棋了：**11.h3 Ngxe5 12.Nxe5 Nxe5 13.O-O-O Bxc5 14.Bf4 Ng6 15.Nxd5**（15.Rxd5 Qe7 16.Bg3 Be6这样黑方出子领先，白方的王不安全，这些都给了黑方强大的优势）**15...Nxf4 16.Qxc5 Nxd5 17.Rxd5 Qf6 18.Qd4 Qh6+ 19.Qd2 Qc6+**（19...Qg6!?）**20.Kb1 Be6**。

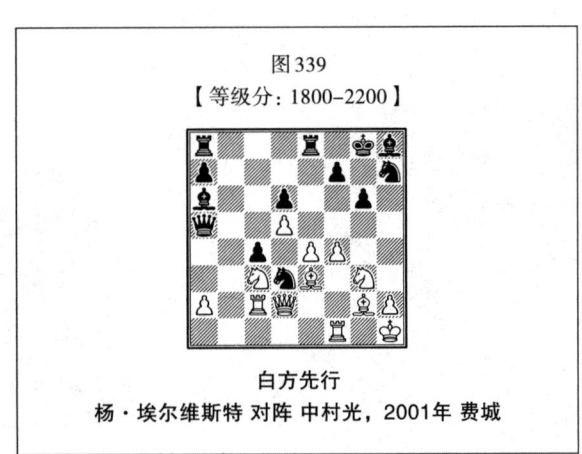

图339
【等级分：1800-2200】

白方先行
杨·埃尔维斯特 对阵 中村光，2001年 费城

1.c4 Nf6 2.Nc3 g6 3.e4 d6 4.d4 Bg7 5.f3 O-O 6.Nge2 c5 7.d5 e6 8.Bg5 h6 9.Be3 exd5 10.cxd5 Nbd7 11.Qd2 Ne5 12.Ng3 h5 13.Bg5 h4! 14.Nge2 h3 15.Ng3 hxg2 16.Bxg2 b5 17.O-O Qb6 18.b3 Re8 19.Kh1 Nh7 20.Bh6 Bh8 21.Be3 Qa5 22.Rac1 Ba6 23.f4 Nd3 24.Rc2 c4 25.bxc4 bxc4——图339

正如在讲解空间优势时常涉及的局面一样，占领空间的领头兵背后的格子会落入对方手中。然而白方的中心优势依然存在，黑方的王显得有些太暴露。白方决定利用空间优势在王翼发动慢攻。

评价等级解释：这个问题难度较高，因为黑方看似可以通过将马移动到d3而做出些什么。但是如果你能看出白方可以利用其中心兵力攻击对方的王，那么你可以认为自己是一个很好的棋手了。

26.e5!

从全局而言黑方有主动权，但白方很快将他在中心的静态优势转化成了动态的思路：① 26.e5挡住了黑方的黑格象；② 空出了e4格供白方的马和象使用（所以一步兵活化了白方的三个轻子）；③ 这一步还准备着通过e5-e6或f4-f5挺进轰开黑方的王的防卫。

26...f5

我不确定最好的防守方法是什么，但这一骤变确实对黑方造成了难以应付的心理打击。其他可尝试的应对方法有：

▶ 26...dxe5 27.f5 Red8 28.Be4这对于黑方是很危险的。

▶ 26...Rad8 27.e6 fxe6（27...f5 28.h4 Nf6 29.h5）28.dxe6 Nf6（28...Rxe6此时白方既可以走29.f5，也可以走29.Bd5 Re8 30.f5 Bxc3 31.Qg2）29.f5继续"轰开"的战术。

▶ 26...Rad8 27.e6 fxe6 28.dxe6 d5! 29.f5 d4可能是最好的走法。

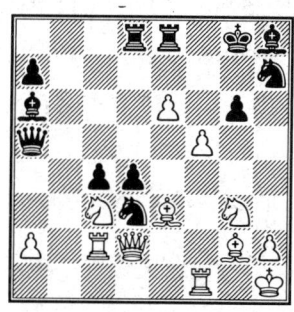

图339a 一个很有趣的局面！

这个局面的复杂性足够人玩味几天。这里笔者给出一个范例演变，其他留给有兴趣的读者进行推敲：30.fxg6（30.Bxd4 Bxd4 31.Qh6 Bg7 32.Qxg6 Ne5）30...Nf6 31.Bxd4 Rxd4 32.Nf5 Qe5 33.Qh6 Rf4 34.g7 Rxf1+ 35.Bxf1 Bb7+ 36.Nd5! Qxd5+（36...Bxd5+ 37.Kg1白方已胜）37.Rg2 Nf2+ 38.Kg1 Nh3+这样白方既可以有39.Kh1 Nf2+作平局，也可以走39.Qxh3 Qc5+ 40.Rf2 Bxg7 41.Qg3 Re7继续他的疯狂侵吞。

实战中黑方最后被彻底吞掉并很快被消化干净：**27.exf6 e.p. Nxf6 28.f5 Nb4 29.Rcc1 Nd3 30.Bd4! Nxc1 31.Qg5! Qc7 32.fxg6 Nd3 33.Nf5 Ng4 34.g7 Nge5 35.Nh6+**，1–0。之后只要有35...Kh7 36.Be4+ Ng6 37.Bxg6黑方即被将死。

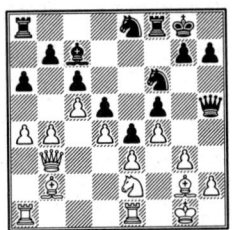

图340
【等级分：1400】

白方先行
朱尔·阿尔努·德·拉里维埃 对阵 米哈伊尔·奇戈林，
1883年 巴黎赛

1.a5这种夺取空间的走法是可以的吗？

1.Nf3 d5 2.d4 Nf6 3.e3 Bg4 4.Be2 Nbd7 5.c4 e6 6.Nc3 c6 7.a3 Bd6 8.c5 Bc7 9.b4 0-0 10.0-0 Bxf3（10...Ne4!?可以续以...f5在王翼行动）**11.Bxf3 e5 12.g3 e4 13.Bg2 Ne8 14.a4 f5 15.f4 Qf6 16.Bb2 Qh6 17.Qb3 Nef6 18.Ne2 Qh5 19.Rfe1 a6** ——图340

双方的计划都很清晰地显现出来了：白方在后翼有很大的空间优势，最后可以有b4-b5挺进。而黑方只可能在王翼进行反击（中心已经进入僵持了，所以黑方或者在王翼行动，或就是落败），他应当以...h6或...g5来打开局面。

评价等级解释：我希望每一位阅读本书的人都对20.a5这种走法产生本能的厌恶。

20.a5??

这一步会让每一个路过的目击者唏嘘叹息（真的是看了身心都会感到痛苦的）。这一步确实占领了更多空间，但在无法深入敌方阵地，或占领空间无法阻止对方的行动的时候，空间又有什么用呢？白方走了一步20.a5，结果丧失了所有的主动，给了黑方一个良机。

你无助得什么也不能做，只能干瞪眼看着对手悠闲地将兵力布置妥当，这样的局面一定是不可接受的（更遑论自投罗网）！

接下来的比赛就可以看到奇戈林是如何最终部署好自己的布局，之后向下推进，最终每个棋子都被布置在最好的位置上了：**20...h6 21.Nc3 g5 22.Qd1 Qg6 23.Bc1 Rf7 24.Ra2 Nf8 25.Kh1 Ne6 26.Bh3 Rg7 27.Rf2 g4 28.Bf1 h5 29.Rg2 Kf7 30.Kg1 Rh8 31.Ne2 h4 32.gxh4 Rxh4 33.Ng3 Rgh7 34.Ree2 Nh5 35.Nxh5 Qxh5 36.Ref2 Ng5 37.Kh1 Nf3 38.Qe2 g3**，0-1。

第八章 通路兵

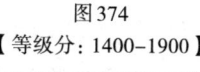

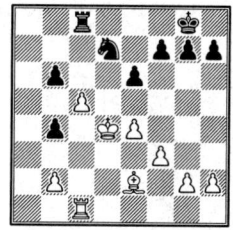

白方先行

马克·泰马诺夫 对阵 阿布拉姆·哈辛，1957年 莫斯科

白方的c线通路兵是好是坏？

1.d4 d5 2.c4 c6 3.Nf3 Nf6 4.Nc3 dxc4 5.a4 Bf5 6.Ne5 e6 7.f3 Bb4 8.Bg5 c5 9.dxc5 Qxd1+ 10.Rxd1 Bc2 11.Rd4 Nc6 12.Rxc4 a5 13.Nd3 Bxa4 14.Nxb4 axb4 15.Nxa4 Rxa4 16.e4 Ra1+ 17.Rc1 Rxc1+ 18.Bxc1 0-0 19.Be2 Nd4 20.Be3 Nc2+ 21.Kd2 Nxe3 22.Kxe3 Nd7 23.Rc1 Rc8 24.Kd4 b6——图374

黑方刚刚走了24...b6，而白方只能推进c兵到c6。黑方显然感到（或者希望！）c兵来到c6后会被吃掉，但是情况完全不是这样！

评价等级解释：一个1400的选手将意识到25.c6是被迫的，但是他会为接下来要发生的弃子而感到高兴吗？由于这部分的疑问，我把等级提升到了级别"B"。不管这个级别的选手们会不会注意到他们将不得不迎来一次弃子（我把等级再一次提高到1900，他们可以看到弃子将要来临），他们都将很乐意接受。

25.c6 e5+

25...Nc5看起来不错，但是26.Rxc5! bxc5+ 27.Kxc5之后，c兵由王和象保护，变得难以抵挡：27...Kf8 28.Ba6 Rc7 29.Kd6 Re7 30.c7比赛结束。

26.Kd5 Nf6+ 27.Kd6 Rd8+ 28.Kc7

那是一个强有力的王！由于白方第6行的兵被王保护，黑方已经必败无疑。

28...Rd2 29.Kxb6

白方嘲笑黑方吃象的威胁，因为29...Rxe2 30.c7就能升变成后了。

29...Ne8

黑方最后的抵抗。

30.Rd1!

打破了黑方的抵抗——交换车让黑方处于完全的劣势中，而不交换也并不好：

30...Rxe2 31.Rd8 Kf8 32.c7 Rc2 33.c8=Q Rxc8 34.Rxc8 剩下的就很简单了：**34...Ke7 35.Rc4 g6 36.Rxb4 f5 37.Kc6 Ke6 38.Kc5 fxe4 39.fxe4 Nf6 40.Rb6+**, 1–0。

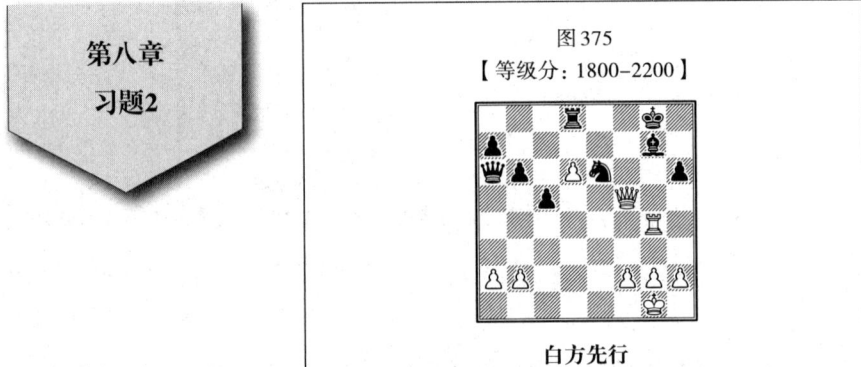

图 375
【等级分：1800–2200】

白方先行

谁更好？好多少？

这是在分析若埃尔·洛捷与梅赫沙德·谢里夫，于2005年在巴尔卡雷港的对局中的假想局面。白方的第一步很明显，但之后我们会遇到一些困难。一个真正、不需要分析的答案是基于这样一个理念：由于白方有一个冲得很深的通路兵，所以白方可以在后兵残局中获胜。在前面的理论部分，我们已经学习到了在这样的残局中通路兵的优势是多么巨大，所以向着那个局面下，并想着获胜就可以了。

评价等级解释：把基本的战术放在一边，我认为看到几步之后的后兵残局就会给许多选手留下疑虑。像"黑方是否有机会长将？"和"黑王是否可以过来帮助黑后来阻止d兵？"这类问题是许多选手无法达到"A"级别。

1.Qxe6+ Kh8 2.Rxg7

相比之下差很多的是：2.Qe7 Rg8 3.Rxg7 Rxg7 4.d7 Rxe7 5.d8=Q+ Kg7 6.Qxe7+ Kg6 7.Qe6+ Kg7虽然白方很显然还是占优，但是仍有很长的路要走。那有什么理由不下2.Rxg7呢？

2...Kxg7 3.Qe7+ Kg6 4.Qxd8

你需要知道这样的真理（这来自经验，而现在你应该已经掌握了）：这种有通路兵的后兵残局，除非有通路兵一方的王城十分空虚而不能避免长将，否则这是必胜的。

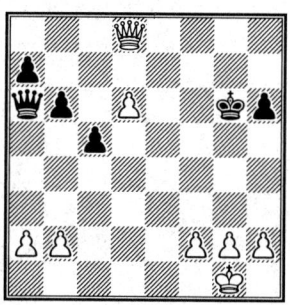

图375a　白方拥有制胜的通路兵

4...Qa4

当然，黑方有别的下法，但是所有的下法都因白方"将，将，将，冲兵"而失败。

5.Qg8+ Kf6 6.Qf8+ Kg6

还可行的下法是：6...Ke6 7.Qe7+ Kf5 8.h3 Qd1+ 9.Kh2 Qd4 希望通过10...Qf4+ 11.Kg1 Qc1+来长将和。然而，白方可以很容易解决这个问题：10.Qf7+ Ke5（10...Kg5 11.d7 Qd6+ 12.f4+； 10...Qf6 11.g4+ Ke5 12.f4+； 10...Ke4 11.Qe6+ Kd3 12.Qe3+ d兵可以成功升变）11.d7 Qd6 12.g3黑方胜利无望。

7.h4!

当然，这不是获胜的唯一方法！

7...Qd7

7...Qd1+ 8.Kh2 Qd4 9.h5+! Kg5（9...Kxh5 10.Qf5+ Kh4 11.g3#；9...Kh7 10.Qf7+ Kh8 11.d7）10.f4+ Kg4（10...Kxh5 11.Qf5+ Kh4 12.g3#）11.Qxh6 Kf5 12.Qg5+ Ke6 13.Qe7+ Kf5 14.Qe5+。

8.h5+ Kxh5 9.Qe7 Qa4 10.d7 Qd1+ 11.Kh2 Qd4 12.Qe8+ Kg4 13.f3+（避免13.d8Q?? Qf4+）**13...Kf4 14.d8=Q**，1-0。

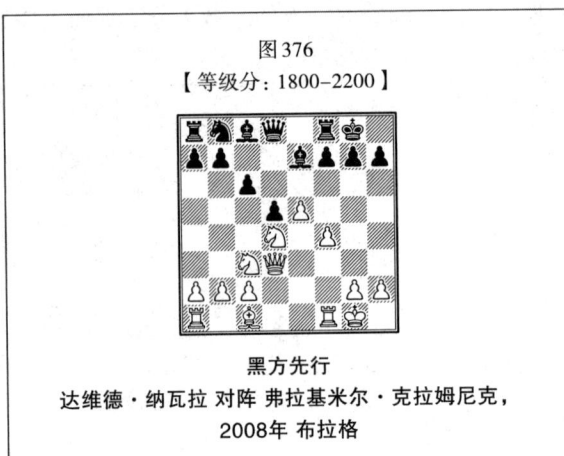

图 376
【等级分：1800–2200】

黑方先行
达维德·纳瓦拉 对阵 弗拉基米尔·克拉姆尼克，
2008年 布拉格

1.e4 e5 2.Nf3 Nf6 3.d4 Nxe4 4.Bd3 d5 5.dxe5 Nc5 6.Nc3 c6 7.Nd4 Be7 8.0–0 0–0 9.f4 Nxd3 10.Qxd3——图 376

白方看起来有一个很好的局面——出子占优，有更多的中心空间，王翼多兵（准备 f4–f5–f6）看起来非常有威胁。克拉姆尼克很快证明了这只是个幻想。

评价等级解释：尽管我们在第八章里见过并且回答过相似的局面，但是它会从心理上在一定的程度上干扰到许多选手，因此我设定了一个很高级别的难度。甚至是大师有时候也不能做出正确的选择！

10...f5!

给了白方一个有根通路兵！然而，它也扼杀了白兵的冲击性。现在黑方将要：①增加阻塞格e6格的控制；②在自己多兵的地方做文章。理想的是，把白方e兵牢牢挡住的同时，自己的兵可以疯狂地向前冲，那样的话黑方就会占优了。

11.Nb3 Na6 12.Be3 Nc7

控制e6格，同时保护d5兵，准备...c6–c5。

13.Ne2 b6 14.Nbd4 Ba6

这个象展现出惊人的积极性。

15.Qd2 Qe8 16.c3 c5

控制了d4格，把白马赶走，白方也不能影响到e6格了。因此16...c5使黑方赢得了e6格，从而赢得了阻塞之战！

17.Nf3 Rd8 18.Rfd1 Ne6

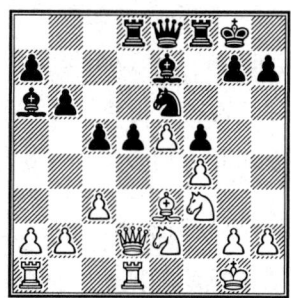

图376a 对黑方来说理想的子力配置

黑方的美梦成真了。他有双象，对e5兵坚固的阻塞，一个行动性强的多兵优势。而白方的e5和f4兵阻挡住了他们自己的子力！黑方最终取得了胜利（在又经历了许多错误与冒险之后）。

第八章
习题4

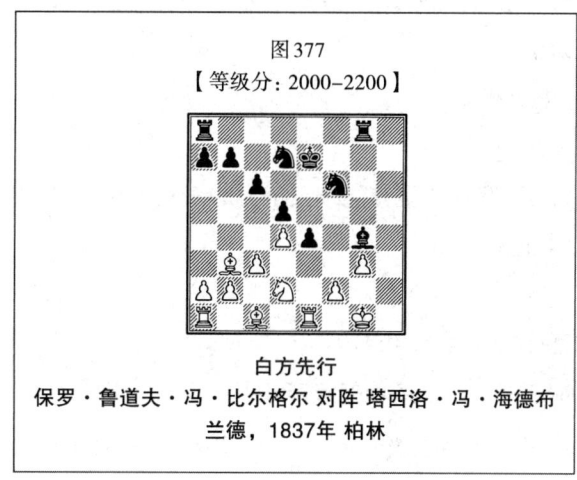

图 377
【等级分：2000–2200】

白方先行
保罗·鲁道夫·冯·比尔格尔 对阵 塔西洛·冯·海德布兰德，1837年 柏林

白方多一个兵。有什么弱点黑方可以抓住并最终吃回这个兵吗？没有，他是有根通路兵！白方还有双象优势，而黑方仅有的优势只是出子领先。白方当然比较好？事实不是这样的——黑方实际上享受着很好的补偿（请注意我没有说黑方更好，只是说他有实在的补偿）！理由很简单：

► 黑方有很多种下法，而白方在未来很长一段时间内处于防守的态势。
► g线通路兵不可能挺进。
► 白王周围的白格易受攻击。
► 黑方的下法很容易想到——在h线叠车，然后杀王。

当然，多数国际象棋软件将会支持白方，向所有人宣告黑方的劣势。然而，不要成为一个"Fritz奴隶"！不要因为你电脑提供的数字上（毫无灵魂）的评价而被蒙蔽了双眼。在彼得·列科对阵弗拉基米尔·克拉姆尼克，2004年于利纳雷斯（《New In Chess》，2004年第3期）的比赛中，克拉姆尼克写了以下尖锐诙谐的话给正在看比赛直播的选手们："我认为黑方有很好的补偿，而多数在线软件认为'局面是0.72'。"

评价等级解释：拥有一个额外的有根通路兵，还有双象优势，而且双方的后已经交换掉了（通常在进攻王翼时的重要子力）会使多数棋手更倾向于白方的局面好。当把我接下来使整个局面平先的几步棋考虑进去的时候，将会有一小部分（但非常厉害）的棋手认为黑方有他自己的机会。

19.Nf1

黑方也可以通过如下走法获得很多种19.c4（19.Kg2!?）19...Rg7! 20.f3（20.cxd5 cxd5 21.Nf1 Rh8）20...Bxf3 21.Nxf3?? Rxg3+黑胜势。

19...Rh8

19...Rg7!?更精确。

20.Ne3

真实的比赛在这里突然结束了：20.Nh2?? Rxh2 21.Kxh2 Rh8+ 22.Kg1 Bf3，0-1。

20...Rag8

20...Rh5!?

21.Nxg4 Nxg4 22.Bf4

22.c4 Ndf6 23.cxd5 cxd5 24.Bd1 Kd7让白方的局面比平局要糟糕些。

22...Kd8 23.Bd1 Ndf6 威胁...Rh2保证了黑方的主动性和充足的补偿。

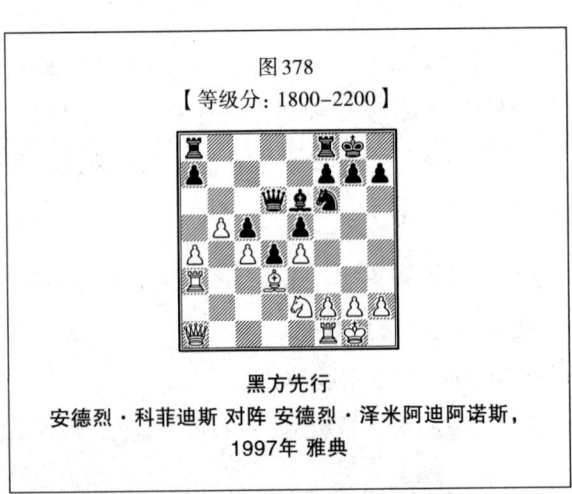

图378
【等级分：1800-2200】

黑方先行
安德烈·科菲迪斯 对阵 安德烈·泽米阿迪阿诺斯，
1997年 雅典

1.e4 c5 2.Nf3 Nc6 3.d4 cxd4 4.Nxd4 Nf6 5.Nc3 e5 6.Nxc6 bxc6 7.Bd3 Be7 8.0-0 d6 9.b4 0-0 10.a4 d5 11.Ba3 Be6 12.b5 Bxa3 13.Rxa3 Qd6 14.Qa1 d4 15.Ne2 c5 16.c4——图378

黑方有一个有根通路兵，但是被d3象坚固地阻塞住了。而另一方面，象并不是最好的阻塞子力——我们会发现d3象看起来就像一个兵。很显然，当一个马阻挡住一个兵，并在阻塞格表现出强大的活动能力时，象很容易发现自己处于防守的态势。

尽管白方没有自己的通路兵，他在后翼有可移动的多兵优势。实际上，a4-a5之后，黑方将不得不一直担心着白方后翼兵的突破。

评价等级解释：我们在通路兵这一章节中来看待这件事，但是完全没有减小想到黑方正确下法的难度。很简单，这是一件大多数选手不能自己去下的棋！

16...a5!

白方现在拥有一个有根通路兵，而黑方却很高兴看到这样的局面。为什么？因为一旦他把马放在b6，白方的b兵无法前进，而a4和c4兵也需要持续的保护。这之后黑方可以有强势的突破...f7-f5。记住光有坚固的阻塞是不够的，你还需要在其他地方发起进攻。

17.Ng3 Rfe8 18.Qc1 Nd7 19.Qd2 Nb6

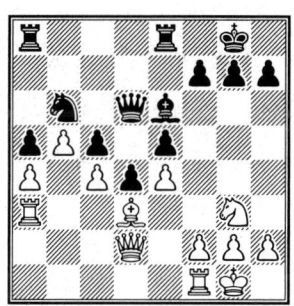

图378a　黑方的马与白方的马相比，是一个更好的拦路人

黑方有如此好的局面是由于他的阻塞马挡住了b兵，还攻击着a4和c4兵。相反来看看白方的阻塞象，阻挡着d4兵，守着c4兵，不是一个积极的角色。黑方现在准备...f7-f5，这给他创造了攻击王翼的机会（如果继续让f兵冲到f4的话），并且控制中心。

接下来的比赛有一些不精确的地方，但是仍然能给我们对于可移动的多兵的强大有一个清楚的认识——在现在这个情况下，黑方中心多兵，并且准备挺进摧垮白方：**20.Rc1 Qc7 21.Qe2 f6 22.Nf1 g6 23.Nd2 f5 24.exf5 gxf5 25.f3 Re7 26.Re1 Bd7 27.Qd1 Nc8 28.Qb1 Nd6 29.Nf1 Rf8 30.Ra2 e4 31.fxe4 fxe4 32.Bxe4 Rxe4 33.Rxe4 Bf5 34.Ng3 Nxe4 35.Nxe4 Qf4**，0-1。

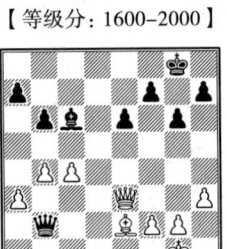

图 379
【等级分：1600-2000】

白方先行
杰里米·西尔曼 对阵 戴维·施特劳斯，
1990年 加利福尼亚州冠军赛

1.d4 d5 **2.**c4 e6 **3.**Nc3 c6 **4.**e3 Nf6 **5.**Nf3 Nbd7 **6.**Qc2 Be7 **7.**b3 0–0 **8.**Be2 b6 **9.**0–0 Bb7 **10.**e4 dxe4 **11.**Nxe4 c5 **12.**Nxf6+ Bxf6 **13.**Bb2 Qc7 **14.**Rad1 Rad8 **15.**dxc5 Qxc5 **16.**Rd2 Ne5 **17.**Nxe5 Bxe5 **18.**Bxe5 Qxe5 **19.**Rfd1 Qg5 **20.**Bf1 Qe7 **21.**Qc3 g6 **22.**b4 Rxd2 **23.**Qxd2 Rc8 **24.**a3 Bc6 **25.**Qe3 Rd8 **26.**Rxd8+ Qxd8 **27.**Be2 Qf6 **28.**h3 Qb2——图 379

白方在开局中没有获得任何优势，而短暂的中局也是同样没有收获。白方是否拥有一点东西能让他给对手施加一点儿压力呢？回答是肯定的——后翼多兵。

评价等级解释： 由于一个通路兵通常在后兵残局中发挥它最大的威力，白方可以走一步大多数选手都想不到的棋。换句话说，这里用到了通路兵的相关知识来做出相应的决定。我不认为1600以下的棋手愿意交换象并让自己的王翼出现叠兵。希望许多读过这本书的人可以证明我是错的。

29.Bf3!

29.c5 bxc5 30.bxc5 e5让黑方感到十分舒服，比如31.Bf3 e4!

当然，白方并不是在29.Bf3之后就能获胜了，但是他留给黑方一些问题去解决，而白方却不用为此而冒任何风险。

29...Bxf3 30.gxf3 Qc2 31.c5 bxc5 32.bxc5 Qd1+ 33.Kg2

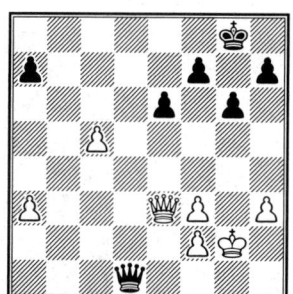

图379a 白方可以安全地磨死对手

叠兵给白王提供了很好的保护，同时c兵却让黑方极为头疼。

33...Qd5 34.Qc3 Qc6

黑方想要避免34...Qg5+ 35.Kf1 Qf4 36.c6 Qc7 37.Qc5这时c兵将比以前更有威胁！

35.Qe5

35.Qa5!?

35...h5??

黑方一失足成千古恨。35...a6还可以继续抵抗，尽管白方可以继续寻找机会36.Qb8+ Kg7 37.Qb6 Qd5 38.Qb4 Qg5+ 39.Kh2 Qe5+（不是黑方唯一的下法）40.f4 Qc7 41.Kg3，等等。尽管局面对于黑方看起来还挺安全，但他必须得小心，因为他的"清白的"王和兵在如下的残局中41...g5 42.Qd4+ Kf8?（42...f6!必须这样下）43.Qd6+ Qxd6 44.cxd6 gxf4+ 45.Kxf4就一点也不清白了！例如45...f6（45...Ke8白方更容易赢 46.Ke5 Kd7 47.h4 f6+ 48.Kxf6 Kxd6 49.Kg7）46.Kg4 Ke8 47.Kh5 f5 48.Kh6 f4 49.Kg5 f3 50.Kf4 Kd7 51.Kxf3 Kxd6 52.Kf4白方胜势。

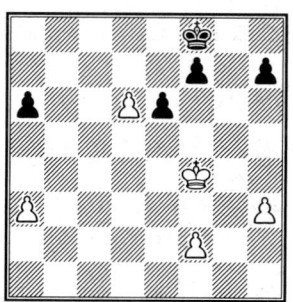

图379b 黑方输了

回到实际的比赛中：在冒失的35...h5之后，黑方很快就输了：**36.Qb8+ Kg7 37.Qxa7 Qd5 38.Qe7 e5 39.a4 Kh6 40.a5 f5 41.Qd6**，1–0。

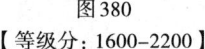

图380
【等级分：1600-2200】

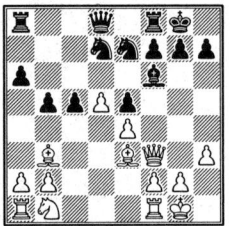

白方先行
鲍里斯拉夫·伊夫科夫 对阵 鲍里斯拉夫·米利奇，
1957年 松博尔

黑方刚下了...c7-c5，现在白方需要做决定，要么吃过路兵，要么保留他的通路兵，请你分别描述一下这两种选择，并讲讲他们不同的想法。

1.e4 e5 2.Nf3 Nc6 3.Bb5 a6 4.Ba4 d6 5.c3 Bd7 6.d4 Be7 7.0–0 Bf6 8.d5 Nb8 9.c4 b5 10.Bb3 Ne7 11.Be3 0–0 12.c5 dxc5 13.Bxc5 Bg4 14.h3 Bxf3 15.Qxf3 Nd7 16.Be3 c5——图380

白方不能想都不想地出子，认为自己的通路兵可以打倒对手。例如，17.Rd1 Nc8 18.Nc3 Nd6让黑方成功完成阻塞，并且局面对黑方也不错。这意味着白方要么吃掉过路兵，要么赶在黑方完成理想子力配置前实施有效的攻击。第二种计划可以由17.Rc1（攻击c5兵）或者17.a4来实现，这两步棋都在敌方后翼创造出弱点。

评价等级解释： 如果一个"B"级别（1600-1799）的选手看到了d6格阻塞的强大而选择下17.dxc6我会很开心。但我也认为"A"级别的选手们可能会分成两类。2200的大师会觉得这样的选择很容易吗？不会，我确信不少人会讨厌去感受这个局面的许多细微差别。

我不会对17.Rc1和17.a4进行分析，但是我高度建议学生仔细探索这两种下法！而现在，让我们来看看实际的比赛是怎么下的。

17.dxc6 e.p.

打开中心，最大化地利用他的双象优势。这时白方的象看起来很棒，他的马也可以跳入d5格。白方的车也可以在d线进攻，给对手施加压力。伊夫科夫改变了局面，让他可以不冒任何风险地向对手发起攻击。

17...Nxc6 18.Bd5 Rc8 19.Bxc6!

否则c6马将跳入d4。

19...Rxc6 20.Rd1 Qc8 21.Nc3 Re8

防止潜在的Ne7抓双。也许21...Nb6更好，尽管22.Bxb6 Rxb6 23.Nd5由于好马对坏象，白方有一点轻微但是持久的优势。例如白方想看到的是 23...Rc6 24.b4 h6 25.a4 bxa4 26.Rxa4 Re8 27.Rda1黑方倍感压力。

22.Rac1 Qb7 23.Qg4

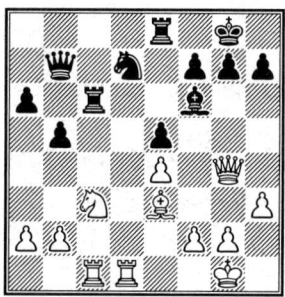

图 380a

几乎所有白方的子力都比黑方的好。

23...Ree6 24.Nd5 Rxc1 25.Rxc1 Rc6 26.Rxc6 Qxc6 27.Bh6!

黑方已经完全处于被动，现在必将少子了。之后**27...Kf8 28.Nxf6 Qxf6 29.Bxg7+ Qxg7 30.Qxd7**。白方净多一个兵，并最终获得胜利。

第八章
习题8

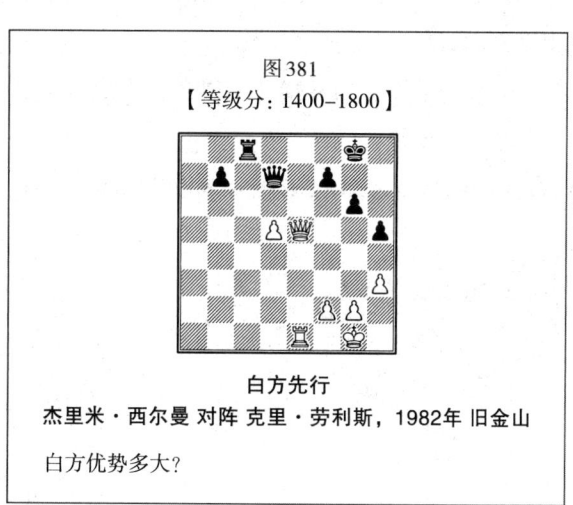

图 381
【等级分：1400–1800】

白方先行

杰里米·西尔曼 对阵 克里·劳利斯，1982年 旧金山

白方优势多大？

1.d4 Nf6 2.c4 g6 3.Nc3 Bg7 4.e4 d6 5.Be2 0-0 6.Nf3 e5 7.0-0 Nbd7 8.Re1 c5 9.dxc5 Nxc5 10.Qc2 Nh5 11.b4 Ne6 12.Bb2 Nhf4 13.Bf1 Nd4 14.Nxd4 exd4 15.Nd5 Nxd5 16.exd5 a5 17.a3 axb4 18.axb4 Rxa1 19.Rxa1 Bf5 20.Qd2 Qb6 21.Ra5 Rc8 22.h3 h5 23.Ra1 Re8 24.b5 Rc8 25.Rd1 d3 26.Bxg7 Kxg7 27.Bxd3 Bxd3 28.Qxd3 Qc5 29.Qc3+ Kg8 30.Re1!?

（30.Rc1） 30...Qxb5 31.Qf6?（31.Re7！） 31...Qxc4 32.Qxd6 Qc7（32...Qd4） 33.Qf6 Qd8 34.Qe5 Qd7?——图381

由于以下几个因素，白方已经胜势了：

- 他的通路兵比黑方的冲得更深。
- 后加车的局面是十分理想的。
- 黑王处境比较危险。
- d线通路兵可以冲到d6（黑方不能创造一个阻塞），十分有威胁。

评价等级解释：如果你感受到了d线通路兵的强大，如果你意识到后和车在这个局面中十分重要，那么你可以为自己鼓掌了。

35.d6 Rd8 36.Qf6!

36.Rd1?（把本来在开放的e线的进攻车移来防守）达到了黑方虚假威胁的意图。

36...Rf8 37.Re7 Qd8

黑方感到无望，但更糟糕的是37...Qf5 38.Qxf5 gxf5 39.d7黑方无法防住40.Re8，这会让白方清理掉d8上最后一个阻碍升变的障碍物。

38.d7

开始时d6阻塞格被白方控制，现在冲到d7后，黑方感到束手无策。

38...b5 39.Rxf7

我看见了一步很简单的赢招，所以我就下了这步棋，但是39.f4!更强大。不可阻挡的f4-f5威胁逼着黑方缴械投降。

39...Qxf6 40.Rxf6 Rd8 41.Rxg6+ Kf7 42.Rb6，1–0。

第八章 习题9

图382
【等级分：1600-2100】

黑方先行
阿诺德·登克尔 对阵 瓦西里·斯梅斯洛夫，
1946年 莫斯科

说说接下来怎么下，并寻找黑方正确的下一步棋。

1.d4 Nf6 2.c4 e6 3.Nc3 Bb4 4.e3 0-0 5.Bd3 c5 6.a3 Bxc3+ 7.bxc3 Nc6 8.Ne2 d6 9.0-0 e5 10.e4 Re8 11.Qc2 Nd7 12.f4 b6 13.Be3 Ba6 14.fxe5 dxe5 15.d5 Na5 16.Qa2 Nf8 17.Ng3 Ng6 18.Qe2 Nb7 19.Nf5 Nd6 20.g3 f6 21.Nxd6 Qxd6 22.h4——图382

如果你的第一感觉是"白方有一个d线通路兵，我要用我的马去阻拦它。我应该怎么完成呢？"那你就做得非常好了。如果你还注意到c4兵很虚弱，d6马会给它施加压力（不要去想e4兵），那你就更好了。最后，如果你能还想到黑方（除了d兵）可以通过…a5来抵挡a3-a4来获得一个好的局面，那你就是一个英雄了！

评价等级解释： 你知道d6格需要一匹马是一回事，能做到d6格有一匹马又是另一回事。"我坚持要做"的心态在1600以下的棋手上是很少见的，尽管在这个等级分之上的棋手身上也并不多见。

22…Ne7

这个想法很简单：黑方想要通过c8把马跳入d6。注意到Nc8同时给b6兵更多的保护，而另一条线路却不行（…Ng6-h8-f7）。

23.a4 Bc8 24.Kh2 a5!

漂亮！尽管这让b6兵十分虚弱，它也造成了白方的一个弱点a4兵。注意到a4-a5xb6之后虚弱的b6兵一定会暴露，但是那时白方就没有虚弱的a兵了。因此，24…a5显然是很好的一步棋。

25.Qg2 Bg4 26.Be2 Bxe2

26…Bd7是一个理性的选择，因为它能牵制住白方来保护a4兵。然而，斯梅斯洛夫认为兑掉象（尽管白象看起来就像是个兵）是一件正确的事，因为它暴露了c4和e4两个弱点。

27.Qxe2 Rad8 28.Rab1 Nc8 29.h5 Rf8 30.Rf2 Rf7 31.h6 g6 32.Rbf1 Qe7 33.Qg4 Nd6 黑方达到了他的目标，并且获得了明显的优势——白方王翼的进攻无法挽救虚弱的e4、c4和a4兵。接下来的比赛我们就来看看斯梅斯洛夫怎样继续并干掉对手：**34.Qe6 Nxe4 35.Qxb6 f5 36.Rb2 f4 37.Qe6 fxe3 38.Rxf7 Qxf7 39.Qxe5 Nf6 40.Rb8 Ng4+ 41.Kh3 Nxe5 42.Rxd8+ Qf8 43.Rxf8+ Kxf8**, 0-1。

第九章　其他失衡——开局中的失衡

图408
【等级分：1900-2200】

黑方先行
理查德·布里顿 对阵 约翰·威廉·唐纳森，
1980年 罗德岛国际赛

白方正在威胁Nb6和Nxe7+，攻取f6的企图也隐约可见。很明显白方的马必须被吃掉，但是用什么吃？黑方通常会避免失去双象而不走...Bxd5，但是用马吃会暴露e7兵（它通常被间接保护着，但现在好像并不是）。吃d5马的正确方式是什么？

1.e4 c5 2.Nf3 Nc6 3.d4 cxd4 4.Nxd4 g6 5.c4 Nf6 6.Nc3 d6 7.Be2 Nxd4 8.Qxd4 Bg7 9.Bg5 0-0 10.Qd2 Be6 11.0-0 a6 12.f3 Qa5（12...Rc8!?）**13.Rfd1 Rfc8 14.Nd5 Qxd2**〔14...Qd8!? 15.Nxf6+（15.Bxf6!?）15...exf6 16.Bf4 f5!值得认真地考虑一下〕**15.Rxd2**——图408

许多不错的选手都会选择15...Nxd5，这也是实际比赛中的选择。然而，我们马上会发现这步棋是有问题的。所以，这说明15...Bxd5是避免黑方很快输棋的正确选择，尽管16.exd5之后，白方拥有空间优势、双象优势，并在e线有潜在的压力。有人会觉得这就是白方优势，但是黑方是比较坚固的，并且像...a5或者...b5再...b4的想法可以使自己的马牢固地占领c5格，来挑战白方的双象优势。

评价等级解释：我认为这里的选择很有欺骗性。大多数2000以下的选手避免走15...Nxd5是因为这样e7兵会被吃掉。另一方面，一些有经验的棋手会因为想避免失去双象而下15...Nxd5。其实，对局面的评估依赖于你战术性和局面性的能力，你要透过表面看到本质，不要被最通常的动机所迷惑。

15...Nxd5?

就像前面所说的，就算白方有微弱的优势，黑方也应该尝试15...Bxd5 16.exd5。如果我是黑方，我会在早些时候尝试变化（12...Rc8!?或者14...Qd8!?）。

16.exd5 Bd7

这看起来很不错，因为如果白方Be7，黑方就有...Bh6。

17.Bxe7! Bh6

由于18.Rc2 Bf5或者18.Rdd1 Re8都让黑方多子了，白方是否落入了陷阱了呢？

18.Rad1!

黑方反倒落入了陷阱！

18...Bxd2 19.Rxd2 Re8 20.Bxd6 白方有积极的双象，还多两个兵（强大的中心兵），获得了巨大的优势：**20...f6 21.Kf2 Kf7 22.b3 h5 23.a4 Rad8 24.c5 g5 25.Bc4 Rc8 26.Bc7 Rh8 27.Re2 Rce8 28.d6+ Kg6 29.Rd2 Re5 30.Bd5 a5 31.Bxa5 Rhe8**，1-0。

就算你知道一个局面的基本理念，你也不能闭着眼睛开启巡航模式，不去观察一下场上特定的局面就用你常用的计划和布局。即使一个很细微的变化可以使你对局面的评估完全偏离正确的轨道，所以不管你掌握了多少知识，试着用全新的眼光来看待每一个局面！

第九章 习题2

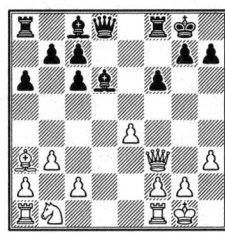

图409
【等级分：1600–2000】

白方先行
爱德华达斯·罗森塔利斯 对阵 高文·琼斯，
2009年 皇后镇

西班牙式交换变例使白方有一个更好的兵形（中心兵对上黑方的叠兵），但是黑方有双象优势，在e线也会给白方的e兵潜在的压力。在现在这个局面下，黑方还可以...f6-f5，为他的双象进一步打开局面。白方应该怎样处理这个局面？

1.e4 e5 2.Nf3 Nc6 3.Bb5 a6 4.Bxc6 dxc6 5.0-0 Bd6 6.d4 exd4 7.Qxd4 f6 8.b3 Ne7 9.h3 Ng6 10.Ba3 Nh4 11.Qe3 Nxf3+ 12.Qxf3 0-0——图409

尽管白方想尝试着从他的中心兵上获取优势，但是这根本没有办法得到一点好处，因为黑方不仅很坚固，而且还有…f6-f5这样的突破。由于这样的原因，白方不得不放弃他常用的想法，尝试创造出一个新的局面来给对手施加压力。要想做到这点，他需要改变兵阵，这样白方就有攻击的目标了。

正确的下法是13.Rd1，之后14.Bxd6，解除黑方的叠兵，白方中心也不再多兵！这看起来违背常理——事实上，它真的起到什么作用吗？是的！白方的想法是要有一个明确攻击的目标，而不是"之后我会用上它"的静态优势，这样并没有一个清晰的计划。

评价等级解释：这里的难点在于一个棋手总是会沉迷于他现有的失衡优势，而没有意识到它不会给你带来更多的利益。更糟糕的是，解除对方的叠兵是想都不会去想的事！因此大多数选手会找不到正确的进攻手段。

13.Rd1! Qe7 14.Bxd6 cxd6 15.Qd3 Rd8 16.c4

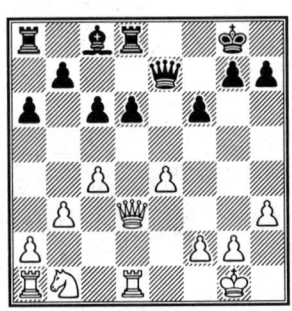

图 409a

局面产生了巨大变化！突然白方拥有了中心的空间优势，并对d6兵有明显的压力。现在白方知道具体该怎么下了（如果黑方随便下下的话，白方可以通过Nc3、Rd2、Rad1攻击d6兵），同时由于d6兵的牵制，也限制了黑方的反击。

剩下的比赛我们就来看白方逐渐在d6兵上施加压力，最终获得胜利：**16…Be6 17.Nc3 b5 18.Ne2 bxc4 19.bxc4 Qf7 20.Rac1 c5 21.Nf4 Rab8 22.Qc3 Rb4 23.Nd5 Bxd5 24.Rxd5 Qb7 25.Qd3 Rb8 26.Rxd6 Rb1 27.Rf1 Rxf1+ 28.Kxf1 Qb1+ 29.Qxb1 Rxb1+ 30.Ke2 Rc1?**（30…Rb2+!）**31.Rxa6 Rxc4 32.Ke3 Rc2 33.a4 Rc3+ 34.Kd2 Ra3 35.f4 h5 36.a5 Ra4 37.Kd3 Ra3+ 38.Kc4 Ra4+ 39.Kxc5 Rxe4 40.Rc6 Rxf4 41.a6 Ra4 42.Kb6 Kh7 43.a7 Kg6 44.Rc5**，1-0。

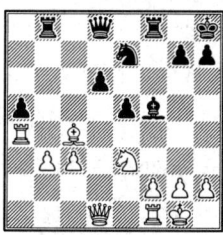
图410
【等级分：1400-2000】

白方先行
彼得·列科 对阵 泰穆尔·拉贾博夫，
2008年 莫雷利亚

这个局面从西西里式开局斯韦什尼科夫变式演变而来。双方都很理智地完成了开局，白方稍占优。双方的子力都很活跃。黑方对b3兵有压力，并十分希望挺起中心兵…d6-d5。尽管白方有一个很好的攻击点a5兵，但他的首要任务是阻止黑方…d6-d5的计划，这样d兵就是一个静态的弱点，而不是一个动态的优势了。一旦白方成功压住了d6兵，他可以集齐子力攻击d6而使黑方永远陷入被动。哪步棋是达到这两个目标（阻止…d5和攻击d6）的最佳尝试？

1.e4 c5 2.Nf3 Nc6 3.d4 cxd4 4.Nxd4 Nf6 5.Nc3 e5 6.Ndb5 d6 7.Bg5 a6 8.Na3 b5 9.Nd5 Be7 10.Bxf6 Bxf6 11.c3 0-0 12.Nc2 Bg5 13.a4 bxa4 14.Rxa4 a5 15.Bc4 Rb8 16.b3 Kh8 17.Nce3 Bxe3 18.Nxe3 Ne7 19.0-0 f5 20.exf5 Bxf5——图410

评价等级解释：我认为一个1400的选手至少可以找到一种下法能与既定目标直接相关。这就是这本书真正的目的所在——一旦你学习了失衡的知识，并且你基于这种知识创造出了符合逻辑的目标，那么你就可以找到更好的下法来对付这种局面。

白方在这里尝试过21.Qa1、21.Nxf5、21.Qd2和21.Ra2。让我们依次来看一看：

▶ 21.Qa1是对a5兵的直接威胁，但对我们提的问题没什么用，因为他实际上移去了对d6和d5的所有压力。因此，黑方可以挺进d兵了：21…d5 22.Rd1 Bd7 23.Rxa5 dxc4 24.Ra7 cxb3 25.Rdxd7?（25.Raxd7 Qe8，=）25…b2 26.Qb1 Qb6 27.Rxe7??（27.h3）27…Qg6 28.Qxg6 hxg6 29.Rxg7 b1=Q+ 30.Nf1 g5 31.Rxg5 Rf5 32.Rg4 Qb2 33.Ne3 Qxf2+，0-1，马克·桑托-罗曼对阵约翰内斯·布拉斯科夫斯基，1981年叙德洛恩。这就是你让对手反击的后果。

▶ 21.Nxf5并不差，但是它对提出的问题并没有什么贡献。事实上，它削弱了白方对d5格的控制。这局"谢尔盖·卡尔亚金对阵亚历山大·哈利夫曼，2007年 阿姆斯特丹"的比赛很快就结束了：21...Rxf5 22.Bd3 Rf6 23.Bc2 Qb6 24.b4 axb4 25.Rxb4 Qc7 26.Qd3，1/2-1/2。白方在26...g6之后并没有任何优势。

▶ 21.Qd2回答了所提的问题，并且还有一定的道理，所以你很有信心答对了问题并能赢下比赛。然而，它被证明并不那么有效：21...Be4 22.Nd5（22.Rd1 d5）22...Bxd5 23.Bxd5 Nxd5 24.Qxd5 Qc7 25.Qxa5 Qxa5 26.Rxa5 Rxb3 27.Rd5 Rf6 28.Rfd1 Rxc3 29.Rxe5 h6，1/2-1/2，安德烈·索科洛夫对阵伊戈尔·亚历山大·纳塔夫，2007年法国。

▶ 21.Ra2，准备Rd2，是最有趣的一步棋，并且非常符合我提出的目标。尽管白方只有一点儿优势，但他有一个很好的表现，并且为我们展示了坚定地执行基于失衡的计划是如何扳倒一位国际象棋巨星的：

21.Ra2! Be4 22.Rd2 Rb6 23.Re1 Qb8 24.Qa1!

一边牵制着黑方去保护d6兵，一边攻击a5兵给对手制造麻烦。但真正的想法是通过Rde1和Qa3强化对d6兵的攻势。

24...Qc7 25.Red1 h6 26.h3 Bb7 27.Qa3

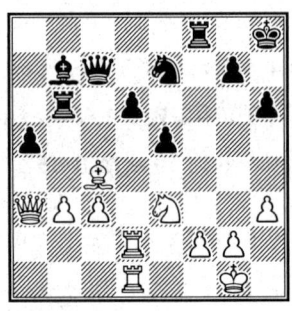

图 410a

很理智的运子——白方子力构成一道团队进攻的亮丽风景线。剩下的比赛是这位匈牙利著名棋手的个人表演：

27...Rd8 28.Be6 Qxc3 29.Rxd6 Rbxd6 30.Rxd6 Qe1+ 31.Kh2 Re8 32.Rd7 Nc6 33.Bf7 Ra8 34.Rxb7 Qxf2 35.Bd5 Rc8 36.Rf7 Qxe3 37.Bxc6，1-0。

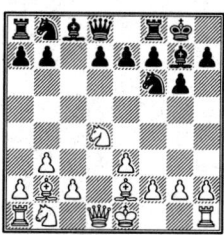

图411
【等级分：1400-1600】

黑方先行
杰伦·博斯 对阵 爱德华·古菲尔德，
1978年 欧洲电信杯决赛

白方刚下完第七步，还没有获得任何优势。很显然，这并不是一个很好的开局选择。所以，我们现在看到的局面白方并没有很深入地研究过，而黑方几乎完全没有准备过——他必须自己思考。
黑方最显著的失衡优势是什么？一旦你发现了，你讲完全理解并喜爱上接下来的几步棋。

1. Nf3 g6 2.d4 Nf6 3.e3 Bg7 4.Be2 0-0 5.b3 c5 6.Bb2 cxd4 7.Nxd4——图411

尽管有一些细微的失衡优势，比如说出子略微领先、已经易位了，但正确的回答是黑方的中心多兵。如果你注意到了中心多兵，并且给予它足够的重视（而不是单单说，"哦，中心多兵"而不采取任何实际行动），那么黑方在这个局面的下法你不仅能体会并且喜欢上，而且当这样的局面发生在你自己的比赛中时，你可以运用上去。

评价等级解释：我认为任何1400以上、熟悉失衡的选手都会发现黑方的中心多兵。而且，一旦你发现它，你可以利用这一失衡制订你的计划。

我们的回答结束了，但不要停滞在这里！这局比赛很值得细细品味，因为特级大师爱德华·古菲尔德下的。

7...d5

抢占中心。

8.0-0 Re8

准备走...e5，从而在中心获得更大的主动。

9.Nd2 e5 10.N4f3 Nc6

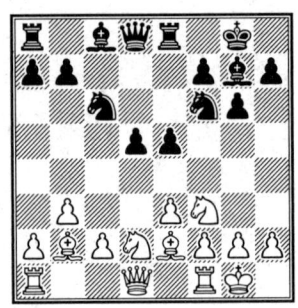

图 411a

只下了10步棋，黑方已获得了梦幻般的局面——两个中心兵，空间优势，很协调的出子。

11.c4 d4

获得更大的空间，并威胁12...d3。

12.exd4 e4! 13.Ne1 Nxd4 14.Nc2 Nxe2+ 15.Qxe2 Bg4 16.Qe3

当然，16.Bxf6?? Bxe2 17.Bxd8 Raxd8白方就彻底输了。

16...Nd5 17.cxd5 Bxb2 18.Rab1 Bg7 19.h3 Bf5 20.Rbd1 Qxd5 21.Nc4 Qd3!!

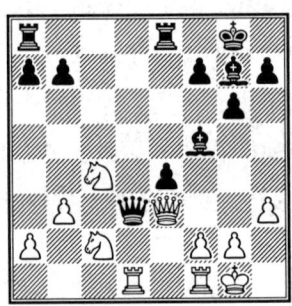

图 411b

黑后没有躲避白车，反而迎面而上！

22.Nb4?

白方本还可以顽强抵抗：22.Rxd3 exd3 23.Nd6 Rxe3 24.Nxe3。

22...Qxe3 23.fxe3 Be6 白方被终结了。剩下的比赛不再需要评论：**24.Nd6 Re7 25.g4 a5 26.Nc2 h5 27.Nd4 Bxd4 28.Rxd4 hxg4 29.hxg4 Bxg4 30.Nxe4 Bf5 31.Nd6 Bh3 32.Rf2 Be6 33.Rf2 Rc7 34.Kg2 Kg7 35.Kg3 Rh8 36.Rf3 Rc5**，0-1。

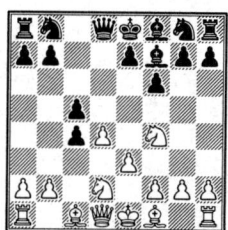

图412
【等级分：1400-1800】

白方先行
兹登科·科祖尔 对阵 佐尔坦·瓦尔加，2002年 普拉

又一个"我从来没见过"的局面。你怎样评估这个局面？黑方布局上什么特殊的东西引起了你的关注？

1.d4 d5 2.c4 dxc4 3.e3 Be6 4.Ne2 f6? 5.Nd2 c5 6.Nf4 Bf7——图 412

有两点需要清晰地提出来：白方拥有巨大的出子优势和e6格异常地虚弱。这两点保证了白方已经胜势了！因为你要继续出子，因为你要占据e6格，还因为你不会忘记把兵吃回来，所以正确的下法不难找到。

评价等级解释：看出一边出子更迅速并不困难，并且虚弱的e6格会一直引起你的注意（尽管这是1400以下的选手最容易遗漏的一点）。再加上要把兵吃回来和准备易位的决心，1000以上的任何选手都能想到白方最好的下法。

7.Bxc4

没有比这步棋更自然的下法了。奇怪的是，白方在实际比赛中下了别的走法：7.d5? Bxd5 8.Nxd5 Qxd5 9.e4 Qd7 10.Bxc4 Nc6 11.Qh5+ g6 12.Qxc5 Nd4 13.0-0 e6 14.Qa5 b5 15.Bb3 Ne7 16.Bd1 Nec6 17.Qc3 Bg7 18.Nb3 0-0 19.Qh3 f5 20.exf5 exf5 21.Be3 Kh8，1/2-1/2。

7...Bxc4

7...Nh6并没有改善局面，因为8.Ne6和8.Bxf7+都让黑方头疼。

8.Nxc4，此后面对白方Ne6或者Nd5或者Qh5+，或甚至是安静的0-0，都将让黑方直面死亡，此时黑方已必败无疑。

第九章　其他失衡——失衡综合版

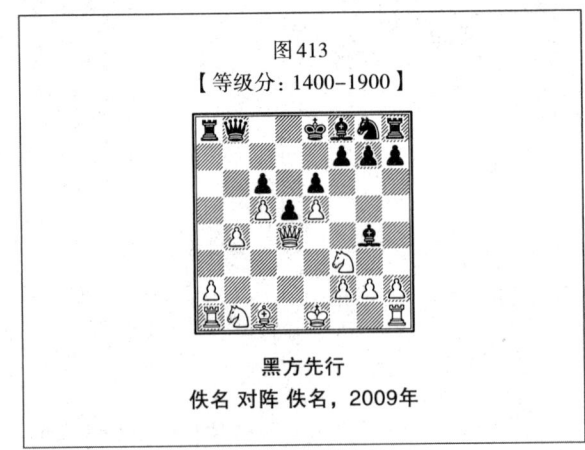

图413
【等级分：1400-1900】

黑方先行
佚名 对阵 佚名，2009年

1.e4 c6 2.d4 d5 3.e5 c5 4.dxc5 Nc6 5.Nf3 Bg4 6.Bb5 e6 7.Bxc6+ bxc6 8.b4 a5 9.c3 axb4 10.cxb4 Qb8 11.Qd4——图413

尽管看起来很混乱，要想的事情却很直接。白方多一个兵（一个静态的优势），而黑方拥有积极的子力，并对a2、b4和e5兵有压力（他的局面是动态的）。

白方想要易位、出子、给e5兵牢固的保护、以及要么在后翼冲a2-a4积极进攻随后再冲b4-b5，要么简单地下a2-a3巩固兵阵。

黑方少了一个兵，必须把局面化为近身搏击战。时间就是金钱，黑方需要通过对之前提到的a2、b4、e5虚弱兵创造威胁而使白方始终处于失衡状态下。在他处理了被攻击的g4象之后，可以有...Ng8-e7-f5和...Ra8-a4，给白方施加压力。

评价等级解释： 如果你注意到黑方少一个兵，需要积极地运子；如果你注意到g4象被攻击；如果你注意到11...Bxf3不仅争取了时间，还破坏了白方的兵形，给黑方在f5一个很好的立足点，那么你就已经做得非常好了。

在实际的比赛中，黑方下了11...Bh5?臭棋，自己给白方一步先手棋。当我问黑方为什么要下这步棋时，他告诉我说："我保留象是因为我想控制白格。"在别的局面想到这一点也许会不错，但是当动态优势是你的生命的时候，你需要的是一步更有能量的棋。正确的下法是：

11...Bxf3

意图很明显，也很强大。因为e5兵是黑方攻击的目标，那为什么不把它主要的保护子力吃掉，并破坏白方王翼的兵阵呢？

不太合理的是11...Ra4 12.Qxg4 Rxb4 13.Qg3 Rxb1 14.Rxb1 Qxb1 15.0-0 Qxa2 16.Nd4 黑方多了一个兵，但是白方王更安全，并且出子明显领先，给白方一个很好的动态补偿（角色完全反转了！）。

12.gxf3 Ne7

f5格是黑马一个理想的位置。

13.f4 Nf5 14.Qc3 g5!

我提到了能量，这步棋正合适！这步棋努力破坏e5格，并且为h8车打开g线。

更加冷静的下法是：14...Be7 15.a3 Qb5 16.Nd2 0-0给黑方弃兵之后足够的补偿，但是14...g5更是适合这个局面。

15.Nd2 Ra4 16.a3 gxf4 17.Nf3 Rg8 18.Bxf4 Rg4 19.Be3 Qb5 黑方的子力完全包围着他的对手。一个可能的变化：**20.Kd2 Rc4 21.Qd3 Nxe3 22.fxe3 Bxc5 23.Rhb1 Be7 24.Nd4 Qb8 25.Qxh7 Qxe5 26.Qg8+ Kd7 27.Qxf7 Ra8!**发出制胜一击。

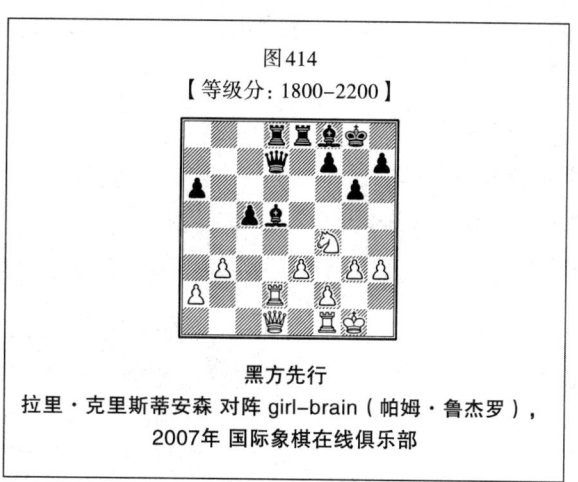

图414
【等级分：1800-2200】

黑方先行
拉里·克里斯蒂安森 对阵 girl-brain（帕姆·鲁杰罗），
2007年 国际象棋在线俱乐部

1.d4 Nf6 2.c4 g6 3.Nc3 Bg7 4.Nf3 0-0 5.g3 d6 6.Bg2 Nbd7 7.0-0 e5 8.h3 exd4 9.Nxd4 Nb6 10.b3 d5 11.c5 Nbd7 12.c6 Ne5 13.cxb7 Bxb7 14.Ba3 Re8 15.Rc1 a6 16.Na4 Ne4 17.Nc5 Nxc5 18.Bxc5 Nd7 19.e3 Nxc5 20.Rxc5 Bf8 21.Rc2 c5 22.Ne2 Qd7 23.Rd2 Rad8 24.Bxd5 Bxd5 25.Nf4——图414

girl-brain正在和一个怪兽对抗！克里斯蒂安森（他同时还在计时）是美国三届世界冠军，并被称作美国最厉害的进攻型选手。大多数对手会因为这样强大的火力而落荒而逃，但是girl-brain却毫不退让。然而，现在战斗已经打响，因为她的象被围攻，如果被吃掉了，她将净少一个兵。

评价等级解释：如果你看见了黑方第25步正确的下法，恭喜你。然而，如果你去保象，让你遵循"我不得不去做"的咒语来告诉你该做什么，那么你应该回到第四章再温习一下，避开"我不能"和"我必须"的陷阱。

下面是伴随着girl-brain评论的真实棋谱：

25...Re5

"我不得不保象，所以这步棋是被迫的。"

26.e4 Bh6

"试着让局面更混乱。当然，我不能下26...Rxe4 27.Rxd5 Bd6 28.Qd3 Ree8 因为 29.Rd1会置我于死地。"

27.Rxd5 Rxd5 28.Nxd5 Qe6 29.Qd3，现在白方净多一个兵，最终获得了胜利。

你有没有发现黑方落入了"我不能"和"我不得不"的汪洋大海？首先，我们来看一看她对26...Bh6的评论，他说他不能下26...Rxe4。当然，那是一步黑方很想下的棋，因为她可以夺回自己的兵。但是，黑方没有用强大的意志力来尝试使它生效（因为如果它没有成功，你将全盘皆输），她简单地接受了自己的命运。26...Rxe4到底怎样呢？让我们仔细看一看：

26...Rxe4 27.Rxd5

27.Nxd5 Kh8 黑方优势。

27...Bd6 28.Qd3 Rd4

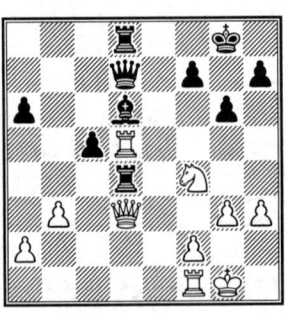

图414a 这局面很复杂！

29.Qxa6

29.Rxd4 cxd4 30.Qxd4 Bxf4 31.Qxf4（31.Qxd7 Rxd7 32.gxf4 Rd2，和棋）31...Qxh3 32.Qf6 Qc8，和棋。

29...Rxd5 30.Nxd5 Qxh3

30...Kg7!? 31.Kg2 Be5 32.Rd1 h5局面复杂。

31.Qb6 Bxg3 32.Qxd8+ Kg7 33.Qf6+ Kh6是和棋。不幸的是，31.Qa5!很强大，因为31...Bxg3并不起作用：32.Ne7+ Kg7 33.Qc3+白方胜势。这意味着黑方不得不尝试一些别的下法，例如：31.Qa5 Rc8 32.Nf6+ Kh8 33.Qc3 Bf8!，尽管在34.Re1之后仍然稍好，黑方还是有机会反击的。

这是故事的结尾吗？不是，回到26...Rxe4 27.Rxd5 Bd6 28.Qd3 Ree8 29.Rd1 我们仍记得黑方说Rd1置她于死地，但是一个更积极的心态可能会帮助她注意到29...Qc6!

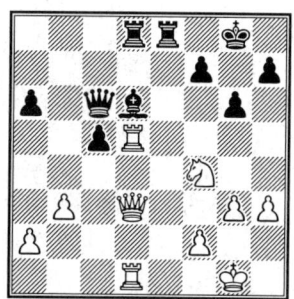

图414b 黑方最终活下来了！

用战术的眼光分析一下，你会发现30.Rxd6??（30.Qc4!让白方使局面僵持，但是并不可怕）会导致彻底的失败：30...Rxd6 31.Qxd6 Re1+! 32.Rxe1 Qxd6。

说实话，以上所有的这些都十分复杂，超出了许多选手的分析能力。然而，在girl-brain的"我不能"和"我不得不"背后还有一个巨大的世界，如果你没有坚持仔细思考，你将不会发现你有化输为赢的机会。

我想要补充的是整个被动防守的噩梦始于她对第25步的评论："我不得不保象，所以这步棋是被迫的（25...Re5）。"

但这是完全错误的！

25...Bxb3!

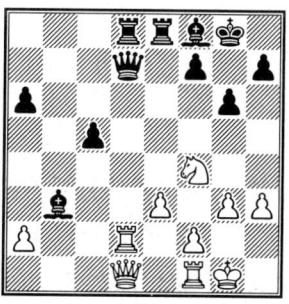

图414c 谁说黑方更差？

26.Rxd7 Bxd1 27.Rfxd1 Rxd7 28.Rxd7 Rc8，这样黑方（由于c线通路兵）是唯一

被认为能够获胜的一方。25...Bxb3不难发现，但是如果你开始就想着"我不得不保我的象"，那你就不可能找到正确的下法了。

图415
【等级分：1800-2200】

黑方先行
伊万·切帕里诺夫 对阵 阿尔图尔·尤苏波夫，
2007年 阿姆斯特丹

评价这个局面。

1.e4 e5 2.Nf3 Nf6 3.Nxe5 d6 4.Nf3 Nxe4 5.d4 d5 6.Bd3 Nc6 7.0-0 Be7 8.Nc3 Nxc3 9.bxc3 0-0 10.h3 h6 11.Re1 Bd6 12.Ne5 Qh4 13.Qf3 Be6 14.Rb1 Nxe5 15.dxe5 Bc5 16.Be3 b6 17.Bxc5 bxc5 18.c4 c6 19.Qe3 Qe7 20.c3 dxc4 21.Bc2——图415

黑方的三叠兵看起来很差劲，许多棋手会不由自主地表示白方有优势。白方优势的进一步"证据"是白方王翼的多兵，f2-f4-f5的推进看起来很有威胁。

然而，黑方没有引以为豪的地方吗？其实是有的，如果你不考虑双方的优势的话，你会永远觉得处于下风！在现在这个局面，黑方的三叠兵使他对几个重要格（b5、b4、b3、d5、d4和d3）有很强的控制。d5格特别重要，因为黑象在那里威力巨大。黑方还多一个兵，但是对局面还没有很大的影响（毕竟，白方的c3兵阻挡住了黑方的三叠兵）。

总之，黑方的局面完全可以接受！

评价等级解释：我认为许多大师会不由自主地认为白方优势。如果你能够透过三叠兵的弱点意识到黑方也有他的优势，那么你可以为自己感到自豪。

21...Bd5 22.f4 Rab8 23.f5 Qg5 24.Qf2 Rxb1 25.Rxb1 Rd8 26.Rd1 Rb8 27.Rd2 g6?（黑方局面很不错，但这步棋之后开始变糟了）28.h4 Qg4 29.Re2 gxf5 30.Bxf5 Qg7 31.Qf4 Re8 32.Bh3 Kh8 33.Re3 Rg8 34.Rg3 Qh7 35.Qf6+ Rg7 36.Bf5，1-0。

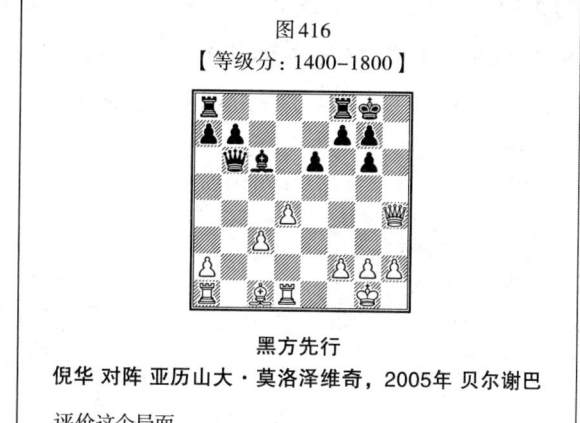

图416
【等级分：1400-1800】

黑方先行
倪华 对阵 亚历山大·莫洛泽维奇，2005年 贝尔谢巴
评价这个局面。

1.e4 c5 2.Nf3 Nc6 3.c3 Nf6 4.e5 Nd5 5.d4 cxd4 6.cxd4 d6 7.Bc4 Nb6 8.Bb5 Bd7 9.exd6 e6 10.0-0 Bxd6 11.Nc3 Ne7 12.Bd3 Bc6 13.Qe2 Nbd5 14.Rd1 0-0 15.Ne5 Bxe5 16.Qxe5 Qb6 17.Qh5 Ng6 18.Bxg6 hxg6 19.Qh4 Nxc3 20.bxc3——图416

让我们来听听特级大师阿隆·格林菲尔德（来自《New In Chess》2005年第8期）对这个局面做出的评价：

"其实异色格象的局面非常奇妙。单看象很可能和棋，而重子又通常带来尖锐的比赛，因为没有东西可以去直接交换象，所以他们对分别颜色的格子的控制是牢不可破的。因此这样的局面，双方通常有自己的斜线。而两个因素是尤其重要的：王的安全和兵形。在这个局面下，白方有两个弱点（c3和a2兵），而黑方的兵阵非常坚固。"

评价等级解释：我希望每个读过这本书的人都注意到白方兵形上的缺陷。如果你对接下来可以占据c4和d5格感到兴奋，那就更好了。如果你注意到异色格象，并意识到黑方的象比白方的象拥有更好的斜线，你就做得很棒了。

20...Qb5 21.Re1 Rac8 22.Qg3 Rfd8 23.h4 Qf5 24.Bf4 f6
不让白方的子力进入e5和g5格。

25.a4 Bd5
现在很明显白方处于被动。当然，他还可以坚持（尽管并不会好受），但是他的下一步棋下得相当糟糕。剩下的比赛将给予少量的评论：

26.Bd6? Bxg2! 27.Be7 Rd7 28.Bxf6 Bd5!?（28...gxf6）**29.Be5 Rf7**（由于d5象掌控着a8-h1的大斜线，白王现在十分容易被攻击。）**30.Re3 a5!**（把a4兵留在白格。这让黑车和黑象可以攻击它。）**31.Rc1 Rc4 32.f4 Rxa4 33.Qg5 b5 34.Qxf5 gxf5 35.Kf2 Ra2+**

36.Re2 Ra3 37.Rb2 Rb3 38.Rxb3 Bxb3 39.Ke3 Rd7 40.Ra1 a4 41.Kd2 Ra7 42.Bd6 Ra6 43.Ba3 Kf7 44.Ke3 Ra8 45.Kf2 Rh8 46.Rh1 Bd5 47.Rh3 Be4 48.Ke3 Rh6 49.h5 Ke8 50.Rg3 Rxh5 51.d5 g5 52.dxe6 g4 53.Kd4 Rh3 54.Rg1 g3 55.Ke5 g2 56.Rd1 Rh1 57.Rd7 g1=Q 58.Be7 Bc6，0–1。

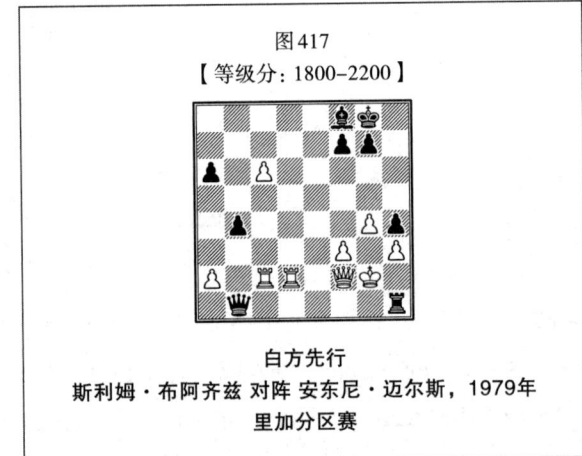

图 417
【等级分：1800–2200】

白方先行
斯利姆·布阿齐兹 对阵 安东尼·迈尔斯，1979年
里加分区赛

很显然白方已经胜势——他子力占优，并且c线通路兵即将升后。在这样的局面下（比赛都快结束了），花些时间看清对手是不是有什么威胁或者诡计是相当重要的。不幸的是，布阿齐兹认为黑方即将认输，没能集中最后的注意力而失去了本该属于他的一分。

评价等级解释： 这个问题是"下棋要用心！"的一个很好的例子！很显然你要赢了，但是现在你也需要知道，当你认为这局比赛你要拿下了的时候，你要仔细看一看对手潜在的威胁，这样你才不会阴沟翻船。

1.c7??
当然，白方本应该长时间考虑一下，试着掌控现在到底在发生什么。我经常告诉我的学生，如果你在一个有趣的局面里下得很快，那说明你并不享受比赛。相反，你应该多想一会儿，看清楚场上所有可能的变化，这也保证你对每一个可能产生的局面都尽在掌握。如果布阿齐兹这样做，他会发现黑方的阴谋而下1.g5！（…Rxh3之后给白王g4格可逃），那时黑方就真的要认输了！

1…Rxh3!
遭受到这样的惊吓之后，坐下来长时间想一想（如果你有时间，出去呼吸一下新鲜空气也是一个好主意）是非常重要的。这让你站在局面之上，冷静下来，清醒头脑，避免一个歇斯底里的应着。

2.Kxh3??

我怀疑白方当时时间非常紧张。如果不是的话，那就是我刚才提到的歇斯底里的应着。

白方本可以2.Qf1 Rg3+ 3.Kf2 Rxf3+ 4.Kxf3 Qxf1+ 5.Ke4黑方不得不长将求和。

2...Qh1+ 3.Qh2 Qxf3+ 4.Kxh4 Be7+ 5.g5 Bxg5+，0-1。因为 6.Kxg5 f6+ 7.Kh4（7.Kg6 Qg4#）7...g5# 可怜的布阿齐兹很可能在这次可怕的翻盘之后吸取教训！

第九章 习题11

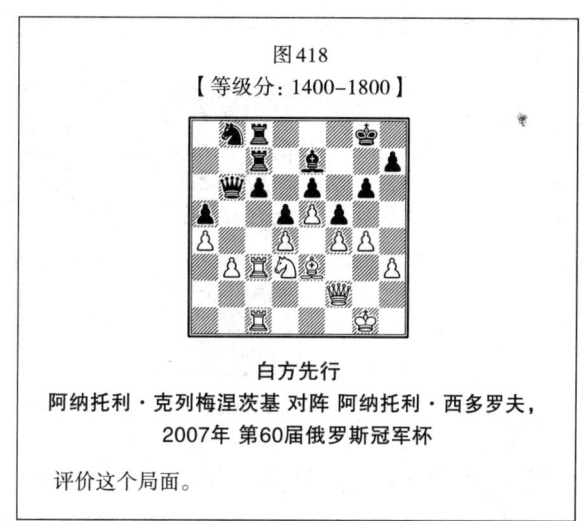

图418
【等级分：1400-1800】

白方先行
阿纳托利·克列梅涅茨基 对阵 阿纳托利·西多罗夫，
2007年 第60届俄罗斯冠军杯

评价这个局面。

1.d4 Nf6 2.c4 e6 3.Nf3 b6 4.g3 Ba6 5.b3 b5 6.Bg2 Qc8 7.Ne5 Bb7 8.Bxb7 Qxb7 9.0-0 d6 10.Nd3 Nbd7 11.cxb5 Qxb5 12.Nc3 Qb7 13.f3 Be7 14.e4 Nh6 15.Be3 0-0 16.a4 a5 17.Qd2 Rfc8 18.Rfc1 Nfd7 19.Rab1 c6 20.Qf2 Qa6 21.Qf1 Rab8 22.Bf2 Rb7 23.Rc2 Rd8 24.Rd1 Nb8 25.Na2 N6d7 26.Nac1 d5 27.e5 Qb6 28.f4 Na6 29.Be3 Nb4 30.Nxb4 Bxb4 31.Nd3 Ba3 32.Rc3 g6 33.Qf2 Rc7 34.g4 f5 35.h3 Rdc8 36.Ra1 Be7 37.Rac1 Nb8——图418

中心封闭了，并且后翼处于一个非常平衡的状态。白方对c6兵施加压力，而黑方对b3兵施加压力。白方在控制c5格，防止黑方...c6-c5。而黑方控制着b4格。

我想要强调一下c5格的重要性——如果黑方挺起...c6-c5，他将很可能一只脚已经迈向了胜利，因为他的主要的弱点消失了，而白方虚弱的b3兵还存在着。

由于白方在后翼无法进攻黑方，他获得优势的最后希望寄托在王翼。因此，38.gxf5有它的道理。

评价等级解释：虽然很容易看到白方的优势（对c6兵和c5格的优势和在王翼的

机会），但是没有许多棋手会考虑到对手的优势。如果你也看到了黑方的优势，那么你也可以对自己感到满意。

38.Nc5

这步棋得不到任何优势。更好的下法是38.gxf5 gxf5 39.Kh2 黑方接下来并不好下：39...Kh8 40.Rg1 Rg8 41.Rxg8+ Kxg8 42.Qg2+ Kf7（更差的是42...Kh8 43.Rc1 Bf8 44.Qg5 Rg7 45.Qf6 Be7 46.Qxe6）43.Qf3 黑方的王很不安全。

在我看来，黑方应该用38...exf5!来应对38.gxf5，39.h4之后黑方有以下几种选择：

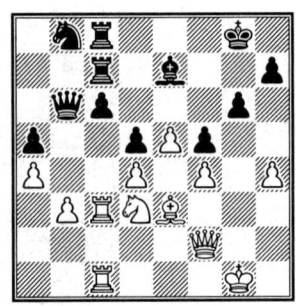

图418a　39.h4之后的局面

▶ 39...Na6 40.Kh2 Ba3 41.Ra1 Bf8 42.Rg1 Rg7 43.h5 Nc7 44.Nc5 Bxc5 45.dxc5（45.Rxc5 Ne6，和棋）45...Qa7 46.Qh4 Ne6 47.Bd2 Rf8 48.hxg6 hxg6 49.Rh3 d4黑方优势。

▶ 39...h5 40.Nc5（40.Kh1 Nd7 41.Qg3 Nf8，和棋）40...Bxc5 41.dxc5（41.Rxc5 Nd7 42.R5c3 Nf8下步准备...Ne6黑方形势不错）41...Qa7 42.Bd4 Nd7 43.Kh1 Nf8 44.Rg3 Rg7 45.Rcg1 Re8! 46.Qf3（46.e6 Rxe6 47.Bxg7 Kxg7黑方优势）46...Re6白方被动。

在实际比赛中，白方这样下：**38...Bxc5 39.Rxc5 Qxb3 40.Rxa5 Nd7 41.Qd2 Nb6 42.Qc3 Qxc3 43.Rxc3 Nc4 44.Ra6 Rb7 45.Kf2 Kf7 46.Bc1 c5 47.dxc5 Rxc5 48.Be3 Rc8 49.Ra7 Rxa7 50.Bxa7 Ra8 51.Bc5 Ra5 52.Bd4 Rxa4 53.Rb3 Na5 54.Rd3 Nc6 55.Be3 g5 56.Kg3 Nxe5 57.fxe5 f4+ 58.Kg2 fxe3 59.Rxe3 Re4**，0-1。因为60.Rxe4 dxe4 61.Kf2 Ke7 62.Ke3 Kd7 63.Kxe4 Kc6 64.Kd4 Kb5 吃掉e5兵后就可轻松获胜。

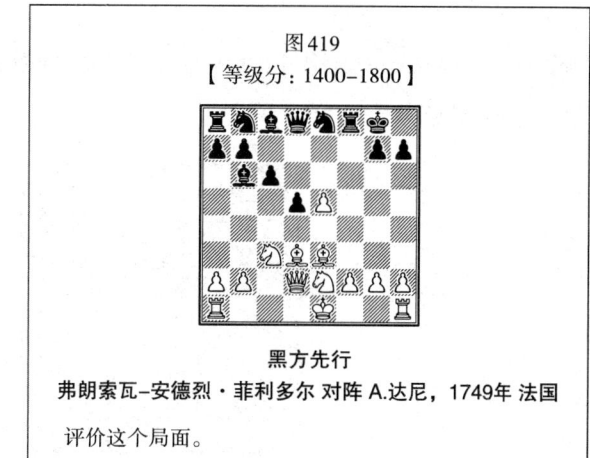

图419
【等级分：1400-1800】

黑方先行
弗朗索瓦-安德烈·菲利多尔 对阵 A.达尼，1749年 法国
评价这个局面。

1.e4 e5 2.Bc4 Bc5 3.c3 Nf6 4.d4 exd4 5.cxd4 Bb6 6.Nc3 0-0 7.Nge2 c6 8.Bd3 d5 9.e5 Ne8 10.Be3 f6 11.Qd2 fxe5 12.dxe5——图 419

菲利多尔因他对兵的喜爱而著名，他知道怎么用它们进攻，而那时却很少有人能熟练运用。在这局比赛中，他向大家展示了一个他非常喜欢的计划：创造多兵，将多兵转化为通路兵，然后挺进通路兵。

在我们这个局面下，我希望你们注意到白方在王翼的多兵和黑方在后翼的多兵。很显然，两边都需要利用他们的多兵，并证明他们自己的多兵比对手的优势更明显。

评价等级解释： 这个问题是关于双方各自的多兵优势的。如果你注意到它们了，那么要想办法在这场比拼中获胜。

这样的局面并不会让电脑开心，但是菲利多尔一根筋到底的想法在这里特别有指导意义。让我们来看看他到底是怎么下的！

12...Be6 13.Nf4

白方立刻对黑方e6的阻塞格发起了挑战。然而，我更喜欢13.0-0准备f2-f4，如果可以的话再冲f5。

13...Qe7

13...Bf5看起来更自然，这是f4的马实际上阻挡了他自己的f兵。

14.Bxb6 axb6 15.0-0

直接15.Nxe6更精确。

15...Nd7

黑方应该尝试15...Qg5 尽管黑方在16.g3之后仍然稍优。

16.Nxe6 Qxe6

我们已经（在第八章）讨论过，后不是一个很好的阻塞子力。在这里也是如此。

17.f4 Nc7 18.Rae1 g6 19.h3

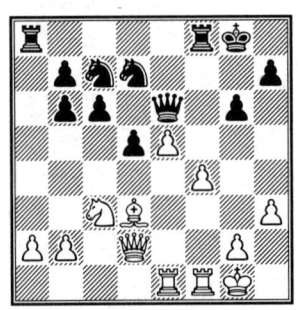

图 419a

你不得不爱上这个人！菲利多尔想要通过g4和f5攻击黑方，他积极地冲兵让黑方的兵看起来移动很缓慢。

一个更尖锐的选择是19.f5!? gxf5 20.Qf4 Qe7（20...Qg6? 21.Bxf5 Ne6 22.Qg3 Rxf5 23.Rxf5 Qxg3 24.hxg3使白方多半子，并且拥有很明显的优势）21.Bxf5 Nc5黑方想要通过...N7e6来阻塞白方e线通路兵。

19...d4?

这是一个很严重的错误，把e4格留给了白马。

20.Ne4 h6?

很显然黑方担心Ng5，但是这步棋弱化了他王翼的兵形（并且失去了进攻的速度），花一步棋来防止本可能不在白方进攻计划里的棋实在代价太大了（这又把我们带回了第四章关于"我必须"的诅咒）。他可以下20...Kh8，尽管不管下什么他的局面都已经很糟糕了。

21.b3

白方不动声色地守护住a2兵，同时作出Bc4的威胁。然而，更有针对性的Nd6（准备22.f5碾压）是致命的。在这种情况下，白方的多兵优势并不准备化为一个通路兵，而是用来攻击对方的王。

21...b5 22.g4?!

22.Nd6准备f5仍然非常强大。然而，菲利多尔不想让任何事情（包括好棋！）让他从他原先的计划中分心（例如，通过g2-g4和f4-f5来创造连着的通路兵）。

22...Nd5 23.Ng3

太无情了！他终于准备好完成他梦想的f4-f5了。

23...Ne3 24.Rxe3?

作为一个弃子的支持者，我非常希望这样的弃子是合理的。不幸的是，这里并不合理。相反，稳定的24.Rf2准备25.Nf1或者25.Ne2使白方有一个很大的、很安全的优势。

24...dxe3 25.Qxe3 Rxa2 26.Re1

菲利多尔太令人震惊了。他整盘棋就是为了f4-f5，当对方把马卡入d3格时，他只是通过弃子把马啃掉了，然后准备他渴望已久的f4-f5挺兵。菲利多尔的兵确实需要f4-f5挺兵，而他能感受到兵的想法，想尽一切办法使它实现。

26...Qxb3

并不是最好的。26...Rb2!是正确的下法，27.f5 Qd5。

27.Qe4 Qe6 28.f5

ChessBase团队对这盘经典的比赛做了他们自己的分析，很显然他们是菲利多尔和他对现代国际象棋贡献的巨大拥护者。对我来说，看见国际象棋爱好者如此拥护一个计划的实施是让我十分高兴的！事实上，在他们的评论中，他们几乎都是很乐意看到菲利多尔准备要f4-f5挺兵了，而当他最终下了第28步棋时，他们给出了将会永远留在我脑海中的评论："好！！好！！"我实在是太喜欢这条评论了！当我小时候看这盘棋时，那是一种发自内心的狂喜，也很高兴看到其他人有相同的态度。

不幸的是（事实上，是悲剧的），28.f5是一步会导致输棋的败着！28.Qxg6+是正确的下法，28...Qxg6 29.Bxg6 Rxf4（其他下法也可以，但是白方会由于他强有力的兵而有不错的局面），30.e6 Rf3 31.Ne4 Ne5 32.e7 Rg3+!之后会是一盘和棋。

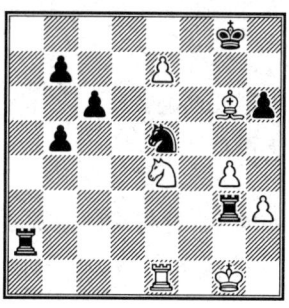

图 419b　直接导致和棋

33.Nxg3 Nf3+ 34.Kf1 Nh2+长将。

28...gxf5?

28...Qb3是制胜的一步棋。然后29.f6（29.Qe3 Qd5威胁将杀和30...Qc5换后）29...Nxe5！

剩下的比赛便不做评论了，最终我们英雄获得了胜利：**29.gxf5 Qd5 30.Qxd5+ cxd5**

31.Bxb5 Nb6 32.f6 Rb2 33.Bd3 Kf7 34.Bf5 Nc4 35.Nh5 Rg8+ 36.Bg4 Nd2 37.e6+ Kg6 38.f7 Rf8 39.Nf4+ Kg7 40.Bh5，1-0。菲利多尔的兵毕竟有它们的威力！

第九章
习题13

图420
【等级分：1400-1800】

白方先行
鲁道夫·希德维尔斯基 对阵 弗朗西斯·李，1907年
奥斯坦德

评价这个局面，并指出该如何走出符合你的评估的棋步。

1.e4 c6 2.d4 d5 3.Nc3 dxe4 4.Nxe4 Bf5 5.Ng3 Bg6 6.Nf3 Nd7 7.h4 h6 8.Bd3 Bxd3 9.Qxd3 e6 10.Be3 Ngf6 11.0-0-0 Qc7 12.Kb1 Bd6 13.Ne2 Ng4 14.Rhf1 Nxe3 15.fxe3 0-0-0 16.c4 Nf6 17.e4 e5 18.d5 Rhe8 19.Nd2 c5 20.Rf5 Ng8 21.Rdf1 f6 22.h5 Bf8 23.R5f2 Kb8 24.Qe3 Ne7——图420

白方有更大的空间，还有一个有根通路兵。而黑方却没有优势的地方。除了这点，还需要指出两件事情：

▶ 黑方想要把马挪到d6格来阻拦通路兵。

▶ 象对马的局面正在酝酿之中！

理想的是，白方把马永远放在f5格。这将帮助他挑战对d6格的潜在阻塞。兑掉一匹马（然后把剩下的马挪到f5格）是十分明智的，因为这样的马对象的局面显然是白方优势。

评价等级解释：我知道1400的选手注意到了d线通路兵，并意识到黑方想要用马阻塞d6格。然而，如果你还意识到白方应该寻找机会换掉一匹马（这终结了黑方想要舒服阻塞d兵的美梦），并把剩下的马放在f5格，那你做得就非常好了。如果你注意到换掉一匹马以后，白方的马比黑方的象好很多，那就更好了！

25.Ng3

自然并且强大——这匹马会跳进f5格。

25...Nc8 26.Nf5 Qd7 27.Qg3 Qf7 28.Qg4 a6 29.Nf3 Ka7 30.N3h4 Nd6 31.Nxd6 Bxd6 32.Nf5

白方明显更好——他的马比黑方像兵一样的d6象强大多了，g7兵还受到攻击，还有白方的空间优势都让黑方处于永远的被动之中。

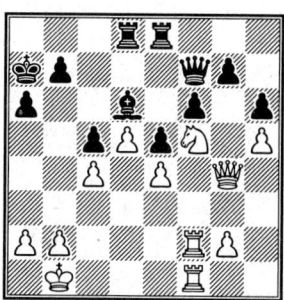

图420a

这里是接下来的比赛：**32...Bf8 33.Rf3 Qc7 34.Rg3 Rd7 35.Qd1 Rb8 36.Rff3 b5 37.cxb5 Rxb5 38.Rc3 Qb8 39.Qe2 Rdb7 40.Rc2 Qd8 41.Rgc3 Qa5 42.Qe3 Rb4 43.d6 Qb6 44.Qxc5 Qxc5 45.Rxc5 Rxe4 46.Rc8 Rf4 47.Rxf8 Rxf5 48.Rc7 Rf1+ 49.Kc2 Rf2+ 50.Kd3 e4+ 51.Ke3 Rfxb2 52.d7 Rxc7 53.d8=Q Rc3+ 54.Kxe4**，1-0。

第九章
习题14

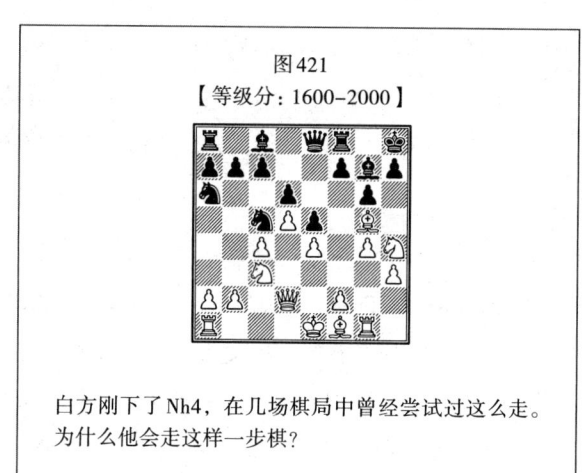

图421
【等级分：1600-2000】

白方刚下了Nh4，在几场棋局中曾经尝试过这么走。为什么他会走这样一步棋？

1.d4 Nf6 2.c4 g6 3.Nc3 Bg7 4.e4 d6 5.Nf3 0–0 6.h3 e5 7.d5 Na6 8.Bg5 Qe8 9.g4 Nd7 10.Rg1 Kh8 11.Qd2 Ndc5 12.Nh4!?——图421

要理解这步棋，你需要理解黑方在这种局面下通常的计划——答案是基于兵形的。因为中心封闭了，而车也不能做任何事情，黑方需要用兵来为车打开线路，并给他自己的子力一些空间。王翼印度最通常的突破方式是...f7-f5（增加王翼空间，并立即激活f8

车），而...c7-c6（试着打开后翼线路）在一些王翼印度防御体系里也是一种主要的尝试。

知道了...f7-f5是黑方主要的想法以后，白方的12.Nh4就十分有道理：他看住了f5，防止了黑方特定的计划——12...f5? 13.gxf5 gxf5 14.Bh6（甚至14.exf5 Bxf5 15.Nxf5 Rxf5 16.Be3也是白方好，因为黑方营地中白格由于缺少白格象而十分空虚）14...Rg8 15.Bxg7+ Rxg7 16.Rxg7 Kxg7 17.Qg5+ Kh8 18.exf5这结果显然不会吸引黑方！

评价等级解释：这个问题是关于封闭局面的和对于这种局面兵阵的突破的。一旦你意识到...f5是黑方主要的想法，Nh4就变得很有道理（好不好是另一回事）。

当然，12.Nh4之后黑方不需要恐慌。像12...c6、12...Na4、12...Bd7这样的下法都是下得有理有据——黑方的想法就是在后翼寻找机会而忽略h4的马，h4的马虽然有效，但当棋盘另一边爆发战斗时它帮不了任何忙。

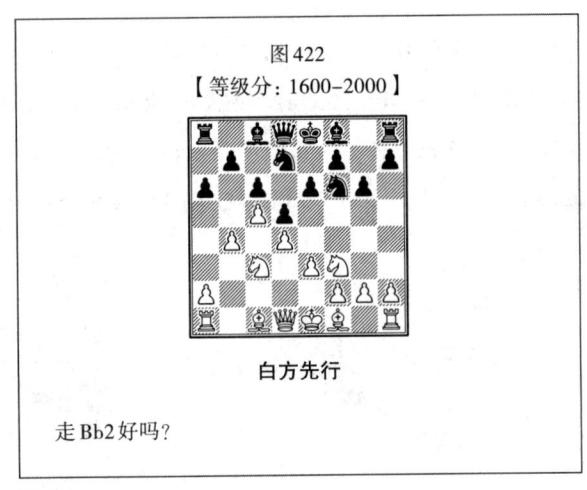

图422
【等级分：1600-2000】

白方先行

走Bb2好吗？

1.d4 Nf6 2.c4 e6 3.Nf3 d5 4.Nc3 c6 5.e3 a6 6.c5 Nbd7 7.b4 g6——图422

如果你说："不好，这步棋根本没有道理，象在b2就像一个兵。"那么我会因为你不想浪费一步棋来把象放到一个死胡同里而为你鼓掌。虽然你的回答是不正确的，但是它确实展示了一些真实的象棋思路，我会为任何不到1900的学生这样回答而感到高兴。

评价等级解释：这个问题的关键是意识到黑方主要的突破在于...e6-e5。如果你理解了这个，那么你也将理解Bb2在这个局面下是非常有用的。

其实Bb2是非常明智的（事实上，这是白方在这里最流行的一种下法）。是的，它看起来就像一个兵，如果Bb2只是"让我把子出到某个地方"这样的一步棋，那么它会遭受到广泛的批评。

然而，8.Bb2实际上展示了不仅对白方局面的深刻理解，更是对黑方计划的深刻理解。记住，你需要知道双方的想法。因此，如果黑方不想因为缺少空间而被压制，他最终不得不下...e6-e5。当这步棋发生时，白方将控制住e5格，把"b2兵"变为一个很优秀的子力。

8.Bb2 Bg7 9.Be2 0-0 10.0-0 Qc7 11.Na4 Ne4 12.Ne1（12.Nd2!?）**12...e5**（12...b5!?）**13.dxe5 Nxe5 14.f3 Nf6 15.Nb6**，维克托·博洛甘对阵亚历山大·格里修克，2004年波伊科夫斯基，白方接下来Ne1-c2-d4，局面比黑方更好。

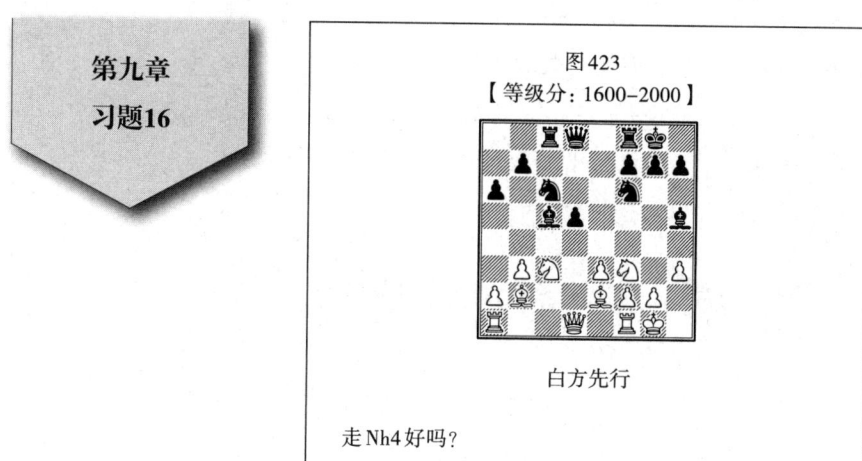

第九章 习题16

图423
【等级分：1600-2000】

白方先行

走Nh4好吗？

1.d4 Nf6 2.c4 e6 3.Nc3 Bb4 4.e3 0-0 5.Bd3 c5 6.Nf3 d5 7.0-0 Nc6 8.cxd5 exd5 9.dxc5 Bxc5 10.b3 Bg4 11.Bb2 a6 12.h3 Bh5 13.Be2 Rc8——图423

黑方有一个孤立的d兵。在第五章我们讨论过，当面对孤兵时你最好做到：

▶ 控制兵前面的一个格子，使孤兵无法向前冲。

▶ 交换掉轻子。

▶ 进入后车兵残局，使孤立兵成为真正的弱点。

所有这些都意味着14.Nh4确实有道理，因为它逼迫黑方交换掉白格象。然而，只是因为你遵循基本规律并不意味着它总是有效——基本规律只是让你下棋变得容易的向导，但是他们需要在每个特定局面下被重新权衡是否真的有效。

评价等级解释：这道题测试了你对孤立d兵的知识。一个主要的攻击方法是兑掉轻子，使孤立兵不能受到很好的保护。如果你理解了Nh4是在利用这条规律，那你做得非常好。

14.Nh4! Bxe2

14...Bg6 15.Nxg6 hxg6 16.Bf3白方优势，双象威胁着d5兵，16...d4 17.Na4 Ba7 18.exd4

Bxd4 19.Bxc6（比19.Bxd4好，19...Nxd4 20.Bxb7 Rc2 21.Bxa6 Rd2! 22.Qc1 Ne4黑方子力非常活跃）19...Bxb2 20.Bxb7 Bxa1 21.Bxc8 Qxd1 22.Rxd1 Rxc8 23.Rxa1 Rc2 24.b4 Ne4 25.a3 黑方在残局中痛苦地挣扎着。

15.Nxe2 Re8 16.Nf5

16.Rc1!?

16...Bf8 17.Rc1 g6

17...Qd7 18.Nh6+!

18.Nfd4 白方拥有微弱但是持久的优势。

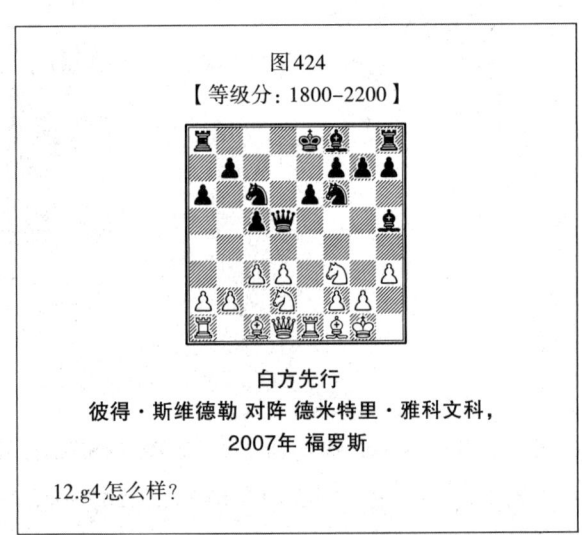

图424
【等级分：1800-2200】

白方先行
彼得·斯维德勒 对阵 德米特里·雅科文科，
2007年 福罗斯

12.g4怎么样？

1.e4 c5 2.Nf3 Nc6 3.Bb5 d6 4.0-0 Bd7 5.Re1 Nf6 6.c3 a6 7.Bf1 Bg4 8.d3 e6 9.Nbd2 d5 10.exd5 Qxd5 11.h3 Bh5——图424

黑方子力看起来非常积极，他希望最终给白方d3兵施加压力，局面看起来很不错。如果他有时间下...Be7和...0-0的话，前面的想法就很可能成为现实。

在另一方面，黑王还在中心，再加上b6和c4的虚弱格（Nc4直接威胁Nb6），意味着白方需要有充满活力的下法，所以可以最大限度地利用这些因素。

因为想下Nc4，那么12.g4就是必须的，因为直接跳马（12.Nc4）会有12...Bxf3 13.gxf3 Qf5黑方比较好。

评价等级解释：如果g4削弱了王城让你感到很不舒服，那说明你没有错！当你下像这样的一步棋时，你应该被吓坏了。另一方面，g4只在你意识到白方需要充满活力的下法（由于在中心的黑王）并且是战术实行过程不可或缺的一部分（保证了Nc4）的时候变得十分有道理。

尽管12.g4虚弱了白方的王翼（特别是f4格变成了黑方希望占据的格子），但是冲g兵是让你的子力活跃起来，准备在黑王还留在中心的时候就展开进攻的唯一方法。

和往常一样，决定你的局面是趋于动态还是趋于静态十分重要。如果你的回答是动态的，那么你就不得不尽你的全力，经常弃子或者暴露自己的一些弱点，来抓紧时间进攻。

12.g4! Bg6 13.Nc4

白方正在不断地送出威胁（在这里是Nb6抓双），这意味着黑方希望的...Be7和...0-0不会马上发生。

13...Qd8

最好的下法。13...Rd8 14.Bf4威胁Nb6抓死后，非常强大。

13...Ra7也同样不好：14.Nfe5 Nxe5 15.Nxe5 Nd7 16.Bg2 Qd6 17.Bf4 Nxe5 18.Bxe5 Qxd3 19.Qa4+ Qd7（19...Qb5 20.Qf4）20.Qa5 Qd8 21.Bc7 Qc8 22.Qb6黑方局面太难看了。

14.Bg2

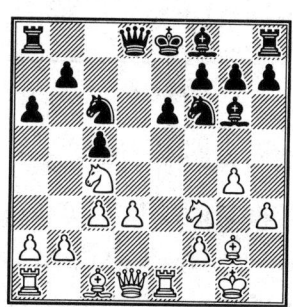

图424a

我们发现，在之前几步过后，白方的子力已经获得了非常积极的位置，而黑方的子力却并不协调。

14...Qc7? 黑方在这之后就渐渐输掉了比赛。我们来看看其他的尝试：

▶ 14...Bd6 想要尽快易位，很有道理。然而，15.d4 0-0 16.Be3使黑方处于严重的压力之下。

▶ 14...Qxd3 15.Qb3白方胜势。

▶ 14...Bxd3是最好的选择：15.Nce5 Be4 16.Qxd8+ Nxd8（16...Rxd8 17.Nxf7! Bxf3 18.Nxd8 Bxg2 19.Nxe6黑方陷入了麻烦）17.g5 Bxf3 18.Bxf3 Nd7 19.Nc4 尽管黑方多一个兵，但由于白方出子领先和他疯狂的双象，黑方局面并不好。19...Rc8 20.Rd1（20.a4!?）20...b5 21.Nd6+ Bxd6 22.Rxd6白方的双象加上他强大的主动性远比黑方多的一个兵更重要。

15.Nfe5 Nxe5 16.Bf4! Rd8

16...Nfd7 会被如下演变摧毁：17.Rxe5! Nxe5 18.Bxe5 Qd8 19.Bxb7 f6 20.Qa4+。

17.Bxe5 Qd7 18.d4

18.Nb6!?也很不错。

18...cxd4 19.Qxd4 Qb5

19...Qxd4 20.Bxd4 Nd5 21.Rad1白方出子拥有巨大领先优势。

20.Nd6+ Bxd6 21.Bxd6 Qd3 22.Rad1 Qxd4 23.Rxd4

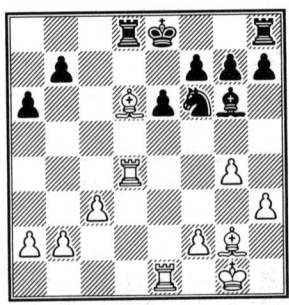

图424b

黑方的王永远易不了位了，它死定了。剩下的棋不需要再做评论了：**23...Rd7 24.Red1 Nd5 25.Ba3 b5 26.b3 Kd8 27.c4 Nf6 28.Rxd7+ Nxd7 29.cxb5 axb5 30.Bb4 f6 31.Bc6 Be8 32.Bxb5 h5 33.a4 hxg4 34.hxg4 Rh3 35.Bc4 f5 36.a5 Kc7 37.Bxe6 Nf6 38.g5 Bc6 39.Bd6+ Kb7 40.f3 Ne8 41.Be5 Nc7 42.Bd7 Bxf3 43.Rd6 Na6 44.Rb6+ Ka7 45.Bxf5 Rh4 46.Kf2 Bb7 47.Kg3**，1-0。

第九章
习题18

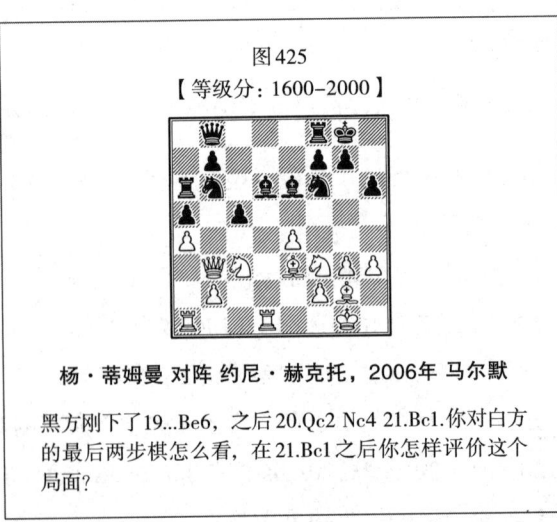

图425
【等级分：1600-2000】

杨·蒂姆曼 对阵 约尼·赫克托，2006年 马尔默

黑方刚下了19...Be6，之后20.Qc2 Nc4 21.Bc1.你对白方的最后两步棋怎么看，在21.Bc1之后你怎样评价这个局面？

1.Nf3 d5 2.g3 Bg4 3.Bg2 Nd7 4.c4 e6 5.cxd5 exd5 6.0-0 Bd6 7.Qb3 Nb6 8.Nc3 Nf6

9.h3 Bd7 10.d3 0-0 11.a4 a5 12.Be3 Ra6 13.Bd4 Re8 14.e4 dxe4 15.Ng5 Rf8 16.dxe4 c5 17.Be3 h6 18.Rfd1 Qb8 19.Nf3 Be6——图425

20.Qc2 Nc4 21.Bc1

蒂姆曼之后写道（在《New In Chess》2006年第4期中）："在那时，白方不得不退回他的子力，但是他还保持着他所有的制胜法宝。黑方的主动只是暂时的。"

蒂姆曼告诉我们，白方有一个清晰的静态优势，而黑方的动态进攻只是乱枪打鸟。蒂姆曼提到的制胜法宝是：

- c3马控制着的b5格。
- 控制中的d5格。
- 黑方后翼多兵是没有用的，因为由于白兵（a4兵）看住了黑方两个兵（a5和b7兵），c兵不可能单独挺进。
- 白方的中心多兵在f2-f4之后会展现出真正的威力，如果e4-e5可以自己挺进，那f2-f4甚至没必要下。

评价等级解释：这听起来是个很难的问题，但是，如果你注意到b5和d5格与白方中心多兵潜在的威力，那么它就很容易解答了。

剩下的比赛展现了白方的有利失衡（制胜法宝），看起来很简单地接管了比赛：
21...Ne5 22.Nxe5 Bxe5 23.Be3 Qc8 24.Kh2 Re8 25.Nb5 Bb8 26.Qxc5 Qxc5 27.Bxc5 Rc6 28.Bd4 Bb3 29.Re1 Rc4 30.e5 Nd7 31.Ra3 Bc2 32.Bd5 Rxa4 33.e6 fxe6 34.Rxe6，1-0。

第九章
习题19

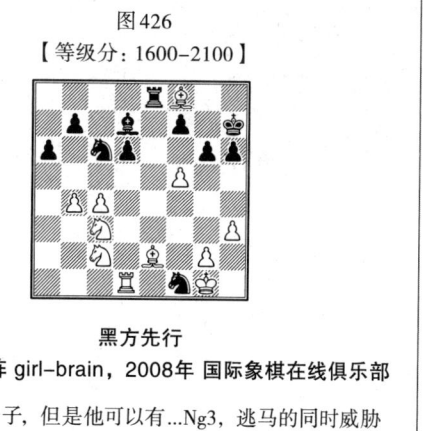

图426
【等级分：1600-2100】

黑方先行
Rabren 对阵 girl-brain，2008年 国际象棋在线俱乐部

黑方少一个子，但是他可以有...Ng3，逃马的同时威胁抓两匹马。...Ng3之后你怎么评价这种局面？

1.d4 Nf6 2.c4 g6 3.Nc3 Bg7 4.e4 d6 5.Bd3 0-0 6.Nge2 Nc6 7.h3 e5 8.Be3 exd4 9.Nxd4

Ne5 10.Be2 a6 11.0–0 c5 12.Nc2 Be6 13.b3 h6 14.Qd2 Kh7 15.f4 Nc6 16.Rad1 Qa5 17.f5 Bd7 18.a3 Rae8 19.b4 cxb4 20.axb4 Qe5 21.Bf4 Nxe4 22.Bxe5 Nxd2 23.Bxg7 Nxf1 24.Bxf8——图426

在实际比赛中，白方（24...Ng3之后）下了25.fxg6+ fxg6 26.Bf3，保持了一定的优势，但是黑方最终下和了。然而，虽然我接受了黑方可以吃回丢失的子的观点（白方也接受了这一点），但这并不意味着你不得不送回那个子！不要陷入你的对手（或者其他任何人）给你的幻觉之中。在这种局面下，你需要说："我必须找到一种多子的方法！我必须！"

自然地，很多时候你会发现你没有制胜的一步棋，但是至少你会发现你对局面有了更深层次的理解。然而，在许多情况下，你会发现一些好棋或者甚至是制胜的一步。但是，如果没有好胜的"我必须"，这些好棋是不会被发现的。

评价等级解释：这是一个关于"我必须"的问题！我希望你不要陷入"黑方将要吃回丢失的子"的烟幕弹里——在实际的比赛中，你的对手会一直尝试给你误导，你必须学会忽略他所说的每一件事，寻找在特定局面下真正正确的下法。

对黑方概念的反驳是（24...Ng3之后）：

25.Bg4! 黑方必输无疑：

▶ 25...Rxf8 26.fxg6+ fxg6 27.Bxd7

▶ 25...Nxf5 26.Bxd6!

▶ 25...gxf5 26.Bxd6，抓g3马。

第九章
习题20

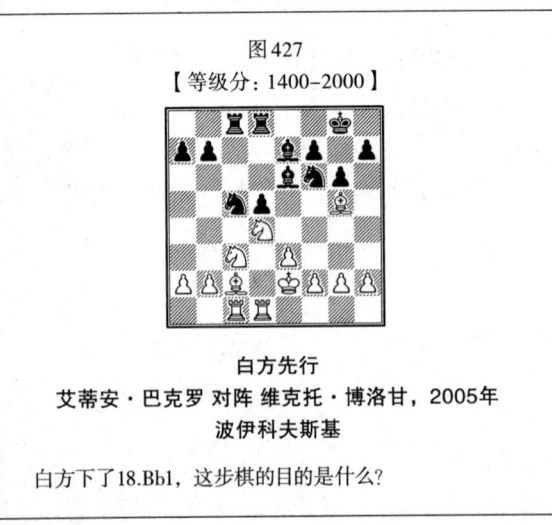

图427
【等级分：1400–2000】

白方先行
艾蒂安·巴克罗 对阵 维克托·博洛甘，2005年
波伊科夫斯基

白方下了18.Bb1，这步棋的目的是什么？

1.d4 Nf6 2.c4 e6 3.Nf3 d5 4.Nc3 Be7 5.Qc2 0–0 6.cxd5 exd5 7.Bg5 c5 8.dxc5 Qa5 9.e3 Nc6 10.Bb5 Nb4 11.Qa4 Qxa4 12.Bxa4 Nd3+ 13.Ke2 Nxc5 14.Bc2 Be6 15.Nd4 Rac8 16.Rac1 g6 17.Rhd1 Rfd8——图427

这个问题是关于目标意识的。目标是d5孤兵，并且白方希望用更多的子力给它施压。

评价等级解释：如果你没有注意到d5兵是白方长期的攻击目标，那么你不可能解答出这个问题。

18.Bb1!

我十分喜欢这步棋！白方想要使他的白格象加入到对d5兵的攻击中去，但是现在并不行，因为18.Bb3 会有18...Nxb3；而18.b4 Na6之后使c线的许多格都变弱了。18.Bb1想要准备a3、Ba2来达到目标。

下面是评论很少的接下来的比赛：

18...a6 19.a3 Kg7 20.Ba2 h6 21.Bh4 g5?（21...Ncd7再下...Nb6可以最大程度减小白方的优势）22.Bg3 Nce4 23.Nxe4 Nxe4 24.Bc7 Re8 25.Rc2! Bf6 26.Nxe6+ fxe6 27.Rdc1 g4 28.f3 gxf3+ 29.gxf3 Ng5 30.f4 Nf7 31.f5 exf5 32.Bxd5（白方的双象非常强大）32...Bg5 33.Bb6 Rxc2+ 34.Rxc2 Nd6 35.Kf3 Bf6 36.Bc5 Ne4 37.Bb4 Ng5+ 38.Kf2 b6 39.Rc7+ Kg6 40.h4 Ne6 41.Rc6 a5 42.Bc3 Bxh4+ 43.Kf3 Kf7 44.e4!，1–0.44...fxe4+ 45.Kxe4之后，白方通过Kf5抓死马。

第九章
习题21

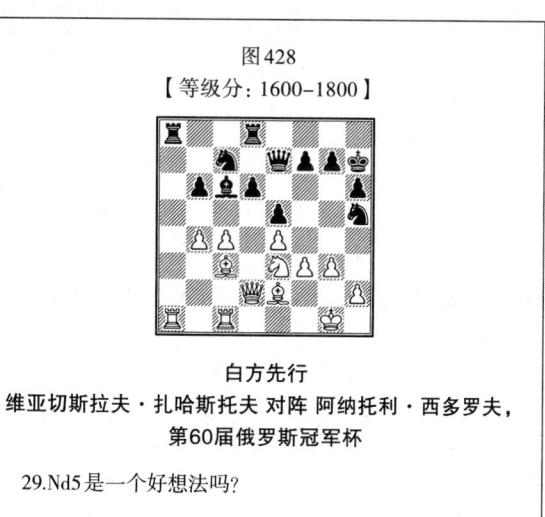

图428
【等级分：1600-1800】

白方先行
维亚切斯拉夫·扎哈斯托夫 对阵 阿纳托利·西多罗夫，
第60届俄罗斯冠军杯
29.Nd5是一个好想法吗?

1.d4 Nf6 2.c4 e6 3.Nf3 b6 4.Nc3 Bb4 5.Qc2 Bb7 6.a3 Bxc3+ 7.Qxc3 d6 8.e3 0–0 9.Be2 Re8 10.0–0 Nbd7 11.b4 Qe7 12.Bb2 e5 13.Rfd1 a5 14.Qb3 Qe6 15.Qc2 h6 16.d5

Qe7 17.Nd2 Rec8 18.e4 c6 19.dxc6 Bxc6 20.Qd3 Nf8 21.g3 Ne6 22.f3 Ba4 23.Rdc1 Bc6 24.Nf1 Nh5 25.Qd2 Rd8 26.Bc3 Kh7 27.Ne3 axb4 28.axb4 Nc7——图428

有人会觉得这是一个好想法，因为29.Nd5 Nxd5 30.cxd5之后，c线为白车打开了，c6格可能以后是白方很好的占据点。然而，情况并不是这样，29.Nd5是一个严重的错误。

评价等级解释：如果你看到了d6兵的虚弱，还看到了Nd5创造了对c6格的控制但是并没有用，那么你就很好地解决了这个问题！

在这个局面中，黑方的问题是：d5格的虚弱，f5格易受攻击，和黑马的偏远的h5格。然而，甚至比这些更重要的是，b6兵和d6兵这两个目标。很简单地，当你看到对方的弱点时，不要让它攻击不到！

在比赛中，白方直接攻击d6格：

29.Nf5 Qf8 30.Qe3 Rdb8 31.Rxa8 Bxa8 32.Rd1 Ne8 33.Qd2 Nhf6（33...Rd8 34.Bxe5）**34.Nxd6 Qe7 35.Nxe8 Rxe8 36.Qd6**，1-0。

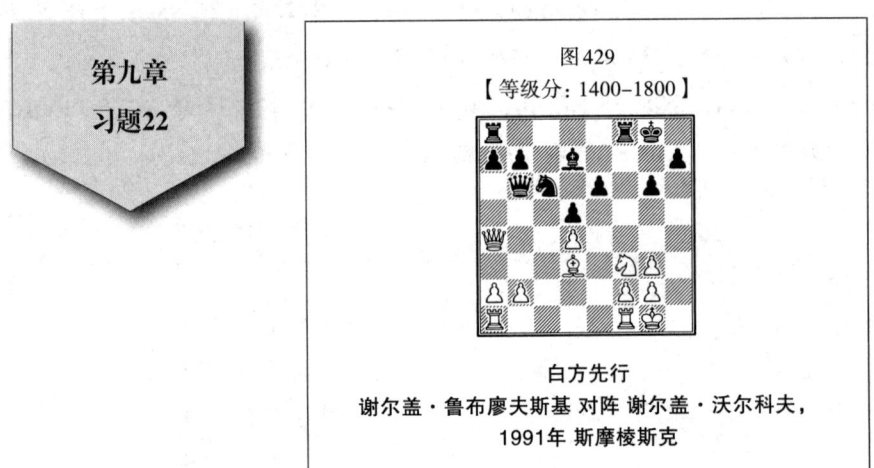

第九章
习题22

图429
【等级分：1400-1800】

白方先行
谢尔盖·鲁布廖夫斯基 对阵 谢尔盖·沃尔科夫，
1991年 斯摩棱斯克

如果你看到了e5格，并且你十分渴望完全占据这格，那么你就拥有了一双炙热的观察局面的慧眼。

评价等级解释：如果你注意到了e5格，并且希望占据它，那么你就可以轻松解决这个问题。

因为占据e5格是你最主要的目标（之后对e6兵施加压力），你需要找到增加你在这方面控制的一步棋。又因为黑方的马是e5格的主要防御者，所以去除这匹马将增加你占据e5格的主动性。

1.Bb5

去除了这匹马减轻了d4兵的压力,使e6兵更加虚弱,也让白方永远获得了对e5格的控制。一旦白马跳入e5格,很明显白方的马好于黑方的象。

1...Rac8 2.Rac1

直接跟一步3.Bxc6可以更精确一点。

2...a6 3.Bxc6 Bxc6 4.Qa3 白方的优势是毫无争议的。剩下的比赛白方很容易地获胜了:**4...Bb5 5.Rfe1 Rxc1 6.Rxc1 Be2 7.Ng5! Re8**(7...Qxd4 8.Qxf8+ Kxf8 9.Nxe6+)**8.Qe3 Qxb2 9.Rc8 Rxc8 10.Qxe6+ Kg7 11.Qe7+ Kh6 12.Nf7+ Kg7 13.Ng5+ Kh6 14.Ne6! Qc1+ 15.Kh2 Rc6 16.Qg7+ Kh5 17.f4 h6 18.Qf6 g5 19.Ng7+**,1–0。

第九章
习题23

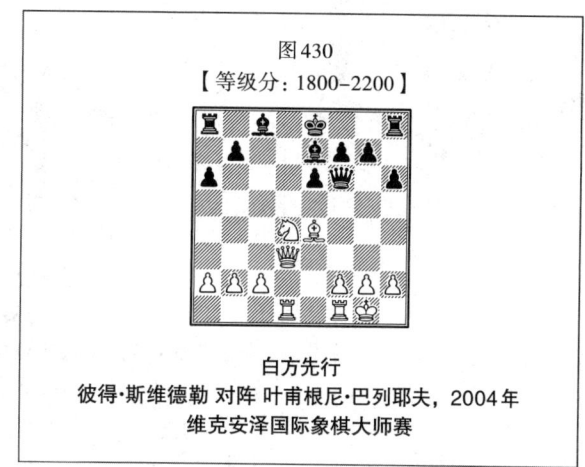

图430
【等级分:1800–2200】

白方先行
彼得·斯维德勒 对阵 叶甫根尼·巴列耶夫,2004年
维克安泽国际象棋大师赛

1.e4 e6 2.d4 d5 3.Nc3 dxe4 4.Nxe4 Nd7 5.Nf3 Ngf6 6.Bd3 c5 7.0–0 Nxe4 8.Bxe4 Nf6 9.Bg5 cxd4 10.Nxd4 h6 11.Bxf6 Qxf6 12.Qd3 a6 13.Rad1 Be7——图430

白方在后翼多兵,出子占优,子力更积极。黑方中心多兵,有双象优势,但是他的王还在中心。当然,如果黑方成功易位,他将有一个很不错的局面,所以白方要么防止黑方易位,要么让黑方因为王的安全而付出代价。

评价等级解释:黑王还在中心,如果他成功易位,你还需要持久地战斗下去。在另一方面,你需要努力寻找动态的解决方法。

白方需要好好利用自己领先的出子和黑方易受攻击的王来寻找战略性的下法。然而,不管你是否想到白方正确的下法,想想你以前解决过的问题来寻找相似点。

14.Nc6! e5?

并不是一个好的想法。黑方应该尽快将自己的王逃离危险地带,尽管14...0–0 15.Nxe7+ Qxe7 16.Qd6 Qxd6 17.Rxd6还是白方优势。

15.Nxe7

黑方的双象没有了！白方还有一种下法15.Qc3，多吃一个兵。

15...Qxe7 16.f4

继续试着打开局面，威胁fxe5和f4-f5，同时也布下了一个致命的陷阱。

16...exf4??

像16...0-0 17.f5这样的变化使黑方十分不舒服；而16...Bg4 17.Rde1 0-0 18.Qg3白方多一个兵。但是16...exf4使比赛戛然而止。

17.Bxb7!，1-0。同时出现的18.Bxa8和18.Rfe1的威胁使黑方不得不投子认输。

第九章
习题24

图431
【等级分：1400-2000】

白方先行
阿比吉特·古普塔 对阵 维纳伊·巴特，2007年 西班牙

这种局面正在发生许多事。为了不让你掉入忙乱之中，让我来提一个简单的问题：在这个局面下最重要的格是哪一格？

1.d4 d5 2.c4 c6 3.Nc3 Nf6 4.Nf3 e6 5.Bg5 h6 6.Bh4 dxc4 7.e4 g5 8.Bg3 b5 9.Be2 Bb7 10.0-0 Nbd7 11.Ne5 Bg7 12.f4 Nxe5 13.dxe5 Qxd1 14.Raxd1 Nd7 15.f5 0-0-0 16.Bh5 Nc5 17.Bxf7 Bf8 18.Rd6 b4 19.Rxd8+ Kxd8 20.Rd1+ Kc7 21.Ne2 Rh7 22.fxe6 Bc8——图431

大家会讨论众多格子的重要性——e兵想要冲到e8升变，黑马渴望跳入d3，等等。然而，这样的兵阵（就如你所见的那样奇怪）让我们想起了第八章通路兵的知识——当你有一个通路兵时，最重要的格子就是在它面前的那一格。在这种情况下，通路兵在e6，这意味着我们问题的答案是e7!

评价等级解释：如果你意识到e6兵已经是通路兵，那么你也应该已经理解在这种局面下在这个通路兵前面的格子是多么的重要了。

三叠兵对于现在正在发生什么是一种干扰：白方有一个e6通路兵，也十分想推进它。他的白格象控制着黑车，同时控制着e8格。因此现在需要白方有效地推进他的通路兵。要完成这一目标，他需要控制e7格，这样兵就可以挺进了。

23.Nd4

这步不仅保护了e6兵，还准备通过Nf5来争取对e7格的控制。

23...Rh8?

黑方溃败了，没有做出任何抵抗。他其实可以尝试23...Nd3（这不仅把马插入敌方阵中，还给f8象腾出了c5格），24.b3!? Nb2 25.Rf1 c3导致了一些很有趣的局面。之后可能的下法是：26.Bg6 Bc5 27.Bxh7 Bxd4+ 28.Bf2 Bxf2+ 29.Kxf2 Ba6 30.Ra1 Nd3+ 31.Ke2 c2。

24.e7!

价值连城的e6兵牺牲了自己，但自己马上会通过e5-e6重新转化而来。弃兵的目的在于让白方的黑格象加入战斗，这让黑王远离战斗区域，并且黑格象加入了对e7格的控制。

24...Bxe7 25.e6+ Kb7 26.Nf5

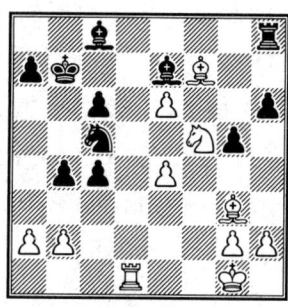

图431a

白方控制了e7格，并且会拥有决定性的子力优势。

26...Bf6 27.e5 Bd8 28.e7 Bb6 29.Nd6+ Ka8 30.Nxc4，1–0。

第九章
习题25

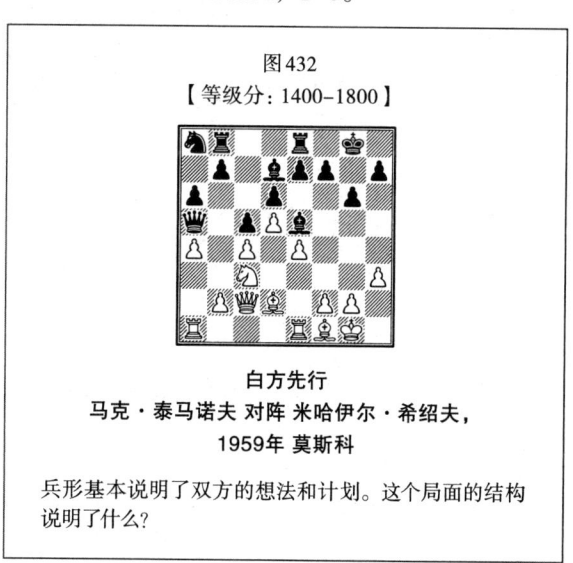

图432
【等级分：1400-1800】

白方先行
马克·泰马诺夫 对阵 米哈伊尔·希绍夫，
1959年 莫斯科

兵形基本说明了双方的想法和计划。这个局面的结构说明了什么？

1.d4 Nf6 2.c4 g6 3.Nc3 Bg7 4.e4 d6 5.Be2 0–0 6.Nf3 c5 7.0–0 a6 8.Re1 Nfd7 9.d5 Ne5 10.Nxe5 Bxe5 11.Bh6 Re8 12.Qd2 Nd7 13.Bf1 Rb8 14.h3 Qa5 15.a4 Nb6 16.Qc2 Bd7 17.Bd2 Na8——图 432

白方在中心有优势，他通常的计划是e4-e5，获得更大的中心空间，并且使e1车在e线有更大的影响力。黑方的兵阵的目标是在后翼（e7-d6-c5），他最自然的下法是…b7-b5。然而，白方已经防止了这步棋。黑方其他典型的想法是…e7-e6（试着给e8车打开线路）和…f7-f5（尽管这步棋虚弱了黑方的王城并为白车打开了线路）。

评价等级解释：下法在这里并不重要，但是你需要知道你希望得到什么局面！如果你意识到所有的三个主要的兵的突破（黑方的…b7-b5和…e7-e6和白方的e4-e5），那么你就很棒了。

因为想要下e4-e5，泰马诺夫的第18步很容易理解。我们来看看接下来的比赛（不做评论）白方是怎样扩大中心来获得胜利的。

18.f4 Bd4+ 19.Kh1 Qc7 20.Be3 Bg7 21.Bf2 Qc8 22.e5 Nc7 23.Ne4 Bf5 24.g4 Bxe4+ 25.Qxe4 a5 26.Rad1 Qd7 27.b3 Rf8 28.Bg3 f5 29.Qe2 b6 30.Bg2 Kh8 31.Rd3 Rbe8 32.Bh2 Na6 33.Re3 Nc7 34.Bf3 fxg4 35.e6 Qd8 36.hxg4 Bd4 37.Rd3 Rf6 38.g5 Rf5 39.Be4 Ref8 40.Qg4 Ne8 41.Rh3 Ng7 42.Rh6，1–0。

启发性短文数则

引 言

2009年chess.com网站要我帮忙写一个问答专栏，水平覆盖了从新手到最高等级棋手的范围。这样自然什么都有被问到的，从入门理论到研究习惯，再到如何鉴别一个人是否能教孩子们国际象棋。后来我发现我有些回答对本书大有裨益，还有一些含有全新的（但很有用）的话题。

因此有一些经常被提及的问题，像"如何走出一个拿手的开局"这样的会激发热衷于研究开局的人的兴趣，而像"锦标赛期间应该吃什么""怎样平局"这样很实际却很少被提到的问题，则可以满足诸多常常想要搞清楚这些，却不知道在哪里寻找答案的读者。

失 衡

Tom问道：

如果我在解一个战术题，那我在开始计算之前需要观察失衡吗？或者当你知道局面上确实有一个战术打击的时候，就不用这么做了？

答：Tom您好，

失衡（空间、子力、兵形、弱格、好/坏轻子，等等）会使棋手对于局面上将要发生的事有个牢固的把握。在观察局面的时候，你不应当不去弄清棋局将会如何进行，你应当训练自己能够快速看出双方所有的失衡。这样你考虑的每一步都会对棋盘上的优势/劣势有所处理。

大多数棋手计算得都很简单。比如他们在观察局面（钟也在滴答滴答响）的时候，他们心里会说"我这么走，他会那么走，我再这么走，……"，然而如果我要他们即时告诉我局面内外的情况，他们总是说得不好，很多时候甚至大错特错。那么如果你不知道局面上有什么需要,你如何能找到一个合适的走法呢?

战术是另一回事。能算得深远当然是优点,但几乎没人能做到。实际上尽管你可以努力将自己的计算能力提升到一定的程度,但能很深远、很快并且精确地计算(达到特级大师水准)是个禀赋问题〔不要把这个与战术模式的学习混淆——通过学习将杀局面、各种战术方法(叉式、针刺式,等等)以及解答各类战术题来大大提升战术思维,是相对容易的〕。

我倾向于将很高的计算水平划归为"天才",而局面性的技巧则是每个人都可以学习并精通的。但很奇怪很少有棋手会在乎局面性技巧,而更喜欢用优良的战术思维和糟糕的计算来蒙混。悲哀的是,很多确实在计算上有严重短板的人还是在依靠那样的能力,而忽略了其他所有的方面(我认识几位国际大师,他们都有特级大师的战术能力,但局面性的技巧却只有2300分)。

当面对一个"寻找战术"的问题时,你确实可以只求解战术(因为已经说明了确实有)。要注意的是几乎所有的战术都是基于双重攻击、无根子(或保护得不够好的子),或者一个危险的王的——这会使战术很容易被找到。

然而在实战中,不会有哪个提示的话语会说"Tom,这里有个战术,把它找出来吧!"因此(在实际比赛中),对失衡提纲挈领地过一遍,以明确知道局面上将要发生什么就变得重要了,当然也要(在观察失衡之后)问问自己是否有双重攻击/无根子/保护得不好的子,敌方的王是否显得松散,可以直接剑指其咽喉。

某些情况下你可以找到战术,但它给你的好处不如正确的走法来得大。这里有一个例子:

这是一种非常常见的半斯拉夫防御:1.d4 d5 2.c4 c6 3.Nc3 e6 4.e3 Nf6 5.Nf3 Nbd7 6.Bd3 Bd6 7.0-0 0-0 8.e4,这样8...dxc4当属黑方最好的走法,因为之后有8...dxe4 9.Nxe4 Nxe4 10.Bxe4 e5??(走10...h6,之后11...e5是个更好一些的走法)11.dxe5 Nxe5 12.Nxe5 Bxe5(黑方有个无根子,因此白方有个战术策略,一记双重攻击)13.Bxh7+! Kxh7 14.Qh5+ Kg8 15.Qxe5这样白方多一兵而且很牢固,有着很大的优势。

另一个几乎相同的局面常常如下生成：1.d4 d5 2.c4 c6 3.Nc3 e6 4.e3 Nf6 5.Nf3 Nbd7 6.Bd3 Bb4 7.0-0 0-0 8.a3 Bd6（白方好像白赚了一步a2-a3，黑方为什么要这样呢？）9.e4 dxe4 10.Nxe4 Nxe4 11.Bxe4 e5，在加里·卡斯帕罗夫对阵罗布特·许布纳，1986年布鲁塞尔的比赛中，此处伟大的棋手卡斯帕罗夫走了12.Bc2 Re8 13.Re1 exd4 14.Rxe8+ Qxe8 15.Qxd4 Be7 16.Bg5 Bxg5 17.Nxg5 Nf6 18.Rd1 Be6 19.Re1 Qd8 20.Nxe6 fxe6 21.Qe3 Kh8 22.h3 Qd7 23.g4 Re8 24.Qe5 Qd8 25.Kg2 Qb6 26.Rd1 c5 27.Ba4 Rf8 28.Rd6 Qc7 29.Rxe6 Qf7 30.Qxc5 Nxg4 31.Qxf8+ Qxf8 32.hxg4，1-0。白方通过Re8一步可将王后吃回来，这样多一子结束比赛。

这里敏锐的读者就要问了："等等！卡斯帕罗夫真的错过了和上次一样的战术吗？"那么我们看看这是否还有效：12.dxe5 Nxe5 13.Nxe5 Bxe5 14.Bxh7+ Kxh7 15.Qh5+ Kg8 16.Qxe5这样白方多一兵。是的，这个战术确实还有效，卡斯帕罗夫也看到他确实可以这么做，但他同时还看到，这个局面（在16.Qxe5之后）虽然对白方略有利，但实际上是平局！

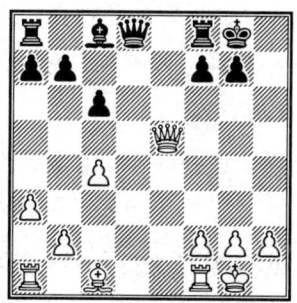

我能想象很多读者现在会惋惜地摇摇头："西尔曼肯定又犯傻了！这家伙真没发现这其实是相同的局面。"

但真的是相同的局面吗？这里有"一点儿"不同：在卡斯帕罗夫的比赛中由于6...Bd6的缘故，a线兵位于a3而不是早先的a2。这样实际上黑方也通常会选择走6...Bb4 7.a3 Bd6，同样少一兵（平局），而若a线兵依然在a2，这少兵的局面基本上就让黑方落败了。

这依然像是在胡说（所以这也让真相更为惊人），下面给出战术发挥的障碍：全世界的战术技巧也没法给你答案，但训练过对局面的观察就会告诉你，a2-a3的挺进致使b3被削弱了，这样在16...Qd3之后，白方就会被强迫挺进他的c线兵（而在6...Bd6之下白方就可以走一步简单的17.b3），这样使黑方的白格象可以进入d5（这样就与黑格象配合起来，白方就很难获胜了）。很多比赛都在此局面之后变成了平手。下面给出一个例子：

17.c5 Be6 18.Bf4 Bd5 19.Rfe1 f6 20.Qh5 Bf7 21.Qg4 Rfe8 22.h3 Qc4这样黑方轻松地争取到了平局——本特·拉森对阵亚瑟·比斯盖尔，1969年圣胡安。

你可以在很多比赛中看到很多战术，但最漂亮的组合真的是局面当中最好的走法吗？如果你对失衡没有一个好的把握，你就无法回答这个问题了。最后，高水平的国际象棋棋艺是要求各方面平衡的，没有局面技巧的战术无济于事，而没有战术与之配合的局面技巧也会失败。

求救！我需要一个计划！

国际大师戴维·普吕斯问道：

我确实懂一些计划性的东西——我有时甚至在教我的学生"如何制订作战计划"。但我还是经常遇到这样的局面：我觉得我需要有个作战计划，但我什么也想不出来。十局里面可能就会碰上这么一局，这样的比赛我往往就陷入麻烦了。现在我相信，有些比赛中你不需要长期计划，只需要一系列的两到三步的组合即可；但我明显感觉到像那样的比赛你就必须得有一套良好的作战计划。

下面我会给出这场比赛的开局，这些回合很有趣，也可能帮助你向着我所感兴趣的局面去想：

1.c4 e6 2.Nc3 d5 3.d4 c6 4.cxd5 exd5 5.Qc2 Bd6 6.Nf3 Ne7 7.Bg5 f6 8.Bh4 Bf5 9.Qd2 0-0 10.Bg3 Be4 11.e3 Bxf3 12.gxf3 f5 13.Bxd6 Qxd6 14.f4

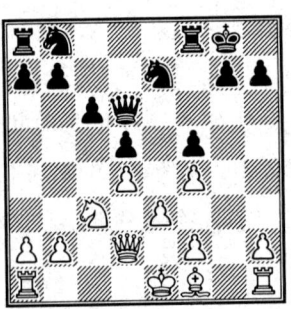

这样的话；我首先是这样的想法：我对自己很满意，有点想祝贺自己想出了个"好点子"的成果：…f6、…Bf5-e4。我依据如下因素很乐观地评估了一下局面：我觉得我的局面有足够的空间，我的棋子都有很好的落脚点，f5和g7都可以用棋子保护起来，所以我没必要挺进g6，我甚至给白方造成了阵形上的轻微弱点，最后它会显现出来。

我还认为白方在处理王上有点问题。如果他向后翼易位，我觉得当我的兵挺进到那里的时候就可以发动更强的攻击，像王翼这边一样激烈。如果他向王翼易位，那么我就可以利用那里的兵链弱点，将车压到第3行，也可以进行攻击。

但是在接下来的几步中，心态优势又回到了对手那里，他很快地走了几步，而我的时间却耗费了很多，也没想出什么计划来。他把王留在中间，我也无法组织直接的攻击。

现在我经常拣出棋盘上我认为我比对手强（或者有强的潜质）的一部分来制订计划，而这个方法在这里是不好用的。还有时我会看着我的某个棋子问道：我该怎么把它走到最好的地方——这个局面下我对于如何布置我的马就有这个麻烦。

这里先谢谢您，恳请您的指点！

答：普吕斯先生您好，

我认为绝大多数局面确实呈现的都是两到三步的战术。当你认定了局面究竟是静态还是动态，以及双方的各种失衡因素（训练有素的棋手片刻就可做到这些）之后，这就出来了。然后你就要迅速决定什么样的走法符合局面的需要，并且分析它们，以及衍生出来的战术。

这就是我要在我《如何重新审视你的棋局》一书的第四版中要强调每位棋手都需要熟练掌握洞察失衡的必要的（但却很简单）的技能，比任何特殊的谋略都要重要的原因，这是因为它会助你牢牢把握局面的实质及其需求。

但尽管如此，有时局面也会需要深度的计划，或者在极少数情况下甚至需要"宏图"。例如在下面提到的一场比赛中（我这里要用我自己的实战例子，免得浏览别人的海量比赛的麻烦，而且这样我也知道我是怎么想的，这一点在这里非常重要。）我施展了一项"宏图"，这让我准确地"预见"到了比赛从第18回合到第38回合要如何进行。

达尔科·格里克斯曼 对阵 杰里米·西尔曼，1988年 软件工具

1.d4 Nf6 2.c4 e6 3.Nf3 Bb4+ 4.Nc3 c5 5.e3 Nc6 6.Bd3 Bxc3+

这是尼姆佐-印度体系中的许布纳变例，一条立即生成一个象vs马的路线，意图在于后来的兵形（白方的叠兵会丧失灵活性）可以对马形成良好的导向。

随着比赛的进行，你就可以看到马vs象的战斗有多么重要——从开局到残局都是这样。这种对战本身就可以被视作一种很基础的作战计划，尽管其他人可能会将其视作一种制造长期静态优势的方法。如果学生学习制订这种合理的计划（符合局面的指示），他就可以自己做得很好。

7.bxc3 d6 8.0-0 e5

黑方策略的主要部分——通过封闭战场，挡住了象。

9.Nd2 0-0

黑方没有去通过9...cxd4 10.cxd4 exd4 11.exd4 Nxd4赢兵，否则在12.Bb2之后白方的象处于宽阔的开放斜线上，会非常强大。

10.d5 Ne7 11.f4

白方依然在尽力为他的象打开斜线，另外黑方必须对12.f5的威胁高度警惕（这会赢得压倒性的空间优势）。

11...exf4 12.exf4

又在作出13.f5的威胁，这样会让白方的黑格象活跃起来，使黑方闷死在狭小的空间中。

12...Bf5!

很重要的一步！这一步兑去了一对象（破掉白方双象）而且挡住了白方f线兵的行进。

13.Qc2

开始争夺f5的战斗。有种不太好的走法为13.Bxf5 Nxf5 14.Nf3 h5!，阻挡了g2-g4的挺进，而且让黑方牢牢掌控了f5。

13...Qd7

不能走13...Bxd3? 14.Qxd3 g6（14...Qd7 15.f5对黑方相当不利）15.f5! Nxf5 16.Rxf5 gxf5 17.Qxf5这样沉睡的象忽然变成了主导：17...Re8 18.Nf3（有19.Bg5的威胁，是致命的一击）18...Ne4 19.Ng5。显然，黑方不能输掉f5格，否则他会输掉整场轻子的战斗！

14.Ne4

这使白方进入了失策的局面，但如果走14.Nf3 g6 15.Nh4 Bxd3 16.Qxd3 Qg4（强迫白方再将一个兵置入黑格，进一步削弱他的象）17.g3 Nf5 18.Nxf5 Qxf5 19.Qxf5 gxf5，白方也不会感到舒服，这样白方的象处境非常尴尬。

14...Nxe4 15.Bxe4 Rae8 16.Bd2 Bxe4 17.Qxe4 f5

这样彻底封闭了局面，并且在e4为黑方的马或车提供了良好的支持。

18.Qd3 Nc8

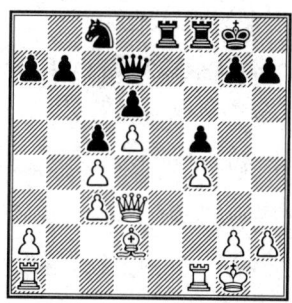

此时"宏图"来了，在这之后我开始采取行动，而且难以置信的是它真的实现了！

我之前作过注释：这一步具有明显的威胁，而且还深深隐藏了另一个目的。如果放任不管，黑方就可以通过...Nb6，之后...Qa4将白方的c4兵包围。白方可以通过兵a2–a4–a5挺进将马赶回去，但这样白方的a线兵就进入了黑方b线兵的攻击范围，最后黑方...b7–b6就会赢得一个a线兵，而且是通路兵。

余下的比赛对我而言就很清晰了，我只需要实施我的策略，不要让白方将这局棋扭偏到偏离我的预见的其他路线上即可。

19.Rfe1 Nb6

...Qa4的威胁对于白方很是困扰，所以他实施了唯一的阻止方法。

20.a4 Rxe1+ 21.Bxe1 Re8

这里也可以走21...Nxa4 22.Qd1 Nb6 23.Rxa7 Nxc4，不过我不觉得有必要给白方反击的机会，让他的棋子无助地龟缩着我会更舒服些。

22.a5 Nc8 23.Bh4 g6 24.Re1 Rxe1+ 25.Bxe1 Qe7 26.Bf2 Kf7 27.Qb1 a6

比赛要结束了，黑方的计划（从第18回合开始）很明显了：要将王行进到c7，之后...b7–b6挺进。这样a线的通路兵就是决定性的了。

28.h3 h5 29.Qc2 Ke8 30.Qb1 Kd8 31.g4 hxg4 32.hxg4 Qf7 33.gxf5 gxf5 34.Bh4+ Kc7 35.Bg5 Qd7 36.Kg2 b6 37.Qa2 Kb7 38.axb6 Nxb6

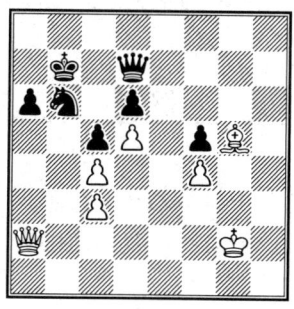

这与我从第18回合开始要做出来的相差无几——"宏图"完成了，非常成功！

39.Qe2 a5 40.Kg3 a4 41.Kf2 a3 42.Qa2 Qa4 43.Bd8 Nxc4 44.Qe2 a2 45.Qe7+ Ka6 46.Qc7

白方意欲长将，黑方在下一步进行了阻止。

46...Qb5，0-1。看看我是怎样看到这么远的？实际上这几乎没有什么计算。对于我而言，局面似乎在自然而然地"吸收"这些想法，这太自然了，以至于无法捉摸（但这并不是说一个强悍的对手就不能把这个进程扭转走！）。

当制定"宏图"的时候，通常意味着：

- 优势一方有着巨大优势，防守方要阻止对手的意图就要面临很大的压力。
- 策略要素要非常清晰，以致会让人被蒙蔽，看不到潜在的长期的一直到最后的发展。当这种情况发生的时候，就取决于防守方会不会识破对方的意图，想尽办法阻止情况"按部就班"地进行下去。

我还在与一位水平很高的国际大师对弈的时候实施过"宏图"，这次的计划较为平常，但同样有效。

杰里米·西尔曼 对阵 赛鲁斯·拉克达瓦拉，1989年 加利福尼亚冠军杯

1.d4 g6 2.c4 Bg7 3.Nc3 d6 4.e4 Nc6 5.Be3 e5 6.d5 Nce7 7.c5 f5 8.cxd6 cxd6 9.Bb5+ Kf8

在这种王翼印度防御阵形中，白方通常很乐意兑去白格象。局面并没有看起来那么糟：黑方的王在f8很安全，王翼兵的突击可以极具威胁。

10.Nf3 f4 11.Bd2 h6 12.a4

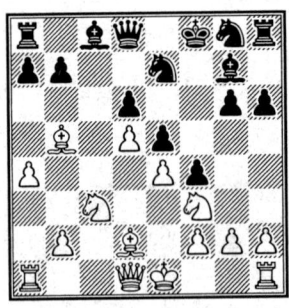

这里我就要给出"宏图"了，不过它其实基于的概念很简单——我坚信我的局面已经在策略上赢了（不管是真是假！），所以我知道随着比赛的进行，支持这些概念的走法会随之浮现。

计划如下：

- 首先划出要在后翼占领的大量空间。
- 然后要破坏对方在王翼的所有实质性行动。
- 之后攻陷d6格。
- 最后在后翼进行决战性的进逼——最有可能是在c线上。

12...g5 13.a5 g4 14.Ng1 Nf6 15.Nge2 Ng6 16.g3

在王翼扼杀对手的反击，说实话在16.g3之后我已经觉得胜利属于我了！

16...f3 17.Nc1 h5 18.Qa4 h4 19.Rf1

车离开h线，保护位于f2的较为脆弱的兵。

19...hxg3 20.hxg3 Bh6 21.Nb3 Rb8 22.Qb4

瞄向d6。

22...Kg7 23.Bxh6+ Rxh6 24.Nd2

马向着c4进发，乍一看它是要与我的王后配合打击黑方的d线兵，但是其实这匹马还有更阴险的意图。

24...Nh8 25.Nc4 Nf7 26.Ne3

我唯一的弱点（f2）被牢牢守住了，而黑方则要开始担心g4、f5、d6和b7，c线上还可能发生长期的入侵。

26...Qh8 27.0-0-0 Rh2 28.Kb1 Qh6

黑方想要通过大子换小子制造反击，也就是29...Rxf2 30.Rxf2 Qxe3。当然我不会让他得逞的。

29.Rde1

这里像平常一样需要耐心。我的优势并没有衰退，所以当然没有理由立即冲锋。

29...Nh7

黑方绝望地以...Nh7-g5-h3对f2发起了挑战，不过不巧的是，他大部分子力都在王翼，因此我能从另一侧碾碎他。

30.Qc4

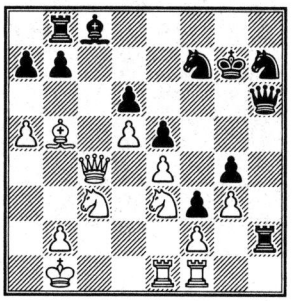

c7的决定性进逼达到了。"宏图"圆满完成！

30...a6 31.Qc7 Ra8 32.Bd7

除掉黑方的白格象，黑方b7、f5和g4的弱点就完全落入我手中了，还有一种很强力的走法是32.Be8。

32...Bxd7 33.Qxd7 Nf6 34.Qxb7 Qh8 35.Nf5+ Kg6 36.Nh4+ Kg7 37.Nf5+ Kg6 38.Nh4+

我前面这几步争取了一点时间，现在我准备开始荡平战场了。

38...Kg7 39.Rh1

黑方的陷落将要发生在他最初渴求的一列上，这显得有些讽刺。

39...Rxh1 40.Rxh1 Qd8 41.Nf5+ Kg6 42.Rh6+，1-0。他不需要看到42...Nxh6 43.Qg7 Kh5 44.Qxh6将杀。

如你所见，一个"宏图"不需要你计算30步以上，实际上这种计划常常是无须计算的——它完全是建立在正确理解失衡，以及双方各自的优势和劣势之上的。

如我之前所说，"宏图"极少出现，适合特定局面的通常还是简单的几步棋（普吕斯先生的两到三步棋）。下面再来看一种动态策略的情况：

尤迪特·波尔加尔 对阵 杰里米·西尔曼，1988年 纽约

1.e4 c5 2.Nf3 Nc6 3.d4 cxd4 4.Nxd4 Nf6 5.Nc3 d6 6.Bc4 Qb6 7.Nb3 e6 8.Be3 Qc7 9.f4 Be7 10.Qe2 0-0 11.0-0-0 a6

这里没有什么高深的计划！全部都是关于战术的，我在后翼挑战她，她在王翼挑战我！"方案"非常清晰，谁更有想象力，更主动，更敏锐，谁就能胜利。

12.g4 b5 13.Bd3 Nb4 14.g5 Nxd3+ 15.Rxd3 Nd7 16.Bd4 Re8 17.Qh5 Bb7 18.Rh3 Nf8 19.f5 e5 20.Be3 b4 21.g6

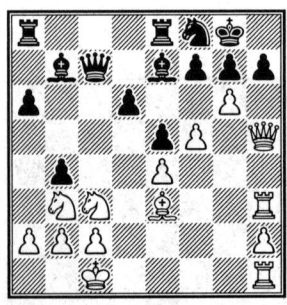

这里没什么阴谋！！

21...fxg6 22.fxg6 hxg6 23.Qh8+ Kf7 24.Rf1+ Ke6 25.Nd5 Bxd5 26.Qg8+ Kd7 27.Qxd5 Qc6 28.Rf7 Ne6，1/2-1/2。我可以继续下，但这小姑娘（尤迪特当时才两三岁）攻势如此凶猛，我很乐意就这样结束。

然后还有一个"两到三步"的计划的例子——这次来看一个完全静态局面性的比赛：

杰里米·西尔曼 对阵 赛鲁斯·拉克达瓦拉，1987年 洛杉矶

1.d4 Nf6 2.c4 g6 3.Nc3 Bg7 4.e4 d6 5.Be2 0-0 6.Bg5 h6 7.Be3 e5 8.d5 Nbd7 9.Qd2 Nc5 10.f3 a5 11.Bd1 c6 12.Nge2 cxd5 13.cxd5 b6 14.0-0 h5

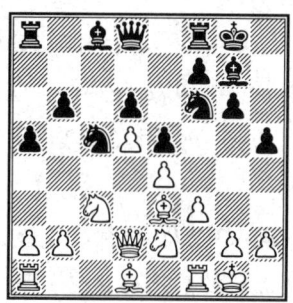

这是我之前已经用过上万次的王翼印度防御走法，之后我需要制定一个计划。这种情况太常见了，因此这时不需要任何计算（尽管在走每一步之前，你都需要通过计算保证你那美妙的设计能够经受得起残酷的战术）。

计划如下：以兵的b4挺进将对方最好的棋子（c5马）赶走，紧紧攥住b5格（需要以b3、a3挺进做准备，之后才能挺进b4），之后从c线进逼。因为白方显然在后翼有优势，所以这应当是决定性的。

15.Nb5 Ne8 16.Nec3 a4 17.Bc2 Ba6 18.b4 axb3 19.axb3 Nc7 20.Nxc7 Qxc7 21.Rfc1 Rfc8 22.b4 Ne6（注意到如果走22...Nd7 23.Ba4黑方就束手待毙了，所以他这样试了试，希望可以迷惑对手。然而，这只是加快了进程而已。此时我取消了后面的计划，进入了纯粹的简单计算！）**23.dxe6 Qxc3 24.Qxc3 Rxc3 25.Bd2 Rcc8 26.exf7+ Kf8 27.Bb3 Bb7 28.Rxa8**，1-0。

最后再来看一场比赛：埃里克·汤伯恩 对阵 戴维·普吕斯，2009年 美国国际象棋联赛：**1.c4 e6 2.Nc3 d5 3.d4 c6 4.cxd5 exd5 5.Qc2 Bd6 6.Nf3 Ne7 7.Bg5 f6 8.Bh4 Bf5 9.Qd2 0-0 10.Bg3 Be4 11.e3 Bxf3 12.gxf3 f5 13.Bxd6**（13.Be5 Bxe5 14.dxe5 f4 15.exf4会让我着迷——我是个怪异兵形的爱好者！）**13...Qxd6 14.f4**

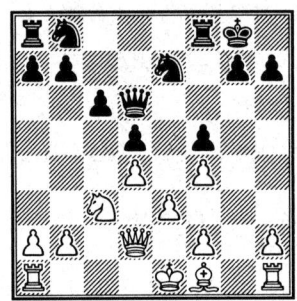

尽管很多局面需要的是快速的几步，但这个不是！很容易指出这里的基本的细节：

- 黑方只有两处并联突破：...c6-c5（动态走法，会严重削弱d4和d5，不过这是他主要的一步突破，所以很重要！）以及...g7-g5（这不会很快发生，但再往下进行一点就很有可能了！）。黑方还可以用...b6挺进为...c5预先做准备，以便当c5兵被吃掉的时候可以有...bxc5。
- 黑方兵的挺进有...a7-a5-a4-a3以及b线兵的挺进，但...b7-b5会削弱c5和c6——这可能无妨，或者会对长久以后的静态局势产生影响。
- 白方的兵链突破有：b2-b4-b5（小范围攻击，我不认为真的会出现）以及e3-e4之后的f2-f3挺进，后者会让所有存在潜在问题的兵都被削弱。当然就算不走e3-e4，f2-f3也是必要的。尽管这样会削弱e3，但也阻止了对方的马进驻e4或g4。
- 其他因素：白方有一条半开放的g线，可以通过h2-h4-h5-h6挺进，让有隐患的h线兵变成动态优点。
- 另一个关键问题是：白方的王该去哪里？

经过无数次比赛和布阵的训练与记忆，这些想法全部都在我头脑中快速闪过。但这种情况下它们无法给我一个答案！这局面看起来简单，但实际上很难，要是在实际比赛中，我会坐那儿很久，权衡各种思路，努力构造合理的后续/计划。

再强调一遍：如果你没有把握这些细节，你是不可能明智地下好这个局面的！

如果我真的坐在棋盘前下这一局，有些想法就可能会在我衰老退化的头脑中飞快掠过：

- 如果黑方挺进后翼兵到a4和b5，那么白方就可以走a2-a3，之后Nc3-a2-b4，攻击c6和d5，并准备走Nd3控制c5和e5。这对黑方而言不一定很糟，但需要他对此有所顾虑。
- 如果黑方走...a5和...b5，那么我可以走a2-a4 ...b4 Ne2，打算将我的马移动到d3或b3，车则走到c线，这样我可以对c6进行"打地鼠"式的骚扰，同时对a5和c5施加压力。

- 如果白方挺进h线兵，黑方就得让它一直到达h6（若黑方走…h6，则在g6留下了白方可以予以利用的漏洞，而且由于之后不能再走g7-g6，对f5的保护也会减弱），然后走…g6将g线封闭住——白方的h6兵可能确实会对黑方的王造成困扰，但它也封闭了g，而且线在残局中可能会变得很弱（否则它就会困住h7，变得非常强悍！）。
- 黑方很可能尽所有可能将a线兵推进到a3。
- 如果黑方的兵挺到a4和b5（而我的兵在a3），他很可能将马跳到c4。
- 黑方可能会把他的b线兵留在b7，这样黑方阵地上没有严重的弱点（e5格以及白方通过Bd3和Nc3-e2-g3对f5施加压力当属最严重的）。那样的话，白方将很难得出主动性的计划。但另一方面，黑方也只能通过将阵形松散开来变得主动。
- 如果黑方确实把b线兵留在了b7，那么白方需要小心如下情景（这里白方的h线兵在h6）：黑方走…Nf6和…Ne4，白方兑子，黑方用…fxe4吃回来，再将另一匹马跳到f5。如果白方再用Bg4xf5，黑方就用车再吃回来，他可能在f线叠车，之后…Kh8，然后以…g6-g5直冲而下。这一系列演变于我（白方的视角）而言极其困扰而有些震慑，可能会迫使我走f2-f3予以避免，阻止整个…Ne4演变的发生。

再说一遍，我没有做任何切实的计算——我只是探究了很多兵和其他棋子，搞清楚哪些对双方而言是最危险的。黑方似乎略容易主导这场战斗，尽管我还是觉得差不多势均力敌。

这局棋中一切都有可能发生！这里有一种假想的演变：黑方可能要走14…Nd7，而我（白方）可能要顺其势推我的h线兵（因为这是我知道我需要做的事）：15.h4 a5 16.h5 Nf6 17.f3（如果白方的兵没有挺到h6，这可能对黑方的…Ne4计划而言没有必要，此时盯住黑方…g5这一步是没用的。但我却不喜欢跟着黑方的指示走，所以我走17.f3压住他的马）17…a4 18.Bd3这样我后面就要走Rc1，Kf2，等等，这是一局对双方都有机会的棋。

关于作战计划的两个问题

E.J.问道：

我有个困惑，如果解答了就可以解开我的一些心结。到底什么叫计划？我是问，如何去作计划？怎样能知道计划对我是不是正确的？大师之间宽泛的"计划问题"常常让我感到很困惑。

答：E.J.先生您好，

不是只有艾略特你一人是这样！很多棋手都没有掌握计划这个概念。很简单地讲，计划就是在局面中利用你的优势（失衡）和对手的弱点的方式。例如，如果对方在开放线上有孤兵，合理的计划当然就是将尽量多的子力压上去。将你的两个甚至三个重子叠到开放线上去，让马和象参与到对这个弱兵的打击中去。记住：国际象棋是团队合作的竞技，你要让你所有的子力都向着同一个特定目标前进。

你这句话问得很有趣：“怎样能知道计划对我是不是正确的？”但事实上，大多数情况下一项计划并不是基于对你而言什么是正确的，它不是你主观决定的，而是棋局指示（甚至必需！）你去做的。而领会棋局发出的信息，以及决定什么计划是合适的，这就取决于你了。因此你可能是前所未有的最强的战术天才，但如果正确的计划是慢慢占领更多的空间而后将对方闷死，那么那才是你应该去做的。

Abhilash_007问道：

您是怎样决定某个时候是计划"宏图"的时候的？

答：Abhilash_007您好，

"宏图"是很罕见的，就是在特级大师的比赛中也是如此。要实施它们，你需要深入理解与给定局面匹配的战术，阵地需求，以及双方的子力如何协助己方阻挡敌方。只有在你能确信局面在很多步之内都基本不会变的时候，你才能筹划它们。这样的棋艺倾向于高级，对于任何水平的业余者我都不认为需要去筹划"宏图"。复盘一场有注解的比赛时享受它们是一方面，但另一方面你也会在执着于创造一项"宏图"的时候撞得头破血流。

"宏图"如此少见的一个原因是就算对于最合理的想法，对手也总是会让它偏离既定筹划。棋局总是在变的，因此"宏图"极少能保持长时间有效（这意味着起初根本就没有一个合适的"宏图"）。有些高手甚至根本就不相信有所谓"宏图"的存在——他们将这些视作事后诸葛亮。

不过，不管你相信不相信"宏图"，长期计划确实常常会出现，尽管棋手在棋局进行时看到什么程度，以及他赛后说他看到了什么程度，从来都无从得知！对于这样一个计划，这里有一个第四届世界冠军赛中独一无二的经典例子：

尤金·兹诺斯科-博罗夫斯基 对阵 亚历山大·阿廖欣，1933年 巴黎

1.e4 e5 2.Nf3 Nc6 3.Bb5 a6 4.Ba4 Nf6 5.0-0 d6 6.c3 Bd7 7.Re1 Be7 8.d4 0-0 9.Nbd2 Be8 10.Bxc6 Bxc6 11.dxe5 dxe5 12.Nxe5 Bxe4 13.Nxe4 Qxd1 14.Nxf6+ gxf6 15.Rxd1 fxe5

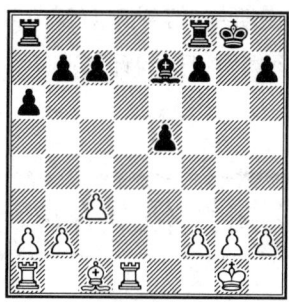

阿廖欣对局面做了如下评价（从他最好的比赛的第二本记录中摘录）：

"这样的残局是不像看起来那么容易驾驭的——尤其对于白方而言。黑方的作战计划分为如下几个部分，最后成功了：

1) 兑去一对车。

2) 将王移到d6，这样可以通过e线兵在前线的攻势得到保护，并且可以用于阻止白方的另一个车到达d7。

3) 通过在开放的g线上置车，以及挺进h线兵，冲开h线。

4) 之后白方的王——甚至连象一起——都要忙于应付阻挡黑方的车在h1或h2侵入腹地。

5) 与此同时黑方通过a线和b线兵的挺进，总是能够在后翼打开开放线。

6) 那时白方的王依然在另一侧，白方将无法部署足够的子力阻止对方的车侵入第1行或第2行。

自然地，如果白方从一开始就意识到在这个残局中会输掉，他就可以小心翼翼地防守，挽救回来。但当下黑方在按照既定计划进行，确信比赛最终会是平局。于是结果就是一连串非常有教育性的典型策略，对于缺乏经验的棋手来说这比所谓'聪明'更重要。"

后续的比赛就像是阿廖欣所罗列的几条的完美再现，但也要承认白方在这样的进程中已经尽了力：

16.Bh6 Rfd8 17.Kf1 f5 18.Rxd8+ Rxd8 19.g3 Kf7 20.Be3 h5 21.Ke2 Ke6 22.Rd1 Rg8 23.f3 h4 24.Bf2 hxg3 25.hxg3 Rh8 26.Bg1 Bd6 27.Kf1 Rg8 28.Bf2 b5 29.b3 a5 30.Kg2 a4 31.Rd2 axb3 32.axb3 Ra8 33.c4 Ra3 34.c5 Be7 35.Rb2 b4 36.g4 f4 37.Kf1 Ra1+ 38.Ke2 Rc1 39.Ra2 Rc3 40.Ra7 Kd7 41.Rb7 Rxb3 42.Rb8 Rb2+ 43.Kf1 b3 44.Kg2 Kc6 45.Kf1 Kd5 46.Rb7 e4 47.fxe4+ Kxe4 48.Rxc7 Kf3 49.Rxe7 Rxf2+ 50.Ke1 b2 51.Rb7 Rc2 52.c6 Kg3（不可以走52...Rc1+ 53.Kd2 b1=Q 54.Rxb1 Rxb1 55.c7）**53.c7 f3 54.Kd1 Rxc7 55.Rxb2 f2**，0-1。

有点讽刺的是，这里引注兹诺斯科-博罗夫斯基的时候会说："这不是应当寻找出来的哪怕最好的一步棋，但确实是个切实可行的计划。"

利用d线孤兵的技艺

Madhacker问道：

我想问一个关于当白方后翼有孤兵的时候，如何正确掌握局面的问题。我在参加一场地区联赛的时候对局一个比我强得多的对手，这个问题就在我脑海中产生了。

Madhacker（1950）对阵 Maria Ignacz（2200），卡迪夫vs卡尔菲利

1.d4 Nf6 2.c4 e6 3.Nc3 Bb4 4.e3 b6 5.Bd3 Bb7 6.f3（这步对吗？）6...c5 7.Ne2 0-0 8.0-0 d5 9.Qc2 cxd4 10.exd4 dxc4 11.Bxc4 Nc6 12.Rd1 h6 13.d5 Bc5+ 14.Kh1 exd5 15.a3 Ne5 16.Bxd5 Nxd5 17.Nxd5 Bxd5 18.Nc3 Qh4 19.Nxd5 Rfd8 20.Ne3 Rxd1+ 21.Qxd1 Rd8 22.Qe2 Nd3 23.b4 Nf2+ 24.Kg1 Rd1+ 25.Nxd1 Ng4+ 26.Kf1 Nxh2将死。

比赛结束之后，我的结论如下："我d5这一步走得太早了，如果我先走a3，将象从b4赶走，再走d5，这就可以将她所有基于...Nb4的战术策略都破掉，这样就会强多了，我就可以下一场很好的棋。"

然而Fritz对这盘棋的检查表明不是这么回事，我无论如何也只能略微更糟一些而已。我知道白方应当通过走d5来消除后翼孤兵，但我似乎从来没有用对过。所以我想把这些局面下得更好一些，您有什么建议可以给我的吗？

Madhacker您好，

这是一个非常好的问题。你的问题在于将d线孤兵看成了一个弱点，需要迅速以d4-d5消除掉。然而，尽管这个兵在静态上是一个隐患，但它也是一个动态的火力点。如果你要下好这个局面，你应当改变你认为"它很强！"的心态，而不是消极地觉得"我应该赶紧兑去这个拖后腿的！"

在你的比赛中，6.Nf3是主线，但6.f3（这种走法可上溯到1914年）甚至还有6.Nge2!? Bxg2 7.Rg1也是很常见的。

白方（从很多不同的开局都可以来到这个局面！）通常以一个位于f3的马保住这个孤兵，这样d线兵就为白方控制了e5格（他的f3马最后会进驻那里），并且给予白方中心的空间优势。这些再与Rfe1和Bc2之后的Qd3这样的走法结合，就让白方有了极佳的王翼攻击机会。当然d4-d5挺进也一定是要走的,但这一步更应该是白方进攻计划的一部分,而不是像你打算的那样试图兑去它争取均势。

双方的策略

一般来说,白方要尽量保持局面的紧张,避免兑去轻子,或者利用他的空间,再或者直接在王翼发动扫荡。

黑方则需要通过控制和占领d5格,将d线兵锁死在d4,在此之后他有两条基本的掌控局面的途径:

- 可以对d4施压,强迫白方退守。
- 设法将轻子真正地兑去,扫除白方的动态补偿,将这个兵变成一个长期的静态弱点。

黑方的理想局面是一车一后vs一车一后(留住王后,使白方无法用王来保护兵)。黑方要在d5置一个车(挡住兵),并将王后放在后面——这会让d线兵面临巨大的压力,而之后...c5或...e5(不管他还有哪一个)的挺进都可以赢得这个兵,因为双方在d线兵上叠压的重子会造成锁死的情况,第629页西尔曼与菲尔古什的比赛可供作为实例。

如果白方的局面恶化(所有轻子都没有了),他就要尽量兑去所有的车,这样单独的王后vs王后的局面就是平手了,这是因为一个在c3或e3进行防守的王后很难锁定d线。

首先我们来看一场局面和你前述的那场类似的比赛:

维克托·克鲁奇诺伊 对阵 阿纳托利·卡尔波夫,1978年 碧瑶市世界冠军赛

1.c4 Nf6 2.d4 e6 3.Nc3 Bb4 4.e3 c5 5.Ne2 d5 6.a3 Bxc3+ 7.Nxc3 cxd4 8.exd4 dxc4 9.Bxc4 Nc6 10.Be3 0-0 11.0-0 b6 12.Qd3 Bb7 13.Rad1 h6 14.f3 Ne7 15.Bf2

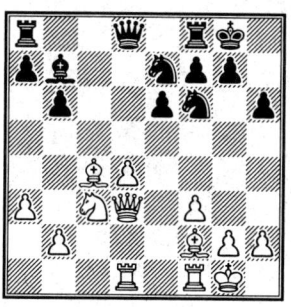

尽管白方无法像多数d线孤兵局面那样在e5上置一匹马,但他依然可以保持局面的紧张,让黑方面临压力,避免轻子兑换,并且盯着黑方的王。

15...Nfd5 16.Ba2 Nf4 17.Qd2 Nfg6 18.Bb1 Qd7 19.h4 Rfd8 20.h5 Nf8 21.Bh4 f6 22.Ne4 Nd5 23.g4 Rac8 24.Bg3 Ba6 25.Rfe1 Rc6 26.Rc1 Ne7 27.Rxc6 Qxc6 28.Ba2 Qd7

29.Nd6 Bb7 30.Nxb7 Qxb7 31.Qe3这样双象vs双马的局面显然对白方更有利，但之后经过漫长的124步之后，比赛最终成了平局（白方错失了决胜的一步）！

如前所述，一般来讲白方都会有个f3马，因而有Ne5以及对对方王的猛烈攻击的机会。这样的王翼攻击多年来曾经让无数棋手深受其害，兵败如山倒。这里有几个例子：

马克·赫布登 对阵 约翰·利特尔伍德，1981年 英格兰

1.e4 c6 2.d4 d5 3.exd5 cxd5 4.c4 Nf6 5.Nc3 e6 6.Nf3 Be7 7.cxd5 Nxd5 8.Bd3 Nc6 9.0–0 0–0 10.Re1 Bf6

10...Nf6 11.Be3 b6 12.Rc1 Nb4 13.Bb1 Nfd5 14.Bg5 Bb7 15.Ne5 Rc8 16.Qd3g6 17.Bh6 Re8 18.Qh3 Bf8 19.Bg5 Qd6 20.Nxd5 Nxd5 21.Nxf7 Kxf7 22.Qxh7+ Bg7 23.Bxg6+ Kf8 24.Bh6，1–0，这是哈科沃·波尔博詹 对阵 R.加西亚-维拉，1952年 马德普拉塔的一场比赛。

10...Ncb4 11.Bb1 Nf6 12.a3 Nbd5 13.Qd3 g6 14.Ba2 b6 15.Ne5 Bb7 16.Bh6 Re8 17.Qh3 Bf8 18.Bg5 Be7 19.Rad1（19.Nxf7 Kxf7 20.Rxe6 Kg7 21.Rae1白方可以有毁灭性的攻击）19...a6 20.Rd3 Rc8 21.Rf3 Nxc3，这是詹姆斯·梅森对阵阿莫斯·博恩，1895年黑斯廷斯的一场比赛，此时白方就可以压死对手：22.Nxf7 Kxf7 23.Qxh7+ Kf8 24.Bh6将死。

11.Be4 Nce7 12.Ne5 Bd7

12...g6 13.Bh6 Bg7 14.Bxg7 Kxg7 15.Qf3 Rb8 16.Qg3 Qd6 17.Bxd5 exd5 18.Rad1 Nf5 19.Qf4 Be6 20.g4 Nh4 21.Rd3 Qd8 22.g5 Nf5 23.Ng4 Qd6 24.Re5 Rbd8 25.Ne2 Bd7 26.Nf6 h6 27.Ng3 hxg5 28.Ngh5+ Kh6 29.Ng4+ Kh7 30.Qxg5 gxh5 31.Nf6+ Qxf6 32.Qxf6 Rg8+ 33.Kf1 Ng7 34.Rg3，1–0，这是丹尼尔·金对阵斯图尔特·康奎斯特，1985年英格兰的比赛。

13.Qd3 g6 14.Bh6 Re8 15.Qf3

白方的压力很明显

15...Bc6 16.Bxd5 Nxd5 17.Ne4 Rc8 18.Rac1 Qe7 19.Rc5 Bg7 20.Bxg7 Kxg7 21.Nd6 Qxd6 22.Qxf7+ Kh6

更好的走法是22...Kh8 23.Rxc6 bxc6 24.Qxe8+ Rxe8 25.Nf7+，这样白方只多一兵。

23.Ng4+，1-0。

d线孤兵对于白方和黑方都是常见的决胜因素。这里有一个例子，其中黑方将d线孤兵作为积极子力，结果败在了"兑去轻子"的反孤兵战术之下。

杰里米·西尔曼 对阵 鲁本斯·菲尔古什，1977年 旧金山

1.e4 e6 2.d4 d5 3.Nd2 c5 4.exd5 exd5 5.Ngf3 Nc6 6.Bb5 Bd6 7.0-0 Ne7 8.dxc5 Bxc5 9.Nb3 Bd6 10.c3 0-0 11.Nbd4 Bg4 12.Be2 Qd7 13.Be3 Rad8 14.Re1 Bb8 15.Ng5

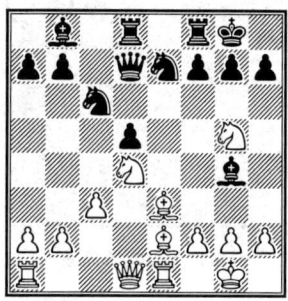

我开始尽力兑去轻子了。对于d线孤兵而言最主要的补偿形式就是积极的轻子。最简单地如果你兑掉轻子，它们就无法积极了！因此d线孤兵很容易变成纯粹的弱点。

15...Bxe2 16.Qxe2 Nxd4

显然对手没有注意到我"烦人"但却高度有效的计划！

17.Bxd4 Nf5 18.Qd3 h6 19.Nf3 Rfe8 20.Rad1 Rxe1+ 21.Rxe1 Ne7 22.g3 Nc6 23.Kg2

黑方开始变得尴尬，而且几乎没有反击可言。因此我放慢了脚步，开始对局面进行微调。

23...Re8 24.Rd1

这是白方理想的一后一车vs一后一车的局面。兑去最后一对车会使白方无法对d线兵施加足够的压力，从而变成平局。

24...Qe6 25.Re1 Qd7 26.Be3

我又一次防止兑车，同时准备以Nd4清除更多轻子。

26...Rd8 27.Rd1 Qe7 28.Nd4 Nxd4

黑方简直太善良了。他本来应该尽量主动一些，走28...Ne5，这样我就得以29.Qxe4 30.Nxc6 Rxd1 31.Nxb8应对28...Qe4+，此时我就要高度质疑这种演变结果，改以29.f3 Qxd3 30.Rxd3争取在车兵残局中维持一个轻微但却长久的优势。

29.Qxd4 a6

把黑方逼上绝路的最后一步！黑方的局面此时极其恶劣了。

30.Bf4 Bxf4 31.Qxf4 Qc5 32.Rd4

这样所有的轻子都消失了，我要以我位于d4的车作出针对对方d线兵的叠子，占据住上风（它同时也挡住了d4兵，之后我会有c3-c4挺进）。

32...Qc6 33.Qd2

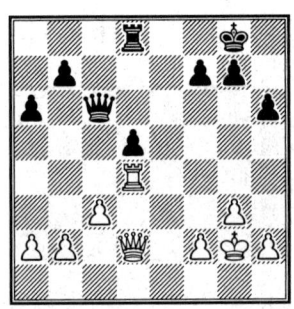

白方梦幻般的局面

33...b5 34.Kg1 Qg6 35.a3

有点猫鼠游戏的意味。我最后是要走a3-a4挺进（制造第二个弱点），但我首先还是想稍微再改进一下局面。

35...Kf8 36.h4

这给我的王一点活动空间，以防有36.Rxd5?? Qb1+ 37.Kg2 Qe4+的发展。

36...Qb1+ 37.Kg2 Qf5 38.a4

强行制造第二个弱点。

38...Qe6 39.axb5 axb5 40.Qd3 Kg8

这反应显得有点过度，而40...Qc6 41.Qh7（41.Rb4更强力一些）41...Qg6 42.Qxg6可以导致一个相当麻烦的车残局。

41.Qxb5 Rd6 42.Qd3 g6 43.c4

这是一步关键的突破，利用d线上的束缚，是白方长久战术的一个主要部分。已经获得的子力优势使黑方完全无望。

43...dxc4 44.Rxd6 cxd3 45.Rxe6 fxe6 46.Kf3 e5 47.Ke3 e4 48.f3 exf3 49.Kxd3 g5 50.hxg5 hxg5 51.g4，1-0。

Madhacker先生，以后你要将d线孤兵看成一个勇士（避免兑去轻子！）这样你就会获益，祝你胜利。

偷取开局思路的艺术

一个职业棋手必须做很多形式的比赛预备：如果他残局下得不好或有特定技巧问题，他就要对那样的比赛进行细节的研究。如果他发现自己经常在尖锐的对抗局面中失败，他就需要尽力克服这个弱点。当然他也得回顾他所有的比赛（尤其是输掉的）看看他哪里做得好，哪里做得不好——当他知道了自己的弱点时，就要回去砥砺自己对治缺点！

准备阶段伴随着职业棋手的整个生涯，但有个充斥着各种漏洞的环节，就是每个棋手自己的个性化开局。不管你怎么努力，新的走法总会在棋盘的各个角落忽然出现，挑战你的最佳路线。因此你必须仔细核查数据库和杂志，以便于提防那些隐藏的"炸弹"，防止它们忽然降临在棋盘上，把你最喜欢的开局搞得一团糟。

在全世界这个赛场上，理论时时刻刻都在变，一个棋手的开局永远不可能像他想要的那样安全。而且由于背一堆书太慢了，所以棋手急需一些实在的战略获取新思想、新走法，以及旧思想的新诠释，以此充实他的棋艺。

保持对棋局的了解是一个全天候的过程，一个真正的职业棋手没有多少时间能花在比赛之外。实际上就算是匈牙利棋神要想在晚会上吸引女孩的爱慕，他的脑子也会在她的嘴唇靠近他的时候依然被无数棋步变化萦绕不停，他会想道"该死的，我该怎么应付卡斯帕罗夫在西西里体系中搞出来的新方法？真是一场噩梦！我必须想出点什么来，否则就要任他宰割。还有阿南德破解了我的菲利多尔防御呢？我觉得维斯瓦纳坦这家伙是故意整我的！他要击败我了，但我能为此做什么呢？我到底要干啥？"

是的，所有职业棋手都永远生活在这种神经病当中。以及对于这样离日常见闻很远的言行，当我们将其当作迷恋甚至爱的时候，他们却从不觉得这是爱、投入或者激情——但只是对于比赛而非他们自己而言。

因为下好开局要费的功夫是如此之大，残酷的国际象棋界是那样的不堪忍受，每个棋手（除了那些例外！）都不得不全身心投入最重要也最有用的备战策略：偷取其他棋手的思想！

这种"偷取"有如下几种方式：

- 你可以付钱让其他棋手想出新的主意，然后教你（有签字合同他们也不能用——那就是你的，只属于你的！）。
- 听取其他棋手的建议，变成你自己的方法。
- 与其他棋手合作，他们很有可能有一些新奇的想法，而你可以在他们之前用出来！

我记得35年前在多伦多发生的一件事——一位著名的特级大师在最后一轮中争夺冠军，但他不知道如何应对对手极其锋利的西西里体系。当时我已经以开局专家著称了，所以他来问我有没有一些有意思的想法应对这种体系，然后当我答应的时候，他提出要从我这里买下这套方法。于是我们像逃避法眼的非法推销者一样，上瘾似的在他的私人房间里进行着我们的"肮脏交易"——我提交给他几页局面分析，他给我一叠硬挺挺的钞票。几个月后因为他的比赛，我卖给他的那条作战路线变成了所有的薪水，以及这位特级大师广为名家颂扬的天才创造。

寻找新视角、新体系或新的分析方法最常见的途径是寻找其中有很奇怪的走法的比赛——越怪越好，因为这样多数棋手都会弃若敝屣。认真审视它，也许它会告诉你实际上这种走法是非常好的，经过努力，你就可以准备好在面对未知对手的时候用出来。对于像"23.Nb5!?这样的走法也很有趣"这样的注解也是一样，所谓有趣，应当认为是"我只是想到了这一点，所以我会加以补充。当然我太懒了，我看不出来它是不是真的很好，即便它真的是可行的。"

素养良好的职业棋手，眼睛应当会盯上所有的"也很有趣"的注记，并努力探究它是否真的合理。

最后我们来看我最喜欢的开局准备技巧：与另一个棋手合作，如果他们给我展现了某个惊人的新主意，就赶快下一下让它为我所有！当我利用了与我合作分析的伙伴奋战了两年搞出来的想法，在最终决赛中击败了世界级棋手的时候，他脸上的愤怒简直无法形容！等我走完那些将军之后，我通常要几个月之内避免见到他，直到我的"罪行"慢慢淡忘，然后我就又忽然找他，看看他丰富的头脑里面还有什么东西可以挖掘的。

下面有几个我从我自己看的比赛中"偷想法"的例子：

当我阅览1980年的一期《国际象棋通报》的时候，我注意到了下面这场比赛：

恩德尔·库斯科马 对阵 弗拉基米尔·瑟尔恰努，1978年 信件

1.d4 Nf6 2.c4 c5 3.d5 e6 4.Nc3 exd5 5.cxd5 d6 6.e4 g6 7.Bf4 a6 8.Nf3 b5 9.Qe2 Ra7 10.e5 Re7 11.Be3 Ng4 12.Ne4 dxe5 13.d6 Rd7 14.Bg5 f6 15.Nxf6+ Nxf6 16.Nxe5 Qa5+ 17.Bd2 Qa4 18.Nc4+ Re7 19.dxe7，1–0。

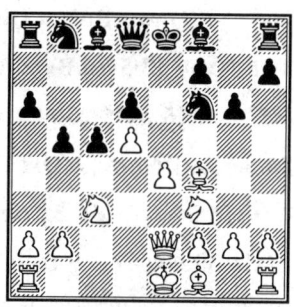

9.Qe2是认真的吗？

我的第一个想法是："9.Qe2肯定不好！"实际上自从库斯科马那场比赛之后，也没有棋手这么走过。显然所有人都和我有过同样的印象——9.Qe2走得太低级了，不可能奏效的。然而当我开始分析它时，我就很惊讶地发现9.Qe2不仅完全可行，而且非常强力！所以我花了几周的时间分析别诺尼体系的这种变化，决定拿出来试验一下。

杰里米·西尔曼 对阵 加夫列尔·桑切斯，1981年 圣何塞

这场比赛是冠军争夺战，奖金非常丰厚（至少那时对我来说那真的是很多的钱）。我的对手是一位非常强悍而且稳健的大师，所以我决定用我小小的开局花招来"招待"他。

1.d4 Nf6 2.c4 e6 3.Nf3 c5 4.d5 exd5 5.cxd5 d6 6.Nc3 g6 7.Bf4 a6 8.e4 b5 9.Qe2 Bg4??（信不信由你，比赛这就已经结束了！）**10.e5**（黑方可以认输了，但他没意识到他大祸临头了！）**10...Bxf3 11.gxf3! Nh5 12.exd6+ Kd7 13.Bh3+ f5 14.Qe6**将死。哇哦，他根本就没想到！

我继续了库斯科马的9.Qe2的走法，尽管看起来我像是第一个这么走的人！这对于我来说是好消息，因为它在很长一段时间内都保持着新奇（那个时候信息传播还是很慢的），那意味着可以用来对付很多的特级大师和国际大师！

杰里米·西尔曼 对阵 文森特·麦坎布里奇，1982年 旧金山

1.d4 Nf6 2.c4 e6 3.Nf3 c5 4.d5 exd5 5.cxd5 d6 6.Nc3 g6 7.Bf4 a6 8.e4 b5 9.Qe2 Nh5 10.Bg5 f6 11.Be3 Bg4 12.h3 Bxf3 13.Qxf3 Nd7 14.g4 Ng7 15.Qg3 Qe7 16.Bg2 0-0-0 17.0-0 h5 18.b4! h4 19.Qf3 cxb4 20.Nb1 Ne5 21.Qe2 Ne8 22.Bb6 Rd7 23.Nd2 f5 24.f4 Nf7 25.Nb3 Bg7 26.e5 dxe5 27.Rac1+ Nc7 28.Nc5 exf4 29.Qf2 Rxd5 30.Nxa6 Bc3 31.Nxc7 Rd2 32.Qxd2 Bxd2 33.Nd5+ Bxc1 34.Nxe7+，1-0。

杰里米·西尔曼 对阵 尼古拉斯·埃内斯特·德·菲尔米安，1982年 圣何塞

1.d4 Nf6 2.c4 c5 3.d5 e6 4.Nc3 exd5 5.cxd5 d6 6.Nf3 g6 7.Bf4 Bg7（Nick没有走

7...a6，但他还是在开局中被压扁了）**8.Qa4+ Bd7 9.Qb3 Qc7 10.e4 0-0 11.Be2 Nh5 12.Be3 a6 13.Nd2 b5 14.a4 bxa4 15.Nxa4 Bb5 16.Bxb5 axb5 17.Qxb5 Ra5 18.Qb3 Nd7 19.Nc4 Ra7 20.0-0 Rb7 21.Qc2 f5 22.exf5 gxf5 23.f4**（开局对黑方而言完全是惨败，他已经彻底输了）**23...Kh8 24.Rf3 h6 25.Re1 Nhf6 26.Qxf5 Rb4 27.Qc2 Nxd5 28.Bd2 Rbb8 29.Re6 Rf6 30.Qe4 Nf8 31.Rxf6 Nxf6 32.Qf5 d5 33.Ne5 c4 34.Be3 Qa5 35.Nc3 Rxb2 36.Bd4 Rb7 37.h3 Ne4 38.Qxf8+ Bxf8 39.Nxc4+**，1-0。

我回顾了一下我上百万比赛的数据库，发现除了库斯科马那场比赛之外最早涉及这种走法的一场是文森特·麦坎布里奇对阵埃里克·洛布朗，1982年多特蒙德！确实是如此，Vince对"我的"9.Qe2有着深刻的印象，他把这个方法又偷取给他自己了，然后用它击败了特级大师洛布朗！我相信在欧洲人们都会说："麦坎布里奇的9.Qe2这一步实在是太有趣了！"事实上这场比赛之后，这种走法终于流行起来了。

1982年对我而言是忙碌的一年，我经常和前美国国家冠军约翰·格雷弗一起分析棋局。在我们的一次研究中，他给我分享了他对尼姆佐-印度体系中4.f3这一步的一个新想法。几天之后我与高手乔治·凯恩对弈，在1.d4 Nf6 2.c4 e6 3.Nc3 Bb4之后，我此时决定"偷取"格雷弗的想法！

杰里米·西尔曼 对阵 乔治·凯恩，1982年 旧金山

1.d4 Nf6 2.c4 e6 3.Nc3 Bb4 4.f3

可怜的凯恩先生很不幸地成为了我一系列新点子的小白鼠。先前其后续为**4.e3 d5 5.Bd3 0-0 6.Nf3 b6 7.0-0 Bb7 8.cxd5 exd5 9.a3 Bd6 10.b4 a6 11.Qb3 Re8 12.a4 Nc6 13.Ba3 a5**。当时这样的局面被认为对黑方而言很合适，但我否决了这种看法，我走了**14.Bb5! axb4 15.Bxc6 Bxc6 16.Bxb4 Ne4 17.Rfc1 Bxb4 18.Qxb4**这样我占据了明显优势，并且顺理成章地赢得了比赛（那场比赛的一部分收录在了《国际象棋通报》中）。

4...c5 5.d5 Bxc3+ 6.bxc3 Nh5 7.g3 f5 8.e4 f4

这是个广为人知的局面，当时也被认为对黑方十分有利，但格雷弗的想法却完全扭转了这个评定。

9.dxe6 Qf6

若走9...0-0当然会立即输掉，因为之后白方10.Qd5有11.Qxh5和11.e7+的双重威胁。

10.Ne2 fxg3 11.Bg2 Qxe6 12.hxg3 Nf6 13.g4

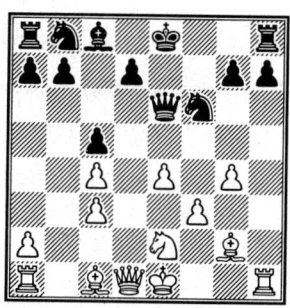

9.Qe2是认真的吗？

此时白方具有明显的优势，尽管我不能说我的计谋完全发挥了效果。下面是不加注记的比赛后续：13...0–0 14.g5 Ne8 15.Nf4 Qe5 16.Nd5 Qg3+ 17.Kf1 Nc6 18.Rh3 Qe5 19.Kg1 g6 20.f4 Qg7 21.e5 d6 22.Nf6+ Nxf6 23.exf6 Qf7 24.Re3 Qc7 25.Bd5+ Kh8 26.Qe2 Bf5 27.Bd2 Rad8 28.Re1 h5 29.Re7 Rd7 30.Re8 Rd8 31.Rxf8+ Rxf8 32.Qe8 Qd8 33.Bxc6 bxc6 34.Qxc6 Qd7 35.Qxd7 Bxd7 36.Re7 Bf5 37.Rxa7 Rb8 38.Ra6 Kg8 39.Rxd6 Ra8 40.Be3，1–0。

我想起我曾经看过一场绝佳的"尼姆佐–印度体系中的4.f3"的比赛，是2004年尤里·雅科维奇的比赛，结果看到了相同的后续（他们在...Bxc3+处拖延了一步，也就是说...f4是在第七回合而不是第八回合，但最后又调了回来成了完全相同的局面），有如下评论："直到20世纪80年代末，大家一般还都认为7...f4对黑方是决胜性的。然而维克托·莫斯卡连科发现了8.dxe6!这一步，使白方占据了优势。"

怎么回事？我费了好大劲从格雷弗那里偷来了这个想法，难道结果又被偷了？俄国人有这么无耻吗？更可气的是他们之后给出了如下"分析"：8...Bxc3+ 9.bxc3 Qf6 10.Ne2 fxg3 11.Bg2! Qxe6 12.hxg3 Nf6 13.g4 0–0 14.g5 Ne8 15.Nf4 Qe5 16.Nd5这样白方就要获胜了。他们不仅偷取了8.dxe6这一步，还偷了我的整场比赛！天哪，国际象棋，你有时真是让我心痛。

1994年我环游东欧的时候参加了很多比赛。我在布达佩斯与英国特级大师（也是个非凡的棋书作家）彼得·维尔斯在一起谈到了卡斯帕罗夫，我就提了这样一个疑惑：卡斯帕罗夫是怎么搞出这条路线的？他有什么特殊的准备吗？

佐尔坦·里布利 对阵 加里·卡斯帕罗夫，1988年 贝尔福

1.Nf3 g6 2.e4 c5 3.c4 Bg7 4.d4 cxd4 5.Nxd4 Nc6 6.Be3 Nf6 7.Nc3 Ng4 8.Qxg4 Nxd4 9.Qd1 e5 10.Nb5 0–0 11.Qd2 Qe7 12.0–0–0 Nxb5 13.cxb5，1/2–1/2。

这说明维尔斯考虑着与卡斯帕罗夫相同的事，觉察到了卡斯帕罗夫的改进是什么（很久以后我们发现卡斯帕罗夫作的并不是什么改进，他阴差阳错地进入了这整条作战路线）。维尔斯给我讲述了黑方的一个非常别出心裁的想法，但不知为何他好像不太看好这个。另一方面，我则是继续看了下去，觉得整条路线都很有趣。结果我又走了好运，几天后在对局埃米尔·翁考（现在也是个特级大师）的时候进入了卡斯帕罗夫最终的局面。

埃米尔·翁考 对阵 杰里米·西尔曼，1994年 布达佩斯

1.e4 c5 2.Nf3 Nc6 3.d4 cxd4 4.Nxd4 g6 5.c4 Bg7 6.Be3 Nf6 7.Nc3 Ng4 8.Qxg4 Nxd4 9.Qd1 e5 10.Nb5 0-0 11.Qd2 Qe7 12.0-0-0 Nxb5 13.cxb5 d5! 14.exd5 Rd8!!

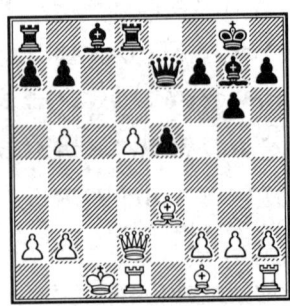

维尔斯先生友情提供的新走法

15.d6 Qe6 16.Kb1 Bf8 17.Bc5 b6 18.Bb4 Bb7 19.h4 Rac8 20.h5 Bxd6 21.Bc3 Be7 22.Qe1 Qf5+ 23.Ka1 Rxd1+ 24.Qxd1 Rd8 25.Qb3 Bd5 26.Bc4 Bxc4 27.Qxc4 Qxh5!然后我接下来赢得了一场艰难的技术消耗战：28.Qf1 Qf5 29.a3 Bc5 30.f3 Bd4 31.Qe1 Qd3 32.Bxd4 Qxd4 33.g4 Rd5 34.Qh4 Rxb5 35.Qxh7+ Kf8 36.Qh2 Rb3 37.Qc2 Rxa3+ 38.Kb1 Rd3 39.Qc8+ Ke7 40.Qc7+ Ke6 41.Qxa7 Rd1+ 42.Rxd1 Qxd1+ 43.Ka2 Qd5+ 44.Kb1 Qd6 45.g5 Qc5 46.Qb7 b5 47.Qa6+ Ke7 48.Qf6+ Ke8 49.Qh8+ Kd7 50.Qb8 Ke7 51.Qb7+ Kf8 52.Qb8+ Kg7 53.Qd8 b4 54.Qf6+ Kg8 55.b3 Qg1+ 56.Kc2 Qf2+ 57.Kd3 Qd4+ 58.Ke2 Qb2+ 59.Ke1 Qxb3 60.Qxe5 Qe6 61.Qxe6 fxe6 62.Kd2 Kf7 63.Kc2 e5 64.Kb3 Ke6 65.Kxb4 Kf5 66.Kc4 Kxg5 67.Kd3 Kf4 68.Ke2 e4 69.fxe4 Kxe4 70.Kf2 Kf4 71.Kg2 Kg4 72.Kh2 Kf3 73.Kg1 Kg3 74.Kh1 g5 75.Kg1 g4，0-1。

我在《New In Chess》33周年版中发表了一篇关于这个开局变化的文章，为了让被我偷了想法的可怜的维尔斯舒心一些，我向他保证了给他整个发明权！利用其他人的想法是一方面，但声称这想法是你想出来的，那就是另一回事了！

制定学棋方法

Svorcan先生问道：

我是个自学的棋手，有很多书，还有一些象棋软件（Fritz、国际象棋大师，等等）。我定期在网上下棋，但我"真正的"等级排名我却不知道，虽然在某些网站上我在1700分左右。与那些从没学过棋，只是下着玩的人下棋，我下得很好。但总之我知道我还需要很多提升，熟练掌握开局、计划、残局、策略、战术，等等。我就是不知道应该如何去做——我感觉我一直在从一个主题跳到另一个，从一本书到另一本书，但什么也没完成。简言之，我的学习没有像样的顺序，也没有好的学习计划。我应该先学什么？应该学多久？现在我既有时间也有热情学棋，所以恳请您能给我一些建议。

Svorcan先生您好，

我确信很多读者都会认同您这个问题。当然，答案也很容易泛滥。有些老棋手（像卡帕夫兰卡这样的）会建议你先学残局，但很多人对残局感到厌倦，所以他连残局应该怎么学也没能教给大家伙。还有人就会说战术，战术，战术……而我个人则看重于平衡（有种一切的意思）。

一般来说，我会建议你想得简单一些，对于每个方面只用一本书。例如有一个可能的计划如下：

学习战术模式

初级战术有很多很好的书，但我要推荐你读一本讲述最基本理论的。这里有两种好的选择（当然每个老师都有他自己的喜好！）：

《国际象棋制胜战略》（Winning Chess Tactics），亚西尔·塞拉万、杰里米·西尔曼著

《国际象棋的进攻艺术》（The Art of Attack in Chess），弗拉基米尔·武科维奇著（很经典！）

两本书对于1400水平以下的人都很好（有很多很基础但却具有关键的重要性的内容），对于水平高达2000的棋手也会有用（两本书随着阅读的进行也都有提升性的章节）。

针对特定战术题解的书至少有上亿种，有空的时候可以拿一本基础的来解上一两道题（可在书中的图上解），这将会是前述两本战术书的良好补充。

走出基本的开局风格

《FCO：国际象棋基础开局》（FCO：Fundamental Chess Opening），保罗·范·德·

斯特恩著

《国际象棋现代开局》（Modern Chess Opening）（MCO），尼克·德·费尔曼著

对于水平在1400以下的人，我强烈推荐FCO。这本书对每种开局都给出了开局计划和开局思想，所以你可以决定哪些是符合你的喜好的。如果你的水平已经达到了1400（或者准备要记忆一些变化），你就能以另一种"万花筒"的方式继续我们"简单"的宗旨，此时推荐MCO。

在其他方面如果你补足了自己所有的缺漏，就需要更深入地学习开局了。当你达到了那样高的水平，你会发现上百页地讲述每种可能路线的开局书多得难以置信。

局面技巧

我这里毛遂自荐一下：

《外行的思路》（The Amateur's Mind），杰里米·西尔曼著（适用于1000~1600的棋手）

《如何重新审视你的棋局》，杰里米·西尔曼著（适用于1400~2100的棋手）

对于学棋的人，为局面的理解把握打下坚实的基础，与战术技巧相互配合是极其重要的。所以不要让任何人在这个关键的方面压倒你！

残局

好吧，我又来了（不好意思）！

《西尔曼的完全残局案例》（Silman's Complete Endgame Course）

如果你的水平刚达到1900，这就是你所需要的。这本书的分章分节是基于水平排位的，所以其好处就是你只需要读和你的水平相当的那部分，否则就可以略过去了，你可以专注于其他学习内容（开局、战术、局面技巧，等等）。

有很多很好的残局书籍讲了更多高级的内容。如果你发现自己喜欢研究残局，就不要为挑选更多关于这个的书而犹豫了——但要在你全面地把所有方面都学得相当好了以后。

寻找高手

观察大师的比赛都是很有用的，因为一场完整的比赛能够让你看到开局、中局和残局（也就是一个完整的打包）。观察很多比赛，你就可以开始撷取那些随着时间而在你头脑中扎下根的思路。棋风的养成是精通国际象棋重要的一部分。

要享受这种乐趣，可以选择一位棋手（阿廖欣、卡帕夫兰卡、塔尔、菲舍尔、卡斯帕罗夫、卡尔波夫、阿南德，等等），慢慢地从头到尾观察他们所有的比赛（带注解的）。另一种选择是一本赛事记录，例如《纽约1924》（New York 1924）（阿廖欣注解）。我很喜欢这些东西！你可以了解到国际象棋的历史，就像重现一样跟着它，败在

那些困扰你的高手手下，叹服于那些让你激动的人——例如伊曼纽尔·拉斯克赢得了整个《纽约1924》的总冠军，你会觉得他真的是一位终极的棋神。

你也可以用数据库收集你心目中的高手们所有的比赛。然而一个数据库可能无法给你那些高品质的注解，像你会在《纽约1924》赛事记录中，或者在某个棋手的"我最好的比赛"集锦里面找到的一样。

时间筹划

我推荐你先从基本的战术开始。决胜束缚，叉式刺穿，各种将杀（你可以几周都在做这些，但在你感觉完全熟悉这些内容之前别中断）还有……等等吧。

再说说走出自己的开局风格的问题。当你可以将一种风格收集在一起，从各种危机、失败和胜利中学习的时候，为何要从一种开局换成另一种呢？一定要选择符合你喜好的开局。因此全方位地研究某种风格是很快乐的，而对于另一些棋手，全方位研究一种局面风格则是"快乐时光"。FCO会又快又好又简易地教你"我该怎么下"。

等战术基础打好了，你就应该开始考虑个性开局风格了，应当偏重于局面学习。这可能会花几个月，但受益无量。不过在那段时期中也不要犹豫，放松下来解各种战术题吧！

最后，残局的难度应当与你的等级水平相匹配。无论何时你只要发现你自己的水平提升了，就要读更多的残局书，这样你的残局技巧就可以跟上你的整体水平。

这些都做好了（这怎么说也得花上两个月到三年不等，这取决于你有多少时间能用来学棋），就可以开始看大师的比赛，或者再深入探究你已经学过的东西。

学习大师的比赛

Ali K.问道：

我采纳了您关于学习大师的棋局的建议，已经发现我的计划制订和从开局到中局的转变有了很大提升，而且我能真正地理解我记得以前下过的那些开局走法背后的道理。我可以在这里问几个关于学习大师的比赛的问题吗？

1.我是应当只学习那些有关我经常使用的开局的大师比赛，还是应当也学习其他的比赛？

2.观察一场比赛最好的方法是什么？我通常是在真正的棋盘上复盘比赛，理解走法背后的计划，但我看别人做得不一样，他们像是在猜测下一步，或者给比赛作注解，等等。

3.您认为哪些比赛最值得学习？是那些一步一步都作了注解的（比如尼尔·麦克唐

纳写的《理性思考的艺术》（the Art of Logical Thinking）），还是只有重要的棋步作了注解的（例如在期刊上看到的一般比赛），还是一点都没有注解的？

4.我买了《ChessBase 大数据2007》，里面有很多2200~2300等级水平的比赛，还有一些2700~2800的。如果我是个1700左右的棋手，我应当学习那些较低水平的，还是只学习那些超高水平的特级大师的比赛？

答：Ali K.您好，

你问了很好的问题！实际上，观察大师的棋局并没有正确的方法。不管你是怎么观察那些棋步的，观察和消化那些模式思路都是有益的。不过我们还是按顺序来讨论一下您的问题：

1."我是应当只学习那些有关我经常使用的开局的大师比赛，还是应当也学习其他的比赛？"

我起初的时候，如果是在学习特定的开局，也要挑那些符合我开局喜好的大师棋局。其他情况下我则要看我最喜欢的棋手的所有比赛，或者看一场特定锦标赛的所有比赛（这些会涉及所有类型的开局），或者就从《国际象棋通报》的第一页开始把整本书看完。总而言之，不管你怎么做，都是好的。

不过不建议你只专注于符合你的开局的比赛，因为这样那些在你所选择的体系中通常见不到的想法和阵形就丢掉了，从而也限制了你最终的提升极限。另一方面，如果你对某些开局进行深入研习（例如卡罗-卡恩防御开局），你就会发现那步特征性的1.e4 c6极其有用，因为从这里你可以看到所有最好的布局、无效的布局、正确的中局计划、典型的战术以及常见的残局。

2.观察一场比赛最好的方法是什么？我通常是在真正的棋盘上复盘比赛，理解走法背后的计划，但我看别人做得不一样，他们像是在猜测下一步，或者给比赛作注解，等等。

如果我想尽快从大量比赛中吸取尽量多的信息（像我在第一个问题里提到的1000场比赛那样），我会用电脑棋盘在国际象棋数据库ChessBase中看，这样我可以把一场比赛压到5~20秒钟之内看完。如果我觉得一场比赛没意思，也就5秒钟，如果我觉得每一步都值得温习，就可以有20秒。如果我发现一场我觉得很值得深入研究的比赛（新计划或新走法），我就会把它放入一个专门收集需要另外研究的比赛的库。

另外，国际大师约翰·唐纳森在有几天的空闲的时候做过一些关于开局的研究，他早已从ChessBase中挑出一些关键的比赛了。我们就可以更方便地使用好的棋盘和棋子，再去作个性且深入的分析了（还可以把Fritz和Rybka装备在我们面前的笔记本电脑里）。

很多年轻的棋手只用电脑，但我还是更喜欢真实的棋盘和木头棋子，当然这只是喜好问题。

如果你想提升你的计算能力（或者要看看自己对局面掌握得有多熟练），那你应该观察一场比赛（没有注解）并尽力指出之后会发生什么。写下你对每一步的想法，以及你所想到的所有变化。之后，看一下比赛的注解，评估一下你自己的想法和真实的赛程有多么接近。

观习大师的比赛有很多原因，从消化模式到学习开局，再到各种纯乐趣性的变化形式，每种都有它自己的价值。

3."您认为哪些比赛最值得学习？是那些一步一步都作了注解的（比如尼尔·麦克唐奈写的《理性思考的艺术》），还是只有重要的棋步作了注解的（例如在期刊上看到的一般比赛），还是一点都没有注解的？"

这要看情况！如果我只是想简单地学习走法，我就会用大量没有注解的比赛。如果我针对一个特定棋手的比赛要做深入研究，我就更喜欢观习被那位棋手注解了的比赛（越抒情越好），这样我就能看到他在比赛每个阶段到底在想什么。

顺便说一下，尼尔写的《理性思考的艺术》是一本很好的书！

4."我买了《ChessBase 大数据2007》，里面有很多2200~2300等级水平的比赛，还有一些2700~2800的。如果我是个1700左右的棋手，我应当学习那些较低水平的，还是只学习那些超高水平的特级大师的比赛？"

当我研究开局的时候，我不认为等级水平在2300以下（FIDE评定）的棋手的比赛有多少价值。如果我是看着玩的，或者看那些理论上有很可取的敌方的比赛，我也只会看特级大师的比赛，或过去那些伟大的棋手的比赛（从1800年到现在）。不过，当我写书的时候，我总还是喜欢用很古老的经典比赛、初学者的比赛、网上快棋以及其他有启发性内容的东西。实际上低水平棋手的比赛远比特级大师的更有启发性。为什么呢？因为低水平棋手犯的错误和我教的学生（以及大多数业余棋手）犯的一样。因此学生们能够以此为鉴，这样他们的课程和比赛就比特级大师的比赛更为个性。

在我《如何重新审视你的棋局》第4版中，我用了很多从17世纪到现在的比赛，也用了很多水平从1100起的棋手的比赛。一个例子用两个1400水平的棋手的比赛并不少见，下一个是一场400年前的激战，再下一个又是两个2700水平的高手在2009年的对局，这样的事并不少见。如果两条蚯蚓也能来一场启发性的比赛，那我也会用的！我的目标是教学，而不是得意洋洋地证明我这聪明的大脑只装着带有大师圣光的棋步。

但悲哀的是，很多棋手犯的一个严重错误就是他们认为只有顶级大师才能教他们所有的东西。虽然我确信在ChessBase里面泡低水平比赛确实是浪费时间，但如果有个认真的人把这些相同的比赛（低水平者的）解构成高度启发性的部分，那便是化腐朽为神奇了。说句实在话，尽管你再怎么惊诧地盯着一场只有20回合的大师比赛，最后进入了某个暧昧不清的残局，你也没法真正理解，因为它就是太高深了。而一个1200水平的棋手错失良机，没能让他的马达到一个自然而然的强悍位置，这就是完全可以理解的了，而这才是能让你有长足进步的东西。

提议平局

Doomclaw问道：

您觉得什么时候应该去提议一个平局？我从刚开始学国际象棋以来，就一直被这个问题困惑着。

答：Doomclaw您好，

这是个很有趣的问题！提议平局确实应当遵循一些规矩。例如，只能在轮到自己走棋的时候才能提出平局，不能在对手思考的时候提议，因为这样会扰乱他的思考，会被认为是故意使坏。正确的做法是走完棋，之后在按下棋钟之前提议平局，等你提议完了，再按下钟。此时对手就可以在走棋并按钟之前的任何时候接受平局提议。因此有：①走棋；②提议平局；③按钟。

当然，你也可以在走棋之前提议平局（你的钟还在走），但那样会让你处于一种尴尬的局面中，因为对手如果比较滑头就会说"等你走完了我再考虑。"意思就是，如果你能强制制造两步杀，他就可以和你握握手接受平局，但你如果愁眉苦脸，他就会拒绝和棋然后打败你。所以为了保护你自己，先要仔细想想你的棋步，走出你觉得在当前局面下最好的一步，然后再提出平局，按下棋钟。

如果向比你强很多的棋手提出平局，这会被认为不礼貌。个中缘由，如果强的一方想平局，他也会问你。所以如果你的水平只有1800，却和一位特级大师对弈，你就不应该提议和棋——如果你快胜利了，为什么要放弃，却去提议和棋？如果真要平局，那你就继续下，如果你对面的高手想平局，他会向你提议的（相信我，他会知道你想平局的）。如果你局面不利，向比你强得多的高手提议和棋，这就近乎无礼了，像是要耍赖给他难堪一样。可能你希望赛后再和他一起复盘讨论，这样无礼的提议只会让他在这之后拒绝你的任何想法。

一般来说，我都是告诉我的学生不要提议平局，除非局面上真的不剩什么东西了，也不要接受平局提议，除非棋盘上没什么棋好走的，或者他们的局面非常不利。这不是说如果他们在和卡斯帕罗夫对局，要是接受平局就意味着失去一个重要的学习机会，而是说这表示面对一个惨淡局面的棋手开始害怕了，就算更高水平的棋手也会觉得这样的对手不尊重人，每次他坐下来和你下棋的时候都会把你拉到这个境地。

我记得听斯帕斯基说过一次关于车轮战的比赛（我觉得当时他在那里可能在和四五十个人下棋）。走了十个回合以后，斯帕斯基的一个对手提议了平局，斯帕斯基就很高兴地和他握握手说道："真是精彩的比赛！"

疯狂的场面就忽然发生了！所有人都开始提议平局，斯帕斯基都高兴地接受了——他会赢得高额奖金，如果这些犯傻的人都想丢弃掉参加世界冠军赛的绝佳机会（啃十本书也进不了的），那他又有什么好顾虑的？他只是度过了一个短暂又快乐的夜晚。

卡斯帕罗夫也遇到过类似的事，当时他在与一群美国顶尖的天才年轻棋手下一场小型车轮赛。有个孩子连走了几步书里的棋谱，强制重复了一场众所周知的棋局，最终很快争取了一场平局。后来卡斯帕罗夫批评他，告诉他这连一场比赛都算不上，所以他可能再也没机会和卡斯帕罗夫下棋了。换句话说，这孩子失去了绝佳的学习机会（你要是说"看吧，我走了八步书里的走法，然后和卡斯帕罗夫握手言和了"，那没人会在乎这个的）。

还有很多关于提议平局的怪事，这里说三件典型的事：

• 我见过一场白方向黑方提议平局的比赛。黑方考虑了50分钟，他的钟上只有20秒了，然后他说："好，我接受了！"然后伸出手。白方说道："你接受什么？"黑方："你提议平局了啊！"白方："我没有提议平局！"对黑方而言很幸运的是，我对提议平局的事看得清清楚楚，之后告诉裁判白方耍阴谋。黑方最终争得了平局。

• 几十年前，有一位著名的特级大师经常问他的对手"你想下成平局吗？"如果对手回答："好啊，我接受你的提议！"他就会说："哦，不是，我没有提议平局，我只是想知道你是不是想下成平局！"

• 我有过很多次比我弱很多的棋手在一场比赛中多次提议平局的经历。从某种意义上讲，我并不介意这个，因为他向我提议平局（在客观上）提升了我的评定水平。有些时候我实在是无法战胜这样的对手，当我意识到我在自取灭亡的时候，我会提出平局。然后他不假思索就伸手和我握手言和了。所以说不要让这种事在你身上发生！不要去提议平局，无论任何时候面对任何水平的对手都要试着击败他！

准备参赛饮食

一位匿名者问道：

您认为在大型比赛期间，吃什么最好？

答：这位朋友您好，

实际上这是个非常有趣的问题！当然在赛事之前，人们都会吃很多垃圾食品，但这种习惯应该改吗？我认为这取决于个人。你是不是有糖尿病呢？你觉得你在大吃一顿之后思考会不那么灵巧吗？或者，你是不是不管吃什么其实都还差不多？

很久以前，特级大师华尔特·布朗一直很乐于在赛前请他的对手大吃一顿肉排。为什么呢？因为他觉得这样血液就会离开大脑流向胃里去了，这样对手就无法进行清晰的思考了。

特级大师格利戈里奇在全部赛事期间都会吃巧克力，而菲舍尔则会喝苹果汁。在19世纪，顶级棋手经常带一瓶酒到棋盘前，在下棋的过程中喝光。那种事情现在不会再发生了，不过很多特级大师和国际大师赛后都会喝得烂醉——他们经常在当地酒吧里呆一晚上，第二天又容光焕发地出现在赛场。当然不是所有喜欢喝酒的棋手都会在赛后痛饮——还有很多著名棋手会在赛前喝酒，然后醉醺醺地参赛。

在（20世纪）60年代和70年代早期，有些棋手试图在赛事期间服用药品。一般来说，LSD（麦角酸二乙基酰胺）麻醉药对他们并没有起到很好的效果（有个国际大师，不知是谁，吃了药结果一步也没法走了，他就愣愣地坐在那儿，最终他在第一步便时间耗尽而败阵）。还有些人抽大麻（实际上很多棋手赛前在抽，比赛中在抽，赛后还是在抽），有些人飚车，还有人会抽鸦片。以前那个时候很不同于现在，尤其是你现在知道太多的咖啡因也是国际棋联所禁止的，如果你被发现喝了太多，你可能会被禁赛数年。比起60年代"探索高于一切"的观念，这真是个极大的飞跃！

于我个人而言，我对糖分敏感，这差不多毁了我的事业，因为我从来没针对它采取适当的措施。我年轻的时候经常在比赛的时候大吃巧克力棒，但这样我会在比赛进行的时候就睡着了。结果有几次比赛我睡了20到40分钟才醒来，我的钟都到点了！后来我试着喝果汁，但就算是那种水平的糖分我也受不了，它让我头脑不清，视线模糊，接连犯错误。我直到最后几年才解决了这个问题——我带了一棵优质人参，整场比赛都在哑巴它。

最后，你应当明白什么对你的身体最好，知道什么样的食物和饮料有助于你是很重要的。以及如果你发现咖啡能给你提神，让你正常发挥，或者你需要止咳糖浆（国际棋联禁止这个）以免你总是咳嗽打扰对手——那就去喝吧。上次我听说咖啡和止咳糖浆这些都是合法的——以及我个人很乐意看到对手喝几十杯的爪哇咖啡。我不能理解国际象棋协会为什么要在这些东西上面作限制。

国际象棋是绅士的游戏吗？

一位匿名者问道：

我认为国际象棋应当是很绅士的游戏，但有时我的对手在锦标赛比赛中显得很粗鲁。我该怎么办呢？

答：这位朋友您好，

在洛杉矶的一场锦标赛中，曾经发生过两个棋手在比赛过程中开始用笔戳对方，而后打了起来的事。对于言行粗鲁的对手这当然不应该是一种好的应对方法。其实当你对面坐着一个无理的家伙的时候，你应当去找赛事的监管人员，要求他在事情激化到上述情况之前阻止对方的无礼行为。

比赛中粗鲁或者狂暴的行为自古以来就有。有位16世纪西班牙的祭司鲁伊·洛佩兹，同时也是一位国际象棋棋手，他就曾建议当在室外下棋时要让对手面对阳光，这样使他只能一直眯着眼，无法看到整个棋盘。

棋手做出各种各样古怪的行为我都经历过：有人下棋的时候吹着口哨哼歌（要是他感觉良好，他的舌头也会更灵活一些，而如果他要输了，口哨声也会像被击败了一样沉闷下来），还有人会含糊地嘀嘀咕咕，一位老人从头到尾都在发出难以忍受的嗳气声，还有个老人一直在说"逮住那个！逮住那个！"，等等等等，还有个家伙好像脑袋上顶着个鸟巢，他一直在翻它，翻出什么就会把它弹进他自己的嘴里。

还有几件我曾遇到过的事，保证真实：

• 一位著名的国际大师曾经拿了一个那种大的塑料可乐瓶子，倒空了然后灌满了龙舌兰酒。他要把它放在台面上，准备应对"紧急情况"。他的想法是如果棋盘上发生了什么不愉快的事，就拿起瓶子灌几大口，借此浇愁。有一次他用这个方法来对付我，结果他把一瓶都喝光了，最后醉倒得整张脸都贴在桌上。轮到他走的时候，他就漫无方向地抬起手，摸到一颗要走的棋子，把棋子推走之后就又瘫在地上了。等他的棋子全没了，他默默地投降，然后跌跌撞撞走出了大厅。

• 我在与一位政治家棋手对弈的时候第一次经历了这样一件事。我走了一步让我那可敬的对手相当愤懑，于是他慢慢地从他的背包里拿出一个三明治，仔细地打开，然后吭哧吭哧地大嚼——那咀嚼声就像狮子在吃人肉一样让人难以忍受。等他吃完了，他微笑着看了我一眼，很镇静地摸到他口袋里掏出牙线，然后把三明治渣滓都刷飞到棋盘上。

· 几十年前我教过一个14岁的时尚女孩。她做过电视采访，有很大的名气，很多名家认为她是未来的国际象棋明星。我观看她参加锦标赛的时候，她拿起一颗棋子，然后令人震惊地奋笔疾书了一张纸条从桌子下面递给对方，上面写道："不要吃掉我的棋子，否则我爸爸会揍我的。"

· 当情况发展极度不妙，是时候该投降了的时候，有些棋手会以很有创意的方式最后搞个滑稽一幕，以此表示放弃。阿廖欣有一次失望地把他的王扔到了房间另一侧，尼姆佐维奇在对阵塞米施的时候曾站到桌子上（另有一说是跪了下来）大叫道："Gegen diesen Idioten muss ich verlieren!"——"我真的要输给这群笨蛋吗！"

· 最后一则故事，有一次我在伦敦参赛，我有个对手很平和地终止了比赛——他一下子把棋盘上所有的棋子推下棋盘并掉到了我腿上，然后起身走出了比赛大厅。

教孩子们下棋

Rambaldi23问道：

我有个关于教人下棋的问题。我很喜欢给学生或新手开小灶教学，一开始觉得在达到专家水平之前最好先等等，但我现在却真有去教的冲动了。我现在处在USCF（美国国际象棋协会）1700分的水平，排名在螺旋式地上升。我感觉我确实可以教新手和小孩子们基础知识、走出完整的开局、战术等等东西了。另外我是个公立学校的老师，所以我有充足的时间与孩子们打交道。我的想法是，如果学生达到了C级水准，父母就可以决定他/她是否应该去跟着更高水平的人学棋了。

你觉得我可以去教那些对国际象棋赛事感兴趣的年轻学生和新手（或者业余爱好者）吗？或者我觉得在我达到专家水平之前并不合适才是对的？我很想征求您的看法，因为我的想法很矛盾。

答：Rambaldi23您好，

矛盾的想法？实际上觉得没有头绪的人都会有矛盾的想法，所以还不如抛掉那些吵吵闹闹纠结不休的想法，也别老盯着那些喜欢站讲台教学的高手。

如果你去关注学校里的课程，你会发现大多数老师都在1400~1700的水平，这与那些聪明的孩子们其实很匹配。

当你想去教孩子们的时候，有些事情远比棋手的水平更为重要：

- 你有耐心教小孩子吗？
- 你有教师的禀赋，能够以简明、清晰和寓教于乐的方式交流吗？
- 孩子们乐于和你在一起吗？

还有一条很重要的道理：高等级水平（专家、大师甚至特级大师）并不意味着他就能成功地讲授自己的知识，这不等于他能写出来，也不意味着他会教。教学需要特别的技巧，教孩子们所需要的是完全另属的一套方法！

我记得旧金山港湾区有位先生，他等级水平"仅有"1500，但他却已经在一个初级棋院教了多年了（也许他现在还在那儿呢），而且他被评价为一个非常好的老师。甚至有些等级水平比他还高的棋手都去上他的课，其实我也去上过他的一堂课，而且觉得受益匪浅！

所以你认为必须先达到专家水准再去教学，这种想法完全是错的。如果你觉得你有如下品质的话，就可以相信我：与孩子打交道的经验、教学经验、以及实打实的1700等级水平。顺便，我感觉你对这种事很有热情——一种与年轻人分享你对国际象棋的爱好的愿望，这让我觉得你很率真。

所以放手去教吧，别让任何人泄你的气！

译后记

多年来，北大国象人不仅在大学校园里普及国际象棋运动，而且立志在世界舞台上为国家和民族争得荣耀，努力在全社会推广国际象棋这项遍布全球的智力运动和高雅文化。

北大国际象棋队精英荟萃、高手众多，特别是21世纪以来，侯逸凡、许昱华、丁立人、王皓、赵雪、黄茜等世界冠军级国手队员合计拥有国象世界顶级赛事冠军（含个人和团体）已达40个，其中在北大读书期间夺冠23个。北大的普通国际象棋爱好者也经常在一起下棋交流，研习棋艺，学校为本科生开设有学分的国际象棋选修课已有十余年历史，国家队总教练叶江川特级大师曾担任首席教师，谢军、徐家亮、林峰、王品璋、张连城、姚振章等不少知名冠军、教练和专家都曾多次来北大讲棋。目前，由我全程讲授的国际象棋课已经直接或间接培养了超过5000名的大学生国际象棋爱好者。2004年以来，北京大学和美国哈佛大学之间先后举办五届国际象棋团队精英赛，不断促进以国际象棋为特色的世界智力文化交流。2014年4月，在我的倡议和指导下，北大学生国际象棋协会创建了"北大好棋"微信公众平台，旨在广泛推送与棋类运动，特别是北大国际象棋相关的报道和资讯，"北大好棋"很快得到了国内外棋迷的广泛关注和好评。北大国际象棋协会师生曾应邀赴外交部领事司、北大附中、北大附小、北大幼教中心、北大雏鹰社、春节庙会等地讲授或指导国际象棋，为广大爱好者指导棋艺。

如今，《如何解读你的棋局》一书的翻译出版，又达成了北大国象人的一个小愿望，通过自己的努力，让一本国外高水平的国际象棋教科书惠及国内广大国象爱好者，特别是帮助正在学棋的青少儿从接触国际象棋之初，就能树立正确的下棋理念，学习到审视棋局的科学方法，领悟到棋局中的哲理奥妙。

在此，我想衷心祝贺这本书的翻译出版，同学们的辛勤付出终于结出硕果。在翻译本书的过程中，他们组建了翻译小组，经常在一起研讨，始终秉持严谨、认真、专业的态度，尽可能地做到准确翻译、顺畅翻译。作为第17任北大学生国际象棋协会会长的侯逸凡，也对本书的翻译出版工作给予了关注和关心。当然，由于大学生掌握的国际象棋专业知识有限，所以本书难免有不尽完美的地方，还望读者谅解。最后，我想向本书的作者致敬，感谢其为我们奉献了一本精彩的国际象棋著作；同时，还想感谢我的父亲、最早引领我走入国际象棋殿堂的李怀俊先生，他无私地参与了本书的校对工作，为我们提出了宝贵建议。

记得在2014年五四青年节，习近平总书记在北大英杰交流中心与女子国际象棋世界冠军、北大国际关系学院本科生侯逸凡亲切交谈时指出，人生如棋局，学习博弈思想很重要。习总书记的论述精辟阐释了国际象棋对于人生的启示和意义，强调了国际象棋的文化内涵和育人功能，引发广泛共鸣和积极反响。人生需要合理规划，棋局需要正确审视，衷心希望这本译作能够引领广大读者畅游在国际象棋的奇幻海洋中，带给棋友们有关棋局的知识、智慧、趣味等多种多样的宝贵收获。

李晓鹏
2016年9月
于北大燕园

出版后记

作为最著名的棋类运动之一，国际象棋在全世界范围内拥有为数众多的职业选手和业余爱好者。千百年来，无数的棋手和爱好者们认真钻研国际象棋的规则，他们的成果让国际象棋不断得到发展和完善。而对于刚刚接触国际象棋不久的爱好者来说，他们也许已经掌握了自己所喜爱的开局路线和残局解法，但这些知识还远不足以让他们成为真正的高手。此时，解读局面的正确方法就成了各位新棋手通向更高水平的铺路石，这也正是本书作者的重点所在。

本书的作者是杰里米·西尔曼，他曾担任美国青年国际象棋队的教练，早已成为国际象棋大师的他一直致力于国际象棋的普及和教学工作。在亲自教授学生下棋方法之外，他还撰写了大量的国际象棋教学用书。本书作为他的代表作之一，至今已经是第四版。相比较起之前的三版，第四版在内容上进行了大胆而彻底的翻新。在书中，西尔曼引用了大量的国际象棋案例作为讲解材料，这些材料时间跨度长达数百年，而对阵双方更是上至大师、下至初学者，其在各个维度上的覆盖度之广让此书成为了优秀的国际象棋进阶教材。

国际象棋的发展离不开爱好者们的坚持不懈的钻研，而他人的研究成果可供爱好者们在钻研时参考和借鉴。我们希望每一位阅读本书的国际象棋爱好者们，都可以在国际象棋界能够取得辉煌成就，闯出一片自己的天地。

服务热线：133-6631-2326　188-1142-1266
服务信箱：reader@hinabook.com

后浪出版公司
2017年3月

图书在版编目（CIP）数据

如何解读你的棋局：国际象棋基础 /（美）杰里米·西尔曼著；羽阳等译.
— 北京：北京联合出版公司, 2017.6（2024.7重印）
ISBN 978-7-5502-8827-0

Ⅰ. ①如… Ⅱ. ①杰… ②羽… Ⅲ. ①国际象棋—基本知识 Ⅳ. ①G891.1

中国版本图书馆CIP数据核字(2016)第244241号

Copyright © 2010 Jeremy Silman
This Translation edition is published with the permission of Siles Press, Inc., Los Angeles, CA.
This Chinese translation edition copyright @ (publication year of Translation edition) by Post Wave Publishing Consulting (Beijing) CO., LTD..

Simplified Chinese edition
Copyright © 2017 POST WAVE PUBLISHING CONSULTING (Beijing) Co., Ltd.
本书中文简体版权归属于后浪出版咨询(北京)有限责任公司

如何解读你的棋局：国际象棋基础

著　　者：［美］杰里米·西尔曼
译　　者：羽阳　林诗敏　王思雨　张乃卿
出 品 人：赵红仕
选题策划：后浪出版公司
出版统筹：吴兴元
特约编辑：张之航
责任编辑：李　征
营销推广：ONEBOOK
装帧制造：墨白空间·张静涵

北京联合出版公司出版
（北京市西城区德外大街83号楼9层　100088）
天津中印联印务有限公司　新华书店经销
字数797千字　787毫米×1092毫米　1/16　41.5印张　插页2
2017年6月第1版　2024年7月第3次印刷
ISBN 978-7-5502-8827-0
定价：128.00元

后浪出版咨询(北京)有限责任公司　版权所有，侵权必究
投诉信箱：editor@hinabook.com　fawu@hinabook.com
未经书面许可，不得以任何方式转载、复制、翻印本书部分或全部内容
本书若有印、装质量问题，请与本公司联系调换　电话010-64072833